Praxiswissen Softwaretest – Testmanagement

Andreas Spillner ist Professor für Informatik an der Hochschule Bremen, Fakultät für Elektrotechnik und Informatik. Er war über 10 Jahre Sprecher der Fachgruppe TAV »Test, Analyse und Verifikation von Software« der Gesellschaft für Informatik e.V. (GI) und bis Ende 2009 Mitglied im German Testing Board e.V. 2007 ist er zum Fellow der GI ernannt worden. Seine Arbeitsschwerpunkte liegen im Bereich Softwaretechnik, Qualitätssicherung und Testen.

Thomas Roßner ist Mitgründer der imbus AG und in deren Vorstand verantwortlich für Forschung und Technologie des Unternehmens. In dieser Funktion leitete er in den vergangenen Jahren mehrere internationale Forschungsprojekte, u.a. zum Thema Softwarezuverlässigkeit und modellbasiertes Testen. Darüber hinaus arbeitet er aktiv in Testmanagementprojekten und Beratungsprojekten zum Thema Testprozessverbesserung.

Mario Winter ist Professor am Institut für Informatik der Fachhochschule Köln und dort Mitglied des Forschungsschwerpunktes »Software-Qualität«. Er ist Mitglied im German Testing Board e.V. und war von 2003 bis Anfang 2011 Sprecher der Fachgruppe »Test, Analyse und Verifikation von Software« im Fachbereich Softwaretechnik der Gesellschaft für Informatik (GI). Seine Lehr- und Forschungsschwerpunkte sind Softwareentwicklung und Projektmanagement, insbesondere die modellbasierte Entwicklung und Qualitätssicherung von Software.

Tilo Linz ist Vorstand der imbus AG, eines führenden Dienstleisters für Softwaretest. Er ist Leiter des German Testing Board e.V. und war von 2002 bis 2005 Vorsitzender des ISTQB. Zu seinen Arbeitsschwerpunkten zählen die Themen Berufsbild und Ausbildung im Softwaretest sowie die Optimierung von Softwaretestprozessen.

Andreas Spillner · Thomas Roßner · Mario Winter · Tilo Linz

Praxiswissen Softwaretest – Testmanagement

Aus- und Weiterbildung zum Certified Tester – Advanced Level nach ISTQB-Standard

3., überarbeitete und erweiterte Auflage

dpunkt.verlag

Andreas Spillner
Andreas.Spillner@hs-bremen.de

Thomas Roßner
thomas.rossner@imbus.de

Mario Winter
winter@gm.fh-koeln.de

Tilo Linz
tilo.linz@imbus.de

Lektorat: Christa Preisendanz
Copy-Editing: Ursula Zimpfer, Herrenberg
Satz & Herstellung: Birgit Bäuerlein
Umschlaggestaltung: Helmut Kraus, www.exclam.de
Druck und Bindung: Media-Print Informationstechnologie, Paderborn

Bibliografische Information der Deutschen Nationalbibliothek
Die Deutsche Nationalbibliothek verzeichnet diese Publikation in der Deutschen Nationalbibliografie; detaillierte bibliografische Daten sind im Internet über http://dnb.d-nb.de abrufbar.

ISBN 978-3-89864-746-5

3., überarbeitete und erweiterte Auflage 2011

Ringstraße 19
69115 Heidelberg

5 4 3 2 1 0

Vorwort

Entwicklungen

Als uns der dpunkt.verlag im Herbst 2010 bat, »Praxiswissen Softwaretest – Testmanagement« anlässlich einer Neuauflage zu überarbeiten, stellten wir uns die Frage, ob wir entweder das Vorwort aktualisieren oder die Historie erhalten sollten. Wir haben uns für Letzteres entschieden, damit Sie, lieber Leser oder liebe Leserin, einige erstaunliche Entwicklungen besser nachvollziehen können.

2006, bei der Erstveröffentlichung, umfasste das »International Software Testing Qualifications Board« (ISTQB) Mitglieder aus 25 Nationen. Heute sind es über 60. Während wir damals – bezogen auf Deutschland – 3.500 Prüfungen zum »Foundation Level« und 500 zum »Advanced Level« zu vermelden hatten, sind es heute bereits über 12.500 beim »Foundation Level« und über 2.500 beim »Advanced Level«. Dies zeigt zum einen die breite Akzeptanz des Schemas, zum anderen aber auch die wachsende Bedeutung des »Advanced Level« als weiterführende Qualifikation für professionelle Tester.

In den knapp fünf Jahren sind die Anforderungen an Tester kontinuierlich gestiegen. Um dem durch eine adäquate Ausbildung zu begegnen, wurde der Lehrplan deutlich erweitert und manche Themen wurden vom Advanced in den Foundation Level verschoben. Als jüngste Entwicklung gesellen sich nunmehr erste Teile des neuen »Expert Level«-Lehrplans hinzu, durch die mit Sicherheit künftig neue Impulse auch auf die beiden »niedrigeren« Levels ausgehen werden.

Was ist neu?

Der auch in der dritten Auflage gestiegene Umfang des Buches ist allerdings nicht einer neuen Version des Lehrplans zu verdanken – nach wie vor bezieht sich dieses Buch auf den Lehrplan von 2007, auch wenn es an einigen Stellen darüber hinausgeht. Eine wesentliche »Lücke« wurde jedoch geschlossen: Ein Kapitel zur Planung, Steuerung und Durchführung von Reviews wurde aufgenommen. Da seit 2008 auch ein deutschsprachiges Werk zu den Advanced Levels »Test Analyst« und »Technical Test Analyst« [Bath 11] existiert, wird nunmehr der Lehrstoff auch für diesen Level komplett abgedeckt.

Mit der Aufnahme der Review-Themen tragen wir der Tatsache Rechnung, dass Testmanager oftmals nicht nur für dynamische, sondern auch für statische Tests verantwortlich sind. Außerdem betrachten wir Reviews als wirksames Werkzeug, um die Qualität der Testmittel (also Testkonzept, Testspezifikation, Testautomatisierungsprogramme und andere Dokumente des Testprozesses) zu steuern.

Seit 2008 wurden im Glossar des ISTQB etliche Begriffe ergänzt und bestehende Definitionen verfeinert. Diese Änderungen haben wir im Buch nachvollzogen. Zudem wurde das Quellenverzeichnis aktualisiert, neue Bücher und Standards wurden aufgenommen. Die Angaben zu den Internetseiten (URLs) wurden kontrolliert und ggf. geändert bzw. ergänzt.

Danksagung

Zur Fertigstellung dieser Auflage bedurfte es daher einer beachtlichen Kraftanstrengung. Da wir Autoren alle neben dem Schreiben noch einem Haupterwerb nachgehen, hätten wir diese allein nicht leisten können. Wir möchten uns hier recht herzlich bei allen Kolleginnen und Kollegen, Reviewern und Diskussionspartnern herzlich bedanken. Unsere Anerkennung sprechen wir allen Leserinnen und Lesern aus, die uns in bester Tradition als Tester über Fehler, Unstimmigkeiten und Verbesserungspotenziale des Buches informiert haben. Und nicht zuletzt gilt unser Dank auch den Mitarbeiterinnen und Mitarbeitern des dpunkt.verlags, die seit vielen Jahren als kompetente Partner dafür sorgen, dass Ideen, Fakten und Beispiele in professioneller Form ihren Weg zwischen zwei Buchdeckel finden.

Neue Webseite

Um die Leser über zukünftige Aktualisierungen am Lehrplan und am Glossar, die in dieser Auflage des Buches ja noch nicht enthalten sein können, zu informieren, haben wir eine neue Internetseite geschaltet [URL: softwaretest-knowledge]. Auf dieser Seite werden ggf. auch notwendige Korrekturen zum Buchtext aufgeführt.

Wir wünschen allen Lesern gutes Gelingen bei der Umsetzung der im Buch beschriebenen Testansätze in der Praxis und – wenn das Buch die Grundlage für die Vorbereitung der Prüfung zum »Certified Tester – Advanced Level Test Manager« ist – viel Erfolg bei der Beantwortung der Prüfungsfragen.

Andreas Spillner, Thomas Roßner, Mario Winter, Tilo Linz
Bremen, Möhrendorf, Wuppertal
März 2011

Vorwort zur 2. Auflage

Die Aus- und Weiterbildungsmaßnahmen nach dem »ISTQB Certified Tester«-Standard [URL: ISTQB] haben eine sehr starke weltweite Akzeptanz und hohe Verbreitung gefunden. Dadurch, dass sich die Zahl der beteiligten Länder in den letzten beiden Jahren nahezu verdoppelt hat, ist auch das Testfachwissen auf eine breitere Basis gestellt.

Aktueller Lehrplan

Der Lehrplan »Advanced Level – Testmanager« liegt seit Oktober 2007 in einer überarbeiteten Form vor. In die 2. Auflage des vorliegenden Buches zum Testmanagement sind die Änderungen des Lehrplans eingeflossen. Es ist somit konform zum Lehrplan des Aufbaukurses »Advanced Level – Testmanager« (Version 2007 [URL: GTB CTA]).

In der 1. Auflage haben wir es als sinnvoll angesehen, an einigen Stellen über den reinen Lehrstoff des Lehrplans hinauszugehen, um dem Leser weitere Hinweise zu geben. Dieses Vorgehen haben wir auch in der 2. Auflage beibehalten. Die 2. Auflage ist somit stellenweise umfassender als der Lehrplan.

ISTQB-Standard

Auch in Deutschland sind die Aus- und Weiterbildungsmaßnahmen nach dem »ISTQB Certified Tester«-Standard weiterhin sehr gut nachgefragt. Insgesamt wurden bisher über 8.000 Prüfungen zum »Foundation Level« und »Advanced Level« durchgeführt (Stand 2008).

Weltweit anerkannt

Im »International Software Testing Qualifications Board« (ISTQB) arbeiten derzeit fast 40 Nationen aus allen 5 Kontinenten mit. Die Liste der beteiligten Länder umfasst unter anderem Japan, Korea, Indien und Indonesien, Kanada, die USA, Brasilien und Australien. Neben fast allen europäischen Ländern sind auch China, Russland, Israel, die arabischen Golfstaaten und Nigeria vertreten. Die aktuelle Liste der beteiligten Länder bzw. Länderverbunde ist der Internetpräsenz des ISTQB [URL: ISTQB] zu entnehmen. Eine detaillierte Beschreibung der Struktur des ISTQB findet sich in Kapitel 1.

70.000 Certified Tester

Derzeit haben weltweit über 75.000 Personen die Prüfungen zum »Certified Tester« (Advanced und Foundation Level) bestanden. Das ISTQB-Aus-und-Weiterbildungsschema schafft damit eine sehr gute Voraussetzung zum erfolgreichen Managen von Testprojekten. Durch den hohen Internationalisierungsgrad trifft dies besonders auch für Near- und Offshore-Testprojekte zu. Durch die ISTQB-Ausbildung wird eine einheitliche Fachterminologie und ein einheitliches Verständis der relevanten Vorgehensweisen und Methoden bei allen am Test Beteiligten geschaffen. Nicht nur in international verteilten Projekten ist dies eine wesentliche Voraussetzung für die erfolgreiche Abwicklung der Projekte.

Mehr Trainingsprovider

Im Vergleich zum Jahr 2006 (1. Auflage des Buches) hat sich die Situation in Deutschland, abgesehen von der gestiegenen Zahl der durchgeführten Kurse und abgelegten Prüfungen, wenig verändert. Es sind über 10 Trainingsprovider vom »German Testing Board« [URL: GTB] akkreditiert, wovon vier Provider Kurse für den »Advanced Level« anbieten. Die von den Trainingsanbietern unabhängigen Prüfungen werden auch weiterhin von der iSQI GmbH [URL: iSQI] und der Dienstleistungsgesellschaft für Informatik mbH (DLGI [URL: DLGI]) abgenommen.

Hochschulausbildung

In den letzten beiden Jahren hat die Zahl der Hochschulen und nicht kommerziellen Ausbildungsstätten erheblich zugenommen, die Unterricht konform zum Lehrplan »Certified Tester – Foundation Level« anbieten. Der Anteil der studentischen Teilnehmer an den Prüfungen umfasst derzeit ca. 10%. Im Sommer 2007 konnte der 100. »Certified Tester« ausgezeichnet werden, der seine Prüfung an der Hochschule Bremen abgelegt und bestanden hat.

In der Praxis angekommen

Dass das Aus- und Weiterbildungsschema in der Industrie sich etabliert hat, lässt sich an zwei Dingen festmachen:

- In Stellenausschreibungen wird direkt auf den ISTQB Certified Tester hingewiesen, und es werden entsprechende Zertifikate zur Einstellung vorausgesetzt.
- Einige Firmen haben Karrierewege für Tester etabliert, die auf den drei Ausbildungsstufen des »Certified Tester« aufbauen.

Eine bessere Bestätigung, dass das Schema den Bedürfnissen der Praxis Rechnung trägt, gibt es kaum.

Danksagung

Unseren herzlichen Dank möchten wir an die Reviewer für die tatkräftige Unterstützung aussprechen.

Unsere investierte Zeit in die Überarbeitung des Buches hat sich gelohnt, wenn Sie, liebe Leserin und lieber Leser, viele nützliche Anregungen für Ihre tägliche Arbeit beim Management von Testprojekten finden. Wir wünschen Ihnen viel Erfolg bei deren Umsetzung.

Andreas Spillner, Thomas Roßner, Mario Winter, Tilo Linz
Bremen, Möhrendorf, Wuppertal
Juli 2008

Vorwort zur 1. Auflage

Der Erfolg des Buches »Basiswissen Softwaretest« [Spillner 05] hat uns sehr ermutigt, auch für die auf diesen Grundlagen aufbauenden Kurse ein Buch zu schreiben. Wie beim »Basiswissen«-Buch wollen wir eine Mischung aus Praxis und Theorie gewährleisten. Wir, damit sind Tilo Linz und Andreas Spillner gemeint, konnten Thomas Roßner von der imbus AG und Mario Winter von der FH Köln als Mitautoren für das vorliegende Buch gewinnen. Wir – und ab hier sind alle vier Autoren gemeint – hoffen, dass es uns damit wieder gelungen ist, die dargestellten Themen im Testmanagement aus theoretischer und praktischer Sicht abzudecken.

Aktueller Lehrplan

Der Inhalt des vorliegenden Buches zum Testmanagement ist konform mit dem Lehrplan zum Aufbaukurs »Advanced Level – Testmanager« (Version 1.2 [URL: GTB CTA]). An einigen Stellen haben wir es als sinnvoll angesehen, über den reinen Lehrstoff des Lehrplans hinaus, dem Leser nützliche Hinweise an die Hand zu geben. Das vorliegende Buch ist somit umfassender als der Lehrplan.

ISTQB-Standard

Die Aus- und Weiterbildungsmaßnahmen nach dem »ISTQB Certified Tester«-Standard [URL: ISTQB] wurden in Deutschland sehr gut angenommen. Insgesamt wurden bisher ca. 3.500 Prüfungen zum »Foundation Level« und ca. 500 Prüfungen zum »Advanced Level« durchgeführt (Stand April 2006).

Weltweit anerkannt

Aktuell sind mehr als 25 Nationen im »International Software Testing Qualifications Board« (ISTQB, [URL: ISTQB]) vertreten. Damit hat sich die Zahl der beteiligten Länder in den beiden letzten Jahren nahezu verdoppelt. Folgende Länder bzw. Länderverbunde arbeiten im ISTQB mit: Australien/Neuseeland, Bangladesch, Brasilien, China, Dänemark, Deutschland, England, Finnland, Frankreich, Indien, Israel, Japan, Kanada, Korea, Lateinamerika, Niederlande/Belgien, Norwegen, Österreich, Polen, Portugal, Russland, Schweden, Schweiz, Spanien, Südost-Europa, Ukraine und die USA. Die Internationalisierung des ISTQB, und damit die zwischen den Ländern abgestimmten Lehrinhalte, sind somit gegeben, und die von den Prüflingen erworbenen Zertifikate (insgesamt ca. 35.000 bis Mai 2006) sind weltweit anerkannt. Näheres zur Struktur des ISTQB findet sich in Kapitel 1.

In Deutschland sind derzeit zehn Trainingsprovider vom »German Testing Board« [URL: GTB] akkreditiert, wovon vier Trainingsprovider auch Kurse für den »Advanced Level« anbieten. Die von den Trainingsanbietern unabhängigen Prüfungen werden von der iSQI GmbH [URL: iSQI] und der Dienstleistungsgesellschaft für Informatik mbH (DLGI [URL: DLGI]) abgenommen. Somit ist sichergestellt, dass Prüfungen zum Erwerb der Zertifikate unabhängig von den Trainingsprovidern und auch unabhängig vom Besuch eines Kurses abgenommen werden.

Hochschulausbildung

Der Lehrstoff zum »Foundation Level« ist von zahlreichen Hochschulen in die Lehrpläne aufgenommen worden. Hier zeichnet sich die Etablierung eines gemeinsamen Curriculums in der Hochschulausbildung im Bereich Softwaretest ab. Der Anteil der studentischen Teilnehmer an den Prüfungen hat in den letzten Jahren kontinuierlich zugenommen. Auf dem Weg zum Ziel, das David Parnas im Vorwort zur 1. Auflage »Basiswissen Softwaretest« formuliert hatte, nämlich eine Vereinheitlichung und Festlegung der Ausbildungsinhalte in der Informatik, sind wir im Bereich Softwaretest somit einen guten Schritt vorangekommen.

Danksagung

Wir möchten hier unseren herzlichen Dank an die Reviewer aussprechen, für die zahlreichen Anmerkungen und hilfreichen Kommentare zu unseren verschiedenen Manuskriptversionen. Besonders bedanken wir uns bei Frau Dr. Klaudia Dussa-Zieger/method park Software AG, Frau Isabell Jaki und Herrn Stephan Jaki/COMSOFT GmbH, Herrn Dr. Ralf Kneuper/Beratung für Softwarequalitätsmanagement und Prozessverbesserung, Rechtsanwalt Dr. Thomas Lapp, Frau Maud Schlich/IT-PROJECT-SERVICE, Frau Rita Weinreich-Sukhana/Lufthansa Systems Passenger Services GmbH und den Kolleginnen und Kollegen bei imbus Doris Rubruck, Thomas Rumi, Arne Becher und Matthias Daigl. Besten Dank für die tatkräftige Unterstützung und die geopferte Zeit.

Bedanken möchten wir uns bei Frau Dr. Ulrike Wilkens und Herrn Ralf-Peter Balke vom Multimedia-Kompetenzzentrum der Hochschule Bremen für die hilfsbereite Unterstützung bei der Benutzung der Lehr- und Lernplattform »AULIS«, die wir zum Austausch unserer Dateien und zur Koordination unserer Arbeiten verwendet haben. Uns wurde dadurch sehr viel an Koordinations- und Versionsaufwand abgenommen.

Dem dpunkt.verlag gilt ebenfalls unser Dank für die Unterstützung bei der Erstellung des Buches. Besonders möchten wir Frau Christa Preisendanz danken, die mit viel Geduld und Fingerspitzengefühl uns die gesamte Zeit der Bucherstellung, die ja nicht sehr kurz war, begleitet hat und uns beim Umschiffen von so manch schwierigen Stellen tatkräftig zur Seite stand.

Herzlich danken möchten wir auch Anton Schlatter, Business Unit Manager Testing bei Logica Deutschland und Gründungsmitglied im German Testing Board e.V., für sein Geleitwort zu diesem Buch.

Uns bleibt nun noch zu hoffen, dass dieses Buch zum Testmanagement eine ähnliche breite Zustimmung erfährt, wie sie für das Buch »Basiswissen Softwaretest« vorhanden ist. Wir hoffen, dass Sie, liebe Leserin und lieber Leser, viele nützliche Anregungen für Ihre tägliche Arbeit beim Management des Testprozesses finden werden und wünschen Ihnen viel Erfolg bei deren Umsetzung.

Andreas Spillner, Thomas Roßner, Mario Winter, Tilo Linz
Bremen, Möhrendorf, Wuppertal
Juli 2006

Geleitwort von Anton Schlatter zur 1. Auflage

Trends

Unternehmen sowie staatliche Verwaltungen unterliegen in der heutigen globalisierten Welt einem anhaltend starken Wettbewerbsdruck und sind mit zunehmenden regulatorischen Anforderungen konfrontiert. Die Innovationszyklen für neue Produkte und Services werden weiter verkürzt. Alles soll schneller, leichter, sicherer, aufregender werden. Diese Versprechen sollen Kunden binden und Umsätze steigern. Software spielt dabei eine zentrale Rolle.

Während die Produktivität bei der Entwicklung von Software in den letzten Jahren durch neue Methoden und Tools stark gesteigert werden konnte und diese Trends unterstützt, müssen wir feststellen, dass die Produktivität beim Testen von Software nahezu stagniert. Vor diesem Hintergrund erweist sich das Testen in der Praxis oft als Flaschenhals.

Testing-Studie 2005

Eine in 2005 europaweit durchgeführte Studie zeigt auf, dass das Testen im Rahmen der Neuentwicklung von Produkten und Services zwar als strategisch angesehen wird, aber die gelebte Praxis unzureichend ist[1]. Die IT-Manager berichteten, dass viele Produkte und Services ohne ausreichende Tests auf den Markt kommen – mit hohen Fehlerraten, die vermeidbar wären. 68 % aller IT-Verantwortlichen gaben zu Protokoll, dass Produkte und Services ohne ausreichende Tests ausgeliefert werden; 89 % der Befragten stellten fest, dass binnen 48 Stunden nach Inbetriebnahme problematische Fehler auftraten. Als größte Herausforderungen wurde von 85 % die mangelnde Verfügbarkeit von leistungsfähigen Testressourcen und von 78 % der Befragten das fehlende Testwissen identifiziert.

1. Die Ergebnisse der Logica Studie »Testing Times for Board Rooms«, die im September 2005 veröffentlicht wurden, basieren auf 255 detaillierten Interviews. Diese wurden von der unabhängigen Marktforschungsunternehmung Coleman Parkes in UK, den Niederlanden und Schweden durchgeführt.

Auf der anderen Seite sind sich 88 % der Interviewten sicher, dass ein besserer Testprozess zu einer Reduzierung der gesamten Softwareentwicklungskosten führen würde, und 74 % glauben, dass ein strukturierter und insbesondere risikobasierter Testansatz wesentlich dazu beitragen würde, die Entwicklungszeiten zu reduzieren.

Herausforderungen fürs Testmanagement

Diese Studienergebnisse verdeutlichen insbesondere die zentrale Rolle und die gestiegene Verantwortung des Testmanagements bei der Bewältigung der aktuellen Herausforderungen:

- Struktur und Sicherheit in den Testprozess bringen!
- Produktivität und Effizienz im Testprozess steigern!
- Testen an den geschäftlichen Anforderungen ausrichten!
- Testmitarbeiter für den Umgang mit den sich wandelnden Herausforderungen kontinuierlich qualifizieren!
- Testen als eigenständige Profession vorantreiben und »vermarkten«.

Zur Bearbeitung dieser Themen bedarf es aufseiten des Testmanagers einer fundierten Qualifizierung und eines eigenen ausgeprägten Selbstverständnisses als Testprofessional. Dies setzt mindestens voraus, dass das »Testmanagement« als Beruf entlang eines definierten Ausbildungsprogramms erlernbar ist, was in der Vergangenheit nicht der Fall war.

ISTQB Certified Tester – allgemein –

Mit dem »ISTQB Certified Tester«-Qualifizierungsprogramm steht mittlerweile international ein Ausbildungsschema zur Verfügung, das den Testprofessionals vielerorts bereits als Grundlage für eine fachliche Laufbahnplanung dient. Bei der notwendigen weiter gehenden Professionalisierung steht nun zunächst die Rolle des Testmanagers selbst im Mittelpunkt.

ISTQB Certified Tester – Testmanagement –

Die Inhalte des vorliegenden Buches verdeutlichen, dass die obigen Themen im ISTQB-Qualifizierungsmodul als Kernelemente dessen verstanden werden, was heute zum Praxiswissen eines fortgeschrittenen Testmanagers gehören soll. Damit ist dieses Buch nicht nur ein Lehrbuch für diejenigen, die im Beruf des Testmanagers arbeiten oder sich auf eine Zertifizierung vorbereiten, sondern darüber hinaus interessant für alle, die sich über die Aufgaben eines modernen Testmanagements informieren wollen.

Damit ist es ein Buch, auf das ich seit Langem gewartet habe und dem ich viele interessierte Leser und Leserinnen wünsche!

Anton Schlatter
Business Unit Manager Testing
Logica Deutschland

Inhaltsverzeichnis

1 Einleitung

Große Abhängigkeit von Software

Unser Alltag ist wie nie zuvor abhängig von Software und softwarebasierten Systemen. Es gibt kaum noch Geräte, Maschinen oder Anlagen, deren Funktion oder Steuerung nicht über Software bzw. Softwareanteile realisiert wird. Aber auch Verwaltungsvorgänge in Industrie und Staat werden durch oft komplexe IT-Systeme getragen. Die Verwaltung von Versicherungspolicen, das Mautsystem »TollCollect«, biometrische Merkmale in Pass und Personalausweis oder die elektronische Gesundheitskarte sind hierfür Beispiele.

Testen von Software ist eine eigenständige Berufsdisziplin

Diese starke Abhängigkeit von Software erfordert immer höhere Investitionen in qualitätssichernde Maßnahmen, damit die IT-Systeme möglichst zuverlässig ihre Aufgaben erfüllen. Das Testen von Software hat sich vor diesem Hintergrund zu einer spezialisierten, eigenständigen Fachrichtung und Berufsdisziplin der Informatik entwickelt.

Testmanagement

Innerhalb der Disziplin Softwaretest hat das Thema »Testmanagement« besondere Bedeutung. Das Testmanagement umfasst klassische Methoden des Projektmanagements und des Risikomanagements sowie das Wissen um den zweckmäßigen Einsatz wohldefinierter Testmethoden. Mit diesem Handwerkszeug ausgerüstet, kann der Testmanager[1] geeignete Maßnahmen zielgerichtet auswählen und umsetzen, die sicherstellen, dass eine bestimmte Mindestproduktqualität erreicht wird. Er verfolgt dabei ein ingenieurmäßiges Vorgehen.

Ausbildung für Testmanager

Während die Ausbildung zum Projektmanager etabliert ist und eine Vielzahl von Studiengängen, Ausbildungsprogrammen und Spezialliteratur existiert (s. beispielsweise [Hindel 06] oder [Pichler 07]), waren die Ausbildungsinhalte zum »Softwaretestmanager« bislang kaum definiert oder gar standardisiert. Angesichts der steigenden

1. Wir verwenden im Buch die männliche Form und wollen damit Frauen selbstverständlich nicht ausschließen bzw. ausgrenzen.

Verantwortung, die Testmanager im Rahmen ihrer Tätigkeit übernehmen, war das ein wenig erfreulicher Zustand.

ISTQB Certified Tester – Advanced Level – Testmanager

Mit dem »ISTQB Certified Tester – Advanced Level – Testmanager« steht erstmals ein international anerkanntes Ausbildungsschema zur Verfügung, das auch für den Beruf des Testmanagers Lehrinhalte und Qualifizierungsmodule definiert. Das vorliegende Buch »Praxiswissen Softwaretest – Testmanagement« vermittelt diese Lehrinhalte und kann als Lehrbuch bei der Vorbereitung auf die entsprechende Zertifizierung dienen.

Foundation Level

Das »ISTQB Certified Tester«-Qualifizierungsprogramm ist dreistufig aufgebaut. Die Grundlagen des Softwaretests sind im Lehrplan »Foundation Level« beschrieben [URL: GTB CTF]. Dieser Lehrstoff ist im Buch »Basiswissen Softwaretest« [Spillner 10] ausführlich dargestellt.

Advanced Level

Der »Advanced Level«-Lehrplan [URL: GTB CTA] umfasst weiterführende Kenntnisse im Prüfen und Testen von Software und zeigt Spezialisierungsmöglichkeiten auf:

- die vertiefte Behandlung von verschiedenen Blackbox- und Whitebox-Testverfahren in den »Advanced Level«-Modulen »Technical Test Analyst« und »Test Analyst« sowie
- die vertiefte Darstellung von Methoden und Techniken des Testmanagements im Modul »Test Manager«.

Diese Aufteilung entspricht auch der Struktur des Lehrstoffs, wie sie von vielen akkreditierten Weiterbildungsanbietern vorgenommen wird. Da der Lehrstoff des »Advanced Level« sehr umfassend ist, wird dieser im vorliegenden Buch nicht komplett behandelt, sondern ausschließlich das Modul »Advanced Level Test Manager«.

Expert Level

Die dritte Stufe, das »Expert Level«, richtet sich an erfahrene, professionelle Softwaretester und besteht aus einer Reihe von Modulen zu unterschiedlichen Spezialthemen. Derzeit werden die Lehrpläne im ISTQB und in den nationalen Boards erarbeitet. Geplant sind folgende Themen: Improving the Test Process, Test Management, Test Automation, TTCN-3 [URL:TTCN-3] u.a.

International Software Testing Qualifications Board (ISTQB)

Das »ISTQB« [URL: ISTQB] sorgt für die Einheitlichkeit und Vergleichbarkeit der Lehr- und Prüfungsinhalte unter allen beteiligten Ländern. In ihm sind mittlerweile weltweit knapp 50 nationale Initiativen und Verbände zusammengeschlossen. Weitere nationale Boards werden hinzukommen.

Nationale Testing Boards

Die nationalen Testing Boards sind in ihrem Land als unabhängige Expertengremien dafür zuständig, Ausbildung (Akkreditierung der Weiterbildungsanbieter) und Prüfungen (Zertifizierung durch eine unabhängige Institution) in den jeweiligen Sprachen und Ländern zu ermöglichen und die Einhaltung der ISTQB-Standards zu überwachen.

Basiswissen wird vorausgesetzt

Die drei ISTQB-Ausbildungsstufen bauen aufeinander auf. Das vorliegende Buch »Praxiswissen Softwaretest – Testmanagement« setzt den Stoff des »Foundation Level« voraus. Lesern, die neu in das Thema Softwaretest einsteigen, wird daher empfohlen, sich den Stoff des »Foundation Level« anzueignen. Dies kann durch den Besuch eines akkreditierten Seminars erfolgen oder durch das Durcharbeiten des Buches »Basiswissen Softwaretest« [Spillner 10]. Im vorliegenden Buch werden lediglich knappe Wiederholungen der wichtigsten Grundlagen geboten.

1.1 Basiswissen – komprimiert

Im Folgenden wird der Inhalt des Lehrplans »Foundation Level« und somit auch das Buch »Basiswissen Softwaretest« kurz zusammengefasst.

Maßnahmen zur Verbesserung der Softwarequalität

Es gibt eine Vielzahl von Ansätzen und Vorschlägen, die Qualität der Software durch vorbeugende (konstruktive) Maßnahmen und den Einsatz von prüfenden (analytischen) Verfahren und Methoden zu verbessern. Zu den wichtigsten Maßnahmen gehören:

- Definierte Softwareentwicklungsprozesse, die zu einer strukturierten und nachvollziehbaren Erstellung der Softwaresysteme beitragen.
- Ein wohldefinierter Testprozess und ein geordnetes Änderungs- und Fehlermanagement als Voraussetzungen, um die Testarbeiten wirtschaftlich und wirksam durchzuführen.
- Verwendung von Metriken und Qualitätskennzahlen, die helfen, Softwareprodukte und Entwicklungsprozesse objektiv zu bewerten, Verbesserungspotenziale aufzudecken und die Wirksamkeit von Korrektur- oder Verbesserungsmaßnahmen zu überprüfen.
- Der Einsatz von formalen Methoden, die eine präzise Formulierung der Entwicklungsdokumente und damit deren Überprüfbarkeit bzw. Auswertung durch Werkzeuge ermöglichen.
- Methoden zur systematischen Ermittlung und Durchführung von Testfällen, die für eine effiziente Erkennung von Fehlern und Unstimmigkeiten in den entwickelten Programmen sorgen.
- Methoden zur statischen Prüfung, in erster Linie Reviews, durch die Fehler und Mängel frühzeitig in den erstellten Entwurfsdokumenten aufgedeckt werden.

Qualitätsziele und Qualitätsmerkmale

Testmanager müssen diese Methoden, Techniken und Prozesse beherrschen oder zumindest kennen, um im Projektverlauf die der jeweiligen Situation angemessenen Maßnahmen auswählen und anwenden zu können. Die Eignung von qualitätssichernden Maßnahmen ist aber auch abhängig von den jeweils gesetzten Qualitätszielen. Das geforderte Qualitätsniveau kann dabei anhand verschiedener Qualitätsmerkmale definiert werden. Einen Katalog solcher Qualitätsmerkmale (z.B. Funktionalität, Zuverlässigkeit oder Benutzbarkeit) definiert die Norm [ISO 9126].

Testorakel

Wann liegt ein Defekt oder Fehler vor und was ist unter diesen Begriffen zu verstehen? Eine Situation oder ein Ergebnis kann nur dann als fehlerhaft eingestuft werden, wenn vorab festgelegt wurde, wie die erwartete, korrekte Situation bzw. das erwartete Ergebnis aussieht. Wird eine Abweichung zwischen dem erwarteten Istverhalten und dem beobachteten Sollverhalten festgestellt, liegt ein Fehler vor. Um Sollwerte bzw. das Sollverhalten zu ermitteln, ist ein sogenanntes Testorakel erforderlich, das dem Tester als Informationsquelle dient. Anforderungsdokumente, eine formale Spezifikation oder auch das Benutzungshandbuch sind Beispiele für solche Informationsquellen.

Fehlerbegriff

Der Begriff »Fehler« ist unpräzise. Es ist zwischen Fehlhandlung (engl. *error*), Fehlerzustand (engl. *fault*) und Fehlerwirkung (engl. *failure*) zu unterscheiden. Eine Fehlhandlung einer Person führt beispielsweise zu einer fehlerhaften Programmierung. Dadurch enthält das Programm einen Fehlerzustand, der zu einer »außen« sichtbaren Fehlerwirkung führen kann, aber nicht zwangsläufig führen muss. Meist kommt ein Fehlerzustand erst bei nicht alltäglichen Situationen zum Tragen, z.B. wirkt sich eine fehlerhafte Berechnung des Schaltjahrs erst am 29. Februar eines Schaltjahrs aus. Abbildung 1–1 soll den Zusammenhang zwischen Fehlhandlung, Fehlerzustand und Fehlerwirkung veranschaulichen und darstellen, welche Gegenmaßnahmen bzw. Methoden zur Aufdeckung angewendet werden können.

Testbegriff

Ähnlich dem Fehlerbegriff ist auch der Begriff »Testen« mit verschiedenen Bedeutungen belegt. Mit Testen wird oft der gesamte Prozess bezeichnet, ein Programm auf systematische Weise zu prüfen, um Vertrauen in die korrekte Umsetzung der Anforderungen[2] zu gewinnen und um Fehlerwirkungen nachzuweisen. Es ist auch ein Oberbegriff für alle Tätigkeiten und (Test-)Stufen im Testprozess. Jede einzelne Ausführung eines Testobjekts unter spezifizierten Bedingungen zum Zwecke der Überprüfung der Einhaltung der erwarteten Ergebnisse wird ebenso als Testen bezeichnet.

---

2. Mit Testen kann nicht nachgewiesen werden, dass die Anforderungen zu 100% erfüllt sind, da Testen nur stichprobenartige Überprüfungen vornimmt.

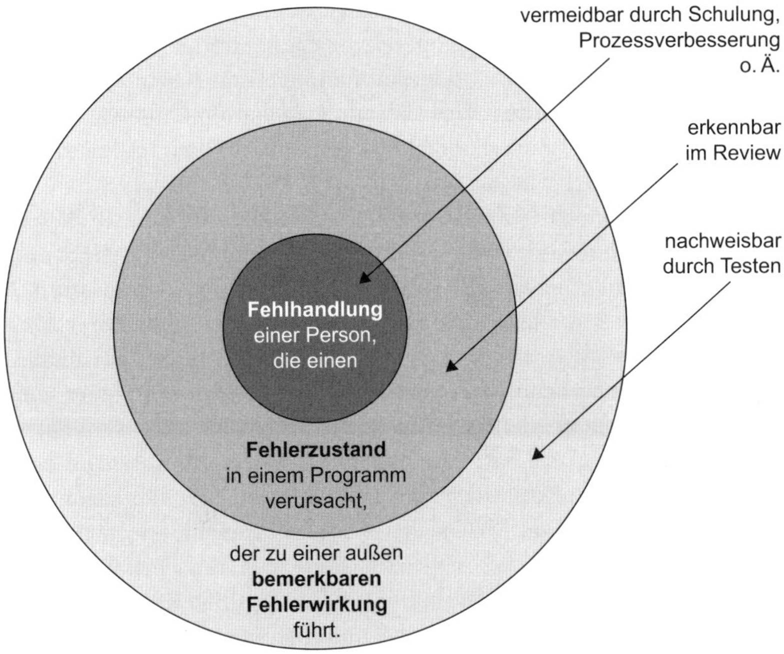

Abb. 1–1
Zusammenhang zwischen den Fehlerbegriffen

Fundamentaler Testprozess

Testen umfasst eine Vielzahl von Einzelaktivitäten. Folgender fundamentaler Testprozess ist im Lehrplan »Foundation Level« definiert. Zum Prozess gehören folgende Aktivitäten:

- Testplanung und Steuerung,
- Testanalyse und Testdesign,
- Testrealisierung und Testdurchführung,
- Testauswertung und Bericht,
- Abschluss der Testaktivitäten.

Teststufen

Beim Testen kann das zu testende Produkt (Testobjekt) auf unterschiedlichen Abstraktionsebenen bzw. auf der Basis unterschiedlicher Dokumente und Entwicklungsprodukte betrachtet werden. Die entsprechende Bezeichnung ist Teststufe. Es wird zwischen den Stufen Komponententest, Integrationstest, Systemtest und Abnahmetest unterschieden. Jede Teststufe zeichnet sich durch charakteristische Testziele, Testmethoden und Testwerkzeuge aus.

Testarten

Daneben werden →[3]Testarten unterschieden, die sich wie folgt abgrenzen lassen: funktionaler Test, nicht funktionaler Test, strukturbezogener Test und änderungsbezogener Test [Spillner 10, Abschnitt 3.7].

---

3. Mit dem Pfeilsymbol werden Begriffe gekennzeichnet, die im Glossar im Anhang des Buches erläutert werden.

Statische und dynamische Prüfung

Beim Testen kann unterschieden werden, ob das Testobjekt zur Prüfung ausgeführt wird oder ob »nur« der zugehörige Programmtext oder die zugrunde liegende Spezifikation oder Dokumentation geprüft wird. Im ersten Fall handelt es sich um sogenannte dynamische Prüfungen (mit den Vertretern Blackbox- und Whitebox-Testverfahren) [Spillner 10, Kap. 5], im zweiten Fall um statische Prüfungen (vertreten u.a. durch verschiedene Reviewarten) [Spillner 10, Kap. 4].

Unabhängigkeit zwischen Test und Entwicklung

Unabhängig davon, welche Methoden zum Testen eingesetzt werden, gilt, dass Entwicklung/Programmierung und Test organisatorisch möglichst getrennt bzw. unabhängig voneinander ablaufen sollen. Denn ein Entwickler, der sein eigenes Programm testet, ist »blind« gegenüber eigenen Fehlhandlungen. Wer weist sich schon gerne seine eigenen Fehler nach?

Testwerkzeuge

Für das Testen von Software gibt es eine Vielzahl unterstützender Werkzeuge. Je nach Einsatzzweck werden verschiedene Werkzeugklassen unterschieden: u.a. Werkzeuge für Management und Steuerung von Tests, Werkzeuge zur Testspezifikation, zum statischen und dynamischen Test und für nicht funktionalen Test [Spillner 10, Kap. 7].

Testmanagement

Im »Foundation Level« werden auch schon die grundlegenden Aspekte des Testmanagements behandelt. Neben Testplanung, Teststeuerung und Berichtswesen gehören hierzu auch die Themen Fehler-, Änderungs- und Konfigurationsmanagement sowie das Thema Wirtschaftlichkeit des Testens [Spillner 10, Kap. 6]. Das vorliegende Buch vertieft diese Aufgaben des Testmanagements.

Zur Veranschaulichung des Stoffs wird in diesem Buch das Fallbeispiel aus dem »Basiswissen«-Buch fortgesetzt:

Fallbeispiel »VirtualShow-Room« – VSR

Ein Automobilkonzern entwickelt ein neues elektronisches Verkaufssystem, genannt *VirtualShowRoom* (VSR). Das Softwaresystem soll in der Endausbaustufe weltweit bei allen Händlern installiert sein. Jeder Kunde, der ein Fahrzeug erwerben möchte, kann dann unterstützt durch einen Verkäufer oder vollkommen selbstständig sein Wunschfahrzeug am Bildschirm konfigurieren (Modellauswahl, Farbe, Ausstattung usw.).

Das System zeigt mögliche Modelle und Ausstattungsvarianten an und ermittelt zu jeder Auswahl des Kunden sofort den jeweiligen Listenpreis. Diese Funktionalität wird vom Teilsystem *DreamCar* realisiert.

Hat sich der Kunde für ein Fahrzeug entschieden, kann er am Bildschirm die für ihn optimale Finanzierung kalkulieren (*EasyFinance*), das Fahrzeug online bestellen (*JustInTime*) und bei Bedarf auch die passende Versicherung (*NoRisk*) abschließen. Das Teilsystem *ContractBase* verwaltet sämtliche Kundeninformationen und Vertragsdaten. Abbildung 1–2 zeigt eine schematische Darstellung des Systems.

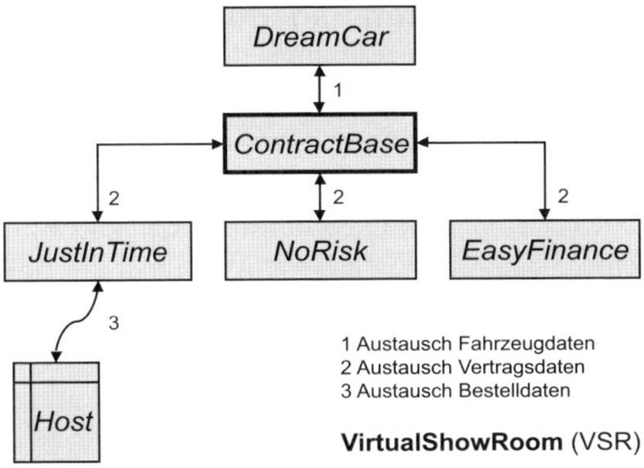

Abb. 1–2
Architektur des VSR-Systems

Jedes Teilsystem wird von einem eigenen Entwicklungsteam separat entworfen und entwickelt. Insgesamt sind ca. 50 Entwickler und weitere Mitarbeiter aus den jeweils betroffenen konzerninternen Fachabteilungen an dem Projekt beteiligt sowie externe Softwarefirmen.

Im »Basiswissen«-Buch wurden die verschiedenen →Testtechniken und Vorgehensweisen beschrieben, um das System gründlich zu testen, bevor das VSR-System in Betrieb geht.

Die Entwicklung des *VSR-2* folgt einem iterativen Entwicklungsprozess. Aus dem vorhandenen *VSR-1* soll mit vier aufeinanderfolgenden Iterationen der *VSR-2* entstehen. Dafür ist eine Entwicklungsdauer von einem Jahr vorgesehen. Es wird also etwa quartalsweise eine Zwischenversion geben.

Jede neue Version soll die Funktionalität der Vorgängerversion weiterhin korrekt bereitstellen. Allerdings kann dem eine andere, vielleicht bessere oder effizientere Implementierung zugrunde liegen. Zusätzlich implementiert jede Version erstmalig einen Satz neuer Funktionen.

Der Produktmanager erwartet vom Testmanager daher zweierlei:

- Zum einen muss das Testteam sicherstellen, dass jede *VSR-2*-Version die bisherige Altfunktionalität korrekt enthält.
- Zum anderen soll das Testteam möglichst schnell eine objektive Beurteilung abgeben, ob bzw. wie gut ein neues *Feature* umgesetzt ist.

Die Aufgaben, die bei einer solchen Problemstellung vom Testmanager zu erfüllen sind, werden in den folgenden Kapiteln behandelt und anhand obigen Beispiels jeweils verdeutlicht.

1.2 Praxiswissen Testmanagement – Übersicht

Praxiswissen-Kapitelübersicht

Die Themen des Buches und die Inhalte der einzelnen Kapitel sind im Folgenden kurz beschrieben.

- In Kapitel 2 wird der grundlegende Testprozess kurz erörtert. Ausführlich wird er bereits im Buch »Basiswissen Softwaretest« behandelt.
- Wie das Testen in Verbindung zum Softwarelebenszyklus steht, wird in Kapitel 3 dargestellt. Unterschiedliche Vorgehensmodelle der Softwareentwicklung werden diskutiert und die jeweilige Bedeutung des Testens im Modell bewertet.
- Dokumente sind ein zentraler Bestandteil des Testprozesses. Planung und Status der Tests werden in zentralen Dokumenten festgehalten und aktualisiert. Kapitel 4 stellt einen Überblick über Arten und Zusammenhänge der wichtigsten Testdokumente dar und erläutert die für das Testmanagement relevanten Dokumente im Detail.
- Kapitel 5 geht näher auf die Testplanung ein, eine wichtige, wenn nicht sogar die wichtigste Aufgabe des Testmanagers. Die Planung muss während des Projekts angepasst werden. Eine Steuerung des Testprozesses auf Grundlage von Berichten über den Testfortschritt ist für den Testmanager eine entscheidende Maßnahme, um den Testprozess erfolgreich durchführen zu können. Kapitel 6 geht auf diesen Aspekt ein.
- Reviews zur Qualitätssicherung von Dokumenten werden in vielen Unternehmen mit sehr gutem Erfolg angewendet. Die unterschiedlichen Vorgehensweisen werden ausführlich in Kapitel 7 beschrieben.
- Der Entwicklungs- und Testprozess selbst kann bewertet und verbessert werden. Welche Verfahren und Vorgehensweisen anzuwenden sind, wird in Kapitel 8 beschrieben.
- Wie ist mit den beim Testen gefundenen Abweichungen und Fehlerwirkungen umzugehen? Antworten hierzu gibt Kapitel 9.
- Identifikation und Analyse der Risiken sowie risikoorientierte Tests sind für das Testmanagement wichtige Instrumente zur Verteilung der beschränkten Testkapazitäten und dienen zur risikomindernden Steuerung des Testprojekts. Darüber hinaus unterstützen Testmanager qualitative und quantitative Risikobeurteilungen für sicherheitskritische Systeme. In Kapitel 10 sind entsprechende Hinweise zum Vorgehen zu finden.
- Ohne Mitarbeiter mit den erforderlichen Fähigkeiten und Qualifikationen – ohne Berücksichtigung des »Faktors Mensch« – kann der Testmanager eine Aufgabe nicht erfolgreich durchführen. In

Kapitel 11 wird beschrieben, was bei der Zusammenstellung des Testteams zu berücksichtigen ist.

- Testmetriken erlauben quantitative Aussagen bezüglich der Produktqualität, des aktuellen Projektstands und der Reife des Entwicklungs- und Testprozesses und helfen, Kriterien für die Beendigung des Testens festzulegen. Maßtheoretische Grundlagen und konkrete Beispiele hierfür werden in Kapitel 12 gegeben.
- Mit entsprechender Werkzeugunterstützung lässt sich der Testprozess meist effizienter durchführen. Welche Werkzeugtypen generell sinnvoll im Testprozess eingesetzt werden können und wie der Testmanager passende Werkzeuge auswählt und einführt, wird in Kapitel 13 beschrieben.
- Im letzten Kapitel des Buches (Kapitel 14) werden für das Testmanagement relevante Normen und Standards vorgestellt und diskutiert.

Das Glossar enthält alle hier im Buch verwendeten Begriffe. Weitere Glossareinträge aus dem Buch »Basiswissen Softwaretest« [Spillner 10] finden Sie auch unter [URL: GTB Glossar].

2 Fundamentaler Testprozess

In diesem Kapitel wird der fundamentale Testprozess mit seinen einzelnen Aktivitäten aus Sicht des Testmanagements vorgestellt[1].

Prozessphasen

In den meisten Entwicklungsmodellen (s. Kap. 3) wird das Testen nur sehr allgemein dargestellt. Um Tests strukturiert durchzuführen, reicht eine solche grobe Darstellung nicht aus. Neben der Einordnung des Testens in den Entwicklungsprozess wird ein detailliertes Vorgehensmodell für die Testarbeiten benötigt (s. Abb. 2–1). Der »Inhalt« der Entwicklungsaufgabe »Testen« wird dazu in folgende Arbeitsabschnitte bzw. Prozessphasen unterteilt: Testplanung und -steuerung, Testanalyse und -design (bzw. -entwurf), Testrealisierung und -durchführung, Testauswertung und -bericht sowie Abschluss der Testaktivitäten. Obgleich die Darstellung und die Beschreibung der einzelnen Aufgaben eine rein sequenzielle Reihenfolge im Testprozess suggeriert, können die einzelnen Aktivitäten sich überschneiden und teilweise auch parallel durchgeführt werden. So ist eine Überlappung der Analyse und des Entwurfs von Testfällen und deren Durchführung möglich, um anhand der Erfahrungen mit den durchgeführten Testfällen weitere ergänzende Testfälle zu spezifizieren.

Testprozess für das jeweilige Projekt umsetzen

Für Testmanager ist das Wissen über den Testprozess von zentraler Bedeutung. Aufgabe des Managers ist es, notwendige Anpassungen und Ausgestaltungen des Testprozesses projektspezifisch vorzunehmen. Das hier beschriebene abstrakte Testprozessmodell soll ihm dabei eine Hilfestellung geben.

1. Die Beschreibung konzentriert sich auf die Aspekte des Testprozesses, die im »Advanced Level« beschrieben sind. Eine Einführung in den grundlegenden Testprozess ist in [Spillner 10, Abschnitt 2.2] zu finden.

Weitere Testprozessmodelle

Weitere Testprozessmodelle und Testprozessverbesserungsmodelle, wie beispielsweise CTP (*Critical Testing Processes*) oder STEP (*Systematic Test and Evaluation Process*) und TPI *(Test Process Improvement)*, sind in Kapitel 8 beschrieben und geben dem Testmanager zusätzliche nützliche Anregungen.

2.1 Testplanung und -steuerung

Planung der Ressourcen

Die Planung einer so umfangreichen Aufgabe wie des Testens soll so früh wie möglich, am besten gleich zu Anfang des Softwareentwicklungsprojekts, beginnen. Aufgaben und Zielsetzung der Tests müssen ebenso festgelegt werden wie die benötigten Ressourcen. Dazu gehören die erforderlichen Mitarbeiter zur Durchführung der Aufgaben, die zu veranschlagende Zeit sowie die notwendigen Hilfsmittel und Werkzeuge. Die entsprechenden Festlegungen sind im →Testkonzept (engl. *test plan*) zu dokumentieren. Eine Organisationsstruktur mit dem entsprechenden Testmanagement soll vorhanden sein und ist ggf. anzupassen.

Abb. 2–1 *Fundamentaler Testprozess*

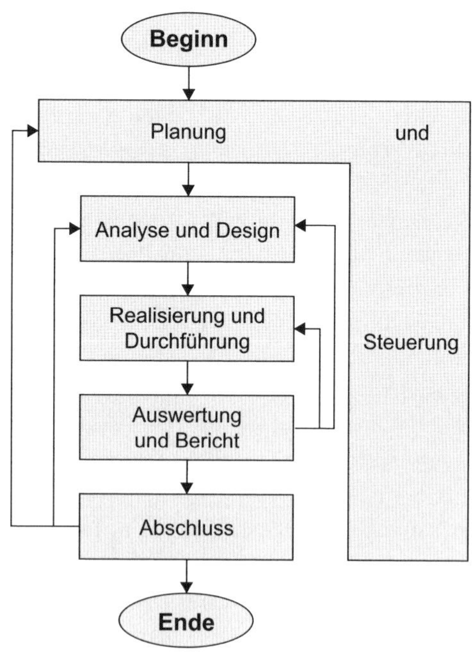

Dem Testmanagement obliegt die Verwaltung des Testprozesses, der Testinfrastruktur und der →Testmittel (engl. *testware*).

Festlegung der Teststrategie

Bei der Bestimmung der Teststrategie sind gemäß dem Risiko unterschiedliche Testverfahren und →Ausgangskriterien festzulegen. Kritische Systemteile müssen intensiv getestet werden. Bei den weniger kritischen Teilen reicht ein nicht so umfangreicher Test oder sogar ein Verzicht auf das Testen aus. Die Festlegungen müssen sehr fundiert getroffen werden, um eine bestmögliche und nachvollziehbare Verteilung der Testaktivitäten auf die »richtigen« Stellen des Softwaresystems zu erreichen.

Risikoorientiertes Testen

Risikoorientiertes Testen (s. Kap. 10) dient dazu, die identifizierten Risiken zu reduzieren. Wird beispielsweise bei mehreren Projekten festgestellt, dass schwerwiegende Abweichungen ihren Ursprung in der ungenauen oder fehlerhaften Designspezifikation haben, dann ist es sinnvoll, den Testprozess zu ergänzen und bei der Testprozessplanung zusätzlich statische Tests (Reviews) der Designspezifikation einzufordern, bevor mit der Codierung begonnen wird.

Ausgangskriterien festlegen

Die Intensität des Tests wird bestimmt durch die eingesetzten Testverfahren und den jeweiligen angestrebten Überdeckungsgrad bei der Durchführung der Testfälle. Der Überdeckungsgrad ist eines von verschiedenen Kriterien, anhand derer das mögliche Ende des Tests bestimmt wird.

Priorisierung der Tests

Softwareprojekte geraten oft unter Zeitdruck, dies muss bei der Planung vorausschauend berücksichtigt werden. Eine Priorisierung der durchzuführenden Tests bewirkt, dass die kritischsten Softwareteile zuerst getestet werden, falls wegen Zeit- oder Ressourcenbeschränkungen nicht alle geplanten Tests durchgeführt werden können.

Teststeuerung

Regelmäßige Kontrollen der Übereinstimmung von Planung und tatsächlichem Projektverlauf sind vorzunehmen. Aktualisierungen und Anpassungen der Planungsvorgaben sind ggf. abzuleiten, um steuernd auf den Testprozess einzuwirken. Grundlage der Steuerung des Testprozesses ist die Berichterstattung der Mitarbeiter sowie Zahlenmaterial und deren Auswertungen durch entsprechende Werkzeuge (s. Kap. 13).

Die Teststeuerung lenkt den Testprozess, sodass Aufgabenumfang, Teststrategie und Testziele optimal erfüllt werden. Treten beispielsweise bei der Testdurchführung an unerwarteten Stellen Fehlerwirkungen gehäuft auf, dann muss die Risikoanalyse und damit die Priorisierung entsprechend angepasst werden, damit diese Programmstellen intensiver als geplant getestet werden können.

Werkzeugunterstützung

Ohne passende Werkzeuge kann der Testprozess nicht optimal durchgeführt werden. Falls diese nicht vorhanden sind, muss eine Auswahl und Beschaffung der Werkzeuge frühzeitig eingeleitet werden. Darüber hinaus sind meist Teile der Testinfrastruktur selbst zu realisieren, wie beispielsweise Testrahmen (engl. *test bed*), in denen Systemteile zur Ausführung gebracht werden können. Deren Erstellung ist frühzeitig durchzuführen, damit sie rechtzeitig zum Abschluss der Programmierung der jeweiligen Testobjekte zur Verfügung stehen.

2.2 Testanalyse und -design

Im Rahmen der vorhergehenden Testplanung ergeben sich Anforderungen bzw. zu verfolgende Ziele an den Test. Es wird festgelegt, welche Einheit zu prüfen ist, welche Funktion oder Transaktion getestet werden soll, welche Qualitätsmerkmale nachzuweisen sind. Bei der Analyse und dem Design wird dieses Wissen weiter verwendet, um zu klären, welche Aspekte bzw. Kriterien zu prüfen sind. Der Begriff →Testbedingung (engl. *test condition*) umfasst alle genannten Gesichtspunkte. Es sind

- Testbedingungen festzulegen, also zu klären, was wie intensiv getestet werden soll, und
- Testfälle zum Nachweis der Testbedingungen zu definieren.

Dabei ist die vorgenommene Prioritätsfestlegung sowohl bei der Analyse und dem Design als auch bei der Realisierung und Durchführung der Tests zu berücksichtigen.

2.2.1 Festlegung der Testbedingungen

Was ist wie zu testen?

Zur Bestimmung der Testbedingungen dienen die Testbasis und die Testziele. Es ist festzulegen, was mit welchen Testverfahren getestet werden soll. Grundlage der Überlegungen sind das Testhandbuch und das Testkonzept (s. Kap. 4).

Um Umfang und Struktur der Testbedingungen festzulegen, werden sowohl funktionale als auch nicht funktionale Eigenschaften des Testobjekts herangezogen.

Beispiele für Einflussfaktoren

Hierzu einige Beispiele:

- **Detaillierungsgrad der Testbasis** (z.B. der Anforderungsdefinition)
  Werden nur sehr allgemeine, abstrakte Anforderungen gestellt, so können daraus auch nur sehr allgemeine Testbedingungen und dann Testfälle abgeleitet werden.

  Wird in den Anforderungen zum VSR-System beschrieben, dass eine Eingabemaske zu den Kaufpreisraten (mit Kontonummer) anzuzeigen ist, so ist im Testfall nachzuweisen, dass die Eingabemaske vom Programm korrekt aufgebaut wird. Legen die Anforderungen konkret fest, dass bei Eingabe einer zu kurzen Kontonummer diese mit einer entsprechenden Fehlermeldung abzuweisen ist, dann kann aus dieser Beschreibung relativ direkt eine ganz konkrete Testbedingung (zu kurze Kontonummer abweisen) und ein entsprechender Testfall (9 statt 10 Ziffern einer Kontonummer angeben, z.B. »123456789«) abgeleitet werden.

- **Erkannte Risiken**
  Ist ein Risiko als hoch eingestuft, so ist es ratsam, Testbedingungen mit einem hohen Detaillierungsgrad zu definieren und festzulegen.
- **Managementanforderungen**
  Der Detaillierungsgrad der dem Management zur Verfügung zu stellenden Berichte und die Notwendigkeit der →Rückverfolgbarkeit der Testfälle zu den Anforderungen sind ebenfalls bei der Festlegung der Struktur und des Umfangs der Testbedingungen zu berücksichtigen.
- **Verzicht auf Testfälle**
  In einigen Fällen kann es sinnvoll sein, nur die Testbedingungen festzulegen und auf die Definition von Testfällen zu verzichten. Bei der Ausführung des Testobjekts sind dann die Einhaltung der Testbedingungen zu prüfen.

  Im obigen Beispiel kann es sinnvoll sein, für den Aufbau der Eingabemaske keinen speziellen Testfall vorzusehen, da der Aufbau beim Test der Kontonummerneingabe problemlos »mitgeprüft« werden kann.

2.2.2 Entwurf der Testfälle

Schrittweises Vorgehen

Ausgehend von den identifizierten Testbedingungen werden die Testfälle entworfen. Dies erfolgt in einer schrittweisen Ausarbeitung und Verfeinerung unter Anwendung der Testverfahren, die in der Teststrategie (Testhandbuch) festgelegt wurden. Besonders ist darauf zu achten, dass die Testfälle reproduzierbar, nachprüfbar und zu den Anforderungen rückverfolgbar sind.

Zusammensetzung des Testfalls

Zu jedem Testfall gehören

- Festlegung der Ausgangssituation (→Vorbedingungen), die sich auf das Testobjekt oder auf die Testumgebung beziehen kann, und deren Bereitstellung bzw. Herbeiführung,
- Vorgabe bzw. Spezifikation der Testdaten,
- erwartete Ausgaben (Sollergebnis) bzw. Sollverhalten sowie
- Nachbedingungen, die nach der Ausführung des Testfalls gelten.

Testorakel

Um die erwarteten Ergebnisse und das Sollverhalten zu bestimmen, werden ein oder mehrere Testorakel »befragt«, die die jeweiligen Sollergebnisse vorhersagen. Als Testorakel ist meist die entsprechende Spezifikation des Testobjekts heranzuziehen. Aus ihr lassen sich die erwarteten Ergebnisse zu den jeweiligen Testfällen herleiten.

Wenn eine eindeutige und klar definierte Testbasis vorliegt, ist es einfach, daraus Testfälle abzuleiten – zumindest theoretisch. In aller Regel sind aber die Aussagen in den Dokumenten, die als Testbasis heranzuziehen sind, vage formuliert, manchmal widersprüchlich, enthalten Lücken an wichtigen Stellen, oder die Dokumente sind gar nicht oder nur in veralteten Versionen vorhanden. In solchen Fällen ist der Tester auf seine Erfahrung und sein Wissen in dem betreffenden Fachgebiet angewiesen. Oft ist es aber notwendig, das Wissen im Fachgebiet sich von Fachkollegen vermitteln zu lassen.

Selbst bei guter Qualität der Testbasis gestaltet sich die Erstellung der Testfälle und besonders der Sollergebnisse als schwierig. Oft haben komplexe Wechselwirkungen einen Einfluss auf das Sollergebnis und das Testobjektverhalten, die nur schwer kalkulierbar und vorhersagbar sind. Das Testorakel ist deshalb von wesentlicher Bedeutung.

Verzicht birgt Gefahren

Wird auf die Vorhersage und Verifizierung der Sollergebnisse verzichtet, hat der ganze Test nur einen sehr begrenzten Wert und Nutzen. Ein solches Vorgehen führt zu ungültigen Abweichungsberichten und schafft falsches Vertrauen in das Testobjekt bzw. das getestete System.

Für alle Teststufen

Der Entwurf der Testfälle ist für alle Teststufen durchzuführen, allerdings mit unterschiedlichen Testbasen. Formale Abnahmetests werden in erster Linie auf Basis der Spezifikation der Benutzeranforderungen, der Anwendungsfälle und der definierten Geschäftsprozesse beruhen, während die Testfälle auf Komponentenebene auf einer detaillierten Komponentenspezifikation basieren.

Dokumentation mit IEEE 829

Die Erstellung der Testbedingungen und Testfälle ist zu dokumentieren. Ein sinnvollerweise anzuwendender Standard für die Dokumentation ist IEEE 829 ([IEEE 829], s. Abschnitt 4.6 und 14.5.3). In der Praxis wird Umfang, Detaillierungsgrad und Qualität der Dokumentation sehr unterschiedlich sein. Dies wird beispielsweise beeinflusst durch

- die erkannten Projektrisiken (was muss dokumentiert werden, was nicht),
- den »Mehrwert«, den die Dokumentation für das Projekt besitzt,
- die Standards, deren Einhaltung vorgeschrieben ist,
- das verwendete Softwareentwicklungsmodell (agile Ansätze beispielsweise minimieren den Dokumentationsaufwand und gleichen dies durch enge und häufige Teamkommunikation aus) sowie
- die Forderung der Verfolgbarkeit von Testbasis, Testanalyse und Design bis zum einzelnen Testfall (und zurück).

Qualitätsmerkmale

Je nach Testumfang können Testanalyse und Testentwurf Qualitätsmerkmale des Testobjekts mit berücksichtigen und prüfen. Die ISO 9126 [ISO 9126] definiert Qualitätsmerkmale und ist eine nützliche Referenz. Da dieser Standard für Softwaresysteme ausgelegt ist, sind ggf. zusätzliche Qualitätseigenschaften beim Testen von Hardware-/Softwaresystemen (engl. *embedded systems*) zu berücksichtigen.

Reviews durchführen

Der Prozess der Testanalyse und des Testdesigns kann durch die Ergänzung von Reviews und statischer Analyse bedeutend verbessert werden. Zum Beispiel ist die Durchführung der Testanalyse und des Testdesigns unter Nutzung der Anforderungsdokumente als Testbasis eine ausgezeichnete Vorbereitung, um an einer Reviewsitzung über die Anforderungsdokumente teilzunehmen. Gleiches gilt aber auch umgekehrt: Eine Reviewteilnahme ist ein guter Einstieg, um das Anforderungsdokument danach als Testbasis zu nutzen.

Die Qualität der während der Analyse und dem Entwurf entstandenen Ergebnisse (Testfälle, Risikobewertung usw.) ist durch Reviews oder – soweit möglich – statische Analysen zu sichern, damit beispielsweise fehlerhafte Testfälle vor deren Ausführung korrigiert werden.

Testinfrastruktur rechtzeitig bereitstellen

Die benötigte Testinfrastruktur, um die Testobjekte mit den spezifizierten Testfällen ablaufen zu lassen, ist parallel zu den Analyse- und Desigaktivitäten aufzubauen. Dadurch wird verhindert, dass es zu Beginn der Durchführung der Testfälle zu zeitlichen Verzögerungen kommt. Die Testinfrastruktur soll zu diesem Zeitpunkt so weit wie möglich aufgebaut, integriert und geprüft sein. In der Praxis wird die endgültige Infrastruktur oft erst kurz vor dem Beginn der Testdurchführung vollständig vorliegen. Es ist zu bedenken, dass die Testinfrastruktur mehr als nur das Testobjekt und die Testmittel umfasst. Zur Infrastruktur gehören beispielsweise qualifiziertes (Test-)Personal, die benötigten Räumlichkeiten mit der erforderlichen Ausstattung, Softwarewerkzeuge, Peripheriegeräte, Kommunikationseinrichtungen, Zugriffsberechtigungen, Datenbanken und alles, was sonst zur Durchführung der Testfälle notwendig ist.

2.3 Testrealisierung und -durchführung

In diesem Schritt des Testprozesses sind die Testfälle zu konkretisieren, zu Testsequenzen zusammenzustellen und diese dann auszuführen. Zur Testdurchführung sind Testinfrastruktur und Testrahmen erforderlich, deren Realisierung hier abzuschließen ist. Die einzelnen Testläufe sind durchzuführen und umfassend zu protokollieren.

2.3.1 Realisierung der Testfälle

Testszenarien und Testsequenzen

In den meisten Fällen wird eine große Zahl von Testfällen vorliegen. Es bedarf daher einer Organisation der Testfälle, wenn diese zur Ausführung gebracht werden sollen. Die einzelnen Testfälle werden zweckmäßigerweise zu Testsequenzen bzw. zu Testszenarien gruppiert, um die Testfälle effizient in einer sinnvollen Abfolge hintereinander durchführen zu können und eine übersichtlichere Struktur zu erhalten. Die Aneinanderreihung der Testfälle ist Voraussetzung für den automatischen Ablauf der Testfälle (Erstellung von Testskripts).

Testausführungsplan

Vor Beginn der Ausführung der Testfälle sind die Testdaten und die Testumgebung endgültig zu konkretisieren und festzulegen. Alle Testszenarien und -sequenzen mit ihrem jeweiligen Kontext und ihren geplanten zeitlichen Abfolgen zusammen mit den Testdaten werden im →Testausführungsplan dokumentiert. Da bereits die einzelnen Testfälle priorisiert worden sind, ist klar, dass dies auch für die Testszenarien gilt. Anzustreben ist dabei die effiziente Erreichung der in der Teststrategie bzw. im Testhandbuch festgelegten Testziele.

Festlegung der Reihenfolge

Die Festlegung der Reihenfolge der Testfälle ist sehr sorgfältig vorzunehmen, dies gilt besonders bei einer automatischen Durchführung. Besonderes Augenmerk gilt es, auf die Beschränkungen zu legen, die einzuhalten sind und dadurch eine bestimmte Reihenfolge zwingend vorgeben. So kann z.B. ein Auslesen eines Datensatzes aus einer Datenbank nur dann erfolgen, wenn die Datenbank zugänglich, geöffnet und der Datensatz auch vorhanden ist. Testfälle, die diese Vorbedingungen prüfen bzw. schaffen, sind somit vorab auszuführen.

Fortsetzung des Ablaufs im Fehlerfall

Eine weitere Schwierigkeit besteht bei der Festlegung der Reihenfolge der Testfälle darin, wie im Testskript mit Fehlerwirkungen umgegangen werden soll. Stellt ein Testfall nicht das erwartete Ergebnis und somit die Vorbedingung für den folgenden Testfall her, lässt sich beispielsweise der Datensatz nicht lesen, dann darf nicht der gesamte Testablauf scheitern. Im Skript muss für diese Fälle ein »Aufsetzpunkt« definiert werden, der es gestattet, den automatischen Testablauf weiter fortzusetzen.

Eingangskriterien prüfen

Bevor mit der Testdurchführung begonnen werden kann, sind explizit oder implizit gegebene Eingangskriterien zu prüfen oder ist sicherzustellen, dass diese Eingangskriterien durch die Ausführung vorheriger Testfälle erfüllt sind. Eingangskriterien für Testszenarien können beispielsweise spezifische Vorbelegungen der Inhalte einer Datenbank sein, wenn das Testszenario die korrekte Änderung eines Datenbankeintrags testet.

Korrektheit der Testumgebung

Beim Testprozess für die Teststufen Komponententest und Integrationstest sind in der Regel neben den Testszenarien auch spezielle Testumgebungen und Testrahmen notwendig, um die Testobjekte ausführen zu können. Die benötigte Testumgebung muss vollständig bereitgestellt werden und deren Korrektheit geprüft sein. Durch die Prüfung sollen bei der Testdurchführung auftretende Fehlerwirkungen weitgehend vermieden werden, deren Ursache in einer fehlerhaften Testumgebung liegen.

Darüber hinaus soll die Testumgebung vorhandene Fehlerwirkungen des Testobjekts anzeigen bzw. »durchreichen« und nicht verändern oder überlagern. Die Testumgebung muss »normal« operieren, wenn keine Ausfälle oder Fehlerwirkungen im Testobjekt vorkommen.

Auf den höheren Teststufen muss die Testumgebung die spätere Produktions- oder Anwenderumgebung angemessen abbilden, um beispielsweise einen realistischen Systemtest durchführen zu können.

Verantwortlichkeiten festlegen

Das Testmanagement muss verantwortliche Personen für die Aufgaben zur Realisierung und Pflege der Testumgebung benennen. Testumgebungen sind nicht nur vor der Testdurchführung zu realisieren, sondern unterliegen auch der Wartung, da sie beispielsweise bei späteren Regressionstests erneut eingesetzt werden.

Abläufe müssen klar sein

Weiterhin ist sicherzustellen, dass die gesamten Testmittel und die benötigten Werkzeuge zur Testunterstützung einsatzbereit zur Verfügung stehen. Die Vorgehensweisen und Regeln zum Einsatz der Werkzeuge müssen klar definiert und allen Beteiligten bekannt sein. Dies schließt das Konfigurationsmanagement, das Fehlermanagement, die Testprotokollierung und das Testmanagement mit ein.

Nach der Testdurchführung erfolgt die Berichterstattung. Vorab müssen aber die Verfahren den Beteiligten klar sein, mit denen die Daten für die Testausgangskriterien gesammelt werden. Dies gilt ebenso für die Vorgehensweisen zur Aufbereitung der Testergebnisse für die Berichterstattung.

Standards können vorgeschrieben sein

Der Testmanager ist nicht immer frei in der Gestaltung und dem Detaillierungsgrad der Testszenarien, der Auswahl von Testverfahren, der Berichterstattung usw. In manchen Fällen gelten gesetzliche Bestimmungen, deren Einhaltung und Umsetzung nachzuweisen ist. Die Norm DO 178 B ([DO 178 B], s. Abschnitt 14.4) für den Luftfahrtbereich ist hierfür ein Beispiel.

Datenbank für die Testdaten

Wie bereits erwähnt, sind meist sehr viele Testfälle spezifiziert und damit auch sehr viele Testdaten zu verwalten. Während der Realisierungsphase obliegt es dem Tester, die Daten in einer Datenbank oder einem Repository abzulegen. Auch für die Testskripte ist ein solches Vorgehen sinnvoll.

Sind Lasttests für den Systemtest geplant, müssen Testdatengeneratoren spätestens in der Testprozessphase »Realisierung« zur Verfügung stehen, um im nächsten Schritt (»Durchführung«) eingesetzt werden zu können und eine entsprechende Last für das Testobjekt zu erzeugen.

Flexibilität sinnvoll

In der Praxis ist es für den Testmanager sinnvoll, flexibel auf bestimmte Sachverhalte zu reagieren. Zum Beispiel kann sich durch das Verhalten der Testobjekte während der Testdurchführung der Bedarf an weiteren sinnvollen Testfällen ergeben, die nicht vorab geplant wurden.

Exploratives Testen

Testen ohne vorherige detaillierte Festlegung von Testszenarien muss aber nicht ziellos sein oder »ad hoc« erfolgen. Um die aufzuwendende Zeit für das Testen abschätzen und eingrenzen zu können, nutzt zum Beispiel das explorative Testen (s. [Spillner 10, Abschnitt 5.3]) das »Time Boxing«-Prinzip. Es wird für eine bestimmte Testaufgabe eine festgelegte Zeit zur Verfügung gestellt, während der die Tester iterativ neue Testfälle durch Arbeiten am Testobjekt entwickeln und sogleich ausführen.

Erfahrungsbasierte Testverfahren

Neben dem explorativen Testen sind weitere erfahrungsbasierte Vorgehensweisen durchaus erfolgreich einsetzbar (zum Beispiel *error-guessing* oder die Ansätze aus dem Buch »*How to Brake Software*« [Whittaker 02]). Testanalyse, Testentwurf und Testrealisierung sind dabei keine klar abgrenzbaren und aufeinanderfolgenden Phasen, sondern eng mit der Testdurchführung verwoben. Die Testergebnisse jedes einzelnen Tests beeinflussen die Analyse, den Entwurf und die Realisierung der nachfolgenden Tests.

Agile Teststrategien

Diese Teststrategien können als »agil« bezeichnet werden und sind häufig sehr effektiv beim Auffinden von Fehlerwirkungen. Trotzdem kann nicht auf das Fachwissen der Testexperten verzichtet werden. Nachteile bei diesen Vorgehensweisen sind, dass die zu veranschlagende Zeitdauer für die Tests schlecht abschätzbar ist, dass sie keine Informationen über einen erreichten Überdeckungsgrad liefern und dass die Testfälle gar nicht oder nur schwer wiederholbar sind, es sei denn durch Einsatz eines spezifischen Testwerkzeugs für die Regressionstests (z.B. durch automatische Aufzeichnung der manuell durchgeführten Testfälle).

2.3.2 Durchführung der Tests

Vorbereitende Aktivitäten abgeschlossen

Mit Freigabe des Testobjekts durch die Entwickler kann mit der Testdurchführung begonnen werden. Es sollten deshalb alle vorbereitenden Testtätigkeiten bereits durchgeführt sein, um keine unnötigen Verzögerungen in Kauf nehmen zu müssen. Vor der Testdurchführung müssen eventuelle Eingangskriterien geprüft und erfüllt sein.

Auf neue Erkenntnisse flexibel reagieren

Wie oben erwähnt gibt es Verfahren, die ausnutzen, dass bei der Durchführung von Testfällen Ideen für weitere Testfälle entstehen. Auch bei den Verfahren, bei denen die Testfälle vor deren Durchführung zu spezifizieren sind, kommt es durchaus vor, dass während der Testdurchführung sich neue Erkenntnisse ergeben, die zu weiteren Testszenarien und vielleicht sogar zum Einsatz von zusätzlichen Testverfahren führen. Diese zusätzlichen Tests unterliegen aber den gleichen Dokumentationsanforderungen wie die Testfälle, die in der Testanalyse und dem Testdesign entwickelt wurden. Gerade für diese neuen Testfälle ist die Reproduzierbarkeit besonders wichtig, damit die zusätzlichen Erkenntnisse nicht wieder verloren gehen.

Bei automatisiert durchgeführten Tests kommt es meist nicht zu neuen zusätzlichen Testfällen, da die Testfälle »am Stück« durch Ausführung der Testskripte ausgeführt werden. Eine anschließende Bewertung einzelner Testfälle findet meist nicht statt.

Vergleich der erwarteten und tatsächlichen Ausgaben

Hauptaufgabe der Testdurchführung ist das Vergleichen der tatsächlichen mit den erwarteten Ausgaben der Testobjekte bzw. dem erwarteten Programmverhalten. Der Vergleich muss sehr sorgsam erfolgen, da sonst die vorbereitenden Testaufgaben nicht den gewünschten Erfolg erzielen können. Wenn vorhandene Fehlerwirkungen nicht erkannt werden (»falsche positive Einschätzung«) oder wenn korrektes Verhalten bzw. korrekte Ausgabedaten fälschlicherweise als inkorrekt gedeutet werden (»falsche negative Einschätzung«), wird sich der Aufwand für das Testen nicht auszahlen. Fehlerhafte Programmteile werden an die nächste Teststufe weitergereicht, fehlerhafte Systeme werden an die Kunden ausgeliefert oder es wird im anderen Fall viel Zeit in das Analysieren und Korrigieren von Fehlerzuständen bzw. Defekten investiert, das zu keinem Ergebnis führt, da gar keine (tatsächliche) Fehlerwirkung vorlag.

Sorgfältige Prüfung unabdingbar

Es muss also sehr sorgfältig geprüft werden, ob eine Abweichung zwischen erwartetem und tatsächlichem Testergebnis vorliegt. Das Abweichungsmanagement legt fest, welche Daten zusätzlich beim Auffinden von Fehlerwirkungen zu dokumentieren sind (s. Kap. 9).

Zuerst Testspezifikation prüfen

Um sicherzugehen, dass tatsächlich eine Abweichung bzw. Fehlerwirkung bei der Testdurchführung aufgedeckt wurde, empfiehlt es sich, zunächst die Testspezifikation einer genauen Bewertung zu unterziehen, um Fehler in dieser ausschließen zu können.

Testspezifikationen können aus unterschiedlichen Gründen inkorrekt sein:

- Es können die Testdaten (Ein- oder Ausgaben) falsch gewählt worden sein.

- Es kann Mängel und Ungenauigkeiten in der Testdokumention geben.
- Es kann der Test falsch durchgeführt worden sein (z.B. falsche Reihenfolge oder falsche Eingangskriterien).

Konnte nachgewiesen werden, dass der Fehler in der Testspezifikation lag, muss diese (ggf. auch weitere abhängige Dokumente) korrigiert und die Testdurchführung wiederholt werden.

Testspezifikation aktuell halten

Nach Änderungen an der Testbasis und/oder dem Testobjekt selbst kommt es durchaus vor, dass vergessen wird, Testspezifikationen entsprechend anzupassen. Tester müssen sich deshalb immer auch der Tatsache bewusst sein, dass die beobachteten Testergebnisse auf einer inkorrekten Testspezifikation bzw. einem fehlerhaften Testfall beruhen können.

Protokollierung

Die Durchführung der Tests ist exakt und vollständig zu protokollieren. Die Protokollierung dient der chronologischen Aufzeichnung aller relevanten Details in Zusammenhang mit der Testdurchführung. Anhand der Testprotokolle muss die Testdurchführung nachvollziehbar sein und der Nachweis erbracht werden, dass die geplante Teststrategie tatsächlich umgesetzt wurde. Welche Teile wann, von wem, wie intensiv und mit welchem Ergebnis getestet wurden, sind weitere Bestandteile des Protokolls.

Fehlt die Protokollierung, müssen Tests wiederholt werden, damit die erzielten Ergebnisse nachgewiesen werden. Dies führt zu unnötigen und vermeidbaren Verzögerungen.

Pro Testfall

Die Protokollierung der Testergebnisse bezieht sich auf den einzelnen Test und die Ergebnisse. Jeder Test ist eindeutig zu identifizieren und sein Status (geplant, ausgeführt, erfolgreich, ...) zu aktualisieren. Jedes Ereignis und jede Änderung, die Auswirkungen auf die Testdurchführung haben, sind ins Protokoll aufzunehmen. Das Testprotokoll muss ausreichend Informationen festhalten, um einerseits daraus die Testüberdeckung auszuwerten und andererseits Verzögerungen oder Unterbrechungen im Testbetrieb begründen zu können. Zusätzlich sind Informationen zu protokollieren, die für die Testprozesssteuerung, die Berichte zum Testfortschritt, die Messung der Ausgangskriterien und zur Testprozessverbesserung von Nutzen sind.

Versionsangabe

Da sich Testobjekt, Testmittel und Testumgebungen weiterentwickeln, sind bei der Protokollierung jeweils die getesteten Versionen zu vermerken.

Je nach Teststufe und Teststrategie ist die Protokollierung unterschiedlich. Während beim automatisierten Komponententest die eingesetzten Testrahmen in aller Regel die Protokolldaten selbstständig aufsammeln und aufbereiten, muss beim manuellen Abnahmetest das Protokoll oft ebenfalls manuell angefertigt werden.

Standard IEEE 829

Auch bei der Protokollierung ist der Testmanager oft an Vorschriften oder Prüfungsvorgaben gebunden. Informationen zur Aufbereitung und zum Inhalt von Testprotokollen sind beispielsweise zu finden im IEEE Standard 829 ([IEEE 829], s. Abschnitt 14.5.3) und im Britischen Standard BS-7925-2 [BS 7925-2].

Einbindung des Kunden

Die bei den agilen Softwareentwicklungsmodellen übliche enge Kooperation mit dem Kunden bzw. späteren Nutzer des Systems trifft auch für die Testdurchführung zu. Nimmt der Kunde an der Testdurchführung teil, kann dies dazu beitragen, dass das Vertrauen des Kunden in das zukünftige System gestärkt wird. Dies wird aber nur dann eintreten, wenn sich die Anzahl der beim Test aufgedeckten Fehlerwirkungen in vertretbarem Rahmen hält. Das Risiko, den Rahmen zu überschreiten, ist bei den unteren Teststufen sicherlich größer als bei den höheren Teststufen, zum Beispiel beim Systemtest.

2.4 Testauswertung und -bericht

Informationssammlung

In dieser Phase des Testprozesses sind Informationen zu sammeln und zu bewerten, die zur Berichterstattung benötigt werden und die zur Überwachung des Testfortschritts dienen inklusive der Entscheidung über das Ende des Tests. Testberichte sind für jede Teststufe anzufertigen und es kann ein abschließender Gesamttestbericht erforderlich sein.

Ausgangskriterien beurteilen

Die für die Berichte benötigten Informationen umfassen eine ganze Reihe von Metriken. Eine Zuordnung zu den vorab in der Testplanungsphase festgelegten Kriterien zur Beendigung des Tests muss ohne hohen Aufwand hergestellt werden können.

Zu beachtende Metriken

Folgende Informationen und Metriken gilt es beispielsweise zu beachten, dabei muss der Testmanager eine geeignete Auswahl oder Ergänzungen treffen (s.a. Kap. 12):

- Zu ermitteln sind die Anzahl der geplanten und zu überprüfenden Testbedingungen und die Anzahl der geplanten und ausgeführten Testfälle, wobei zwischen bestandenen und nicht bestandenen Tests zu unterscheiden ist.
- Auszuwerten ist die Anzahl aller bei der Testdurchführung aufgedeckten Fehlerwirkungen unter Angabe von Fehlerklasse und Fehlerpriorität, sowohl für die bereits korrigierten als auch für die noch offenen Fehlerwirkungen.
- Zu dokumentieren sind die Summen der akzeptierten, realisierten und getesteten Änderungswünsche (engl. *change requests*), da Ände-

rungswünsche erhebliche Auswirkungen auf die geplanten und durchgeführten Testaktivitäten haben können.

- Der geplante Aufwand ist zu vergleichen mit dem tatsächlichen Aufwand. Dabei sind Zeit- und Kostenaufwand separat auszuweisen.
- Die identifizierten Risiken sind nach der Testausführung dahin gehend zu bewerten, welche Risiken durch den Test abgemildert werden konnten und welche weiterhin uneingeschränkt gelten.
- Zu ermitteln und anschließend zu bewerten ist der prozentuale Anteil an der Testzeit, die aufgrund von blockierenden Testfällen verloren ging.
- Der benötigte Aufwand für Fehlernachtests ist festzuhalten, wenn im direkten Anschluss an den Nachweis einer Fehlerwirkung deren Korrektur vorgenommen wurde.
- Zusammenfassend kann die geplante Gesamtzeit für das Testen mit der tatsächlich aufgewendeten Gesamtzeit verglichen werden.

Der Standard IEEE 829 setzt hilfreiche Rahmenbedingungen zur Verfassung der Testberichte.

Testende erreicht?

Es ist die Aufgabe des Testmanagers auf Grundlage dieser Zahlen zu kontrollieren, ob die in der Planung festgelegten Ausgangskriterien erfüllt sind. Diese Prüfung kann zur Beendigung der Testaktivitäten führen. Sie kann aber auch ergeben, dass die Ausgangskriterien noch nicht erreicht wurden. Gründe können zum Beispiel darin liegen, dass zu viele Testfälle blockiert waren und deshalb nicht alle geplanten Testfälle ausgeführt werden konnten, oder dass zum Erreichen der Kriterien zusätzliche Testfälle erforderlich sind.

Nichterfüllung aller Endekriterien

Eine genauere Analyse kann ergeben, dass der notwendige Aufwand zur vollständigen Erfüllung aller Endekriterien nicht angemessen ist und dass auf weitere Tests verzichtet wird. Das damit verbundene Risiko ist abzuschätzen und bei der Entscheidung entsprechend zu berücksichtigen.

Sind weitere Tests erforderlich, ist der Testprozess wieder aufzunehmen und zu ermitteln, an welcher Stelle der Einstieg erfolgen kann. Gegebenenfalls muss die Planung überarbeitet werden, da zusätzliche Ressourcen notwendig sind.

Mehrere Testzyklen berücksichtigen

Durch die beobachteten Fehlerwirkungen, deren Beseitigung und die dadurch notwendigen erneuten Tests entstehen Zyklen. Das Testmanagement muss solche Korrektur- und Testzyklen einplanen (s.a. W-Modell, Abschnitt 3.4). Andernfalls sind Projektverzögerungen die Regel. Der benötigte Aufwand für die Testzyklen lässt sich nur schwer im Voraus kalkulieren. Helfen können Vergleichsdaten aus früheren, ähnlichen Projekten oder aus den bereits absolvierten Testzyklen.

In der Praxis bestimmen oft Zeit und Kosten das Ende des Tests und führen zum Abbruch der Testaktivitäten. Auch wenn beim Testen ggf. mehr Mittel als geplant verbraucht werden, so bewirkt das Testen insgesamt doch Einsparungen durch die Aufdeckung von Fehlerwirkungen und anschließende Beseitigung der Fehlerzustände in der Software. Fehlerzustände, die hier nicht entdeckt werden, verursachen im Betrieb meist erheblich höhere Kosten.

Endekriterien der Praxis: Zeit und Kosten

Ausführliche Informationen zur Überwachung des Testfortschritts, zur Reaktion auf Testergebnisse und zur Bewertung des Testendes sind in Kapitel 6 zur Teststeuerung zu finden.

2.5 Abschluss der Testaktivitäten

Nachdem die Testdurchführung und Berichterstattung komplett abgeschlossen sind, gilt es, die wichtigsten Ergebnisse festzuhalten und an die zuständigen Personen weiterzuleiten und zu archivieren. Diese abschließenden Testaktivitäten können nach vier Aspekten gruppiert werden.

Wichtige Ergebnisse dokumentieren

1. Es ist sicherzustellen, dass alle geplanten Testaufgaben auch wirklich abgeschlossen oder begründet abgebrochen sind.
   Beispiel hierfür sind,
   - dass alle geplanten Testsequenzen durchgeführt oder aber bewusst und dokumentiert ausgelassen wurden,
   - dass alle erkannten Fehlerwirkungen korrigiert und nachgetestet wurden oder auf ein zukünftiges Release verschoben oder als dauerhafte Einschränkung akzeptiert wurden.

   Testaufgaben fertig?

2. Berichte dienen nicht zum Selbstzweck, sondern enthalten wichtige Informationen für verschiedene Beteiligte, an die sie zuverlässig weitergeleitet werden müssen. Anwender der getesteten Software müssen z. B. darüber informiert sein, dass erkannte Fehlerwirkungen nicht beseitigt, sondern deren Behebung verschoben oder ganz abgelehnt wurden.

   Das Wartungs- und Supportteam muss ebenfalls mit entsprechenden Informationen versorgt werden (s. u.).

   Weiterleitung der Dokumente

3. Die gemachten Erfahrungen sollten rückblickend analysiert, bewertet und für zukünftige Projekte zur Verfügung gestellt werden. In der Praxis wird dies meist aus Zeitgründen vernachlässigt. Die gewonnenen Erkenntnisse beziehen sich dabei nicht nur auf den Testprozess, sondern meist auf den gesamten Softwarelebenszyklus. Erkenntnisse und Verbesserungspotenzial sind zu dokumentie-

   Aus Fehlern lernen

ren und daraus Pläne abzuleiten, damit zukünftige Projekte reibungsärmer durchgeführt werden können.

Beispiele für gewonnene Erkenntnisse und mögliche Veränderungen sind folgende:

Ursache für Häufungen von Fehlerwirkungen

- Werden relativ spät unerwartete Anhäufungen von Fehlerwirkungen nachgewiesen, so kann dies daran liegen, dass eine Benutzergruppe und damit deren spezielle Verwendung der Software nicht ausreichend berücksichtigt wurde. In zukünftigen Projekten wird darauf geachtet, dass ein breiterer Querschnitt an zukünftigen Benutzern in die Besprechungen besonders zur Qualitätsrisikoanalyse mit eingebunden wird.
- Aufgedeckte Fehlerwirkungen sind darauf zu untersuchen, warum und wann sie auftraten und ob sich daraus Tendenzen ableiten lassen. So können späte Änderungswünsche die Qualität des Entwicklungsprozesses und der Arbeitsergebnisse negativ beeinflussen und zu Fehlerwirkungen führen. Aber auch das Auslassen einer Teststufe, die die Fehlerwirkungen früher und kostengünstiger aufgedeckt hätte, kann Ursache sein und muss ins Verhältnis zur (vermeintlich) eingesparten Zeit gesetzt werden. Fehlertendenzen können auch im direkten Zusammenhang mit (veränderten) Rahmenbedingungen stehen: Einsatz neuer Technologie, Personalveränderung oder mangelnde fachliche Qualifikation.

Fehleinschätzung des Aufwands

- Die →Testschätzungen hatten wenig bis gar nichts mit der Realität zu tun. Ursachenforschung ist erforderlich: Wurde das Testen ineffektiv durchgeführt oder basierte die Schätzung von vornherein auf falschen Annahmen und war zu niedrig angesetzt? Für zukünftige Schätzungen sind daraus die entsprechenden Lehren zu ziehen.

»Konservierung« der Testmittel

4. Die »Konservierung« der Testmittel für die Zukunft gehört ebenfalls zu den abschließenden Tätigkeiten. Während des produktiven Einsatzes von Softwaresystemen treten trotz aller Tests weitere bisher unbekannte Fehlerwirkungen auf, oder es gibt Änderungswünsche des Kunden. Beides führt zu einer Überarbeitung der Software und erfordert dann einen erneuten Test. Wenn die Testmittel (Testfälle, Testprotokolle, Testinfrastruktur, eingesetzte Werkzeuge usw.) dann vollständig archiviert ist und leicht zur Verfügung gestellt werden kann, verringert sich der Testaufwand während der Wartungs- bzw. Einsatzphase der Software erheblich. Eine sinnvolle minimale Unterstützung des Wartungstests besteht darin, einen Satz manueller oder automatisierter Regressionstests zur Verfügung zu stellen.

Zur Archivierung der Ergebnisse, Protokolle, Berichte und sonstigen Dokumente empfiehlt sich die Verwendung eines Konfigurationsmanagementsystems. Es muss dabei ein direkter Bezug zum getesteten System hergestellt werden. So haben beispielsweise Testkonzept und Projektplan einen eindeutigen Bezug auf das entwickelte System unter Berücksichtigung der jeweiligen Version der Dokumente.

Abschließende Aufgaben sind sehr wichtig

Um die Wichtigkeit all dieser Aufgaben zu unterstreichen, sind sie als expliziter Teil des Testprozesses anzusehen. Gründe, eine oder mehrere der abschließenden Testaufgaben zu unterlassen, sind vielfältig:

- Ressourcen wie z.B. Bestandteile der Testumgebung werden vorzeitig abgezogen, da sie für nachfolgende Projekte benötigt werden,
- das Testteam ist überarbeitet und erschöpft und vernachlässigt die vermeintlich unnötigen Aufgaben oder
- das Team löst sich vorzeitig auf.

Damit diese Situationen vermieden werden, empfiehlt es sich, beispielsweise bei kundenindividuellen Entwicklungsaufträgen die abschließenden Aufgaben und die dafür benötigten Ressourcen im Vertrag festzulegen.

2.6 Zusammenfassung

Testen muss in einzelne Arbeitsschritte aufgeteilt werden. Ein fundamentaler Testprozess gliedert sich in folgende Schritte:

- **Testplanung und -steuerung**
  Die Festlegung der Ressourcen (Personen, Zeit, Werkzeuge) und die Bestimmung der Teststrategie mit der Auswahl der einzusetzenden Testmethoden, den jeweiligen Überdeckungskriterien und einer Priorisierung der Tests werden vorgenommen. Der zeitliche Ablauf der Testdurchführung wird im Testplan festgelegt. Während des gesamten Testprozesses ist bei Abweichungen zur Planung steuernd einzugreifen.
- **Testanalyse und -design**
  Die Testbasis wird auf Vollständigkeit und ausreichende Präzision geprüft. Testfälle sind unter Verwendung der Testmethoden und des Testorakels zu entwerfen. Der Aufbau der Testinfrastruktur wird begonnen.
- **Testrealisierung und -durchführung**
  Die Testfälle werden konkretisiert und zu Testsequenzen oder -szenarien gruppiert, die Testinfrastruktur wird fertiggestellt. Die

Durchführung soll zuerst nachweisen, dass das Testobjekt ablauffähig ist und der Aufruf der Hauptfunktionen keine schwerwiegenden Fehlerwirkungen verursacht. Alle Testläufe sind ausführlich zu protokollieren und zu bewerten.

Testauswertung und -bericht
Die Erfüllung der Ausgangskriterien ist nachzuweisen, und bei Nichterfüllung ist zu entscheiden, ob weitere Tests folgen oder der Testprozess beendet werden soll. Ein zusammenfassender Testbericht ist anzufertigen.

Abschluss der Testaktivitäten
Lernen aus den gemachten Erfahrungen und Bereitstellen der Testmittel für die Wartung sind die Hauptaufgaben dieser letzten Aktivität des Testprozesses.

3 Testen im Softwarelebenszyklus

In diesem Kapitel wird der Zusammenhang zwischen Test- und Softwareentwicklungsprozess dargestellt. Neben der Klassifizierung von →Prozessmodellen werden einige aktuelle Softwareentwicklungsprozesse vorgestellt und erklärt, auf welche Art das Prüfen und Testen in ihnen verankert ist.

3.1 Test- und Entwicklungsprozess

Ziel: geordnete Aufbau- und Ablauforganisation

Bei der Entwicklung von Softwaresystemen kommen Softwareentwicklungsmodelle bzw. Entwicklungsprozesse[1] zur Anwendung, um eine geordnete Aufbau- und Ablauforganisation zu gewährleisten. Es wurden in den letzten Jahren eine ganze Reihe von neuen Prozessmodellen vorgestellt und in der Praxis eingesetzt. Ziel aller Modelle ist eine systematische und strukturierte Vorgehensweise bei der Entwicklung und Pflege von Softwaresystemen.

Bestandteile der Modelle

Wichtige Bestandteile der Modelle sind:

- die einzelnen Aktivitäten,
- die zeitlichen und fachlichen Kriterien für den Übergang in die nächste Aktivität (Meilensteine, →Quality Gates),
- die Festlegung von Rollen und Verantwortlichkeiten sowie
- die bei den Aktivitäten zu erstellenden Dokumente und die dabei zu verwendenden Methoden, Richtlinien, Standards und ggf. Werkzeuge.

Je nach Entwicklungsprozess sind die jeweiligen Bestandteile unterschiedlich ausgeprägt und unterschiedlich detailliert beschrieben bzw. festgelegt. Auf einige der Modelle, bei denen das Testen oft einen sehr

1. Neben anderen sind auch »Vorgehensmodell« oder »Prozessmodell« weitere sehr gebräuchliche Bezeichnungen.

unterschiedlichen Stellenwert einnimmt, wird in diesem Kapitel näher eingegangen. Diese Auswahl ist weder repräsentativ noch vollständig, da es sehr viele Modelle für die Entwicklung von Softwaresystemen gibt. Für eine genauere Betrachtung einzelner Entwicklungsmodelle ist die entsprechende Literatur oder Internetseiten heranzuziehen, z.B. [Balzert 98] oder [URL: VM-UniBremen], [URL: software-kompetenz].

Enge Kopplung zum Entwicklungsprozess

Der grundlegende Testprozess, wie er bei allen Softwareentwicklungen, unabhängig vom verwendeten Modell, zur Anwendung kommen soll, wurde im vorherigen Kapitel ausführlich beschrieben. Der Testprozess hat viele Verbindungen zu Aktivitäten der Entwicklung und Pflege von Softwaresystemen. Einige werden im Folgenden exemplarisch genannt.

Anforderungen ändern sich

Dass sich die Anforderungen an ein Softwaresystem zu Beginn des Projektes vollständig festlegen lassen, widerspricht der Realität. Anforderungen bzw. das Verständnis und das Wissen über die erhobenen Anforderungen ändern sich während der Entwicklung. Dies hat selbstverständlich Einfluss auf den Testprozess. Es muss darauf geachtet werden, dass bei Änderungen der Anforderungen auch die entsprechenden Anpassungen der Testdokumente[2] vorgenommen werden. Ein »Auseinanderlaufen« der Dokumente ist unbedingt zu vermeiden; denn sonst existieren für geänderte oder neue Anforderungen keine Testfälle bzw. es werden Tests durchgeführt, die nicht mehr relevante Anforderungen prüfen. Voraussetzung hierfür ist die Verfolgbarkeit (engl. *traceability*) von Anforderungen zu den entsprechenden Stellen in den Testdokumenten. Somit unterliegen nicht nur die Entwicklungs-, sondern auch die Testdokumente einem →Änderungsmanagement.

Konfigurationsmanagement

Bei der Entwicklung und Pflege von Softwaresystemen entstehen unterschiedliche Versionen und Konfigurationen mit den entsprechenden Testmitteln. Es liegt auf der Hand, dass sich das Konfigurationsmanagement auch auf die Testmittel, also alle Testdokumente und -werkzeuge, beziehen muss.

Projektmanagement

Ein Ziel des Testens ist der Nachweis von auftretenden Fehlerwirkungen. Der Tester verfasst eine Fehlermeldung, die an die Entwicklungs- bzw. Wartungsabteilung weitergereicht wird. Die Fehlerursache wird dort ermittelt, und eine entsprechende Korrektur wird durchgeführt. Danach ist erneut zu prüfen, ob die Fehlerwirkung beseitigt ist und keine neuen Fehlerwirkungen, verursacht durch die Korrektur, hinzugekommen sind. Ein weiterer Testzyklus wird durchgeführt. Das Projektmanagement muss dafür sorgen, dass Entwicklungs- oder

2. [IEEE 829] bezeichnet die Dokumente als *test documents*. In der [ISO 12207.1] ist der Begriff weiter gefasst: *life cycle data* (*Information Item*).

genauer Änderungs- und Testprozess so aufeinander abgestimmt sind, dass es zu möglichst wenigen Reibungsverlusten kommt.

Ähnliches gilt für Änderungen während des Einsatzes des Systems. Die Änderungen sind zu testen, bevor das geänderte System in Produktion gehen kann. Technische und Benutzerdokumentation sind anzupassen. Auch hier ist eine Schnittstelle zwischen Entwicklung und Test gegeben.

Generischer Testprozess

Durch diese enge Verzahnung zwischen Testprozess und Entwicklungs- und Wartungsprozess sind entsprechende Anpassungen vorzunehmen, um ein optimales Zusammenwirken der Prozesse zu erreichen. In diesem Zusammenhang wird auch vom generischen Testprozess gesprochen, der sich relativ flexibel an die jeweiligen Aktivitäten des verwendeten Entwicklungs- und Wartungsprozesses anpassen lässt.

3.2 Klassifikation der Entwicklungsprozesse

Software kann nach verschiedenen Entwicklungs- oder Prozessmodellen erstellt werden. Die Modelle werden danach unterschieden, ob ein einmaliger sequenzieller Ablauf der einzelnen Aktivitäten vorgesehen ist, wie beim »allgemeinen V-Modell«[3] (s. Abschnitt 3.3), oder ob das zu entwickelnde System in Iterationen entsteht (s. Abb. 3–1).

Sequenzielle Modelle

Zu den sequenziellen Modellen gehören das Wasserfallmodell (s. [Spillner 10, Abschnitt 2.2]) und das allgemeine V-Modell. Ihnen gemeinsam ist die eher lineare Anordnung der Aktivitäten, die in der Regel für das gesamte System vollständig durchgeführt werden.

Die iterativen Modelle lassen sich weiter unterteilen in evolutionäre und inkrementelle Modelle.

Evolutionäre Modelle

Bei den evolutionären Modellen sind die Kernanforderungen des Kunden der Ausgangspunkt der Entwicklung. Liegt die erste Version vor, kann der Kunde aus der Nutzung dieser Version seine ergänzenden Wünsche und Forderungen sowie Änderungsvorschläge für die nächste Ausbaustufe einbringen, wobei diese Vorgehensweise auch für weitere Produktversionen gilt. Vorteilhaft ist dabei, dass der Kunde in relativ kurzen Zeitabständen einsatzfähige Produkte erhält, wenn auch nur mit relativ langsam und nicht wirklich planbar wachsendem Funktionsumfang.

---

3. Das »V-Modell« wird mit dem Zusatz »allgemeines« versehen, um es vom »Vorgehensmodell des Bundes und der Länder« (Version 92 und 97 sowie V-Modell XT) zu unterscheiden, das in der deutschsprachigen Literatur oft ebenfalls als »V-Modell« bezeichnet wird.

Inkrementelle Modelle

Bei den inkrementellen Modellen werden die Anforderungen an das System möglichst vollständig erfasst und auch modelliert. Jedoch wird nur ein Teil der Anforderungen für das erste Inkrement berücksichtigt und implementiert. Der Kunde erhält frühzeitig ein einsatzfähiges System, allerdings auch wieder mit eingeschränkter Funktionalität. In die nächste Ausbaustufe fließen die Erfahrungen des Kunden mit der vorherigen Ausbaustufe ein.

Abb. 3–1
Sequenzielle und iterative Systementwicklung

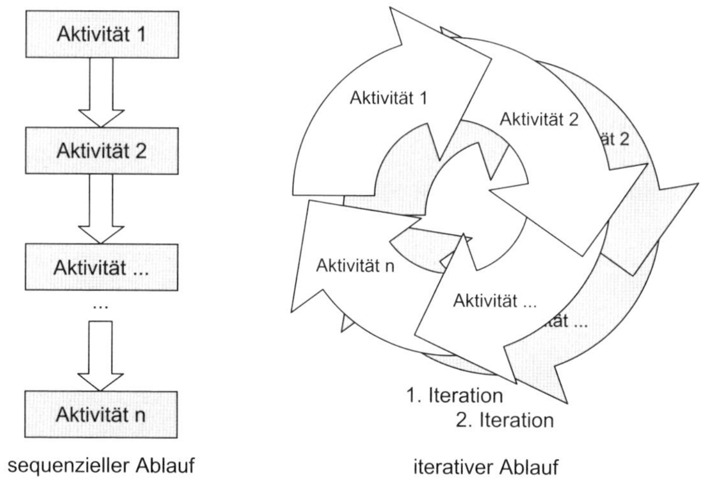

Agile Prozesse

Zu den inkrementellen und evolutionären Modellen gehören Rapid Application Development (RAD, s. Abschnitt 3.8) und Extreme Programming (XP, s. Abschnitt 3.7), wobei die Grenzen eher fließend sind und eine genaue Zuordnung zu den Klassifizierungen nicht immer möglich ist. So ist XP ein leichtgewichtiger Prozess, der den Entwicklern viele Freiheiten lässt. Der Rational Unified Process (RUP, s. Abschnitt 3.5) lässt sich auch nicht in dieses Schema einordnen, da er sowohl Phasen (Konzeptualisierung, Entwurf, Konstruktion, Übergang) als auch Iterationen in einzelnen Phasen der Softwareentwicklung definiert.

Wahl des Entwicklungsprozesses

Im Folgenden werden einige Prozessmodelle vorgestellt, wobei der Schwerpunkt der Darstellung auf den Schnittstellen zum Testprozess liegt. Für den Testmanager spielt das verwendete Entwicklungsmodell eine entscheidende Rolle, da damit auch festgelegt wird, wenn auch indirekt, welchen Stellenwert der Testprozess im Entwicklungsprozess erhält. Meist hat der Testmanager keinen oder nur sehr geringen Einfluss auf die Wahl des Entwicklungsprozesses.

3.3 Allgemeines V-Modell

Anforderungsdefinition

Ausgangspunkt für die Entwicklung von Softwaresystemen ist die Definition der Anforderungen. In ihr werden die Wünsche und Anforderungen des Auftraggebers und der späteren Anwender dokumentiert. Zweck, Leistungsmerkmale und Qualitätsforderungen des zu entwickelnden Systems müssen aus den Anforderungen hervorgehen. Das Dokument dient als Grundlage für alle weiteren Aktivitäten der Entwicklung, insbesondere für den funktionalen Systementwurf. Das Anforderungsdokument ist ebenfalls Grundlage für die Spezifikation der Abnahmetestfälle. Die Anforderungen müssen so präzise formuliert sein, dass sich Testfälle ableiten lassen.

Funktionaler Systementwurf

Beim funktionalen Systementwurf werden auf Grundlage der Anforderungen die Funktionen und Dialogabläufe des zu entwickelnden Systems spezifiziert. Die dabei entstehende Dokumentation wird von den Testern zur Erstellung der funktionalen Systemtestfälle und zum Test der Benutzungsoberflächen benötigt, bevor das System dem Abnahmetest durch den Kunden unterzogen wird.

Technischer Systementwurf

Im technischen Systementwurf werden die Schnittstellen zur Systemumgebung definiert und die Zerlegung des Systems in überschaubare Teilsysteme sowie deren Schnittstellen und Zusammenspiel vorgenommen. Beim Integrationstest werden diese Informationen verwendet, um die Systemumgebung zu simulieren und um die Schnittstellen zwischen den Teilsystemen ausreichend testen zu können.

Komponentenspezifikation

Die Spezifikation der Komponenten beinhaltet das Verhalten und den inneren Aufbau bzw. Ablauf innerhalb der Komponente. Diese Informationen werden sowohl für die Programmierung als auch für den Test der Komponenten benötigt.

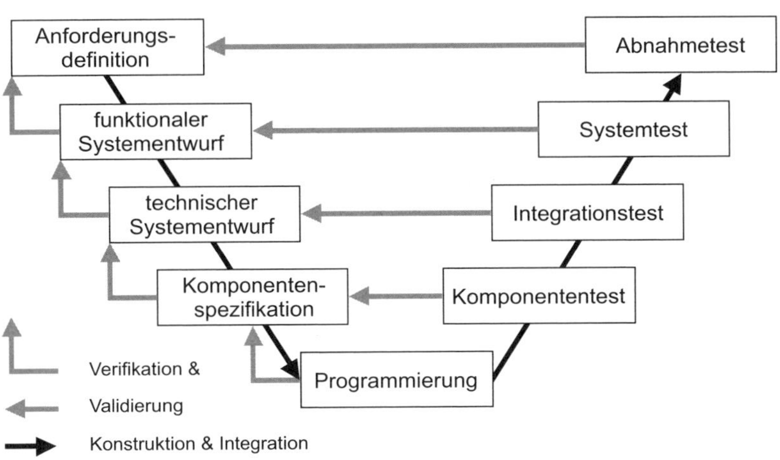

Abb. 3–2
Allgemeines V-Modell

Den Zusammenhang zwischen den Teststufen (Komponenten-, Integrations-, System- und Abnahmetest) und den korrespondierenden Entwicklungsphasen (Anforderungsdefinition, funktionaler und technischer Systementwurf und Komponentenspezifikation) verdeutlicht das allgemeine V-Modell (s. Abb. 3–2). Im Modell wird die Qualitätssicherung betont. Verifikation und Validation geben dem Modell (neben der grafischen Anordnung) den Namen »V-Modell«.

3.4 W-Modell

Im allgemeinen V-Modell wird Testen explizit in einzelnen Teststufen dargestellt, und die Testfälle werden auf Grundlage der korrespondierenden Entwicklungsaktivitäten und der dabei erstellten Dokumente erarbeitet. Die Testfälle sollen spezifiziert werden, wenn die zugehörigen Anforderungs- und Entwurfsspezifikationen vorliegen. Leider wird dieser Sachverhalt aus der grafischen Darstellung des V-Modells (s. Abb. 3–2) nicht deutlich.

W-Modell

Ein Modell, das die Parallelität von Test- und Entwicklungsprozess veranschaulicht und das Vorgehen beim allgemeinen V-Modell verdeutlicht, ist das W-Modell (s. Abb. 3–3, [Spillner 02], [Spillner 05a]). Die testvorbereitenden Aktivitäten werden parallel zu den Definitions- und Spezifikationsaktivitäten der Entwicklung durchgeführt. Unter den vorbereitenden Aktivitäten sind alle Aktivitäten des Testprozesses zu verstehen, die vor Durchführung der Testfälle auszuführen sind, also Planung, Analyse und Design sowie Realisierung der Tests (vgl. Kap. 2). Die rechte Seite des W-Modells wird ebenfalls in unterschiedliche Aktivitäten aufgeteilt: Testdurchführung und →Debugging.

Testen und Debugging

Oft wird Testen und Debugging miteinander vermengt, obwohl es unterschiedliche Aufgaben sind, die von unterschiedlichen Personen(gruppen) zu erledigen sind. Tester sind im engeren Sinne für die Testdurchführung, die Testprotokollierung und die Auswertung verantwortlich. Entdeckte Fehlerwirkungen sind den Entwicklern zu melden, deren Aufgabe es ist, durch Debugging die Fehlerursachen zu ermitteln und für deren Beseitigung zu sorgen. Ein erneuter Test durch die Tester muss dann nachweisen, dass die Fehlerwirkungen nicht mehr auftreten und dass keine neuen Fehlerwirkungen durch die Änderungen der Entwickler hinzugekommen sind. Oft entstehen so Zyklen, die im W-Modell ebenfalls explizit dargestellt werden.

Zyklen kommen vor

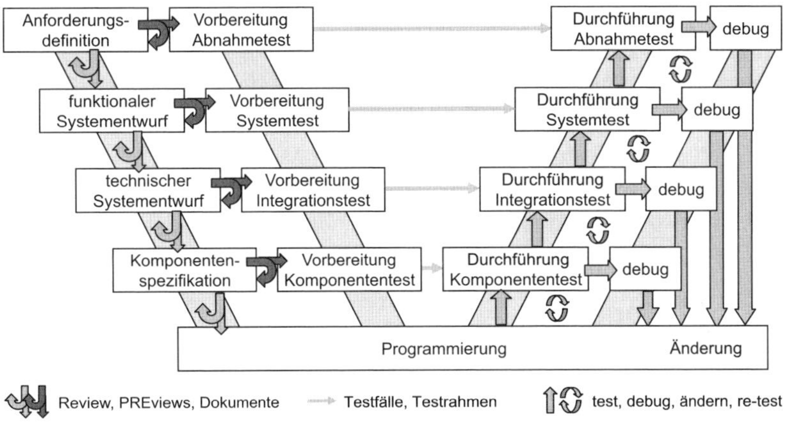

Abb. 3–3
W-Modell

Es wird auch deutlich, dass Änderungen ein »Zurückfallen« auf die Programmierebene beinhalten. Nach Fertigstellung der Änderungen ist ein »erneuter Aufstieg« erforderlich, der Zeit und Ressourcen beansprucht. Testmanagern ist dieser Umstand bekannt, Projektleitern kann die gewählte Darstellung des W-Modells klarmachen, dass Testen keine einmalige Aktivität in der Softwareentwicklung ist, wie es einige der vorgestellten Prozessmodelle möglicherweise suggerieren, sondern zyklisch wiederholt wird.

Sicherlich werden bei der Testdurchführung auch Entwurfs- oder Spezifikationsmängel festgestellt. Ein »Sprung« vom rechten in den linken Ast ist erforderlich, um die entsprechenden Fehler in den Dokumenten zu verbessern, gefolgt vom »erneuten Durchlaufen« des W mit entsprechender Anpassung aller anderen betroffenen Dokumente. Zur besseren Übersichtlichkeit ist dieser Sachverhalt im Modell nicht grafisch dargestellt.

PREviews

Im W-Modell sind die Tester vom Start des Projekts an der Entwicklung beteiligt. Sie arbeiten sich beispielsweise in die Anforderungen ein, um die entsprechenden Abnahmetestfälle spezifizieren zu können. Nach dem W-Modell sollen Fragen in Bezug auf den Abnahmetest bereits beim Review der Anforderungen gestellt werden. Die Anforderungen werden beim Review somit zum einen im Hinblick darauf analysiert, ob die Dokumente in ausreichender Qualität vorliegen, um den nächsten Entwicklungsschritt zu beginnen (in dem Fall die funktionale Spezifikation). Zum anderen wird auch geprüft, ob die Anforderungen präzise genug sind, um die entsprechenden Abnahmetestfälle spezifizieren zu können. Da dies ein Blick in die Zukunft – die Durchführbarkeit des Abnahmetests – ist, kann diese Prüfung auch als »PREview« bezeichnet werden (s.a. [Spillner 04]).

Entsprechende PREviews sind auch auf den folgenden Stufen der Entwicklung durchzuführen. Durch die Teilnahme der Tester an den PREviews werden die Dokumente mit Testfachwissen analysiert. Negative Auswirkungen auf den Test, beispielsweise ein hoher Testaufwand für eine komplexe Schnittstelle zwischen zwei Teilsystemen, können frühzeitig erkannt werden und zu entsprechenden Änderungen führen (sofern dies möglich ist).

Testfälle als zusätzliche Entwicklungsspezifikation

Ein weiterer Vorteil der PREviews ist gegeben, da die Testfallspezifikationen frühzeitig und parallel zu den Entwicklungsdokumenten entstehen. Die Testfallspezifikationen können für die weitere Entwicklung als zusätzliche Dokumente dienen, aus denen präzise Informationen, z. B. über die geforderte Funktionalität, entnommen werden können. Neben den eigentlichen Entwicklungsdokumenten liegt somit eine zusätzliche Dokumentation für den gleichen Sachverhalt vor. Dadurch können Ungenauigkeiten präzisiert und Unklarheiten geklärt werden, was zur Vermeidung von Fehlern führt.

Testmanager

Eine Einteilung der Aufgaben des Testmanagements bietet sich beim W-Modell an. Für den gesamten Prozess und für die einzelnen Teststufen sollen bei großen Projekten jeweils eigene Testmanager benannt werden. Dem Gesamtmanagement obliegt die Koordination der einzelnen Aktivitäten, wohingegen das Management der einzelnen Teststufen für die »innere« Koordination auf der jeweiligen Stufe verantwortlich ist. Je nach Stufe sind unterschiedliche Prüf- und Testmethoden auszuwählen und deren vereinbarte Anwendung und Intensität zu kontrollieren.

3.5 Rational Unified Process (RUP)

Der Name des Prozesses deutet schon darauf hin, dass dieser Prozess von der Firma Rational[4] entwickelt wurde. Mit dem RUP sollen objektorientierte Systeme unter der Verwendung von UML (*Unified Modeling Language*) entwickelt werden (s. Abb. 3–4).

Aktivitäten

Der RUP gliedert sich in vier Phasen, die den zeitlichen Verlauf eines Projekts unterteilen: Konzeptualisierung (Inception), Entwurf (Elaboration), Konstruktion (Construction) und Übergang (Transition). Diese sind ihrerseits wieder in mehrere Iterationen aufgeteilt. Jede Iteration produziert in der Regel eine ausführbare, getestete (Vor-)Version und fügt dabei der Funktionalität der vorherigen Version ein Inkrement hinzu.

4. Anfang 2003 von IBM übernommen.

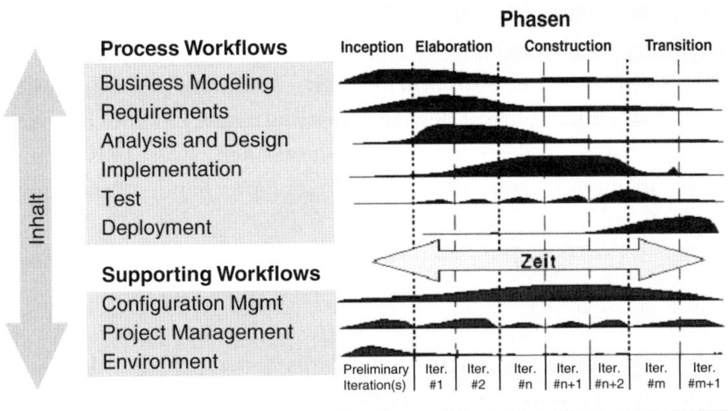

Abb. 3–4
RUP – Rational Unified Process[5]

Die neun Aktivitäten (*Workflows*[6]) werden in Prozessaktivitäten (Geschäftsprozessmodellierung, Anforderungen, Analyse & Design, Implementierung, Test und Verteilung) und in Unterstützungsaktivitäten (Konfigurations- & Änderungsmanagement, Projektmanagement und Entwicklungsumgebung[7]) unterteilt. Abbildung 3–4 verdeutlicht den Zusammenhang zwischen den Phasen mit ihren Iterationen und den Aktivitäten mit ihren jeweiligen Aufwänden in den einzelnen Phasen. Fast alle Aktivitäten erstrecken sich über alle Phasen, allerdings mit unterschiedlicher Intensität.

Testaktivität

Die Testaktivität beginnt im RUP bereits in der Konzeptualisierung mit der Testplanung und somit frühzeitig im Projekt. Die Testaktivität (s. [Kruchten 99, Kap. 12]) ist so gestaltet, dass Tests nie alle auf einmal durchgeführt werden. Es wird zwischen Einzel-, Integrations-, System- und Akzeptanztests unterschieden. Die Teststufen aus dem V-Modell finden sich hier wieder.

Unterschiedliche Tests

Neben den Teststufen werden im RUP auch folgende Testarten unterschieden: Benchmarktest, Konfigurationstest, Funktionstest, Installationstest, Integrationstest, Auslastungstest, Performanztest, Stresstest und Regressionstest. Im Testmodell wird dargestellt, was alles getestet werden soll. Es beinhaltet eine Auflistung aller Testfälle, Testprozeduren, Testskripte und erwarteten Testergebnisse.

Als beteiligter »Worker« werden bei der Aktivität Test der Testdesigner, der Tester, der Systemtester, der Performanztester und der Integrationstester genannt. Die wesentlichen Artefakte (Dokumente) sind der Testplan, das Testmodell, ein Auslastungsmodell für den Performanztest und die Dokumentation der Fehler.

5. Abbildung in Anlehnung an [Kruchten 99].
6. *Disciplines* ist ebenfalls eine häufig verwendete Bezeichnung.
7. Deutsche Begriffe übernommen aus [Kruchten 99].

Testen im RUP

Wie die Aufzählung zeigt, wird dem Testen im RUP eine wichtige Bedeutung zugemessen. Leider wird die Verzahnung der Entwicklungs- und Testaktivitäten nicht deutlich. So findet sich in Abschnitt 16.3 in [Kruchten 99, S. 213] zur Erstellung eines Architekturprototyps (Entwurf, 1. Iteration) nur folgender Abschnitt zum Test:

> »Test: Planung von Integrations- und Systemtests
> Der Testdesigner plant die System- und Integrationstests. Dazu wählt er messbare Testziele aus, die die Architektur betreffen. Diese Ziele können sich beispielsweise in der Fähigkeit ausdrücken, ein Use-Case-Szenario mit einem bestimmten Antwortzeitverhalten oder einer bestimmten Systembelastung auszuführen. Der Testdesigner ermittelt ebenfalls die Testfälle und Testprozeduren (Artefakt: Testplan).«

In Abschnitt 16.4 »Implementierung des Systems« in [Kruchten 99, S. 215 ff.] als letzte Iteration vor dem Übergang finden sich mehr Aussagen zum Testen, allerdings gehen die Angaben ebenso wenig auf Details oder die Zusammenhänge mit der Entwicklung ein. Zum Integrationstest steht dort folgende sehr allgemeine Beschreibung:

> »Test: Integrationstest
> Die zuvor entwickelten Testprozeduren werden vom Integrationstester ausgeführt. Der Integrationstester führt Integrationstests durch und berichtet über die Ergebnisse. Sobald unerwartete Ergebnisse auftauchen, werden die Fehler festgehalten.«

Testmanager

Die vergleichbaren Aufgaben eines Testmanagers obliegen dem Test Engineer und erstrecken sich über den gesamten Entwicklungsprozess. Er ist verantwortlich für folgende Artefakte: Test Model, Test Case, Test Procedure, Test Evaluation und Test Plan.

Die Firma IBM bietet eine ganze Palette von Werkzeugen für den Entwicklungs- und Testprozess zur Unterstützung der entsprechenden Tätigkeiten an.

3.6 V-Modell XT

Das »Vorgehensmodell des Bundes und der Länder«, oft auch verkürzt als V-Modell bezeichnet, wurde erstmals 1992 publiziert und 1997 überarbeitet. Seit 2005 steht das aktuelle Modell mit der Bezeichnung »V-Modell XT« zur Verfügung, wobei XT für »eXtreme Tailoring« steht und auf die Anpassbarkeit des Modells auf das jeweils durchzuführende Projekt hinweist ([Höhn 08], [URL: V-Modell XT], [URL: V-Modell XT Browser]).

Im Modell wird festgelegt, »wer wann was« in einem Projekt zu tun hat. Aktivitäten (Tätigkeiten) und Produkte (Ergebnisse), die während der Entwicklung von Systemen durchzuführen bzw. zu erstellen sind, werden ebenso definiert wie die Verantwortlichkeiten jeder am Projekt beteiligten Person. Zielsetzung sind auch hier, wie bei allen anderen Prozessmodellen, die Minimierung der Projektrisiken, die Erhöhung der Qualität der (Teil-)Produkte, die Eindämmung der Kosten und die verbesserte Kommunikation zwischen allen Beteiligten. *Wer, wann, was?*

Beim V-Modell XT sind zwei Punkte besonders hervorzuheben:

- Das Tailoring, die Anpassung des Modells an ein konkret durchzuführendes Projekt, und
- die explizite Einbindung des Auftraggebers und Kunden in die Projektplanung und Durchführung.

Tailoring

Das Tailoring schafft die Möglichkeit, das Modell für verschiedene Projektkonstellationen zuzuschneiden. Das V-Modell XT ist somit ein generischer Standard, der an die jeweiligen Projektbedingungen angepasst werden kann. Ein Werkzeug zur Unterstützung des Tailorings, der V-Modell XT-Projektassistent, ist frei verfügbar. Anhand einer Liste von vorgegebenen Projektmerkmalen (z.B. *Safety* und *Security*) wird das durchzuführende Projekt zu Beginn charakterisiert. Wichtige Merkmale sind der Projektgegenstand und die Projektrolle.

Projektgegenstand

Gegenstand des Projekts kann ein zu erstellendes System oder auch ein zu verbessernder organisationsweiter Prozess sein. Damit unterscheidet sich das V-Modell XT von den bisherigen Modellen, die sich ausschließlich auf die Erstellung von Systemen beziehen. Modelle zur Prozessbewertung und Verbesserung werden in Kapitel 8 beschrieben.

Projektrolle

Auftraggeber oder Auftragnehmer nehmen die Projektrolle ein und somit die Position, die das Projekt gegenüber anderen Projekten hat. Je nachdem, welche Rolle eingenommen wird, sind spezifische Sichtweisen auf das Entwicklungsprojekt gegeben, verbunden mit einer Reihe von definierten Projektaufgaben.

Vorgehensbausteine

Für jeden möglichen Projekttyp, der sich aus dem Gegenstand und der Rolle ergibt, stellt das Modell mindestens eine Durchführungsstrategie sowie obligatorische und fakultative Vorgehensbausteine zur Verfügung. Damit ist das Modell sehr flexibel anpassbar, da es die Möglichkeit eröffnet, sich das zum Projekt passende Modell aus einzelnen Bausteinen »zusammenzubauen«.

Projekttypen

Folgende drei Projekttypen werden im V-Modell XT beschrieben:

- **Systementwicklung eines Auftraggebers**
  Diese umfasst die Erstellung einer Ausschreibung und die Auswahl des Auftragnehmers. Der Auftragnehmer entwickelt das System, liefert es aus, und der Auftraggeber nimmt das System ab.
- **Systementwicklung eines Auftragnehmers**
  Im Projektverlauf erfolgt die Angebotserstellung und bei Übernahme des Auftrags die Entwicklung des Systems.
- **Einführung und Pflege eines organisationsspezifischen Vorgehensmodells**
  Ein Rahmen für ein organisationsweites Qualitätsmanagement wird vom V-Modell XT bereitgestellt. Dabei wird zwischen erstmaliger Einführung einer Prozessbeschreibung und der wiederholten Durchführung von Prozessverbesserungsprogrammen unterschieden.

Bei jeder Systementwicklung sind die beiden ersten Projekttypen gegeben. Beide sind nicht separat zu betrachten, sondern sie sind über eine sogenannte Auftraggeber/Auftragnehmer-Schnittstelle eng miteinander verbunden. Im V-Modell XT werden die jeweils angepassten Projektdurchführungsstrategien und die standardisierten Schnittstellenprodukte, die zwischen den Projekten ausgetauscht werden, zur Verfügung gestellt.

30 Rollen, aber kein Testmanager

Das Modell bietet eine Vielzahl von Informationen zur Anpassung, zu Rollen, Produkten (inkl. Vorlagen) und Aktivitäten. So sind beispielsweise 30 unterschiedliche Rollen[8] definiert, aber keine explizite für den Testmanager. Für den Testprozess relevante Rollen sind: Prüfer (Tester), QS-Verantwortlicher und Qualitätsmanager. Durch die Verteilung der Aufgaben des Testmanagers auf mehrere Rollen ergibt sich auch kein separat erkenntlicher Testprozess. Bei den einzelnen Tätigkeiten wird allerdings deutlich, dass die Testaktivitäten frühzeitig beginnen und einen angemessenen Stellenwert im Gesamtprozess einnehmen. Auch sind für die Durchführung eines reibungslosen Testprozesses alle notwendigen Dokumente im V-Modell XT aufgelistet.

8. Ausführliche Beschreibungen zu den Rollen sind in der Onlinedokumentation [URL: V-Modell XT Browser] zu finden.

3.7 Extreme Programming (XP)

Seit einiger Zeit sind die sogenannten »leichten Prozesse« in den Mittelpunkt des Interesses und der Diskussionen gerückt. Ziel aller leichten Prozesse ist der Abbau von »Softwarebürokratie«, d.h., Dokumente nehmen keinen großen Stellenwert ein. Ein Vertreter der leichten Prozesse ist Extreme Programming ([Beck 01], [Wolf 05]). XP wird im Folgenden kurz vorgestellt (s. Abb. 3–5).

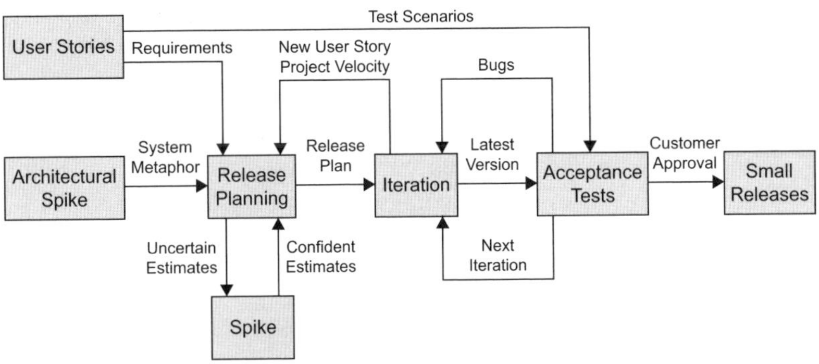

Abb. 3–5
XP-Projektübersicht[9]

Stories

Die sogenannten »User Stories« – kurz »Stories« – sind Ausgangspunkt für jedes Projekt. Sie sind vergleichbar mit den Anwendungsfällen in der UML und dienen der Beschreibung der Anforderungen aus Sicht der Benutzer. Selbst alle Stories zusammen ergeben jedoch nicht eine vollständige Anforderungsdefinition, vielmehr soll eine einzelne Story die Beschreibung eines Kundenwunsches beinhalten, die als Einheit für die Planung, Realisierung und Kontrolle eines kleinen Release bzw. eines Teils davon dienen kann. Während der Projektlaufzeit kommen neue Stories hinzu, und vorhandene können verfeinert werden.

Vom Entwickler und Benutzer gemeinsam werden die Testschätzung und Planung zur Umsetzung einer Story durchgeführt. Es wird aufgrund von Prioritäten und Risikoabwägungen entschieden, welche Story in welchem Release enthalten sein soll.

Akzeptanztest

Aus den Stories werden auch sogenannte Testszenarien entwickelt, die beim Akzeptanztest zur Ausführung kommen. Der Akzeptanztest obliegt der Verantwortung des Benutzers bzw. Kunden. Er hat auch zu entscheiden, ob die Tests Fehlerwirkungen aufzeigen oder nicht. Um die Akzeptanztests bei jedem Release durchzuführen, ist deren Automatisierung erforderlich.

9. In Anlehnung an: *http://www.extremeprogramming.org/*.

Vor dem Akzeptanztest werden Unit Tests durchgeführt (s. Abb. 3–6). Beim Extreme Programming werden die Testfälle vor der Programmierung eines jeden Bausteins oder Inkrements erstellt oder genauer ausgedrückt programmiert. Als Hilfsmittel kommen Frameworks zur Erstellung und automatisierten Ausführung von Unit Tests zum Einsatz (z.B. JUnit s.u. [URL: JUnit]).

Abb. 3–6
XP-Testaktivitäten[10]

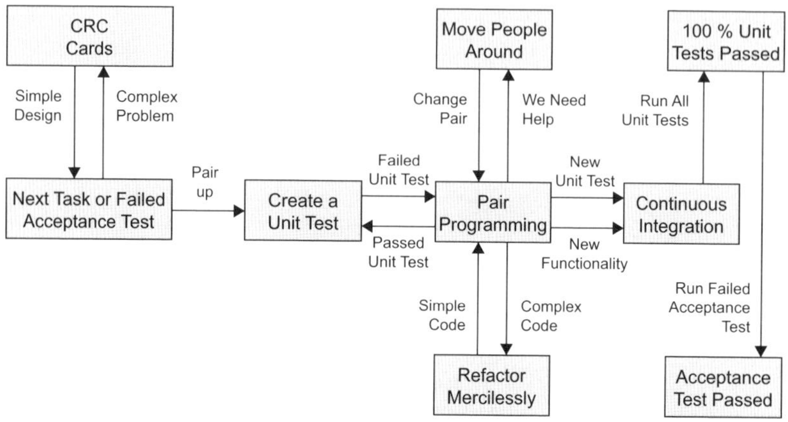

Unit Test

Die Testfälle dienen als Spezifikation der geforderten Funktionalität der einzelnen Stories bzw. der einzelnen Inkremente des Systems. Durch die Automatisierung der Testdurchführung können neue oder geänderte Programmteile sehr schnell überprüft werden. Alle Unit Tests müssen fehlerfrei laufen, bevor die Entwicklung weiter fortgesetzt wird.

In XP hat das Testen eine hervorgehobene Bedeutung. Es wird von Projektbeginn an berücksichtigt und steht im Mittelpunkt der Überlegungen. Weitere leichte Prozesse haben diesen Ansatz aufgegriffen (*Test-Driven Development* oder *Test-First Development*, s. [URL: XUnit]).

Keine systematische Erstellung der Testfälle

Ein Problem ist, dass der Fokus bei der Entwicklung ausschließlich auf den Unit Tests liegt, also dem Test der einzelnen »Einheit«. System- und Abnahmetests liegen in der Verantwortung des Kunden. Integrationstests[11] zur Aufdeckung von Schnittstellenfehlern sind in XP kein Thema[12]. Ein weiteres Problem ist dadurch vorhanden, dass für die Erstellung der Testfälle keine Systematik angeboten oder vorgeschrieben ist. Es kommt somit immer darauf an, wie gut die Testfälle

10. In Anlehnung an: *http: //www.extremeprogramming.org/*.
11. Die Integration der Units (*continuous integration*, s. Abb. 3–6) wird zwar vorgenommen, aber es werden keine speziellen Testfälle zur Prüfung der Schnittstellen durchgeführt, sondern die Unit-Testfälle werden wiederholt.
12. Es gibt allerdings eine Reihe von Publikationen, die Vorschläge zur systematischen Durchführung der Tests machen, z.B. [Crispin 02].

gewählt werden, damit das Vorgehen den gewünschten Erfolg erzielt. Im Artikel »Die trügerische Sicherheit des grünen Balkens« wird diese Problematik beschrieben [Fraikin 04]. Allerdings trifft diese Einschränkung auch ganz allgemein für die Erstellung von Testfällen zu. Testfälle sollen immer systematisch und auf Grundlage einer bzw. mehrerer Testverfahren erstellt werden.

Rolle des Testers

Den Managementaufgaben wird in XP keine allzu große Bedeutung zuerkannt; XP-Projekte sind eher »selbstverwaltet« und von geringem Umfang. Managementaufgaben im engeren Sinne fallen daher kaum an. Es gibt die Rolle des Testers, dieser ist aber abweichend vom herkömmlichen Verständnis eher zur Unterstützung für den Kunden bei der Durchführung der Akzeptanztests zu sehen, da die Unit Tests ja vor und während der Programmierung von den Entwicklern selbst erstellt und durchgeführt werden.

3.8 Rapid Application Development (RAD)

Entwicklungszeiten zu verkürzen und die Qualität der Softwaresysteme zu erhöhen ist das Ziel von »Rapid Application Development« (s.a. [Martin 91]). Durch den verstärkten Einsatz von Werkzeugen über den gesamten Entwicklungsprozess soll dies erreicht werden. Als Schlagwort ist in dem Zusammenhang auch CASE – *Computer Aided Software Engineering* zu nennen.

Neben der intensiven Werkzeugunterstützung wird die Verkürzung der Entwicklungszeiten dadurch erreicht, dass eine iterative Entwicklung durchgeführt wird (evolutionäres Prototyping). Nur ein Teil der Anforderungen wird umgesetzt und dann dem Kunden vorgestellt, der seinen Eindruck und seine Wünsche für die nächste Iteration äußert. Eine mögliche Darstellung des RAD-Prozesses ist in Abbildung 3–7 gegeben.

RAD dient inzwischen auch als Oberbegriff für eine ganze Reihe von werkzeuggestützten Entwicklungsansätzen. Zu nennen sind beispielsweise die Entwicklung von Benutzungsoberflächen mithilfe von entsprechenden Entwicklungsumgebungen (*GUI-Builder*), der Einsatz von Visual Basic (VB) oder Delphi und auch die Verwendung von Autorensystemen zur Erstellung von Multimedia-Anwendungen. Allen gemeinsam ist der Werkzeugeinsatz zur Erstellung des Systems bzw. eines Teils des Systems, oft ohne eine ausführliche Analyse- und Designphase vorab durchgeführt zu haben.

Rollen

Explizite Rollen zum Testen oder Testmanagement sind nicht definiert. Auf der RAD-Internetseite der University of California [URL: RAD] finden sich unter den »Key Players« keine Tester oder Testmanager. Es

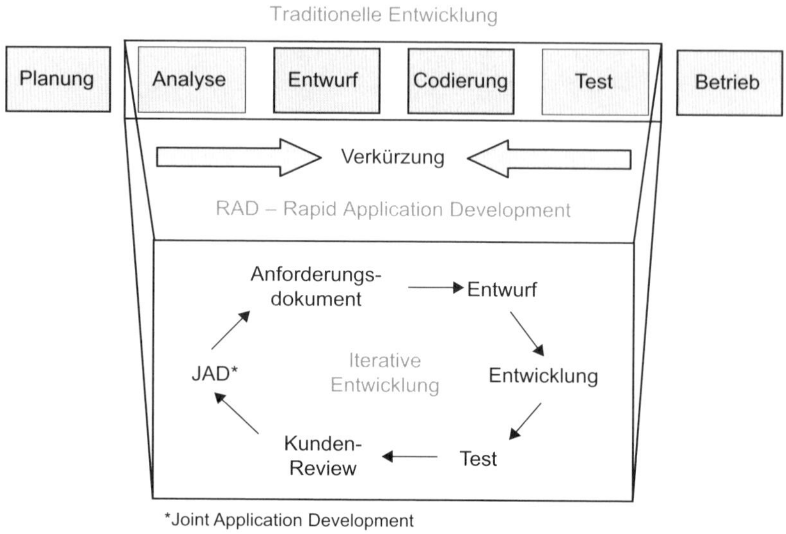

Abb. 3–7
RAD – Rapid Application Development

existiert ein »SWAT-Team« aus zwei bis sechs gut ausgebildeten Entwicklern, wobei SWAT für »*Skilled Workers with Advanced Tools*« steht.

3.9 Dynamic Systems Development Method (DSDM)

Mitte der 90er-Jahre haben sich Firmen zusammengefunden, um herauszufinden, warum RAD bei einigen Projekten erfolgreich eingesetzt werden kann und bei anderen der Erfolg versagt bleibt. DSDM verfeinert RAD um einen definierten Prozess, der große Ähnlichkeiten zu »Scrum« [URL: Scrum] aufweist, aber genauere Prozessschritte und Rollen definiert.

DSDM-Prinzipien

Folgende neun Prinzipien sind die Grundpfeiler von DSDM[13]:

- Softwareentwicklung erfolgt im Team. Ein Produkt ist nur dann erfolgreich, wenn das Anwendungswissen des Kunden mit dem Entwicklungs-Know-how der IT-Spezialisten verknüpft wird. Der Kunde ist aktiv an der Teamarbeit beteiligt.
- In der Regel entscheidet das Team, nicht eine einzelne Person.
- Regelmäßige Lieferungen von (Teil-)Produkten sind anzustreben.
- Diese (Teil-)Lieferungen müssen für den Kunden bzw. Anwender einen im Vergleich zu vorherigen Lieferungen zusätzlichen Geschäftswert haben (relevantes Abnahmekriterium, *Business-Value-Driven*).

13. In Anlehnung an [URL: DSDM2].

- Zur Erzielung von adäquaten Lösungen wird iterativ und inkrementell entwickelt.
- Durchgeführte Änderungen müssen leicht zurückgenommen werden können.
- Anforderungen werden auf einem hohen Niveau festgeschrieben.
- Testen wird im gesamten Entwicklungsprozess berücksichtigt.
- Zusammenarbeit und Kooperation aller am Projekt Beteiligten ist sehr wichtig.

Time-Boxing & MoSCow

Viele Parallelen zu XP (Abschnitt 3.7) sind offensichtlich. Es gibt eine Reihe von Techniken, die bei DSDM anzuwenden sind. Zwei sollen hier beispielhaft aufgeführt werden:

- **Time-Boxing**
  Bezeichnet die Technik oder das Vorgehen, alle Aktivitäten in vorab festgelegten Zeitintervallen durchzuführen. Das heißt, der Zeitrahmen ist fest, und die vorgenommenen Tätigkeiten müssen »passend« zum Zeitbudget sein. Zeitüberschreitungen werden nicht akzeptiert.
- **»MoSCoW«-Prinzip**
  Anforderungen werden nach folgenden Regeln kategorisiert:
  - Must have – fundamental für den Projekterfolg
    or
  - Should have – wichtige Anforderung, aber Projekterfolg ist nicht direkt davon abhängig
  - Could have – kann einfach weggelassen werden, ohne das Projekt entscheidend zu beeinflussen
    or
  - Won't have – soll nicht umgesetzt werden, da es überflüssiger Ballast ist.

Fünf Phasen

DSDM-Projekte werden in den folgenden fünf Phasen durchgeführt, wobei die Phasen 3 bis 5 iterativ für jedes Teilprodukt durchlaufen werden:

1. *Machbarkeitsstudie* – Entscheidung, ob Durchführung oder nicht
2. *Business Study* – zur Festlegung der wesentlichen Anforderungen
3. *Functional Model Iteration* – Festlegung der Architektur, Spezifikation des Teilproduktes und Prototypentwicklung
4. *Design and Build Iteration* – Realisierung und Test der Teilprodukte
5. Implementierung und Übergabe des fertigen Teilproduktes an die Anwender

Rolle des Testers

Im DSDM sind zwölf Rollen auszufüllen. Die Rolle des Testmanagers ist nicht aufgeführt. Als einzige Rolle ist in diesem Bereich der Tester genannt, der für die Durchführung der »*non-user*«-Tests verantwortlich ist.

3.10 Zusammenfassung

Neben der engen Kopplung zwischen Entwicklungs- und Testprozess wurde eine ganze Reihe von unterschiedlichen Softwareprozessmodellen in diesem Kapitel vorgestellt. Dabei wurde besonders hervorgehoben, wie gut der Testprozess mit seinen einzelnen Aktivitäten im jeweiligen Modell berücksichtigt wird.

- Es wird zwischen sequenziellen und iterativen Systementwicklungsmodellen unterschieden. Bei den sequenziellen werden die einzelnen Aktivitäten nacheinander ausgeführt. Bei der iterativen Entwicklung entstehen zuerst Teilprodukte, die mit jeder Iteration erweitert werden, bis das Endprodukt vorliegt.
- Beim allgemeinen V-Modell werden Teststufen und deren Zusammenhang mit den entsprechenden Analyse-, Entwurfs- und Spezifikationsphasen hervorgehoben. Die vorbereitenden Testaktivitäten (z.B. Testplanung, Testspezifikation) werden im Modell nicht deutlich dargestellt.
- Im W-Modell werden parallel zu den Analyse-, Entwurfs- und Spezifikationsphasen die vorbereitenden Testaktivitäten zu den einzelnen Teststufen klar hervorgehoben. Auch wird zwischen der Testdurchführung/-auswertung und dem Debugging unterschieden. Der Testprozess ist eng mit dem Entwicklungsprozess verzahnt.
- Ein Bindeglied zwischen den sequenziellen und iterativen Prozessen ist der RUP (*Rational Unified Process*). Im RUP beginnen die Testaktivitäten frühzeitig und sind begleitend zu den anderen Prozessaktivitäten, die iterationsübergreifend erfolgen. Welche Testaktivitäten wann durchzuführen sind, ist im Modell nicht deutlich genug beschrieben.
- Das Vorgehensmodell des Bundes und der Länder in seiner Version von 2005, V-Modell XT, bietet durch das *Tailoring* die Möglichkeit, ein Entwicklungsmodell »passend« zum Projekt aus einzelnen vordefinierten Bausteinen zusammenzustellen. Besonderes Augenmerk wird auf die Kommunikation zwischen Auftraggeber und Auftragnehmer gelegt. Neben der Unterstützung bei der Systementwicklung bietet das Modell auch ein Vorgehen bei der Etablierung eines organisationsweiten Qualitätsmanagements und dessen kontinuierliche Verbesserung an.

- Beim *Extreme Programming* steht das Testen von Beginn an im Mittelpunkt der Entwicklung (engl. *test first*). Testfälle dienen als Spezifikation. Iterationen erfolgen in sehr kurzen Zeiträumen. Der Kunde ist für den Akzeptanztest bei jedem Release verantwortlich. Hauptgewicht liegt allerdings auf dem Unit Test der einzelnen Bausteine.
- Auch beim *Rapid Application Development* (RAD) wird in kurzen Iterationen und mit Kundenbeteiligung das System entwickelt. Hinzu kommt eine möglichst umfassende Verwendung von Werkzeugen.
- *Dynamic System Development Method* (DSDM) als weiteres agiles Prozessmodell setzt die Schwerpunkte auf die Entwicklung im Team, die enge Kooperation mit dem Kunden und die Systemerstellung in Iterationen. Dabei sind die für den Kunden wichtigen Teile zuerst zu erstellen, ausgewählt nach dem MoSCoW-Prinzip. Die Einhaltung der geplanten Zeit für die einzelnen Tätigkeiten steht im Vordergrund (*Time-Boxing*).

Der Testmanager hat meist keinen großen Einfluss auf die Auswahl des Entwicklungsprozesses. Er muss versuchen, mit den vorgegebenen Prozessen klarzukommen. Prozesse lassen sich auch an die Gegebenheiten des Projektes anpassen, somit kann der Testprozess eine höhere Bedeutung erlangen als im eigentlichen Prozess vorgesehen.

Eine Empfehlung für einen bestimmten Prozess, der den Testprozess am besten unterstützt, kann nicht ausgesprochen werden, da die Wahl bzw. die Anpassung der Entwicklungsmodelle von ganz vielen unterschiedlichen Faktoren abhängt. Beispielsweise kann ein Modell in der Firma über Jahre etabliert sein, und Änderungen sind nicht erwünscht, oder das Modell, nach dem das System zu erstellen ist, wird vom Kunden vorgeschrieben.

Welches Modell auch immer Grundlage sein mag: Der Testmanager soll dafür sorgen, dass (Phasenergebnis-)Dokumente (auch in frühen Phasen) Reviews unterzogen werden und dass (Phasenergebnis-) Dokumente frühzeitig an das Testteam zur Testvorbereitung geliefert werden.

4 Testdokumentation

Dokumente sind ein zentraler Bestandteil des Testprozesses: Ein Test ohne Ergebnisdokumentation ist so viel wert, als hätte er nicht stattgefunden. Aber auch Planung und Status der Tests werden in Dokumenten festgehalten und aktualisiert. Dieses Kapitel stellt einen Überblick über Arten und Zusammenhänge der wichtigsten Testdokumente dar und erläutert die für das Testmanagement relevantesten Dokumente im Detail.

4.1 Hierarchie der Testdokumente

Die hier vorgestellten Dokumenttypen sind als Konzepte zu verstehen; sie gliedern die Aufgaben der Dokumentation des Tests unter dem Aspekt, wie übergreifend und strategisch bzw. wie projektspezifisch und operativ ein Dokumenteninhalt ist. In der Praxis finden sich die Dokumente bzw. deren Inhalte oftmals unter einem anderen Namen und/oder nicht in Form eines geschlossenen Dokuments wieder. Die Inhalte sind verteilt über verschiedene andere »regulative« Dokumente des Unternehmens, wie z.B. das Qualitätsmanagement-Handbuch nach ISO 9000, Prozessdefinitionen, Verfahrens- und Arbeitsanweisungen, Projekthandbücher usw.

Architektur der Dokumente

Eine gute Dokumentationsarchitektur hat das Ziel, die Wiederverwendung von Dokumentationsbestandteilen und die Vereinheitlichung der Dokumentationsarbeit zu unterstützen. Dies wird erreicht, indem mehrere Organisationsebenen identifiziert werden und auf jeder Ebene diejenigen Inhalte angesiedelt werden, die auf den darauf aufbauenden Ebenen einheitlich bleiben.

Die Abbildungen 4–1 (S.50) und 4–2 (S.68) zeigen den Zusammenhang zwischen den in diesem Kapitel besprochenen Dokumenttypen und ihre Zuordnung zu Organisationsebenen im Überblick. Dabei werden neben den Definitionen aus [URL: GTB CTA] die Dokumenttypen aus [IEEE 829] verwendet.

Die Dokumentenarchitektur ist wie folgt aufgebaut:

Qualitätspolitik

Die Basisebene bildet die Qualitätspolitik (s. Abschnitt 4.2), in der die strategische Bedeutung der (Software-)Qualität für ein Unternehmen und dessen Umgang mit Qualitätsmanagement und Qualitätssicherung definiert wird.

Testpolitik

Die Qualitätspolitik ist die Grundlage für (oder beinhaltet) die Testpolitik (ebenfalls Abschnitt 4.2), in der die allgemeinen Aussagen zur Softwarequalität konkretisiert werden, um die Bedeutung des Testens für die Qualitätssicherung und dessen Aufgaben zu beschreiben.

Testhandbuch

Aufbauend auf den allgemeinen Dokumenten werden eine oder mehrere Teststrategien oder Testhandbücher erstellt (Abschnitt 4.3). Diese legen die gemeinsamen Richtlinien für alle Testaktivitäten in den verschiedenen Organisationseinheiten fest (z.B. Unternehmensbereiche, die verschiedene Software für verschiedene Branchen entwickeln).

Abb. 4–1
Testdokumente auf Organisationsebene

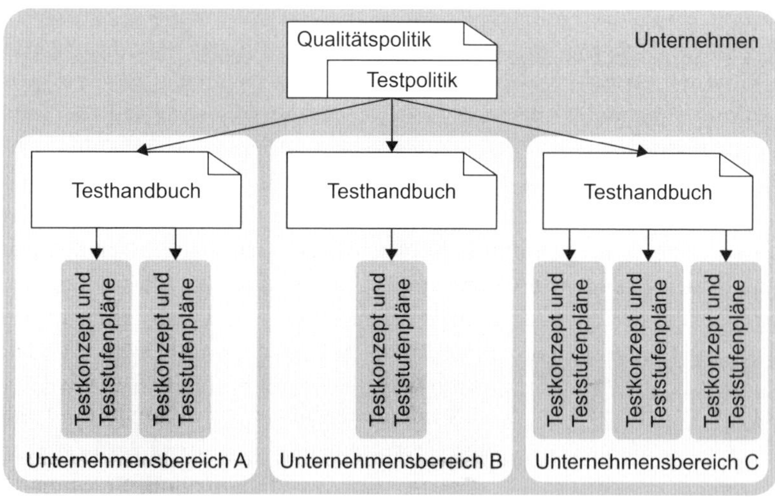

Testkonzept

Aus der Teststrategie leitet sich das Testkonzept (Abschnitt 4.4) ab, das jeweils für ein einzelnes Entwicklungsprojekt (genauer gesagt für die Tests in diesem Entwicklungsprojekt) gültig ist.

Testplan

Der Testplan schließlich (Abschnitt 4.5) beinhaltet für dieses Projekt die Planungsvorgaben des Testmanagers, nach denen im Lauf des Projekts alle weiteren Testdokumente (Abschnitt 4.6) erstellt bzw. überarbeitet werden. Wenn das Projekt mehrere unterschiedliche Teststufen beinhaltet, so kann es für jede Stufe einen eigenen Stufentestplan geben.

4.2 Qualitätspolitik und Testpolitik

Ein Unternehmen, das (Software-)Systeme produziert, wird im Allgemeinen bestimmte Ansprüche an die Qualität seiner Produkte haben. Diese Ansprüche basieren auf dem Bestreben dieses Unternehmens, mit seinen Produkten Marktanteile und Kunden zu gewinnen und Umsatz – idealerweise auch Gewinn – zu machen. Die Qualitätsansprüche des Unternehmens »an sich selbst sowie die seiner Kunden und ggf. normative Anforderungen« sind häufig in Form einer öffentlich dokumentierten Qualitätspolitik vorzufinden.

Qualitätspolitik

Die →Qualitätspolitik drückt aus, welche Bedeutung »Qualität« für das Unternehmen hat und welchen Qualitätsanspruch es an seine Produkte, Dienstleistungen und Prozesse stellt. Daraus werden Richtlinien, Vorgaben und Hinweise zur Realisierung dieser Ansprüche sowie Vorgehensweisen für die Überprüfung der tatsächlich erreichten Qualität abgeleitet. Darüber hinaus soll die Qualitätspolitik auch die Verpflichtung des Unternehmens zur ständigen Verbesserung beinhalten.

Die Qualitätspolitik ist somit die Grundlage für die Arbeit des Qualitätsmanagement-Stabes bzw. der Qualitätsmanagement-Abteilung und der qualitätssichernden Instanzen im Unternehmen. Die Qualitätspolitik muss in der Verantwortung der obersten Leitung liegen. Nur diese kann sicherstellen, dass die Qualitätspolitik für den Zweck des Unternehmens angemessen ist, im gesamten Unternehmen vermittelt, verstanden und befolgt sowie auf ihre fortdauernde Angemessenheit bewertet wird [ISO 9001].

Beispiel einer Qualitätspolitik

Auszug aus der Qualitätspolitik der KOSTAL-Gruppe [URL: Kostal]:

Qualität als Grundlage

Qualität ist die Grundlage aller Aktivitäten bei KOSTAL; jeder Mitarbeiter hat einen wesentlichen Beitrag zur Qualität zu leisten. Die Qualitätspolitik ist die Arbeitsgrundlage jedes Mitarbeiters der KOSTAL-Gruppe weltweit.

Null-Fehler-Qualität bei allen Produkten, Prozessen und Dienstleistungen ist die Voraussetzung zur Zukunftssicherung.

Vollständig zufriedene Kunden zu gewinnen, ist unser oberstes Ziel: durch fehlerfreie Produkte und Dienstleistungen, durch 100%ige Termintreue, durch kompetente und freundliche Kooperation mit den Mitarbeitern unserer Kunden.

Kontinuierliche Qualitätsverbesserung erwartet von jedem seiner Mitarbeiter das uneingeschränkte Bekenntnis zur Qualität bei seiner individuellen Arbeit sowie den aktiven Beitrag zur ständigen Verbesserung der Qualität von KOSTAL-Produkten, -Prozessen und -Dienstleistungen.

Das Testen von softwarebasierten Produkten oder Prozessen als eine Methode der Qualitätssicherung muss folglich ebenfalls auf Basis der Qualitätspolitik des Unternehmens betrieben werden. Diese Unternehmensphilosophie in Bezug auf das Testen bezeichnet man als →Testpolitik.

Inhalte einer Testpolitik

Üblicherweise hat die Testpolitik Gültigkeit für ein ganzes Unternehmen oder eine Teilorganisation. Sie wird von einer zentralen Instanz mit Testkompetenz – Qualitätsmanagement-Stab, →Testcenter, IT-Abteilung o. Ä. – erstellt und gewartet. Zu folgenden Themen soll die Testpolitik Grundlagen schaffen:

- **Die Definition des Begriffs »Testen« im Unternehmen**
  Zur Lösung welcher Probleme dient der Test, welchen Stellenwert hat er im Gesamtentwicklungsprozess, wie wird er gegen andere qualitätssichernde Maßnahmen abgegrenzt?
- **Eine Darstellung des Testprozesses**
  Aus welchen Phasen und Teilaufgaben besteht der Testprozess, welche Rollen sind daran beteiligt, welche Eingangs- und Ausgangsdokumente sind den Teilaufgaben zugeordnet?
- **Vorgaben zur Bewertung des Testprozesses**
  Welche Metriken sollen herangezogen werden, um die Effektivität und Effizienz der Testaktivitäten im Projekt zu messen?
- **Qualitätsziele**
  Welche Qualitätsmerkmale (z. B. Zuverlässigkeit, Benutzbarkeit) soll der Test prüfen und welche Einstufungen des freizugebenden Systems hinsichtlich dieser Kriterien sollen erreicht werden?
- **Einen Ansatz zur Testprozessverbesserung**
  Zu welchen Zeitpunkten und mit welchen Mitteln soll die Qualität des Testprozesses beurteilt werden, anhand welcher Verfahren werden ggf. Verbesserungspotenziale erkannt und Verbesserungsmaßnahmen abgeleitet, welche Ziele werden damit verfolgt?
- Im Allgemeinen definiert (oder referenziert) die Testpolitik auch eine Standardterminologie für den Test.

Die Testpolitik kann sowohl den Test neuer Systeme als auch die Anforderungen an den Test im Rahmen der Wartung bestehender Systeme regeln und damit Gültigkeit für zwei separate Organisationsteile (Entwicklungs- und Betriebseinheit) haben.

Die Testpolitik zum Leben erwecken

Die oben erläuterte Grundstruktur der Testpolitik stellt ein Skelett dar, das firmen- bzw. organisationsspezifisch mit »Fleisch« zu füllen ist. Dabei sind auch Erweiterungen sinnvoll, z.B. die Haltung der Organisation zur Qualifikation und Weiterbildung der im Test involvierten Mitarbeiter und deren Mitverantwortung für die Qualitätsziele.

Wesentlich sind die Akzeptanz bei den Betroffenen und die Umsetzbarkeit der in der Testpolitik definierten Grundsätze. Eine praktikable Testpolitik ist somit ein kritischer Faktor für den Erfolg der Testaktivitäten. Um dies sicherzustellen, muss die Testpolitik neben den oben genannten Inhalten die folgenden Anforderungen erfüllen: Testen ist kein beweisendes, sondern ein stichprobenorientiertes Verfahren, das u.a. auch Vertrauen in die Qualität des getesteten Systems schaffen soll. Dieses Vertrauen wird gestärkt, wenn die Grundlagen und die Ziele des Testens bekannt, dokumentiert und leicht nachvollziehbar sind und mit den firmenweiten Qualitätszielen übereinstimmen.

Bezug zum Unternehmenszweck

Eigenschaften einer »guten« Testpolitik

Die Umsetzung der Testpolitik ist zum großen Teil eine Sache der Motivation. Werden die Forderungen, die in der Testpolitik aufgestellt werden, direkt in Beziehung zum Unternehmenszweck gesetzt, erleichtert das den Umsetzenden die unvermeidlichen Argumentationen und Diskussionen über Kosten und Notwendigkeit des Testens.

Realitätsnähe

Unrealistische Forderungen oder Erwartungen an den Test können in einer Testpolitik auftauchen, wenn diese von »Nicht-Testern« formuliert wird. Ein Negativbeispiel für eine mit überzogenen Erwartungen verbundene Definition des Stellenwerts des Testens in einem Unternehmen wäre z.B. folgende:

Überzogene Erwartungen vermeiden

> *»Testen in unserem Unternehmen dient dem Beweis der Fehlerfreiheit unserer Produkte zum Zeitpunkt des Markteintritts.«*

Zum einen ist Testen kein Beweisverfahren und zum anderen beruht das Testen auf Stichproben und kann damit die Abwesenheit von Fehlern nicht belegen.

Aber auch fachlich sinnvolle Forderungen wie z.B. »Im Test müssen 100% Zweigabdeckung erreicht werden« können im jeweiligen Projektkontext unrealistisch sein und dürfen dann auch in der Testpolitik nicht zum Maßstab gemacht werden.

Adäquate Reife

Eine noch so ambitionierte Testpolitik muss wirkungslos bleiben, wenn ihre Umsetzung im Unternehmen wegen mangelnder Möglichkeiten der Realisierung scheitern muss. Ein weitverbreiteter Kardinalfehler ist eine übertrieben genaue Definition des Testprozesses, z.B. durch Definition von Phasen und Rollen, die nicht durchsetzbar bzw. nicht effizient gestaltbar sind. So führen beispielsweise viele Unternehmen in ihrer Testpolitik einen Testprozess ein, der auf Testautomatisierung als Mittel zur Kostenersparnis setzt, ohne darauf Rücksicht zu nehmen, dass der Testprozess mehrheitlich von nicht technisch ausgebildeten Testern aus den Fachabteilungen getragen wird.

Messbarkeit

Bei der Formulierung der Evaluierungskriterien und des durch den Test sicherzustellenden Qualitätsniveaus muss – wie bei der Definition jeder Metrik – darauf geachtet werden, dass tatsächlich (im Idealfall: mit wenig Aufwand) messbare Kriterien angegeben werden.

Folgende Formulierung eines zu erreichenden Qualitätsniveaus kann als ein Negativbeispiel dienen: »Ein System darf zum Zeitpunkt seiner Freigabe für den Markt keine funktionalen Fehler enthalten.«

Die Fehleranzahl in einem System kann nicht algorithmisch berechnet, sondern bestenfalls statistisch geschätzt werden. Eine geeignete, weil messbare Formulierung des anzustrebenden Qualitätsniveaus wäre beispielsweise folgende: »Für ein neu auf den Markt gebrachtes System dürfen im Lauf der ersten sechs Monate nach Markteinführung maximal 100 durch Kunden gemeldete funktionale Fehler auftreten.« Auf Basis dieser Zielgröße kann dann geschätzt werden, wie viele Fehler der Systemtest oder andere Teststufen finden müssen, bevor das Produkt freigegeben werden darf.

Lebendigkeit

Eine Testpolitik ist kein in Stein gemeißeltes Manifest, sondern lebt auch vom »Feedback« aus Erfolg und Misserfolg der Umsetzung. Eine gute Testpolitik verankert im Testprozess diese notwendigen Rückkopplungsmechanismen gleich mit. Durch deren regelmäßige Anwendung, z.B. im Rahmen des Ansatzes zur Testprozessverbesserung, wird sichergestellt, dass die Testpolitik regelmäßig überprüft und zielgerichtet verbessert wird.

Folgende Auszüge aus einer realen Testpolitik dienen als Beispiele, wie eine »gute« Testpolitik formuliert wird:

Auszüge aus einer Testpolitik

- **Zur Bedeutung des Testen**
  »Testen wird im Unternehmen sowohl zur Verifikation als auch zur Validierung der entwickelten Systeme eingesetzt. Testaktivitäten im Bereich der Validierung (Prüfung der Einsetzbarkeit des Systems für den beabsichtigten Zweck) sind Usability-Tests, Alpha-Tests und Beta-Tests. Zur Verifikation werden basierend auf den Kundenanforderungen testbare Systemanforderungen formuliert, deren korrekte Umsetzung durch Systemtests geprüft wird. Neben Tests existieren sowohl zur Validierung als auch zur Verifikation weitere qualitätssichernde Maßnahmen, die im QM-Handbuch beschrieben sind.«
- **Zum angestrebten Qualitätsniveau**
  »Zu jeder Systemanforderung werden eindeutige Akzeptanzkriterien beschrieben [...] Aufgabe der Verifikation ist es, sicherzustellen, dass ein freigegebenes System jedes funktionale Akzeptanzkriterium in vollem Umfang erfüllt sowie jedes nicht funktionale Akzeptanzkriterium hinsichtlich der Effizienz (lt. Definition der ISO 9126) wenigstens zu 95 %.«
- **Zum Ansatz für die Testprozessverbesserung**
  »Zur kontinuierlichen Überwachung der Wirksamkeit sowie der Verbesserung der Testprozesse werden diese im Rahmen der regelmäßigen Projekt- und Prozessaudits nach ISO 9000 betrachtet. Zur Lokalisierung von Verbesserungspotenzialen wird das Modell TMM genutzt. Langfristiges Ziel der Prozessverbesserung sind die Senkung der Summe aus Fehlerfolgekosten und Qualitätssicherungskosten für die im Unternehmen erzeugten Softwaresysteme.«

4.3 Teststrategie bzw. Testhandbuch

Teststrategie als Konkretisierung der Testpolitik

Die Testpolitik hat unternehmensweite Gültigkeit über Abteilungen, Projekte, Teststufen und Testphasen hinweg; daher beinhaltet sie normalerweise eher allgemeine, strategische Festlegungen bzw. dokumentiert die Philosophie des Unternehmens in Bezug auf das Testen. Um im konkreten Anwendungsfall die Umsetzung der Testpolitik zu unterstützen, ist ein Detaillierungsschritt notwendig: die Ausarbeitung einer Teststrategie.

Eine Teststrategie kann langfristige unternehmensweite Gültigkeit haben oder gemeinsame Regelungen für mehrere ähnliche Projekte (z. B. Entwicklungsprojekte für die gleiche Zielbranche) beinhalten. Im Minimalfall beschreibt sie nur die Vorgehensweise für ein einzelnes Projekt.

In diesem Buch wird eine Dokumentationsarchitektur beschrieben, bei der die Teststrategie im Sinn eines →Testhandbuches formuliert wird, das in möglichst vielen Projekten verwendbar ist und als gemeinsame Basis für die projektspezifischen Testkonzepte dient. Zur Planung der Tests in einem neuen Projekt soll ein Testmanager im Idealfall das Testhandbuch als Auswahlkatalog für die im konkreten Projekt umzusetzenden Testaktivitäten heranziehen können. Er muss dann im Testkonzept lediglich die projektbezogenen Anpassungen bzw. Konkretisierungen beschreiben. Dies reduziert den planerischen Aufwand erheblich.

Inhalte einer Teststrategie bzw. eines Testhandbuches

Um dies leisten zu können, muss ein Testhandbuch Antworten auf Fragen bieten, die zu Beginn eines Projekts hinsichtlich der zu planenden Tests immer wieder gestellt werden. Auf die meisten dieser Fragen wird in den folgenden Kapiteln dieses Buches im Detail eingegangen. Hier werden die für die Erstellung eines Testhandbuches relevanten Fragen aufgelistet und auf die entsprechenden Kapitel verwiesen:

Regelungen zur Planung von Tests

Testplanung und -management

- Wie werden aus den Informationen über das Produktrisiko des zu testenden Systems die einzelnen Testaktivitäten abgeleitet? Hierzu existieren verschiedene Ansätze (Kap. 9). Auf der Ebene einer projektübergreifenden Teststrategie bzw. eines Testhandbuches ist zu beschreiben, welche Ansätze in welchen Situationen generell zur Anwendung kommen sollen (ggf. auch in welchen Kombinationen).
- Welche Standards sind einzuhalten, sowohl solche aus dem Bereich des Softwaretestens selbst als auch weiter gefasste Standards (s. Kap. 14)?
- Wie sehen die Umgebungen aus, in der Softwaretests durchgeführt werden (Beschreibungen von Referenz-Hard- und -Software sowie ggf. notwendigen Rüstprozeduren zur Vorbereitung der Tests, s. Kap. 5, insbesondere Abschnitt 5.5.2)?
- Welche Ansätze zur Testautomation gibt es (hier sind z.B. geeignete Werkzeuge und Automatisierungsmethoden, Kriterien zur Entscheidung über die Automatisierung von Tests wie z.B. Machbarkeit und Nutzen zu beschreiben; ohne Kapitelverweis – Testautomation ist nicht Inhalt dieses Buches)?
- Welche Strategien werden verfolgt, um eine Wiederverwendung von Testmitteln in einer Teststufe, aber auch zwischen aufeinanderfolgenden Teststufen zu unterstützen (ohne Kapitelverweis – Wiederverwendbares Testdesign ist nicht Inhalt dieses Buches)?
- Wie werden Fehlernachtests und Regressionstests geplant (Kriterien, Umfang, Auswahl der Tests usw., s. Kap. 5 und 6)?

- **Teststufen bzw. Testphasen** (s. Kap. 5, insbesondere Abschnitt 5.4)

  Organisation von Teststufen

  - Welche Teststufen bzw. Testphasen sind im Projekt vorgesehen (z.B. Komponententest, Integrationstest, Systemtest)?
  - Gilt der in der Testpolitik definierte allgemeine Testprozess in jeder Teststufe unverändert oder ist er anzupassen oder zu detaillieren – und wenn ja, wie?
  - Welches sind die Eingangskriterien für den Beginn der Teststufe (diese können u.a. identisch mit den Ausgangskriterien der vorherigen Teststufe sein, s.u.)?
  - Wie sehen die Ausgangskriterien für die Teststufen aus, beispielsweise Ausgangskriterien und deren Ermittlung, d.h. geeignete Metriken und Schwellwerte, aber auch die zu erstellende Prozessdokumentation und die Kriterien zu deren Freigabe?
  - Wie unabhängig sind die Teststufen von anderen Organisationseinheiten (werden die Tests beispielsweise von den Entwicklern durchgeführt oder von einem eigenständigen Testteam)?
  - Wie arbeiten die Teststufen zusammen, z.B. welche Teststufe ist verantwortlich für den Test welcher Qualitätsmerkmale, für die Abdeckung welcher Anforderungen und/oder Risiken etc.?
- **Integrationsverfahren** (s. Kap. 5, insbesondere Abschnitt 5.6.1)

  Integration der Testobjekte

  - Wie werden die Komponenten des Systems integriert: Geschieht dies stufenweise oder als »Big Bang«?
  - Welche Integrations(-test-)umgebungen kommen dabei zum Einsatz?
  - Welche Strategie wird eingesetzt, um die Reihenfolge der zu integrierenden Komponenten festzulegen?
- **Teststeuerung und -kontrolle** (s. Kap. 6)

  Regelungen zum operativen Testmanagement

  - Wie werden die geplanten Testaktivitäten konkreten Ressourcen zugewiesen?
  - Wie wird der Fortschritt der Testaktivitäten verfolgt?
  - Welche Berichte sollen erzeugt werden und wer sind die Berichtsempfänger?
  - Welche Maße und Metriken sind aufzuzeichnen und welche Handlungsmöglichkeiten bzgl. der Steuerung der Testaktivitäten werden von ihnen abgeleitet (s. zu Metriken Kap. 12, zu den Steuerungsmöglichkeiten Abschnitt 6.3 und 6.4)?
- **Abweichungs- und Konfigurationsmanagement** (s. Kap. 9 und 5)

  Abweichungs- und Konfigurationsmanagement

  - Wie wird das Abweichungsmanagement organisiert (Statusmodell für Abweichungen, beteiligte Rollen, Format von Abweichungsberichten, einzusetzende Werkzeuge)?

- Wie funktioniert das Konfigurationsmanagement der Testmittel (welche Dokumente, Testsoftware etc. werden wie versioniert und archiviert, wie wird der Bezug zur Testbasis hergestellt)?

Balance zwischen Wiederverwendbarkeit und Konkretheit

Die Herausforderung bei der Ausarbeitung eines Testhandbuches liegt darin, dieses auf der einen Seite so konkret zu gestalten, dass es dem Anwender tatsächlich Vorteile bringt (indem es beispielsweise Arbeit bei der Strukturierung von Aufgaben abnimmt, Entscheidungen erleichtert etc.), es aber auf der anderen Seite nicht projektspezifisch werden zu lassen.

Tipp

Ein pragmatischer Ansatz besteht darin, ein im Einzelprojekt besonders bewährtes Testkonzept (s. Abschnitt 4.4) zu verallgemeinern und als erste Version eines Testhandbuches weiteren Projekten bereitzustellen; in der weiteren Anwendung dieses Testhandbuches werden sich die nicht übertragbaren Inhalte schnell herausstellen und ändern bzw. entfernen lassen.

Eine weitere Möglichkeit, diesen Spagat zu leisten, ist die Erstellung mehrerer Testhandbücher mit abnehmendem Gültigkeitsbereich und zunehmendem Detaillierungsgrad. Beispielsweise kann ein Firmen-Testhandbuch erstellt werden, das in weitere Testhandbücher für verschiedene Produktbereiche mit stark unterschiedlichen Anforderungen an die Testintensität unterteilt wird. Motivation für eine solche Aufteilung kann beispielsweise die unterschiedliche Kritikalität der in diesen Bereichen entwickelten Systeme sein: Ein Unternehmensbereich, der z.B. sicherheitskritische Systeme für Automobile entwickelt, benötigt andere Prozessvorgaben als einer, der Logistiksoftware zur Lagerung dieser Systeme entwickelt.

Aktualisierung des Testhandbuches

Ebenso wie die Testpolitik muss auch das Testhandbuch regelmäßig durch Auswertung der einzelnen Projekte aktualisiert und wechselnden Gegebenheiten angepasst werden. Ein probater Weg hierfür besteht darin, am Ende von Projekten regelmäßige Projektaudits vorzusehen, während derer auch Wirksamkeit und Umsetzbarkeit von Testpolitik und Testhandbuch im Testkonzept systematisch bewertet werden und falls nötig Verbesserungsmaßnahmen vereinbart werden. Diese Feedback-Schleife wird am besten als fester Bestandteil der Testpolitik definiert und im Rahmen des Prozessverbesserungsprogramms im Testhandbuch verankert.

4.4 Testkonzept

Die Umsetzung der unternehmensweiten Teststrategie, also die Planung und Durchführung von konkreten Testaktivitäten für ein zu testendes System, findet in den meisten Fällen innerhalb von Software- bzw. Systementwicklungsprojekten[1] statt. Die in einem Entwicklungsprojekt durchzuführenden Testaktivitäten werden als →Testprojekt[2] bezeichnet.

Das Testkonzept ist die planerische Grundlage für die Testaktivitäten

Das Testkonzept[3] ist das Planungsdokument des Testprojekts; es setzt die unternehmensweiten Vorgaben der Qualitäts- und Testpolitik und die generischen Maßnahmen des Testhandbuches in die Projektrealität um. Es beschreibt, welches die Testaufgaben sind und ordnet sie den Teststufen des Projekts zu. Es definiert konkrete Eingangs- und Ausgangskriterien dieser Stufen und regelt die Beziehungen zwischen ihnen sowie zwischen dem Test und den anderen am Projekt beteiligten Organisationsteilen.

Das Testkonzept enthält Informationen, die häufig gewartet werden müssen

Die Phasen des generischen Testprozesses (s. Abschnitt 2.1) finden üblicherweise innerhalb eines Testprojekts in Form von Testzyklen wiederholt statt, die sich an den zu testenden Entwicklungsständen der Testobjekte orientieren. Das Testkonzept muss Testzyklen und deren Hauptinhalte festlegen, die Aktivitäten in diese Zyklen einordnen, Termine und benötigte Ressourcen identifizieren und mit Softwareentwicklungs- und -releaseplan in Einklang bringen. Diese Pläne ändern sich erfahrungsgemäß häufig. Auch die Informationen zum Management der Testprojektrisiken gehören zu diesen wandelbaren Inhalten. Das Testkonzept muss im Vergleich zu den strategischen Dokumenten Testpolitik und Testhandbuch häufig angepasst werden.

Das Testkonzept bildet auch das Grundgerüst für die Testfallspezifikation

Das Testkonzept dokumentiert die Testziele und die für das Projekt als adäquat gewählte Teststrategie. Aus Testzielen und Teststrategie folgen die notwendigen bzw. wünschenswerten Testfälle. Diese werden – zunächst schlagwortartig – aufgelistet und grob priorisiert. Ergebnis ist ein erster, »in der Breite« ausgearbeiteter →Testfallkatalog, der im Projektverlauf zu Testfallspezifikationen weiter verfeinert wird.

Ein Testhandbuch vereinfacht die Erstellung des Testkonzepts

Im Idealfall existiert ein reifes und mit gut anwendbaren Vorgaben gefülltes Testhandbuch, sodass das Testkonzept in vielen Bereichen auf das Testhandbuch verweisen kann und lediglich ggf. notwendige

1. Auch für Hardwareentwicklungsprojekte sowie für Wartungsprojekte ist ein Testkonzept wie hier geschildert sinnvoll, wenn auch ggf. mit leicht angepasster Struktur.
2. Ein Projekt ist nach [DIN 69901] ein Vorhaben, bei dem innerhalb einer definierten Zeitspanne ein definiertes Ziel erreicht werden soll, und das sich dadurch auszeichnet, dass es im Wesentlichen ein einmaliges Vorhaben ist. Zentrale Eigenschaften eines Projekts sind die Planbarkeit und Steuerbarkeit der Aktivitäten.
3. Synonyme lt. ISTQB-Glossar: Testvorgehensweise, Projekttestplan.

Abweichungen (»*Tailoring*«) von diesem dokumentieren und begründen muss.

IEEE 829 – Standard für Testkonzepte

Der Standard [IEEE 829] definiert den strukturellen Aufbau und den Inhalt einiger Standarddokumente, die im Test benötigt werden; eines davon ist der sogenannte *test plan*[4], der eine praxisnahe und umfassende Struktur für Testkonzepte vorschlägt. Dient bei der Erstellung eines Testkonzepts dieser Gliederungsvorschlag als Grundlage, so ist sichergestellt, dass alle wesentlichen Aspekte der Testplanung für das Projekt abgedeckt werden[5].

Neben der Struktur des Testkonzepts liefert IEEE 829 auch Vorgaben für die weiteren im Testprojekt zu erzeugenden typischen Dokumente wie Testspezifikation, Testprotokoll, Abweichungsmeldung und Testergebnisbericht. Aufgabe des Testkonzepts ist es u.a. auch zu regeln, welche davon von wem und wann erzeugt werden müssen und ob sie in Struktur und Inhalt diesem Standard oder anderen Vorgaben entsprechen sollen.

Für jedes Kapitel des Gliederungsvorschlags für Testkonzepte in IEEE 829[6] ist in der folgenden Tabelle 4–1 angegeben, ob es typischerweise projektspezifisch formuliert wird oder durch Verweise auf und ggf. Tailoring oder Ergänzung von Inhalten eines Testhandbuches abgedeckt werden kann. Zur inhaltlichen Ausgestaltung sind i.W. die gleichen Kapitel dieses Buches heranzuziehen wie für die Abfassung eines Testhandbuches.

---

4. Leider bietet die leicht unterschiedliche Semantik des Worts »Plan« im Englischen und im Deutschen hier ein Potenzial zur Verwechslung zwischen dem internationalen und dem deutschen Glossar: Der internationale *test plan* umfasst deutlich mehr als nur Zeit- und Ressourcenplanung und wird daher im Deutschen üblicherweise als *Testkonzept* bezeichnet. Der deutsche *Testplan* meint oftmals nur die reine Aufgabenplanung und wird im Englischen wohl am besten als *test schedule* bezeichnet.
5. Für die Teststrategieplanung in komplexen Projekten bietet alternativ der [IEEE 1012] eine Gliederung für einen »Verifikations- und Validierungsplan«.
6. Der Standard wird zurzeit umfangreich überarbeitet. Die aufgeführte Dokumentenstruktur entspricht der neuen, zur Freigabe in 2008 vorgesehenen Version des Standards.

Kapitel lt. IEEE 829	Ausgestaltung	Inhalt
1. Einführung		
1.1 Identifikation des Testkonzepts	projektspezifisch	eindeutige Bezeichnung des Dokuments, inklusive Datum der Erstellung und letzten Änderung, Autor(en) und Versionskennung
1.2 Geltungsbereich und Umfang	projektspezifisch	Darstellung der abgedeckten Testprojekte, Teststufen/Testphasen und Testorganisationen, Abgrenzung zu ggf. weiteren Testkonzepten
1.3 Referenzen		
1.3.1 Externe Referenzen	branchen- oder technologiespezifisch, teilweise projektspezifisch	Standards, gesetzliche Grundlagen, Prozessdokumente, Referenz auf heranzuziehendes Testhandbuch
1.3.2 Interne Referenzen	projektspezifisch	zugrunde liegende Pläne (Projektplan, QS-Plan, KM-Plan); Anforderungs- und Designdokumente für die Testobjekte
1.4 Zu testendes System und Testobjekte	projektspezifisch	kurze Beschreibung der Testobjekte bzw. des zu testenden Systems und dessen wichtigster Eigenschaften
1.5 Überblick über die Testaufgaben		
1.5.1 Organisation	Verweis auf Definition der Testorganisation im Testhandbuch	Beschreibung von Rollen und deren Verantwortlichkeiten, Schnittstellen zu Entwicklungs- und anderen Organisationseinheiten
1.5.2 Projekttestplan	projektspezifisch	Zeitplan (Aktivitäten, deren Dauer und Reihenfolge, Meilensteine) auf Ebene des gesamten Testprojekts
1.5.3 Integritätsstufen	IEEE 829 schlägt hier Standardstufen vor; ggf. sind diese in einem Testhandbuch anzupassen (s. Abschnitt 10.4.2), ein weiteres projektspezifisches Tailoring mag erforderlich sein	Darstellung der verschiedenen Integritäts- bzw. Risikostufen der Testobjekte und Angabe der zugeordneten geeigneten Testverfahren und Testtiefe
1.5.4 Ressourcenübersicht	projektspezifisch	Übersicht über notwendiges Personal, Ausrüstung, Werkzeuge, aber auch Zugriffsrechte →

Tab. 4–1
Gliederung eines Testkonzepts nach IEEE 829-2008

Kapitel lt. IEEE 829	Ausgestaltung	Inhalt
1.5.5 Zuständigkeiten	projektspezfische Zuordnung von im Testhandbuch bzw. im Abschnitt 1.5.1 definierten Rollen und Zuständigkeiten	Auflistung der den Rollen zugeordneten Personen und deren Zuständigkeit für die Arbeitspakete auf oberster Ebene
1.5.6 Werkzeuge, Techniken, Methoden, Metriken	Verweis auf verschiedene Kapitel im Testhandbuch, ggf. projektspezifisch zu ergänzen	Übersicht über die im Projekt eingesetzten Werkzeuge und Verfahrensweisen bei deren Einsatz sowie Erfassung und Auswertung von Metriken
2. Details		
2.1 Testprozess und Teststufen	Verweis auf Standardprozess im Testhandbuch, ggf. mit Tailoring für die einzelnen Teststufen	Darstellung aller für das Projekt relevanten Testprozesse und Teststufen
2.2 Dokumente	Verweis auf Dokumentdefinitionen und -vorlagen im Testhandbuch	Stückliste der zu erzeugenden Dokumente und Zuordnung der verantwortlichen Autoren (falls nicht in 1.5.5 geregelt)
2.3 Abweichungs- und Änderungsmanagement	Verweis auf Prozessbeschreibungen im Testhandbuch oder einem anderen Prozessdokument (z.B. unternehmensweite Verfahrensanweisung zum Änderungsmanagement); ggf. projektspezifisches Tailoring	Beschreibung der Vorgehensweisen für das Abweichungsmanagement (z.B. Fehlerprioritäten, Statusmodell für Abweichungen, beteiligte Rollen etc.); Vorgehensweisen für Regressions- und Fehlernachtests; Berichtswesen für Fehler; Beschreibung der Vorgehensweisen bei Übergabe und Aufbewahrung von Testobjekten und Archivierung der Testmittel
2.4 Berichtswesen	Vorgabe aus Testhandbuch bzgl. Berichtstypen und -vorlagen, projektspezifische »Stückliste« und Angabe von Empfängern	Beschreibung der Berichtstypen (Protokoll, Statusbericht, Abweichungsmeldung etc.) bzgl. Inhalt, Empfänger und Dokumentenlenkung
3. Allgemeines		
3.1 Glossar	Verweis auf Standardglossar, z.B. ISTQB Certified Tester-Glossar; zusätzlich ggf. Verweis auf Testhandbuch, ggf. ergänzender Abschnitt mit projektspezifischen Bezeichnungen	Auflistung und Definition aller notwendigen Begriffe aus dem Test und anderen Prozessen (z.B. Entwicklungsprozess, KM-Prozess, Abweichungsmanagement) sowie aus für das Projekt relevanten Branchen und Technologien →

Kapitel lt. IEEE 829	Ausgestaltung	Inhalt
3.2 Änderungsdienst und Historie	Verweis auf Prozess zur Dokumentenlenkung, organisationsweit oder ggf. im Testhandbuch	Regelungen für die Dokumentation, Abnahme und Verteilung von Änderungen am Testkonzept und den weiteren Dokumenten des Testprojekts

4.5 Teststufenplan

Das Testkonzept regelt die Vorgehensweise beim Testen für ein komplettes Testprojekt. In den meisten Fällen sind mehrere Teststufen wie z.B. Komponententest, Integrationstest und Systemtest zu durchlaufen. Bei komplexen Testprojekten, in denen ggf. unterschiedliche Teams die verschiedenen Teststufen betreuen, kann es sinnvoll bzw. notwendig sein, stufenbezogene Teilpläne (bzw. stufenbezogene Testkonzepte) zu erstellen.

Stufenbezogene Zeit- und Ressourcenplanung

Der →Teststufenplan detailliert die Angaben des Testkonzepts zu Aufgaben, Zeitplan und Meilensteinen (d.h. den Abschnitt 1.5.2 der Gliederung nach IEEE 829) für eine bestimmte Teststufe. Das Testkonzept stellt den Rahmen für die Detaillierung aller Teststufen dar und sorgt somit für die Konsistenz der Stufenpläne zueinander. Außerdem werden im Stufenplan Angaben zu Zeiten und Ressourcen konkretisiert, die ggf. auf Ebene des Testkonzepts noch allgemein gehalten sind.

Anpassung und Erweiterung der allgemeinen Regeln aus Testhandbuch und Testkonzept

Auch ein ggf. notwendiges auf eine einzelne Teststufe bezogenes *Tailoring* der Regelungen aus Testhandbuch und Testkonzept wird im Teststufenplan dokumentiert. In der untenstehenden Tabelle 4–2 ist angegeben, welche Kapitel erfahrungsgemäß für mehrere oder gar alle Teststufen eines Projekts gemeinsam geregelt bzw. durch Bezug auf allgemeinere Regelungen in Testhandbuch und Testkonzept sehr kompakt formuliert werden können[7].

7. In der Version 2008 des Standards wurden Inhalte, die in der Version von 1998 noch dem Gesamttestkonzept zugerechnet wurden, in die Vorlage für Teststufenpläne verschoben. Dies ist für komplexe Projekte hilfreich. Bei den Kapiteln des Teststufenplans, die als übergreifend markiert sind, macht es ggf. Sinn, diese als zusätzliche Kapitel im Gesamttestkonzept aufzunehmen, anstatt sie in jedem Stufentestplan zu wiederholen, insbesondere wenn das Projekt nur eine oder wenige Teststufen umfasst.

Tab. 4–2
Gliederung eines Teststufenplans nach [IEEE 829]

Kapitel lt. IEEE 829		Ausgestaltung	Inhalt
1.	**Einführung**		
1.1	Identifikation des Teststufenplans	stufenspezifisch	eindeutige Bezeichnung des Dokuments, inklusive Datum der Erstellung und letzten Änderung, Autor(en) und Versionskennung
1.2	Geltungsbereich und Umfang	stufenspezifisch	Zusammenfassung der Testobjekte bzw. des zu testenden Systems und der Testaufgaben
1.3	Referenzen	stufenspezifisch	siehe Tabelle 4–1 Abschnitt 1.3
1.4	Zusammenarbeit mit anderen Teststufen	übergreifend	Darstellung des Kontextes dieser Teststufe im Zusammenhang mit den übrigen Teststufen; kann i. Allg. durch Wiederverwendung des Abschnitts 1.2 in Tabelle 4–1 abgedeckt werden
1.5	Testarten und Testbedingungen	Testarten: ggf. übergreifend (Testhandbuch); Testbedingungen: stufenspezifisch	kurze Darstellung der Testarten und anzuwendenden Testmethoden sowie der wesentlichen Testbedingungen und/oder Testziele
2.	**Details der Teststufe**		
2.1	Testobjekte	stufenspezifisch	detaillierte Auflistung aller Testobjekte; dies umfasst ggf. Software(komponenten), Installations- und Benutzeranleitungen, Datenbanken und Hardware; jedes Testobjekt ist eindeutig inklusive Versionsbezeichnung zu identifizieren
2.2	Testabdeckungsmatrix	stufenspezifisch	Darstellung der durch das Design der Tests dieser Stufe abgedeckten Anforderungen und Zuordnung, idealerweise als *traceability matrix*, bei der jeder Anforderung die zugehörigen Kapitel aus dem Testdesign zugeordnet werden
2.3	Zu testende Eigenschaften	stufenspezifisch	Identifikation aller zu testenden Merkmale der Testobjekte aus Sicht der Teststufe; typischerweise eine Zusammenfassung der detaillierten Anforderungen aus dem vorigen Abschnitt →

Kapitel lt. IEEE 829	Ausgestaltung	Inhalt
2.4 Nicht zu testende Eigenschaften	stufenspezifisch	Abgrenzung aller Eigenschaften, die nicht durch Tests dieser Stufe berührt werden, inklusive einer Begründung
2.5 Herangehensweise an den Test	Rückgriff auf übergreifend im Testkonzept oder Testhandbuch definierte Testmethoden	Darstellung der Teststrategie für diese Teststufe, d.h. Erläuterung, für welche zu testende Eigenschaft welche Testmethoden in welchem Umfang eingesetzt werden sollen; wird oftmals mit den Abschnitten 2.2 und 2.3 zu einer Zuordnungstabelle kombiniert
2.6 Kriterien für bestandenen/nicht bestandenen Test	ggf. übergreifend, falls identische Kriterien für mehrere Stufen formuliert werden können	Kriterien, unter denen der Test eines Testobjekts als bestanden bzw. nicht bestanden beendet wird, üblicherweise ausgedrückt durch Kombination bestimmter Werte bzw. Wertebereiche der definierten Metriken (z.B. erreichte Testabdeckung und dabei gefundene Anzahl von Fehlern)
2.7 Abbruch- und Wiederaufnahmekriterien	ggf. übergreifend, falls identische Kriterien für mehrere Stufen formuliert werden können	Kriterien, unter denen der Test eines Testobjekts unterbrochen bzw. ein unterbrochener Test wieder aufgenommen wird, üblicherweise ausgedrückt durch Kombination bestimmter Werte bzw. Wertebereiche der definierten Metriken (z.B. Anzahl von noch nicht behobenen kritischen Fehlern)
2.8 Ergebnisdokumente	Bezug auf übergreifend definierte Dokumentarten (üblicherweise im Testhandbuch)	Stückliste der zu erzeugenden Dokumente und Zuordnung der verantwortlichen Autoren, falls nicht bereits durch das Testkonzept geregelt
3. Testmanagement		
3.1 Testaktivitäten	Bezug auf den Projekttestplan	Aktivitäten- und Zeitplan, benötigte Ressourcen, Abhängigkeiten und Reihenfolgen der Aktivitäten
3.2 Testumgebung	i.Allg. stufenspezifisch, falls nicht für das Gesamtprojekt oder für mehrere Projekte einheitlich festlegbar	Bestandteile und benötigte Konfiguration der Testumgebung, inklusive notwendiger Testdaten und -werkzeuge, ggf. auch Wartungspersonal für die Umgebung →

Kapitel lt. IEEE 829	Ausgestaltung	Inhalt
3.3 Verantwortlichkeiten	Bezug auf im Testhandbuch bzw. im Abschnitt 1.5.1 des Testkonzepts definierte Rollen und Zuständigkeiten	Auflistung der den Rollen zugeordneten Personen und deren Zuständigkeit für die Arbeitspakete im Aktivitätenplan; wird oftmals mit dem Aktivitätenplan (Abschnitt 3.1) zusammengefasst
3.4 Schnittstellen zwischen den Beteiligten	Bezug auf Darstellung der Testorganisation und des Testprojekts lt. Testhandbuch und Testkonzept	Kommunikationskanäle und Art der Kommunikation zwischen den Beteiligten im Testprojekt sowie außerhalb (z.B. in der Entwicklungsmannschaft)
3.5 Ressourcen	stufenspezifisch	Angabe der benötigten Ressourcen für die Durchführung des Testplans, soweit diese nicht bereits in Abschnitt 3.1 oder 3.2 genannt sind, also insbesondere Ressourcen außerhalb des Testprojekts
3.6 Trainingsplan	Bezug auf Rollen- und Ausbildungsprofile im Testhandbuch	Auflistung der für die Projektarbeiten notwendigen Aus- und Weiterbildungsmaßnahmen des Testpersonals
3.7 Zeit-, Test- und Kostenschätzung	stufenspezifisch	Abschätzung von Zeit- und Ressourcenbedarf der Aktivitäten lt. Abschnitt 3.1; wird oftmals auch mit diesem in Form z.B. einer Tabelle oder einer anderen geeigneten Plandarstellung zusammengefasst
3.8 Risiken	stufenspezifisch	initiale Auflistung und Bewertung der für die Teststufe relevanten Projektrisiken; wird üblicherweise im Fortgang des Testprojekts in Form eines Risikoinventars außerhalb dieses Dokuments weitergeführt
4. Allgemeines		
4.1 Qualitätssicherung	Bezug auf Testhandbuch oder allgemeineres Dokument wie z.B. QS-Plan, QM-Systemdokumentation o.Ä.	Angabe der Verfahrensweisen zur Sicherung der angestrebten Prozess- und Ergebnisqualität des Tests →

Kapitel lt. IEEE 829	Ausgestaltung	Inhalt
4.2 Metriken	Bezug auf Testhandbuch und ggf. projektweit im Testkonzept definierte Metriken	Definition der Erhebung, Auswertung und Berichterstattung von Metriken zur Messung der Qualität der Testobjekte, aber auch des Testprozesses
4.3 Testabdeckung	Bezug auf Abdeckungsmaße und zu erreichende Testabdeckung im Testhandbuch	Angabe geeigneter Maße und Werte für die Beurteilung, ob der Test die notwendige Breite und Tiefe erreicht
4.4 Glossar	stufenspezifische Ergänzung des Glossars aus Testhandbuch und Testkonzept	Nennung und Erläuterung von Begriffen, die nur für die beschriebene Teststufe relevant sind
4.5 Änderungsdienst und Historie	Verweis auf Prozess zur Dokumentenlenkung, organisationsweit oder ggf. im Testhandbuch	Regelungen für die Dokumentation, Abnahme und Verteilung von Änderungen am Teststufenplan und den weiteren Dokumenten der Teststufe, falls nicht durch das Testkonzept bereits abgedeckt

Tipp

Aufteilung des Testkonzepts in Dokument und Datenbank

Die wartungsarmen Bestandteile des Testkonzepts, wie die projektbezogene Teststrategie oder die Definition der Testumgebung und der Testwerkzeuge, werden üblicherweise in einem »statischen« Dokument zusammengefasst, die wartungsintensiven Bestandteile in einem →Projekttestplan oder →Stufentestplan, der in der Praxis oft in einem Planungs-Spreadsheet oder in einem Projektplanungs- oder Testmanagementwerkzeug implementiert wird. Die Aufteilung ermöglicht neben der leichteren Wartung eine Verteilung der jeweils für bestimmte Aspekte bzw. Rollen interessanten Inhalte an einen dedizierten Empfängerkreis.

Das Testkonzept als Lückenfüller für Prozessschwächen in anderen Bereichen

In sehr unreifen Umfeldern existiert manchmal nur eine einzige formal beschriebene Teststufe (zumeist der Systemtest). Hier wird oftmals aus der Not heraus der Teststufenplan dieser Teststufe sukzessive zum Testkonzept für das Gesamtprojekt ausgeweitet, um Dokumentations- bzw. Prozesslücken in anderen Bereichen zu füllen. Der Testmanager des Systemtests beschreibt dann beispielsweise seine Sicht auf die informellen Aktivitäten in Entwicklertest und kundenseitigem Betatest, auf nicht projektweit etablierte Konfigurationsmanagement- und Fehlermanagementprozesse usw.

Diese Beschreibungen dienen zunächst als reine Selbstrettungsmaßnahme des Testmanagers, um eine gewisse Mindestqualität der für seine Teststufe benötigten Zulieferungen einzuklagen. Nicht selten erwächst aus solchen Initiativen im Lauf der Zeit eine Prozessverbesserungsinitiative.

4.6 Weitere Dokumente nach IEEE 829

IEEE 829 schlägt neben dem Testkonzept eine Menge weiterer Dokumente vor, die standardmäßig in einem Testprojekt zum Einsatz kommen sollen. Diese Dokumente dienen dazu, in mehreren Stufen die Teststrategie weiterzutragen bis hin zur Berichterstattung über die Testergebnisse und Meldung von Abweichungen.

Ohne an dieser Stelle auf die Inhalte der Dokumente im Einzelnen einzugehen, sind sie hier im Zusammenhang dargestellt und kurz erläutert (s. Abb. 4–2):

Abb. 4–2
Projektspezifische Testdokumente in der Übersicht

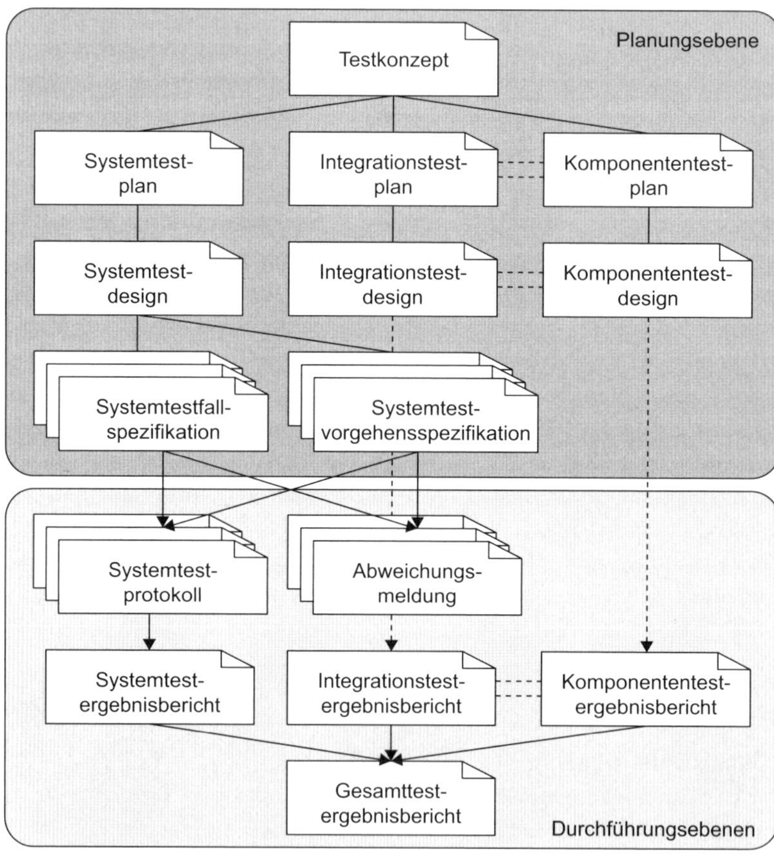

IEEE 829 Dokumenttypen zur Spezifikation von Tests

Das Stufentestdesign (engl. *level test design*) verfeinert die projektspezifische Teststrategie für eine einzelne Teststufe. Beispielsweise werden die einzusetzenden Testmethoden, Werkzeuge und Testumgebungen konkretisiert. In der Stufenteststrategie werden die in der Teststufe abzudeckenden Testziele (z.B. die zu testenden Qualitätsmerkmale und Anforderungen) identifiziert und die ihnen zugeordneten Tests in Übersichtsform beschrieben. Dies kann z.B. in Form einer strukturierten Liste der einzelnen Testfälle, die nach Testthemen/Testzielen gegliedert ist, erfolgen. Ein übliches Element dieses Dokuments ist eine *traceability matrix*, in der sichtbar wird, welche Anforderungen durch welche Testfälle abgedeckt werden. Falls im übergeordneten Testkonzept keine oder keine ausreichend detaillierten Ausgangskriterien formuliert wurden, sind diese im Stufentestdesign aufzuführen. Beispiele sind die zu erzielende Testabdeckung und die maximale dabei tolerierte Anzahl von Fehlern.

- Die Stufentestfallspezifikation (engl. *level test case*) beschreibt im Detail einen oder mehrere im Stufentestdesign gelistete Testfälle durch Spezifikation der Eingaben, erwarteten Reaktionen sowie Vor- und Nachbedingungen der Testfälle.
- Die Stufentestvorgehensspezifikation (engl. *level test procedure*) beschreibt die Abfolge von Schritten (z.B. Vorbereitung, Dateneingabe, Ergebnisprüfung) zur Durchführung eines oder mehrerer Testfälle in Form eines Szenarios.

IEEE 829-Dokumente zur Ergebnisdokumentation von Tests

- Das Stufentestprotokoll (engl. *level test log*) beschreibt im Detail den Ablauf eines oder mehrerer Testfälle, die Testumgebung und die Versionen der Testobjekte. Es kann beispielsweise durch automatische Protokollierungen der Aktionen und Prüfungen eines Testdurchführungswerkzeugs (s. Abschnitt 13.2.4) erzeugt werden. Jegliche Beobachtungen von Abweichungen und Auffälligkeiten sollen enthalten sein, ebenso wie Verweise auf Abweichungsmeldungen, die aus der Testdurchführung resultieren.
- Die Abweichungsmeldung (engl. *anomaly report*) beinhaltet die Informationen, die zur Untersuchung einer Abweichung notwendig sind. Abschnitt 9.2 beschreibt Abweichungsmeldungen bzw. deren typische Inhalte im Detail.
- Der Stufentestverlaufsbericht (engl. *level test interim report*) stellt den Status der der Stufe zugeordneten Tests und deren Zwischenergebnisse dar. Er kann Bewertungen der Ergebnisse sowie Empfehlungen zum weiteren Vorgehen enthalten.
- Der Stufentestergebnisbericht (engl. *level test status report*) ähnelt dem Testverlaufsbericht, wird aber zur Berichterstattung bei Abschluss der Testaktivitäten der Stufe verwendet. Im Gegensatz zum Testverlaufsbericht soll er verpflichtend Ergebnisbewertungen und Empfehlungen zum weiteren Vorgehen (z.B. zur Systemfreigabe) enthalten. Abschnitt 6.6 beschreibt Testverlaufs- und -ergebnisbericht im Detail.

Tipp

Von IEEE 829 abweichende Dokumentenstruktur

Was in diesem Kapitel zu Testpolitik, Testhandbuch, Testkonzept und Testplan geschildert wurde, gilt auch für die weiteren Testdokumente nach IEEE 829: In der Realität findet sich in Testprojekten oftmals eine abweichende Dokumentenstruktur; so werden z.B. häufig in kleineren Projekten mit geringem Dokumentenumfang Testdesign, Testfallspezifikation und Testvorgehensspezifikation in ein gemeinsames Dokument – dann oft verallgemeinernd »Testspezifikation« genannt – gepackt. Auch wenn im Projekt eine andere Dokumentenstruktur definiert ist, lohnt sich ein Blick in den Standard IEEE 829 dennoch. Die dort gemachten Vorschläge können als Checkliste herangezogen werden, um Vollständigkeit und praktische Einsetzbarkeit der eigenen Dokumentenstruktur zu hinterfragen und ggf. zu verbessern.

4.7 Zusammenfassung

- Mit der Formulierung einer umsetzbaren Testpolitik beginnt der strategische Ansatz des Testens. Sie ist ein Bestandteil der allgemeinen Qualitätspolitik einer Organisation.
- Aus der Testpolitik wird ein Testhandbuch (Synonym: Teststrategie) abgeleitet, das die generischen Testanforderungen für eine Organisation umfasst. Es adressiert die Risiken, zeigt die Verbindung von Testen und Risikominderung und beschreibt einen Prozess, mit dem diese Risiken in Übereinstimmung mit der Testpolitik angegangen werden.
- Das Testhandbuch dient als Ausgangspunkt für jedes Testprojekt und damit für die Umsetzung jeder Testaktivität. Es enthält Beschreibungen aller anzuwendenden Teststufen.
  Ein reifes Testhandbuch verankert auch den Ansatz zur Testprozessverbesserung im Unternehmen.
- Testpolitik und Testhandbuch leben von der Akzeptanz durch die Anwender, also der am Test Beteiligten. Beide Dokumente bedürfen also des Feedbacks und der daraus abgeleiteten regelmäßigen Verbesserung. Im Laufe der Zeit werden sie dadurch zu wertvollen Mitteln des Wissenstransfers von Projekt zu Projekt.
- Das Testhandbuch existiert ggf. nicht als einzelnes Dokument, sondern ist in das QM-System, die Prozessdokumentation etc. eingebunden oder über einen Satz von mehrstufigen Dokumenten wie Unternehmens-Testhandbuch und Produktbereich-Testhandbuch aufgeteilt.

- Letzteres ist insbesondere dann sinnvoll, wenn unterschiedliche Anwendungsgebiete im Unternehmen stark unterschiedlicher Testregelungen bedürfen, z.B. bei Unternehmensteilen, die sicherheitskritische Anwendungen erstellen.
- Aufgabe des Testkonzepts als konkrete Anwendung des Testhandbuches ist es, die strategischen Forderungen der Testpolitik im konkreten Projekt abzubilden.
- Neben der Dokumentation von Abweichungen vom Testhandbuch im konkreten Projekt beinhaltet das Testkonzept u.a.:
  - eine Übersicht über die Testobjekte und die zu prüfenden Qualitätsmerkmale,
  - deren Zuordnung zu den einzelnen Teststufen,
  - die Schnittstellen der Teststufen untereinander und des Testprojekts zu den anderen am Projekt beteiligten Organisationseinheiten,
  - eine Übersicht aller geplanten Testaktivitäten sowie der geschätzten Kosten und Durchführungszeiten dieser Aktivitäten,
  - notwendige Voraussetzungen und Beistellungen von Personen oder Institutionen außerhalb des Testprojekts,
  - die Planung der einzelnen Testzyklen und deren Abstimmung mit dem Softwarereleaseplan,
  - eine Aufzählung und kurze Inhaltsangabe aller zu erzeugenden Projektergebnisse.
- Die Vorgaben des Testkonzepts wiederum werden im Testplan in konkrete Ressourcen- und Terminzuordnungen abgebildet.
- Bei umfangreichen Projekten erfolgt dies ggf. in mehreren Teststufenplänen, von denen jeder das Testkonzept auf die Ebene einer einzelnen Teststufe abbildet.
- Der Standard IEEE 829 gibt zur Erstellung von Testkonzepten eine Struktur vor, die alle wesentlichen Aspekte der Testplanung abdeckt. Er umfasst außerdem auch Vorschläge bzw. Vorlagen zu allen anderen zentralen Dokumenttypen für den Testprozess.

5 Testplanung

Dieses Kapitel erläutert die Umsetzung der strategischen Vorgaben von Qualitäts- und Testpolitik im Rahmen der Testplanung. Zentrales Element der Testplanung ist die Ausarbeitung einer projektspezifischen Teststrategie sowie die möglichst realistische Schätzung des zu erbringenden Testaufwands. Daraus und aus weiteren Randbedingungen entstehen die Testpläne der einzelnen Teststufen. Je nach Vorgaben aus Testpolitik und Testhandbuch ist es auch notwendig, die Organisation von Teststufen und Testinstanzen projektspezifisch auszugestalten. Diese vier Hauptaspekte der Testplanung werden im Detail erläutert, außerdem werden in Kurzform weitere Aspekte der Testplanung zusammengefasst dargestellt.

5.1 Teststrategie

Die Teststrategie (auch Testvorgehensweise genannt) bildet den roten Faden von den Anforderungen an das zu testende System zu den einzelnen Testaktivitäten. Sie definiert die zur Prüfung der Testobjekte einzusetzenden Testverfahren, den Ansatz zur Verteilung der zur Verfügung stehenden Ressourcen auf die zu testenden Teile und Qualitätsmerkmale und die Reihenfolge der durchzuführenden Aktivitäten.

Allgemeine und projektspezifische Teststrategie

Die Teststrategie kann auf allgemeiner (vom konkreten Testobjekt unabhängiger) Ebene als Teil eines Testhandbuches (s. Abschnitt 4.3) oder auf projektspezifischer Ebene formuliert werden (wobei in reifen Testorganisationen beides vorhanden ist und die Bestrebung besteht, möglichst viele Bestandteile der Teststrategie übergreifend im Testhandbuch zu formulieren).

5.1.1 Zeitpunkt des Beginns der Testaktivitäten

Zunächst wird beim Entwurf der Strategie betrachtet, zu welchem Zeitpunkt im Verlauf des Gesamtentwicklungsvorhabens das Testen beginnt und welche Aktivität in welcher Phase des Projekts durchzuführen ist. Danach wird zwischen präventiven Strategiebestandteilen und reaktiven Strategiebestandteilen unterschieden. Präventive Strategien zielen darauf ab, durch frühzeitige Testplanungs- und -entwurfstätigkeiten die Entstehung von Fehlern zu minimieren bzw. Fehler möglichst frühzeitig zu finden, während bei reaktiven Strategien die Testplanung und insbesondere der Testfallentwurf erst nach Vorliegen des Systems beginnt.

Beispiele für präventive Strategiebestandteile

Typische Bestandteile einer präventiven Teststrategie sind:

- eine risikobasierte Testpriorisierung,
- die Auswahl von Testverfahren anhand der zu testenden Qualitätsmerkmale,
- modellbasierte Strategien, die auf Anforderungs- oder Designmodellen des zu testenden Systems basieren,
- eine prozess- oder standardorientierte Vorgehensweise.

Gemeinsames Merkmal der präventiven Strategien ist, dass sie auf Informationen basieren, die vor Verfügbarkeit des implementierten Systems vorliegen.

Beispiele für reaktive Strategiebestandteile

Als reaktive Strategiebestandteile können dagegen gesehen werden:

- dynamisches und heuristisches Vorgehen wie z.B. fehlerbasiertes Testen,
- exploratives Testen,
- Regressionsteststrategien, z.B. Testautomatisierung.

Im Allgemeinen ist keine Teststrategie rein reaktiv oder rein präventiv; der Testmanager soll einen Mix aus Strategiebestandteilen wählen, der zum Projekt, der Organisation, der vorhandenen Technologie und den einsetzbaren Ressourcen passt.

5.1.2 Abgrenzung der Aufgaben des Testprojekts

Im Normalfall ist der Testmanager mit seinem Team nicht die einzige Instanz, die sich mit Qualitätssicherung und Test im Entwicklungsprojekt beschäftigt. Eine klare Abgrenzung der Aufgaben der einzelnen Instanzen sorgt dafür, dass weder wichtige Themen liegen bleiben noch dass zu viele Redundanzen auftreten. Bei dieser Teilaufgabe der Testplanung ergibt sich oftmals erhöhter Kommunikations- und Koordinationsbedarf zwischen Testmanagern verschiedener Teststufen oder Teilprojekte, dem Projektleiter und dem Entwicklungsleiter.

Testobjekte

Die Testobjekte sowie die Komponenten, aus denen die Testobjekte bestehen, müssen klar definiert werden. Dies umfasst auch Angaben zu den Versionen der Testobjekte. Auch die Art der Übergabe der Testobjekte von der Entwicklung an den Test soll hier beschrieben werden – erfolgt diese z.B. per Download, per CD/DVD oder anderem Medium?

Zu testende und nicht zu testende Komponenten des Systems

Wenn einzelne Bestandteile des Systems explizit keine Testobjekte sind, jedoch zum Testbetrieb der Testobjekte benötigt werden, soll dies ebenfalls Erwähnung finden. Einige Systembestandteile werden beispielsweise ggf. von Zulieferern erstellt und in getestetem Zustand abgegeben, sodass sie innerhalb des Projekts nicht nochmals getestet werden müssen.

Test- und Qualitätsziele

Die Projektziele bei der Entwicklung eines Systems umfassen Ziele, die auf das Testprojekt Auswirkungen haben, wie den geplanten Freigabetermin, das Gesamt- und das dem Test zugewiesene Teilbudget etc. sowie das angestrebte Qualitätsniveau, also die Art und Umsetzung der einzelnen Qualitätsmerkmale des Systems.

Identifikation der Testziele

Das Testkonzept stellt in Bezug auf die Qualitätsmerkmale eine Art Kontrakt zwischen Projektleitung und Testmanagement dar. Es legt fest, welche der Qualitätsmerkmale in welcher Weise im Test nachgewiesen werden, was also die Testziele des Projekts sind.

Um eine nachvollziehbare und über alle Teststufen einheitliche Zuordnung von Qualitätsmerkmalen zu Testzielen und den zu deren Prüfung geeigneten Testverfahren zu erreichen, wird am besten auf ein wohldefiniertes Qualitätsmodell wie die ISO-Norm 9126 [ISO 9126]

Abb. 5–1
Innere und äußere Qualitätsmerkmale von Software nach ISO 9126

zurückgegriffen. Diese Norm gliedert die Eigenschaften von Softwaresystemen in die Gebrauchsqualität (engl. *quality in use*) sowie in äußere und innere Qualitätsmerkmale (engl. *internal and external quality*), wobei sie für letztere sechs Haupt- und 21 Unterqualitätsmerkmale vorsieht (s.a. [Spillner 10, Abschnitt 2.1.3]).

Nicht funktionale Qualitätsmerkmale werden oft vernachlässigt

Durch dieses Schema sind die (funktionalen und nicht funktionalen) Eigenschaften der Software gut beschreibbar; insbesondere die Angabe geeigneter Prüfverfahren und die Quantifizierung von Akzeptanzkriterien werden durch diese Norm unterstützt (s.a. Abschnitt 5.4.2). Vor allem aber wird das Augenmerk auf die in der Praxis oft vernachlässigten nicht funktionalen Qualitätsmerkmale wie Zuverlässigkeit und Benutzbarkeit gelenkt. Da die nicht funktionalen Anforderungen vielfach schlecht oder gar nicht als Anforderungen spezifiziert sind, fällt dem Testmanager die Verantwortung zu, die impliziten Erwartungshaltungen möglichst aller verschiedenen →*Stakeholder* des Systems (z.B. der Endanwender, des Betreibers, der Wartungsmitarbeiter) während der Testplanung weitgehend zu konkretisieren und in eine adäquate Planung nicht funktionaler Tests umzusetzen. Dabei sollte er berücksichtigen, dass erst durch das Vorliegen erster Ergebnisse dieser Tests die vagen Anforderungen konkretisiert werden können und anschließend ggf. weitere nicht funktionale Tests notwendig werden.

Tipp

Planung frühzeitiger Reviews von Anforderungsdokumenten

Das »nachträgliche« *Requirements Engineering*, das der Testmanager betreiben muss, um aussagekräftige Testziele zu erhalten, lässt sich vermeiden oder deutlich reduzieren, wenn frühzeitig auf Umfang und Qualität der nicht funktionalen Anforderungen geachtet wird. Der Testmanager kann dies durch die Planung und Durchführung von Reviews der Anforderungen betreiben. Dabei ist eine Review-Checkliste hilfreich, die die folgenden Punkte enthält, auf die die Reviewer achten sollen:

- Die Anforderungen sollen in möglichst einfacher und klarer Sprache gehalten sein; bestimmte Schlüsselwörter wie »soll« (kennzeichnet eine notwendige Eigenschaft des Systems) und »sollte« (kennzeichnet eine wünschenswerte Eigenschaft des Systems) sollen einheitlich verwendet werden. Alle Anforderungen sollen in einem einheitlichen Format dokumentiert werden.
- Die Leser von Anforderungsdokumenten haben einen unterschiedlichen fachlichen und technischen Hintergrund. Beim Review ist möglichst ein Vertreter jeder Stakeholder-Gruppe einzubinden.
- Quantitative Angaben für das geforderte Verhalten des Systems sind qualitativen Angaben vorzuziehen. Am besten wird bei der Formulierung der Anforderung bereits eine Metrik und die verschiedenen Akzeptanzniveaus angegeben.

Beispiel: Testziele des VSR-Testkonzepts

Das Testkonzept für VirtualShowRoom (VSR) enthält beispielsweise für das Teilsystem *DreamCar* die folgenden Aussagen:

- Als Testziel zur »Funktionalität« wird festgehalten, alle Anwendungsfälle des Systems mit möglichst allen zur Verfügung stehenden Fahrzeug-, Sondermodell- und Zubehördaten kombinatorisch durch Tests abzudecken. Da hierbei die Exaktheit der berechneten Fahrzeugpreise ein zentrales Leistungsmerkmal ist, werden insbesondere frühzeitige Tests der Richtigkeit der Berechnungen im Komponententest vorgesehen.
- Als typisches Mehrbenutzersystem wird *DreamCar* während des Betriebs wechselnden Lastanforderungen gerecht werden müssen. Um diese adäquat testen zu können, werden im Testkonzept Analyse-, Realisierungs- und wiederholte Durchführungsphasen für Lasttests vorgesehen. Dabei sollen die Nutzungprofile der zukünftigen Anwender im Hinblick auf Nutzerzahl, Nutzungshäufigkeit der einzelnen Features und deren zeitliche Verteilung auf einen typischen Arbeitstag in Form eines Lastprofils modelliert und anschließend mit einem Performanztestwerkzeug (s. Abschnitt 13.2.4) automatisiert durchgeführt werden. Durch diese Tests werden Qualitätsziele im Bereich »Effizienz«, aber auch im Bereich »Zuverlässigkeit« abgedeckt. Die Ergebnisse der Lasttests werden mit dem Auftraggeber und Vertretern der künftigen Endanwender diskutiert, um feststellen zu können, ob das Verhalten des Systems unter Last für den Praxiseinsatz ausreichend ist.
- Da *DreamCar* von Autohändlern und Kaufinteressenten gleichermaßen ohne vorherige Einarbeitung bedient werden soll, wird dem Qualitätsmerkmal »Benutzbarkeit« ebenfalls ein hoher Stellenwert eingeräumt, der allerdings erst im Rahmen des Systemtests adressiert werden soll.[1] Dort soll eine Benutzbarkeitsprüfung unter Beteiligung von mindestens fünf Repräsentanten von Fahrzeughändlern sowie fünf zufällig gewählten »Leuten von der Straße« durchgeführt werden.

Qualitätsziele, die nicht getestet werden

Identifikation der Nicht-Ziele des Testprojekts

Es ist eine wichtige Aufgabe des Testmanagers, klarzustellen, welche Projektziele explizit nicht Bestandteil des Testkonzepts sind, d.h., welche Qualitätsmerkmale nicht einem Test unterzogen werden können oder sollen. Dies unterstützt die klare Aufteilung der Verantwortlichkeiten zwischen dem Test und anderen Formen der Qualitätssicherung, z.B. die Prüfung durch Reviews.

1. Da vorher bereits ein Benutzungsprototyp erstellt wurde, kennen die späteren Anwender schon die Benutzungsoberfläche. Ansonsten wäre ein erster Test der Benutzbarkeit auf der Systemteststufe sehr riskant, weil es durch den Test zu erheblichen Änderungen des Systems kommen kann.

Beispiel: Nicht-Testziele bei VSR DreamCar

Das Testkonzept für VSR sieht zum Beispiel für das Teilsystem *DreamCar* Folgendes vor:

- Änderbarkeit und Übertragbarkeit müssen durch Reviews oder andere statische QS-Maßnahmen geprüft werden.
- Der Ressourcenverbrauch der Implementierung von *DreamCar* spielt keine wesentliche Rolle und wird nicht explizit getestet.
- Die Datenbank, die die Fahrzeugdaten enthält, wird von einem Unterauftragnehmer zugeliefert, der diese als Standardprodukt vermarktet; daher werden lediglich Regressionstests der Funktionalität dieser Datenbank als Eingangsprüfung bei Lieferung neuer Versionen vorgesehen.

5.1.3 Art und Umfang der Tests

Nach der Frage der Abgrenzung, also dem »Was« des Testprojekts, kann das »Wie« festgelegt werden. Dieser Teil der Teststrategie fordert vom Testmanager Fertigkeiten, die über klassisches Projektmanagement hinausgehen. Er muss Qualitätsmerkmale und -anforderungen verstehen und bewerten sowie mit verschiedensten Testverfahren vertraut sein. Bei der Ausarbeitung dieses Teils der Teststrategie ist eine enge Zusammenarbeit mit den Testdesignern zu empfehlen. Gemeinsam werden aus den Qualitäts- und Testzielen →Testbedingungen abgeleitet, die in der Phase des Testdesigns die Leitlinie für die Entstehung der einzelnen Testfälle bilden.

Festlegung von Testverfahren

Strategie zur Auswahl geeigneter Testverfahren

Die Prüfung der für das System geforderten Qualitätsmerkmale erfordert je nach Merkmal völlig unterschiedliche Vorgehensweisen und Testverfahren, die auf den verschiedenen Teststufen angewendet werden müssen. Testen ist im Kontext der ISO 9126 ein Vorgang, mit dem der Grad der Erfüllung von Qualitätsmerkmalen durch Anwendung passender Messverfahren gemessen werden soll. Die Norm liefert eine allgemeine Definition für diesen Bewertungsprozess (s. Abb. 5–2).

Testen kann in diesem Prozess aufgefasst werden als Abfolge der Tätigkeiten:

- Metriken auswählen (d.h. die dazu geeigneten Testverfahren festlegen),
- Einstufungsniveaus festlegen (d.h. Akzeptanzkriterien definieren),
- Messen (d.h. Testfälle durchführen),
- Einstufen (d.h. Vergleich des Istverhaltens mit den Akzeptanzkriterien).

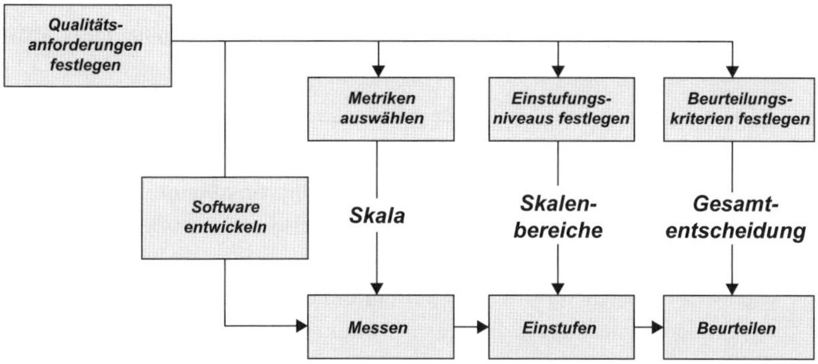

Abb. 5–2
Bewertungsprozess für Software nach ISO 9126

Die Teststrategie ordnet jedem zu testenden Leistungsmerkmal eine Spezifikation der anzuwendenden Methoden zu, mit denen dieses Leistungsmerkmal angemessen geprüft wird, sowie das zur Akzeptanz des Merkmals nachzuweisende Einstufungsniveau.

Viele Testverfahren sind grundsätzlich skalierbar, d.h., durch Investition eines höheren Aufwands kann eine höhere Testabdeckung erreicht werden. Im Normalfall muss diese Skalierbarkeit bei der Verteilung der zur Verfügung stehenden Ressourcen auf die Testaktivitäten genutzt werden, da nicht alle möglichen Testaufgaben gleich intensiv bearbeitet werden können.

In einer reifen Testorganisation kann diese Aufgabe auf der Ebene des Testhandbuches (s. Abschnitt 4.3) erledigt werden – dieses enthält dann Informationen über die allgemeine Testentwurfsstrategie und ordnet hierfür die allgemeinen Qualitätsmerkmale und die im Unternehmen verfügbaren Testverfahren einander zu.

Zur Vermeidung von systematischen Schwächen einer methodisch aufgebauten Teststrategie sowie bei fehlenden Anforderungsdokumenten kann exploratives Testen (s. Abschnitt 5.6.3) als ergänzender Bestandteil der Teststrategie sinnvoll sein.

Tipp

Wiederverwendbarkeit von Teststrategien

Die Ausarbeitung einer passenden Teststrategie ist ein aufwendiger und komplexer Vorgang, der – wie erwähnt – den iterativen Abgleich von Testzielen, Aufwand und Organisationsstrukturen erfordert. Umso wichtiger ist es, dass eine so gewonnene Strategie gut dokumentiert und – von projektspezifischen Anteilen befreit – zur Wiederverwendung in das Testhandbuch der Organisation(seinheit) aufgenommen wird. Kandidaten für eine solche Wiederverwendungsstrategie sind zumindest:

- die Definition von Testverfahren und deren Zuordnung zu Qualitätsmerkmalen sowie
- das Verfahren zur Ableitung der Testtiefe und Testreihenfolge auf Basis der Risikofaktoren.

Beispiele für Testverfahren

Folgende zwei Beispiele illustrieren diese Zuordnung von Merkmalen, Methoden und Einstufungsniveaus:

1 **»Richtigkeit«**
Das funktionale Qualitätsmerkmal »Richtigkeit« ist definiert als »Merkmale von Software, die sich auf das Liefern der richtigen oder vereinbarten Ergebnisse oder Wirkungen beziehen« (z.B. benötigte Genauigkeit berechneter Werte).

Geeignetes Testverfahren ist auf der Ebene des Systemtests der anwendungsfallbasierte Test (s. [Spillner 10, Abschnitt 5.1.5]) unter ergänzender Anwendung von Äquivalenzklassenanalyse und Grenzwertanalyse (s. [Spillner 10, Abschnitt 5.1.1 und 5.1.2]).

Geeignete Metrik zur Bestimmung des Einstufungsniveaus ist beispielsweise die Abweichung zwischen berechnetem und erwartetem Wert eines Ausgabeparameters.

Denkbare Einstufungsniveaus für die Akzeptanz:

- 0 .. 0.0001: akzeptabel
- > 0.0001: nicht akzeptabel

2 **»Bedienbarkeit«**
Das nicht funktionale Qualitätsmerkmal »Bedienbarkeit« ist definiert als »Merkmale von Software, die sich auf den Aufwand für den Benutzer bei der Bedienung und Ablaufsteuerung beziehen«.

Geeignetes Testverfahren hierfür ist ein Usability-Test, bei dem die Hauptanwendungsfälle des Systems durchgespielt werden.

Geeignete Metrik ist die Messung des mittleren Zeitaufwands für jeden dieser Hauptanwendungsfälle für unterschiedliche Klassen von Benutzern (z.B. Neuanwender, Profis).

Die Einstufungsniveaus sind dann sinnvollerweise spezifisch für jeden Anwendungsfall festzulegen; beispielsweise könnte für den Anwendungsfall »neuen Fahrzeugtyp in der *DreamCar*-Konfiguration anlegen« angegeben werden:

- < 1 Minute: hervorragend geeignet
- 1 – 2 Minuten: akzeptabel
- 2 – 3 Minuten: bedingt akzeptabel
- > 3 Minuten: nicht akzeptabel

Priorisierung

Definition von Testreihenfolge, Testaufwand und -tiefe

Typischerweise steht der Testmanager bei der Testplanung vor dem Problem, dass nicht alle Testziele mit gleicher Intensität verfolgt werden können. Es besteht ein hohes Risiko, dass gegen Ende des geplanten Testzeitraums Aufgaben unerledigt bleiben werden, weil sich Zulieferungen verzögern, geplante Ressourcen nicht zur Verfügung stehen oder das zu testende System so instabil ist, dass der Testbetrieb verlangsamt wird. Die Aufgaben im Testprojekt müssen also priorisiert werden.

Hierzu bedarf es zweier Betrachtungen:

- Welche Faktoren werden herangezogen, um die Priorität einer Aufgabe zu definieren? Nachdem Testen ein risikominderndes Verfahren darstellt, ist der wesentliche Faktor das Produktrisiko. Im folgenden Abschnitt »*Kosten und Nutzen der Tests abwägen*« sowie in Abschnitt 10.7 wird darauf im Detail eingegangen.
- Welche Steuergrößen im Testprojekt sollen durch die Priorisierung wie beeinflusst werden? Grundsätzlich können folgende Parameter gesteuert werden:
  1. Die Reihenfolge, in der die Testziele abgearbeitet werden sollen. Prinzipiell ist es aus fachlicher Sicht sinnvoll, diejenigen Testaktivitäten zuerst durchzuführen, die die wichtigsten Eigenschaften des Systems prüfen. Zusätzlich gibt es aber meistens technische Abhängigkeiten, die die Reihenfolgeplanung beeinflussen, und nicht zuletzt bildet die Reihenfolge der Lieferung der Leistungsmerkmale seitens der Entwicklung eine wichtige Planungsgrundlage.
  2. Der Aufwand, der für die einzelnen Testziele angesetzt wird. Dies umfasst Aufwände für Testvorbereitung und -durchführung. Hochpriore Testziele mit hohem Aufwand in der Planung zu berücksichtigen ist zunächst einmal sicherlich ebenfalls sinnvoll, doch der Aufwand wird auch durch andere Faktoren wie technische Randbedingungen, Komplexität und Testbarkeit der zu testenden Funktionalitäten etc. beeinflusst.
  3. Die einzusetzenden Testverfahren. Wie im vorigen Abschnitt erläutert wurde, eignen sich verschiedene Testverfahren unterschiedlich gut zur Prüfung unterschiedlicher Qualitätsmerkmale. Außerdem sind die meisten Testverfahren skalierbar, d.h., sie können mit mehr oder weniger Aufwand eingesetzt werden, und erzeugen dadurch eine höhere oder niedrigere Testschärfe.

Eine Priorisierung, die ausschließlich die Reihenfolge der Aktivitäten bestimmt, kann dazu führen, dass bei Zeitmangel Testziele komplett unbearbeitet bleiben. Um dies zu vermeiden, kann jedem Testziel der (maximal) zu erbringende Aufwand zugeordnet werden. Dies erfolgt z.B., indem die zur Verfügung stehenden Ressourcen proportional zum mittels Schaefer- oder Gutjahr-Verfahren (s. Abschnitt 10.7) ermittelten Risikoindex auf die Testziele verteilt werden. Auch niederpriore Testziele erhalten damit ein Mindestbudget. Zur Feinjustierung empfiehlt es sich schließlich, gestaffelt nach Priorität die Anwendung bzw. Ausprägung der einzusetzenden Testverfahren festzuschreiben. Hochprioren Testzielen werden aufwendigere Testverfahren zugeordnet, was erfahrungsgemäß zu einer intensiven Fehlerfindung führt.

Beispiel: Priorisierung bei VSR DreamCar

Für *DreamCar* werden mit dem Verfahren nach Hans Schaefer (s. Abschnitt 10.7) die Risiken der wichtigsten Anwendungsfälle analysiert. Es entsteht folgende Priorisierung:

Anwendungsfall	Priorität	Reihenfolge	Budget (Stunden)	Methoden
Fahrzeugmodell anlegen	322	1	9	exploratives Testen
Sondermodell anlegen	122	2	3	nur Geradeausfälle
Zubehörteil anlegen	78	3	2	nur Geradeausfälle
Fahrzeug konfigurieren	677	4	18	Äquivalenzklassenkombination

Bei der Testplanung kann die Priorität nicht zur Reihenfolgebildung herangezogen werden, weil die Funktionen aufeinander aufbauen (so muss z.B. zuerst ein Fahrzeugmodell angelegt sein, damit es bei der Konfiguration eines Fahrzeugs verwendet werden kann). Daher entschließt sich der Testmanager, zusätzlich den maximal zu erbringenden Testaufwand zu planen (damit die Tester bei den weniger riskanten Funktionen nicht zu viel Zeit verbringen) und die anzuwendenden Testmethoden zu definieren (um die Verwendung des Zeitbudgets sinnvoll zu steuern).

Kosten und Nutzen der Tests abwägen

Da Testen nur mittelbar zur Entstehung eines Softwaresystems beiträgt, sieht sich der Testmanager in der Praxis oft viel stärker der Notwendigkeit ausgesetzt, Budgets und Ressourcenbedarf zu argumentieren, als beispielsweise der Leiter der Entwicklungsmannschaft. Ein wesentlicher Aspekt der Testplanung liegt somit darin, neben den Kosten auch den Nutzen der Tests auszuweisen. Eine solche Argumentation kann qualitative wie auch quantitative Aussagen einbeziehen.

Zur Quantifizierung bedarf es geeigneter Metriken, um die durch den Test gefundenen Fehler zu zählen und deren mögliche Folgen zu bewerten. Es ist also eine Aussage gefordert über das durch den Test reduzierte Produktrisiko (Kapitel 10 erläutert die hierzu notwendigen Basismechanismen der Risikoidentifikation, -analyse, -bewertung und

-behandlung). Je mehr Fehler durch Tests gefunden werden, desto höher wird die Qualität des Systems sein und desto niedriger das Risiko für Kosten durch im Einsatz auftretende Fehlerwirkungen. Mit der erzielten Qualität steigen aber auch die Kosten für die Testaktivitäten. Abbildung 5–3 veranschaulicht diesen Zusammenhang.

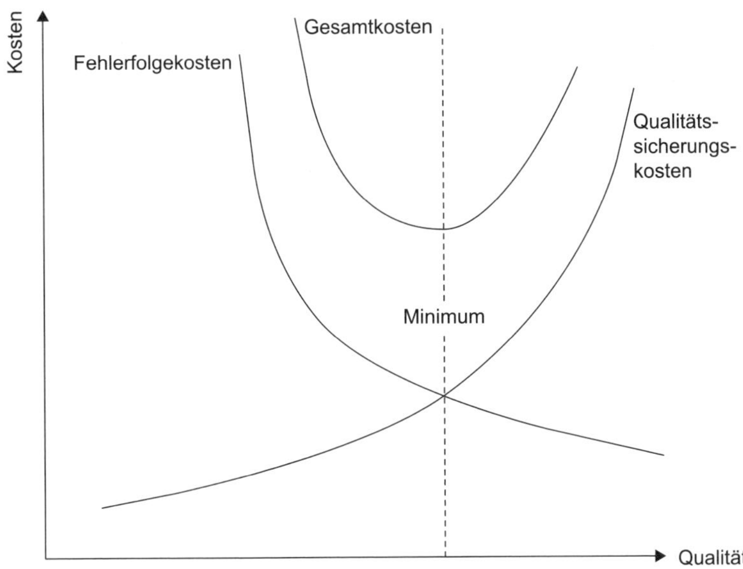

Abb. 5–3
Zusammenhang zwischen Qualität und Kosten

Balance zwischen Test- und Fehlerkosten finden

Rein betriebswirtschaftlich gesehen liegt der optimale Zeitpunkt, um mit dem Testen aufzuhören, im Schnittpunkt der beiden Kurven – hier ist das Minimum der Summe aus Qualitäts- und Fehlerfolgekosten erreicht. Dieses Minimum quantitativ und methodisch anzusteuern ist eine sehr komplexe Aufgabenstellung, die den Einsatz von Schätz- und Prognoseverfahren sinnvoll macht[2]. Zur Abschätzung kann zunächst folgende grobe Kategorisierung der Kosten für Qualität herangezogen und jede Kategorie getrennt betrachtet werden:

Kategorisierung von Qualitätskosten

- Kosten für Fehlervermeidung (z.B. Kosten für planerische und konstruktive QS-Maßnahmen wie die Etablierung reifer Prozesse, die systematische Durchführung projektbegleitender QS etc.),
- Kosten für Fehlerfindung (hierzu zählen die Aufwände für die Testplanung und -vorbereitung sowie Erst- und Regressionstests),
- interne Fehlerfolgekosten (hierunter fallen u.a. die Kosten für Fehlermanagement, Fehleranalyse und Fehlernachtests),

2. Siehe beispielsweise [URL: TestBalance].

externe Fehlerfolgekosten (Kosten für den Ausfall des Systems beim Anwender/Betreiber, Kosten für fehlerhafte Ergebnisse, Datenverluste etc., bis hin zu Kosten für den SW-Hersteller durch Regressansprüche, Image- und Kundenverlust).

Während die Kosten für die geplanten Tests vorab gut abschätzbar sind (s. Abschnitt 5.2) und während der Durchführung detailliert erfasst werden können, ist die Quantifizierung der externen Fehlerfolgekosten i. Allg. schwierig:

Indirekte Fehlerkosten entstehen dem Hersteller

Dem Hersteller entstehen meist indirekte Fehlerkosten. Dies sind Kosten bzw. Umsatzverluste z. B. aus Minderung wegen Nichterfüllung des Vertrags oder Regressforderungen aus Produkthaftungsgründen, erhöhtem Aufwand für Kundenhotline und Support, Imageschaden bis hin zum Verlust des Kunden sowie auf Dauer sinkendem »Markenwert« durch mangelnde Funktionalität, schlechte Qualität oder gar durch das Produkt ermöglichte bzw. unterstützte kriminelle Handlungen (Viren, Phishing, ...).

Direkte Fehlerkosten entstehen dem Anwender

Beim Anwender bzw. Betreiber des Systems spiegeln sich Produktrisiken oft in den direkten Fehlerkosten wider, die dem Kunden durch Fehlerwirkungen des Softwareprodukts entstehen (und für die der Hersteller evtl. haftet, s. o.). Hierunter fallen z. B. Kosten von Berechnungsfehlern, Datenverlust, Fehlbuchungen, Schaden an Hardware.

Schwer kalkulierbare persönliche oder gesellschaftliche Schäden

Darüber hinaus gibt es schwer kalkulierbare Schadensmöglichkeiten bzw. Fehlerkosten. Dient das System beispielsweise dazu, eine Dienstleistung irgendeiner Art einem bzw. mehreren Endkunden zu liefern, so können auch diese Schaden durch das Produktrisiko erleiden – von unerwünschten Werbesendungen über die Einnahme falsch zugestellter Medikamente bis hin zu Flugzeugabstürzen oder weitreichenden gesellschaftlichen Auswirkungen aufgrund falscher Informationen, fehlerhafter Statistiken oder manipulierter »elektronischer« Wahlen.

Wegen der schwierigen Abschätzbarkeit der externen Fehlerfolgekosten ist zumindest unterstützend eine qualitative Argumentation für den Test sinnvoll bzw. notwendig. Qualitative Argumente für den Test sind beispielsweise Nachweise für höhere Zufriedenheit und Vertrauen der Anwender, besseres Ansehen des SW-Herstellers am Markt, höhere Termintreue bei Systemreleases, aber auch bessere Absicherung gegen rechtliche Konsequenzen wie z. B. Haftungsansprüche.

5.2 Testschätzung

Die Abschätzung des zu erwartenden Testaufwands ist eine klassische Projektmanagementaufgabe. Vom Ergebnis der Testschätzung hängen insbesondere die Teststrategie (s. Abschnitt 5.1) und die Aktivitätenplanung der Teststufen (s. Abschnitt 5.3) ab. Daher soll sich der Testmanager bei der Erstellung einer Abschätzung möglichst erprobter Methoden bedienen, die sicherstellen, dass

- alles zur Verfügung stehende Wissen über das zu testende System und die Testziele sowie die Erfahrung der am Projekt beteiligten Experten einfließt,
- Kosten, Ressourcenbedarf, Aufgaben und Personal klar nachvollziehbar und detailliert einander zugeordnet werden,
- für jede geplante Aktivität die wahrscheinlichsten Werte für Kosten, Zeit und Aufwand dargestellt und Informationen über den Grad der Unsicherheit der Schätzungen dokumentiert werden.

5.2.1 Grundlegendes Vorgehen bei der Testschätzung

Aufwand kann top-down und bottom-up geschätzt werden

Der Testaufwand kann *top-down* geschätzt werden, indem der Gesamtaufwand für den Test aus geeigneten Projektparametern abgeleitet und anschließend – ggf. erst im Verlauf des Testprojekts – auf die einzelnen Aktivitäten verteilt wird. Der Vorteil dieser Vorgehensweise liegt darin, dass sie ohne genaue Kenntnis der Inhalte der einzelnen Aktivitäten und des zu testenden Systems, also insbesondere sehr früh im Gesamtprojekt, erfolgen kann. Der Nachteil liegt darin, dass sie potenziell ungenau ist.

Dem gegenüber steht die *Bottom-up*-Vorgehensweise, bei der die Einzelaktivitäten getrennt abgeschätzt und die Einzelaufwände anschließend aufsummiert werden. Der Vorteil dieser Methode liegt zum einen in ihrer Flexibilität (je nach abzuschätzender Einzelaktivität können unterschiedliche Schätzverfahren eingesetzt werden) und daraus resultierenden Genauigkeit. Als Nachteil muss gesehen werden, dass hierfür zuerst eine genaue Aufschlüsselung der Einzelaktivitäten auf Basis eines →Projektstrukturplans (PSP, engl. *work breakdown structure, WBS*) als Grundlage benötigt wird, wodurch die Abschätzung im Vergleich zur *Top-down*-Vorgehensweise erst später eingesetzt werden kann.

In der Praxis bietet sich an, frühzeitig eine *Top-down*-Schätzung vorzunehmen und diese sobald als möglich zu verfeinern, indem das Gesamtprojekt stufenweise detailliert und die Teile sukzessive wiederum *bottom-up* abgeschätzt werden, sobald ausreichende Informationen vorliegen.

5.2.2 Bestandteile und Einflussfaktoren für die Testschätzung

Da die eigentliche Durchführung der Tests meistens nur einen Bruchteil des Gesamtaufwands darstellt, muss bei der Abschätzung zunächst sichergestellt werden, dass keine wesentliche Aktivität vergessen wird. Praktikabel ist hierfür eine einfache Checkliste, die alle Aktivitäten beinhaltet:

Checkliste für Aufwandsarten

- die Testplanung (u.a. auch der Aufwand, den die Erstellung der Aufwandsabschätzung selbst erfordert),
- die Testvorbereitung (Entgegennahme, Konfigurationsmanagement und Installation des Testobjekts, Bereitstellung der notwendigen Dokumente und Vorlagen, ggf. Testdatenbanken, Einrichten der Testumgebungen etc.),
- die personelle Besetzung, z.B. Einarbeitung und/oder Schulung von Testpersonal,
- die Testspezifikation auf allen Teststufen – die Schätzverfahren können sich je nach zu testenden Qualitätsmerkmalen und somit einzusetzenden Testverfahren und -werkzeugen deutlich unterscheiden,
- ggf. die Testautomatisierung für ausgewählte Tests – hier gilt sinngemäß das Gleiche wie für die Testspezifikation, allerdings gibt es hier zusätzlich noch Variationen bei den Kosten für Testautomatisierungswerkzeuge,
- die Testdurchführung in allen Teststufen, ebenfalls unter Berücksichtigung unterschiedlicher Schätzverfahren für verschiedene Testarten,
- die Dokumentation der Durchführung, also Berichte und Abweichungsmeldungen,
- die Fehleranalyse und Fehlernachtests – diese skalieren naturgemäß mit der Zahl der gefundenen Abweichungen und machen somit ein separates Schätzen der Fehlerzahl, der Fehlerfindungsrate und der Fehlerbehebungsrate notwendig,
- das Erheben von Testmetriken,
- die Kommunikation im Testteam und zwischen Test- und Entwicklungsteam (Meetings, E-Mails, Pflege von Abweichungsmeldungen, Change Control Board etc.).

Jede dieser Aktivitäten kann durch unterschiedliche Faktoren beeinflusst werden, die Auswirkung auf den Aufwand für die Aktivität haben können. Daher soll sich der Testmanager einer zweiten Checkliste bedienen, die solche Einflussfaktoren nennt und den Aktivitäten zuordnet, beispielsweise

Checkliste für Einflussfaktoren auf die Schätzung

- die geforderte Qualität des zu testenden Systems,
- den Systemumfang,
- die Anzahl sowie die Komplexität und Beherrschbarkeit der Testumgebungen und der Testobjekte (insbesondere deren Installation und Konfiguration),
- die geschätzte Anzahl der Testwiederholungen je Teststufe, basierend auf Annahmen über den Verlauf der Fehlerfindung und/oder historischen Daten,
- die Reife des Testprozesses und der verwendeten Methoden und Werkzeuge,
- die Qualität der zur Verfügung stehenden Dokumentation für System und Testumgebung,
- die Erfahrung und Ausbildung des Testpersonals,
- die geforderte Qualität und Exaktheit der zu erstellenden Dokumente,
- die Ähnlichkeit des abzuschätzenden Projekts zu vorangegangenen Projekten,
- damit einhergehend die Wiederverwendbarkeit von Lösungen aus vorangegangenen Projekten,
- die (Test-)Reife des zu testenden Systems – bei schlechter Qualität des zu testenden Systems wird der Aufwand zur Erreichung der Ausgangskriterien nur schwer zu bestimmen sein,
- die Termintreue von Testobjektlieferungen,
- die Komplexität der Zeitplanung von ggf. erfolgenden Teillieferungen – insbesondere im Integrationstest – und
- die Ergebnisse ggf. vorangegangener Teststufen und Testphasen.

5.2.3 Techniken zur Aufwandsschätzung

Die folgende Übersicht ist als »Werkzeugkasten« zu betrachten und erhebt keinen Anspruch auf Vollständigkeit. Die einzelnen Techniken wurden in ein grobes Schema einsortiert, das jedoch nicht als normativ zu betrachten ist – einige Techniken vermischen verschiedene Aspekte und könnten in mehr als einer Kategorie genannt werden.

Expertenschätzungen

Testschätzung auf Basis von Erfahrung und Wissen

Diese Kategorie umfasst wohl die am häufigsten eingesetzten Verfahren. Sie verlassen sich auf die Erfahrung und das Wissen der beteiligten Menschen und versuchen mehr oder weniger, dieses systematisch zu nutzen.

Intuition und Raten

Zumindest für kleinere Aktivitäten ist es manchmal völlig ausreichend, dem »Bauchgefühl« zu vertrauen und einen Schätzwert anzusetzen, der ohne nachvollziehbare Begründung entsteht. Solche intuitiven Schätzungen entstehen aus der Summe der Erfahrungen des Schätzenden und subsumieren damit unterschwellig einige der formaleren Schätzmethoden.

Planning Poker

Ein Beispiel für ein intuitives Schätzverfahren im Team ist der aus den agilen Methoden bekannte »Planning Poker«, bei dem jeder Teilnehmer für die zu schätzende Teilaufgabe eine Karte aus mehreren Kartenwerten verdeckt ablegt und alle Karten gleichzeitig aufgedeckt werden. Große Differenzen in dem Kartenwert deuten auf nicht gut verstandene Teilaufgaben bzw. Arbeitspakete hin.

Delphi-Verfahren

Formaler, aber dennoch ohne großen Aufwand durchführbar, sind Verfahren wie Delphi und Breitband-Delphi ([URL: Delphi-Methode]). Beides sind allgemeine (nicht auf den Testprozess beschränkte) Gruppenschätzmethoden; der wesentliche Unterschied liegt in der Art und Weise, wie die Einzelmeinungen konsolidiert werden:

- Beim Standard-Delphi-Verfahren findet keine Diskussion unter den Experten statt:
  1. Der Projektleiter verteilt an jeden Experten ein Arbeitsformular mit dem Projektstrukturplan, in dem die abzuschätzenden Aktivitäten aufgelistet und kurz erläutert sind. Er schildert bei der Übergabe den Rahmen und die Ziele des Projekts.
  2. Die Experten schätzen getrennt voneinander die Aufwände für die Aktivitäten ab und tragen diese im Arbeitsformular ein.
  3. Der Projektleiter sammelt die Formulare ein und wertet sie aus. Deutliche (d.h. außerhalb eines vorab definierten Rahmens liegende) Unterschiede zwischen den Einzelabschätzungen werden anonymisiert auf allen Arbeitsformularen gleichförmig vermerkt.

Abb. 5–4
Standard-Delphi-Verfahren

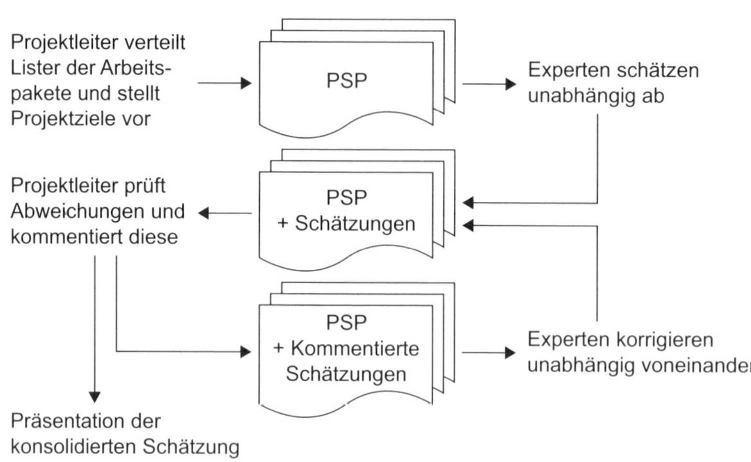

4. Die Arbeitsformulare werden an die ursprünglichen Bearbeiter zurückgegeben. Diese haben nun die Möglichkeit, die Abschätzungen zu überarbeiten. Mit den geänderten Schätzungen wird Schritt 3 wiederholt. Diese Schleife wird so lange durchlaufen, bis die Abweichungen zwischen den Schätzungen im Rahmen der vorher definierten Toleranzgrenze liegen.

Breitband-Delphi

- Beim Breitband-Delphi-Verfahren wird dagegen die Diskussion als wesentlicher Bestandteil der Abschätzung genutzt.
  - In Schritt 2 findet vor der getrennten Abschätzung eine Diskussion statt, in der jeder Experte zu jedem Arbeitspaket seine Sicht darstellen kann.
  - In Schritt 3 stellt der Projektleiter lediglich die unterschiedlichen Abschätzungen gegenüber, kommentiert diese aber nicht.
  - In Schritt 4 werden vor der Überarbeitung die Abschätzungen wiederum in einem Meeting diskutiert.

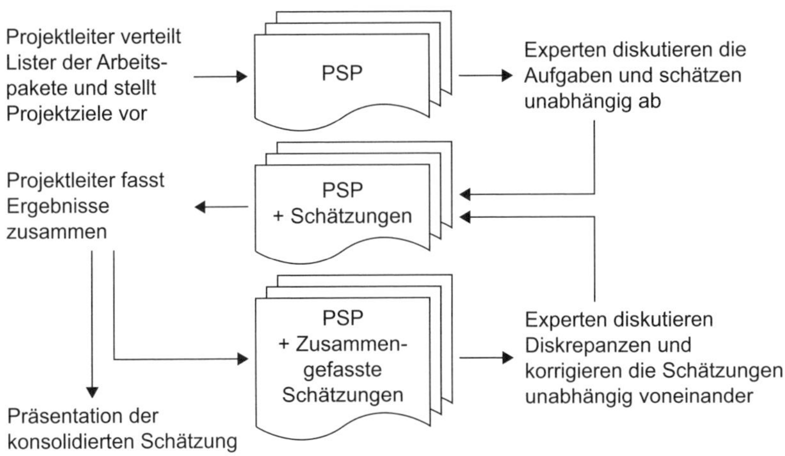

Abb. 5–5
Breitband-Delphi-Verfahren

Drei-Punkt-Methode

Die Drei-Punkt-Schätzmethode (s. [URL: Gartner]) ist ebenfalls ein Expertenverfahren zur Schätzung des Aufwands einer Einzelaktivität und bedient sich einfacher statistischer Grundlagen. Der mit der Abschätzung betraute Experte ermittelt für die abzuschätzende Größe (i. Allg. Aufwand, Zeit, Kosten o. Ä.) drei Werte:

- einen optimistischen Wert (engl. *best case*),
- einen Wert für den Normalverlauf der Aktivität (engl. *normal case*) und
- einen pessimistischen Wert (engl. *worst case*).

Bei der Ermittlung des Gesamtaufwands für ein (Test-)Projekt wählt man eine geeignete Wahrscheinlichkeitsverteilung bzw. Wahrscheinlichkeitsdichtefunktion, in die die geschätzten Werte als Parameter eingehen, um Erwartungswert und Varianz der geschätzten Größen zu berechnen.

Wahrscheinlichkeitsdichtefunktion

Eine gebräuchliche Wahl hierfür ist die Dreiecksverteilung (s. [URL: Dreiecksverteilung]), bei der der optimistische und pessimistische Schätzwert die Wahrscheinlichkeitsdichte 0 haben (s. Abb. 5–5).

Abb. 5–6
Dreiecksverteilung

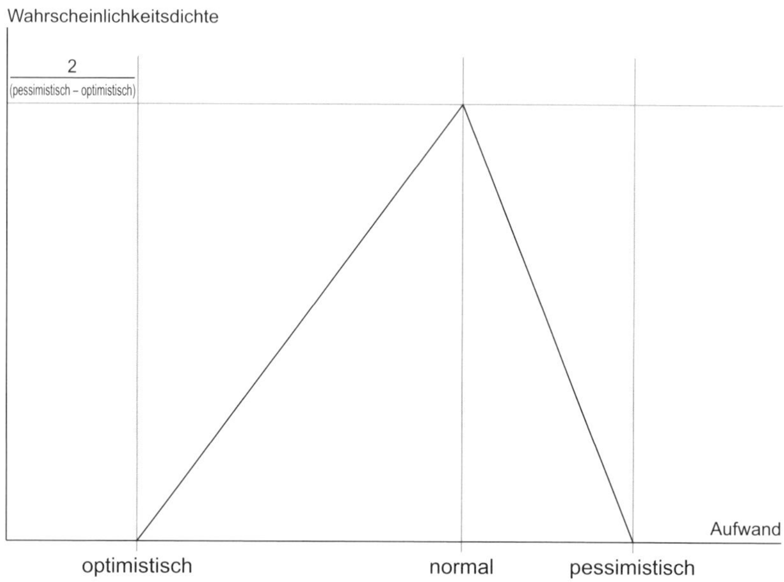

Eine Alternative stellt das gewichtete Mittel nach dem PERT[3]-Verfahren dar. Bei PERT wird die sogenannte Beta-Verteilung [URL: Betaverteilung] zur Berechnung der Erwartungswerte verwendet. In [Hofbauer 05] wird an der Betaverteilung allerdings Kritik geäußert, da bei der linkssteilen Form dieser Verteilung der Erwartungswert für eine Aktivität höher als der geschätzte Normalwert ist, was zu einer systematischen Überschätzung des Aufwands führt.

Sind die Einzelaktivitäten abgeschätzt und eine geeignete Wahrscheinlichkeitsdichtefunktion ausgewählt, so können Erwartungswert, Standardabweichung bzw. Varianz für das Gesamtprojekt berechnet bzw. approximiert werden. Bei der Dreiecksverteilung gelten beispielsweise folgende (Näherungs-)Formeln [URL: Gartner]:

3. Program Evaluation and Review Technique, siehe [URL: PERT].

$$\text{Aufwand}_{\text{Aktivitaet}} = \frac{\text{optimistisch} + \text{normal} + \text{pessimistisch}}{3}$$

$$\text{Varianz}_{\text{Aktivitaet}} = \left(\frac{\text{pessimistisch} - \text{optimistisch}}{5}\right)^2$$

$$\text{Aufwand}_{\text{Projekt}} = \sum \text{Aufwand}_{\text{Aktivitaet}}$$

$$\text{Varianz}_{\text{Projekt}} = \sum \text{Varianz}_{\text{Aktivitaet}}$$

$$\text{Standardabweichung}_{\text{Projekt}} = \sqrt{\text{Varianz}_{\text{Projekt}}}$$

Abb. 5-7
Nährungsformeln

Nutzung von historischem Wissen

Vergleichende Verfahren nutzen Erfahrungen aus dem gleichen Projekt, der Organisationseinheit oder weiter gefassten Quellen (z.B. der gleichen Branche) zur Ermittlung von Basisparametern, die anschließend beispielsweise in formelbasierter Verfahren oder Expertenschätzungen weiterverwendet werden. In manchen Fällen liegen solche Vergleichsdaten sogar in Form von Firmen- oder Branchenstandards vor. Literaturquellen für Erfahrungswerte sind zahlreich (beispielsweise [Jones 98], [URL: Rothman] oder [Rashka 01]). Bei der Suche nach vergleichbaren Quellen sind diverse Faktoren zu berücksichtigen:

Vergleichsdaten nutzen

- Die Vergleichsquelle soll zur Aufgabenstellung passen, d.h. die eigenen eingesetzten Softwaretechnologien berücksichtigen. Quellen, die den Aufwand in funktional programmierten Systemen abschätzen, sind beispielsweise zur Abschätzung objektorientierter Softwareentwicklung schlecht geeignet.
- Die Authentizität der Quelle ist zu prüfen, insbesondere in Hinblick auf die Herkunft der genutzten Daten und die Vorgehensweise bei Datenerfassung und -auswertung.
- Sinnvollerweise sind mehrere Quellen heranzuziehen. Wenn sich die Angaben grob widersprechen, kann mit Mittelwert und Standardabweichung ein Abgleich erfolgen, oder die am ungeeignetsten erscheinenden Quellen sollten (sicherheitshalber) verworfen werden.

Tipp

Liegen aus der Literatur, aus Branchenerfahrungen oder historischen Daten der eigenen Organisation keine passenden Informationen vor, so können Vergleichsgrößen ggf. selbst erzeugt werden, indem vor Beginn eines komplexen Projekts eine Vorstudie durchgeführt wird. Hierzu werden stichprobenhaft einige Testfälle aus dem Testplan ausgewählt, diese werden umgesetzt und durchgeführt, und der dazu notwendige Aufwand wird erfasst. Die Ergebnisse werden zur Validierung des Schätzverfahrens verwendet oder zur Extrapolation des Gesamtaufwands.

Formel- und metrikbasierte Schätztechniken

Fomel- und metrikbasierte Techniken dienen dazu, den Aufwand durch Anwendung einer Berechnung aus möglichst vorhandenen oder leicht ermittelbaren Basisgrößen ableiten zu können. Somit stellen sie einen praktikablen Kompromiss zwischen der erzielbaren Genauigkeit und dem Aufwand für die Abschätzung dar.

Die zur Berechnung benötigten Basisparameter können zum einen Erfahrungswerte aus der Vergangenheit sein oder Metriken, die im Entwicklungs- und Testprozess erfasst werden, beispielsweise der Entwicklungsaufwand in Personenstunden, die Anzahl zu testender Anforderungen etc.

Prozentuale Schätzung

Die einfachste Methode zur Testschätzung ist die Beaufschlagung des Entwicklungsaufwands mit einer prozentualen Pauschale, z.B. 40 %, für den Testaufwand. In bestimmten Fällen – z.B. bei einer Neuentwicklung in einem bisher nicht vom Unternehmen bearbeiteten Geschäftsfeld – ist dies oft sogar die beste Möglichkeit, zu einer Schätzung zu gelangen.

Außerdem verursacht diese einfache Schätzung des Testaufwands selbst deutlich weniger Aufwand als mit komplexeren Vorgehensweisen – daher mag sie auch für insgesamt kleine Projekte adäquat sein. Voraussetzung ist natürlich, dass (abgesehen von einem stimmigen Beaufschlagungsfaktor) der Entwicklungsaufwand genau genug geschätzt wurde bzw. bekannt ist.

Funktionspunktanalyse (FPA)

Statt des Entwicklungsaufwands kann auch eine Schätzung des zu testenden funktionalen Volumens herangezogen werden. Die Norm [ISO 14143] liefert hierfür ein detailliertes Rahmenwerk, anhand dessen eine konkrete Metrik zur Bestimmung des funktionalen Volumens beurteilt werden kann. Ein Beispiel für eine Volumenbewertung ist die Funktionspunktanalyse (FPA). Diese Methode (s. z.B. [Poensgen 05]) wird für Testschätzungen in der Systementwicklung allgemein verwendet und ist weit verbreitet. Da die Funktionspunktanalyse auf den Systemanforderungen aufsetzt, kann sie bereits sehr früh in einem Softwareentwicklungsprojekt verwendet werden. Die Methode selbst ermittelt allerdings nur die Anzahl der sogenannten Funktionspunkte des Produkts als abstraktes Maß für das funktionale Volumen. Um daraus Informationen über den zu erwartenden Aufwand zur Erstellung dieses Produkts zu gewinnen, werden unternehmensspezifische, aus der Erfahrung gewonnene Werte über den Aufwand pro Funktionspunkt benötigt.

Schrittweise Analyse und Abschätzung

Die Funktionspunktmethode arbeitet in drei Schritten:

- Im ersten Schritt werden nach festgelegten Regeln die zu realisierenden Funktionen und die zu verarbeitenden Daten gezählt; diese werden in die logischen Kategorien Eingabe, Ausgabe, Abfrage, externe logische Datei und interne logische Datei eingeteilt und als einfach, mittel oder komplex gewichtet. Das Ergebnis (also die gewichtete Summe) dieser Zählung wird als »unjustierter Funktionspunktwert« oder auch als »Roh-Funktionspunkte« (RFP) bezeichnet und ist ein Maß für den funktionalen Umfang des Systems aus Sicht des Anwenders.
- Im zweiten Schritt wird unabhängig davon das zu realisierende System anhand von 14 nicht funktionalen Eigenschaften bewertet, beispielsweise einem Maß für die Performanz oder die Effizienz der Benutzerschnittstelle. Jeder dieser Einflussfaktoren wird mit einem Wert von 0 (unwichtig) bis 5 (sehr wichtig) gewertet und aufsummiert. Das Ergebnis wird als Prozentwert betrachtet, um den (auf Erfahrungen ermittelten) Aufschlag 0,65 erhöht und mit dem Ergebnis des ersten Schritts multipliziert. So entsteht der »justierte Funktionspunktwert«, der eine Basiszahl für den zu erwartenden Entwicklungsaufwand darstellt.
- Im letzten Schritt müssen die Funktionspunkte nun in Aufwand, also Personenmonate, Kosten etc., umgerechnet werden. Genau hier muss die Methode unternehmensspezifisch angepasst werden, denn die Umrechnung erfordert den Vergleich mit Zahlenmaterial aus vergangenen Projekten.

Testaufwand ergibt sich durch Pauschale aus Funktionspunkten

Die Ableitung des Testaufwands kann beispielsweise durch folgende Umrechnung geschehen [URL: Longstreet]: Sei FP die Zahl der Funktionspunkte, dann ist die

- Anzahl der Systemtestfälle = $FP^{1.2}$
- Anzahl der Akzeptanztestfälle = $FP \times 1.2$

Das Ergebnis der Abschätzung ist also lediglich die Zahl der Testfälle; diese wird in der Realität nicht ausreichen, um eine komplette Aufwandsabschätzung durchzuführen. Zur Anwendung wird zumindest eine Pauschale zur Beaufschlagung der Zahl der Testfälle mit einem mittleren Aufwand für alle Testaktivitäten benötigt, oder die Testfallanzahl wird als Parameter für ein weiteres Schätzmodell genutzt.

Testpunktanalyse (TPA)

Basierend auf der Funktionspunktanalyse wurde von der Firma Sogeti B.V. [URL: Sogeti] die Testpunktanalyse entwickelt. Im Prinzip werden bei dieser Methode die wesentlichen Faktoren, die bereits im Abschnitt über aktivitätsbasierte Modelle aufgelistet wurden, verwendet, mit denen die Zahl der ermittelten Funktionspunkte des Systems multipliziert werden. Die dabei zum Einsatz kommenden Formeln sind recht kompliziert und enthalten etliche erfahrungsbasierte Parameter. In diese Parameter fließen Erfahrungswerte für die Gewichtung der Qualitätsmerkmale, gewisser Eigenschaften der Funktionen, der Umgebung, der Erfahrung und Ausrüstung des Testteams und der Organisationsstruktur ein [Koomen 08].

Die Vorteile der Methode: Die Erfahrungsfaktoren bilden sehr viele mögliche Einflussfaktoren ab, ohne die Abschätzung unübersichtlich werden zu lassen – TPA kann beispielsweise sehr leicht in Form einer Tabellenkalkulation implementiert werden. TPA liefert eine komplette Aufwandsabschätzung in Teststunden, eine Beaufschlagung mit weiteren Werten wie bei der FPA ist nicht notwendig.

Ähnlich wie die FPA lebt die TPA von der Güte der Erfahrungswerte; für eine erstmalige Testschätzung in einem neuen Unternehmen oder Geschäftsfeld ist sie also kaum geeignet. Werden aber Datensammlung und Abgleich zwischen Schätzung und Istaufwand regelmäßig vorgenommen und Erfahrungsfaktoren entsprechend nachjustiert, so wird die Methode im Lauf der Zeit immer exakter.

TPA basiert auf FPA

Allerdings erfordert TPA zwingend den Einsatz von FPA – es ist also im Einzelfall abzuwägen, ob auf die komplexe TPA oder auf die oben erwähnten einfachen Formeln zur direkten Ableitung des Testaufwands aus der Funktionspunktanalyse gesetzt wird.

Die Testpunktanalyse verläuft im Einzelnen nach folgendem Schema (s. Abb. 5–8):

Abb. 5–8
Ablaufschema der Testpunktanalyse

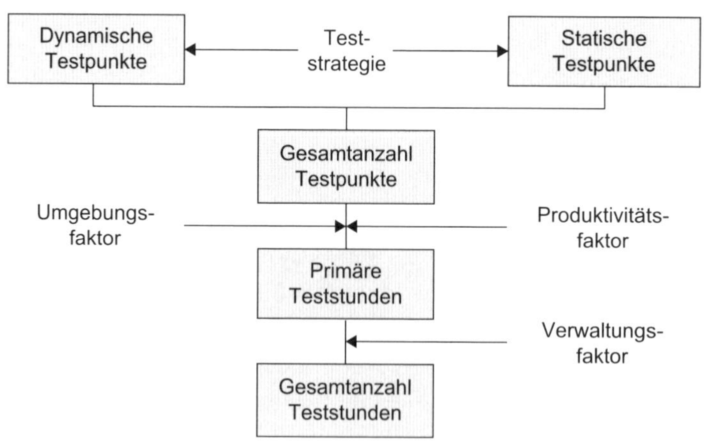

Schätzung von Testpunkten durch Qualitätsmerkmale

- **Dynamische Testpunkte**
  Für diesen Wert wird für jede einzelne Funktion ermittelt
  - der Wert der Funktionspunkte für diese Funktion,
  - ein Aufschlag für die Qualitätsmerkmale, die für diese Funktion gefordert werden (Funktionalität, Sicherheit, Integrationsfähigkeit und Leistung), und
  - ein Faktor, der die Priorität der Funktion, die Anwendungshäufigkeit, die Komplexität und den Einfluss der Funktion auf das restliche System zusammenfasst.

  Diese drei Faktoren werden pro Funktion miteinander multipliziert und die Ergebnisse addiert. Diese Summe, die dynamischen Testpunkte, spiegeln den Aufwand für den dynamischen Test wider.
- **Statische Testpunkte**
  Für jedes nicht dynamisch testbare Qualitätsmerkmal (Flexibilität, Testbarkeit, Nachweisbarkeit) wird die Gesamtzahl der Funktionspunkte mit einem Faktor multipliziert und die Zwischenprodukte aufaddiert. Das Ergebnis ist ein Maß für den Aufwand der statischen Prüfungen.

Multiplikation mit diversen Einflussfaktoren

Dynamische und statische Testpunkte werden summiert und anschließend mit Umgebungsfaktoren gewichtet:

- mit dem Umgebungsfaktor, der die Produktdokumentation, vorhandene Entwicklungs- und Testwerkzeuge, Testdokumente, Testmittel und Testinfrastruktur als aufwandsmindernde oder -steigernde Einflüsse enthält,
- und mit dem Produktivitätsfaktor, der die Qualität von Personal, Prozessdokumentation und Unternehmenskultur anrechnet.
- Abschließend wird der Verwaltungsfaktor beaufschlagt, der mit zunehmender Teamgröße wächst, aber bei Vorhandensein von Teamkoordinationswerkzeugen abgedämpft wird.

Das Ergebnis, wie eingangs erwähnt, ist dann die Zahl der zu erbringenden Teststunden.

5.3 Teststufenplanung

Die Teststrategie und die Aufwandsabschätzung müssen vom Testmanager zu einem detaillierten Projektplan weiterentwickelt werden. Ergebnis dieser Detailplanung kann die Erkenntnis sein, dass zur Verfügung stehende Zeit und Ressourcen nicht ausreichen, um die Teststrategie komplett abzuarbeiten. In diesem Fall muss ausgehend von den Prioritäten an geeigneter Stelle gekürzt, Termine verschoben oder mehr Ressourcen angefordert werden.

5.3.1 Zeit- und Aktivitätenplanung

Zunächst wird ein grober Zeitplan aller Testaktivitäten auf Meilensteinebene, der sogenannte →Mastertestplan, angelegt. Die Meilensteine umfassen geplante Liefertermine für Dokumente, Zieltermine für (Teil-)Freigaben der Testobjekte und deren Liefertermine von der Entwicklung an den Test.

Vom Meilensteinplan (Ziel) wird der Teststufenplan (Umsetzung) abgeleitet

Ausgehend von diesen Meilensteinen wird dann durch Hinzunahme der Ergebnisse der Aufwandsabschätzung für jede Teststufe eine erste Version des ressourcenbezogenen Zeit- und Aktivitätenplans (im Folgenden kurz →Teststufenplan genannt) ausgearbeitet. Die Ergebnisse dieser Planung müssen wiederum so früh wie möglich in den Gesamtplan des Projektmanagers Eingang finden.

Abstimmung zwischen Entwicklungs- und Testplan

Eine regelmäßige Abstimmung zwischen Entwicklungsleiter und Testmanager muss stattfinden: Der Testmanager muss über Plan- und Isttermine der Entwicklung sowie Inhalte der Lieferstände informiert werden und auf diese in seiner Detailtestplanung reagieren. Der Entwicklungsleiter muss auf Testergebnisse reagieren und ggf. Meilensteine verschieben, wenn zusätzliche Korrekturzyklen vorgesehen werden müssen. Entwicklungsplan und Test(stufen)plan sollten unter Einbindung des jeweiligen Gegenparts regelmäßig korrigiert, detailliert und reviewt werden. Beispielsweise kann die Planungsinformation aus dem Test genutzt werden, um die Lieferreihenfolge von Komponenten des zu testenden Systems optimal auf die geplante Strategie beim Integrationstest dieser Komponenten abzustimmen. Auf diese Weise wird der Testplan zu einem effektiven Kommunikationsmittel.

Typische Inhalte eines Teststufenplans

Typischerweise findet ein Teststufenplan seine Realisierung in einem mit Zusatzinformationen hinterlegten →Gantt-Diagramm, das folgende Themen abhandelt:

Inhalte

- Zuordnung der inhaltlichen Schwerpunkte zu den Testzyklen, abhängig vom voraussichtlich implementierten Funktionsumfang des jeweiligen Testobjekts. Hier wird i. Allg. eine Mischung aus erstmaligem Test neuer Funktionalitäten, Fehlernachtests von in den vorigen Zyklen fehlerbehafteten Bereichen und Regressionstests der übrigen Bereiche angestrebt.
- Schrittweise Verfeinerung der zugewiesenen Schwerpunkte pro Zyklus zu einer Liste aller geplanten Tests, ausgehend von den im Testkonzept genannten Testzielen. In längeren zyklisch ablaufenden Testprojekten wird sich diese Verfeinerung nicht nur auf die Durchführung von Tests, sondern auch auf die zeitgleiche Spezifi-

kation und ggf. Automatisierung von Tests für diejenigen Testfälle erstrecken, die in den jeweils folgenden Testzyklen zur Durchführung bereitgestellt werden sollen.
- Ergänzende Planung von Phasen, in denen ad hoc bzw. explorativ getestet werden soll, soweit die zur Verfügung stehenden Ressourcen dies zulassen und der Mehrwert der explorativen Tests darstellbar ist.
- Regelung von Zuständigkeiten im Testprojekt wie z.B. das Management, die Spezifikation, Vorbereitung, Durchführung und Nachbereitung der Tests. Weitere Zuständigkeiten betreffen die testprojektinterne Qualitätssicherung, das Konfigurationsmanagement und die Bereitstellung und Wartung der Testumgebung. Die organisatorische Einbindung des Testpersonals in das Gesamtprojekt, die Weisungsbefugnis im Testteam und ggf. die Aufteilung/Organisation des Testteams in verschiedene Testgruppen und/oder Teststufen müssen hier geregelt werden.

Tipp

Zuständigkeiten umfassen auch das Dokumentenmanagement

Die meisten dieser Aktivitäten sind mit der Erzeugung von Dokumenten verbunden (s. Abschnitt 5.5). Werden die Zuständigkeiten nur auf der Ebene »Personen X, Y und Z haben die Rolle R« geregelt, dann reicht dies nicht aus, um die termingerechte Entstehung und die adäquate Qualität dieser Dokumente sicherzustellen. Zusätzlich muss für jedes Dokument explizit personell geregelt werden,

- wer verantwortlicher Autor ist und wer in welcher anderen Rolle am Dokument mitwirkt,
- wie, wann und durch wen die Freigabe des Dokuments erfolgt,
- wie, wann sowie an wen es nach Freigabe zu verteilen ist.

Zeiten

- Angabe von Beginn und Ende der einzelnen Testzyklen, abhängig von den entwicklungsseitigen Lieferdaten für die zu testenden »Builds« der Testobjekte.
- Zuordnung von Terminen für die einzelnen Testthemen bzw. Phasen innerhalb der Testzyklen, z.B. der →Eingangstests bei der Übernahme der Testobjekte aus der vorgelagerten Teststufe, der Freigabetests vor der Weitergabe an die nachfolgende Teststufe, der übrigen Tests in der Reihenfolge ihrer Priorität, der voraussichtlich durchzuführenden Fehlernachtests etc.

Ressourcen

- Zuordnung der Aufgaben zu den Mitgliedern des Testteams unter Berücksichtigung und Dokumentation des jeweiligen anwendungs- oder testaufgabenspezifischen Know-hows, z.B. für explorative oder auch Ad-hoc-Tests, Lasttests etc.
- Angabe des Arbeitsaufwands für die Aktivität.
- Belegungsplan für die Testinfrastruktur (Hard- & Software, Testmittel wie z.B. Lastgeneratoren, Usability-Labor etc.).

Abhängigkeiten

- Definition einer effizienten Testreihenfolge zur Minimierung von redundanten Aktionen (beispielsweise durch Ausführen von Testfällen, die Datenobjekte kreieren, vor solchen, die diese Daten manipulieren oder löschen – so dienen die einen Testfälle als Vorbedingungen für die folgenden).
- Nennung von notwendigen externen Zulieferungen wie Testdatenbanken etc.

5.3.2 Vorteile frühzeitiger Testplanung

»Moment of involvement«

Die Testplanung kann – und muss – sehr früh beginnen, und zwar parallel zu den frühen Phasen der Softwareentwicklung, d.h. der Anforderungsdefinition und dem funktionalen Systementwurf, auch wenn zu diesem Zeitpunkt noch nicht alle Informationen vorliegen, die zum Abschluss der Planung notwendig sind. Sowohl moderne Entwicklungs- und Testvorgehensmodelle wie das W-Modell (s. Abschnitt 3.4) als auch anerkannte Prozessverbesserungsmodelle wie TPI® (s. Abschnitt 8.3.2) betonen die Wichtigkeit dieses frühzeitigen »moment of involvement«[4].

Zeitgewinn

Da der Test in der Regel mehrere Testzyklen und damit auch Planungsphasen umfasst, kann die erste Testgrobplanung stufenweise ergänzt und konkretisiert werden. Basierend auf den bereits stabilen Teilplandaten kann dazu mit Aktivitäten wie der Erstellung der Testspezifikation, dem Einrichten der Testumgebung und sogar der teilweisen Automatisierung von Tests begonnen werden. Das Testteam gewinnt Zeit und kann idealerweise bereits bei Vorliegen der ersten Testobjekte mit der Testdurchführung beginnen. Das Testen befindet sich damit wesentlich kürzer auf dem kritischen Pfad des Gesamtvorhabens.

Frühere Fehlerfindung

Außerdem werden oftmals grundlegende Fehler in den Testobjekten nicht erst bei der Durchführung, sondern bereits während der Test-

---

4. Begriff aus TPI.

analyse und des Testdesigns entdeckt. Die Behebungskosten für solche Fehler sind umso niedriger, je früher dies geschieht.

Risikosenkung

Die frühzeitige Planung hilft, Projektrisiken zu senken:

- Der Testplan kann frühzeitig durch Reviews anderer Projektbeteiligter geprüft werden. Potenzielle Inkonsistenzen, vergessene Themen etc. werden so besser adressiert.
- Für den Test notwendige Beistellungen oder Mitwirkungsleistungen werden rechtzeitig kommuniziert.
- Nicht zuletzt erleichtert eine rechtzeitig vorliegende Testplanung die Beschaffung der notwendigen Ressourcen, insbesondere wenn der Bedarf höher ausfällt, als bei Projektbeginn abzusehen war.

Rechtzeitiges Signalisieren von Ressourcenbedarf

5.4 Organisation und Koordination von Teststufen

Die Teststrategie und die Teststufenplanung sind eng mit der Frage verknüpft, wie das Testen organisatorisch im Unternehmen »aufgehängt« ist. Auf diese Frage hat der Testmanager als projektbezogene Rolle selten einen Einfluss, sondern muss die Organisationsstruktur als feste Randbedingung akzeptieren. Er hat jedoch Einfluss darauf, wie die Testobjekte innerhalb der Testzyklen bzw. Teststufen weitergereicht werden und wie die Teststrategien und Teststufenpläne aufeinander abgestimmt werden.

5.4.1 Testorganisation

Die Verteilung der anstehenden Testaktivitäten auf die zur Verfügung stehenden Testteams und Teststufen ist eine Optimierungsfrage. Welche Teststufen können mit den verfügbaren Ressourcen welche der Testaufgaben am wirtschaftlichsten erledigen und welche Testverfahren können dort sinnvoll genutzt werden? Wie kann vermieden werden, dass unnötig redundante Arbeiten entstehen – können vielleicht auch Bestandteile der Testmittel der einzelnen Stufen auf anderen Stufen wiederverwendet werden?

In großen Softwareprojekten und insbesondere bei Herstellern von Standardsoftware wird es nicht nur mehrere Teststufen, sondern pro Stufe auch mehr als nur ein Testteam geben. Hierarchie und Organisationsstruktur dieser Teams orientieren sich dabei in der Regel an der Architektur bzw. Struktur des zu testenden Systems.

Keine der im folgenden vorgestellten Organisationsformen ist von vornherein abzulehnen, vielmehr gilt es für den Testmanager, die Vorteile zu nutzen und die Schwächen bzw. Risiken weitgehend zu kom-

Abb. 5–9
Beispiel für Struktur einer Testorganisation

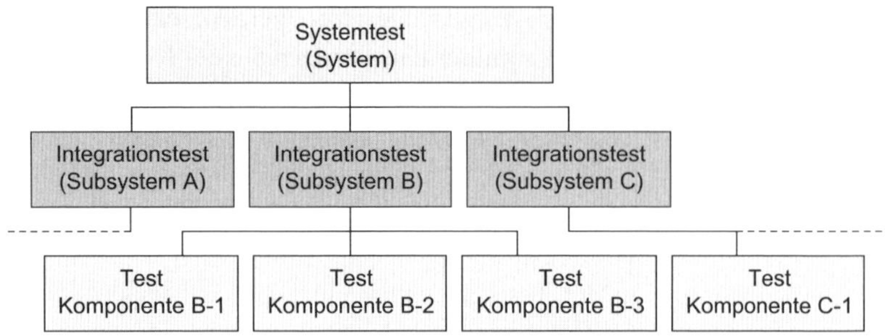

pensieren. Dies kann er im Wesentlichen durch die geeignete Zuordnung der Testaufgaben zu den Tetstufen leisten.

Entwickler als Tester seiner eigenen Software

Eine zunächst naheliegende Vorgehensweise ist es, den Test als natürlichen Bestandteil der Softwareentwicklung zu betrachten und diesen vom Entwickler »mit erledigen zu lassen«. Da die Entwicklung selbst typischerweise verteilt in mehreren Teams erfolgt, führt dies auch zu einem verteilten Test, wie es die folgende Abbildung zeigt.

Abb. 5–10
Entwickler als Tester

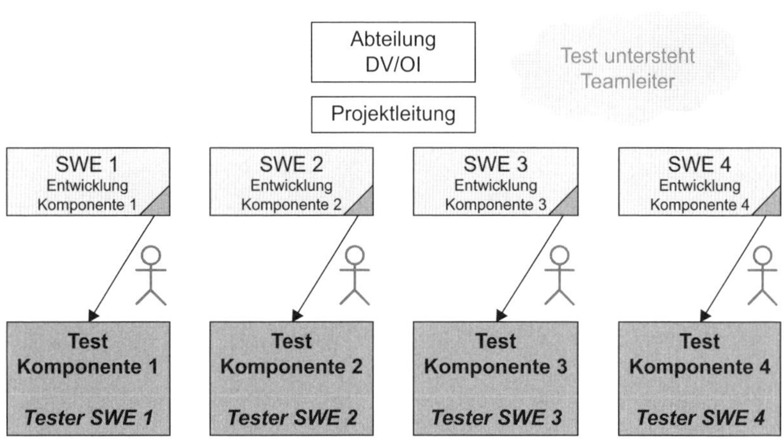

Der damit verbundenen Hoffnung, dass Fehler schnell gefunden und behoben werden können, stehen einige grundsätzliche Risiken gegenüber:

- Entwickler sind selten als Tester ausgebildet und daher potenziell bei der Fehlerfindung nicht so effizient wie spezialisierte Tester.
- Hinzu kommt, dass Entwickler generell konstruktiv und gutwillig ihrem eigenen Werk gegenüberstehen. Sie neigen daher zu »Betriebsblindheit« und zum Auslassen von →Negativtests.
- Die Koordination der einzelnen Personen, die verteilt in verschiedenen Teams arbeiten, ist schwieriger als die eines einzelnen Teams.

Test durch andere Entwickler

Teilweise kann dem dadurch entgegengewirkt werden, dass die Entwickler nicht ihre eigenen Komponenten, sondern die der Kollegen testen – paarweise »überkreuz« oder in Form eines einzelnen Entwicklers, der alle Testaktivitäten übernimmt. Dies erhöht zwar durch das »Vier-Augen-Prinzip« die Fehlerfindungswahrscheinlichkeit, die Probleme der mangelnden Testkenntnisse und des schwierigen Testmanagements bleiben jedoch grundsätzlich bestehen.

Testgruppe im Projekt

Die Konzentration der Tests auf einen einzelnen Entwickler kann als erster Schritt zur Zentralisierung des Testens in einem eigenen Team gesehen werden, wie es Abbildung 5–11 zeigt. Das Potenzial liegt hier in der besseren Planbarkeit der Tests sowie in der Möglichkeit zur Spezialisierung und somit zur Erhöhung der Qualität der Tests.

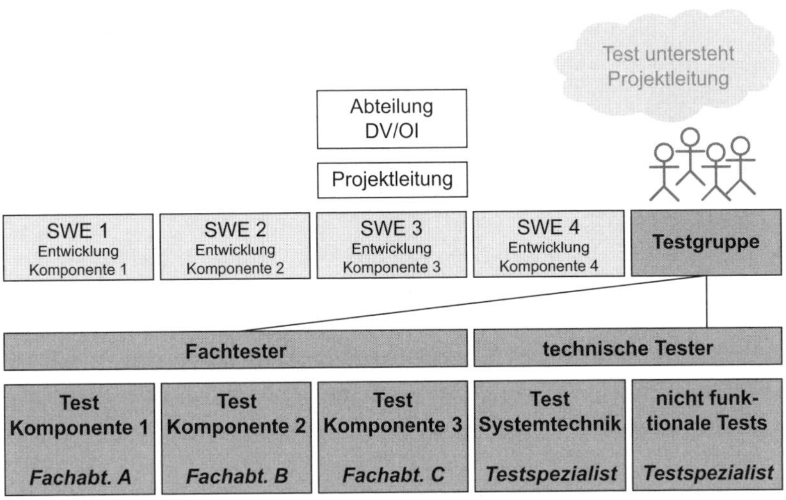

Abb. 5–11
Projektinterne Testgruppe

Personal für die Testgruppe

Die Testgruppe kann je nach Teststufe und Testzielen personell unterschiedlich besetzt sein, als Beispiele seien genannt:

- Personal aus den Fachabteilungen des Unternehmens, aus dem Support und/oder Endanwender (insbesondere in den höheren Teststufen System- und Abnahmetest)
- externe Testspezialisten

Auch hier gilt es einige Risiken bzw. Befürchtungen zu adressieren:

- Die Gruppe kann von den Entwicklern als potenzielle »Feinde« betrachtet und isoliert werden, oder es entwickelt sich im Gegenteil ein Elitedenken innerhalb der Testgruppe und diese isoliert sich selbst.
- Durch die Spezialisierung von Entwicklern und Testern geht das Bild vom »großen Ganzen« verloren.

Diese Risiken können durch Intensivierung und Systematisierung der Kommunikation gemindert werden. Regelmäßige Berichte mit Darstellung von Arbeitsfortschritt und Testergebnissen, aber auch regelmäßige Arbeitstreffen tragen zur Transparenz und zur guten Atmosphäre bei.

Projektunabhängiges Testzentrum

Wird die Testgruppe aus dem konkreten Projekt herausgelöst und in Form eines Testzentrums oder Testlabors (s. Abb. 5–12) instanziiert, so verstärkt sich das Kommunikations- und Akzeptanzproblem zunächst. Statt Schnittstellen zu einem einzigen Projekt existieren nun mehrere, statt einem einzelnen Umfeld aus fachlichen Anforderungen und technischen Hintergründen gibt es viele. Allerdings kann das Testzentrum sich noch stärker als die projektinterne Testgruppe professionalisieren und somit zumindest mittelfristig durch Aufbau eigener Kompetenzen, Infrastruktur und →Service Levels für seine Kunden die Akzeptanz erhöhen. Die Potenziale eines unabhängigen Testzentrums sind vielfältig:

- Möglichkeiten zur Kostensenkung in den beauftragenden Entwicklungsprojekten: Projektinterne Testinfrastruktur und Testpersonal können eingespart werden.
- Das Testzentrum kann seine Abläufe effizient gestalten und laufend optimieren, z.B. durch weitgehende Automation und Wiederverwendung.
- Das Testzentrum kann durch die parallele Abarbeitung mehrerer Testprojekte die Auslastung der Mitarbeiter und Ressourcen hoch halten.
- Durch die Standardsierung und Professionalisierung von Personal, Arbeitsumgebung und Prozessen kann eine höhere Ergebnisqualität der Tests und damit auch eine höhere Produktqualität erzeugt werden.

Dem gegenüber stehen Befürchtungen und Risiken, wie sie bei den vorher dargestellten Organisationsformen bereits angedeutet wurden, nun aber in ausgeprägter Form:

- Die Notwendigkeit zu systematischer, formalisierter Kommunikation steigt, und damit auch der Aufwand für die Kommunikation. Das Testzentrum muss diesem Problem durch klare organisatorische und technische Regelungen der Schnittstelle (Ansprechpartner, deren Verantwortlichkeiten, verwendete Prozesswerkzeuge) sowie durch ein zeitnahes, häufiges und aussagekräftiges Reporting begegnen; um den Aufwand für dieses Reporting zu begrenzen, bietet sich die Automatisierung der Datensammlung und Berichterstattung an.

- Die Mitarbeiter des Testzentrums müssen ggf. fachlich und technisch vor Beginn der Testaktivitäten umfangreiches Know-how über die Testobjekte aufbauen. Das Testzentrum kann dies strategisch durch geeignete Spezialisierung der Mitarbeiter und branchen- oder technologiespezifische Fokussierung der Leistungen erreichen.
- Durch die Auslagerung der Tests begibt sich das Entwicklungsprojekt in eine gewisse Abhängigkeit. In Verbindung mit der Befürchtung der steigenden Intransparenz senkt dies das Vertrauen gegenüber dem Testzentrum. Die Definition geeigneter Service Levels sowie die Bereitschaft des Testzentrums zu Audits bzw. →Assessments durch die Auftraggeber (s. Abschnitt 7.4) stellen erprobte vertrauensschaffende Maßnahmen dar.

Insourced und outsourced Testzentren

Testzentren entstehen als unternehmensinterne spezialisierte Dienstleister (beispielsweise unter den Begriffen »Testcenter«, »Testfactory«, »Test Competence Center« oder »Testlabor« im Organigramm des Unternehmens zu finden). Wird das Testen räumlich und organisatorisch getrennt vom Entwicklungsprojekt durchgeführt, spricht man vom *outgesourcten* Testen. wird es dagegen am gleichen Standort durchgeführt, an dem das Projektteam arbeitet, aber durch eine separate Organisation, so nennt man dies *insourced*.

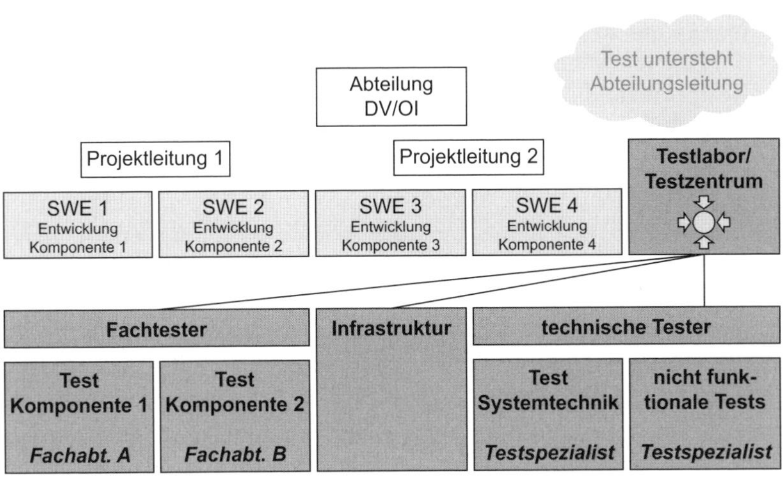

Abb. 5-12 *Projektübergreifendes Testzentrum*

Bei *outgesourctem* Testen ergeben sich je nach Standort des Testdienstleisters (im eigenen Land, *nearshore* oder *offshore*) neben den grundsätzlichen Themen

- Transparenz des Projektfortschritts und des Budget-/Ressourcenverbrauchs,
- Vertrauen zur Qualität und Termintreue der Leistungen,

- Steuerbarkeit des Dienstleisters,
- Kosten-Nutzen-Abwägung (Kommunikationsaufwand vs. Ersparnis durch niedrigere Lohnkosten etc.)

weitere Herausforderungen wie z.B.

- kulturelle Differenzen,
- Kommunikationsprobleme durch unterschiedliche Sprachen und Zeitzonen,
- Mitarbeiterfluktuation beim Dienstleister,
- politische und wirtschaftliche Rahmenbedingungen im Land des Dienstleisters,
- Schutz des geistigen Eigentums.

Daher ist es beim *Outsourcing* üblich, beginnend bei einem Pilotprojekt, in mehreren Stufen den Grad der Selbstständigkeit und den Umfang der Arbeiten für den Dienstleister zu steigern, bis beiderseitig ein zufriedenstellendes Arbeitsverhältnis hergestellt ist. Falls sich zeigt, dass das *Outsourcing* nicht funktioniert, kann das Vorhaben frühzeitig und mit begrenztem Schaden abgebrochen werden.

5.4.2 Koordination von Testzyklen und Teststufen

Ausgangs- und Abnahmekriterien

Ausgangskriterien und Metriken gehören zusammen

Für jede Teststufe und für das gesamte Testprojekt muss klar geregelt werden, wann ein Testobjekt als getestet zu betrachten ist und somit die entsprechenden Testaktivitäten beendet werden.

Grundsätzlich ist diese Frage mit der Definition und Anwendung passender Metriken verknüpft; Kapitel 12 nennt entsprechende Metriken und Kapitel 6 erläutert deren Anwendung im Rahmen der Teststeuerung und -berichterstattung.

Wie die Teststrategie, so sollen sich auch die Ausgangs- und Abnahmekriterien am Projekt- und Produktrisiko des zu testenden Systems orientieren, und zwar sowohl bei der Schärfe der anzuwendenden Kriterien (also der erforderlichen Exaktheit der Metriken) als auch bei der Definition der Freigabeschwellen auf Basis der gewählten Metriken (also der zu erzielenden Messwerte, die für ein Testende bzw. eine Abnahme vorliegen müssen).

Tipp

Manchmal ist es sinnvoll, zwischen Ausgangskriterien und Abnahmekriterien wie folgt zu unterscheiden: Ausgangskriterien werden in jedem Testzyklus angewendet, um das Ende dieses Testzyklus zu bestimmen. Sie beziehen sich i.Allg. ausschließlich auf den Testfortschritt, aber nicht auf die Ergebnisse der Tests. Abnahmekriterien dienen dagegen dazu, die Lieferfähigkeit der Testobjekte an die jeweils nächste Teststufe bzw. an den Kunden zu bestimmen. Diese umfassen ggf. deutlich weiter greifende Kriterien, wie beispielsweise die Ergebnisse der Tests, das Vorhandensein von Releasedokumenten, offizielle Freigabeunterschriften etc.

Abbruchkriterien und Wiederaufnahmebedingungen

Ist ein Testobjekt nicht reif genug, um eine Teststufe vollständig zu durchlaufen (d.h. bis zum Erreichen der Ausgangskriterien), so besteht die Gefahr, dass innerhalb der Teststufe bei der Abarbeitung des Teststufenplans sinnlos Aufwand erbracht wird. Der wesentlich sinnvollere Schritt in einer solchen Situation besteht darin, das Testobjekt für eine Nachbesserung durch Entwicklung und vorgelagerte Teststufen zurückzuweisen.

Testabbruchkriterien und Testeingangskriterien ergänzen sich

Eine Teillösung dieses Problems besteht in der Definition und Anwendung von Abbruchkriterien, eine zweite in der von Eingangskriterien für die Teststufe (durch deren Anwendung das Eintreten einer solchen Situation verhindert oder die Wahrscheinlichkeit dafür zumindest reduziert wird). Solche Eingangskriterien sind auch geeignet als Wiederaufnahmekriterien einer unterbrochenen Teststufe. Auch hierzu liefert Abschnitt 5.4 noch weitere Informationen.

Koordination der Teststrategien

Die verschiedenen Testteams müssen in hohem Maße kooperieren und sich gegenseitig abstimmen. Um den Testgesamtaufwand bei einer maximal erzielbaren Testabdeckung zu minimieren, müssen die Testpläne der verschiedenen Teams möglichst überschneidungsfrei angelegt werden. Wenn die Teams unterschiedliche Testobjekte testen, wird sich das bei Testteams auf einer Teststufe mehr oder weniger von selbst ergeben. Sobald sich Testobjekte überschneiden, weil mehrere Teams dieselbe(n) Komponente(n) benötigen und im Test ansprechen müssen, besteht die Gefahr, dass Testfälle unnötig mehrfach erstellt, gepflegt und durchgeführt werden. Zwischen den Teststufen ist eine solche Abstimmung noch wichtiger und muss aktiv herbeigeführt werden. Auch hier wird deutlich, wie wichtig die Berücksichtigung der Testmittel im Konfigurationsmanagement ist.

Die zugrunde liegende Aufgabenteilung zwischen den Teststufen und die daraus sich ergebende Zuordnung von Testzielen müssen im Testkonzept klar herausgearbeitet werden. Auf Basis des Testkonzepts wird ein Gesamttestplan erstellt. Dieser wird in Teilpläne je Testteam heruntergebrochen. Diese Pläne sollen einem Review unter Beteiligung aller Testmanager unterzogen werden. Dabei haben die Testmanager abzustimmen und zu entscheiden, welche Tests sie aus niedrigeren Stufen (evtl. abgewandelt) in höheren Stufen wiederverwenden wollen, welche Tests nicht übernommen werden und welche Tests ausschließlich in der eigenen Teststufe vorkommen sollen. Im späteren Testverlauf sind dann regelmäßige Abstimmungsrunden zwischen den Testmanagern notwendig, um Testplanänderungen zu koordinieren. Der Ablauf über mehrere Teststufen hinweg soll am Beispiel erklärt werden:

Beispiel: Ein Testteam für alle Teststufen

Das Testteam bekommt aus der Entwicklung ein neues Produktrelease »DreamCar v4.5.001« (Release 4.5, Build 1). Zuerst arbeitet das Testteam[5] die Komponententests jeder Komponente ab. Werden Fehlerwirkungen entdeckt, geht das Release zurück an die Entwicklung zur Überarbeitung.

Sind die Komponententests erfolgreich durchgeführt (d.h. die Ausgangskriterien erreicht), werden die Komponenten an den Integrationstest übergeben und dort integriert. Dann wird der Integrationstest durchgeführt. Werden dabei Fehlerwirkungen entdeckt, die die Integration blockieren, wird der Test von »v4.5.001« abgebrochen und ein verbesserter Build (d.h. ein funktional gleichwertiges, aber fehlerbereinigtes Release) aus der Entwicklung angefordert. Der Test von »v4.5.002« beginnt dann erneut mit den Komponententests.

Ist der Build stabil und gut genug, sodass die Endekriterien der Komponententests und danach die des Integrationstests erreicht werden, wird er an den Systemtest weitergegeben. Wird auch der Systemtest bestanden, wird das Produktrelease v4.5 freigegeben. Verhindern jedoch Fehlerwirkungen die Freigabe, so erhält die Entwicklung den Auftrag für Build 3. Der Test von »v4.5.003« muss wieder mit den Komponententests beginnen.

Im geschilderten Verfahren werden die Teststufen sequenziell absolviert und jeder Build durchläuft einen vollständigen Regressionstest. Das heißt, für jede Teststufe werden alle dort vorhandenen Testfälle an jedem Build wiederholt. Abbildung 5–13 zeigt den Ablauf schematisch.

Mit diesem einfachen, sequenziellen Verfahren kann sehr fehlerarme Software erreicht werden. Die Testdauer, also die Zeitspanne zwischen Beginn des ersten Komponententests und der Produktfreigabe nach letztmaligem Systemtestzyklus, kann jedoch sehr lang sein und ist abhängig von der Anzahl der nötigen Builds.

Ein Testteam je Teststufe

Solange es nur ein einziges Testteam gibt, ist das sequenzielle Vorgehen unvermeidlich. Stehen jedoch, wie häufig in größeren Softwareentwicklungsprojekten, mehrere Testteams zur Verfügung (zum Beispiel je Teststufe ein eigenes, unabhängiges Team mit jeweils eigener,

5. Hier wird angenommen, dass die Entwickler die Komponententests nicht selbst durchführen.

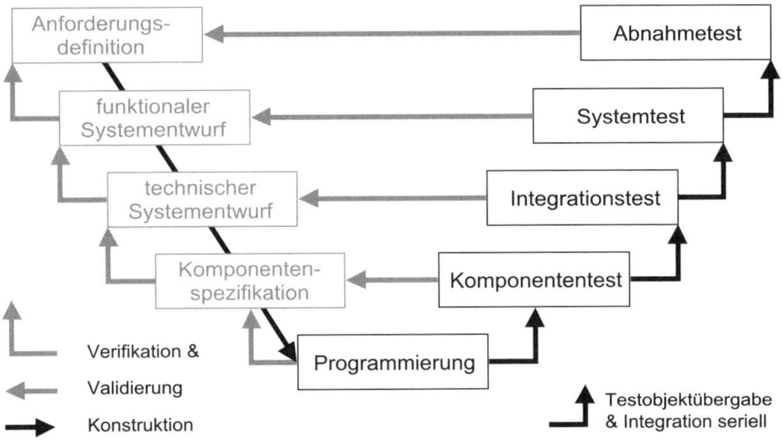

Abb. 5–13
Sequenziell arbeitende Teststufen

auf die Anforderungen der Teststufe zugeschnittener Testumgebung und passenden Werkzeugen), so wäre ein paralleles Arbeiten aller Testteams und damit aller Teststufen denkbar (s. Abb. 5–14).

Nach der Fertigstellung eines Build geht dieser gleichzeitig in alle Teststufen, und jede Testgruppe beginnt unmittelbar »ihre« Testfälle abzuarbeiten. Weil nicht auf den Abschluss von Tests in vorgelagerten Stufen gewartet werden muss, kann das Verfahren sehr schnell sein.

Da aber jede Teststufe auf demselben ungetesteten Build aufsetzt, ist die Wahrscheinlichkeit hoch, dass eine Teststufe durch im Build enthaltene, testbehindernde Fehlerwirkungen gebremst oder gar blockiert wird. Bei sequenziellem Test wäre ein hoher Anteil solcher testblockierenden Fehlerwirkungen auf einer niedrigeren Teststufe entdeckt und dann beseitigt worden. Die höhere Teststufe hätte sich mit dem für sie unzureichenden Build gar nicht beschäftigt. Daraus folgt auch unmittelbar das Risiko, dass – ggf. sogar unterschiedliche – Fehlerwirkungen

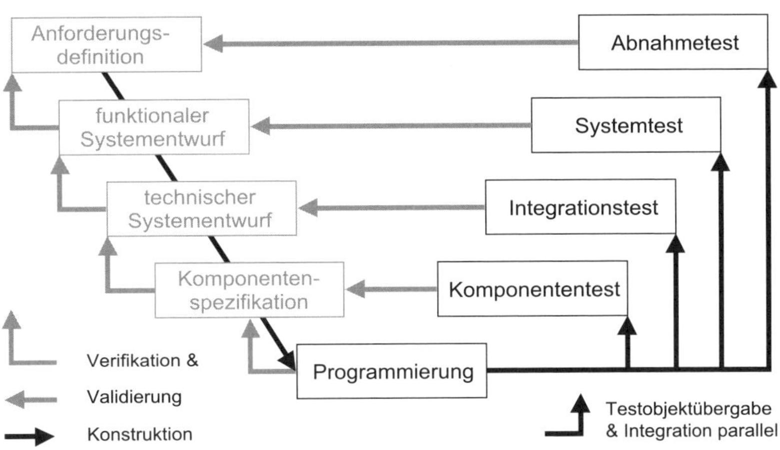

Abb. 5–14
Parallel arbeitende Teststufen

zeitgleich von verschiedenen Teststufen entdeckt und gemeldet werden, die auf den gleichen Fehlerzustand zurückzuführen sind.

Paralleles Testen bei unreifen Builds ineffizient

In der Praxis bedeutet dies, dass bei »unreifen« Builds parallel arbeitende Teststufen ineffizienter als sequenziell arbeitende sind. Letzten Endes werden genauso viele Build-Zyklen benötigt wie im sequenziellen Verfahren. Die höheren Teststufen verschwenden jedoch einen großen Teil ihres Aufwands mit Tests, die auf Blockaden laufen und am nächsten Build wiederholt werden müssen. Die Tests höherer Stufen sind ineffizient, weil das Testobjekt für die betroffene Teststufe zu früh und zu unreif übergeben wurde.

Koordination der Teststufen durch Übergabetests

Wie können mehrere Testteams dennoch effizient zusammenwirken, ohne allzusehr aufeinander warten zu müssen? Das Problem kann gelöst werden, indem jede Teststufe bzw. jede Testgruppe lokale »Übergabetests« einführt. Hierzu definiert jede Teststufe aus allen ihren Testfällen zwei möglichst kleine Teilmengen. Der →Übergabetest ist somit eine Teilmenge der Tests einer Teststufe.

Eingangstests der annehmenden Teststufe

Die erste Übergabetest-Teilmenge sind die sogenannten lokalen »Eingangstests«. Der Eingangstest ist der Übergabetest der annehmenden Teststufe. Erhält die Teststufe ein neues Testobjekt, so führt sie zunächst diese Eingangstests durch. Nur wenn alle bestanden werden, beginnt die Teststufe mit der Durchführung der weiteren für diese Teststufe vorgesehenen Tests. Die Eingangstests sind so zu wählen, dass instabile Testobjekte oder Testobjekte, die die in dieser Teststufe nötige Basisfunktionalität nicht besitzen, mit hoher Wahrscheinlichkeit identifiziert und zurückgewiesen werden.

Freigabetests der abgebenden Teststufe

Als zweite Übergabetest-Teilmenge definiert jede Teststufe lokale »Freigabetests«. Der →Freigabetest ist der Übergabetest der abgebenden Teststufe. Sobald im Zuge des Testbetriebs alle Testfälle, die als »Freigabetest« markiert bzw. ausgezeichnet sind, erstmalig bestanden sind, gibt die Teststufe der nachfolgenden Teststufe das Signal zum Start der dortigen Tests. Die nachfolgende Stufe beginnt ihre Eingangstests. Sie selbst führt den Testbetrieb weiter, bis ihr lokaler Testplan komplett abgearbeitet ist. Während dieser Zeitspanne arbeiten beide Teststufen parallel bzw. überlappend.

Der Nutzen ist klar: Unnötige Testblockaden in höheren Teststufen können zwar nicht ausgeschlossen, aber stark reduziert werden. Und je nachdem, wie groß die Eingangs- und Freigabetestpakete gewählt werden, kann gezielt gesteuert werden, wie stark die Überlappung bzw. Parallelisierung der Testarbeiten sein soll. Die Testgesamtdauer bzw. Testdurchlaufzeit kann gegenüber dem sequenziellen Verfahren verkürzt werden.

Allerdings hat das Verfahren auch seinen Preis: Abstimmungs- und Ressourcenbedarf steigen deutlich an. Das Vorgehen lohnt nur, wenn eine möglichst kurze Testdurchlaufzeit (im Sinne einer kurzen »time to market«) wichtiger ist als minimierte Testkosten. Das Vorgehen wird auch als »getriggerte« Übergabe des Testobjekts an die Teststufen bezeichnet und ist in Abbildung 5–15 schematisch dargestellt.

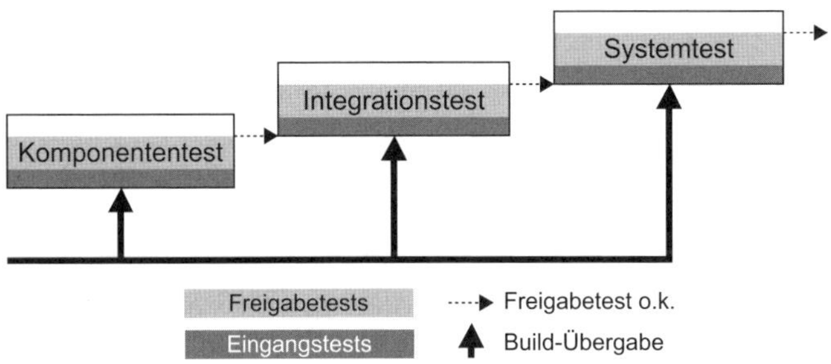

Abb. 5–15
Getriggert arbeitende Teststufen

Auswahlstrategie für Übergabetests

- **Eingangstests**
  Es ist ein (kleiner) Querschnitt aus allen Testfällen der Teststufe so zu wählen, dass die Hauptfunktionen und die für diese Teststufe entscheidenden Funktionen und Anforderungen überprüft werden. Die Durchführung dieser Eingangstests ist zu automatisieren, sodass sie im Anschluss an jede Testobjektübernahme bzw. -installation vollautomatisch und schnell ausgeführt werden kann.
- **Freigabetests**
  Um Freigabetests zu ermitteln, sind die folgenden Überlegungen notwendig. Für die Testfälle der nachfolgenden Teststufe sind möglicherweise Vorbedingungen einzuhalten. Wenn es Testfälle in der eigenen Teststufe gibt, die diese Vorbedingungen nachweisen, dann sind diese Testfälle für den Freigabetest auszuwählen. Testfälle, die Freigabetestfälle sind, werden im Testplan als solche markiert und zeitlich möglichst früh und mit hoher Priorität eingeplant. Das erlaubt, möglichst frühzeitig ein Freigabesignal an die nächste Teststufe geben zu können.
- **Weitere Tests**
  Wenn die Freigabetests erfolgreich gelaufen sind, setzt die Teststufe ihr weiteres Testprogramm fort. In das Testergebnis der Teststufe gehen die Resultate und Erkenntnisse aus allen drei Tests (Eingangs-/Freigabe-/weitere Tests) ein.

5.5 Weitere Aspekte der Testplanung

5.5.1 Regelung von Dokumenten und Berichtswesen

Im Rahmen der Aktivitätenplanung ist zu berücksichtigen,

- welche Dokumente die Testbasis bilden und somit Voraussetzungen für Testanalyse und -design sind, hierunter fallen Anforderungs- und Designspezifikationen für die Testobjekte, aber auch alle Handbücher zum System,
- welche Dokumente im Projekt als Arbeitsergebnisse erzeugt werden sollen,
- welches die formalen (Vorlagen) und inhaltlichen Vorgaben (Freigabekriterien) für diese Dokumente sind. Die Prüfung dieser Vorgaben wird üblicherweise als Meilenstein im Testplan festgehalten.

Wie in Abschnitt 4.6 erwähnt, bildet der Standard IEEE 829 eine gute Ausgangsliste für notwendige bzw. dringend zu empfehlende Dokumente im Testprojekt; weitere, wie z.B. Testautomatisierungen, können projektspezifisch hinzugefügt werden.

Auch Testhilfswerkzeuge und Testautomatisierungen müssen wie Dokumente behandelt werden; das Gleiche gilt für ggf. notwendige Referenzdatenbanken für den Test.

Testdokumente im Konfigurationsmanagement verwalten

Wie jedes andere Softwareentwicklungsdokument müssen auch die Testdokumente dem (projektweiten oder lokal im Testteam betriebenen) Konfigurations- und Versionsmanagement unterworfen werden. In kleineren Testprojekten wird dafür in den meisten Fällen der Autor selbst verantwortlich sein (wie auch für deren Verteilung an die im Testkonzept definierten Empfänger), in größeren Projekten gibt es dafür manchmal einen hauptverantwortlichen Testmittel-Konfigurationsmanager. Dieser ist dann i.Allg. auch verantwortlich für die Versionierung der Lieferstände des Testobjekts innerhalb der Testumgebung und für deren Zuordnung zu den Testmittel-Ständen (zur Frage der Verantwortlichkeiten s.a. Abschnitt 5.3.1).

5.5.2 Definition der Testumgebung

Testplattform = Basis-SW und -HW und sonstige Voraussetzungen

Das Testkonzept muss darlegen,

- welche Anforderungen an die Testplattform, z.B. in Form von Hardware, Betriebssystem und sonstiger Basissoftware, bestehen,
- welche sonstigen Voraussetzungen, z.B. Referenzdatenbanken oder Konfigurationsdaten, für den Test notwendig sind.

Testschnittstellen und -werkzeuge

Darüber hinaus müssen auch die folgenden Themen behandelt werden:

- Welches sind die »Points of Control« und die »Points of Observation«, d.h., über welche Schnittstellen wird das Testobjekt bei der Testdurchführung stimuliert bzw. seine Reaktionen überprüft?
- Welche sonstige Soft- und Hardware ist dafür notwendig? Hierzu gehören beispielsweise Monitoring- und Protokollumgebungen, →Simulatoren, Debugger, Signalgeneratoren sowie ggf. eine Testumgebung, die der künftigen →Produktionsumgebung möglichst weitgehend entspricht (für Last- und Performanztests). Auch ein Usability-Labor für Bedienbarkeitstests mag notwendig sein. Zeitbedarf und Kosten für Anschaffung, Einführung und Betrieb dieser Hard- und Software und die ggf. notwendige Ausbildung des Personals müssen in die Aktivitätenplanung und in die Aufwandsabschätzung (Abschnitt 5.2) einfließen. Die Einführung oder ggf. Eigenentwicklung von Werkzeugen muss wegen des potenziell hohen Aufwands strategisch verfolgt werden (s. Abschnitt 12.3 und 12.4).
- Welche Ansätze zur Testautomatisierung sind in dieser Umgebung möglich und sollen ggf. genutzt werden?
- Sind zur Beschaffung der notwendigen Testdaten besondere Maßnahmen einzuplanen? Für Tests mit produktionsnahen Daten spielen beispielsweise Datenschutzaspekte eine wichtige Rolle. In solchen Fällen ist ggf. eine toolgestützte Anonymisierung der Echtdaten oder die Generierung künstlicher Datenbestände einzuplanen.

Die Antworten auf diese Fragen werden für das gleiche Testobjekt je nach Teststufe durchaus unterschiedlich ausfallen. So wird die Software eines Embedded System während des Komponententests evtl. in einer Host-Entwicklungsumgebung unter Zuhilfenahme einer typischen Komponententestumgebung wie CPPUnit [URL: CPPUnit] oder Tessy [URL: Tessy] getestet, im Systemtest aber integriert auf der Target-Hardware in einem speziell konfigurierten Testrahmen unter Verwendung typischer Umgebungen für den Test eingebetteter Systeme wie z.B. Simulatoren oder Prüfstände. Die Definition der Testumgebungen wird dabei zum einen beeinflusst durch das technisch Machbare, zum anderen aber auch durch die Testaufgaben und daraus resultierenden Testverfahren und zu guter Letzt auch durch die zur Verfügung stehende und budgetierbare Hard- und Software sowie die darüber vorhandenen Kenntnisse der Testmitarbeiter.

Ressourcenmanagement für die Bestandteile der Testumgebung

Eine Ressourcenverwaltung – sei es über einen einfachen Belegungsplan in Form einer Tabellenkalkulation, eine Ressourcennutzungsdatenbank oder die Abbildung in einem Projektmanagementwerkzeug – ist bei komplexen Testumgebungen angeraten. Teil des Risikomanagements (Abschnitt 5.6 bzw. Kap. 10) müssen dann auch

Strategien zur Behandlung fehlender Ressourcen sein. Gerade die produktionsnahe Testumgebung für nicht funktionale Tests ist ggf. sehr teuer und daher zeitlich nur begrenzt verfügbar. Eventuell ist gar keine eigene Testumgebung verfügbar, sodass der Zugriff auf die Produktionsumgebung eingeplant werden muss. Auch die Werkzeuge für den Lasttest sind ein hoher Kostenfaktor, da die sogenannten →»virtuellen Benutzer«, die zur Lastgenerierung benötigt werden, von den Werkzeugherstellern meistens nach Anzahl der parallelen simulierten Benutzer und der Dauer der Nutzung lizenziert werden.

Bestandteile der Testumgebung sind dem Konfigurationsmanagement zu unterwerfen

Das Management der Testumgebung erfordert neben der Ressourcenkoordination auch die Einbindung ins testseitige Versions- und Konfigurationsmanagement. Nur zu oft ist die Lauffähigkeit von Testumgebungen von einer exakten Kombination bestimmter Versionen von Betriebssystem, Testautomatisierungswerkzeug, Analysewerkzeugen und Testobjekt-Ständen abhängig, und in einigen Branchen wie Medizintechnik, Automobil-, Luftfahrt- und Raumfahrtindustrie oder auch Bahntechnik erfordern strenge Nachweispflichten die Aufbewahrung aller Testumgebungsbestandteile für zehn oder mehr Jahre (s. hierzu Abschnitt 14.4). Auch dies ist im Testkonzept zu berücksichtigen.

Tipp

Ein effizientes Management von Testplattformen ist ein leicht umzusetzender Faktor für Effizienzgewinn. Durch projektübergreifende Bereitstellung von schnell einzuspielenden »Images« für Testhardware mit oft benötigten Kombinationen aus Betriebssystem, Testsoftware und anderen Plattformbestandteilen (z.B. Office-Paket) und den Einsatz einer entsprechenden Imaging-Software und Image-Management-Umgebung [URL: Imaging] lassen sich in Testcentern die Rüstzeiten für Testläufe signifikant reduzieren. In Kombination mit Virtualisierungslösungen wie VMWare oder Plex86 [URL: Virtualization] lassen sich diese Standard-Images auf virtuelle Hardware abbilden und somit weitgehend unabhängig von der kurzlebigen Hardwareentwicklung im PC-Sektor machen. Die Technologie kann außerdem eingesetzt werden, um *snapshots* des Rechnerzustands vor Beginn längerer Testläufe anzufertigen und so Wiederaufsetzpunkte zu erzeugen, auf die bei Scheitern des Testlaufs zurückgefallen werden kann.

5.5.3 Mitarbeiterprofile und Schulungsmaßnahmen

Für jede Rolle bzw. Zuständigkeit muss klar sein, wie hoch der Bedarf an personeller Ausstattung ist, um die Testplanung umsetzen zu können, und wie die rollen- und projektspezifische Ausbildung und Einweisung des Personals durchzuführen ist.

In reifen Testprozessen sind Rollen und die dafür notwendigen Qualifikationen bereits durch das Testhandbuch definiert[6]. Das Testkonzept kann dann bei der Auflistung der erforderlichen Ressourcen einfach auf die vordefinierten Rollenbeschreibungen verweisen. Ebenso erleichtert ein standardisiertes Ausbildungsschema wie der »ISTQB Certified Tester« die Erstellung dieses Kapitels. Ein solches Ausbildungsschema bietet eine Referenz, indem die standardisierten Ausbildungsinhalte die für eine bestimmte Tätigkeit im Testprozess notwendigen Qualifikationen sichergestellt werden können. Gleichzeitig lassen sich den so definierten Rollen auch die Verantwortlichkeiten für die o.g. Standarddokumente zuordnen. Details zu den Rollenqualifikationen liefert Abschnitt 11.2.

Tipp

Standardisierte Ausbildungsschemata erleichtern die Angabe der notwendigen Qualifikation

Neben diesen testspezifischen Qualifikationen benötigen die Beteiligten in vielen Fällen zusätzlich umfangreiche fachliche Qualifikationen, um gute Testspezifikationen zu erstellen und bei der Durchführung das Systemverhalten beurteilen zu können. Dabei sollen sie auch in der Lage sein, mal »links und rechts zu schauen«, d.h. über die vorgegebene Testspezifikation hinaus Auffälligkeiten erkennen, beschreiben und adäquat priorisieren zu können. Weitere wünschenswerte »Soft Skills« listet und erläutert Kapitel 11.

5.6 Spezielle Testmanagementaufgaben

5.6.1 Testen von Multisystemen

→Multisysteme (engl. *systems of systems*), auch →Systeme von Systemen genannt, sind Systeme, die aus eigenständigen (Unter-)Systemen zusammengesetzt sind und zur Abwicklung meist komplexer und unternehmensübergreifender Geschäftsprozesse dienen. Oft folgt die Entstehung von Multisystemen betriebswirtschaftlichen Vorgängen wie Firmenaufkäufen und -zusammenschlüssen. Als Folge davon stellen sich Multisysteme oft als Ansammlung heterogener Technologien und ad hoc entwickelter Integrationsschnittstellen dar. Ihre Entwicklung erfolgt geschäftsgetrieben in kurzen iterativen Lebenszyklen und manchmal ohne zentrale Koordination.

6. Typischerweise ist die Definition und Einhaltung von Standard-Skill-Profilen eine Eigenschaft von SPICE Level 3-konformen Testprozessen.

Beispiele für Multisysteme

Zu den Multisystemen zählen beispielsweise

- B2C- und B2B-Plattformen (z.B. eBay/PayPal und diverse angeschlossene Systeme),
- Systeme in der öffentlichen Verwaltung (z.B. eGovernment-Portale, Systeme der Finanzverwaltung etc.),
- Infrastruktur für Telekommunikationsnetzwerke wie das GSM- oder UMTS-Netz.

Typische Probleme bei der Entwicklung von Multisystemen

Die folgenden Herausforderungen sind typisch für Multisysteme:

- Die technische Komplexität ist grundsätzlich sehr hoch.
- Bedingt durch die Vielzahl verschiedener Komponenten und deren gegenseitige Abhängigkeiten ist die Zuverlässigkeit des Multisystems generell niedriger als die eines Einzelsystems.
- Um den Gesamtaufwand zur Erstellung des Multisystems zu reduzieren, wird vielfach auf die Wiederverwendung von Teilsystemen aus anderen Multisystemen (z.B. aus Vorgängern oder funktional ähnlichen Systemen) sowie auf die Verwendung von →COTS-Bestandteilen zurückgegriffen, beispielsweise auf betriebswirtschaftliche Standardsoftware, Webframeworks u.Ä. Die Qualität dieser Teile ist kritisch für die Gesamtqualität des Multisystems.
- Teilsysteme werden iterativ weiterentwickelt und ausgetauscht, auch nach Inbetriebnahme des Multisystems.
- Die Hersteller der einzelnen Teilsysteme sind oftmals voneinander unabhängige Organisationen mit unterschiedlichen Prozessen und Reifegraden. Hierdurch sowie durch möglicherweise räumliche Distanz und kulturelle Unterschiede entstehen massive Kommunikationsprobleme.
- Die beteiligten Unternehmen haben unterschiedliche Interessenlagen in Bezug auf eingebrachtes Know-how und Schutzrechte, wodurch oft komplexe Regelungen zum Schutz dieser Rechte und zur Wahrung der Vertraulichkeit aufgesetzt werden müssen.

Multisysteme aus der Sicht des Testmanagers

Aus Sicht des Testmanagers entstehen aus diesen Besonderheiten hohe Anforderungen an den Testprozess und insbesondere das Testmanagement. Die folgenden Maßnahmen müssen hier in Betracht gezogen und ggf. in Kombination eingesetzt werden, um einen stabilen Testbetrieb gewährleisten zu können:

Stringentes Vorgehensmodell mit Fokus auf Qualitätssicherung

- Ein verbindliches und stringentes Vorgehensmodell für die Entwicklung und den Test des Multisystems ist einzurichten, in dem insbesondere der Qualitätssicherung, der Erreichung definierter Meilensteine und damit verbundenen formalen Freigaben der Teilsysteme eine hohe Bedeutung zukommt[7]. Durch diese Maßnahmen wird das Gesamtprojekt und das Gesamtrisiko in überschaubare Teile zerlegt. Beispiele für solche Formalismen sind:

- Für die Zulieferungen werden formale Abnahmetests definiert; diese sollten im Idealfall durch den Zulieferer durchgeführt werden, sodass dem Testmanager des Gesamtprojekts nur die Aufgabe zufällt, deren Ergebnisse zu prüfen.
- Assessments oder Audits der Entwicklungsprozesse des Zuliefers werden vorgesehen, da durch die Kenntnis dieser Prozesse die eigenen Integrations- und Testprozesse besser abgestimmt werden können und eine Mindestqualität der gelieferten Komponenten erreicht werden kann.
- Frühzeitige Qualitätssicherungsmaßnahmen wie Reviews der Anforderungen, des Designs und insbesondere von Quellcodeänderungen werden ergänzend zu den Abnahmetests mit dem Zulieferer vereinbart und deren Einhaltung und Ergebnisse kontrolliert.

Mehrstufiger Integrationsprozess

Ein mehrstufiger, robuster Integrationstestprozess muss aufgesetzt werden, um die verschiedenen Entwicklungsstände der Teilsysteme risikoarm ins Multisystem integrieren zu können, auch wenn dieses bereits in Betrieb gegangen ist. Empfehlenswert ist zumindest eine zweistufige Integration (Integration von Komponenten zu Teilsystemen, Integration der Teilsysteme zum Multisystem).

- Verschiedene, flexibel und schnell aufsetzbare Integrationstestumgebungen sind hierzu hilfreich, insbesondere wenn die Integrationstests der einzelnen Teilsysteme spezielle Testdatenbanken oder andere Umgebungsvoraussetzungen benötigen, die für die Tests anderer Teilsysteme hinderlich sind. Als Bestandteile dieser Testumgebungen müssen ggf. Simulatoren, Stellvertreter und Treiber implementiert werden, um eine stufenweise Integration frühzeitig zu unterstützen. Es empfiehlt sich, Planung und Umsetzung der Entwicklung der Testumgebungen als eigenständiges Teilprojekt zu führen.
- Ein dedizierter Integrationsmanager sorgt für den reibungslosen Betrieb, die Verfügbarkeit und Adäquatheit dieser Testumgebungen, für die Koordination von Liefer- und Testterminen sowie für die Freigaben der integrierten Teilsysteme für die nachfolgenden Teststufen und den Betrieb. Er entlastet damit den Testmanager von einem großen Teil der administrativen

---

7. Oft in einem eigenen zentralen Dokument, dem QS-Plan, geregelt.

Aufgaben, sodass sich dieser auf das Management der eigentlichen Testaktivitäten konzentrieren kann.
- Wohldefinierte Prozesse für Konfigurationsmanagement, Änderungsmanagement und Releasemanagement unterstützen den Integrationsmanager sowie die Entwicklungs- und Testmannschaft dabei, die Übersicht über die Konfiguration der Testumgebungen, die Lieferstände der Teilsysteme und die Kompatibilität all dieser Bestandteile zueinander sicherzustellen.

Know-how- und Informationsaustausch

Neben der bereits oben genannten hohen technischen Komplexität zeichnet die meisten Multisysteme auch ein immenser Funktionsumfang und damit eine hohe fachliche Komplexität aus. Ein intensives Know-how- und Informationsmanagement ist daher notwendig.

- Das Testteam muss Know-how für verschiedene Branchen und Technologien parallel aufbauen und halten, um das Produktrisiko richtig einschätzen zu können und fachlich wie technisch adäquate Tests zu designen.
- Um Informationen zeitnah und an alle Betroffenen zu verteilen, werden regelmäßige Projektmeetings mit fester Agenda und klaren, vorab vereinbarten Berichtsstrukturen etabliert. Dies betrifft die Kommunikation zwischen den beteiligten Fachbereichen, der Entwicklungsmannschaft und dem Testteam, aber auch die testinterne Kommunikation, um die oft über verschiedene Teams verteilten Testaktivitäten zu koordinieren.
- Ein besonderes Augenmerk gilt der Informationsbeschaffung über Produkteinsatz und -anforderungen, die durch die Vielzahl von beteiligten Unternehmen und Stakeholdern sowie durch die i.Allg. schnelle, bisweilen als ad hoc zu charakterisierende Vorgehensweise bei Entwicklung und Integration erschwert wird.
- Bei alledem muss der Testmanager einen sorgfältigen Umgang mit Dokumenten und Informationen sicherstellen wegen der vielfältigen, manchmal im Widerspruch zur Informationsbeschaffung stehenden Vertraulichkeitsverpflichtungen zwischen den beteiligten Unternehmen.

5.6.2 Testen sicherheitskritischer Systeme

Sicherheitskritische Systeme können Sachwerte, Umwelt oder Personen gefährden

Sicherheit bedeutet die Fähigkeit eines (Software-)Systems, eine akzeptable Stufe des Risikos in einem spezifizierten Anwendungskontext zu erreichen (s. [ISO 9126]) bzw. die Abwesenheit von potenziellen Gefahrenquellen oder zu hohem Risiko (s. [DIN 61508]). Sicherheitskritische Systeme können bei Problemen während ihres Einsatzes zu

Gefährdungen von Sach- und Vermögenswerten, Umwelt oder Personen führen. Die Palette möglicher Probleme reicht dabei von der Beeinträchtigung mehr oder weniger wichtiger Funktionen bis hin zu vollständigen Betriebsausfällen mit katastrophalen oder sogar lebensbedrohlichen Konsequenzen.

Neben den bekannten und teilweise im vorigen Abschnitt bereits skizzierten Beispielen größerer (Multi-)Systeme in der Medizintechnik, zur Steuerung von Flugzeugen oder Eisenbahnen, zur Luftverkehrs- oder (Atom-)Kraftwerksüberwachung, im militärischen Bereich oder für den automatischen Handel können auch kleinere Systeme sicherheitskritisch sein:

- Maschinensteuerungen z.B. in der CNC-Technik, bei denen eine fehlerhafte Programmierung oder eine nicht funktionierende Sensorik/Aktuatorik zum Verlust von Werkstück und/oder Werkzeug, zur Beschädigung des Gerätes oder zu Verletzungen oder sogar Tod des Operateurs führen kann.
- Fahrerassistenzsysteme wie das Antiblockiersystem ABS, das elektronische Stabilitätsprogramm ESP oder Spurwechselassistenten, die zur Unterstützung von Kraftfahrzeugführern in kritischen Fahrsituationen wie z.B. einer Vollbremsung, Kurvenfahrt oder Abstandsunterschreitung teilautonom oder autonom in Antrieb, Steuerung oder Signalisierungseinrichtungen des Fahrzeuges eingreifen. Zwar sind die meisten Fahrerassistenzsysteme zurzeit so konzipiert, dass die Verantwortung beim Fahrer bleibt, dennoch sind z.B. beim Ausfall des ESP-Systems zumindest Gefährdungen zu erwarten.

Komplexitätskategorien sicherheitskritischer Systeme

Sicherheitskritische Systeme können allgemein drei Kategorien zugeordnet werden:

- Systeme, die aufgrund ihrer Komplexität, Technologie oder Zielsetzung so kritisch sind, dass die Beherrschung der Risiken unvermeidlich scheint und sie vielleicht besser aufgegeben oder (noch besser) gar nicht erst realisiert werden sollten. Hierzu zählen vollautomatische strategische Waffensysteme und Kernwaffen, Atomkraftwerke oder ein vollautomatisches weltweit operierendes Luftleitsystem.
- Systeme, die zwar aufgrund ihrer Komplexität, Technologie oder Zielsetzung kritisch sind, deren Einsatz aber unverzichtbar erscheint bzw. deren Nutzen so beträchtlich ist, dass gewisse Risiken in Kauf genommen werden. Hierunter fallen z.B. Systeme zum Transport chemischer oder atomarer Abfallstoffe bzw. Systeme zu deren Endlagerung, der Straßen-, Eisenbahn-, Schiffahrts- und Luftverkehr oder die Raumfahrt.

- Systeme, deren Komplexität und Technologie es möglich erscheinen lässt, sie mit mehr oder weniger großem Aufwand sicher zu machen. Dazu gehören viele der oben schon genannten Systeme zur Steuerung oder Überwachung von Maschinen oder Verkehrsmitteln, in der Medizintechnik sowie der kommerzielle IT-Einsatz.

Mögliche Ursachen für Probleme sicherheitskritischer Systeme

Auch die möglichen Problemursachen lassen sich kategorisieren:

- Probleme als Folge von unsachgemäßer oder unbeabsichtigter Fehlbedienung;
- Probleme aufgrund von Fehlerwirkungen;
- Probleme aufgrund nicht vorhersehbarer und auch nicht unterdrückbarer Eigenschaften des Systems oder seines Kontexts.

DIN/ISO 61508 unterscheidet vier Sicherheitsintegritätsstufen SIL 1 bis SIL 4

Der DIN/ISO-Standard 61508 »Funktionale Sicherheit sicherheitsbezogener elektrischer/elektronischer/programmierbarer elektronischer Systeme« (s. [DIN 61508]) benennt vier Sicherheitsintegritätsstufen (*safety integrity level*, SIL) als Maß für die notwendige bzw. erreichte risikomindernde Wirksamkeit der Sicherheitsfunktionen, wobei SIL 1 die geringsten Vorgaben macht.

Für die Quantifizierung der zulässigen Ausfallwahrscheinlichkeiten werden anhand ihrer Betriebsart sicherheitskritische Systeme mit niedriger Anforderungsrate wie z.B. interaktive E-Business-Systeme von solchen mit hoher oder kontinuierlicher Anforderungsrate wie z.B. eingebettete Steuerungen unterschieden. Für erstere wird die mittlere Wahrscheinlichkeit eines Ausfalls pro Anforderung (engl. *probability of failure on demand*, PFD), für letztere die wahrscheinlichen Ausfälle pro Stunde (engl. *probability of failure per hour*, PFH) angegeben. Tabelle 5–1 gibt die zulässigen Ausfallwahrscheinlichkeiten als halboffene Intervalle an.

Tab. 5–1
Zulässige Ausfallwahrscheinlichkeiten nach DIN 61508

Sicherheitsintegritätsstufe	Niedrige Anforderungsrate (PFD)	Hohe/kontinuierliche Anforderungsrate (PFH)
SIL 4	$[10^{-5}, 10^{-4}[$	$[10^{-9}, 10^{-8}[$
SIL 3	$[10^{-4}, 10^{-3}[$	$[10^{-8}, 10^{-7}[$
SIL 2	$[10^{-3}, 10^{-2}[$	$[10^{-7}, 10^{-6}[$
SIL 1	$[10^{-2}, 10^{-1}[$	$[10^{-6}, 10^{-5}[$

Risiken sicherheitskritischer Systeme auch durch Testaktivitäten mindern

Der Einsatz sicherheitskritischer Systeme stellt immer ein Risiko dar und Hersteller bzw. Lieferanten sowie Betreiber können für eventuelle Schäden haftbar gemacht werden. Zur Minderung des Haftungsrisikos werden zur Erfüllung sicherheitsbezogener Korrektheits- und Zuverlässigkeitsforderungen neben entsprechenden konstruktiven Aktivitäten und Techniken auch Testaktivitäten durchgeführt.

Die wesentlichen Ziele des Testens gelten insbesondere auch für sicherheitskritische Systeme:

Drei Testziele:

- Es sollen vorhandene Fehlerwirkungen gefunden werden, damit sie vor dem Einsatz des Produkts entfernt werden können. *Qualitätsverbesserung*
- Es soll anhand der Testüberdeckung bzw. der Ausgangskriterien die Qualität des Produkts bestimmt und damit das Vertrauen in das Programm erhöht werden. *Vertrauensbildung*
- Es sollen Spezifikationen, Programme oder andere Dokumente analysiert werden, um Fehlerwirkungen vorzubeugen. *Vorbeugung*

Dokumentation als Nachweis

Die sorgfältige Dokumentation der Testaktivitäten und ihrer Ergebnisse dient als Nachweis dafür, dass das System adäquat gemäß den geltenden Vorschriften und Richtlinien getestet worden ist.

Neben einer allgemeinen Schwerpunktsetzung auf die Qualität sollten bei Entwicklung und Test sicherheitskritischer Systeme folgende Aspekte berücksichtigt werden:

- Rückverfolgbarkeit aller Dokumente der Qualitätssicherung zu den regulativen Bestimmungen zum Nachweis der Konformität
- Präzise, den jeweiligen normativen Anforderungen genügende Vorgehensweise bei Entwicklung und Test
- Einplanung und Durchführung von Sicherheitsanalysen z.B. mit FMEA oder FTA (s. Abschnitt 10.8) sowie konstruktive Maßnahmen zur Fehlertoleranz wie z.B. redundante Architektur, diversitäre Programmierung und ggf. ihre Zertifizierung durch unabhängige Zertifizierungsstellen
- Ein hoher Grad an Dokumentation sowohl in der Tiefe, also z.B. bis hin zu detaillierten Komponentenspezifikationen, als auch der Breite der Dokumentation, also mindestens für alle zur Sicherheitskritikalität beitragenden Systemelemente, wobei die entsprechenden Dokumentations- und Produktnormen beachtet werden.
- Hoher Grad an Überprüfbarkeit.

Testmanagement spielt zentrale Rolle

Das Testmanagement von sicherheitskritischen Systemen spielt bei der Umsetzung dieser Vorgaben eine wesentliche Rolle:

- Es berücksichtigt formale Aspekte, wodurch die Einhaltung der Vorgaben nachgewiesen wird, wie z.B.:
  - Die Rückverfolgbarkeit der Anforderungen
  - Die Erreichung bestimmter Testüberdeckungsgrade
  - Die Erzielung bestimmter Abnahmekriterien
  - Die Erstellung und Archivierung der vorgeschriebenen Testdokumentation

- Es wird je nach vorgeschriebenem Standard ein vordefinierter Entwicklungslebenszyklus zugrunde gelegt. Die verwendeten Lebenszyklen sind in der Regel eher sequenziell (s. Kap. 3 und 13). Um die Konformität der Organisationsstruktur und des Entwicklungsprozesses nachzuweisen, sind in der Regel entsprechende Organisationsdiagramme und Prozessdokumentationen ausreichend, die dann in Audits oder Assessments geprüft werden.

RAMS-Systeme:

- Falls das System von einer Organisation als »kritisch« eingestuft wurde, müssen die folgenden nicht funktionalen Attribute in der Teststrategie bzw. Testhandbuch und/oder im Testkonzept berücksichtigt werden, aufgrund derer solche Systeme auch »RAMS«-Systeme genannt werden:

Reliability
Availability
Maintainability
Safety/Security

  - Zuverlässigkeit (engl. *reliability*)
  - Verfügbarkeit (engl. *availability*)
  - Wartbarkeit (engl. *maintainability*)
  - Sicherheit (engl. *safety/security*)

Systemsicherheit (safety) vs. IT-Sicherheit (security)

Hierbei wird unter (System-)Sicherheit im Sinne von »safety« die bereits zu Beginn diese Abschnittes geforderte Abwesenheit von potenziellen Gefahrenquellen oder zu hohem Risiko des Systems für seinen Einsatzkontext verstanden, während Sicherheit im Sinne von »security« die Robustheit bzw. den Schutz des Systems vor potenziellen Gefahrenquellen oder Angriffen aus seiner Umwelt betrachtet und in Deutschland oft als IT-Sicherheit bezeichnet wird.

Vorschriften, Normen und Standards beachten (Kap. 13)!

Wie bereits mehrfach erwähnt sind sicherheitskritische Systeme häufig Gegenstand von staatlichen, internationalen oder branchenspezifischen Vorschriften oder Standards. Diese können sich auf den Entwicklungs- und Testprozess und die Organisationsstruktur beziehen oder auf das zu erstellende Produkt. Ausführliche Hinweise zu entsprechenden Normen und Standards finden sich in Kapitel 13.

- Um die Übereinstimmung mit den spezifischen Regularien für das zu erstellende System (Produkt) nachzuweisen, muss aufgezeigt werden, dass jede Anforderung in diesen Regularien adäquat abgedeckt ist. In diesem Fall ist im Testkonzept und den Teststufenplänen die vollständige Verfolgbarkeit der normativen Anforderung bis zu ihrer Umsetzung erforderlich, um die Übereinstimmung zu beweisen. Das hat während des gesamten Entwicklungsprozesses Einfluss auf das Management, den Entwicklungslebenszyklus, die Testaktivitäten und die Qualifizierung (durch eine hierfür zugelassene Stelle).

- Sämtliche Vorkommnisse sind zu dokumentieren und entsprechend ihrer Kritikalität bzw. Klassifizierung zu behandeln. Hierbei spielt das Abweichungsmanagement eine zentrale Rolle.

Abweichungen managen (Kap. 8)!

- Risikomanagement als Mittel zur Reduktion der Eintrittwahrscheinlichkeit und/oder der Auswirkungen von Risiken ist im Rahmen der Entwicklung sicherheitskritischer Systeme bzw. Software unverzichtbar und nimmt über den risikoorientierten Test wesentlich Einfluss auf das Testmanagement und den Testkontext (s. Kap. 9).

Risiken managen (Kap. 9)!

- Viele der weiter oben genannten komplexen Systeme bzw. Multisysteme haben sicherheitskritische Komponenten, deren Sicherheitsaspekt nicht unmittelbar auf Komponenten- oder Teilsystemebene ersichtlich ist, sondern lediglich auf der höheren Ebene des komplexen Gesamtsystems. Zum Beispiel ist ein WLAN an sich kein kritisches System, wird jedoch zu einem solchen, wenn z.B. in der Medizin-Telematik lebenswichtige Daten übertragen werden. Häufig werden in den entsprechenden Vorschriften daher die Durchführung quantitativer Fehler-Möglichkeitsanalysen wie FMEA oder FTA (s. Abschnitt 9.8) sowie die Betrachtung der Zuverlässigkeit und Restfehlerwahrscheinlichkeit (s. Abschnitt 11.6) gefordert.

Systeme mit FMEA, FTA und Zuverlässigkeitsbetrachtungen analysieren (Kap. 9)!

5.6.3 Exploratives Testen

Es kommt durchaus vor, dass das Testmanagement nicht auf die erforderlichen Dokumente (Testbasis) für die Tests zugreifen kann, da diese stark veraltet sind oder manchmal sogar überhaupt nicht existieren. In einem solchen Fall kann ein eher informelles Vorgehen beim Testen zum Einsatz kommen: exploratives Testen.

Reaktive Teststrategie

Exploratives Testen (s.a. [Bach 04]) ist in die Gruppe der reaktiven Teststrategien (s. Abschnitt 5.1.1) einzuordnen, da die Testplanung und insbesondere der Testfallentwurf erst nach Vorliegen des Testobjekts beginnt bzw. nicht eigenständig vorab durchgeführt wird. Das explorative Testen ist ein »erforschendes« Testen – Tester erforschen das Testobjekt anhand der Durchführung von Testfällen. Dabei dienen die bereits durchgeführten Tests als Informationsquelle für weitere Testüberlegungen und so können neue, bessere Testfälle spezifiziert und ausgeführt werden.

Definition

In [URL: ET] findet sich folgende Definition von James Bach zum Explorativen Testen:

> »*Exploratory testing is simultaneous learning, test design and test execution.*«

Erfahrung entscheidend

Das Verfahren beruht vorwiegend auf der Intuition und der Erfahrung der Tester. Es lässt sich auch bei zeitlichen Restriktionen gut einsetzen, da wenig oder gar keine vorbereitenden Aktivitäten durchzuführen sind und es selbst wenig Zeit in Anspruch nimmt. Es eignet sich somit auch als ergänzendes Verfahren, um durch intuitive Überlegungen weitere Testfälle durchzuführen und bisher unentdeckte Fehlerwirkungen nachzuweisen.

Heuristiken verwenden

Es ist kein systematisches Testverfahren zur Spezifikation der Testfälle. Sollergebnisse werden nicht vorab ermittelt. Überlegungen zur Erlangung der Testfälle beruhen eher auf Heuristiken, die auf Erfahrungswissen basieren. Diese bieten aber keine Garantie, dass sie zur besten oder zumindest zu einer richtigen Testüberlegung führen. Beispiele solcher Heuristiken zur Identifikation von potenziellen Fehlern sind, dass neu implementierte Funktionalität fehleranfälliger ist als lang erprobte Funktionalität, dass geänderte Funktionalität fehleranfälliger ist als lang erprobte Funktionalität, dass späte Änderungen oft Fehlerwirkungen verursachen usw.

Testprozessaktivitäten fallen zusammen

Beim explorativen Testen verschmelzen die Aktivitäten Testanalyse und Entwurf, Testrealisierung und -durchführung sowie die Testprotokollierung sozusagen zu einer einzigen Aktivität. Wichtig ist, dass aus den bei der Testdurchführung gewonnenen Informationen gelernt wird und dieses Wissen für die weiteren Tests direkt genutzt wird. Schritt für Schritt wird somit Information über das zu testende System angesammelt und kann somit als Ersatz für die fehlende Testbasis dienen. Es wird im Laufe des Testens immer klarer, welche Funktionalitäten das Testobjekt zur Verfügung stellt, wie es arbeitet, welche Qualitätsprobleme sich ergeben könnten und welche Erwartungen an das System erfüllt sein sollten.

Ein Beschränkung auf bestimmte Elemente des Systems, auf bestimmte Aufgaben oder Funktionen ist beim explorativen Testen sinnvollerweise vorzunehmen. Diese Aufteilung wird fortgesetzt, bis handhabbare Einheiten entstanden sind. Diese kleineren Testeinheiten werden als »Test-Charta« (engl. *test charter*) bezeichnet.

Test-Charta

Der Test-Charta sind die Testziele und mögliche Testideen zu entnehmen. Für die Durchführung bzw. Bearbeitung einer Test-Charta steht ein festgelegtes Zeitfenster zur Verfügung. In einer Arbeitssitzung (engl. *session*) konzentrieren sich die Teilnehmer auf ein spezifisches Testobjekt unter Zugrundelegung eines bestimmten Testzieles (oder Test-Charta). Dabei soll eine Sitzung eine Dauer von ein bis zwei Stunden haben und ohne jegliche Unterbrechung (durch Telefon oder E-Mails) durchgeführt werden.

Sitzungsbasiertes Testmanagement

Das Vorgehen entspricht dem »*Time Boxing*«-Prinzip, bei dem die Zeiten fest vorgegeben sind und die durchzuführenden Aufgaben für die verfügbare Zeit passend zugeschnitten werden. In diesem Zusammenhang wird auch der Begriff »→sitzungsbasiertes Testmanagement« (engl. *session-based*, SBTM, [URL: SBTM]) verwendet.

Zur Dokumentation der in der Sitzung durchgeführten Aktivitäten und erzielten Erkenntnisse wird ein Sitzungsprotokoll erstellt (das sogenannte »*session sheet*«). Beim sitzungsbasierten Testmanagement werden somit auch Dokumente (Protokolle) erzeugt, die die bisherige Dokumentation ergänzen und zu deren Überprüfung herangezogen werden können.

Struktur des Sitzungsprotokolls

Das Sitzungsprotokoll muss folgende Angaben umfassen:

- Untersuchte Test-Charta
- Name des bzw. der Tester
- Datum und Uhrzeit des Beginns der Sitzung
- Teil der Test-Charta, das in dieser Sitzung bearbeitet wurde
- Angabe der Dateien, die die verwendeten Testdaten enthalten
- Notizen (Was habe ich gemacht? Warum? Hinweise, Fragen, ...)
- Probleme, Schwierigkeiten und Auffälligkeiten
- Erkannte Fehlerwirkungen

Abschnitte der Testaktivitäten

Auch wenn keine strikte Trennung der Testaktivitäten beim explorativen Testen vorgegeben ist, so lässt sich eine Testsitzung doch in drei Abschnitte gliedern:

1. **Testvorbereitung**
   Die Testeinheit ist für die Testdurchführung vorzubereiten. Hierzu gehört die Einrichtung der notwendigen Testumgebung. Der Tester macht sich mit der Testeinheit »vertraut«, um ein besseres Verständnis für das zu testende Produkt zu erhalten.
2. **Testdurchführung**
   »Erforschende« Untersuchung des Testobjektes durch schrittweise Ausführung von Testfällen, der Nutzung des Erkenntnissgewinns und durch die Ausführung weiterer Testfälle. Alles mit dem Ziel, mehr über das Testobjekt zu erfahren und Probleme oder Fehlerwirkungen aufzudecken.
3. **Dokumentation und Testauswertung**
   Stößt der Tester auf etwas, was ein Fehler sein könnte, beginnt er dies genauer zu untersuchen und dokumentiert seine Erkenntnisse. Ggf. ist hierzu die Durchführung weiterer Testfälle erforderlich.

Abschlussbesprechung

Am Ende einer Testeinheit setzt der Testmanager eine kurze Abschlussbesprechung mit dem Testteam an. In der Sitzung werden die Kurzprotokolle gemeinsam besprochen und Verbesserungsvorschläge diskutiert, die die Test-Charta betreffen. Der Testmanager erhält somit ein direktes Feedback vom Testteam und nutzt dieses für die Schätzung und Planung weiterer Testeinheiten.

»PROOF«-Fragen

Bei der Abschlussbesprechung soll die Beantwortung der folgenden Fragen im Mittelpunkt stehen, wobei der englische Begriff »PROOF« die Zielrichtung der Fragen vorgibt:

Past:	Was passierte in der abgelaufenen Testeinheit?
Results:	Welche Ergebnisse wurden erzielt?
Outlook:	Was ist noch zu tun?
Obstacles:	Welche Hindernisse mussten überwunden werden?
Feelings:	Wie ist die Einschätzung der Tester?

Überprüfung des Testprozesses

Erwähnt sei noch ein weiterer Vorteil des explorativen Testens. Es kann auch zur Überprüfung des Testprozesses dienen und etwaige Lücken aufspüren. Dies ist der Fall, wenn durch exploratives Testen noch Fehlerwirkungen gefunden werden, die beim systematischen Testen unentdeckt geblieben sind. Das Testmanagement muss dann überlegen, ob diese Lücken durch den Einsatz von weiteren, ergänzenden Testverfahren zu schließen sind.

5.7 Zusammenfassung

- Wesentliche Aufgaben der Testplanung sind
  - die Ausarbeitung einer passenden Teststrategie,
  - die Planung der aus der Strategie abzuleitenden Aktivitäten in den einzelnen Teststufen,
  - die Schätzung des Aufwands für diese Aktivitäten,
  - die Abbildung der Aktivitäten in eine Testorganisation.
- Aufgabe der Teststrategie ist die Identifikation der Testziele, die Zuordnung der zu deren Verfolgung einzusetzenden Testaktivitäten und Testverfahren, die Verteilung der zur Verfügung stehenden Ressourcen auf die Aktivitäten und die Anordnung dieser in einer sinnvollen Reihenfolge. Im Fokus steht dabei die Minimierung des Produktrisikos.

- Zur Abschätzung des Aufwands der Testaktivitäten können unterschiedliche Techniken verwendet werden:
  - Intuition oder Raten
  - Erfahrungen vergleichbarer Projekte (insbesondere zur Abschätzung von wiederholten Testzyklen)
  - Expertenbasierte Techniken
  - Firmen- oder Branchenstandards
  - Formelbasierte Verfahren
- Durch geschickte Verteilung der Aktivitäten auf verschiedene Teststufen und Testteams können die zur Verfügung stehenden Ressourcen optimal genutzt werden; Erfolgsfaktoren hierfür sind
  - die gewählte Organisationsstruktur,
  - die möglichst überschneidungsfreie Aufgabenteilung zwischen den Testteams und Teststufen und
  - die Übergabe der Testobjekte an die nächste oder vorherige Teststufe zum richtigen Zeitpunkt durch geeignete Ein- und Ausgangskriterien.
- Die Testplanung endet nicht mit dem Beginn der ersten geplanten Aktivität im Projekt. Vielmehr ist die Testplanung ein iterativer Prozess, der entwicklungsbegleitend abläuft.
- Die Planung muss so früh wie möglich beginnen, um Projektrisiken möglichst ausschließen zu können oder zumindest frühzeitig sichtbar zu machen, und um genügend Zeit zur Vorbereitung der eigenen Aktivitäten und zur Lieferung von Beistellungen zu lassen. Dies muss auch geschehen, wenn zu diesem Zeitpunkt noch nicht alle Informationen vorliegen.
- Die Planung muss stufenweise verfeinert werden, sobald diese neuen Informationen vorliegen. Auch auf Basis einer ersten und noch groben Planung müssen bereits Aktivitäten wie eine frühzeitige Testspezifikation gestartet werden können.
- Verschiedene Projektszenarien erfordern vom Testmanager unterschiedliche Vorgehensweisen. Beispiele hierfür:
  - Zum Test von Multisystemen muss der Testprozess in ein reifes Vorgehensmodell eingebettet werden, das klare Meilensteine, Kommunikationsschnittstellen und Qualitätssicherungsmaßnahmen für die verschiedenen beteiligten Teams und Teilsysteme definiert. Besonderes Augenmerk liegt auf einem flexiblen und robusten Integrationsprozess und auf dem Management entsprechender Integrations- bzw. Testumgebungen.

- Der Test sicherheitskritischer Systeme erfordert darüber hinaus in der Regel den Nachweis, dass das System adäquat gemäß den geltenden Vorschriften und Richtlinien konstruiert, realisiert und getestet worden ist. Neben einer allgemeinen Schwerpunktsetzung auf die Qualität werden dabei u.a. auch folgende Aspekte berücksichtigt: die Rückverfolgbarkeit aller Dokumente der Qualitätssicherung zu den regulativen Bestimmungen zum Nachweis der Konformität, Sicherheitsanalysen z.B. mit FMEA oder FTA sowie konstruktive Maßnahmen zur Fehlertoleranz und ggf. eine Zertifizierung durch unabhängige Zertifizierungsstellen.
- In Projekten, in denen die Testbasis (insbesondere die Anforderungsdokumente) unvollständig, veraltet oder gar nicht vorhanden ist, stellt exploratives Testen eine Erfolg versprechende Teststrategie dar. Die verschiedenen Testaktivitäten, die in anderen Projekten phasenweise nacheinander folgen, fallen hierbei zusammen. Dies erfordert ein eigenes Testvorgehensmodell, bei dem Kommunikation, Erkunden und Lernen im Mittelpunkt stehen.

6 Teststeuerung

In den vorangegangenen Kapiteln wurde erläutert, wie die Testarbeiten konzipiert und geplant werden. Dieses Kapitel beschreibt nun, wie der Testmanager die Testarbeiten im Testverlauf steuert, um sicherzustellen, dass der Testplan planmäßig umgesetzt wird. Abschließend werden Hinweise und Tipps für ein angemessenes Berichtswesen gegeben.

Der beste Plan ist nur so gut wie seine Umsetzung. So wie Projektmanager daran gemessen werden, welche Projektresultate am Ende erbracht worden sind, werden Testmanager daran gemessen, ob und wie gut es gelungen ist, die strategischen Vorgaben des Testkonzepts und die operativen Vorgaben des Testplans tatsächlich umzusetzen.

Testarbeiten aktiv und kontinuierlich steuern

Dazu muss der Testmanager die Testarbeiten aktiv steuern. Die Teststeuerung (engl. *test control*) umfasst die Ermittlung und Umsetzung aller Maßnahmen, die notwendig sind, um während des Testverlaufs sicherzustellen, dass die Testarbeiten planmäßig abgearbeitet und die Testziele erreicht werden. Dies bedingt das rechtzeitige Initiieren der Testaufgaben, das kontinuierliche Überwachen des Testfortschritts und das angemessene Reagieren auf Testergebnisse und ggf. veränderte Rahmenbedingungen. Aufgrund der gewonnenen Erkenntnisse ist dann zu bewerten, ob der Testprozess beendet werden kann. Die Testergebnisse und Informationen über den Testverlauf sind im Testbericht zu kommunizieren.

Aus jedem Durchlauf durch den Testprozess (Testzyklus) resultieren in der Regel Fehlerkorrektur- oder Änderungsaufträge für die Entwickler. Werden Fehlerzustände korrigiert oder Änderungen umgesetzt, entsteht eine neue Version der Software, die wiederum getestet werden muss. In der Regel wird der Testprozess deshalb mehrfach – in Zyklen – durchlaufen. Weiterhin läuft der Testprozess (u.U. parallel) in jeder der verschiedenen Teststufen ab. Je nach Projektgröße kann für jede Teststufe ein eigener Testmanager zuständig sein (vgl. Kap. 5).

Die folgenden Abschnitte erläutern die verschiedenen Steuerungsaufgaben des Testmanagers teilweise vereinfacht aus der Perspektive eines einzelnen Testzyklus. Der iterative Charakter und der möglicherweise parallele Ablauf des Testprozesses in weiteren Teststufen führen in der Praxis zu weiterem Management- bzw. Steuerungsbedarf.

6.1 Initiieren der Testaufgaben

Testaufgaben klar zuweisen

Die im Testplan vorgesehenen Aufgaben müssen initiiert werden. Das heißt, der Testmanager muss dafür sorgen, dass geplante Aufgaben an Mitarbeiter übertragen werden und diese Mitarbeiter ihre zugedachte Aufgabe verstehen, annehmen und mit der Bearbeitung zeitgerecht beginnen. Es wäre naiv anzunehmen, dass alle Aufgaben, nur weil sie im Plan aufgelistet sind, auch schon bei ihren Bearbeitern »angekommen« sind. Bei der Zuordnung der Bearbeiter zu den Testaufgaben kann der Testmanager im Prinzip zwischen zwei Strategien wählen:

- Feste Zuweisung bestimmter funktionaler oder anwendungsspezifischer Testthemen an einzelne Mitarbeiter: So kann z.B. ein Mitarbeiter das fachliche Thema »VSR-Vertragsmanagement« über den gesamten Testzeitraum betreuen, d.h., Spezifikation, ggf. Automatisierung und Durchführung der zugehörigen Testfälle erfolgen durch denselben Tester. Vorteil dieser Strategie: Der Tester kann und wird sich tief in das Testobjekt einarbeiten und umfassendes Wissen über das zu testende System sammeln und demgemäß auch nutzen können. Diese Strategie funktioniert jedoch nur mit umfassend testfachlich ausgebildeten Mitarbeitern. Zudem besteht eine Gefahr darin, dass die Testspezifikation, aber auch die Testergebnisse personenabhängig werden können. Darunter kann sowohl die Nachvollziehbarkeit als auch die Vollständigkeit des Tests leiden.
- Testphasen- bzw. rollenorientierter Einsatz der Testmitarbeiter: Testdesigner spezifizieren die Testfälle, Testautomatisierer implementieren die Testautomatisierung, und Tester sind zuständig für die Durchführung der Tests und das Erstellen von Fehlermeldungen. Dazu müssen die Tests personenunabhängig, also hinreichend genau und ausführlich spezifiziert werden. Die Vorgehensweise sichert eine sehr hohe Nachvollziehbarkeit und Regressionstestfähigkeit.
- Wenn das Sollverhalten des Testobjekts unklar ist oder sich das Testobjekt noch stark ändert – oder bei extremem Zeitdruck –, kann es schwierig oder zu aufwendig sein, genaue Testspezifikationen zu erstellen. Eine personengebundene Aufgabenzuordnung, wie oben beschrieben, kann dann zweckmäßiger sein.

In der Praxis werden beide Strategien angewendet. Beispielsweise werden dedizierte Tester für fachlich besonders anspruchsvolle, risikobehaftete und erfolgskritische Themen eingesetzt, während parallel zur Effizienzgewinnung »in der Breite« mit phasen- bzw. rollenorientierter Aufgabenzuordnung gearbeitet wird.

Sicherstellen, dass Testaufgaben erledigt werden

Durch die bloße Zuordnung einer Aufgabe im Plan ist diese aber an den betreffenden Mitarbeiter noch nicht übertragen. Der Testmanager muss sicherstellen, dass jeder Mitarbeiter seine ihm zugedachten Aufgaben versteht, annimmt und mit der Bearbeitung zeitgerecht beginnt. In manchen Fällen wird ein »Zuruf« oder ein kurzes Telefonat ausreichen. In anderen Fällen wird es angebracht sein, einen Einarbeitungsplan zu vereinbaren. Vielleicht ist es auch erforderlich, einen »freien Schreibtisch« zu beschaffen oder andere organisatorische Hürden aus dem Weg zu räumen, damit der Mitarbeiter produktiv tätig werden kann. Derartige allgemein organisatorische Arbeiten werden in diesem Buch nicht weiter dargestellt. Dennoch kann ein großer Anteil der Arbeitszeit des Testmanagers durch solche organisatorischen Tätigkeiten »aufgefressen« werden. Das muss der Testmanager bei der Planung seiner eigenen Arbeitspakete einkalkulieren.

6.2 Überwachen des Testfortschritts

Die Überwachung des Testfortschritts muss einsetzen, sobald die erste grobe Version des Testplans vorliegt. Dabei geht es nicht nur um die Überwachung der Testdurchführung, auch alle testvorbereitenden Aufgaben müssen überwacht werden. Beispielsweise ist sicherzustellen, dass die Testfälle rechtzeitig spezifiziert werden (auch solche, die erst später, z.B. für die nächste Version des Testobjekts eingeplant sind) und der Testplan die vom Risikomanagement identifizierten Produktrisiken adäquat abdeckt. Auch für Tests, die später automatisiert ablaufen sollen, muss rechtzeitig eine Testautomatisierung aufgebaut werden. Und nicht zuletzt ist sicherzustellen, dass die Testobjekte an den Test übergeben und in der Testumgebung installiert werden.

Testfortschritt gegenüber Testplan

Es genügt also nicht, nur auf die Testdurchführung zu achten, denn Verzögerungen bei der Testspezifikation oder der Testautomatisierung führen unweigerlich zu Verzögerungen in späteren Testzyklen. Zu beantworten sind also Fragen hinsichtlich dreier Aufgabenkategorien:

- Wie viele der im Plan enthaltenen Testfälle sind bereits spezifiziert? Welche und wie viele Risiken sind durch Testfälle adressiert? Gibt es Risiken, die der Test (noch) nicht adressiert? Wie viele und welche Testfälle müssen noch spezifiziert werden? Wie lange wird das voraussichtlich dauern? Können die Arbeiten rechtzeitig abgeschlossen werden?

- Welche Tests sind fertig automatisiert? Passt diese Automatisierung noch zur aktuellen Version des Testobjekts, oder muss die Automatisierung angepasst werden? Welche weiteren fertig spezifizierten Tests eignen sich zur Automatisierung? Rechnet sich der Automatisierungsaufwand? Wann muss diese erweiterte Automatisierung bereitstehen?
- Welche und wie viele Tests (automatisierte oder manuelle) sind gelaufen? Welche und wie viele Tests sind offen, verspätet, blockiert, erfolgreich (engl. *passed*) oder fehlgeschlagen (engl. *failed*)?

Jede dieser Fragen sollte jederzeit für jeden einzelnen Testfall beantwortet werden können. Dazu muss das Team den Bearbeitungsstatus jedes Testfalls im Testplan dokumentieren und aktuell halten. Es ist klar, dass dies nur gelingt, wenn ein gut strukturierter und aktuell geführter Testplan vorliegt.

Testplan-Template

Für kleinere Projekte (bis ca. 5 Testmitarbeiter) kann hier ein Tabellenkalkulationsblatt ausreichen. Ein Beispiel für ein solches Testplanblatt findet sich zum Herunterladen unter [URL: Templates]. Bei größeren Projekten, in denen viele Teammitglieder parallel nach dem Testplan arbeiten bzw. diesen aktualisieren, wird hingegen schon allein wegen technischer Beschränkungen ein datenbankbasiertes Testmanagementwerkzeug unumgänglich sein.

Aus einem zeitnah geführten Testplan lassen sich vielfältige Auswertungen über den erreichten Testfortschritt ermitteln und Antworten zu beispielsweise folgenden Fragen gewinnen: Wie viel Prozent der Testfälle haben einen bestimmten Status erreicht (z.B. »durchgeführt«)? Sind die Arbeiten innerhalb des Zeit- und Aufwandsplans? Falls nein, wie stark weichen der Fortschritt und ggf. der Aufwand vom Plan ab? Wie viel Aufwand hat das Team noch vor sich? Reicht die geplante Zeit noch dafür?

Beispiel: Verfolgung des Testfortschritts im Projekt VSR

Der Testmanager des VSR-Projekts präsentiert im Rahmen seines Testberichtes die Testfortschrittsstatistik der letzten 3 Testzyklen. Jeder Testzyklus dauert 3 Wochen, wobei (mit dem vorhandenen Testteam) je Woche maximal 250 Testfälle durchgeführt werden können. Die Auswertung dokumentiert folgenden Testverlauf (s. Abb. 6–1):

- Im ersten Zyklus (KW 24–26) waren 350 durchgeführte Testfälle als Zielmarke vorgegeben. Gewisse Anlaufschwierigkeiten waren also eingeplant. Wegen des funktional unvollständigen und noch sehr unreifen Testobjekts konnten aber lediglich 150 Testfälle abgearbeitet werden. Nur 45 Testfälle davon liefen fehlerfrei.

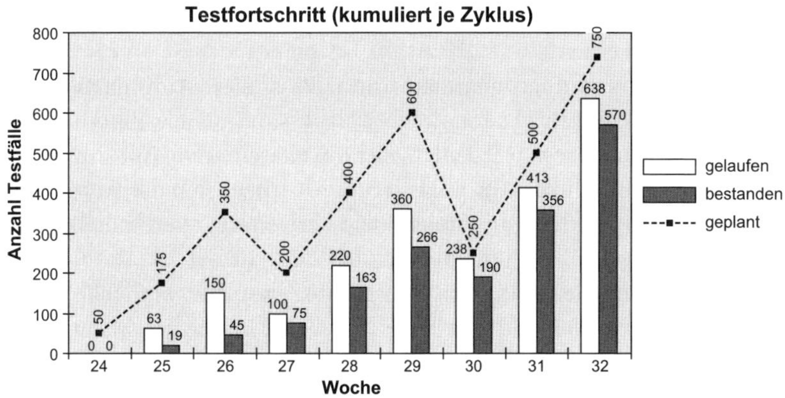

Abb. 6–1
Testfortschritt über drei Testzyklen

- Der zweite Zyklus startete in KW 27 mit einem stark überarbeiteten und erweiterten Testobjekt. Von den nun je Woche geplanten 200 Testfällen konnten 50 % – 70 % tatsächlich durchgeführt werden. Die Quote bestandener Testfälle lag bei knapp 75 %. In der Summe konnten 266 der geplanten 600 Testfälle, also 44 %, erfolgreich absolviert werden.
- Zyklus 3 erhielt in KW 30 ein fehlerkorrigiertes, stabiles Testobjekt und verlief zunächst nahezu planmäßig. Da in KW 31 ein Tester krankheitsbedingt ausfiel, sank der Testfortschritt leider unter die Zielmarke zurück. In der Summe konnten 638 der geplanten 750 Testfälle (85 %) absolviert werden. 76 % der geplanten Tests sind damit fehlerfrei gelaufen.

Status der Testfälle im Testplan bewerten

Die oben beschriebene Verfolgung des Testfortschritts bezieht sich ausschließlich auf den Inhalt des Testplans bzw. den erreichten Status der Testfälle im Testplan (testplanorientierte Testabdeckung). 100 % Testfortschritt bedeuten damit »alle geplanten Tests sind durchgeführt«. Das genügt aber nicht. Denn wie wird sichergestellt, dass alle nötigen Tests auch geplant und im Testplan enthalten sind? 100 % Testfortschritt bezogen auf den Testplan bedeuten also nicht unbedingt, dass das Testobjekt hinreichend getestet wurde.

Testfortschritt gegenüber Produktumfang

Daher werden zusätzlich geeignete Testabdeckungsmaße (»Coverage«-Metriken) benötigt. Diese messen den Testfortschritt gegenüber dem Produkt- bzw. Testobjektumfang (testobjektorientierte Testabdeckung). Entsprechende Metriken stellt Kapitel 12 vor.

Der Produktumfang kann auf verschiedenen Abstraktionsebenen betrachtet und gemessen werden. Wichtig ist, dass die gewählte Metrik der Abstraktionsebene entspricht, auf der in der jeweiligen Teststufe (vgl. Kap. 3) gearbeitet wird. So werden Code-Coverage-Maße vorzugsweise im Komponententest angewendet; architekturbezogene Maße eignen sich für den Integrationstest. Im System- und Abnahmetest wird in erster Linie die Anforderungsabdeckung (»Requirements

Coverage«) gemessen. Existieren Anforderungen ohne zugeordneten Testfall, fehlen offensichtlich Tests im Testplan. Existieren andererseits Testfälle, die keiner Anforderung zugeordnet werden können (oder evtl. nur auf einer Ebene sehr grob formulierter Anforderungen), dann fehlen Anforderungen. Die Tester haben dann offenbar Anwendungsfälle identifiziert, über die sich die Anforderungsformulierer (z.B. Kunde oder Systemdesigner) noch keine Gedanken gemacht haben.

Die testobjektorientierte Abdeckung kann analog zur testplanorientierten Abdeckung ausgewertet werden, beispielsweise zur Beantwortung der folgenden Fragen: Wie viel Prozent der Bezugseinheiten (Codezeilen, Architekturkomponenten, Anforderungen) wurden durch ausgeführte Testfälle geprüft? Entspricht dies dem Plan? Falls nein, wie stark weicht der Fortschritt vom Plan ab? Wie viel Aufwand liegt noch vor dem Team?

Die Messung und Auswertung sind jedoch schwieriger, weil Bezugsgröße und Testfälle miteinander verknüpft betrachtet werden müssen. Mit modernen Testmanagementwerkzeugen kann das jedoch realisiert werden.

Wie eingangs erwähnt, helfen testobjektorientierte Abdeckungsmaße festzustellen, ob Testfälle fehlen. Daher soll der Testmanager nicht nur prüfen, ob sich mit fortschreitendem Test die Abdeckung hinreichend erhöht. Er soll auch alle schwach abgedeckten Teile der Software daraufhin überprüfen, ob Testfälle in der Testspezifikation fehlen. Falls sich das herausstellt, muss diese ergänzt und die ergänzten Tests müssen nachgeholt werden. Eine hilfreiche Metrik hierzu ist die »Test Design Verification«-Metrik (s. Kap. 12).

Testfortschritt in 5 Dimensionen

Neben den oben besprochenen Auswertungen zum Testfortschritt:

- Status der Testfälle im Testplan (testplanorientierter Testfortschritt),
- abgedeckter Testobjektumfang (testobjektorientierter Testfortschritt),

muss der Testmanager folgende weitere Dimensionen des Testfortschritts beobachten, bewerten und zur Steuerung der Tests heranziehen:

- adressierte Produktrisiken bzw. erreichte Risikominderung,
- das aufgrund des Testverlaufs subjektiv resultierende Vertrauen in die Güte des Produktes,
- und natürlich: Art und Zahl aufgedeckter Fehler (Details s. Abschnitt 6.3).

Zeitpunkte für die Testfortschrittskontrolle

Neben der Frage, wie der Testfortschritt ermittelt und dargestellt wird, stellt sich auch die Frage, wann dies zu tun ist. Hierzu folgende Empfehlungen:

- Der testplanorientierte Testfortschritt soll kurzfristig ausgewertet werden, z.B. wöchentlich oder in »heißen Testphasen« sogar täglich. Hier sichtbar werdende Verzögerungen haben meist ihre Ursache in unreifen Testobjekten oder in Abstimmungsfehlern im Testteam. In diesem Fall ist kurzfristiges Reagieren wichtig.
- Testobjektorientierte Abdeckungsmaße sollten zum Testzyklusende betrachtet werden. Sind alle im Testzyklus vorgesehenen Testfälle durchgeführt und ist die Abdeckung dann nicht ausreichend, so müssen Testfälle ergänzt werden. Diese kommen dann im folgenden Testzyklus zur Durchführung, oder der aktuelle Zyklus wird entsprechend verlängert.

Beispiel: Messung und Auswertung der Anforderungsabdeckung

Das Testkonzept im VSR-Projekt fordert, dass die jeweils erzielte Anforderungsabdeckung gemessen und für jeden Testzyklus verfolgt wird. Um diese Forderung zu realisieren, wird das Testmanagementwerkzeug »TestBench« [URL: TestBench] eingesetzt, das eine Schnittstelle zum Anforderungsmanagementwerkzeug bietet. Der Testmanager importiert die Anforderungsliste in das Testmanagementwerkzeug. Um abzubilden, welche Testfälle welche Anforderungen validieren, ordnen die Testdesigner jedem Testfall eine oder mehrere Anforderungen zu.

Abbildung 6–2 zeigt dies am Beispiel von Testfall »2.1.1 Endpreis berechnen ohne Rabatt«. Mit diesem Testfall sind vier Anforderungen verknüpft. Drei Anforderungen davon sind als »bearbeitet« markiert, was bedeutet, dass der Testfall 2.1.1 diese tatsächlich validiert. Die vierte Anforderung soll ebenfalls durch Testfall 2.1.1 validiert werden. Dazu muss Testfall 2.1.1 jedoch noch überarbeitet und ergänzt werden. Die Anforderungsverknüpfung ist daher noch »unbearbeitet«.

Wenn sich Anforderungen ändern oder neue hinzukommen, kann der Testmanager den Testplan mit der aktuellen Version der Anforderungsliste (Baseline) synchronisieren. Über eine Filterabfrage zeigt TestBench, welche Testfälle von geänderten Anforderungen betroffen sind oder welchen Anforderungen noch gar keine Testfälle zugeordnet sind. Die Testdesigner können so sehr schnell feststellen, wo Testfälle zu ändern oder zu ergänzen sind. Auf Basis dieser Verknüpfungen zwischen Anforderungen und Testfällen bzw. Testspezifikation ermittelt der Testmanager nach jedem Testzyklus, welche Anforderungen im Testlauf tatsächlich geprüft wurden und mit welchem Ergebnis.

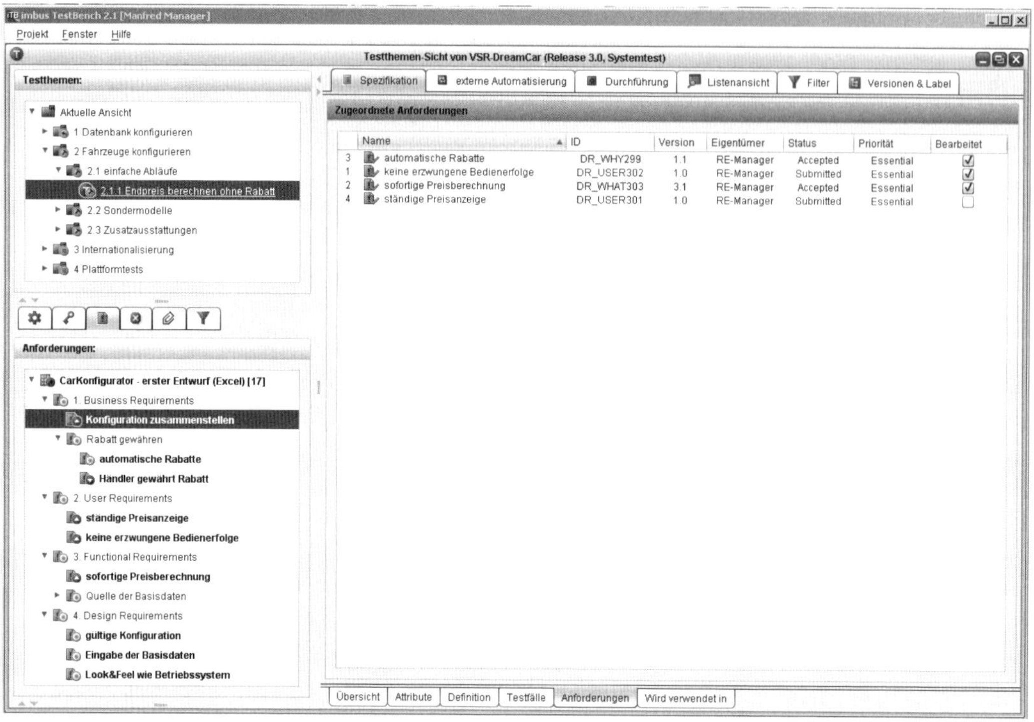

Abb. 6–2
Verknüpfung von Anforderungen mit Testfällen

Tabelle 6–1 zeigt die toolgenerierte Auswertung über die erreichte Anforderungsabdeckung. In der Tabelle ist beispielsweise zu erkennen, dass Anforderung 301 durch drei verknüpfte Testfälle geprüft werden soll, jedoch einer dieser drei Testfälle fehlerhaft gelaufen ist. Damit kann die Anforderung noch nicht als »validiert« betrachtet werden.

Tab. 6–1
Auswertung der Anforderungsabdeckung

Requirements				Test Cases			
Id	**Key**	**Vers.**	**Prio**	**passed**	**failed**	**open**	**total**
301	Anzeige von Preis und Konfiguration	1.0	1	2	1	0	3
300	keine erzwungene Bedienerfolge	1.0	1	1	0	0	1
298	Händler gewährt Rabatt	1.0	1	3	1	0	4
297	automatischer Rabatt	1.0	1	1	0	0	1
295	Rabatt gewähren	1.0	1	0	0	2	2
294	sofortige Preisberechnung	1.1	1	3	0	0	3
296	mit der Maus bedienbar	1.0	2	0	0	0	0
299	ständige Preisanzeige	1.0	3	1	0	1	2
292	Konfiguration zusammenstellen	1.0	3	2	0	1	3

ok	failed	open

Die im VSR-Projekt eingesetzten Werkzeuge unterstützen den bidirektionalen Datenaustausch zwischen Anforderungsmanagement- und Testmanagementwerkzeug. Der Testmanager kann damit den Validierungsstatus je Anforderung nach jedem Testlauf in das Anforderungsmanagementwerkzeug zurück übertragen. So erhalten auch alle Projektbeteiligten außerhalb des Tests eine für sie bewertbare Rückkopplung über den im Projekt erreichten Testfortschritt.

6.3 Reagieren auf Testergebnisse

Anhand der bei der Fortschrittsüberwachung gewonnenen Erkenntnisse müssen Testmanager ggf. zielgerichtete Korrekturmaßnahmen einleiten. Zeigt sich beispielsweise, dass die Testdurchführung dem Plan hinterherhinkt, ist zu ermitteln, wie viele Testfälle und welche Mitarbeiter betroffen sind. Daraus kann abgeleitet werden, ob und auf welche anderen Mitarbeiter Tests verlagert werden können. Ist eine Arbeitsumverteilung als Maßnahme nicht ausreichend, müssen Ressourcen aufgestockt werden. Der Bedarf dazu kann anhand der Daten belegt und so dem Management gegenüber argumentiert werden.

Gelingt aber weder eine Umverteilung noch eine Ressourcenaufstockung, so müssen Testfälle terminlich verschoben, neu priorisiert oder ganz gestrichen werden. Bei allen diesen Planänderungen ist es wichtig, die Nachvollziehbarkeit der Plananpassungen und ihrer Ursachen sicherzustellen, um durch nachgeschaltete Analysen wie Projektreviews, metrikbasierte Auswertungen etc. aus solchen Situationen zu lernen und in Folgeprojekten die Planungsgenauigkeit erhöhen zu können.

Aufgabenzuweisung über Testplantabellen

Für die schnelle Zuteilung oder Umverteilung von Aufgaben ist die tabellarische Darstellung der Testplandaten gut geeignet. Der Testmanager filtert den Plan beispielsweise nach »nicht gelaufenen« Tests zum Thema »Vertragsmanagement«. Indem er in dieser Teilliste den Testfallbearbeiter neu zuweist und ggf. neue Zieltermine einträgt, ist die Umplanung aufwands- und fehlerarm zu erledigen. Der betroffene Tester bekommt anschließend seine neue Aufgabenliste beispielsweise als Ausdruck, per E-Mail oder als persönliche Tabellenansicht im Testmanagementwerkzeug übermittelt.

Die Ermittlung und Auswertung des Testfortschritts anhand des Testplans oder anhand von Abdeckungsmetriken ist nur ein Aspekt. Die »Qualität« des Testobjekts, also die konkreten Ergebnisse der Testdurchführung, dürfen keinesfalls vernachlässigt werden. Denn das Ziel des Testens ist es, möglichst viele Fehler im Testobjekt aufzuspüren. Wer stur dem Testplan folgt, ohne im Testverlauf auf die Testergebnisse zu achten und abhängig von diesen den Testplan nachzujustieren, wird dieses Ziel nicht erreichen. Der Testmanager muss also neben den Daten über den Testfortschritt auch die Testergebnisse auswerten und als Steuerungsgrößen heranziehen.

Fehlerbasierte Metriken

Dazu steht eine Reihe fehlerbasierter Metriken zur Verfügung: Anzahl gefundener Fehler, Anzahl Fehler im Zeitverlauf oder nach Testintensität (Fehlertrend), Anzahl Fehler bezogen auf Testobjektumfang (Fehlerdichte), Anzahl Fehler nach Kritikalität (Fehlerschwere), Anzahl Fehler je Status (Fehlerbehebungsfortschritt) u.a. Kapitel 12 diskutiert diese Metriken genauer.

Grundlage fehlerbasierter Auswertung und Steuerung ist die zeitnahe, systematische Fehlererfassung. Dazu wird ein Abweichungs- oder Fehlermanagementsystem (Fehlerdatenbank) benötigt. Details dazu finden sich in Kapitel 9. Um brauchbare Auswertungen zu erhalten, muss sichergestellt werden, dass alle Abweichungsmeldungen – unabhängig vom jeweiligen Autor – gleichartig und nach vergleichbaren Bewertungsmaßstäben klassifiziert werden. Nur dann ist es sinnvoll, z.B. die durchschnittliche Fehlerschwere in verschiedenen Komponenten miteinander zu vergleichen und daraus Rückschlüsse zu ziehen.

Vergleichbarkeit der Fehlermeldungen sicherstellen

Um diese Vergleichbarkeit sicherzustellen, muss auf der einen Seite ein praktikables Verfahren zur Fehlerklassifizierung genutzt werden; Abschnitt 8.4 beschreibt als Beispiel hierzu den Fehlerklassifikationsprozess nach IEEE 1044. Zum anderen soll der Testmanager personenabhängig unterschiedliche Klassifizierungen dadurch minimieren, dass er selbst oder ein beauftragter Testteammitarbeiter jede Meldung nachklassifiziert. Ausreißer in der Einstufung können so entdeckt und angepasst werden. Zusätzlich ist es sinnvoll, am Projektanfang und zum Ende eines Testzyklus im Testteam Fehlermeldungen zu besprechen und so im Team zu einem einheitlichen Bewertungsmaßstab zu kommen.

Auf die Testergebnisse reagieren

Wie können die Testergebnisse bzw. die Fehlerdaten zur Steuerung des Tests eingesetzt werden? Dazu drei Thesen:

- **Wo einige Fehler sind, sind auch noch mehr**
  Wenn sich an bestimmten Stellen im Testobjekt (Methoden, Komponenten usw.) oder bei bestimmten Testthemen Fehlerzustände häufen, dann ist die Wahrscheinlichkeit hoch, dass im Umfeld weitere Fehlerzustände zu finden sind. Die Fehlerhäufung kann vielleicht sogar ein Symptom für vollkommen falsch verstandene Anforderungen sein. Die Reaktion des Testmanagers kann in zwei Richtungen gehen:
  - Die Tests der fehlerträchtigen Stellen intensivieren: Dazu sind folgende Fragen zu beantworten: Was hat der Entwickler falsch

verstanden? Was hat er deshalb vielleicht falsch umgesetzt? Geeignete Testfälle werden ergänzt, die diese Vermutungen widerlegen oder unterstützen können. Diese werden an der vorliegenden Testobjektversion und im Fehlernachtest, also nach der Korrektur der bisher ermittelten Fehlerzustände, durchgeführt. Werden keine weiteren Fehlerwirkungen aufgedeckt, kann die Priorität dieser zusätzlichen Testfälle heruntergesetzt werden. Die Testfälle sollen jedoch nicht weggeworfen werden, um im späteren Verlauf des Projekts nicht überflüssigerweise in einer ähnlichen Situation wieder die gleichen Testfälle neu anlegen zu müssen.
- Die Tests der fehlerträchtigen Stellen abbrechen: Wenn Fehler allzu gehäuft auftreten, wenn viele »triviale« oder ähnlich gelagerte Fehler auftreten oder wenn der weitere Test blockiert ist, dann kann es sinnvoller sein, das Testobjekt einfach »zurückzugeben«. Statt des aufwendigen Weitertestens sollte versucht werden, durch zwischengeschaltete QS-Maßnahmen wie Reviews der Eingangsdokumente und/oder des Programmcodes das Problem an der Wurzel zu packen.

Wo keine Fehler sind, fehlen Testfälle

Wenn die Fehlerverteilung über das Testobjekt betrachtet wird, ist auch auf Regionen mit unterdurchschnittlicher Fehlerdichte zu achten.

- Unter Umständen ist hier nicht das Produkt besser, sondern nur der Test schlechter. Um das festzustellen, sind die zugehörigen Testfälle anzusehen und der zuständige Tester anzusprechen. Hält er die Tests an dieser Stelle für sinnvoll und ausreichend? Welche Testfälle sind zu ergänzen?
- Natürlich muss die Änderungshistorie des Testobjekts in Rechnung gestellt werden. Wenn die betreffende Komponente im zurückliegenden Versionszyklus nicht verändert wurde, kann »kein Fehler« ja auch eine gute Nachricht sein. In solchen Fällen kann die steuernde Reaktion darin bestehen, die Priorität aller oder vieler Testfälle zu dieser Komponente herunterzustufen oder aus nachfolgenden Testzyklen ganz herauszunehmen.

Die Fehlertrendkurve zeigt das Testende an

Bei der Bewertung der Fehlerfindungsintensität muss der Testmanager immer gegenüberstellen, welche Testintensität jeweils zugrunde lag. Schon der Urlaub eines erfahrenen Testers kann gravierende Auswirkungen auf die Zahl der in der betreffenden Zeitspanne entdeckten Fehlerwirkungen haben. Dasselbe gilt bei Wochen mit Feiertagen oder umgekehrt bei Überstunden oder

Wochenendschichten. Der Testmanager soll deshalb solche kapazitäts- oder auslastungsbedingten Schwankungen der Testintensität aus seinen Daten herausrechnen und eine normalisierte Trendkurve erstellen. Zeigt auch die normalisierte Trendkurve an, dass bei gleichbleibender Testintensität die Anzahl neu entdeckter Fehler sinkt, ist das ein sicheres Zeichen dafür, dass das Testobjekt nun »stabil« ist. Wenn die Abdeckung des Testobjekts und der Fortschritt nach Testplan ebenfalls passen, dann kann der Test beendet werden.

Beispiel: Auswertung der Fehlerdichte je Komponente

Die verschiedenen Komponenten des VSR-Systems werden von unterschiedlichen Entwicklungsgruppen entworfen und entwickelt. Um die Reife und Qualität der Komponenten miteinander vergleichen zu können, wird in den Fehlermeldungen vermerkt, welche Komponente betroffen ist. Hierzu nutzt der Tester beim Erfassen einer Fehlermeldung das Meldungsattribut »Komponente«. Aufgrund der zugeordneten Komponente trägt dann das Fehlermanagementsystem die zuständige Entwicklungsgruppe automatisch in die Meldung ein.

Stellt sich in der Fehleranalyse heraus, dass die Fehlerursache in einer anderen Komponente liegt, trägt der analysierende Entwickler einen entsprechenden Kommentar ein und korrigiert das Attribut »Komponente«. Damit hat er die Fehlermeldung an das seiner Meinung nach zuständige Entwicklungsteam abgegeben. Projektmanager und Testmanager können jederzeit auswerten, wie viele Fehlermeldungen je Entwicklungsgruppe vorliegen und in welchem Bearbeitungsstatus sich diese befinden.

Um zusätzlich auswerten zu können, welche Gruppe u. U. ein (überdurchschnittlich) hohes Fehleraufkommen zu meistern hat, muss die Komponentengröße in Rechnung gestellt werden. Dazu wird mit jeder Zusammenstellung eines neuen Build bzw. Release die aktuelle Codegröße gemessen, z. B. in »Lines of Code«. Der Testmanager kann dann die Fehleranzahl jeder Komponente bezogen auf die jeweilige Codegröße ermitteln. Natürlich ist die Metrik »Lines of Code« ein grobes Maß. Das Verfahren liefert dem Testmanager jedoch zumindest einen brauchbaren →Indikator, anhand dessen er beurteilen kann, wie es um die relative Stabilität und Reife der Komponenten bestellt ist.

Tipp

Auch wenn Testplan, Fehlerdatenbank und Metriken eine perfekte formale Kommunikation im Testteam sicherstellen, muss der Testmanager immer wieder mit den Testern sprechen, ihnen »über die Schulter schauen« und nach deren subjektiver Einschätzung des Testverlaufs und der Produktqualität fragen. Er soll sich hin und wieder durchaus auch selbst an den Rechner setzen, einige Testfälle am Testobjekt durchführen oder wiederholen und sich so einen direkten Eindruck über die Qualität des Testobjekts und der Tests verschaffen. Diese zwar punktuelle, aber eigene direkte Beobachtung hilft dem Testmanager, die abstrakten »Messdaten« und Teststatistiken besser bewerten und interpretieren zu können.

Änderungsbasierte Metriken

Neben Fehlerkorrekturen führen Änderungsaufträge (engl. *change requests*) zu Änderungen der Software. Auch die Umsetzung solcher Änderungsaufträge muss getestet und vom Testmanager kontinuierlich verfolgt werden.

Werden solche Änderungsaufträge über die Änderung oder Ergänzung der Produktanforderungen verwaltet, dann muss der Testmanager die Umsetzung über seine Metriken zur Anforderungsabdeckung mitverfolgen. Hierbei ist wichtig, dass er nicht nur neue, sondern auch vorhandene, aber eben geänderte Anforderungen zuverlässig erkennen kann und korrekt in seine Statistiken übernimmt.

Werden Änderungsaufträge über das Fehlermanagementsystem verwaltet (was oft der Fall ist), dann verfolgt der Testmanager den Test und die Umsetzung der Änderungen über seine fehlerbasierten Metriken. Hierbei muss er dann zuverlässig zwischen »echten« Abweichungen (Fehlerzuständen bzw. Defekten) und Änderungsaufträgen unterscheiden können. Nur wenn dies sauber auseinandergehalten werden kann, bleiben die Fehlerstatistiken aussagekräftig.

Eine dritte Datenquelle ist das Konfigurationsmanagement, das Daten über geänderte Codeteile liefert. Auch diese Informationsquelle sollte der Testmanager nutzen. So kann er überwachen und ggf. sicherstellen, dass jede Codeänderung über einen zugehörigen Änderungsauftrag dokumentiert ist.

In allen diesen Fällen werden zur Teststeuerung folgende Auswertungen benötigt: Anzahl neuer/offener Änderungsaufträge (Änderungsanträge), Anzahl akzeptierter Änderungsaufträge sowie deren Teststatus (offen, getestet usw.). Auf Basis dieser Daten muss der Testmanager den durch geplante oder erfolgte Änderungen generierten Testaufwand in seine Testplanung einrechnen.

6.4 Reagieren auf veränderte Rahmenbedingungen

Die in den vorangegangenen Abschnitten besprochenen Maßnahmen zur Teststeuerung gehen von den im Testkonzept vereinbarten Rahmenbedingungen aus, d.h., dass dem Testmanager innerhalb des Testzeitraums bestimmte Personalressourcen, geeignete systemtechnische Ressourcen (Testumgebung, Testarbeitsplätze, Testtools usw.) und evtl. weitere finanzielle Ressourcen (z.B. für den Einsatz externer Testdienstleister) zur Verfügung stehen. Teststrategie und Testplan wurden so aufgestellt, dass ein unter diesen Rahmenbedingungen optimales Testvorgehen erzielt werden kann.

Rahmenbedingungen ändern sich

Diese Rahmenbedingungen können sich natürlich ändern – leider oftmals zum Schlechteren. Die erste Ernüchterung kann vielleicht schon eintreten, bevor der Testbetrieb anläuft, weil es sich herausstellt, dass die zugesagten Ressourcen nicht wirklich zur Verfügung gestellt werden (können). Der aufzustellende Testplan muss sich dann an den tatsächlichen Gegebenheiten orientieren, nicht an den Idealvorstellungen, die im Testkonzept formuliert wurden. Realistischerweise ist dann auch das Testkonzept diesen Gegebenheiten anzupassen. Das kann zum Beispiel bedeuten, dass aufgrund von nicht behebbarem Ressourcenmangel die Testziele und die Ausgangskriterien abgeschwächt werden. In seinen Berichten muss der Testmanager hierbei aber deutlich kommunizieren, dass und in welchem Umfang durch den unerwartet abgespeckten Test das Projekt- bzw. Produktrisiko steigt.

Auch im weiteren Projektverlauf gibt es beliebig viele Ereignisse, die zu schlechteren Rahmenbedingungen führen können. Testteammitglieder können krank oder intern versetzt werden oder kündigen. Manche Mitarbeiter sind vielleicht weniger talentiert oder qualifiziert als angenommen. Die Testumgebung macht Schwierigkeiten. Testtools erfüllen nicht die Erwartungen, sind instabil oder werden nicht hinreichend beherrscht. Die Testautomatisierung ist nicht rechtzeitig fertig oder läuft nicht so stabil wie notwendig.

Risikomanagement

Im Rahmen des Risikomanagements (vgl. Kap. 10) hat der Testmanager hoffentlich viele solcher Punkte vorab identifiziert und Kompensationsmaßnahmen vorgesehen. Oft wird aber (zumindest für eine Übergangszeit) keine volle Kompensation möglich sein. Die Alternative heißt dann: den Testplan überarbeiten und Testfälle umpriorisieren oder streichen. Zwangsläufig steigt damit das Risiko, Produktfehler zu übersehen. Auch diese Änderungen der Rahmenbedingungen und die dadurch erzwungenen Planänderungen und steigenden Risiken müssen im Rahmen der projektbegleitenden Berichterstattung (s. Abschnitt 6.6) deutlich kommuniziert werden.

Rahmenbedingung Releaseplan

Eine ganz wesentliche Rahmenbedingung wurde noch gar nicht angesprochen: der Releaseplan[1] bzw. Build-Plan. Dem Testplan liegt immer eine Prognose oder Annahme über die Anzahl und die Überga-

1. Der Releaseplan definiert, wann bestimmte Versionsstände zur Auslieferung an Kunden freigegeben werden. Darüber hinaus gibt es meistens zusätzliche interne Versionsstände (Builds). Diese werden nur zu Testzwecken zusammengestellt, oder es sind sogenannte Releasekandidaten, die aufgrund ungenügender Testergebnisse doch nicht ausgeliefert werden können. Alle diese Versionen müssen bei der Planung und Steuerung des Tests berücksichtigt werden.

bezeitpunkte der Testobjektlieferungen (interne oder zur Auslieferung gedachte Testobjektversionen) zugrunde. Häufig ist diese Prognose aus Sicht des Tests zu optimistisch. Einerseits liefert die Entwicklung ihre Builds oftmals verspätet an den Test ab. Andererseits verschiebt der Test die Releaseterminplanung. Denn die gelieferten Testobjekte sind oft nicht so testreif wie erwartet, was die Testzeit verlängert. Und aufgrund der aufgedeckten Fehlerwirkungen bzw. Fehlerzustände sind mehr und aufwendigere Fehlerkorrekturen notwendig als erwartet. Letztlich gibt es mehr Builds bzw. Releases als ursprünglich geplant.

Vordergründig ist dies eine komfortable Situation für den Testmanager, denn das Testteam gewinnt Zeit. Die Zeit bis zum verspäteten Release kann z.B. genutzt werden, um zusätzliche Tests zu erarbeiten oder um die Testautomatisierung fertigzustellen. Zusätzliche Releases und damit zusätzliche Testzyklen können genutzt werden, um die (kumulierte) Testabdeckung zu erhöhen. All das setzt aber voraus, dass die Testressourcen länger als ursprünglich vorgesehen zur Verfügung stehen müssen. Und die »gewonnene« Zeit fehlt oft am Ende, da der Auslieferungstermin meist trotz interner Verzögerungen stabil bleiben soll.

Risiko geteilter Ressourcen

Wenn teure Hardware- oder Softwareressourcen mit anderen Testgruppen oder mit der Entwicklung geteilt werden müssen, dann können Terminverschiebungen vielleicht nur durch Wochenend- oder Nachtschichten abgefangen werden. Durch die Terminverschiebungen kann es passieren, dass Schlüsselpersonen nicht mehr für den Test verfügbar sind. Oft werden beispielsweise Anwendungsexperten aus ihrer Fachabteilung nur begrenzte Zeit an den Test als Fachtester »ausgeliehen«. Ein verspäteter oder verlängerter Releaseplan führt dann dazu, dass diese Know-how-Träger vor den abschließenden Testzyklen schon wieder abgezogen werden. Oder die Urlaubszeit dünnt den Test aus: Da die gesamte Entwicklung ursprünglich so terminiert war, dass sie rechtzeitig vor den Sommerferien oder vor Weihnachten abgeschlossen ist, bedeutet das, dass Verzögerungen bei der Programmierung den Testzyklus genau in diese Urlaubszeiten hineinschieben.

Die Lehren für den Testmanager sind: Releaseverzögerungen einplanen bzw. durch Puffer im Testplan auffangen, Personaleinsätze zeitlich nicht zu knapp planen, für jeden Mitarbeiter eine Vertretungsregelung vorsehen. Jede geteilte Ressource (Personal, Teile der Testumgebung) als Risikofaktor im Risikomanagement berücksichtigen. Jenseits aller Planung ist Improvisation ebenso erforderlich.

Beispiel: Kompatibilitätstest für einen Betriebs-system-Patch

Ein großer Betriebssystemhersteller gibt kurzfristig am Freitag einen umfangreichen Security-Patch heraus. Wenig später gehen bei der VSR-Hotline die ersten Anfragen ein, ob sich die Komponente *DreamCar* mit diesem Patch »verträgt« und Kunden den Patch installieren können. Der VSR-Testmanager wird vom Support deshalb gebeten, bis Montag früh den Sachverhalt durch die Testgruppe prüfen zu lassen. Derart kurzfristige Notfallaktionen sind für viele Tester nichts Ungewöhnliches.

Der VSR-Testmanager kann noch am Freitagnachmittag einen seiner Tester motivieren, das Wochenende zu opfern. Und gemeinsam erreichen sie es, dass auch ein erfahrener Systemadministrator per Telefon bereitsteht, falls beim Einspielen des Patch betriebssystemspezifische Fragen auftauchen.

Die Aktion ist erfolgreich, und der Support kann Montagmorgen den Kunden grünes Licht geben. Natürlich geht am Montag der »reguläre« Testbetrieb trotz Wochenendaktion normal weiter, und der Patch muss ab sofort im Testplan bzw. in der Testumgebung als weitere Systemumgebungsvariante berücksichtigt werden.

6.5 Testendebewertung

Am Ende eines jeden Testzyklus stellt sich die Frage nach dem Testende: Haben wir genug getestet? Ist die Qualität des Testobjekts wie gefordert erreicht? Oder haben wir ggf. schwere Fehler übersehen?

Da Testen als Stichprobenverfahren nur die Anwesenheit von Fehlerwirkungen aufzeigen kann, aber nicht beweisen kann, dass keine Fehlerzustände bzw. Defekte mehr im Testobjekt vorhanden sind, ist die Beantwortung solcher Fragen nicht einfach. Auch wenn nach vollständiger Abarbeitung des Testplans keine Fehlerwirkungen mehr aufgedeckt werden, kann nicht von der Fehlerfreiheit der getesteten Software ausgegangen werden. Dennoch muss der Testmanager entscheiden oder zumindest eine Empfehlung abgeben, ob der Testprozess beendet werden kann.

Dilemma

Hierbei befindet sich der Testmanager in einem Dilemma: Beendet er den Testprozess zu früh, erhöht er das Risiko, ein (zu) fehlerhaftes Produkt auszuliefern. Testet er weiter und beendet den Testprozess deshalb später als vielleicht möglich, so verzögert und verteuert er den Test und letztlich die Produktauslieferung. In beiden Fällen können Kundenzufriedenheit und Marktchancen empfindlich leiden.

Ausgangskriterien

Um zu einer begründeten, nachvollziehbaren Entscheidung zu gelangen, werden sogenannte »Ausgangskriterien« herangezogen. Ein Ausgangskriterium ist in der Regel eine Kombination unterschiedlicher Testmetriken inklusive definierter, je Messgröße zu erreichender Zielvorgaben. Die Ausgangskriterien und die Zielvorgaben werden im

Testkonzept vorab festgelegt. Das Erreichen oder Überschreiten der Zielvorgaben (im Verlauf oder am Ende eines Testzyklus) signalisiert dann das Ende der Testaktivitäten. Für eine fundierte Testendebewertung müssen die Ausgangskriterien folgende Aspekte erfassen:

- **Beurteilung des erreichten Testfortschritts** bezogen auf den Testplan und bezogen auf die erreichte Testobjektabdeckung
- **Beurteilung der vorliegenden Testergebnisse** und daraus (informell) Rückschluss auf die erreichte Produktqualität
- **Abschätzung des Restrisikos:** Eine gewisse Anzahl von Fehlern wird im System auch nach dem Test noch enthalten sein. Entweder weil diese Fehler noch gar nicht aufgedeckt wurden oder weil sie (bewusst) nicht korrigiert wurden. Das Risiko, das von diesen sogenannten Restfehlern ausgeht, beeinflusst entscheidend, ob der Test beendet werden kann oder nicht. Das Restfehlerrisiko kann einerseits anhand der bekannten Daten über »Testfortschritt« und »Testergebnisse« informell abgeschätzt werden, andererseits über Metriken zur Testwirksamkeit wie »Defect Detection Percentage« oder über statistische Verfahren analytisch abgeschätzt werden (vgl. Kap. 12).
- **Wirtschaftliche Rahmenbedingungen:** Die erreichte Qualität und das (befürchtete) Restrisiko müssen abgewogen werden gegen die vorhandenen Ressourcen, den weiteren Entwicklungs- bzw. Releaseplan, die Marktchancen und zu erwartende Kundenreaktionen. Die Testendeentscheidung ist letztlich eine Managemententscheidung. Der Testmanager hat dabei die Aufgabe, solide entscheidungsunterstützende Daten zu liefern und zu beraten.

In der Praxis spielen darüber hinaus weitere Einflussfaktoren eine Rolle: praktische Messbarkeit der Kriterien, Verständnis und Vermittelbarkeit der Kriterien, Nachweispflichten resultierend aus Normen und Standards u.a. (s. Abb. 6–3).

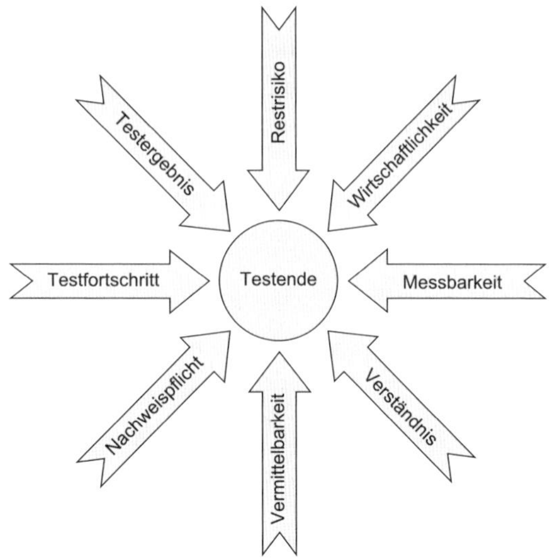

Abb. 6–3
Einflussfaktoren auf die Testendebewertung

Individuelle Ausgangskriterien für jede Teststufe

Üblicherweise erfolgen die Festlegung und Auswertung der Ausgangskriterien nicht global, sondern individuell für jede Teststufe. Die Metriken, die jeweils herangezogen werden, sind dieselben, die in der jeweiligen Teststufe zur Überwachung des Testfortschritts (vgl. Abschnitt 6.2) eingesetzt werden. Andere Metriken heranzuziehen bringt außer zusätzlichem Aufwand keine Vorteile. Die Kunst besteht darin, die Metriken zielführend zu kombinieren und sinnvolle Zielvorgaben je Metrik vorzugeben.

- Im **Komponententest** sind testobjektbasierte, strukturorientierte Metriken kombiniert mit einer Metrik zum Testumfang je Komponente sinnvoll. So könnte z.B. das Erreichen von 100% Anweisungsüberdeckung bei »unkritischen« Komponenten und 100% Zweigüberdeckung für alle als »kritisch« eingestuften Komponenten ein sinnvolles Ausgangskriterium sein.
- Im **Integrationstest** sind in erster Linie strukturorientierte Metriken interessant. So könnte z.B. für jede Schnittstelle mindestens ein »positiver« (Übertragung eines zulässigen Datenwertes/Datensatzes) und ein »negativer« Testfall (Datenwert außerhalb der Schnittstellenspezifikation) gefordert werden.
- Im **Systemtest** oder **Abnahmetest** stehen testplan-, fehlerbasierte sowie anforderungsbasierte Metriken im Vordergrund. Ein Endekriterium könnte sein: 100% Anforderungsabdeckung und null Fehlerwirkungen in Testfällen mit Priorität 1.

Für Ausgangskriterien gilt, dass in der Regel keine einfachen Ja/Nein-Entscheidungen getroffen werden, sondern die eingesetzten Metriken einen Akzeptanzbereich liefern (s. Abb. 6–4, Akzeptanzbereich nach [ISO 9126] und [ISO 14598-4]). Dies resultiert aus dem Umstand, dass auf unsicherem Wissen gegründete Angaben zu bewerten sind.

Ausgangskriterien sind Indikatoren. Die aus diesen Indikatoren abgeleitete Testendebewertung ist immer mit Unsicherheit behaftet. Ohne klare Ausgangskriterien besteht jedoch die Gefahr, dass der Test willkürlich oder lediglich aus Zeitdruck oder aus Mangel an Ressourcen abgebrochen wird. Das Ziel des Testens, eine gewisse Mindestproduktqualität sicherzustellen, kann so nicht erreicht werden.

Testende und Produktfreigabe sind zu unterscheiden

Wird das Testende festgestellt, folgt nicht automatisch die »Freigabe« des Testobjekts. Die Entscheidung über die »Freigabe« des getesteten Produkts ist ein zweiter separater Schritt, der nicht durch den Testmanager, sondern durch das Projekt- oder Produktmanagement erfolgt. Grundlage sind auch hier objektive Freigabe- bzw. Abnahmekriterien, die im Testkonzept (s. Abschnitt 5.4.2) definiert werden.

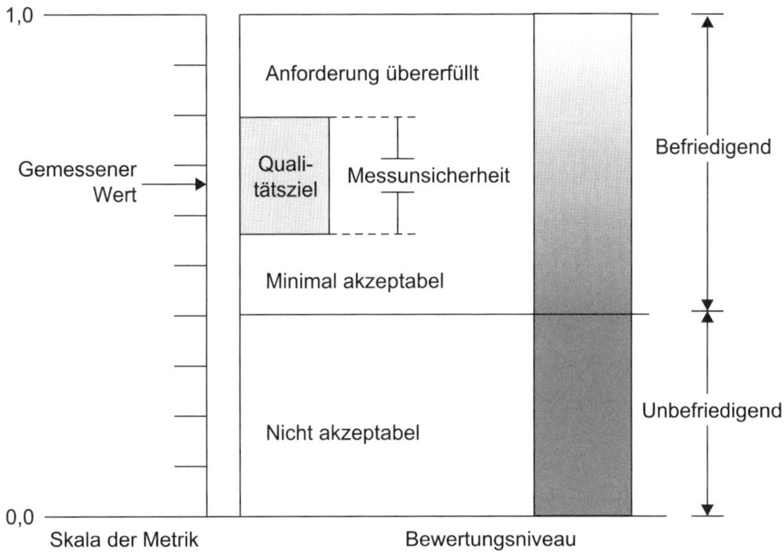

Abb. 6–4
Testendeindikator und Akzeptanzbereich

Beispiel: Testendebewertung im Projekt VSR

Im Systemtest des VSR-Projekts wird über das Testende anhand der Kriterien Testfortschritt und Testergebnis entschieden. Die Auswertung der zum Teil in vorstehenden Beispielen schon gezeigten Daten durch den Testmanager ergibt folgendes Gesamtbild:

- Testfortschritt – gegenüber Testplan: 112 Testfälle sind noch nicht durchgeführt. Darunter einige mit Priorität 1. Als Ausgangskriterium vorgegeben ist jedoch: »100 % der Prio-1-Tests müssen gelaufen sein.«
- Testfortschritt – gegenüber Testobjektabdeckung: Sind alle Anforderungen hoher Priorität durch mindestens einen Testfall validiert, so wird von

einer hinreichenden Abdeckung der für den Anwender »wichtigen« Testobjektbereiche ausgegangen. Diese Analyse der Anforderungsabdeckung liefert somit eine informelle, implizite Bewertung des Restrisikos. Die aktuell erreichte Anforderungsabdeckung (s. Tab. 6–1) zeigt jedoch, dass auch dieses Ausgangskriterium noch nicht erfüllt ist. Denn einige Anforderungen sind noch ungetestet oder zugehörige Testfälle liefen fehlerhaft. Testergebnis: Aus den gelaufenen Tests liegen »kritische« Fehlermeldungen vor. Also Fehlerwirkungen wie beispielsweise Abstürze bei der Speicherung von Kaufverträgen oder Preisberechnungsfehler. Als Ausgangskriterium vorgegeben ist jedoch: »0 kritische Fehler«.

Der Testmanager entscheidet daher in Absprache mit dem Projektleiter, den Test nach einer erneuten Fehlerkorrekturphase mit einem weiteren Testzyklus fortzusetzen.

6.6 Der Testbericht

Der Testmanager muss Informationen zum Testfortschritt, zur Produktqualität und zu den von ihm ergriffenen Steuerungsmaßnahmen gegenüber dem Produkt- und Projektmanagement innerhalb seiner eigenen Linienorganisation (z.B. an Testmanager anderer Teststufen) und auch innerhalb seines Teams kommunizieren. Dazu erstellt er regelmäßig Testberichte[2] (auch Testfortschritts- oder Teststatusbericht genannt).

Testbericht nicht mit Testprotokoll verwechseln

Der Testbericht ist nicht zu verwechseln mit dem Testprotokoll. Das Testprotokoll wird bei der Testdurchführung (oft automatisiert) erstellt und zeichnet die Ergebnisse jedes einzelnen Testfalls auf. Es kann auch weitere Daten oder Reaktionen des Testobjekts protokollieren, um dem Tester Detailinformationen über das Testobjektverhalten während des Testlaufs zu liefern. Das Testprotokoll dokumentiert das im Test aufgetretene Istverhalten der getesteten Software. Eine Bewertung des Tests liefert erst der Testbericht. Nach [IEEE 829] ist der Testbericht ein Dokument, das die Testaktivitäten und Testergebnisse zusammenfasst und die Qualität des Testobjekts anhand der Ausgangskriterien bewertet. Er bündelt und interpretiert die Erkenntnisse aus einer ganzen Reihe von durchgeführten Testfällen, ausgewerteten Testprotokollen und analysierten Fehlermeldungen. Tabelle 6–2 zeigt die Gliederung des Testberichts (Test Summary Report) nach [IEEE 829].

Bezeichner:	Eindeutiger Bezeichner des Dokuments
Zusammenfassung:	Zusammenfassende Bewertung der Testeinheiten bzw. Testobjekte mit Darstellung der Testumgebung und Referenz auf alle nötigen Testdokumente.
Abweichungen:	Darstellung der je Testeinheit/Testobjekt aufgedeckten Abweichungen von ihrer Spezifikation sowie Abweichungen des Tests von Testplan, Testspezifikation usw.
Bewertung des Testumfangs:	Bewertung des Testumfangs im Vergleich zum geplanten Umfang und Identifikation von Leistugsmerkmalen, die nicht ausreichend getestet wurden.
Zusammenfassung der Testergebnisse:	Zusammenfassung der Testergebnisse inkl. Darstellung der behobenen und nicht behobenen Abweichungen/Fehlermeldungen.
Bewertung:	Bewertung jedes Testelements/Testobjekts inkl. festgestellter Einschränkungen basierend auf den Testergebnissen.
Zusammenfassung der Testaktivitäten:	Zusammenfassung der wichtigsten Testaktivitäten, benötigter Ressourcen, Personal, Zeitbedarf usw.
Freigabe:	Namen und Positionen aller Personen, die den Testbericht freigeben müssen.

Tab. 6–2 *Gliederung des Testberichts nach [IEEE 829]*

Die 2008 in Kraft gesetzte aktuelle Ausgabe der Norm ([IEEE 829], vgl. Abschnitt 4.4) sieht hier drei sich ergänzende Berichte vor: Gesamttestbericht (engl. *master test report*), Stufentestbericht (engl. *level rest report*), Stufentestzwischenbericht (engl. *level interim test status report*). Die Gliederung dieser drei Berichte ist einheitlich aufgebaut und entspricht den praktischen Erfordernissen besser als o.g. »alte« Gliederung. Ein Blick in diese neue Normfassung lohnt sich also. [2]

Zweckmäßigerweise wird ein Testbericht jeweils zum Ende eines Testzyklus erstellt und verteilt. Zusätzlich möglich und oft sinnvoll sind (kürzere) Wochen- oder Monatsfortschrittsberichte. Zum Abschluss des Tests bzw. zur Produktfreigabe wird oft zusätzlich ein ausführlicher Gesamtbericht erstellt. Welche Frequenz und welcher Verteiler im konkreten Fall gelten, ist im Testkonzept festzulegen.

Inhalt des Testberichts

Unabhängig davon, an welcher Norm sich der Testbericht orientiert: Aus dem Testbericht sollen in prägnanter Form folgende Informationen hervorgehen:

2. Im »fundamentalen Testprozess« (vgl. Abb. 2–1) ist die Erstellung des Testberichts ein eigenständiger Prozessschritt. Da der Testbericht aber im Wesentlichen die im Rahmen der Teststeuerung gewonnenen Erkenntnisse und Ergebnisse wiedergibt, wird das Thema »Testbericht« hier in Kapitel »Teststeuerung« mitbehandelt.

- **Kontext**
  Projekt, Testobjekt, Autor, Verteiler, Berichtzeitraum usw.
- **Testfortschritt**
  Zusammenfassung der zurückliegenden Testaktivitäten, ggf. Information zum speziellen Fokus des gelaufenen Testzyklus (z.B. Testzyklus mit Schwerpunkt »Lasttest«); die wichtigsten Indikatoren und Daten (testplanbezogen und testobjektbezogen) zum aktuellen Testfortschritt, idealerweise durch Grafiken veranschaulicht; die (subjektive, informelle) Bewertung des Testmanagers.
- **Produktqualität**
  Anzahl und Schwere gefundener Fehler, insbesondere Anzahl der im Berichtzeitraum neu gefundenen Fehler; Fortschritt oder Probleme bei der Fehlerbehebung; Fehlertrend und Produktstabilität; die (subjektive, informelle) Bewertung bzw. Qualitätseinschätzung des Testmanagers; ggf. eine Aussage zur Produktfreigabe.
- **Ressourcen/Maßnahmen**
  Auslastung der Ressourcen; Korrekturmaßnahmen und deren Gründe, z.B. Anforderung zusätzlicher Ressourcen; ggf. Empfehlung von Korrekturmaßnahmen an externe Gruppen (z.B. an Entwicklung).
- **Budget**
  Überblick über verbrauchtes und noch verfügbares Geld- und Zeitbudget; ggf. Beantragung zusätzlicher Mittel.
- **Risiken**
  Erkennbare/drohende (Projekt-)Risiken, z.B. Verzögerung der Produktfreigabe; sonstige besondere Vorkommnisse.
- **Weitere Planung**
  Anstehende Arbeiten bzw. Ausblick auf den nächsten Testzyklus (z.B. Fokus des nächsten Testzyklus); eventuelle Planänderungen (zur Adressierung neu identifizierter Risiken); ggf. Empfehlung zum Testende.

Der Umfang des Berichts kann je nach Adressatenkreis variieren. Ein Bericht an andere Testgruppen wird ausführlicher sein und auch auf Fehlermeldungen und Testpläne verweisen oder Ausschnitte daraus enthalten. Ein Bericht an das Management wird den Fokus eher auf die Themen Budget, Risiken und Freigabereife legen.

Vergleichbarkeit der Berichte sicherstellen

Innerhalb eines Adressatenkreises soll sich die Form des Berichts jedoch von Bericht zu Bericht nicht ändern. Die eingesetzten Metriken und die Art und Weise, wie sie (grafisch) aufbereitet werden, soll gleich bleiben. Eine leichte Vergleichbarkeit der Berichte ist notwendig, denn die meisten Testmetriken sind nur aussagekräftig bzw. sinnvoll interpretierbar, wenn sie im Vergleich zu vorangegangenen Testzyklen betrachtet werden. Ein gleichbleibend aufgebauter Bericht erleichtert es dem Leser, Trends in den Daten zu erkennen. Ein Testberichtmuster findet sich zum Herunterladen unter [URL: Templates].

Problematik personenbezogener Auswertungen

Die zur Steuerung des Tests erfassten Daten bieten vielfältige Möglichkeiten zur personenbezogenen Auswertung. So kann über das Fehlermanagementsystem relativ einfach der »Anteil am Fehleraufkommen« je Entwickler ermittelt werden. Genauso lassen sich aus dem Testmanagementsystem Aussagen über die Produktivität einzelner Tester gewinnen (z.B. »durchgeführte Testfälle pro Woche«, »Quote abgelehnter Fehlermeldungen«). Solche Auswertungen fallen in die Kategorien »Auswertung personenbezogener Daten« und »Leistungsmessung«.

Recht auf informationelle Selbstbestimmung, Mitbestimmung

Zumindest in Deutschland sind hier die Regelungen des Bundesdatenschutzgesetzes (BDSG), des Betriebsverfassungsgesetzes[3] (BetrVG) sowie arbeitsrechtliche Bestimmungen, u.a. Betriebsvereinbarungen, zu beachten. Das BDSG gestattet die Erhebung, Verarbeitung und Nutzung personenbezogener Daten nur, soweit das BDSG selbst oder eine andere Rechtsvorschrift dies erlaubt oder anordnet oder die Betroffenen eingewilligt haben. Bei Arbeitnehmern prüfen die Gerichte in Deutschland eine solche Einwilligung immer sehr kritisch, weil an der Freiwilligkeit angesichts der Situation am Arbeitsmarkt gezweifelt wird.

Anonymisierte Auswertungen sind unproblematisch

Bevor daher personenbezogene Auswertungen aufgesetzt oder gar kommuniziert werden, soll sich der Testmanager über die arbeitsrechtlichen Grundlagen kundig machen und das Vorgehen auch mit Betroffenen, Vorgesetzten und ggf. mit dem Betriebsrat abstimmen. Datenschutzrechtlich unproblematisch sind dagegen anonymisierte Auswertungen, die sich nicht mehr zu den einzelnen natürlichen Personen zurückverfolgen lassen.

Natürlich bedeutet dass nicht, dass unbefriedigende oder stark unterdurchschnittliche Leistungen eines Mitarbeiters toleriert werden müssen. Um dies anzusprechen, eignet sich aber das persönliche Gespräch sicher besser als ein in großem Kreis publizierter Bericht. Überhaupt darf der Testmanager nicht vergessen, jenseits seiner formalen Berichte und gerade auch im Vorfeld der Berichterstellung die persönlichen und informellen Kommunikationskanäle zu nutzen.

Nicht nur berichten, sondern auch agieren

Auch der schönste Testbericht stellt nicht von selbst sicher, dass aus den Testergebnissen und den gewonnenen Erkenntnissen die richtigen

3. Die Mitbestimmungsrechte von Betriebs- und Personalräten (§87 Abs. 1 Ziff. 6 BetrVG bzw. §75 Abs. 3 Ziff. 17 BPersVG) setzen nach der Rechtsprechung bereits dann ein, wenn eine technische Einrichtung zur Leistungs- und Verhaltenskontrolle auch nur geeignet ist. Dabei kommt es nicht auf die tatsächliche Datenverwendung an.

und nötigen Konsequenzen gezogen werden. Der Testmanager muss aktiv mitwirken, die Botschaft seiner Berichte zu verbreiten, und Korrektur- bzw. Umsetzungsmaßnahmen mit anstoßen und mit vorantreiben. Dies kann z.B. bedeuten: den Testplan anpassen; einen Aktionsplan zur weiteren Verbesserung des Testprozesses aufstellen und umsetzen; den Entwicklungsleiter überzeugen, den Releaseplan zu ändern oder auf bestimmte Leistungsmerkmale gänzlich zu verzichten; die Entwickler beraten, wie Fehler vermieden oder früher gefunden werden können; usw.

6.7 Zusammenfassung

- Der Testplan wird nicht »von selbst« umgesetzt. Der Testmanager muss aktiv dafür sorgen, dass geplante Aufgaben an Mitarbeiter übertragen werden und von diesen zeitgerecht erledigt werden. Der Testfortschritt muss regelmäßig überwacht werden Hierbei sind auch alle testvorbereitenden Aufgaben zu betrachten. Der Testfortschritt kann in Relation zum Testplan und in Relation zum Testobjekt bzw. Produktumfang verfolgt werden.
- Im Testverlauf muss der Testmanager den Testfortschritt und die Testergebnisse auswerten und als Steuerungsgrößen heranziehen. Falls der Testfortschritt unzureichend ist, müssen u.U. zusätzliche Tester oder andere Ressourcen eingesetzt werden. Abhängig von der Menge und Kritikalität der aufgedeckten Fehler muss eventuell der Fokus der Tests angepasst werden.
- Falls sich grundlegende Rahmenbedingungen verändern, muss das Testkonzept und damit die weitere Vorgehensweise im Test diesen veränderten Gegebenheiten angepasst werden. In seinen Berichten muss der Testmanager deutlich kommunizieren, dass und in welchem Umfang ggf. das Projekt- bzw. Produktrisiko steigt.
- Wegen des Stichprobencharakters des Tests ist die Entscheidung über das Testende immer mit Unsicherheit behaftet. Ausgangskriterien liefern Indikatoren, mittels derer die Entscheidung abgesichert werden kann.
- Der Testmanager muss Informationen zum Testfortschritt, zur Produktqualität und zu den von ihm ergriffenen Steuerungsmaßnahmen regelmäßig kommunizieren. Hierzu dient der Testbericht. Nur berichten, genügt aber nicht. Der Testmanager muss aktiv mitwirken, die Botschaft seiner Berichte zu verbreiten, und Korrektur- bzw. Umsetzungsmaßnahmen mit anstoßen und mit vorantreiben.

7 Reviews

Dieses Kapitel entspricht in weiten Teilen dem Abschnitt 4.1 »Strukturierte Gruppenprüfungen« aus dem Buch »Basiswissen Softwaretest« [Spillner 10]. Leser, die mit dem Lehrstoff vertraut sind, können dieses Kapitel überschlagen. Es ist hier aufgenommen worden, um den Lehrplan möglichst vollständig in einem Buch abzudecken.

Review ist sowohl die Bezeichnung für ein bestimmtes Vorgehen bei der Prüfung von Dokumenten als auch ein gebräuchlicher Oberbegriff für die verschiedenen statischen Prüfverfahren, die von Personen durchgeführt werden. In diesem Kapitel wird eine Übersicht über diese Prüfverfahren dargestellt. Außerdem werden typische Rollen und Abläufe von Reviews beschrieben. Der Testmanager wird dadurch in die Lage versetzt, Reviews sinnvoll in einer übergeordneten Teststrategie aus dynamischen und statischen Testverfahren einzuordnen und ihre geordnete Durchführung sicherzustellen.

7.1 Nutzen und Kosten von Reviews

Effizientes Mittel zur Sicherung der Qualität

Reviews sind ein effizientes Mittel zur Sicherung der Qualität der untersuchten Dokumente. Idealerweise sind sie so früh wie möglich nach der Fertigstellung der Dokumente durchzuführen, um frühzeitig Fehlerzustände und Unstimmigkeiten festzustellen. So werden die verifizierenden Prüfungen bei Abschluss einer Phase im allgemeinen V-Modell in der Regel mittels Reviews geleistet. Jedes Dokument (Anforderungsdokumente ebenso wie Quellcode, aber auch Testkonzepte und Testfallspezifikationen) kann Gegenstand eines Reviews sein. Die Beseitigung der Fehler und Unstimmigkeiten führt zu einer verbesserten Qualität der Dokumente und wirkt sich positiv auf den gesamten Entwicklungsprozess aus, da die Entwicklung mit Dokumenten fortgesetzt wird, die weniger oder sogar keine Fehler mehr enthalten. Tester müssen aktiv am Reviewprozess teilnehmen und ihre individuelle Perspektive einbringen.

Positive Auswirkungen

Neben der Reduzierung der Fehler haben Reviews noch folgende weitere positive Auswirkungen:

- Kostengünstige Fehlerbeseitigung. Wenn frühzeitig Fehler erkannt und beseitigt werden, führt dies zu einer Produktivitätssteigerung in der Entwicklung, da weniger Ressourcen für die Fehlererkennung und -beseitigung benötigt werden und diese somit der Entwicklung zur Verfügung stehen.
- Dies hat auch zur Folge, dass sich die Entwicklungszeiträume verkürzen.
- Werden Fehler frühzeitig erkannt und behoben, führt dies zu einer Verringerung der Kosten und der benötigten Zeiten für den dynamischen Test, da weniger Fehlerzustände im Testobjekt vorhanden sind.
- Durch die geringere Zahl an Fehlern und Ungenauigkeiten ist auch eine Kostenreduzierung während der Lebenszeit des Produkts zu erwarten. Beispielsweise können durch Reviews Ungenauigkeiten der Kundenwünsche in den Anforderungen aufgedeckt und geklärt werden. Absehbare Änderungswünsche nach der Inbetriebnahme des Softwaresystems können somit im Vorfeld verhindert werden.
- Es ist auch eine reduzierte Fehlerhäufigkeit im Einsatz des Systems zu erwarten.
- Da die Überprüfungen im Team durchgeführt werden, ergibt sich daraus ein Wissensaustausch unter den beteiligten Personen. Das wird zur Verbesserung der Arbeitsmethoden der einzelnen Personen führen und somit die Qualität der nachfolgenden Produkte verbessern.
- Da mehrere Personen an einem Review beteiligt sind, ist eine klare und verständliche Darstellung der Sachverhalte notwendig. Oft bringt der Zwang zu einer klaren Darlegung den Autor bereits zu Einsichten, die er vorher nicht hatte.
- Das gesamte Team fühlt sich verantwortlich für die Qualität des untersuchten →Prüfobjekts, und es entsteht ein einheitliches Verständnis.

Was kosten Reviews und was sparen sie ein?

Die durch Reviews anfallenden Kosten werden mit ca. 10%–15% (s. [Gilb 96, S. 27]) des Entwicklungsbudgets veranschlagt. Die Kosten umfassen die Aktivitäten für den Reviewprozess selbst, die Auswertung der ermittelten Ergebnisse und den Aufwand für deren Umsetzung zur Prozessverbesserung. Einsparungen werden mit 14%–25%

(s. [Bush 90]) angegeben, wobei der Mehraufwand für die Durchführung der Reviews bereits eingerechnet ist.

Bei konsequenter Nutzung und effizienter Durchführung der Reviews lassen sich bis zu 70% der Fehler in einem Dokument finden, bevor sie in die folgenden Arbeitsschritte des Entwicklungsprozesses unerkannt übernommen werden. Unter der Berücksichtigung, dass die Kosten der Fehlerbehebung in späteren Entwicklungsschritten erheblich steigen, sind »Angaben plausibel, die über eine Reduktion der Fehlerkosten in der Entwicklung von 75% und mehr berichten« [Frühauf 91, S. 114].

Tipp

Dokumente, die einer formalen Struktur unterliegen, sollen vorab mit einem diese Struktur überprüfenden statischen Analysewerkzeug kontrolliert werden. Das Werkzeug kann viele Aspekte untersuchen und Fehler oder Abweichungen feststellen, die dann nicht mehr bei einem Review zu kontrollieren sind.

7.2 Grundlegende Vorgehensweise

Der Begriff Review umfasst eine ganze Gruppe von statischen Überprüfungen. Allen gemeinsam ist die zugrunde liegende Vorgehensweise. Diese wird hier kurz in Anlehnung an den *IEEE Standard for Software Reviews* [IEEE 1028] erläutert. Im Anschluss an diesen Abschnitt findet sich eine Erläuterung der hier erwähnten beteiligten Rollen.

Bei einem Review sind sechs Arbeitsschritte durchzuführen: Planung, Einführung, Vorbereitung, Reviewsitzung, Überarbeitung und Nachbereitung.

Planung

Reviews sind selbstverständlich auch zu planen

In der Planung ist vom Management zu entscheiden, welche Dokumente des Softwareentwicklungsprozesses welchem Reviewverfahren unterzogen werden sollen. Der Zeitpunkt für ein Review ist sorgfältig zu wählen:

- Alle zur Beurteilung des zu reviewenden Dokuments notwendigen weiteren Dokumente sowie Standards sollten vorliegen. Ist dies nicht der Fall, so lassen sich lediglich lokale Fehler im Dokument feststellen, aber z.B. keine Inkonsistenzen zwischen verschiedenen Dokumenten bzw. zwischen Dokumenten und zugrunde liegenden Prozessanforderungen.

- Den Reviewern muss ausreichender zeitlicher Vorlauf eingeräumt werden, um nicht nur das Dokument, sondern auch ggf. zugrunde liegende Informationen zu sichten.

Der zu veranschlagende Aufwand für die einzelnen Reviews ist bei der Projektplanung vorzusehen. Aus zahlreichen Untersuchungen ergeben sich optimale Zeiten für ein Review eines Dokuments oder eines Programmtextes (s. [Gilb 96]). Der Manager wählt die fachlich geeigneten Personen aus und stellt ein Reviewteam zusammen. Er vergewissert sich in Kooperation mit dem Autor des Prüfobjekts, dass dieses einen reviewfähigen Status hat, d.h., dass die Arbeiten am Dokument einen gewissen Abschluss gefunden und eine ausreichende Vollständigkeit erreicht haben. Bei formaleren Reviews sind Eintrittskriterien (und die entsprechenden Austrittskriterien), deren Erfüllung zu prüfen ist, definiert bzw. zu definieren.

Unterschiedliche Sichtweisen erhöhen den Erfolg

Ein Review ist meist erfolgreicher, wenn das Prüfobjekt von unterschiedlichen Standpunkten aus betrachtet wird oder nur bestimmte Aspekte (von den einzelnen Personen) untersucht werden. Die dabei zu berücksichtigenden Sichtweisen bzw. Aspekte sind bei der Planung festzulegen. Ebenso kann entschieden werden, dass nicht das gesamte Dokument einem Review unterzogen wird. Es können auch nur solche Teile ausgewählt werden, bei denen Fehler ein hohes Risiko beinhalten, oder nur beispielhafte Teile, um daraus auf die Qualität des gesamten Dokuments zu schließen.

Findet eine Vorbesprechung statt, sind Ort und Zeit festzulegen.

Einführung

Die Einführung (oder auch Vorbesprechung, Initialisierung oder Kickoff) dient zur Versorgung der am Review beteiligten Personen mit allen benötigten Informationen. Dies kann in Form einer schriftlichen Einladung[1] erfolgen, oder ein erstes Treffen des Reviewteams wird durchgeführt, um über Bedeutung, Sinn und Zweck sowie über die Ziele des durchzuführenden Reviews zu informieren. Sind die beteiligten Personen mit dem Umfeld des zu prüfenden Dokuments wenig vertraut, kann auf dem Treffen neben der kurzen Vorstellung des Prüfdokuments auch seine Einbettung in das Anwendungsgebiet dargestellt werden.

Prüfgrundlagen sind notwendig

Neben dem Dokument, das einem Review unterzogen werden soll, müssen den beteiligten Personen weitere Unterlagen zur Verfügung stehen. Dazu gehören die Dokumente, die herangezogen werden müssen, um zu entscheiden, ob eine Abweichung, ein Fehler oder eine korrekte

1. Ein Beispiel einer Einladung zu einer Reviewsitzung ist in [Frühauf 91, S. 102] zu finden.

Beschreibung des Sachverhalts vorliegen. Dies sind die Dokumente (z.B. Pflichtenheft, Designdokumente, Richtlinien oder Standards), gegen die geprüft wird. Diese Dokumente werden auch als Basisdokumente (engl. *baseline*) bezeichnet. Darüber hinaus sind Prüfkriterien (z.B. in Form von Standards und Checklisten) sehr sinnvoll, die ein strukturiertes Vorgehen unterstützen.

Vorbereitung

Die beteiligten Personen des Reviewteams haben sich individuell auf die Sitzung vorzubereiten. Nur bei einer guten Vorbereitung aller Personen ist eine erfolgreiche Reviewsitzung überhaupt möglich.

Intensive Auseinandersetzung mit dem Prüfobjekt

Die Gutachter setzen sich intensiv mit dem zu prüfenden Dokument auseinander und verwenden dabei die zur Verfügung gestellten Dokumente als Prüfgrundlage. Erkannte Mängel, Fragen oder Kommentare werden notiert.

Reviewsitzung

Die Reviewsitzung ist in der Regel auf einen festen Zeitrahmen beschränkt. Das Ziel sind die Beurteilung in Bezug auf die Einhaltung und Umsetzung der Vorgaben und Richtlinien sowie das Aufzeigen von Fehlern, Abweichungen und Unstimmigkeiten. Sinnvollerweise werden gefundene Fehler klassifiziert als:

- kritischer Fehler (Prüfobjekt ist für den vorgesehenen Zweck unbrauchbar, Fehler muss vor der Freigabe behoben werden),
- Hauptfehler (Nutzbarkeit des Prüfobjekts ist beeinträchtigt, Fehler ist vor der Freigabe zu beheben),
- Nebenfehler (geringfügige Abweichung, z.B. Rechtschreibfehler oder Mangel im Ausdruck, beeinträchtigt den Nutzen kaum)

Mittels einer solchen Klassifizierung kann eine Empfehlung des Reviewteams über die Annahme des Prüfobjekts abgeleitet werden:

- akzeptieren (ohne Änderungen),
- akzeptieren (mit Änderungen, kein weiteres Review),
- nicht akzeptieren (weiteres Review oder andere Prüfmaßnahme erforderlich).

Die Bewertung der einzelnen Befunde und die Gesamtbeurteilung sollen von allen Gutachtern getragen werden.

Protokoll und Übersicht der Ergebnisse

Das Protokoll enthält eine Liste aller Befunde, die in der Sitzung diskutiert wurden. In einer zusätzlichen Zusammenfassung des Reviews sind alle wichtigen Informationen aufzunehmen, wie die

Informationen zum Prüfobjekt und den verwendeten Dokumenten, die beteiligten Personen und ihre Rollen, eine kurze Zusammenfassung der wichtigen Punkte und das Ergebnis der Reviewsitzung mit der Empfehlung der Gutachter. Bei formaleren Reviews ist das Erreichen der Austrittskriterien nachzuweisen.

Überarbeitung

Der Manager entscheidet, ob er der Empfehlung folgt oder eine andere Entscheidung trifft, für die er dann aber die alleinige Verantwortung trägt. Im Regelfall wird der Autor die Mängel auf Grundlage der Reviewergebnisse beseitigen und eine Überarbeitung des geprüften Dokuments vornehmen.

Nachbereitung

Die ordnungsgemäße Durchführung der Überarbeitung ist zu kontrollieren, meist durch den Manager oder Moderator bzw. eine für diese Aufgabe ausgewählte Person.

Zweites Review

War das Resultat des ersten Reviews nicht akzeptabel und muss ein weiteres Review durchgeführt werden, so ist die hier beschriebene Vorgehensweise für das zweite Review entsprechend durchzuführen, jedoch meist verkürzt nur für die geänderten Stellen im Dokument.

Eine umfassende Auswertung der jeweiligen Reviewsitzungen und deren Ergebnisse soll dazu genutzt werden, den Reviewprozess zu verbessern und die verwendeten Dokumente (Richtlinien und Checklisten) den jeweiligen Gegebenheiten anzupassen und aktuell zu halten. Das Erfassen und die Auswertung von Daten (Metriken) sind hierzu notwendig.

Defizite im Entwicklungsprozess erkennen und beheben

Wiederkehrende oder häufig vorkommende Fehlerarten weisen auf Defizite im Softwareentwicklungsprozess oder im Fachwissen der jeweiligen Personen hin. Notwendige Verbesserungen des Entwicklungsprozesses sind entsprechend zu planen und umzusetzen. Die Checklisten sind ggf. um diese Fehlerarten zu ergänzen. Mangel an Fachwissen ist durch Schulung auszugleichen.

7.3 Rollen und Verantwortlichkeiten

Ein Großteil der Rollen und ihrer Verantwortlichkeiten im Reviewprozess geht aus der Beschreibung des allgemeinen Vorgehens bereits hervor. Im Folgenden werden die beteiligten Personen und ihre Aufgaben übersichtsartig beschrieben.

Manager

Der Manager sorgt für die Auswahl der Prüfobjekte und die zu verwendenden Dokumente. Er stellt die notwendigen Ressourcen zur Verfügung und das Reviewteam zusammen. In kleinen Test- und QS-Teams übernimmt die Aufgabe des Test- und des Reviewmanagers oftmals die gleiche Person.

Vertreter von höheren Managementebenen sollten an den Sitzungen nicht teilnehmen, da eine Bewertung der Qualifikation des Autors (und nicht eine Bewertung des Dokuments) durch das Management nicht auszuschließen ist und eine »freie« Diskussion unter den Teilnehmenden dann möglicherweise eingeschränkt wird. Ein weiterer Grund ist, dass normalerweise Managern das aktuelle detaillierte Fachwissen fehlt und sie in dieser Hinsicht keine Beiträge auf der Sitzung beisteuern können. Für Reviews von Projektplänen und ähnlichen Dokumenten trifft dieses allerdings nicht zu. Hier ist Managementwissen gefragt.

Moderator

Die Reviewsitzung wird von einem Sitzungsleiter, auch Moderator genannt, geführt. Der Moderator muss dafür sorgen, dass jeder frei seine Meinung äußern kann im Bewusstsein, dass das Dokument und nicht der Autor geprüft wird. Sowohl der Leiter als auch die Teilnehmer sollen einen guten Umgang miteinander pflegen, zum Schutz der Teilnehmer vor gegenseitigen Angriffen und als Motivation, gute Beiträge zum Review beizusteuern. Konflikte müssen möglichst vermieden werden. Wenn dies nicht gelingt, muss eine Lösung für diese Situation gefunden werden.

Der Moderator ist zuständig für den Ablauf des Reviews. Planung, Vorbereitung, Durchführung und Überarbeitung sowie Nachbereitung sollen so erfolgen, dass die Ziele des Reviews erreicht werden. Er ist für die Sammlung der Daten und die Erstellung des Protokolls verantwortlich.

Der Moderator ist die entscheidende Person, was den Erfolg des Reviews betrifft. Er muss ein sehr guter Sitzungsleiter sein, d.h. diplomatisch vorgehen bei der Vermittlung von gegensätzlichen Standpunkten und der Beendigung von unnützen Diskussionen, ohne dabei Beteiligte zu verletzen oder zu kränken. Dabei muss er auch auf »Untertöne« achten. Er darf nicht voreingenommen sein und keine eigene Meinung zum Prüfobjekt äußern.

Autor

Der Autor ist der Ersteller des Dokuments, das einem Review unterzogen wird. Sind mehrere Personen an der Erstellung beteiligt gewesen, ist ein Hauptverantwortlicher zu benennen, der die Rolle des Autors übernimmt. Er ist verantwortlich dafür, dass die Eintrittskriterien vor dem Review erfüllt sind, d.h., dass sich das Dokument in einem reviewfähigen Zustand befindet und eine eventuelle Nacharbeit zur Erfüllung der Austrittskriterien führt.

Wichtig ist, dass der Autor die geäußerte Kritik nicht als Kritik an seiner Person auffasst, sondern dass es ausschließlich um die Verbesserung der Qualität des Prüfobjekts geht.

Prüfer

Die Prüfer, auch Gutachter, Reviewer oder Inspektoren genannt, sind mehrere (i.d.R. bis zu fünf) Fachexperten, die nach der entsprechenden Vorbereitung an der Sitzung teilnehmen.

Ihre Aufgabe ist das Identifizieren und Beschreiben der problematischen Stellen im Prüfobjekt. Die Gutachter sollen dabei unterschiedliche Sichten auf das Dokument berücksichtigen (z.B. aus Sicht der Anforderungen, des Designs, des Programmtextes, der Sicherheit, des Tests). Dabei sollen selbstverständlich nur die Sichten beachtet werden, die einen Bezug zum Prüfobjekt haben.

Einzelne Gutachter sollen sich um spezielle Aspekte kümmern, um die Effizienz der Prüfung zu erhöhen. So kann beispielsweise ein Gutachter die Konformität mit einem einzuhaltenden Standard und ein anderer die Einhaltung der Syntax prüfen. Die Verteilung der Zuständigkeiten ist vom Manager bei der Planung vorzunehmen.

Die Gutachter haben darauf zu achten, dass die als gut befundenen Teile der Dokumente auch so benannt werden. Mangelhafte Teile des Prüfobjekts sind als solche zu kennzeichnen und die Mängel sind so zu dokumentieren, dass die Nachvollziehbarkeit und damit die Beseitigung der Mängel gegeben ist.

Protokollant

Der Protokollant hat die vom Reviewteam diskutierten und gefundenen Unklarheiten (z.B. noch zu lösende Probleme, durchzuführende Arbeiten, zu entscheidende Fragestellungen und Ablehnungen) zu dokumentieren.

Er muss knapp und präzise formulieren können. Er muss während der Sitzung meist nicht ausreichend formulierte Diskussionsbeiträge verfälschungsfrei aufschreiben. Aus pragmatischen Gründen kann es manchmal sinnvoll sein, den Autor selbst das Protokoll führen zu lassen. Er weiß genau, was im Einzelnen festzuhalten ist und wie präzise und ausführlich die Anmerkungen der Gutachter zu protokollieren sind, um ausreichend Information für die später von ihm durchzuführenden Änderungen zu haben.

Neben diesen gebräuchlichen Rollen finden in manchen Reviews weitere Rollen Anwendung, z.B. die des Vorlesers. Dieser verliest während der Reviewsitzung Auszüge des Prüfobjekts wörtlich oder fasst sie in eigenen Worten sinngemäß zusammen.

Weitere Rollen

Bei den Prüfern gibt es oftmals Rollendifferenzierungen. So kommen häufig Vertreter von Kunden, Anwendern und Entscheidungsträgern zu Reviewsitzungen hinzu, um ihre jeweiligen Interessen zu wahren.

7.4 Reviewarten

Zwei grobe Gruppen von Reviews lassen sich anhand des untersuchten Prüfobjekts unterscheiden:

- Reviews, die den Projektablauf oder den Entwicklungsprozess als solches analysieren, und
- Reviews, die sich auf Arbeitsergebnisse beziehen, die während des Entwicklungsprozesses erstellt werden.

7.4.1 Managementreviews und Audits

Managementreviews [IEEE 1028][2] und Audits haben als Ziel die Analyse des Entwicklungsprojekts bzw. des zugrunde liegenden Entwicklungsprozesses (s. a. Abschnitt 8.4). Es werden beispielsweise die Einhaltung von Vorgaben und Plänen geprüft, Projektrisiken frühzeitig identifiziert, die Umsetzung der erforderlichen Arbeitsaufgaben oder die Effektivität der Verbesserungen bzw. Veränderungen im Prozess untersucht.

Audits dienen zur Prüfung der Einhaltung des Prozesses

Prüfobjekt ist das Projekt als Ganzes und die Feststellung seines augenblicklichen Zustands. Der Projektzustand wird hinsichtlich technischer, wirtschaftlicher, zeitlicher und managementmäßiger Aspekte bewertet. Audits als formalste Reviewart prüfen zudem die Konformität eines Projekts mit bestimmten Verfahren und Vorschriften, z.B. einer Prozessbeschreibung. Zur Findung von Fehlerzuständen in Einzelprojekten eignen sie sich nur sehr bedingt.

Teilnehmer solcher Reviews sind üblicherweise Projekt- und Teilprojektmanager, Auftraggeber, oftmals Entscheidungsträger und andere Betroffene.

2. In [ISO 9000] wird ein Managementreview enger gefasst und definiert als eine formelle Bewertung des Standes und der Angemessenheit des Qualitätsmanagementsystems in Bezug auf die Qualitätspolitik sowie auf Zielsetzungen durch die oberste Leitung.

Managementreviews werden oft beim Erreichen eines Meilensteins der Projektplanung durchgeführt, wenn eine Hauptphase im Softwareentwicklungsprozess abgeschlossen werden soll, oder als Post-mortem-Analyse, um aus dem beendeten Projekt zu lernen.

Tipp

Testmanager sollten an Projektreviews teilnehmen, um insbesondere Stärken und Verbesserungspotenziale des Entwicklungsprozesses kennen zu lernen. Basierend auf diesen Erkenntnissen kann ggf. die Teststrategie auf die Erkennung und Vermeidung typischer bzw. häufiger Fehler fokussiert werden.

Zudem sollten sie regelmäßig Reviews des Testfortschritts und des Testprozesses durchführen. Hilfreich hierfür sind die in Kapitel 12 dargestellten Testmetriken.

7.4.2 Reviews von bestimmten Arbeitsergebnissen

Im Folgenden wird die zweite Gruppe der Reviews weiter präzisiert. Es können folgende Ausprägungen unterschieden werden: Walkthrough, Inspektion, technisches Review und informelles Review. Bei den einzelnen Beschreibungen wird auf die hauptsächlichen Unterschiede zur grundlegenden Vorgehensweise eingegangen.

Verschiedene Reviews für das gleiche Dokument

Ein einzelnes Dokument kann durchaus mehreren verschiedenen Reviews unterschiedlicher Arten unterworfen werden – je nach dessen Kritikalität, Status des Projekts und Zielen der Reviews. Beispielsweise können Reviews unterschiedlicher Formalität in unterschiedlichen Phasen der Dokumenterstellung Anwendung finden. Ebenso kann das gleiche Dokument mit verschiedenen Gutachtern aus unterschiedlichen Perspektiven reviewt werden.

Tipp

Die verschiedenen Reviewarten eignen sich unterschiedlich gut für bestimmte Projektphasen, Reviewziele und Dokumenttypen. Oftmals führt das in eingespielten Teams oder in Organisationen mit einer einheitlichen Vorgehensweise in Bezug auf Reviews dazu, dass mit der Benennung des zu reviewenden Dokuments (oder der zu reviewenden Aktivität) auch die Reviewart als festgelegt gilt. Beispiele hierfür sind:

- Review des Vertrags
- Review der Anforderungen
- Critical Design Review
- Betriebsbereitschafts-Review

[Bath 11] erläutert diese und weitere Begriffe im Detail.

Walkthrough

Nach [Balzert 98] ist ein Walkthrough[3] eine »manuelle, informale Prüfmethode, um Fehler, Defekte, Unklarheiten und Probleme in schriftlichen Dokumenten zu identifizieren. Der Autor präsentiert das Dokument in einer Sitzung den Gutachtern«.

Weitere Ziele eines Walkthrough sind nach [IEEE 1028] die Verteilung des Wissens über das Prüfobjekt auf alle Beteiligte, die Verbesserung des Produkts, die Diskussion von Lösungsalternativen und die Prüfung der Einhaltung der Spezifikation und von Standards.

Nachvollziehen typischer Benutzungssituationen

Schwerpunkt des Walkthrough bildet die Sitzung (mit unbestimmtem Ende). Die Vorbereitung hat im Vergleich zu den anderen Reviewarten den geringsten Umfang, teilweise kann sogar auf sie verzichtet werden[4].

Nachvollziehen typischer Benutzungssituationen

Meist werden typische Benutzungssituationen, auch Szenarien genannt, ablauforientiert durchgespielt. Es können auch einzelne Testfälle nachgespielt werden. Die Gutachter versuchen durch meist spontane Fragen, mögliche Fehler und Probleme aufzudecken.

Geeignet für kleine Entwicklungsteams

Das Vorgehen ist für kleine Entwicklungsteams von bis zu fünf Personen geeignet und verursacht wenig Aufwand, da Vor- und Nachbereitungen von geringem Umfang bzw. nicht zwingend erforderlich sind. Es lässt sich bei der Prüfung von »unkritischen« Dokumenten einsetzen.

Da der Autor auch die Sitzungsleitung innehaben kann, hat er die Möglichkeit, den Verlauf der Sitzung stark zu beeinflussen. Dies kann sich nachteilig auf das Ergebnis auswirken, wenn der Autor die Diskussion der kritischen Stellen des Prüfobjekts nicht intensiv genug oder erst gar nicht durchführen lässt. Für die Nacharbeit ist der Autor verantwortlich, eine Kontrolle findet nicht statt.

Abweichend hierzu sind auch folgende Vorgehensweisen beim Walkthrough möglich: Vorbereitung der Gutachter vor dem Treffen, Protokollierung der Ergebnisse, Erstellung einer Liste der Befunde und Protokollierung nicht durch den Autor. In der Praxis existiert somit eine breite Spannweite vom informellen bis zum formalen Walkthrough.

Intention

Gegenseitiges Lernen und Verständnis über das Prüfobjekt aufbauen sowie Fehler finden sind Hauptzweck des Walkthrough.

3. *Walk through* – durchgehen, oft auch als *Structured Walkthrough* bezeichnet.
4. Nach [IEEE 1028] sollen die Teilnehmer die Dokumente vorab erhalten und vorbereitet an der Sitzung teilnehmen.

Inspektion

Formaler Ablauf

Eine Inspektion ist die formalste Reviewart und folgt einem formalen Ablauf. Jede beteiligte Person, die meist aus dem direkten Kollegenkreis kommt, hat eine vorgeschriebene Rolle auszufüllen. Der Ablauf ist durch Regeln definiert, und es werden zu den einzelnen Aspekten Prüfkriterien, meist in Form von Checklisten, von den Gutachtern verwendet. Für die einzelnen Prüfschritte sind Eintritts- und Austrittskriterien definiert.

Ziel der Inspektion sind die Aufdeckung von Unklarheiten, möglichen Fehlern und Defekten, die Bestimmung der Qualität des Prüfobjekts sowie die Verbesserung der Qualität des Prüf- und des Entwicklungsprozesses. Die konkreten Ziele der Inspektion werden bei der Planung festgelegt, und es wird eine begrenzte Anzahl von Aspekten behandelt, auf die sich die Gutachter vorbereiten. Das Prüfobjekt wird vor der Inspektion formal geprüft, ob es reviewfähig ist und ob die Eintrittskriterien erfüllt sind. Die individuelle Vorbereitung der Gutachter bzw. Inspektoren erfolgt nach Vorschriften oder Standards unter der Verwendung von Checklisten.

Häufig wird diese Reviewart auch als Design- oder Code-/Softwareinspektion bezeichnet. Der Name weist damit auf die Dokumente hin, die mithilfe einer Inspektion geprüft werden (s. [Fagan 76]). Es können aber alle Dokumente einer Inspektion unterzogen werden, wenn formale Prüfkriterien existieren.

Inspektionssitzung

Eine Sitzung wird wie folgt durchgeführt: Sie wird von einem Moderator geleitet und beginnt neben der Vorstellung der beteiligten Personen und ihrer Rollen mit einer kurzen Einführung zur Thematik des Prüfobjekts. Der Moderator fragt alle Gutachter, ob sie ausreichend auf das Treffen vorbereitet sind. Darüber hinaus kann nachgefragt werden, wie viel Zeit die Gutachter für ihre Vorbereitung verwendet und wie viele Unstimmigkeiten sie gefunden haben.

Die für die Inspektion ausgewählten Checklisten können gemeinsam durchgegangen werden, um sicherzustellen, dass alle sich ausreichend auf das Treffen vorbereitet haben.

Unstimmigkeiten genereller Art, die das gesamte Prüfobjekt betreffen, werden zuerst diskutiert und protokolliert.

Ein Gutachter[5] trägt in einer straffen und möglichst logischen Weise die Inhalte des Prüfobjekts vor. Wenn es sinnvoll erscheint, werden auch Passagen vorgelesen. Die Gutachter stellen dabei ihre Fragen, wobei die ausgewählten Aspekte der Inspektion intensiv diskutiert werden. Der Autor beantwortet an ihn gerichtete Fragen. Der Modera-

---

5. Oft auch als Inspektoren bezeichnet, in [IEEE 1028] Leser *(engl. reader)* genannt.

tor sorgt dafür, dass eine Liste der Unstimmigkeiten vom Protokollanten erstellt wird. Sind Autor und Gutachter uneins über eine Unstimmigkeit, so wird am Ende der Sitzung darüber entschieden.

Wenn die Diskussion abschweift, ist es die Aufgabe des Moderators, einzugreifen. Er muss auch dafür sorgen, dass alle ausgewählten Aspekte und das gesamte Dokument berücksichtigt und die Unstimmigkeiten ausreichend protokolliert werden.

Am Ende der Sitzung werden alle aufgezeichneten Fehler vorgestellt und von allen Beteiligten auf Vollständigkeit geprüft. Eine kurze Diskussion über die zurückgestellten Unstimmigkeiten schließt sich an, ohne dabei Lösungsmöglichkeiten zu diskutieren. Gibt es keine Einigung über die Einschätzung (Fehler oder nicht), wird dies im Protokoll vermerkt.

Eine abschließende umfassende Bewertung beendet die Inspektion und legt fest, ob eine Überarbeitung des Prüfobjekts erforderlich ist. Die Überarbeitung und Nachbereitung sind bei der Inspektion formal geregelt.

Zusätzliche Bewertung des Entwicklungs- und Inspektionsprozesses

Bei einer Inspektion werden auch Daten gesammelt, die zur Qualitätsbeurteilung des Entwicklungs- und Inspektionsprozesses herangezogen werden. Die Inspektion dient somit neben der Beurteilung der untersuchten Dokumente auch zur Optimierung des Entwicklungsprozesses. Die gesammelten Daten werden dahingehend analysiert, die Ursachen für Schwachstellen im Entwicklungsprozess zu finden. Nach einer Verbesserung des Prozesses wird der Erfolg der Änderung kontrolliert, indem die gesammelten Daten vor der Änderung mit den aktuellen Daten verglichen werden.

Intention

Im Mittelpunkt der Inspektion steht das Finden von Fehlern oder präziser das Finden von Fehlerzuständen oder sogar Fehlerursachen.

Technisches Review

Erfüllt das Prüfobjekt seinen Zweck?

Bei einem technischen Review stehen die Übereinstimmung des zu prüfenden Dokuments mit der Spezifikation, die Eignung für den beabsichtigten Einsatz und die Einhaltung von Standards im Mittelpunkt der Untersuchungen. Das Prüfobjekt wird in der Vorbereitungsphase durch die Gutachter einer individuellen Prüfung anhand der festgelegten Prüfkriterien unterzogen.

Fachexperten als Gutachter

Es ist darauf zu achten, dass Fachexperten als Gutachter am technischen Review teilnehmen. Einige sollten aus anderen Projekten kommen, um einer gewissen »Blindheit« dem eigenen Projekt gegenüber vorzubeugen. Das Management nimmt an der Sitzung nicht teil. Den Gutachtern stehen ausschließlich die »offizielle« Spezifikation und die Vorgaben zur Bewertung des Prüfobjekts zur Verfügung. Die Anmerkungen der Gutachter zu den einzelnen Prüfkriterien werden schriftlich festgehalten und dem Sitzungsleiter vorab übergeben[6]. Der idealerweise speziell geschulte Moderator priorisiert diese nach vermuteter Wichtigkeit, und in der Sitzung werden dann nur die wesentlichen Anmerkungen diskutiert.

Hoher Vorbereitungsaufwand

Es ist ein hoher Aufwand in der Vorbereitungsphase gegeben. In der Sitzung, an der der Autor des Prüfobjekts nicht zwingend teilnehmen muss, dokumentiert der Protokollant alle Aussagen und erstellt die abschließende Ergebnisdokumentation.

Das Ergebnis muss einstimmig im Gesamturteil gefällt und von allen Personen getragen und unterzeichnet werden. Eventuelle Sondervoten können zu Protokoll gegeben werden. Es ist nicht Aufgabe der am technischen Review Beteiligten, über die Konsequenzen des Ergebnisses zu entscheiden, dies ist Aufgabe des Managements. Bei einem hohen Formalisierungsgrad des Reviews können auch Eintritts- und Austrittskriterien der einzelnen Prüfschritte definiert sein.

Auch beim technischen Review sind in der Praxis sehr unterschiedliche Ausprägungen anzutreffen: von einem rein informellen Ablauf bis zu einem strikten, formal festgelegten Vorgehen.

Intention

Beim technischen Review sind Diskussionen durchaus erwünscht. Alternativen sollen bewertet und Entscheidungen getroffen werden. Technische Probleme können hier von den Fachexperten gelöst werden. Die Übereinstimmung des Prüfobjekts mit der Spezifikation und einzuhaltenden Standards wird geprüft. Selbstverständlich können auch beim technischen Review Fehler gefunden werden.

Informelles Review

Das informelle Review ist eine abgeschwächte Version eines Reviews, folgt aber mehr oder weniger der grundlegenden Vorgehensweise, allerdings in stark vereinfachter Form. Meist wird ein informelles Review durch den Autor initiiert. Die Planung beschränkt sich auf die Auswahl der Gutachter und die Festlegung des Abgabetermins der Ergebnisse. Auf eine Sitzung oder einen Austausch der Ergebnisse zwischen den Gutachtern wird oft verzichtet. In diesem Fall ist das informelle Review ein einfacher Autor-Leser-Zyklus. Das informelle Review ist dann ein bloßes Gegenlesen des Prüfobjekts durch ein oder mehrere Kollegen. Eine schriftliche Rückmeldung mit einer Liste der Anmerkungen oder das korrigierte Exemplar des Prüfobjekts genügt meistens. Vorgehensweisen wie »pair programming« (paarweises Pro-

6. In [IEEE 1028] gilt das auch für die Inspektion.

grammieren), »buddy testing« (gegenseitiger Test unter Kollegen) und »code swaps« (Austausch von Programmtext) können als informelle Reviews angesehen werden. Das informelle Review hat wegen des geringeren Aufwands eine hohe Akzeptanz und weite Verbreitung in der Praxis gefunden.

Intention

Beim informellen Review steht der geringe Aufwand und damit die geringen Kosten im Vordergrund. Gegenseitiges Lernen und der Austausch unter Kollegen sind willkommene »Nebeneffekte«.

7.4.3 Kriterien zur Auswahl

Auswahl der Reviewart

Wann welche Reviewart eingesetzt werden soll, hängt stark von der geforderten Qualität und dem einzusetzenden Aufwand ab. Das Projektumfeld ist entscheidend, direkte Empfehlungen können nicht gegeben werden. Es ist im Einzelfall zu entscheiden, welche Reviewart in der jeweiligen Projektsituation angemessen ist. Nachfolgend sind einige Fragen und Kriterien zur Erleichterung der Auswahl der Arten aufgeführt:

- Die Form, in der das Ergebnis der Prüfung vorliegen soll, kann zur Auswahl herangezogen werden. Ist eine ausführliche Dokumentation erforderlich oder reicht eine undokumentierte Umsetzung der Prüfergebnisse?
- Lässt sich die Terminkoordination einfach oder schwierig vornehmen? Fünf bis sieben Fachkräfte für einen oder mehrere Termine zu verpflichten, kann sehr aufwendig sein.
- Ist die Berücksichtigung von Fachwissen aus mehreren Gebieten erforderlich?
- Wie umfangreich muss das Fachwissen der Gutachter für das jeweilige Prüfobjekt sein? Wie hoch ist das Engagement der vorgesehenen Gutachter?
- Steht der Vorbereitungsaufwand in einem angemessenen Verhältnis zum erwarteten Ergebnis?
- Wie hoch ist der Formalisierungsgrad des Prüfobjekts? Lassen sich werkzeuggestützte Analysen durchführen?
- Wie wichtig ist das Prüfobjekt? Im Allgemeinen ist es sinnvoll, für die wichtigsten Arbeitsergebnisse die formalsten Reviewtechniken anzuwenden.
- Wie groß ist die Unterstützung durch das Management? Wird bei zunehmendem Zeitdruck im Projekt die Durchführung von Reviews eingeschränkt oder gar ganz gestrichen?

Tester als Gutachter

Es ist durchaus sehr sinnvoll, Tester als Gutachter bei den Reviews einzusetzen, da die geprüften Dokumente in aller Regel als Testbasis zur Erstellung der Testfälle genutzt werden. Die Tester sind frühzeitig mit den Dokumenten vertraut, und die Testfälle können zeitnah spezifiziert werden. Durch die »Testsicht« auf die Dokumente kommen auch weitere Aspekte der Qualitätssicherung hinzu, z.B. die Prüfung auf Testbarkeit (s.a. Abschnitt 3.4 PREview).

7.5 Erfolgreicher Einsatz von Reviews

7.5.1 Organisatorische Erfolgsfaktoren

Eine stabile organisatorische Verankerung von Reviews sorgt für deren Wirksamkeit.

Einbeziehung des Managements

Reviews kosten – vordergründig betrachtet – viel Geld und Zeit. Das Management kann und muss einen guten Reviewprozess unterstützen, indem ausreichend Ressourcen (Zeit und Personal) im Softwareentwicklungsprozess für die Reviews der Dokumente und ebenso für die Behebung der in Reviews gefundenen Fehlerzustände eingeplant werden. Dieses Investment zu tätigen ist für das Management leichter, wenn es mit detaillierten Informationen über die zu erwartenden Kosten, den Nutzen und alle Fragen zur Implementierung des Prozesses (z.B. anzuwendende Verfahren, beteiligte Rollen und Personen) versorgt wird. Die Pilotierung des Einsatzes von Reviews ist hilfreich und manchmal auch notwendig, um diese Informationen zu beschaffen und so mit überschaubarem Risiko den Erfolg sicherzustellen.

Verfahren einführen und pilotieren

Die Einführung von Reviews auf Organisationsebene verläuft in mehreren Phasen:

- Auswahl von geeigneten Reviewverfahren durch eine Prozessgruppe
- Bereitstellung der notwendigen Infrastruktur (Vorlagen für Protokolle, Checklisten etc.)
- Bereitstellung von Schulungsmaterial, insbesondere zu formalen Reviewtechniken
- Ausbildung der Teilnehmer an einem Pilotprojekt
- Pilotierung
- Auswertung des Nutzens
- Falls notwendig, Korrektur des Vorgehens
- Verbreitung des Verfahrens, inbesondere durch Schulung der Mitarbeiter

Erfolge ausweisen

Vor allem die Darstellung des Nutzens ist essenziell, um eine Reviewkultur langfristig am Leben zu halten. Konkrete Beispiele für durch Reviews gefundene Fehler sowie die dadurch eingesparten Fehlerfolgekosten können dabei sehr hilfreich sein. Zeit- und Kostenaufwand sind nicht proportional zur Anzahl der gefundenen Fehlerzustände, d.h., es gilt herauszufinden, welcher Reviewaufwand den für das Unternehmen optimalen Nutzen erbringt. Längerfristig stellen Metriken über die Fehlerfindung durch Reviews im Vergleich zu der durch dynamische Tests (z.B. die in Abschnitt 12.5.3 erläuterte *Defect Detection Percentage*) ein effizientes Mittel zur Nutzenbewertung dar. Metriken sollen aber nie zur personenbezogenen Leistungsbewertung herangezogen werden, um die Bereitschaft des Personals zur Teilnahme an Reviews nicht zu gefährden.

Langfristige Verankerung, Bewertung und Verbesserung

Mit solchen Metriken ist der Reviewprozess langfristig zu überwachen und im Lauf der Zeit zu optimieren. Hilfestellung hierzu leisten die erwähnten Standards sowie Rahmenwerke zur Verbesserung von Prozessen (s. Kap. 8). Auch die Einrichtung von Foren, über die Mitarbeiter Erfahrungen mit Reviews austauschen können, sorgen für breite Akzeptanz.

Reviews sollen möglichst breit und kontinuierlich zur Anwendung kommen: Jeder Mitarbeiter soll mittelfristig an Reviews teilnehmen – sowohl in der Gutachter- als auch in der Autorenrolle. Eine regelmäßige Durchmischung von Reviewteams mit Mitarbeitern unterschiedlicher Erfahrungen und Fähigkeiten ist sinnvoll.

Die Fehlerfindungen bei dokumentenbezogenen Reviews dienen zunächst zur Qualitätssteigerung des Prüfobjekts. Sie nützen dadurch dem jeweiligen Projekt. Darüber hinaus sollen aber auch solche Fehlerfindungen Anerkennung finden, die systembedingte Schwächen adressieren.

7.5.2 Technische Erfolgsfaktoren

Erfolgsfaktoren nutzen bzw. sicherstellen

Bei jedem einzelnen Review müssen Manager und Moderator die effiziente Vorbereitung und Durchführung sicherstellen (in Anlehnung an [IEEE 1028]):

- Mit jedem Review wird eine klare, vorab festgelegte Zielsetzung verfolgt. Dieses Ziel muss allen Teilnehmern vorab kommuniziert werden.
- Checklisten und Richtlinien werden eingesetzt, um die Effektivität bei der Aufdeckung von Unstimmigkeiten beim Review zu erhöhen. Die Einhaltung des Prozesses, insbesondere die Nutzung von Vorla-

gen und die Einhaltung der Richtlinien, muss daher sichergestellt werden. Dies ist besonders für die formalen Reviewarten wichtig.

- Das organisatorische Ziel der Nutzenbewertung (s. Abschnitt 7.5.1) muss durch konsequente Erfassung der Kosten (i.W. der Arbeitszeit) und Schätzung des Nutzens operativ gestützt werden.
- Um den Erfolg eines Reviews zu sichern, muss die Reife des Dokuments vorab geprüft werden. Neben der Verwendung geeigneter Eingangskriterien kann auch das Vorab-Review von Teilen des Dokuments durch einen kleinen Kreis von Reviewern nützlich sein. Erfolgt eine solche Prüfung vor der Fertigstellung des Gesamtdokuments, so können ggf. auch typische Fehlermuster entdeckt werden. Die Verbreitung dieser Fehlermuster auf das Gesamtdokument kann damit rechtzeitig verhindert werden.
- Der Moderator soll die Prüfer anleiten und ihre Aufmerksamkeit auf wichtige Fehler fokussieren. Inhaltliche Fehler sind wichtiger als Format- oder Rechtschreibfehler.

7.5.3 Personenbezogene Erfolgsfaktoren

- Am Review sind die für die Zielsetzung »passenden« Personen beteiligt, also die Personen mit dem entsprechenden Fachwissen und den erforderlichen Kenntnissen.
- Reviews dienen zur Verbesserung der untersuchten Dokumente. Das Aufzeigen von Fehlern, Ungenauigkeiten oder Abweichungen ist daher erwünscht bzw. gefordert. Die Mitteilung darüber muss wertfrei, objektiv und in einer offenen Atmosphäre erfolgen.
- Die Prüfer sollen ermutigt werden, sich mit den wichtigsten Aspekten des Prüfobjekts am eingehendsten zu beschäftigen und dort gefundene Probleme klar zu adressieren.
- Belange der beteiligten Personen und auch psychologische Aspekte haben beim Review einen nicht zu unterschätzenden Einfluss. Es soll erreicht werden, dass der Autor des untersuchten Dokuments das Review als eine positive Erfahrung empfindet. Schuldzuweisungen an den Autor sind daher unbedingt zu vermeiden. Der Autor muss mit dem Review des Dokuments einverstanden sein.

7.6 Zusammenfassung

- Reviews sind ein kostengünstiges Mittel zur frühzeitigen Findung von Fehlerzuständen. Sie wirken sich im Allgemeinen positiv auf Entwicklungs- und Testzeiträume, Produktivität und Fehlerfolgekosten aus.
- Die grundlegende Vorgehensweise für Reviews ist unabhängig vom konkreten Reviewverfahren und umfasst sechs Arbeitsschritte: Planung, Einführung, Vorbereitung, Reviewsitzung, Überarbeitung und Nachbereitung.
- Am Verfahren sind verschiedene Rollen beteiligt:
  - Der Manager sorgt für die Auswahl der Prüfobjekte, Planung und Steuerung der Reviews.
  - Der Moderator leitet die Reviewsitzung. Seinem Geschick obliegt ein großer Teil vom Erfolg des Reviews.
  - Der Autor sorgt für die Einhaltung der Eintrittskriterien des Prüfobjekts ins Review und für die Abarbeitung der eventuellen Nacharbeiten.
  - Die Gutachter identifizieren und analysieren problematische Stellen im Prüfobjekt.
  - Der Protokollant dokumentiert die Ergebnisse (und je nach Reviewart auch den Verlauf) des Reviews in nachvollziehbarer Form.
- Es gibt zwei grundsätzliche Gruppen von Reviews:
  - Audits und Managementreviews untersuchen ein ganzes Projekt, ein Teilprojekt und/oder den zugrunde liegenden Entwicklungs- bzw. Testprozess.
  - Reviews von Arbeitsergebnissen untersuchen die Eigenschaften eines einzelnen Prüfobjekts oder weniger zusammengehörender Prüfobjekte. Hierunter fallen informelles Review, Walkthrough, Inspektionen und technische Reviews.
- Grundlage für erfolgreiche Reviews ist die Einführung einer tragfähigen Reviewkultur im Unternehmen. Hierbei ist unbedingt das Management einzubinden und durch die Ausweisung von Erfolgen bzw. Nutzen der Reviews zu überzeugen.
- Für jedes einzelne Review gibt es eine Anzahl von Erfolgsfaktoren und möglichen Problemen bzw. Risiken. Für beide liegen die Ursachen in der Organisation, der Technik bzw. in den eingesetzten Verfahren sowie den beteiligten Personen.

Tipp

Ausführliche und aktuelle Informationen zu Reviews sind zu finden unter [URL: Review]

---

8 Bewertung und Verbesserung des Entwicklungs- und Testprozesses

In diesem Kapitel werden unterschiedliche Bewertungs- und Verbesserungsmodelle vorgestellt, die sich entweder allgemein auf die Verbesserung von Prozessen, Produkten oder Dienstleistungen (TQM, Kaizen, Six Sigma) oder speziell auf den Softwareentwicklungs- oder Testprozess beziehen. Die Bewertungsmodelle Capability Maturity Model Integration (CMMI) und die Norm ISO/IEC 15504 (SPICE) für die Softwareentwicklung als Ganzes werden beschrieben. Auf den Testprozess speziell zugeschnitten sind Testing Maturity Model (TMM) und Test Process Improvement (TPI). Darüber hinaus werden Critical Testing Process (CTP) und Systematic Test and Evaluation Process (STEP) dargestellt.[1]

Eine Reihe von Untersuchungen und Statistiken belegen, dass viele Softwareentwicklungsprojekte die geforderten Ziele nicht oder nur zum Teil erreichen. Der Anteil an erfolgreichen Projekten, die in der veranschlagten Zeit und im Kostenrahmen geblieben sind und die geforderte Funktionalität liefern, ist zu gering. Um den Anteil zu vergrößern, gibt es eine Vielzahl von unterschiedlichen Ansätzen. Einige beziehen sich auf die Abwicklung von Projekten oder die Produktion von Gütern ganz allgemein, wie beispielsweise Total Quality Management (TQM), andere konzentrieren sich speziell auf die Verbesserung bei der Softwareentwicklung. Beispiele für Letztere sind SPICE oder auch Test Process Improvement (TPI), wobei sich TPI ausschließlich um den Testprozess kümmert.

---

1. Der ISTQB-Expert-Level-Lehrplan »Improving the Testing Process« (Version 1.0.2 von 2010) beschäftigt sich ausführlich mit diesen Themen [URL: ISTQB CTE-2010].

Ziele der Verbesserungen

Allen Ansätzen gemeinsam sind folgende Zielsetzungen:

- Projekte realistisch zu planen und die Planung erfolgreich umzusetzen,
- Transparenz über den Projektstand und -fortschritt zu erreichen,
- die Erhöhung der Qualität der ausgelieferten (Software-)Produkte, die Senkung der Kosten während der Entwicklung (und Wartung) sowie die Verkürzung der Entwicklungszeit (*time to market*) zu erzielen.

Fehlervermeidung und frühzeitige Fehlererkennung

Durch Fehlervermeidung und frühzeitige Fehlererkennung können diese Ziele erreicht bzw. unterstützt werden. Testen leistet hier einen wesentlichen Beitrag. Die Qualität wird durch das Testen ermittelt, und bei mangelnder Qualität können korrigierende Maßnahmen ergriffen werden. Frühzeitige Fehlererkennung und -behebung führen zur Minderung der Kosten und zur Verkürzung der Entwicklungszeiten, da erst später entdeckte Fehlerwirkungen erheblich mehr an Kosten verursachen und Zeit für die Behebung beanspruchen.

In den folgenden Abschnitten wird auf die einzelnen Ansätze zur Verbesserung eingegangen.

8.1 Allgemeingültige Verfahren und Vorgehensweisen

Eine grundlegende Herangehensweise, die bereits seit vielen Jahren in ganz unterschiedlichen Bereichen erfolgreich eingesetzt wird, soll vorab kurz erwähnt werden: der »→Deming-Kreis«[2] oder der »PDCA-Zyklus« zur kontinuierlichen Verbesserung von Prozessen [Deming 86].

Deming-Kreis

Er besteht aus den vier Aktivitäten ***Plan***, ***Do***, ***Check*** und ***Act***. Zuerst ist die vorgesehene Änderung bzw. Verbesserung der bisherigen Vorgehensweise zu planen, danach einzuführen und umzusetzen. Eine Prüfung, ob die Veränderungen die erwarteten Ziele erreichen, schließt sich an. Durch Soll-Ist-Abgleich werden eventuelle Abweichungen zu den geplanten Veränderungen identifiziert. In der letzten Phase des Kreises werden die Ursachen für die Abweichungen abgestellt. Der Kreislauf kann mit einer weiteren Verbesserung fortgesetzt werden.

Der Deming-Kreis beruht auf dem Grundsatz: »Aus den eigenen Fehlern lernen«. Die Abläufe in der Organisation sollen so kontinuierlich verbessert werden.

IMPROVE-Vorgehen

Eine empfehlenswerte Erweiterung zum »PDCA-Kreis« ist das sogenannte IMPROVE-Vorgehen. IMPROVE steht dabei für: Initiate, Measure, Prioritize and plan, define and Redefine, Operate, Validate, Evolve.

2. Benannt nach seinem Erfinder William Edwards Deming.

Folgende Aktivitäten sind im Einzelnen durchzuführen:

1. **Initiierung**
   Es ist Einigkeit zwischen allen Beteiligten bezüglich des Umfangs und der Reichweite der erkannten Probleme sowie der Zielsetzung der zu erwartenden Prozessverbesserungen herbeizuführen. Das einzusetzende Prozessmodell ist aus der Vielzahl der verfügbaren Modelle auszuwählen. Die angestrebten Erfolgskriterien sind zu definieren und die Methoden zu deren Nachweis sind festzulegen. *Initiate*
2. **Messung**
   Das ausgewählte →Prozess-Assessment ist durchzuführen. Ergebnis ist eine Liste von möglichen Prozessverbesserungen. *Measure*
3. **Priorisierung und Planung**
   Die aufgezeigten Prozessverbesserungen sind mit Prioritäten zu versehen. Grundlage für die Prioritätsvergabe können Return on Investment, vermutete Risiken, Übereinstimmung mit der Gesamtstrategie der Organisation sowie messbarer quantitativer oder qualitativer Nutzen sein. Ein Plan unter Berücksichtigung der Prioritäten zur Umsetzung der Verbesserungen ist aufzustellen und durchzuführen. *Prioritize and plan*
4. **Definition und Umdefinition**
   Zur Umsetzung der identifizierten Prozessverbesserungen wird es notwendig sein, zusätzlich benötigte Prozesse zu definieren bzw. bereits bestehende Prozesse umzudefinieren. Die Inbetriebnahme aller geänderten und neuen Prozesse ist entsprechend vorzubereiten. *Define and redefine*
5. **Betrieb**
   Nachdem die Umsetzung der Vorschläge und Änderungen abgeschlossen ist, werden diese eingesetzt. Training oder Coaching sowie die Durchführung und Auswertung von Pilotprojekten können erforderlich sein, um letztendlich die vollständige Umsetzung der Assessmenterkenntnisse zu gewährleisten. *Operate*
6. **Validierung**
   Das Erreichen der zu Beginn festgelegten Erfolgskriterien ist unbedingt zu prüfen. Das Eintreten der erhofften Vorteile ist außerdem kritisch zu analysieren und zu bewerten. *Validate*
7. **Weiterentwicklung**
   In Abhängigkeit vom verwendeten Modell zur Prozessverbesserung ist zu analysieren, ob die nächste (Reifegrad-)Stufe in Angriff zu nehmen ist oder der Verbesserungsprozess als Ganzes als abgeschlossen angesehen werden kann und zu beenden ist. *Evolve*

Die im Folgenden beschriebenen Ansätze zur Prozessbewertung und Verbesserung sind allgemein für die Entwicklung und Herstellung von Produkten und ebenso für Dienstleistungen geeignet. Sie lassen sich aber auch auf Softwareentwicklungsprozesse übertragen. Es wird eine kleine Auswahl, nämlich »TQM«, »Kaizen« und »Six Sigma«, vorgestellt und deren Vorgehensweisen und mögliche Anwendung auf den Softwareentwicklungsprozess dargestellt.

8.1.1 Total Quality Management (TQM)

In der DIN-Norm [DIN 8402][3] wird das Total Quality Management beschrieben als eine »... auf der Mitwirkung aller ihrer Mitglieder beruhende Führungsmethode einer Organisation, die Qualität in den Mittelpunkt stellt und durch Zufriedenstellung der Kunden auf den langfristigen Geschäftserfolg sowie Nutzen für die Mitglieder der Organisation und für die Gesellschaft zielt«.

Total

Der Begriff »Total« verdeutlicht, dass ein wirklich umfassendes Konzept angestrebt wird, bei dem alle Mitarbeiter auf allen Hierarchieebenen der Organisation involviert sind. TQM bezieht die Interessen der Kunden, der Mitarbeiter des Unternehmens und der Lieferanten ein. Alle ziehen sozusagen am selben Strang.

Quality

Qualität steht im Mittelpunkt, und gemeint ist speziell das Erreichen der Kundenzufriedenheit. Die veränderten Verhaltensweisen im Unternehmen sollen darüber hinaus dazu führen, dass die Mitarbeiter zufriedener mit ihrer Arbeit sind, die Produktivität gesteigert werden kann, die Kosten sinken und dass die Zeiten für Entwicklung und Herstellung der Produkte verkürzt werden.

Management

Ein solches Konzept bedarf einer aktiven Planung, Ausgestaltung und Aufrechterhaltung, es muss also »gemanagt« werden.

Keine Anweisungen, sondern Grundeinstellung

TQM stellt keinen Plan oder detaillierte Handlungsanweisungen zur Verfügung, es wird vielmehr eine Grundeinstellung im Hinblick auf Qualitätsbewusstsein und wirtschaftliches Handeln vermittelt. Eine Reihe von Prinzipien ist allerdings bei TQM gegeben, sie werden hier kurz aufgelistet (s.a. [URL: TQM-Herzwurm]):

Kundenorientierung

- **Prinzip der Kundenorientierung**
  Es soll nicht das entwickelt und produziert werden, was technisch machbar ist, sondern das, was vom Kunden gefordert und gewünscht wird.

---

3. Inzwischen durch [ISO 9000] ersetzt.

- **Prinzip der Prozessorientierung**
  Die Erstellung von Softwaresystemen erfolgt durch einen definierten Prozess, der sowohl reproduzierbar als auch verbesserungsfähig ist. Ursachen von Qualitätsmängeln liegen an einem unzureichenden Prozess. Qualität ist kein zufälliges Produkt, sondern Ergebnis eines geplanten und wiederholbaren Prozesses.

  Prozessorientierung

- **Prinzip des Primats der Qualität**
  Qualität hat absoluten Vorrang. Unklarheiten und Ungenauigkeiten, die zu Fehlern führen könnten, müssen unverzüglich geklärt und beseitigt werden, bevor der Entwicklungsprozess fortgesetzt wird. Ein »Das klären wir später!« darf nicht vorkommen.

  Primat der Qualität

- **Prinzip der Zuständigkeit aller Mitarbeiter**
  Jeder Mitarbeiter ist für die Qualität verantwortlich und sieht dies als integralen Bestandteil seiner täglichen Arbeit an.

  Zuständigkeit aller Mitarbeiter

- **Prinzip des internen Kunden-Lieferanten-Verhältnisses**
  Bereits während der Softwareentwicklung sind formale Abnahmen und Übergaben der Zwischenprodukte vorzusehen und nicht erst am Ende bei der Auslieferung an den Kunden. Die Verantwortung für die Qualität der Teilprodukte wird so bewusst gemacht und die Qualität des Gesamtprodukts gesteigert.

  Internes Kunden-Lieferanten-Verhältnis

- **Prinzip der kontinuierlichen Verbesserung**
  Es sollen keine revolutionären Veränderungen vorgenommen werden, vielmehr bringen gemeinsame kleine (Fort-)Schritte die gewünschten Erfolge.

  Kontinuierliche Verbesserung

- **Prinzip der Stabilisierung von Verbesserungen**
  Neben der Einführungsphase von Änderungen sind Maßnahmen zu treffen, damit die Änderung im Alltagsgeschäft nicht wieder »in Vergessenheit« gerät. Nur dann wird sie auch langfristig wirksam.

  Stabilisierung der Verbesserung

- **Prinzip der rationalen Entscheidungen**
  Entscheidungen und Änderungen sind explizit und auf Faktenbasis zu begründen. Ein Konzept mit kontinuierlicher Datenerfassung ist dafür Voraussetzung.

  Rationale Entscheidung

Ein guter Überblick und Einstieg in TQM (und Vergleich mit ISO 9000) ist unter [URL: TQM-Herzwurm] abrufbar, ausführliche Informationen finden sich im Buch »TQM der Softwareentwicklung« der gleichen Autoren (s. [Mellis 98]).

Testmanagement und TQM

Die im TQM formulierten Grundsätze und Prinzipien lassen sich ohne Weiteres auch auf den Testprozess übertragen und anwenden. Der Testmanager findet im TQM eine Vielzahl von Anregungen für seine tägliche Arbeit.

Beispiel: Anwendung der TQM-Prinzipien im VSR-Test

- **Prinzip der Kundenorientierung**
  Der Testplan wird mit dem Kunden abgestimmt. Der Kunde führt dazu ein Review des Testplans durch und liefert Hinweise, welche Testthemen aus seiner Sicht wichtige oder weniger wichtige Aspekte adressieren.
- **Prinzip der Prozessorientierung**
  Der Test folgt dem Testprozess aus Kapitel 2. Der Prozess ist an einigen Stellen auf die Projektbelange angepasst und in einem über das Intranet leicht zugänglichen System dokumentiert. Jedes Teammitglied füllt eine bestimmte definierte Rolle aus (z.B. Testmanager oder Testanalyst). Einarbeitungs- und Weiterbildungspläne sind rollenbezogen abgefasst.
- **Prinzip des Primats der Qualität**
  Der Test ist beendet, sobald die definierten Ausgangskriterien erreicht sind, nicht früher. Alle entdeckten Mängel und Fehlerwirkungen werden dokumentiert. Es gibt keine unklassifizierten oder nicht zugeordneten Fehlermeldungen. Über Korrekturmaßnahmen wird im CCB (Change Control Board) entschieden.
- **Prinzip der Zuständigkeit aller Mitarbeiter**
  Jeder Testteammitarbeiter ist für die Qualität seiner Arbeitsergebnisse verantwortlich. Das gilt vom Testkonzept über den Testplan bis zur Fehlermeldung. Auch diese Arbeitsergebnisse des Tests werden (Peer-)Reviews unterzogen und ggf. korrigiert.
- **Prinzip des internen Kunden-Lieferanten-Verhältnisses**
  Die Entwicklung liefert ihr Produkt an den Komponententest. Die niedrigere Teststufe liefert das Produkt an die nächsthöhere Teststufe. Die Übergaben erfolgen formal und begleitet von Freigabe, Übergabe- bzw. Eingangstests.
- **Prinzip der kontinuierlichen Verbesserung**
  Nach jedem Testzyklus trifft sich das Testteam zu einer Post-mortem-Analyse. Schwachstellen, die im Testprozess, in der Anwendung der Testmethoden oder im Testplan verbessert werden können, werden festgestellt. Die nützlichsten Verbesserungsmaßnahmen werden identifiziert und im nächsten Testzyklus (ggf. in Teilschritten) umgesetzt.
- **Prinzip der Stabilisierung von Verbesserungen**
  Die durchgeführten Veränderungen unterliegen der besonderen Beobachtung. Es wird geprüft, ob die Änderungen auch die gewünschten Ergebnisse erzielen und ob sie auch »gelebt« werden, d.h., ob alle ihre Arbeitsweisen entsprechend angepasst haben.
- **Prinzip der rationalen Entscheidungen**
  Das eingesetzte Testmanagementwerkzeug liefert eine Fülle von Statistiken und Metriken. Einige wenige, aber gut verstandene Metriken (z.B. Anforderungsabdeckung *new/changed/stable*, Anzahl Tests *passed/failed/blocked*, Fehleranzahl *low/medium/high*) werden regelmäßig nach jedem

Testzyklus ausgewertet. Entscheidungen über Testende, Produktfreigabe oder Testplanänderungen werden anhand des Datenverlaufs von Zyklus zu Zyklus und nach Vergleich der Istdaten mit den Ausgangskriterien getroffen.

8.1.2 Kaizen

Kontinuierliche Verbesserung

Kaizen ist ein japanischer Begriff und setzt sich aus den beiden Worten »Kai« (Veränderung) und »Zen« (zum Besseren) zusammen. Kaizen bedeutet »kontinuierliche Verbesserung«. Die Ausgangsüberlegung ist folgende: Ein System oder ein Prozess ist ab seiner Einsetzung »dem Verfall preisgegeben«, wenn nicht ständig Erneuerungen bzw. Verbesserungen vorgenommen werden.

Alle sind einbezogen

Wie bei TQM sind auch bei Kaizen alle Mitarbeiter einbezogen, und die Verbesserungen erfolgen durch schrittweise Perfektion und Optimierung. Beide Managementansätze sollen zu einer höheren Identifikation der Mitarbeiter mit dem Unternehmen und letztendlich zu einer stetigen Verbesserung der Wettbewerbsposition des Unternehmens führen. Der »kontinuierliche Verbesserungsprozess« (KVP) kann als westliche Variante von Kaizen angesehen werden[4].

Grundpfeiler von Kaizen

Grundpfeiler von Kaizen sind:

- Intensive Nutzung und Perfektionierung des betrieblichen Vorschlagswesens[5]
- Aussprechung der Anerkennung für das Bestreben nach Verbesserung
- Etablierte Diskussionszirkel zu Mängeln und Verbesserungsvorschlägen im kleinen Kreis
- »Just in time«-Produktion zur Vermeidung von nutzlosem Aufwand (Überproduktion oder Lagerung)
- 5-S-Prozess zur Verbesserung der Arbeitsplätze (s.u.)
- »Total Productive Maintenance« (TPM) zur Wartung und Pflege aller Produktionsmittel

5-S-Prozess

Der 5-S-Prozess hat das Ziel, saubere, sichere und standardisierte Arbeitsplätze im Betrieb zu haben bzw. neu einzurichten. Die fünf »S« stehen für folgende japanische Begriffe:

4. TQM kann ebenfalls als vergleichbare Variante gesehen werden.
5. Wobei die Idee hier wesentlich unbürokratischer ist, als der Begriff »betriebliches Vorschlagswesen« suggeriert.

- **Seiri**
  Sauberkeit, alte und nutzlose Dinge haben nichts am Arbeitsplatz zu suchen.
- **Seiton**
  Ordentlichkeit, »alles« hat seinen Platz, um auf Dinge schnell zugreifen und diese auch wieder weglegen zu können.
- **Seiso**
  Reinlichkeit, der Arbeitsplatz ist stets sauber zu halten.
- **Seiketsu**
  Standardisierung und Normierung, alle Abläufe und Arbeiten werden standardisiert.
- **Shitsuke**
  Disziplin ist bei allen Tätigkeiten erforderlich.

Grundsätze

Nach Kaizen ergeben sich folgende betriebliche Grundsätze:

1. An jedem Tag soll es eine Verbesserung irgendwo im Betrieb geben.
2. Die Strategie der Verbesserung richtet sich nach den Anforderungen und der Zufriedenheit des Kunden.
3. Qualität hat immer einen höheren Stellenwert als Profit.
4. Die Mitarbeiter werden ermutigt, auf Probleme aufmerksam und Vorschläge zu deren Beseitigung zu machen.
5. Probleme werden systematisch und gemeinschaftlich in Gruppen gelöst, die sich aus Personen aus mehreren Funktionsbereichen zusammensetzen.
6. Prozessorientiertes Denken ist die Voraussetzung für kontinuierliche Verbesserung.

Testmanagement und Kaizen

Diese Grundsätze und Prinzipien ähneln TQM sehr, haben allerdings eine starke japanische Prägung, wodurch es schwierig werden kann, sie außerhalb Japans bzw. Asiens vollständig umzusetzen. Nicht die Entwicklung von Softwaresystemen, sondern eher die fabrikmäßige Produktion von Gütern liegt im Fokus von Kaizen. Trotzdem sind sicherlich Anregungen und Überlegungen für den Testmanager vorhanden: beispielsweise das Vorschlagswesen oder die Anerkennungen, die auszusprechen sind. Ausführliches zu Kaizen ist im Buch »Kaizen – Der Schlüssel zum Erfolg im Wettbewerb« nachzulesen (s. [Imai 01]).

8.1.3 Six Sigma

Statistische Analysen

Six Sigma ist ebenfalls ein Vorgehen oder ein Rahmenwerk zur Prozessverbesserung, wobei Daten und statistische Analysen zur Ermittlung von Problemen und Möglichkeiten der Verbesserungen herangezogen werden. Ziel ist es, möglichst fehlerfreie Produkte durch einen fehlerfreien Prozess zu erstellen.

σ (griech. Sigma) bezeichnet die Standardabweichung

Der Begriff »Six Sigma« kommt aus der Statistik. Sigma (σ) bezeichnet die Standardabweichung einer statistischen Verteilung. Die Funktion der Gauß'schen Normalverteilung ist durch die Parameter Mittelwert und Standardabweichung eindeutig bestimmt. Liegt beispielsweise eine Standardabweichung von 3σ vor, dann ist der untersuchte Prozess zu etwa 93,3 % fehlerfrei oder, anders ausgedrückt, bei einer Million Fehlermöglichkeiten treten ca. 66.800 Fehler ein. Bei 6σ sind es nur noch 3,4 Fehler – also fast Fehlerfreiheit. Six Sigma bedeutet somit die systematische Verringerung von Abweichungen bis hin zum Idealzustand, nahezu fehlerfrei zu sein.

Grundkonzepte

Schlüsselaussagen und Konzepte von Six Sigma sind:

- **Qualität entscheidet**
  Kundenwünsche und -zufriedenheit sind das Wichtigste.
- **Mängel vermeiden**
  Keine Auslieferung von Produkten, die den Kundenerwartungen nicht gerecht werden.
- **Reife des Prozesses gewährleisten**
  Nur bei entsprechender Prozessgüte können hochwertige Produkte erzeugt werden.
- **Schwankungen gering halten**
  Dem Kunden muss gleichbleibende Qualität geliefert werden. Wichtig ist, was der Kunde »sieht und fühlt«.
- **Beständiger Arbeitsablauf**
  Ein konsistenter und vorhersagbarer Prozess garantiert Kundenzufriedenheit mit den Produkten.
- **Ausrichtung auf Six Sigma**
  Die Bedürfnisse des Kunden werden zufriedengestellt, und die Leistungsfähigkeit des Prozesses wird verbessert.

DMAIC, DMADV und DFSS

Das Vorgehen bei Six Sigma beruht auf den Methoden DMAIC, DMADV und DFSS. DMAIC steht für »define, measure, analyse, improve, control« und wird für bestehende Prozesse eingesetzt. Die DMAIC-Methode beschreibt einen Kreislauf, in dem die oben genannten Schritte durchzuführen sind. DMADV steht für »define, measure, analyse, design, verify« und ist eine Spezialisierung von DMAIC und für die Softwareentwicklung geeignet. Dabei kommt hauptsächlich das sogenannte »Quality Function Deployment« (QFD) zum Einsatz. Mit diesem werden die Anforderungen der Kunden systematisch ermittelt und untersucht sowie auf die Terminologie und (Realisierungs-)Möglichkeiten der Entwickler, Tester und (Qualitäts-)Manager abgebildet. Dabei werden ein oder mehrere Lösungsansätze herangezogen und bezüglich ihrer Tauglichkeit quantifiziert. DFSS ist die Abkürzung für »design for six sigma« und soll dafür sorgen, dass neue Prozesse gleich dem Six Sigma-Anspruch genügen.

Six Sigma-Ausbildungsstufen

Um Six Sigma-Projekte in einem Unternehmen durchzuführen, müssen die Mitarbeiter geschult werden. Die Ausbildungsstufen orientieren sich dabei an den japanischen Kampfsportarten:

- **Master Black Belt**
  zuständig für Projektberatung und Schulung
- **Black Belt**
  Leiter von großen Projekten mit hohen Ansprüchen
- **Green Belt**
  Leiter von kleinen Projekten
- **Yellow Belt**
  Six Sigma-Grundkenntnisse vorhanden

Testmanagement und Six Sigma

Bei Six Sigma lassen sich ebenfalls viele Parallelen zu TQM und Kaizen erkennen. Hauptunterschied ist die Zielsetzung der Fehlerfreiheit, die durch statistische Erhebungen belegt wird. Für den Testmanager ist sicherlich auch Fehlerfreiheit der getesteten Systeme ein anzustrebendes, aber auch sehr hohes Ziel. In keinem anderen Gebiet der Softwareentwicklung stehen dem Manager jedoch so viele und auch aussagekräftige Daten für statistische Analysen zur Verfügung wie im Softwaretest. Daher ist die statistische Analyse und damit Six Sigma durchaus ein Ansatz, der umsetzenswert ist.

Auf der anderen Seite ist umfangreiches und vor allen Dingen untereinander vergleichbares Datenmaterial notwendig, um die statistische Auswertung von Six Sigma anwenden zu können. Meist ist die direkte Vergleichbarkeit der ermittelten Daten aus verschiedenen Projekten nicht ohne Weiteres gegeben. Die Grundkonzepte von Six Sigma lassen sich aber auf den Testprozess anwenden. Ausführliche Informationen zu Six Sigma und der entsprechenden Werkzeugunterstützung sind zu finden in [John 05] sowie [Fehlmann 05].

8.2 Verbesserung des Softwareentwicklungsprozesses

Im Folgenden wird auf die Methoden und Verfahren zu Prozessbewertung und -verbesserung eingegangen, die direkt für den Softwareentwicklungsprozess zugeschnitten sind.

Grundsätzlich lassen sich zwei Gruppen von Modellen zur Bewertung von Prozessen unterscheiden:

Zwei Gruppen von Verbesserungsmodellen

1. Die erste Gruppe definiert Eigenschaften (z.B. Zweck, Eingangsinformationen und Ergebnisse) für die einzelnen Prozesse und nennt Kriterien, auf deren Grundlage die Bewertung der untersuchten Prozesse und Verfahren vorgenommen wird. Damit wird ein Vergleich zwischen dem untersuchten Prozess und dem (abstrakten) Referenzprozess vorgenommen. Modelle dieser Gruppe werden als »Prozessreferenzmodelle« bezeichnet.
2. Die zweite Gruppe der Bewertungs- und Verbesserungsmodelle enthält konkrete Hinweise zur Umsetzung von Empfehlungen zur Prozessverbesserung bzw. zur Gestaltung von Inhalten der Prozesse. Daher werden diese Modelle als »Inhaltsreferenzmodelle« bezeichnet. Diese kommen zum Tragen, nachdem die Einschätzung und Bewertung des untersuchten Prozesses vorgenommen wurde.

Einige Modelle bieten beides an, andere konzentrieren sich auf einen der beiden Ansätze.

In Kapitel 3 wurden verschiedene Softwareentwicklungsprozesse vorgestellt. Die verschiedenen Vorgehensmodelle definieren jeweils ein prinzipielles Vorgehen für die Softwareentwicklung, das von Projekt zu Projekt sehr unterschiedlich umgesetzt und befolgt werden kann. In diesem Zusammenhang wird vom Reifegrad des (»gelebten«) Prozesses gesprochen.

»Best Practices«

Der Reifegrad bezieht sich auf die im Entwicklungsmodell definierten Aktivitäten im Vergleich zu sogenannten »Best Practices« und deren Umsetzung. Mit Best Practices werden Vorgehensweisen bezeichnet, die sich über viele Jahre in der Praxis als erfolgreich erwiesen haben. Je genauer die durchzuführenden Aktivitäten im zu bewertenden Entwicklungsmodell beschrieben sind und je vollständiger und exakter sie umgesetzt werden, desto höher ist sein ausgewiesener Reifegrad. Er wird oft in Form von Reifegradstufen angegeben. Ein solches Reifegradkonzept beschreibt eine sinnvolle Reihenfolge von Verbesserungsschritten. Die oft genannte Bewertung als Nachweis »nach außen« soll nicht in den Vordergrund gestellt werden, vielmehr dient das Konzept der Verbesserung des »inneren Ablaufs« der Projekte.

Reifegradstufe

Höhere Reifegradstufen umfassen die niedrigeren, d.h., ein schrittweises Vorgehen ist sinnvoll. Beispielsweise wird Stufe 2 erreicht, wenn der Softwareentwicklungsprozess im Vergleich zu Stufe 1 ausführlicher definiert und entsprechend genau umgesetzt ist. Wichtige Punkte bei der Einstufung sind Planung, Steuerung und Kontrolle im Prozess. Mit steigender Reifegradstufe lassen sich Termine sowie der Erfüllungsgrad von Kosten- und Qualitätszielen immer genauer vorhersagen.

Assessments

Der Reifegrad wird durch sogenannte »Assessments«[6] ermittelt. Beim Assessment werden die tatsächlichen Abläufe mit den Anforderungen des Assessmentmodells[7] verglichen, Verbesserungspotenziale herausgearbeitet und eine entsprechende Einordnung in eine Reifegradstufe vorgenommen. Stärken und Schwächen im Softwareentwicklungsprozess werden deutlich. Die identifizierten Verbesserungspotenziale sowie der Vergleich der Assessmentergebnisse mit dem angestrebten Ziel-Reifegradprofil liefern die Basis für die Planung und Durchführung der Prozessverbesserungsmaßnahmen. Assessment- und Reifegradmodelle schlagen hierfür teilweise konkrete Maßnahmen vor.

In den zurückliegenden Jahren wurden mehrere solcher Modelle zur Bewertung von Softwareentwicklungsprozessen publiziert. Alle stellen einen Leitfaden bzw. ein Referenzmodell zur Verfügung, mit dessen Hilfe die Organisation, oder genauer der Ablauf der Projekte in der Organisation, untersucht, bewertet und anschließend verbessert wird. Die Modelle sind somit ein Werkzeug des Managements zur Optimierung der Abläufe im Unternehmen.

Im Folgenden werden zwei Assessmentmodelle vorgestellt, die einen hohen Bekanntheitsgrad haben und in der Industrie aktuell vielfach praktiziert werden: CMMI und ISO/IEC 15504 (SPICE).

8.2.1 Capability Maturity Model Integration (CMMI)

Das vom Software Engineering Institute (SEI) der Carnegie Mellon University in Pittsburgh entwickelte Capability Maturity Model Integration® (CMMI) [URL: CMMI] löste im Jahr 2002 in der Version 1.1 das bereits 1993[8] ebenfalls vom SEI veröffentlichte und danach mehrfach aktualisierte Capability Maturity Model® (CMM) ab.

---

6. Bei CMMI als *Appraisal* bezeichnet.
7. In der ISO/IEC 15504 (s. Abschnitt 8.2.2) ist im Teil 2 das →Reifegradmodell und in Teil 5 das Assessmentmodell definiert. CMMI (s. Abschnitt 8.2.1) ist ein Assessmentmodell, das statt Teil 5 verwendet werden kann.
8. 1991 als Pilotversion 1.0 erschienen, 1993 Version 1.1.

Grundannahme des CMMI ist, wie bei den anderen Assessmentmodellen auch, dass eine Verbesserung der Prozesse der Softwareerstellung sowohl zu einer Verbesserung der Qualität der entwickelten Software als auch zur genaueren Planung von Terminen und Ressourcen und zur besseren Umsetzung dieser Planung führt.

Anwendungsgebiete

In CMMI[9] sind vier Anwendungsgebiete definiert:

- Systementwicklung (CMMI-SE)
- Softwareentwicklung (CMMI-SW)
- Integrierte Prozess- und Produktentwicklung (CMMI-IPPD)
- Beschaffung über Lieferanten (CMMI-SS)

Stufenförmige und kontinuierliche Darstellung

In CMMI wird zwischen einer stufenförmigen und einer kontinuierlichen Darstellung unterschieden [URL: CMMI-TR]. In der stufenförmigen Darstellung des CMMI sind fünf Reifegradstufen definiert. In der kontinuierlichen Darstellung werden einzelnen Prozessen Fähigkeitsstufen zugeordnet (s. u.). Jede Reifegradstufe charakterisiert die gesamte Organisation. Im Folgenden werden die fünf Reifegradstufen[10] kurz charakterisiert (s. a. Abb. 8–1, nach [Kneuper 07]):

Abb. 8–1
CMMI-Reifegradstufen

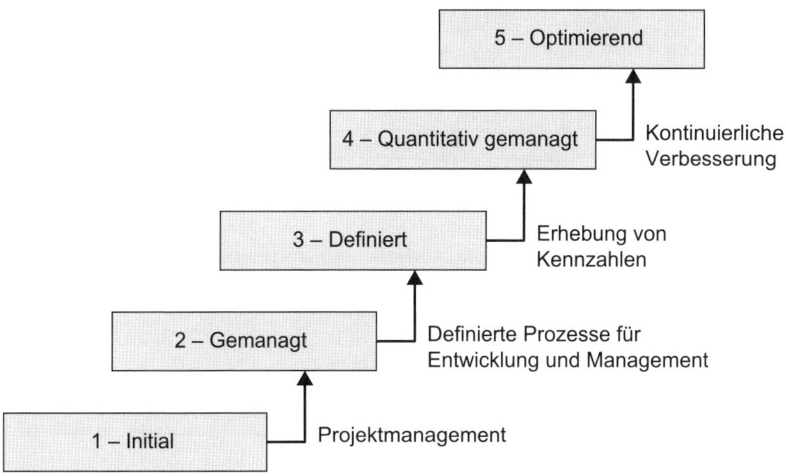

Fünf Reifegradstufen

- **Stufe 1: Initial**
  Prozesse sind nicht oder nur unzureichend definiert. Die Entwicklung läuft chaotisch und »auf Zuruf« (ad hoc).

9. Neben dem hier besprochenen CMMI-Modell gibt es noch weitere Modelle (s. [URL: CMMI-Modelle] und [URL: CMMI-Browser]).
10. Die Reifegradstufen des CMM haben eine abweichende Bezeichnung (initial, wiederholbar, definiert, gemanagt und optimierend). Der Inhalt der Stufen ist in beiden Modellen nahezu identisch.

- **Stufe 2: Gemanagt**
  Die wesentlichen Prozesse des Managements sind etabliert und werden in Projekten angewendet, allerdings in unterschiedlicher Ausprägung.
- **Stufe 3: Definiert**
  Organisationsweite, einheitliche Prozesse sind eingeführt.
- **Stufe 4: Quantitativ gemanagt**
  Entscheidungen über Verbesserungen werden auf Grundlage von Kennzahlen getroffen. Kennzahlen werden intensiv genutzt.
- **Stufe 5: Optimierend**
  Prozessverbesserung findet systematisch und kontinuierlich statt. Erfolg oder Misserfolg wird quantitativ belegt.

Spezifische und generische Ziele

In CMMI gibt es als weiteres wichtiges Strukturelement neben den Reifegradstufen die Prozessgebiete. Alle Anforderungen zu einem »Thema« werden in einem Prozessgebiet zusammengefasst. Für jedes Gebiet ist eine Reihe von Zielen vorgegeben, wobei zwischen spezifischen Zielen, die für das jeweilige Prozessgebiet definiert sind, und generischen Zielen unterschieden wird. Generische Ziele beschreiben die Aufgaben, die durchzuführen sind, um die spezifischen Ziele dauerhaft und effizient umzusetzen (Institutionalisierung der jeweiligen Prozesse).

Prozessgebiete

Den vier oberen Reifegradstufen sind in CMMI folgende Prozessgebiete zugeordnet (s. Tab. 8–1, nach [Kneuper 07]):

Tab. 8–1 *Reifegradstufen und Prozessgebiete*

Stufe	Prozessgebiete
2 – Gemanagt	Anforderungsmanagement Projektplanung Projektverfolgung und Projektsteuerung Management von Lieferantenvereinbarungen Messung und Analyse Qualitätssicherung von Prozessen und Produkten Konfigurationsmanagement
3 – Definiert	Anforderungsentwicklung Technische Umsetzung Produktintegration Verifikation Validation Organisationsweiter Prozessfokus Organisationsweite Prozessdefinition Organisationsweites Training Integriertes Projektmanagement Risikomanagement Entscheidungsanalyse und Entscheidungsfindung
4 – Quantitativ gemanagt	Performanz der organisationsweiten Prozesse Quantitatives Projektmanagement
5 – Optimierend	Organisationsweite Innovation und Verbreitung →Ursachenanalyse und Problemlösung

Kontinuierliche Darstellung

Neben der stufenförmigen Darstellung (aus CMM bereits bekannt, s. Abb. 8–1) gibt es in CMMI eine kontinuierliche Darstellung. Hierbei werden die in der Tabelle 8–1 aufgeführten Prozessgebiete den folgenden vier Kategorien zugeordnet:

- Prozessmanagement
- Projektmanagement
- Ingenieurdisziplinen
- Unterstützung

Generische Ziele und Fähigkeitsgrade

In der kontinuierlichen Darstellung gibt es fünf generische Ziele, die Auskunft über das Erreichen der Institutionalisierung eines jeden Prozesses geben. Der Weg bis zur vollständigen Umsetzung ist in sechs Fähigkeitsgrade unterteilt (0 – unvollständig, 1 – durchgeführt, 2 – gemanagt, 3 – definiert, 4 – quantitativ gemanagt und 5 – optimierend). Der Fähigkeitsgrad bezieht sich auf einen Prozess, im Gegensatz zum Reifegrad beim stufenförmigen Modell, der sich auf die Gesamtheit der Prozessgebiete in der jeweiligen Reifegradstufe bezieht und damit den Reifegrad der gesamten Organisationseinheit darstellt. Durch die kontinuierliche Darstellung sind eine wesentlich spezifischere, auf den jeweiligen Prozess bzw. auf das jeweilige Prozessgebiet bezogene Beschreibung und Bewertung möglich (s. als ein Beispiel Abb. 8–2).

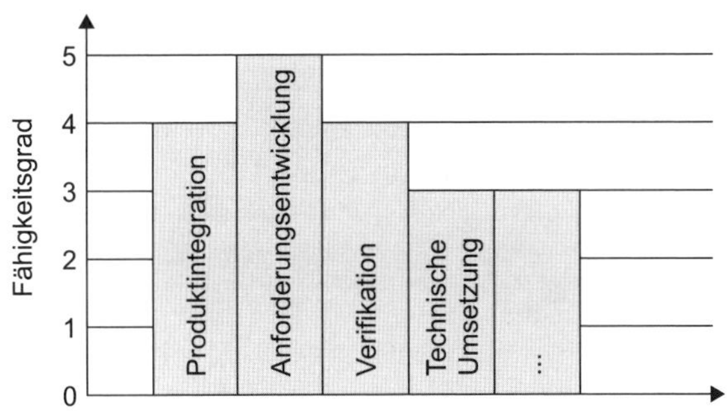

Abb. 8–2
Darstellung der Fähigkeitsgrade einzelner Prozessgebiete

Testen in CMMI

Prozessgebiete Verifikation und Validation

Für den Testmanager sind die Prozessgebiete »Verifikation« und »Validation« von entscheidender Bedeutung. Im Stufenmodell gehören beide Prozessgebiete zum Reifegrad 3 (definiert), im kontinuierlichen Modell sind sie der Kategorie Ingenieurdisziplinen zugeordnet. Im Folgenden werden beide Prozessgebiete vorgestellt. Für weitere Informationen zum CMMI sei auf die entsprechende Literatur (z.B. [Kneuper 07] bzw. Internetquellen, z.B. [URL: CMMI], [URL: CMMI-Browser]) verwiesen.

Verifikation

»Die Anforderungen des CMMI zur Verifikation sind relativ allgemein formuliert; gefordert wird die Vorbereitung der Verifikation inklusive der Auswahl der zu verifizierenden Arbeitsergebnisse, die Durchführung von Partnerreviews (...) sowie die Durchführung der Verifikation« (aus [Kneuper 07], S. 67).

Folgende Methoden zur Prüfung der Umsetzung der Spezifikationen werden genannt: (Partner-)Review, Test und statische Analyse[11].

Validation

Die Validation[12], die Prüfung, ob die Anforderungen des Kunden umgesetzt wurden, ist im engen Zusammenhang mit dem Prozessgebiet Anforderungsentwicklung (Reifegrad 3, Kategorie Ingenieurdisziplinen) zu sehen.

»Aufgabe ist es daher, laufend immer wieder zu überprüfen, ob die definierten Ergebnisse und Anforderungen wirklich den gewünschten Nutzen liefern. Aus diesem Grund ist Validation ein Schritt bei der Anforderungsentwicklung (...).

Umgekehrt gilt: Wenn Anforderungsentwicklung und Verifikation gut funktioniert haben, dann gibt es bei der Validation nur noch wenig zu tun, nämlich im Wesentlichen das »Abhaken« des Systems durch den Benutzer« (aus [Kneuper 07], S. 70).

CMMI fordert die Vorbereitung und Durchführung der Validation, wobei die konkret anzuwendenden (Prüf- und Test-)Methoden nicht aufgeführt sind.

Testmanager und CMMI

Keine detaillierten Angaben

Der Testmanager findet keine sehr detaillierten Beschreibungen oder Hilfestellungen für seine Aufgaben, die über seine Kenntnisse des fundamentalen Testprozesses (s. Abschnitt 2.2 in [Spillner 10] und Kap. 2) hinausgehen. Es wird beispielsweise dargestellt, welche Aktivitäten notwendig sind, um eine Testumgebung einzurichten[13].

Klar ist allerdings, dass der Testprozess als Teil des Softwareentwicklungsprozesses ebenfalls profitiert, wenn der Entwicklungsprozess einen hohen Reifegrad besitzt.

---

11. Im Buch »Basiswissen Softwaretest« [Spillner 10] sind alle drei Verfahren ausführlich beschrieben.
12. Oder auch mit Validierung, wie im Buch »Basiswissen Softwaretest« bezeichnet.
13. Siehe in [URL: CMMI-Browser] ENG VAL 3 SG 1 SP 1.2. Establish the validation Environment.

8.2.2 ISO/IEC 15504 (SPICE)

Software Process Improvement and Capability dEtermination

Mit der Aufgabe, vorhandene Bewertungsmethoden wie z.B. CMMI, Trillium[14], Software Technology Diagnostic[15] und Bootstrap[16] zu vereinheitlichen und einen internationalen Standard zu definieren, wurde 1993 das Projekt SPICE (Software Process Improvement and Capability dEtermination, [URL: SPICE]) beauftragt. Unter anderem diente CMM der SPICE-Projektgruppe als Grundlage; die Ansätze sind daher ähnlich dem Vorgehen beim CMMI. Die SPICE-Projektarbeit mündete in die Norm ISO/IEC 15504, die 1998 als Technischer Bericht verabschiedet wurde. Derzeit sind die Teile 1 bis 5 veröffentlicht und weitere Teile sind in Vorbereitung (s. [URL: ISO]).

Fähigkeitsgrade einzelner Prozesse

Im Gegensatz zu CMMI hat SPICE nur eine kontinuierliche Darstellung, es werden also Fähigkeitsgrade einzelner Prozesse ermittelt. Durch »Auswechseln« der Prozesse werden Assessments für unterschiedliche Branchen unterstützt, wie »Automotive SPICE« (s. [URL: AutoSPICE], [Müller 07]), SPICE4SPACE, MEDISPICE etc.

Die Norm bildet den Rahmen für eine einheitliche Bewertung der Leistungsfähigkeit einer Organisationseinheit durch Bewertung der »gelebten« Prozesse. Sie umfasst: Prozessbewertung, Prozessverbesserung und Leistungsbestimmung (s. Abb. 8–3).

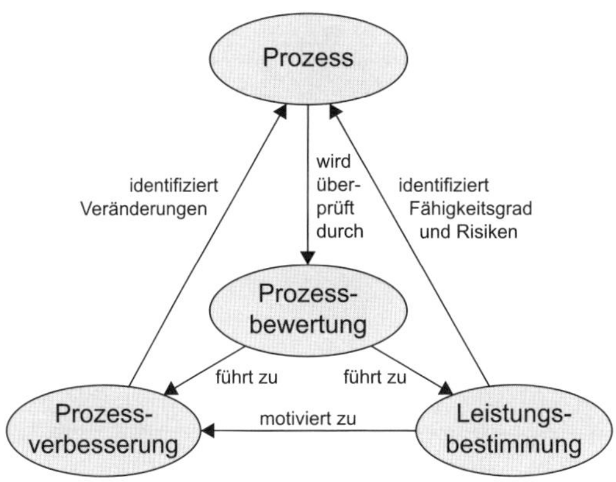

Abb. 8–3 *Zusammenhang zwischen Prozess, Prozessbewertung, Prozessverbesserung, Leistungsbestimmung*

ISO/IEC 15504 Fähigkeitsgradstufen

Sechs Fähigkeitsgrade sind definiert:

Der Prozess

- ist unvollständig (Stufe 0),
- wird durchgeführt (Stufe 1),
- wird gemanagt (Stufe 2),

---

14. Erweiterung von CMM, speziell für Telekommunikationssoftware.
15. Für kleine Organisationen.
16. EU-Programm zur Prozessverbesserung, inzwischen eingestellt.

- ist etabliert (Stufe 3),
- ist vorhersagbar (Stufe 4),
- ist selbstoptimierend (Stufe 5).

Eine zusätzliche Stufe

Eine häufig geäußerte Kritik an CMM war, dass der Schritt von Stufe 1 (Initial) nach Stufe 2 (Gemanagt) im Reifegradmodell zu groß ist. Die Reifegrade bei CMM beziehen sich allerdings nicht auf einzelne Prozessgebiete. Die Kritik wurde in SPICE und ebenso in CMMI in der kontinuierlichen Darstellung aufgenommen, und es wurde eine zusätzliche untere Stufe definiert. Die oberen vier Fähigkeitsgradstufen sind mit denen in CMM bzw. in der kontinuierlichen Darstellung des CMMI vergleichbar. Die beiden unteren Stufen werden kurz charakterisiert:

- **Stufe 0**
  Ein Prozess ist als unvollständig einzustufen, wenn keine greifbaren Beweise vorliegen, dass der Prozess zweckdienliche Ergebnisse bringt, und wenn deutlich ist, dass der Prozess nicht verstanden ist.
- **Stufe 1**
  Der Prozess ist verstanden, und die Prozesspraktiken werden angewendet, ohne dass deren Einsatz streng geplant oder verfolgt wird. Allerdings ist der Erfolg weitestgehend von den einzelnen Fähigkeiten der Mitarbeiter abhängig.

Prozessgruppen

Um eine Kategorisierung der Prozesse und damit eine bessere Übersichtlichkeit im Referenzmodell zu erhalten, sind folgende neun Prozessgruppen in der [ISO 15504] definiert:

- Akquisitionsprozesse, d.h. Management von Zulieferern/Unterauftragnehmern durch den Auftraggeber (Acquisation Process Group, ACQ)
- Managementprozesse für Organisationen, die als Zulieferer/Unterauftragnehmer arbeiten (Supply Process Group, SPL)
- Engineering-Prozesse (Engineering Process Group, ENG)
- Prozesse in der Nutzungs-/Wartungsphase des Systems (Operation Process Group, OPE)
- Managementprozesse (z.B. Management des Unternehmens, von Projekten, der Qualitätssicherung) (Management Process Group, MAN)
- Prozesse zur Prozessverbesserung (Process Improvement Process Group, PIM)
- Prozesse zur Verwaltung von Ressourcen und Infrastruktur (Resource and Infrastructure Process Group, PIN)
- Reuse-Prozesse (z.B. auch Wiederverwendung von Testfällen) (Reuse Process Group, REU)
- Unterstützende Prozesse (Support Process Group, SUP)

Die Prozessgruppen sind fein unterteilt. Insgesamt »verbergen« sich dahinter mehrere hundert Basisprozesse oder besser Basispraktiken. Ähnlich wie bei CMMI gibt es auch generische Praktiken, die allgemeingültig sind und nicht einzelnen Prozessen zugeordnet werden. Ein Beispiel ist die Planung eines Prozesses oder die Schulung der Mitarbeiter, diese Praktiken sind für alle Prozesse gültig.

Basisprozesse

Testen

Für den Testmanager sind die Prozesse »Software construction (ENG.6)«, »Software integration (ENG.7)«, »Software testing (ENG.8)«, »System integration (ENG.9)« und »System testing (ENG.10)« von besonderem Interesse[17]. Bei den unterstützenden Prozessen sind »Verification (SUP.2)« und »Validation (SUP.3)« vom Testmanager zu beachten. Nach der Norm soll das Testen von Personen oder Teams durchgeführt werden, die unabhängig von den Entwicklern sind. Mit der Planung und Testvorbereitung soll parallel zur Analyse- und Entwurfsphase begonnen werden. Insbesondere fordert SPICE bereits auf Level 1, Maßnahmen zur Sicherstellung der Konsistenz zwischen Anforderungen und Tests durchzuführen (z.B. die Verfolgbarkeit von Anforderungen zu Testfällen). Die beiden oben genannten Testprozesse (ENG.8) und (ENG.10) werden im Folgenden vorgestellt. Für weitere Information zu ISO/IEC 15504 sei auf die entsprechende Literatur (z.B. [Wallmüller 06]) bzw. Internetquellen (z.B. [URL: SPICE], [URL: ISO]) verwiesen.

Testen in SPICE

Softwaretest (ENG.8)

Für das Testen von Software sind folgende Punkte (Best Practices) aufgeführt:

- Tests für zu integrierende Teile spezifizieren (auch bereits als Bestandteil von Anforderungsanalyse, Design und Codierung durchzuführen).
- Integrierte Teile des Systems testen.
- Regressionstests für das System spezifizieren und bei Änderungen durchführen.

Zu jedem der Punkte gibt es eine kurze Erläuterung. Bei der Spezifikation der Tests für das integrierte Softwaresystem werden die einzelnen Prozesse (Festlegung der Anforderungen, Erstellen des Designs, Implementierung) genannt, zu denen die Testspezifikation parallel durchgeführt werden soll.

---

17. Auch in ENG.2 und ENG.3 finden sich Aussagen zur Testplanung und -vorbereitung.

Systemtest (ENG.10)

Die aufgeführten Punkte sind analog zu denen im Softwaretest definierten, hinzu kommt hier die

- Abnahmebereitschaft des Systems bestätigen.

Zu jedem der Punkte gibt es wie beim Test der Software eine kurze Erläuterung. Auch hier wird explizit darauf hingewiesen, dass die vorbereitenden Aufgaben parallel zur Entwicklung durchzuführen sind.

Testmanager und SPICE

Kaum konkrete Hinweise

Der Testmanager findet in der SPICE-Norm keine direkten Beschreibungen für seine Aufgaben, da SPICE ein universelles Bewertungsmodell ist, das keine eigenen detaillierten Prozesse definiert oder vorgibt. Hilfreich sind die Angaben zu den erforderlichen Ergebnissen (Process Outcome), die ihm bzw. seinem Testteam Hinweise zu den zu erstellenden Dokumenten geben. Allerdings sind die einzelnen Angaben und Hinweise nicht sehr detailliert. Aber auch hier gilt, dass ein strukturierter Entwicklungsprozess für den Testprozess von Vorteil ist.

8.2.3 Vergleich von CMMI und SPICE

Durch die Ablösung von CMM durch CMMI sind die Unterschiede zur ISO/IEC 15504 geringer geworden, was ja auch nicht verwunderlich ist, da ein Ziel des SPICE-Projekts die Vereinheitlichung der Bewertungsmodelle war. Den engen Zusammenhang zwischen den Modellen verdeutlicht der Sachverhalt, dass CMMI als Referenzmodell bei einem Assessment nach ISO/IEC 15504 verwendet werden kann. Allerdings finden sich in beiden Modellen Inhalte, die im jeweils anderen nicht behandelt werden (Näheres z.B. in [Hörmann 02], [Wallmüller 06]).

Angaben zu pauschal

Aus Sicht des Testmanagers sind die Angaben zum Vorgehen beim Test zu pauschal und zu ungenau. Sie geben ihm keine allzu konkrete Hilfestellung bei seiner Arbeit.

8.3 Bewertung von Testprozessen

Vier Modelle zum Testprozess

Da sowohl CMMI als auch ISO/IEC 15504 (SPICE) den Testprozess nicht ausführlich behandeln, ist der Einsatz von Bewertungs- und Verbesserungsmodellen sinnvoll, deren Fokus sich ausschließlich auf den Testprozess richtet. Im Folgenden werden solche Modelle vorgestellt und verglichen: »Testing Maturity Model« (TMM), »Test Process Improvement« (TPI), »Systematic Test and Evaluation Process« (STEP) und »Critical Testing Processes« (CTP).

Die vorgenommene Auswahl dieser Modelle ist nicht als zwingende Empfehlung zu sehen, vielmehr soll mit ihnen repräsentativ dargelegt werden, wie entsprechende Modelle grundsätzlich aufgebaut und anzuwenden sind.

Keine vollständige Aufzählung

Neben den vier beschriebenen Modellen gibt es weitere: »Test Organization Maturity« (TOM), »Test Improvement Model« (TIM) und »Software Quality Rank« (SQR). Damit ist die Liste keineswegs komplett, es gibt noch eine Vielzahl weitere Modelle (s.a. [Farooq 07]). Testprozessexperten müssen Kenntnisse über die verfügbaren Modelle haben, um ein in ihrer spezifischen Situation geeignetes Modell auswählen und anwenden zu können.

Bevor die Modelle zur Bewertung und Verbesserung des Testprozesses im Einzelnen beschrieben werden, sind ein paar grundlegende Unterschiede aufzuzeigen und ein generell anzuwendendes Vorgehen vorzustellen.

Einordnung in die zwei Gruppen der Prozessverbesserungsmodelle

Bei jedem der vier Modelle erhält die beauftragende Organisation nach Durchführung des Prozess-Assessments eine detaillierte Einschätzung, wo sie gegenwärtig mit ihrem derzeitigen Testprozess steht. In TMM und TPI werden zusätzlich konkrete Hinweise zur Umsetzung der Empfehlungen zur Testprozessverbesserung gegeben. Beide bieten einen »roten Faden« für die Umsetzung an. Im Gegensatz dazu liefern die Modelle STEP und CTP den Organisationen nur Informationen, wo sich Investitionen in die Testprozessverbesserung lohnen. Sie geben aber keine konkreten Hinweise für die Umsetzung. Die Organisationen müssen angemessene Wege zur Verbesserung selbst finden.

Einsatz ist gängige Praxis

Der Einsatz der Modelle zur Verbesserung der Testprozesse ist durchaus gängige Praxis, da hierbei standardisierte Methoden nach erprobten und bewährten Rezepten verwendet werden. Nichtsdestoweniger ist es möglich, auf den Einsatz der Modelle ganz zu verzichten und übliche analytische Ansätze mit rückblickender Aufarbeitung einzusetzen (s. Abschnitt 8.1).

8.3.1 Testing Maturity Model (TMM)[18]

Grundlage CMM

Das Testing Maturity Model (TMM sm) wurde 1996 am Illinois Institute of Technology in Chicago, USA entwickelt [Burnstein 96]. Eine der Grundlagen für das Modell ist das Capability Maturity Model. Im TMM werden in Analogie zum CMM Reifegradstufen zur Bewertung und Verbesserung verwendet.

18. Ein sehr ähnliches Modell ist TMMi® [URL: TMMi]

TMM legt sein Augenmerk insbesondere auf den Test als Prozess, der evaluiert und verbessert wird. Durch die Verbesserung sollen folgende Ziele erreicht werden:

- Besser qualifizierte Tester
- Höhere Softwarequalität
- Genauere Einhaltung von Budget- und Zeitplanung
- Verbesserte Planung
- Genauere Einhaltung von quantifizierbaren Testzielen

Fünf Reifegradstufen

TMM definiert in Anlehnung an CMM fünf Reifegradstufen und stellt ein hierarchisches und für jede Stufe identisches Rahmenwerk bereit, das aus folgenden Teilen besteht (s. Abb. 8–4):

Abb. 8–4
Interner Aufbau der TMM-Stufen

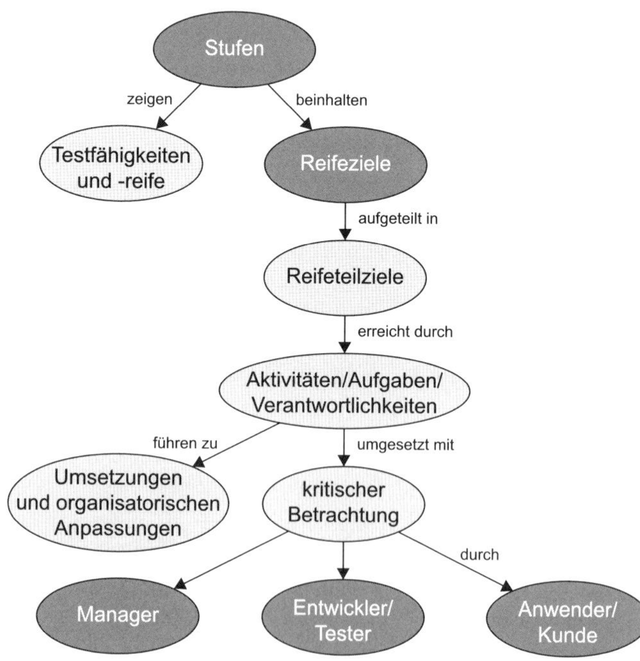

- **Reifeziele**
  Sie sind auf jeder Stufe festgelegt, mit Ausnahme der 1. Stufe.
- **Reifeteilziele**
  Diese sind konkreter formuliert und geben Hinweise zum Umfang, zur Reichweite, den Grenzen und zur Durchführung von Aktivitäten und Aufgaben zur Prozessbewertung und -verbesserung.
- **Aktivitäten, Aufgaben und Verantwortlichkeiten**
  Sie sind detailliert beschrieben und müssen durchgeführt werden, um die entsprechende Reifegradstufe zu erreichen. Involviert sind

drei Personengruppen: Manager, Entwickler bzw. Tester sowie Anwender bzw. Kunde.

Die fünf Reifegradstufen im TMM sind wie folgt gegliedert und enthalten folgende Prozessgebiete bzw. Reifeziele (s. Tab. 8–2):

Tab. 8–2
TMM-Reifegradstufen und -Prozessgebiete

Stufe	Prozessgebiete (Reifeziele)
1 – Initial	Ohne Prozessgebiet
2 – Phasendefinition	Testpolitik und Testziele Testplanung Testtechniken und Testmethoden Testumgebung
3 – Integration	Testorganisation Testschulungsprogramm Testprozessintegration im Entwicklungsprozess Kontrolle und Überwachung
4 – Management und Metriken	Peer Reviews Testmetriken Softwarequalitätsmanagement
5 – Optimierung, Fehlerprävention, Qualitätsregelung	Fehlerprävention Testprozessoptimierung Qualitätskontrolle und -regelungen

Im Folgenden werden die einzelnen Stufen charakterisiert (in Anlehnung an [van Veenendaal 02]):

1 – Initial

Auf der Stufe 1 ist Testen ein chaotischer, nicht definierter Prozess und wird meist als Teil des Debugging betrachtet. Ziel des Testens ist der Nachweis, dass keine gravierenden Fehlerwirkungen beim Ablauf der Software auftreten. Eine Prüfung der Qualität der Software und der im Fehlerfall vorhandenen Risiken findet nicht statt; Softwareprodukte werden in minderer Qualität ausgeliefert. Für das Testen stehen weder ausreichend Ressourcen und unterstützende Werkzeuge noch gut ausgebildete Tester zur Verfügung.

2 – Phasendefinition

Testen wird in der zweiten Stufe als eigenständiger Prozess gesehen und ist klar vom Debugging getrennt. Eine Testplanung erfolgt, die auch die Bestimmung der Teststrategie umfasst. Um Testfälle aus den Anforderungen herzuleiten und auszuwählen, werden Testverfahren verwendet. Testaktivitäten beginnen allerdings noch recht spät, z.B. parallel zur Komponentenspezifikation oder zur Programmierung. Testen dient hauptsächlich dem Nachweis der Erfüllung der spezifizierten Anforderungen.

3 – Integration

Der Testprozess ist im Softwareentwicklungsprozess voll integriert. Testplanung findet zu einem frühen Zeitpunkt statt. Bei der Festlegung der Teststrategie stehen ausführlich dokumentierte Anforderungen zur Verfügung, und es fließen Risikoüberlegungen mit ein. Ungültige Eingaben und fehlerhafte Situationen werden beim Testen berücksichtigt. Reviews werden durchgeführt, wenngleich noch nicht einheitlich, nicht formal und nicht im gesamten Entwicklungsprozess. Eine Testorganisation ist institutionalisiert, ebenso ein spezielles Schulungsprogramm für Tester. Tester werden als eigenständige Berufsgruppe angesehen.

4 – Management und Metriken

In der vierten Stufe ist der Testprozess umfassend definiert und quantifizierbar. Die einzelnen Testaktivitäten sind begründet. Reviews für die Dokumente des gesamten Entwicklungsprozesses werden entsprechend der vereinbarten Auswahlkriterien und systematisch durchgeführt. Sie werden als wichtige Ergänzung zum Testen angesehen. Softwareprodukte werden in Hinblick auf Qualitätsmerkmale wie Zuverlässigkeit, Benutzbarkeit und Wartbarkeit überprüft. Testfälle werden in einer zentralen Datenbank gesammelt, gesichert und für eine spätere Wiederverwendung und die durchzuführenden Regressionstests verwaltet. Testmetriken werden erhoben, die Auskunft über die Qualität des Testprozesses und des Softwareprodukts geben. Testen wird als Evaluierung über den gesamten Entwicklungsprozess gesehen, was Reviews mit einschließt.

5 – Optimierung, Fehlerprävention und Qualitätsregelung

In der obersten Stufe ist der Testprozess komplett definiert. Kosten und Effektivität der Testmethoden sind kontrollierbar. Testverfahren werden optimal eingesetzt. Die Verbesserung des Testprozesses wird weiterverfolgt. Fehlerprävention und Qualitätskontrolle sind Bestandteil des Prozesses. Ein Verfahren zur Auswahl und Evaluation von Testwerkzeugen ist dokumentiert. Werkzeuge werden bei möglichst allen Testaktivitäten zur Unterstützung eingesetzt. Frühzeitige Vermeidung von Fehlern ist das Hauptziel des Testprozesses. Alles dies wirkt sich auch positiv auf den gesamten Entwicklungsprozess aus.

Reifeziele und Reifeteilziele

Um eine genauere Vorstellung von den einzelnen Reifezielen und ihren Teilzielen zu vermitteln, werden im Folgenden einige exemplarisch dargestellt:

Stufe 2 Testpolitik und Testziele

Im Unternehmen existiert ein Ausschuss zur Entwicklung der Testpolitik und der Testziele, der mit entsprechender Unterstützung des Managements und mit ausreichenden Finanzmitteln ausgestattet ist. Der Ausschuss definiert und dokumentiert Ziele für das Testen sowie für das Debugging und verteilt die Information an alle Projektmanager und Entwickler. Die Testziele spiegeln sich in den Testplänen wider.

Stufe 2 Testplanung

Ein Ausschuss für Testplanung ist eingerichtet. Ein Testplan-Template ist entwickelt und an alle Projektmanager und Entwickler verteilt. Grundlegende Werkzeuge zur Planung sind evaluiert, empfohlen und angeschafft worden.

Stufe 2 Testtechniken und Testmethoden

Eine unternehmensweite Gruppe für Testtechnologie ist gebildet, die einen Satz von grundlegenden Testtechniken und -methoden erarbeitet, evaluiert und empfiehlt (z.B. einzelne Blackbox- und Whitebox-Testverfahren, Requirements-Tracing sowie die Unterscheidung zwischen den Teststufen Modul-, Integrations-, System- und Akzeptanztest). Adäquate Werkzeugunterstützung ist von der Gruppe ebenfalls benannt worden.

Stufe 3 Testorganisation

Es existiert eine organisationsweite Testgruppe mit entsprechender Unterstützung durch das Management. Rollen und Verantwortlichkeiten im Testprozess sind definiert. In der Testgruppe sind gut ausgebildete und motivierte Mitarbeiter. Die Gruppe unterhält Kommunikationswege, die eine direkte Beteiligung von Anwendern und Kunden am Testprozess zulassen. Wünsche, Sorgen und Anforderungen der Anwender werden gesammelt, dokumentiert und in den Testprozess eingebracht.

Stufe 3 Testschulungsprogramm

Das Management hat ein Trainingsprogramm unter Berücksichtigung von Trainingszielen und -plänen aufgestellt. Innerhalb der Organisation ist eine Trainingsgruppe eingerichtet und mit entsprechenden Werkzeugen, Räumlichkeiten und Material ausgestattet worden.

Stufe 3 Kontrolle und Überwachung

Das Unternehmen hat Mechanismen und Ziele zur Regelung und Beobachtung des Testprozesses festgelegt. Grundlegende prozessbezogene Maßzahlen sind definiert und dokumentiert. Für den Fall von signifikanten Abweichungen von der Testplanung sind Korrekturmaßnahmen sowie Notfallpläne entwickelt und dokumentiert worden.

Reifegradstufen in CMM und TMM

Ergänzung zu CMM

TMM ist als Ergänzung zu CMM bzw. CMMI gedacht. Die Reifegradstufen beider Modelle korrespondieren weitestgehend miteinander. Da der Testprozess als ein Teil des Softwareentwicklungsprozesses gesehen wird, stehen die Prozessgebiete in TMM (Maturity Goals) in engem Zusammenhang mit den Prozessgebieten (Key Process Areas) des CMM[19]. Die folgende Tabelle stellt beispielhaft Beziehungen zwischen den Stufen der beiden Bewertungsmodelle dar (s. Tab. 8–3):

19. Da TMM auf CMM basiert, wird der Vergleich mit CMM und nicht mit CMMI vorgenommen.

Tab. 8–3 Prozessgebiete und Reifegradstufen in TMM und CMM

TMM	CMM	Prozessgebiete
2	2	Anforderungsmanagement Projektplanung Konfigurationsmanagement
3	2	Projektverfolgung und Projektsteuerung Qualitätssicherung von Prozessen und Produkten
3	3	Organisationsweiter Prozessfokus Organisationsweite Prozessdefinition Organisationsweites Training
4	3	Peer Reviews
4	4	Quantitatives Projektmanagement Softwarequalitätsmanagement
5	5	Fehlerprävention Management bei Prozess- und Technologieänderungen

TMM Assessment Model (TMM-AM)

Das Assessmentmodell soll Organisationen dabei behilflich sein, ihren Testprozess zu beurteilen und zu verbessern. Für ein TMM-Assessment werden mehrere Eingangsdokumente als Grundlage für die Bewertung benötigt. Neben dem Testing Maturity Model fließen drei weitere Komponenten in das Assessment ein:

- Fragebogen
- Ablauf des Assessments
- Teamschulung und Auswahlkriterien

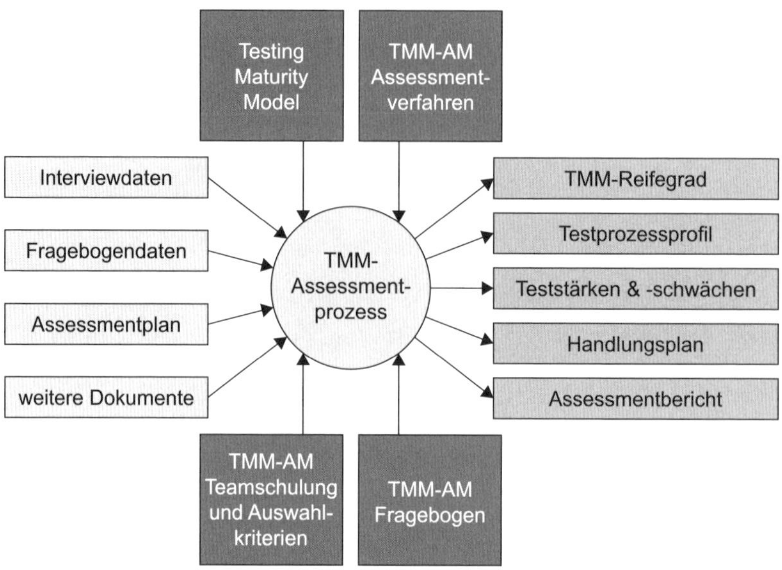

Abb. 8–5 TMM-AM: Eingangsdokumente, Komponenten und Ergebnisse

Nach Durchführung des Assessments stehen fünf Dokumente bzw. Ergebnisse zur Verfügung (Reifegrad, Testprozessprofil, Teststärken und -schwächen, Handlungsplan und →Assessmentbericht, s. Abb. 8–5). Für ausführlichere Beschreibungen des Testing Maturity Model sei auf die Literatur (z. B. [Burnstein 03]) verwiesen.

8.3.2 Test Process Improvement (TPI)[20]

Test Process Improvement (TPI) basiert auf den langjährigen Erfahrungen im Bereich Testen der Firma Sogeti Nederland B.V.[21] [URL: Sogeti]. Das Bewertungsmodell ermöglicht die Bestimmung der Reife des Testprozesses in einer Organisation und unterstützt die schrittweise Prozessverbesserung.

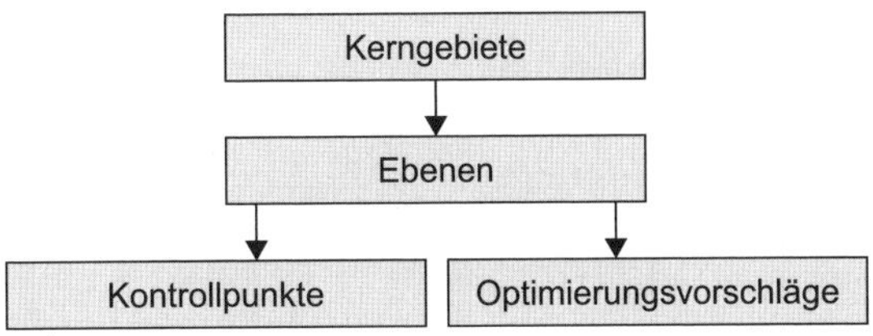

Abb. 8–6
Hauptelemente des TPI-Modells

20 Kerngebiete und entsprechende Ebenen

Da der Testprozess eine ganze Reihe von Aufgaben und Aktivitäten umfasst, die zu bewerten sind, definiert TPI 20 Kerngebiete. Ein Kerngebiet umfasst beispielsweise wichtige Aspekte zum Einsatz von Werkzeugen. Bei der Bewertung des Testprozesses wird für jedes der 20 Kerngebiete eine Einstufung auf eine bestimmte Ebene vorgenommen. Durchschnittlich gibt es drei Ebenen pro Kerngebiet. Die Stärken und Schwächen eines Testprozesses werden mithilfe von sogenannten Kontrollpunkten ermittelt. Die Ebenen sind so definiert, dass Verbesserungen von einer niedrigeren auf eine höhere Ebene einen messbaren Einfluss auf die für das Testen erforderliche Zeit, das benötigte Budget und/oder die resultierende Qualität haben. Für jede Ebene sind Optimierungsvorschläge zur Erreichung der nächsten Ebene beschrieben. Abbildung 8–6 verdeutlicht die Zusammenhänge zwischen den Hauptelementen des TPI-Modells.

Ähnlich zu SPICE gibt es auch bei TPI branchenspezifische Anpassungen. »TPI Automotive« hat 21 Kerngebiete mit einer leichten inhaltlichen Ausrichtung auf die Automobilbranche. Diese Ausprägung des Modells ist überall dort gut anwendbar, wo eine intensive Beziehung zwischen verschiedenen Zulieferern und dem Kunden als

20. Nachfolgemodell: TPI Next® (s.u. [URL: TPINext])
21. Vormals die Firma Iquip.

Integrator besteht bzw. wo die Aspekte der Integration verschiedener HW/SW-Komponenten eine zentrale Rolle spielen (s.a. [URL: AutoTPI]).

Kerngebiete, Ebenen, Kontrollpunkte

TPI-Kerngebiete

Im Folgenden werden die 20 Kerngebiete des TPI-Modells genannt und drei exemplarisch vorgestellt. Die 20 Kerngebiete sind: Teststrategie, Einsatz des Phasenmodells, Zeitpunkt der Beteiligung, Kostenvoranschlag und Planung, Testspezifikationstechniken, statische Testtechniken, Metriken, Testwerkzeuge, Testumgebung, Testarbeitsplatz, Engagement und Motivation, Testfunktionen und Ausbildung, Reichweite der Methodik, Kommunikation, Berichterstattung, Dokumentation der Abweichungen, Testmittelmanagement, Testprozessmanagement, Prüfungen und als letztes Kerngebiet Low-Level-Tests (bei TPI Automotive ist der Integrationstest das zusätzliche Kerngebiet).

Kerngebiet Teststrategie

»Die Teststrategie muss darauf ausgerichtet sein, die gravierendsten Fehler so früh wie möglich und zu den geringstmöglichen Kosten zu finden. Bei der Teststrategie wird bestimmt, welche (Qualitäts-) Risiken abgedeckt werden müssen. Je mehr Testarten bei der Strategiebestimmung Anwendung finden und je mehr Aufdeckungsmaßnahmen eingesetzt werden, desto ausgewogener kann die Strategie bestimmt werden. Versehentliche Überlappungen oder sogar »Löcher« zwischen den verschiedenen Tests werden durch Abstimmung zwischen Tester und Testaktivitäten sowie unter Einhaltung größtmöglicher Sorgfalt vermieden«[22].

Zum Erreichen der Ebene A müssen sowohl im Kerngebiet »Testspezifikationstechniken« die Ebene A (informelle Spezifikation) als auch im Kerngebiet »Engagement und Motivation« die Ebene A (Zuweisung von Budget und Zeit) erfüllt sein, da sonst in der Teststrategie keine Unterscheidung zwischen Low-Level- und High-Level-Tests vorgenommen werden kann und eine Ressourcenverteilung nur unzureichend möglich ist.

Kerngebiet Zeitpunkt der Beteiligung

»Obwohl die tatsächliche Ausführung des Tests normalerweise nach der Realisierung der Software beginnt, kann und muss der Testprozess sehr viel früher anfangen. Eine frühe Beteiligung des Testens bei der Systementwicklung ist dabei behilflich, Fehler so früh bzw. so einfach wie möglich zu finden und sogar zu vermeiden. Zwischen den verschiedenen Tests kann somit eine bessere Abstimmung stattfinden, und die Zeit, in der das Testen sich auf einem kritischen Weg im Projekt befindet, kann so kurz wie möglich gehalten werden«[23].

---

22. Aus [URL: TPI] Zusammenfassung.
23. Aus [URL: TPI] Zusammenfassung.

Hier existiert eine Abhängigkeit zum Kerngebiet »Einsatz des Phasenmodells«. Es ist zwischen der Durchführung der Tests in den Phasen Planung und Spezifikation zu unterscheiden.

Kerngebiet Testarbeitsplatz

»Das Testpersonal benötigt Räume, Schreibtische, Stühle, PCs, Textverarbeitungsprogramme, Drucker, Telefone usw. Eine gute und rechtzeitige Einrichtung der Büroinfrastruktur beeinflusst nicht nur die Motivation der Mitarbeiter positiv, sondern wirkt sich auch entsprechend günstig auf die Kommunikation innerhalb und außerhalb des Teams und auf die effiziente Ausführung der Arbeiten aus«[24].

Ebenen und Kontrollpunkte

Wie erwähnt, sind zu jedem der 20 Kerngebiete Ebenen definiert. Zur Bewertung und Einordnung in eine Ebene dienen Kontrollpunkte. Für das Kerngebiet »Teststrategie« sind vier Ebenen (A, B, C und D) vorgegeben. Zum Erreichen der untersten Ebene (A) sind die folgenden vier Kontrollpunkte zu prüfen:

Kerngebiet Teststrategie, unterste Ebene Kontrollpunkte

- A1: »Es findet eine motivierte Risikoanalyse statt, die Kenntnisse über das System sowie Einsatz und Verwaltung des Systems bedarf.
- A2: Es findet eine Differenzierung in Hinblick der Intensität der durchgeführten Tests statt; diese Differenzierung ist abhängig von den vorhandenen Risiken und – falls zutreffend – von den Akzeptanzkriterien: Nicht alle Teilsysteme und nicht jedes Qualitätsattribut wird gleichermaßen (umfangreich) getestet.
- A3: Verwendet werden eine oder mehrere formelle oder informelle Spezifikationstechniken, die sich für die gewünschte Intensität eines Tests eignen.
- A4: Auch bei neuen Tests findet eine (einfache) Strategiebestimmung statt, bei der motiviert zwischen den Varianten ›nur Lösungen testen‹ und ›vollständig neu testen‹ gewählt wird«[25].

Für das Kerngebiet »Zeitpunkt der Beteiligung« sind folgende vier Ebenen mit den entsprechenden Kontrollpunkten gegeben:

Kerngebiet Zeitpunkt der Beteiligung, Ebenen und Kontrollpunkte

- »Ebene A – Fertigstellung der Systemdokumentation:
  - A1: Das Testen beginnt zur gleichen Zeit oder vor der Fertigstellung der Systemdokumentation eines begrenzten Systemteils, das gesondert getestet werden soll.
  - A2: Das System kann in mehrere Teile eingeteilt sein, die gesondert abzurunden, zu entwickeln und zu testen sind. Das Testen des ersten Teilsystems hat dann gleichzeitig oder vor der Fertigstellung der Systemdokumentation des jeweiligen Teilsystems zu erfolgen.

---

24. Aus [URL: TPI] Zusammenfassung.
25. Aus [URL: TPI] Kontrollpunkte, s.a. dort für die weiteren Kontrollpunkte der drei oberen Ebenen des Kerngebiets »Teststrategie«.

- Ebene B – Konzept Systemdokumentation:
  - B1: Das Testen beginnt zur gleichen Zeit oder vor der Phase, in der die Systemdokumentation (häufig der funktionelle Entwurf) konzipiert wird.
- Ebene C – Pflichtenheft:
  - C1: Das Testen beginnt zur gleichen Zeit oder vor der Phase, in der das Pflichtenheft erstellt wird.
- Ebene D – Beginn des Projekts:
  - D1: Sobald das Projekt beginnt, wird auch mit dem Testen begonnen«[26].

Können die jeweiligen Kontrollpunkte positiv beantwortet werden, dann gilt die Ebene des Kerngebiets als erreicht.

TPI-Matrix

TPI-Matrix

Alle Kerngebiete mit ihren Ebenen sind in der Testentwicklungsmatrix (TPI-Matrix) miteinander in Zusammenhang gebracht, um die Prioritäten und Abhängigkeiten zwischen den Kerngebieten und Ebenen darstellen zu können. In der Matrix werden die verschiedenen Ebenen der Kerngebiete jeweils einer von insgesamt 13 Entwicklungsstufen zugeordnet (s. Tab. 8–4).

Tab. 8–4
TPI-Matrix

	Kerngebiet Skala	0	1	2	3	4	5	6	7	8	9	10	11	12	13
1	Teststrategie		A					B				C		D	
2	Einsatz des Phasenmodells		A			B									
3	Zeitpunkt der Beteiligung			A				B				C		D	
4	Kostenvoranschlag und Planung				A							B			
5	Testspezifikationstechniken		A		B										
6	Statische Testtechniken					A		B							
7	Metriken						A			B			C		D
8	Testwerkzeuge					A			B			C			
9	Testumgebung				A				B						C
10	Testarbeitsplatz				A										
11	Engagement und Motivation		A				B						C		
12	Testfunktionen und Ausbildung				A			B				C			
13	Reichweite der Methodik					A						B			C
14	Kommunikation			A		B							C		
15	Berichterstattung		A			B		C					D		

→

26. Aus [URL: TPI] Kontrollpunkte.

	Kerngebiet Skala	0	1	2	3	4	5	6	7	8	9	10	11	12	13
16	Dokumentation der Abweichungen		A				B		C						
17	Testmittelmanagement			A			B				C				D
18	Testprozessmanagement		A		B								C		
19	Prüfungen							A			B				
20	Low-Level-Tests					A		B		C					

Durch die Darstellung in einer Matrix ist sehr leicht zu sehen, welches Kerngebiet welche Ebene erreicht hat, also sich auf welcher Stufe der Skala befindet. »Ausreißer« – sowohl in positiver als auch in negativer Hinsicht – werden deutlich. Ziel ist ein kontinuierlicher Anstieg, ohne dabei Kerngebiete auf den unteren Stufen zurückzulassen.

TPI-Reifegradstufen

Die 13 Reifegrad- oder auch Entwicklungsstufen können in drei Kategorien zusammengefasst werden:

- »**Beherrschbar:**
  Die Stufen 1 bis 5 zielen primär auf die Verwaltung des Testprozesses. Die unterschiedlichen Ebenen verweisen auf einen kontrollierten Testprozess, der ausreichende Erkenntnisse über die Qualität des getesteten Objekts ermöglicht. (...)
- **Effizient:**
  Die Ebenen der Stufen 6 bis 10 sind mehr auf die Effizienz des Testprozesses ausgerichtet. Diese Effizienz wird beispielsweise durch Automatisierung des Testprozesses, durch eine bessere Abstimmung und Integration zwischen den Testprozessen untereinander und mit den übrigen Beteiligten innerhalb der Systementwicklung sowie durch Verankerung der Arbeitsweise des Testprozesses in der Organisation erreicht.
- **Optimierend:**
  (...) Die Ebenen der letzten drei Stufen sind durch eine immer umfangreichere Optimierung des Testprozesses gekennzeichnet und zielen darauf ab, dass eine ständige Verbesserung des generischen Testprozesses Teil der normalen Arbeitsweise des Unternehmens wird« (Auszug aus [Pol 02], S. 45-46).

TPI-Assessment

Mit einem TPI-Assessment wird der Testprozess bewertet; für die 20 Kerngebiete wird anhand der Kontrollpunkte die erreichte Ebene ermittelt. Die TPI-Matrix dient aber auch dazu, die nächsten Verbesserungen und die angestrebte Situation festzulegen (s. Tab. 8–5).

Tab. 8–5
Istsituation...

Istsituation

	Kerngebiet / Skala	0	1	2	3	4	5	6	7	8	9	10	11	12	13
1	Teststrategie		A					B				C		D	
2	Einsatz des Phasenmodells		A			B									
3	Zeitpunkt der Beteiligung			A				B				C		D	
4	Kostenvoranschlag und Planung				A							B			
5	Testspezifikationstechniken		A		B										
6	Statische Testtechniken					A		B							
...															

... und angestrebte Situation

Angestrebte Situation

	Kerngebiet / Skala	0	1	2	3	4	5	6	7	8	9	10	11	12	13
1	Teststrategie		A					B				C		D	
2	Einsatz des Phasenmodells		A			B									
3	Zeitpunkt der Beteiligung			A				B				C		D	
4	Kostenvoranschlag und Planung				A							B			
5	Testspezifikationstechniken		A		B										
6	Statische Testtechniken					A		B							
...															

Optimierungsvorschläge

Zum Erreichen einer höheren Ebene stellen bereits die Kontrollpunkte konkrete Ansatzpunkte dar. Weitere Anregungen zur Verbesserung des Testprozesses geben die Optimierungsvorschläge. Für jeden Übergang auf eine höhere Ebene bietet das TPI-Modell eine Vielzahl von Vorschlägen. Die Verwendung der Vorschläge und der darin enthaltenen Hinweise und Tipps ist im Gegensatz zur Erfüllung der Kontrollpunkte nicht zwingend vorgeschrieben. Auf eine Aufzählung der Vorschläge wird hier verzichtet (s. hierzu [Koomen 99], [Pol 02]).

Verbesserungsverfahren

Das Vorgehen zur Optimierung des Testprozesses ähnelt jedem anderen Verbesserungsverfahren (s. Abb. 8–7). Nach der Einsicht in die Notwendigkeit einer Veränderung und der Schaffung eines entsprechenden Bewusstseins bei allen Beteiligten wird festgelegt, welche Ziele auf welche Weise erreicht werden sollen.

Durch ein TPI-Assessment wird die derzeitige Situation ermittelt. Der Einsatz des TPI-Modells ist dabei ein wesentlicher Bestandteil, da es einen Bezugsrahmen für die Ermittlung der Stärken und Schwächen des Testprozesses bietet. Durch Befragungen von Beteiligten und Beurteilung von Dokumenten werden die einzelnen Kerngebiete auf Grundlage der Kontrollpunkte bewertet. Dabei wird festgestellt, welche Fra-

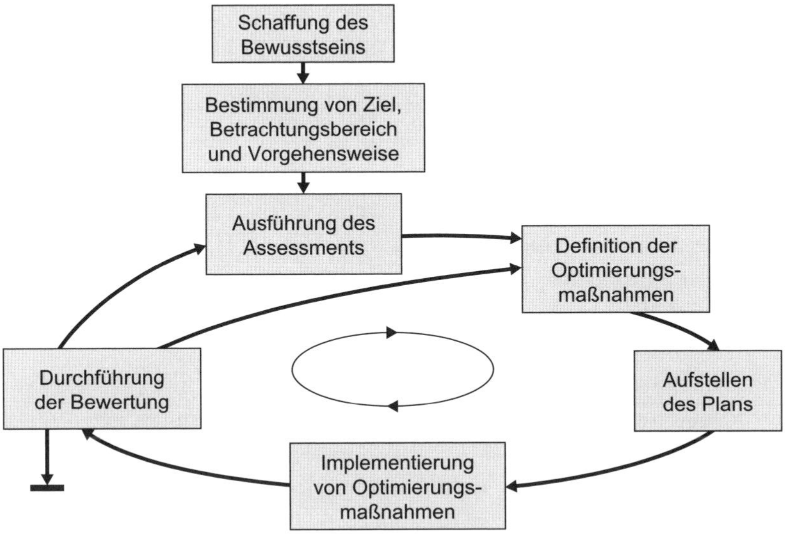

Abb. 8–7
Verbesserungsprozess

gen positiv beantwortet werden können und welche nicht oder nur teilweise. Die Entwicklungsmatrix wird hier dazu verwendet, eine umfassende Übersicht über den Testprozess der Organisation zu vermitteln.

Optimierungsmaßnahmen

Die Optimierungsmaßnahmen werden bestimmt, sodass eine stufenweise Verbesserung möglich ist. Die Entwicklungsmatrix des TPI-Modells hilft bei der Auswahl der verbesserungswürdigen Kerngebiete. Für jedes Kerngebiet ist es möglich, die nächsthöhere Ebene zu erreichen oder – in Sonderfällen – in die übernächste Ebene aufzusteigen (s.a. Tab. 8–5).

Planung

Zur Realisierung von möglichst kurzfristig erreichbaren Optimierungsmaßnahmen wird ein Plan erstellt. In diesem Plan werden die Ziele festgehalten und angegeben, welche Verbesserungen zum Erreichen dieser Ziele wann umgesetzt werden müssen.

Umsetzung der Maßnahmen

Im nächsten Schritt wird der Plan umgesetzt. Einen wesentlichen Teil der Implementierung bildet die Konsolidierung. Sie soll vermeiden, dass die umgesetzten Optimierungsmaßnahmen »Eintagsfliegen« bleiben.

Bewertung

In der Bewertung ist festzustellen, in welchem Maße die Aktionen erfolgreich durchgeführt und in welchem Umfang die ursprünglichen Ziele erreicht wurden. Eine Entscheidung über die Fortsetzung und gegebenenfalls Anpassung des Änderungsprozesses wird getroffen. Sollte das angestrebte Gesamtziel erreicht sein, ist der Verbesserungsprozess beendet.

TPI Next

Das TPI-Modell wurde in jüngster Zeit stark überarbeitet und durch das neue »TPI Next®« abgelöst (s. [van Ewijk 11]).

8.3.3 Systematic Test and Evaluation Process (STEP)

Im Gegensatz zu TMM und TPI bietet STEP kein konkretes Referenzmodell mit detailliert beschriebenen Einzelschritten an, sondern es werden wie auch bei CTP (s. Abschnitt 8.3.4) einzelne sinnvolle Maßnahmen und Vorgehensweisen vorgestellt und erörtert. STEP gehört somit zur Gruppe der Inhaltsreferenzmodelle.

Grundlage für STEP (s. [Craig 02]) sind die IEEE-Standards zum Unit Test [IEEE 1008] und zur Testdokumentation [IEEE 829]. STEP beschreibt alle Aktivitäten der Evaluation bei Softwareprojekten, dazu gehören Analyse, Review und Test.

Test beginnt früh

Das Testen beginnt mit dem Projektstart und ist als paralleler Prozess zum Softwareentwicklungsprozess über den gesamten Lebenszyklus zu sehen. Grundsatz ist: »Erst testen, dann programmieren.« Damit wird ausgedrückt, dass vor der Implementierung einer Eigenschaft des zu realisierenden Systems geklärt wird, wie die korrekte Umsetzung der Implementierung geprüft werden soll. Anforderungsbasierte Teststrategien werden bevorzugt eingesetzt. Die frühzeitige Spezifikation der Testfälle dient dazu, die Anforderungsdefinition noch vor dem Entwurf und der Programmierung zu validieren und hilft dadurch frühzeitig Fehler und Unstimmigkeiten in den Anforderungen aufzudecken.

Testprozess

Der Testprozess nach STEP besteht aus den Phasen

- Planen (Ermittlung der Risiken und Auswahl der Strategie),
- Analyse (Testziele, -bedingungen und -anforderungen festlegen),
- Entwurf (Spezifikation der Testfälle),
- Implementierung (Konstruktion und Bereitstellung der Testprozeduren und Testfälle),
- Ausführung (Lauf und ggf. wiederholter Lauf der Testfälle) und
- Wartung (Sicherung und Aktualisierung der Tests nach Änderungen).

Der Prozess hat zum fundamentalen Testprozess keine nennenswerten inhaltlichen Unterschiede. Auch er betont die Bedeutung aller Testaktivitäten und stellt nicht die Ausführung der Testfälle in den Mittelpunkt.

Wie in einigen anderen Vorgehensmodellen unterscheidet STEP zwischen spezifischen Aufgaben, Arbeitsergebnissen und Verantwortlichkeiten (Rollen) und definiert deren Zusammenhänge und Abhängigkeiten. Dabei wird keine spezielle Testteam-Organisationsform oder notwendige Werkzeugunterstützung vorausgesetzt.

Teststufen

Teststufen sind in der Planung festzulegen. Bei kleineren Projekten kann es ausreichend sein, nur zwei Stufen vorzusehen: Komponenten-

und Akzeptanztest. Bei umfangreichen Neuentwicklungen sind weitere Stufen erforderlich. Nach STEP sind für jede Stufe die Planung der Strategie (*planning*), die Bereitstellung der Testmittel (*acquisition*) sowie die Messung des Verhaltens bzw. der Ergebnisse (*measurement*) durchzuführen.

Aufgaben

Die einzelnen Aufgaben dabei sind:

- **Planung der Strategie**
  - Aufstellen eines Mastertestplans
  - Entwicklung der detaillierten Testpläne
- **Bereitstellung der Testmittel**
  - Ableitung bzw. Ermittlung der Testziele (anforderungsbasiert, entwurfsbasiert und implementierungsbasiert)
  - Entwurf der Testfälle (Gestaltung der Tests und der Testumgebung, anforderungsbasiert, entwurfsbasiert und implementierungsbasiert)
  - Konkretisierung der Ziele, der Testumgebung und der Testfälle
- **Messung des Verhaltens**
  - Ausführung der Tests
  - Prüfung, ob die durchgeführten Tests ausreichen (Ausgangskriterien erfüllt?)
  - Beurteilung der getesteten Software und des Testprozesses

Die Aufgaben zu jeder Teststufe werden zeitlich überlappend mit den Entwicklungsaktivitäten und nicht sequenziell nach diesen durchgeführt. Beispielsweise ist mit der detaillierten Planung des Akzeptanztests direkt nach Festlegung der Anforderungen zu beginnen (s.a. Abschnitt 3.4).

Arbeitsergebnisse

In STEP führt jede Aufgabe bzw. Phase zu einem Arbeitsergebnis. Die wichtigen Dokumente werden als »Testmittel« bezeichnet. Dazu gehören Testplan, Testspezifikation, Testprozeduren, Testfälle und Testdaten.

Verantwortlichkeiten

STEP unterscheidet vier Rollen bzw. Verantwortlichkeiten, die zu besetzen bzw. zu übernehmen sind: Manager, Analyst, Techniker und Reviewer. Dabei muss nicht jede Rolle von einer Person ausgefüllt werden. Bei umfangreichen Projekten sind auch mehrere Personen für eine Rolle vorzusehen.

Der Testmanager ist verantwortlich für die Leitung und Koordination sämtlicher Testaktivitäten und kommuniziert alle wichtigen Informationen an die interessierten Parteien. Der Testanalyst ist zuständig für die Detailplanung, Ermittlung der Testziele und des Testumfangs (Überdeckungsmaße). Er entwirft und spezifiziert die Tests, prüft und bewertet sie. Der Testtechniker realisiert die Umsetzung und ist zuständig für die Ausführung der vom Analysten definierten Testfälle und Testsequenzen. Er prüft die Ergebnisse auf Erreichung der Ausgangskriterien und ist verantwortlich für die Testprotokolle und Testberichte. Der Testreviewer beaufsichtigt und begutachtet alle Schritte und Ergebnisse des Testprozesses. Ihm obliegt die direkte Qualitätskontrolle.

Bewertung mit STEP

Wird ein vorhandener Testprozess auf Grundlage von STEP bewertet, werden quantitative und qualitative Metriken erhoben. Einige Beispiele sind folgende:

- Entwicklung des Testfortschritts
- Erreichte Überdeckung der Anforderungen und der Risiken
- Fehlertrends in Bezug auf Entdeckung, Schwere und Häufigkeit
- Fehlerdichte
- Effektivität der Fehlerkorrektur
- Fehlerfindungsrate
- Zeitdauer zwischen Anzeigen einer Fehlerwirkung, Ermittlung des Fehlerzustands und Fehlerbehebung
- Kosten für die Tests in Bezug auf Zeit, Aufwand und finanzielle Ressourcen

Qualitative Metriken sind beispielsweise die Verwendung und Einhaltung des definierten Testprozesses und die Zufriedenheit des oder der Kunden.

In einigen Fällen kann eine STEP-Bewertung mit dem TPI-Modell kombiniert werden, da TPI ähnliche und ergänzende Metriken und Befragungen der Beteiligten vorsieht.

8.3.4 Critical Testing Processes (CTP)

Kommt *Critical Testing Processes* zum Einsatz, dann werden nicht alle Testaktivitäten oder die zu berücksichtigenden Aspekte des Testens gleich intensiv betrachtet, sondern nur bestimmte, die als »kritisch« eingestuft werden (s. [Black 02], [Black 03]). Eine »kritische« Aktivität (bzw. Aspekt) ist in diesem Zusammenhang als eine Aktivität anzusehen, die besonders wichtig und entscheidend für den Erfolg des Testens als Ganzes ist.

Sind diese kritischen Aktivitäten etabliert und werden sie gut ausgeführt, dann unterstützen sie erfolgreich das Testteam. Umgekehrt gilt, dass bei schlechter Umsetzung der kritischen Aktivitäten selbst sehr gute Tester und Testmanager das Testen nicht erfolgreich durchführen können.

Checklisten als Grundlage

Das Vorgehen basiert auf Checklisten, die eine ganze Reihe von Fragen enthalten. Die Fragen sind dabei als eine Art Leitfaden zu sehen und die an den Aktivitäten beteiligten Personen sollen die Fragen in der Regel mit »ja, haben wir gemacht« beantworten. CTP gehört somit zur Gruppe der Inhaltsreferenzmodelle.

Overall test process

CTP nennt zwölf kritische Aspekte bzw. Aktivitäten (oder Ablauf von Aktivitäten), die zu berücksichtigen sind. Die erste ist dabei der gesamte Testprozess selbst, der die Planung, Vorbereitung, Durchführung und Vervollständigung (Plan, Prepare, Perform, Perfect) umfasst. Diese vier dienen auch zur Strukturierung der weiteren Abfolgen von Aktivitäten, die kurz mit einigen der entsprechenden Fragestellungen auszugsweise vorgestellt werden (s.a. [Black 04], [Schlich 07]).

Planen (plan)

Folgende kritische Aktivitäten gehören zum Planen:

- **Umfeld berücksichtigen**

  Test lifecycle adaptation process

  - Werden alle (Haupt-)Aktivitäten des Lebenszyklus im Unternehmen (Akquisition, Entwicklung, Wartung, Verbesserungsinitiativen, ...) von den Beteiligten verstanden?
  - Ist eine Analyse der Test- und Qualitätsdokumente, der im Projekt vorliegenden Daten und Metriken vorgenommen worden?
  - Sind die Testaktivitäten anderer Personen in vorangegangenen und in folgenden Projektphasen mit ihnen diskutiert worden?
  - Konnten die Testprozess-Stakeholder aus dem Kollegenkreis identifiziert werden und wurde mit ihnen diskutiert?
- **Risiken managen**

  Quality risk analysis process

  - Sind Test- und Qualitäts-Stakeholder identifiziert und gibt es eine einheitliche Einschätzung der Qualitätsrisikoanalyse?
  - Gibt es Konsens zu Techniken und Methoden der Risikoanalyse?
  - Wurden die Qualitätsrisiken identifiziert, analysiert, priorisiert und Maßnahmen zur deren Bewältigung identifiziert?
  - Stehen Berichte zu Problemen früherer Projekte zur Verfügung, in denen die Risiken dokumentiert sind?

Test estimation process

- **Testaufwand schätzen**[27]
  - Ist ein Test-Projektstrukturplan (TPSP) erarbeitet und wurde der Zeitbedarf abgeschätzt?
  - Ist das aufzuwendende Budget auf Basis von TPSP und Zeitplanung abgeleitet worden?
  - Wurden die einzelnen Schritte der Planung und Schätzung so lange wiederholt, bis sämtliche Ressourcen zum Testaufwand und -umfang passen, und sind diese von allen Beteiligten und vom Management akzeptiert?

Test planning process

- **Tests planen**
  - Sind die notwendigen Zuarbeiten zwischen Testprojekt und Gesamtprojekt vereinbart und dokumentiert?
  - Sind die Kommunikationswege klar und die Planungsdetails abgeschlossen?
  - Wurden Reviews durchgeführt und die Planung ggf. optimiert?

Vorbereiten (prepare)

Vorbereitend sind folgende kritische Aktivitäten durchzuführen:

Test team building process

- **Testteam zusammenstellen**
  - Konnten für die durchzuführenden Aufgaben »passende« Teammitglieder gewonnen werden?
  - Wurden die Fähigkeiten des Teams verbessert und ist eine Karriereplanung für das Testteam entwickelt worden?
    (Falls notwendig, ist der erste Punkt zu wiederholen; der zweite Punkt ist kontinuierlich durchzuführen.)

Test development process

- **Testsystem erstellen**
  - Sind Testsuiten neu erstellt oder überarbeitet worden?
  - Wurden passende Testsuiten ausgewählt und Tests bezogen auf die höchsten bisher noch nicht abgedeckten Risiken hinzugefügt?

Durchführen (perform)

Kritische Aktivitäten der Durchführung sind:

Test release deployment process

- **Testreleases managen**
  - Sind die Inhalte für das nächste Testrelease ausgewählt?
  - Wurden die notwendigen Änderungen implementiert und der Code durch die Entwickler getestet?
  - Wurde das Testrelease generiert und mit einer passenden Versionskennung versehen?

---

27. In [Black 04] sehr ausführlich beschrieben.

- Wurden Smoketests auf der Entwicklungsumgebung durchgeführt und ggf. Korrekturen vorgenommen, bis ein einwandfreier Durchlauf vorlag?

Tests durchführen

Test execution process

- Sind Testsuiten basierend auf den Risiken und der Planung ausgewählt worden?
- Wurden die einzelnen Testfälle jeder Testsuite den Testern zugewiesen?
- Wurden die Testsuiten ausgeführt, erkannte Abweichungen verwaltet und die Testdurchführung dokumentiert?
- Konnten testblockierende Probleme behoben werden?

Vervollständigen (perfect)

Abschließende kritische Aktivitäten sind:

Abweichungen managen

Bug reporting process

- Konnten alle Fehlersituationen nachgestellt werden?
- Konnte das Fehlverhalten isoliert werden und ist eventuell ein »Workaround« erarbeitet worden?
- Sind die Fehlverhalten präzise und ohne unnötige Informationen dokumentiert?

Ergebnisse berichten

Test results reporting process

- Ist die Zielgruppe klar, die die Berichte erhält?
- Sind die Inhalte der Berichte so, dass sie die Fragen der Zielgruppe hinsichtlich des Tests beantworten?
- Sind die passsenden Metriken ausgewählt und sind in den Berichten Grafiken enthalten, die die Fragen der Zielgruppe beantworten können?

Änderungen managen

Test change management process

- Sind alle Anforderungen zu Änderungen dokumentiert?
- Wurde ein Review der Änderungen vorgenommen?
- Wurden die Änderungen geplant, umgesetzt, getestet und integriert?
- Sind Kosten, Nutzen, Konsequenzen und Risiken der Änderungen dokumentiert worden?

CTP anpassen

CTP kann auf die angetroffenen Gegebenheiten angepasst werden. Dabei sind die spezifischen Herausforderungen beim jeweiligen Testprozess zu identifizieren, die Eigenschaften und Merkmale der gut durchgeführten Aktivitäten sowie die Reihenfolge und die Wichtigkeit für die Umsetzung der Prozessverbesserungen entsprechend zu berücksichtigen. Grundsätzlich kann CTP für alle Testprozesse in den unterschiedlichen Softwarelebenszyklusmodellen (s. Kap. 3) verwendet und angepasst werden.

Bei der Bewertung des bestehenden Testprozesses wird zuerst identifiziert, welche der Testaktivitäten überzeugend und gut definiert und durchgeführt werden und welche nicht. Ergebnis ist eine priorisierte Liste von Empfehlungen für Verbesserungen, basierend auf den Bedürfnissen der Organisation.

Quantitative Metriken

Unabhängig von der Anpassung auf die jeweilige Organisation werden in der Regel die folgenden quantitativen Metriken ermittelt und begutachtet: die Fehlerfindungsrate, der Return on Investment des Testens insgesamt, die erreichte Überdeckung der Anforderungen und der Risiken, die indirekten Kosten (Overhead) eines Testrelease sowie die Anzahl der zurückgewiesenen Fehlerberichte.

Qualitative Faktoren

Neben den zahlenmäßig zu ermittelnden Metriken, und dadurch leicht vergleichbaren und bewertbaren Ergebnissen, sind bei einer Bewertung auf Grundlage von CTP in der Regel folgende qualitativen Einflussfaktoren auf den Testprozess zu analysieren und zu bewerten: die Aufgaben und die Effektivität des Testteams, die Brauchbarkeit des Testkonzepts, die Fähigkeiten des Testteams im Testen, Branchenkenntnisse und Technologien, die Zweckmäßigkeit der Berichterstattung der Fehler und der Testergebnisse sowie der Nutzen und die Ausgewogenheit des Änderungsmanagements.

Zur Ermittlung und Begutachtung der Metriken und Faktoren dienen die oben erwähnten und in Auszügen wiedergegebenen Checklisten bzw. Fragenkataloge.

Nachdem die Schwachstellen identifiziert wurden, sind Pläne für deren Verbesserung auszuarbeiten und umzusetzen. CTP liefert keine konkreten, sondern eher allgemeine Verbesserungsvorschläge für jede der kritischen Testaktivitäten. Vom Bewertungsteam wird erwartet, dass es die allgemeinen Vorschläge auf die jeweilige Situation und die Randbedingungen in der Organisation anpasst und konkretisiert, damit die Umsetzung in der Organisation vorgenommen werden kann.

8.3.5 Vergleich der Bewertungs- und Prozessmodelle

Alle vier beschriebenen Modelle bzw. Ansätze sind ausschließlich auf den Testprozess fokussiert. TMM ist auf Grundlage von CMM entwickelt worden und führt zu einer Bewertung des gesamten Testprozesses in Reifegradstufen. TPI bewertet 20 für den Testprozess relevante Kerngebiete separat und ähnelt damit mehr dem CMMI in der kontinuierlichen Darstellung bzw. der ISO/IEC 15504, wo auch die einzelnen Prozessgebiete Fähigkeitsgrade bescheinigt bekommen.

STEP und CTP sind Beschreibungen von Vorgehensweisen beim Testprozess und liefern keine direkten Bewertungen oder Einstufungen. Es werden Aktivitäten beschrieben (STEP) oder deren Umsetzung abgefragt (CTP). Sicherlich stellen beide wertvolle Quellen für »Best Practices« dar und tragen dazu bei, den eigenen Testprozess in Relation zu den Modellen zu vergleichen und zu vervollkommnen.

TPI & TMM für den Testmanager

Die Bewertungsmodelle TPI und TMM sind für den Testmanager von großer Bedeutung, da sie ihm helfen, den Testprozess zu analysieren, zu bewerten und entsprechende Verbesserungen in Angriff zu nehmen. Viele nützliche Hinweise und konkrete Tipps zum Testprozess finden sich in beiden Modellen. Welches Bewertungsmodell anzuwenden ist, ist auch von den Gegebenheiten im Unternehmen abhängig. Wird im Unternehmen ein CMMI-Assessment (Stufendarstellung) durchgeführt, ist TMM möglicherweise als Modell mit einem ähnlichen Aufbau vertrauter. Beide, TPI und TMM, eignen sich jedoch als Ergänzung der universellen Assessmentmodelle CMMI und SPICE gleichermaßen gut.

Detaillierter beschrieben ist TPI. Auch scheint seine Verbreitung größer zu sein. Auf den Internetseiten der Firma Sogeti findet sich das Ergebnis einer weltweiten Befragung zum Einsatz von TPI ([URL: TPI] Worldwide Survey).

Ausführliche Beschreibungen sind in den Büchern »Practical Software Testing« [Burnstein 03] für TMM und »Management und Optimierung des Testprozesses» [Pol 02] bzw. »Test Process Improvement: a Practical Step-by-Step Guide to Structured Testing« [Koomen 99] für TPI vorhanden. STEP ist im Buch »Systematic Software Testing« [Craig 02] und CTP ist in den Büchern »Critical Testing Processes« bzw. »Critical Testing Processes. Plan, prepare, perform, perfect« [Black 03], [Black 04] detailliert dargestellt.

Certified Tester – Expert Level

Der Lehrplan »Verbesserung des Testprozesses« liegt in der englischen Version (1.0.2) seit September 2010 vor (s.u. [URL: ISTQB CTE-2010]). Es ist der erste »Expert Level« des internationalen Aus- und Weiterbildungsprogramms ISTQB Certified Tester, für den ein Lehrplan definiert worden ist.

8.4 Audit und Assessment

Audit – systematische und unabhängige Untersuchung

Ein Audit ist eine systematische und unabhängige Untersuchung zur Bewertung von Softwareprodukten und Entwicklungsprozessen, um Konformität mit Standards, Richtlinien, Spezifikationen und/oder Prozessen zu bestimmen. Ein Audit basiert auf objektiven Kriterien. Grundlage sind Dokumente, die

- die Gestaltung oder den Inhalt der zu erstellenden Produkte festlegen, den Prozess der Erstellung der Produkte beschreiben,
- spezifizieren, wie die Übereinstimmung mit den Standards und Richtlinien nachgewiesen bzw. gemessen werden kann.

Audittypen

Neben der Prüfung der Einhaltung von Richtlinien kann beim Audit auch die Effektivität der Umsetzung und eine Einschätzung des Prüfobjekts vorgenommen werden. Es werden drei Audittypen unterschieden:

- Das Systemaudit untersucht das Qualitätsmanagementsystem oder ausgewählte Teilbereiche in Hinblick auf Struktur und Arbeitsabläufe.
- Das Prozessaudit analysiert Prozesse bezüglich des eingesetzten Personals, der Prozessüberwachung und der Abfolge der einzelnen Arbeitsschritte.
- Beim Produktaudit werden (Teil-)Produkte auf ihre Übereinstimmung mit der Spezifikation und der Einhaltung von Richtlinien und Standards hin analysiert.

Umfang von Audits

Audits dauern in der Regel wenige Tage und dem Auditteam gehören meist 2 – 4 Personen an. Ziel aller Audits ist es, Schwachstellen aufzuzeigen, diese zu dokumentieren und konkrete und dauerhafte Verbesserungsmaßnahmen vorzuschlagen. Dabei sind folgende Schritte sinnvoll:

1. Bedarf an einem Audit feststellen (z.B. interne Prozessverbesserung als notwendig erkannt oder externe Anforderung des Kunden)
2. Planung des Audits (Inhalt, Team, formale Grundlagen, Ressourcen, Termine)
3. Durchführung des Audits mit den zugrunde liegenden Dokumenten und Ermittlung der Ergebnisse
4. Diskussion über Stärken und Schwächen und ob Verbesserungen notwendig sind
5. Umsetzung der Vorschläge mit entsprechender Berichterstattung bzw. Archivierung

Assessments

Assessments ähneln mehrtägigen Audits mit größeren Teams, in der Regel von 3 – 5 Personen. Bei einem Assessment werden die betrieblichen Abläufe mit den Anforderungen eines Bewertungsmodells (z.B. den beschriebenen Modellen CMMI und SPICE) verglichen. Dabei werden sowohl direkte Artefakte (Richtlinien, Arbeitsanweisungen, Prozessmodelle) und indirekte (Protokolle, Berichte, ausgefüllte Templates) analysiert als auch die tatsächlich »gelebten« Prozesse mittels Interviews und zum Teil durch »über die Schulter schauen« geprüft.

Ergebnisse sind Reife- oder Fähigkeitsgradbewertungen von Organisationen oder von einzelnen Prozessen. Stärken und Schwächen sowie Verbesserungspotenziale werden aufgezeigt und Möglichkeiten zur Nutzung von Synergien und Leitkompetenzen (insbesondere beim vergleichenden Assessment mehrerer Organisationseinheiten oder Projekte) identifiziert.

Vergleichbarkeit der Assessments sicherstellen

Von den fünf Teilen der ISO/IEC 15504 (SPICE) beschäftigen sich drei direkt mit den durchzuführenden Assessments: »Part 2 – Performing an Assessment«, »Part 3 – Guidance on Performing an Assessment« und »Part 5 – An Assessment Model and Indicator Guidance«. Durch die ausführliche Beschreibung soll eine Vergleichbarkeit der Assessmentergebnisse gewährleistet und die Varianz der individuellen Einschätzung durch die →Assessoren, also die Personen, die die Einschätzung vornehmen, verringert werden.

TMM- und TPI-Assessments sind in den vorherigen Abschnitten 8.3.1 und 8.3.2 kurz beschrieben. Ausführlichere Angaben zu deren Durchführung finden sich in den dort angegebenen Literaturhinweisen.

8.4.1 Durchführung eines internen Audits oder Assessments

Alle genannten Bewertungsmodelle enthalten Anleitungen zur Durchführung von Assessments. Die wesentlichen Schritte zur Vorbereitung eines Assessments (egal ob extern oder intern) sind in allen Modellen im Prinzip gleich; die folgende Auflistung des »Assessment-Inputs« orientiert sich an der ISO/IEC 15504 Teil 2:

Sponsor

- **Sponsor identifizieren**
  Der Sponsor stellt Budget und Zeit für das Assessment zur Verfügung – er ist diejenige Person im Unternehmen, die das primäre Interesse am Assessment hat. Seine Erwartungshaltung abzufragen und seine Zustimmung zur Durchführung mit dem in der Planung kalkulierten Aufwand einzuholen sind elementare Schritte – besonders beim internen Assessment, das sonst Gefahr läuft, als vermeintlich sinnlose, weil nicht unmittelbar Umsatz bringende Aktivität abgelehnt zu werden.

Zweck

- **Zweck des Assessments identifizieren**
  Am (Geschäfts-)Zweck orientieren sich die weiteren Schritte der Planung, beispielsweise die Auswahl der zu untersuchenden Prozesse und Organisationseinheiten. Primärer Ansprechpartner für diesen Punkt ist der Sponsor, aber es existieren möglicherweise weitere Stakeholder für das Assessment, die ebenfalls befragt werden sollen.

Umfang festlegen

Umfang

Aus dem Zweck des Assessments und der Istsituation im Unternehmen werden die zu untersuchenden Organisationseinheiten, Prozesse und die maximal zu betrachtenden Reifegrade abgeleitet. Eine wichtige Rolle für den Umfang spielen auch Hintergrundinformationen, wie Größe, Branche, Komplexität und Art der Produkte oder Dienstleistungen des Unternehmens, sowie vor allem aktuelle Probleme in Projekten oder mit bestimmten Produkten.

Vorgehensweise und Modell auswählen

Vorgehensweise

Je nach Zweck und Umfang des Assessments stehen bei gleicher Situation verschiedene Modelle zur Auswahl. So kann ein Assessment des Testprozesses bei einem Medizingeräteehersteller z.B. mit dem »puren« TPI ebenso durchgeführt werden wie mit Automotive TPI, weil dieses einen besonderen Augenmerk auf den Integrationstest richtet, was bei einem Hersteller von integrierten Hard- und Softwarelösungen durchaus sinnvoll sein kann. Anders als üblicherweise bei einem externen Assessment besteht bei einem internen die Freiheit, ggf. sogar mehrere Modelle zu kombinieren und/oder nur in Teilaspekten anzuwenden, um damit die Ziele des Assessments noch genauer zu adressieren. Dies ist eine Vorgehensweise, die aber nur sehr erfahrenen Assessoren empfohlen werden kann.

Randbedingungen und Einschränkungen identifizieren

Randbedingungen

Die offensichtlichste Einschränkung ist das zur Verfügung stehende Budget, das den o.g. Umfang des Assessments beeinflusst. Weitere mögliche Einschränkungen sind die fehlende Verfügbarkeit von Interviewpartnern (z.B. aufgrund von Projektdruck), der Zeitraum für die Durchführung der Aktivitäten, die zu untersuchenden Prozesse und Organisationseinheiten und die Art und der Umfang der zu sammelnden Evidenzen[28]. Die Praxis zeigt leider, dass bei internen Assessments die Einschränkungen stärker sind als bei externen. Dies ist eine unmittelbare Folge der oftmals niedrigen Priorität, die das interne Assessment beispielsweise gegenüber der Projektarbeit genießt.

Kontrolle über die Assessmentergebnisse und Vertraulichkeit

Kontrolle und Vertraulichkeit

Assessmentpartner geben nur dann uneingeschränkt Auskunft, wenn sie sich sicher sein können, dass die Assessmentergebnisse vertraulich verwendet werden. Daher muss allen Assessmentbeteiligten zu Beginn klar sein, wer und zu welchem Zweck in welchem Umfang

28. Untersuchungsergebnisse, die als Belege für einen bestimmten Reifegrad dienen; dies können Interviewaussagen sein, Dokumente, Daten in Prozesswerkzeugen etc.

Zugriff auf die Assessmentergebnisse haben wird. Bei internen Assessments wird dieser Punkt leider oftmals vernachlässigt.

- **Beteiligte Personen und Rollen identifizieren**
  Die an den zu untersuchenden Prozessen beteiligten Rollen müssen mindestens durch eine Person besetzt sein, die am Assessment teilnimmt. Ebenso sind aus jedem zu untersuchenden Projekt Vertreter zu beteiligen. Die Personen müssen (natürlich) verfügbar sein und zu Beginn des Assessments über die o.g. Fakten (Zweck etc.), das verwendete Assessmentmodell und ihre Rolle bei der Mitwirkung informiert sein. Bei internen Assessments sind oftmals mehrere Rollen vereint in einer Person vorzufinden; unbedingt vermieden werden muss dabei allerdings, dass die Assessoren (Prüfer) gleichzeitig Assessees (Geprüfte) sind.

Beteiligte Personen

Vorbereitung des Assessments entscheidend für den Erfolg

Die Vorbereitung des Assessments ist der wichtigste, weil für den Erfolg des Assessments kritischste Schritt bei der Durchführung. Bei der Definition der Ziele des Assessments bzw. der Prozessverbesserung und bei deren Ableitung von den Geschäftszielen können falsche Erwartungen geweckt, Aussagen fehlinterpretiert oder wichtige Meinungen nicht eingeholt werden. Nicht zuletzt besteht bei internen Assessments die Gefahr, dass einige Aspekte der Vorbereitung nicht so ernst genommen werden wie bei einem externen Assessment – das rächt sich praktisch immer, weil die Ergebnisse des Assessments nicht die Aussagekraft erreichen, die bei gründlicher Vorbereitung möglich wäre! Die Aufstellung des Assessment-Inputs nach obiger Liste reduziert das Risiko einer unzureichenden Vorbereitung erheblich.

Planung des Assessments

Im nächsten Schritt wird basierend auf den gewonnenen Informationen mit der Planung des Assessments begonnen. Unter anderem sind hier folgende Aspekte zu betrachten:

- Risiken, die zum Scheitern des Assessments oder zur negativen Beeinträchtigung der Ergebnisverwertung führen können
- Organisation der Interviews, Termin- und Ressourcenplanung
- Bereitstellung der notwendigen Zulieferleistungen der zu untersuchenden Organisationsteile (Infrastruktur, Zugang zu Datenbanken, bereitzustellende Prozess- und Projektdokumente etc.)

Dokumente sichten und Interviews führen

Nach Abschluss der Planung werden dann die eigentlichen Assessmentaktivitäten durchgeführt, also Dokumente gesichtet und bewertet sowie Interviews mit den Assessees geführt und protokolliert. Der Schwerpunkt bei dieser Arbeit liegt für den Assessor darin, die Rückverfolgbarkeit und Vollständigkeit der Beobachtungen durch hinreichende Dokumentation sicherzustellen.

Bei der Durchführung ist es sinnvoll, mit mindestens zwei Assessoren mit ausreichender Qualifikation (i.W. Kompetenz bzgl. Assessmentmodell, Assessorenerfahrung, Software-Know-how, Neutralität) zu arbeiten. Erfahrungsgemäß ist ein kritischer Einflussfaktor hierbei die im Assessment angewendete Strenge bei der Begutachtung und Bewertung: Diese kann einerseits zu gering sein (»Es ist ja nur ein internes Assessment«). Andererseits aber auch zu hoch, wenn sich beispielsweise einer der Assessoren an einem Mangel »festbeißt«, den er intern schon immer als besonders ärgerlich empfunden hat, der aber in der Realität nur geringe Priorität hat.

Validierung der Ergebnisse

Nach der Durchführung und Protokollierung erfolgt die Validierung der Ergebnisse durch Abgleich der Beobachtungen der einzelnen Assessoren und durch *On-site*-Präsentation der vorläufigen Ergebnisse vor den Interviewpartnern. Die validierten und konsolidierten Ergebnisse werden dann – spezifisch nach dem angewendeten Modell – zur Ermittlung von Verbesserungsvorschlägen ausgewertet. Assessmentergebnisse, besonders die gefundenen Stärken und Schwächen, werden zusammen mit den Verbesserungsvorschlägen zu einem Abschlussbericht aufbereitet und sowohl dem Sponsor als auch den Assessees präsentiert (je nach Vertraulichkeitsvereinbarungen und präsentierten Ergebnissen auch an zwei unterschiedlichen Terminen).

8.4.2 Vorbereitung auf ein Audit oder Assessment durch Externe

Prinzipiell ist die beste Vorbereitung auf ein externes Audit oder Assessment die vorherige Durchführung eines internen Audits oder Assessments. Ohnehin gehört dies zu den Pflichten einer lernenden und sich selbst permanent kontrollierenden und verbessernden Organisation. Beispielsweise schreibt die ISO 9000:2000 regelmäßige interne Audits verpflichtend vor.

Motivation für ein externes Assessment

Die Motivation für ein externes Assessment kann ganz unterschiedlich sein und somit unterschiedliche Beteiligte auf den Plan bringen. So kann ein Kunde ein Assessment eines Lieferanten durchführen (lassen), um dessen Eignung zu prüfen und ggf. an der Verbesserung der Qualität seiner Produkte mitzuwirken.

Tipp

Ein durch einen Kunden aufgezwungenes Assessment, für das der Lieferant einseitig die Kosten tragen muss und bei dem ggf. Prozesse untersucht werden, die einseitig die Pflichten des Lieferanten, aber nicht die des Kunden beleuchten, kommt durchaus vor. Gehen Sie als Lieferant aber auf jeden Fall zunächst davon aus, dass Ihnen das Assessment nützliche Informationen liefern wird, die den vermeintlichen Nachteil des Druckmittels durch den Kunden mehr als wettmachen. Lassen Sie sich insbesondere in der Vorbereitungsphase nicht in eine passive Rolle drängen, sondern arbeiten Sie aktiv an der Zielbestimmung und an der Planung mit – nur so können Sie Ihre eigenen Interessen wahren und dafür sorgen, dass Sie die Assessmentergebnisse positiv verwerten können.

Assessment selbst initiieren

Die zu untersuchende Organisation kann ein externes Assessment durch eine externe Prüfstelle selbst initiieren, um sich einen bestimmten Reifegrad bescheinigen zu lassen und Verbesserungspotenzial identifizieren zu können.

Qualität der Assessoren

Es muss immer sichergestellt werden, dass die Assessoren absolute Neutralität wahren und dass das Assessment nicht zur Realisierung von politischen oder kurzfristigen monetären Zielen genutzt wird. Ebenso muss die fachliche Kompetenz der Assessoren sichergestellt sein. Hierzu bieten die Modelle CMMI und SPICE bessere Möglichkeiten als zum Beispiel TMM und TPI, weil hier entsprechende Qualifizierungsprogramme für Assessoren existieren, die durch Zertifikate belegt werden. Für SPICE ist dies INTACS (INTernational ISO/IEC 15504 Assessor Certification Scheme [URL: INTACS]) und für CMMI SCAMPI (Standard CMMI Appraisal Method for Process Improvement [URL: SCAMPI]).

Gefahr von unterschiedlichen Zielen

Im nächsten Schritt ist Klarheit über den Assessment-Input (s. o.) zu erhalten. Insbesondere wenn das Assessment durch einen Kunden initiiert und wenn es selbst oder durch einen beauftragten Dritten durchgeführt wird, besteht die Gefahr, dass die Ziele des Auftraggebers, des Assessors und des untersuchten Unternehmens stark differieren. Wenn dies nicht erkannt oder – noch schlimmer – zwar erkannt, aber ignoriert wird, kommt es zu ähnlichen Folgen wie bei schlecht vorbereiteten internen Assessments: überzogene Erwartungen, Verbergen von Problemen, ungenaue Ergebnisse und davon abgeleitet suboptimale Verbesserungsmaßnahmen.

Erfolgt ein externes Assessment nach einem den internen Beteiligten unbekannten Vorgehensmodell, so ist vor Beginn des Assessments eine gewisse Vertrautheit mit dem Modell herzustellen. Ein verantwortungsvoller Assessor wird dies aber selbst durch ein rechtzeitiges Briefing der Beteiligten sicherstellen.

Infrastruktur wichtig

Während der Durchführung liegt der Fokus im untersuchten Unternehmen darauf, alle erforderlichen Informationen bereitzustellen, also alle notwendigen Dokumente vorzuhalten und Interviewpartner freizustellen. Ebenso wichtig ist aber auch eine ausreichende Infrastruktur – Räume, Whiteboards oder Flipcharts, ggf. Beamer, Getränke etc. Empfehlenswert ist die Benennung eines lokalen Organisators, der sich ausschließlich um die Bereitstellung der Infrastruktur und die Planung aller Interviews kümmert. Er begleitet das Assessmentteam während der Assessmenttermine und arbeitet eng mit diesem zusammen.

Beispiel: Lightweight-Assessment

Folgendes Beispiel eines »Lightweight-Assessments«[29] zur Unterstützung einer Plattformteststrategie illustriert die wesentlichen Bestandteile des Assessment-Inputs und die vom Assessor daraus gezogenen Konsequenzen.

Änderung im Entwicklungsprozess

In einem Unternehmen, das kaufmännische PC-Software produziert, wird eine Strategie zur Wiederverwendung von Software eingeführt. Es werden alle Module, aus denen sich die aktuelle Produktpalette des Herstellers zusammensetzt (die bisher unabhängig voneinander in verschiedenen Geschäftsfeldern entwickelt wurden), zu einer applikationsübergreifenden Softwareplattform zusammengefasst. Künftig soll diese Plattform unabhängig von den einzelnen Produkten (aber natürlich in enger Zusammenarbeit mit den Produktteams) weiterentwickelt werden. Das Unternehmen verspricht sich davon erhebliche Einsparungen während der Entwicklung bei gleichzeitig gesteigerter Qualität.

Zur Unterstützung dieser Strategie wird parallel zu Requirements Engineering, Design und Implementierung dieser Plattform auch ein Plattformtestprozess definiert, der zwischen den Tests der einzelnen Module und den Tests der Produkte, die die Plattform nutzen, angesiedelt ist.

Zu viele Fehler

Bei der Integration der ersten Plattformreleases in die Entwicklung der Produkte stellen die Produktteams – insbesondere deren Testabteilungen – fest, dass sie mit einer erheblichen Anzahl von Fehlerwirkungen kämpfen müssen. Diese sind in der Plattform lokalisiert und hätten nach Meinung der Testabteilung während des Plattformtests oder sogar vorher, also bei den Modultests, gefunden werden können. Durch die hohe Fehlerzahl wird die Produktentwicklung signifikant verzögert. Der Entwicklungsleiter der Plattform wendet sich daraufhin an ein externes Beratungsunternehmen, um diesen Missstand anzugehen.

Assessment der betroffenen Prozesse

Der Berater schlägt vor, als einleitende Untersuchung ein Assessment der Modultestprozesse und des Plattformtestprozesses durchzuführen. In einem einführenden Workshop mit den Beteiligten der einzelnen Entwicklungsstufen werden folgende Hypothesen erarbeitet:

- Eine mögliche Ursache der niedrigen Defect Detection Percentage (s. Abschnitt 12.5.3) ist, dass die Testfälle im Modul- und Plattformtest nicht effizient genug sind.

29. Bezeichnet eine sehr vereinfachte und wenig formale Form eines Assessments.

- Eine weitere mögliche Ursache liegt offenbar darin, dass es keine hinreichenden Testende- und Ausgangskriterien (s. Abschnitt 6.5 und 12) gibt, mit denen die ausreichende Reife der Plattformsoftware beurteilt werden kann. Als Folge davon wird eventuell die Plattform zu früh an die Produktentwicklung geliefert.

Assessment-Input

Der Berater fasst am Ende des Workshops die Erkenntnisse zu folgendem Assessment-Input zusammen:

- **Sponsor**
  Das ist der Verantwortliche für die Plattformentwicklung.
- **Zweck des Assessments**
  Steigerung der Effizienz von Modul- und Plattformtest mit dem Ziel, die Defect Detection Percentage dieser Stufen signifikant zu erhöhen.
- **Umfang des Assessments**
  Da mit dem Assessment zunächst nur ein grober Einblick zur Festigung bzw. Ablehnung der Hypothesen gewonnen werden soll, wird der Aufwand begrenzt. Von den 17 Modulen werden stichprobenhaft 5 betrachtet; es wird vereinbart, pro Modul sowie für den Plattformintegrationstest maximal 4 Stunden Interviews mit Projektbeteiligten zu verbringen und die Untersuchungen auf den Testprozess zu begrenzen.
- Nachdem die Probleme offensichtlich im Testprozess liegen, wählt der Berater TPI als Assessmentmodell. Er stellt sicher, dass zwei Assessoren mit langjähriger TPI-Erfahrung sowie Grundkenntnissen in kaufmännischer Datenverarbeitung zur Verfügung stehen.
- Zur Untersuchung der ersten Hypothese wird beschlossen, die TPI-Kernbereiche »Teststrategie« und »Testspezifikationstechniken« zu untersuchen. Schwächen in einem dieser Bereiche können Ursachen für die vermutete Ineffizienz beim Test sein.
- Die zweite Hypothese veranlasst den Berater, den Kernbereich »Metriken« ins Assessment aufzunehmen. Er vermutet, dass der Mangel an griffigen Ausgangskriterien in fehlenden oder falsch angewendeten Metriken für die Produktqualität liegt.

Ausgehend von diesem Input analysieren die Assessoren auf Basis der TPI-Dokumentation, bis zu welcher Ebene die einzelnen Kernbereiche untersucht werden müssen und ob durch die internen Abhängigkeiten der Kernbereiche untereinander weitere Kernbereiche zu untersuchen sind.

Das Ergebnis dieser Analyse halten sie dann in folgendem Zielprofil fest:

Tab. 8–6
TPI-Zielprofil

	Kerngebiet Skala	0	1	2	3	4	5	6	7	8	9	10	11	12	13
1	Teststrategie		A					B				C		D	
2	Einsatz des Phasenmodells		A			B									
3	Zeitpunkt der Beteiligung			A				B				C		D	
4	Kostenvoranschlag und Planung				A							B			
5	Testspezifikationstechniken		A		B										
6	Statische Testtechniken					A		B							
7	Metriken						A			B			C		D
8	Testwerkzeuge					A			B			C			
9	Testumgebung				A				B						C
10	Testarbeitsplatz				A										
11	Engagement und Motivation		A				B						C		
12	Testfunktionen und Ausbildung				A			B				C			
13	Reichweite der Methodik					A						B			C
14	Kommunikation			A		B							C		
15	Berichterstattung		A			B		C					D		
16	Dokumentation der Abweichungen		A				B		C						
17	Testmittelmanagement			A			B				C				D
18	Testprozessmanagement		A		B								C		
19	Prüfungen							A			B				
20	Low-Level-Tests					A		B		C					

Das Zielprofil dient bei den anschließend zu planenden und durchzuführenden Interviews und Dokumentinspektionen als Richtlinie für die Tiefe der Untersuchung.

8.5 Zusammenfassung

Seit einigen Jahren werden Bewertungs- und Verbesserungsmodelle für allgemeine Prozesse, aber auch spezielle für den Softwareentwicklungsprozess vorgestellt, diskutiert und eingesetzt. Einige solcher Modelle wurden in diesem Kapitel beschrieben:

- TQM, Kaizen und Six Sigma sind Modelle, die nicht auf den Softwareentwicklungsprozess beschränkt sind, sondern allgemein zur Verbesserung von Prozessen, Produkten und Dienstleistungen beitragen sollen. In ihnen finden sich aber viele Anregungen und Vorschläge, die in der Softwareentwicklung und beim Testen angewendet werden können.

- Das Capability Maturity Model Integration (CMMI) ist aus dem Capability Maturity Model (CMM) hervorgegangen. Die Bewertung kann für die gesamte Organisation, in der stufenförmigen Darstellung mit Reifegraden, oder für einzelne Prozessgebiete, in der kontinuierlichen Darstellung mit Fähigkeitsgraden, erfolgen.
- Die Prozessgebiete Verifikation und Validierung sind für den Testmanager von besonderem Interesse. Die Beschreibung der Gebiete in CMMI ist allerdings nicht sehr ausführlich und gibt wenig konkrete Hinweise.
- Die Norm ISO/IEC 15504 (SPICE) bietet eine feinere Aufteilung der Fähigkeitsgrade, die sich wie in CMMI auf einzelne Prozesse beziehen.
- Einige Prozesse sind für den Testmanager bedeutend: Die Prozesse sind in einzelne Schritte unterteilt, die jeweils kurz beschrieben werden.
- Das Testing Maturity Model (TMM) ist in Anlehnung an CMM entstanden und dient ausschließlich der Analyse und Verbesserung des Testprozesses. Fünf Reifegradstufen und unterschiedliche Prozessgebiete sind definiert.
- Test Process Improvement (TPI) hat keine direkten Vorbilder, sondern ist von einer Firma aufgrund der vorhandenen Erfahrung entwickelt worden. 20 Kerngebiete werden zur Einschätzung des Testprozesses herangezogen. In einer Matrix werden die Fähigkeitsgrade (Ebenen) aller Kerngebiete übersichtlich dargestellt.
- Der Systematic Test and Evaluation Process (STEP) definiert den Testprozess parallel zum Softwareentwicklungsprozess. Testen beginnt mit dem Projektstart. Auf jeder Teststufe sind durchzuführen: Planung der Strategie, Bereitstellung der Testmittel, Messung des Verhaltens (Reaktion). Am Prozess beteiligt sind Testmanager, Testanalyst, Testtechniker und Testreviewer.
- Critical Testing Processes (CTP) stuft zwölf Aktivitäten im Testprozess als »kritisch« ein. Die erste umfasst dabei den gesamte Testprozess selbst, der Planung, Vorbereitung, Durchführung und Vervollständigung (Plan, Prepare, Perform, Perfect) beinhaltet. Diese vier Aufgaben werden weiter aufgeteilt und deren Umsetzung durch Checklisten abgefragt.
- TMM und TPI sind gut geeignet, den Testprozess kritisch zu analysieren und Schwächen, aber auch Stärken aufzuzeigen. Beide geben konkrete Hinweise, welche Maßnahmen zur Verbesserung durchzuführen sind.

- CTP und STEP beschreiben Vorgehensweisen zum Testprozess. Eine Bewertung des eigenen Prozesses erfolgt indirekt durch Vergleich mit den beschriebenen Vorgehen bzw. der Beantwortung der Fragen.
- Ein Audit ist eine auf objektiven Kriterien beruhende, systematische Untersuchung zur Bewertung von Produkten oder Prozessen, nicht nur in der Softwareentwicklung. Die Einhaltung von Standards, Richtlinien und Spezifikationen wird geprüft.
- Assessments dienen zur Bestimmung von Reife- oder Fähigkeitsgraden von Organisationen oder einzelnen Prozesse. Sie sind eng mit den Reifegradmodellen verknüpft. Bewertungsmodelle werden in unterschiedlichsten Unternehmen oder Organisationen eingesetzt.
- Wie gut sich ein bestimmtes Modell eignet, kann nur individuell im jeweiligen Unternehmen entschieden werden. Eine generelle Empfehlung kann nicht ausgesprochen werden.

9 Abweichungsmanagement

Der hauptsächliche Mehrwert des Testens liegt im Aufdecken und Melden von Abweichungen des getesteten Systems von den Anforderungen. Um eine Abweichung beheben zu können, benötigt jedoch die Entwicklung möglichst detaillierte Informationen über Symptome, Reproduktion und Konsequenzen des Fehlverhaltens. Ein besonderes Augenmerk im Testprozess muss demzufolge in der exakten Dokumentation und Verfolgung von Abweichungen liegen. Hierzu gehört auch eine Risikoabschätzung über die Folgen eines im System verbleibenden Fehlers. In diesem Kapitel werden Anforderungen an die Dokumentation sowie Verfahren zur Kategorisierung, Priorisierung und Statusverfolgung von Abweichungen erläutert.

9.1 Fehler und Fehlerfindung

Software enthält im Allgemeinen Fehler – jedenfalls ist dies eine übliche Bezeichnung einer →Abweichung zwischen erwartetem und tatsächlichem Verhalten eines Softwaresystems. Es empfiehlt sich eine genauere Unterscheidung zwischen den verschiedenen Stufen der Entstehungskette von Abweichungen zu treffen (s.a. [Spillner 10]), um genauer zu beleuchten, wie in diese Entstehungskette möglichst frühzeitig eingegriffen werden kann:

Fehlhandlung, Fehlerzustand, Fehlerwirkung

- Eine **Fehlhandlung** ist eine falsche oder fehlende Aktion einer Person oder Gruppe, durch die ein Fehlerzustand im System entsteht. Fehlhandlungen sind durch konstruktive QS-Maßnahmen vermeidbar (z.B. durch Einführung von reifen Prozessen, deren Einhaltung Fehlhandlungen weitgehend ausschließen, sowie durch Qualifikation der ausführenden Personen durch geeignete Aus- und Weiterbildungsmaßnahmen). Ein konkretes Beispiel für eine solche Maßnahme ist die Einführung des sogenannten »Pair Programming«, einer Disziplin des Extreme Programming [Wolf 05]. Dabei teilen sich zwei Softwareentwickler einen Computer; der eine schreibt den Code und erläutert diesen laufend dem zweiten. Dieser verbessert durch Rückfragen und Verbesserungshinweise ständig den Code und hilft somit, die Anzahl von Fehlhandlungen des ersten Programmierers deutlich zu senken.

Ein **Fehlerzustand** ist ein Defekt im System, der mit einer gewissen Wahrscheinlichkeit zu Fehlerwirkungen während der Laufzeit des Systems führt. Er kann jedoch beliebig lange verborgen bleiben. Zu seiner Findung müssen Maßnahmen durchgeführt werden, die der eigentlichen Ausführung vorgelagert sind, z.B. Reviews von Code, Designdokumenten und Anforderungen, toolgestützte Codeprüfungen, Simulationen etc.

Eine **Fehlerwirkung** ist die nach außen sichtbare Abweichung des Systemverhaltens von den Anforderungsspezifikationen während der Nutzung des Systems. Fehlerwirkungen werden mit einer gewissen Wahrscheinlichkeit auftreten. Diese Wahrscheinlichkeit zu maximieren ist das Ziel des dynamischen Tests. Tests finden weder Fehlhandlungen noch Fehlerzustände, sondern sie provozieren Fehlerwirkungen. Verschiedene Fehlerwirkungen können durchaus auf den gleichen Fehlerzustand und die gleiche Fehlhandlung zurückzuführen sein.

Einheitliche Behandlung von Fehlerzuständen und Änderungsvorschlägen

»It's not a bug – it's a feature« – wohl jeder Programmierer und jeder Tester kennt diese Floskel. Sie drückt aus, dass zwischen Entwicklung, Test und Anwendern durchaus Meinungsunterschiede bestehen können, ob ein bestimmtes Verhalten eines Systems als Fehlerwirkung, als falsche Interpretation der Anforderungsdokumente durch den Tester oder als (berechtigter oder unberechtigter) Erweiterungs- oder Änderungswunsch zu betrachten ist. Neutraler Oberbegriff für all diese Ausprägungen ist der Begriff »Abweichung« (des Verhaltens des Systems von der Erwartungshaltung des Benutzers bzw. Testers) oder synonym dazu »Anomalie«.

Abweichungen bei den Testmitteln ebenfalls dokumentieren

Abweichungsmeldungen basieren meist auf Unterschieden zwischen der Spezifikation des erwarteten Ergebnisses eines bestimmten Testfalls und dem tatsächlichen Verhalten des getesteten Systems. Ein solcher Unterschied kann in einem falschen Systemverhalten, aber auch in einer falschen Testfallspezifikation begründet liegen. Ob das eine oder das andere zutrifft, wird oftmals erst im Laufe der Bearbeitung der Meldung klar. Hierzu gibt es in vielen Projekten eine einheitliche Verwaltung von Abweichungsmeldungen gegen das getestete System und Abweichungsmeldungen gegen die Testmittel, also Testkonzept, Testspezifikationen und Testautomatisierungen.

9.2 Dokumentation von Abweichungen

Die Personen, die Abweichungen aufdecken, sind in der Regel andere als die Personen, die diese Abweichungen analysieren und beheben (s. hierzu Abschnitt 9.3.1). Dies erfordert, dass erkannte Abweichungen sorgfältig dokumentiert und klar kommuniziert werden müssen.

Bei der Kommunikation spielt es zunächst keine Rolle, ob eine Abweichungsmeldung einfach per E-Mail, mithilfe eines Spreadsheet in einer Tabellenkalkulation oder über eine spezialisierte Datenbank (Abweichungs- oder Fehlerdatenbank, engl. →*Defect Management System*) dokumentiert und übermittelt wird. Um eine effiziente Bearbeitung zu unterstützen, muss die Dokumentation einer Abweichung unabhängig vom Medium aber bestimmten Ansprüchen genügen:

Anforderungen an die Dokumentation einer Abweichung

- Die Beschreibung des Sachverhalts muss eine einfache und eindeutige Reproduktion der Fehlerwirkung ermöglichen:
  - Der Testablauf und die ggf. notwendigen Eingabeparameter werden vollständig beschrieben. Im Idealfall verweist die Meldung der Abweichung direkt auf eine Testfallspezifikation und/oder eine automatisierte Testprozedur, mit der die Fehlerwirkung seitens der Entwicklung reproduziert werden kann.
  - Die Meldung soll dennoch so knapp wie möglich formuliert sein, d.h. keine überflüssigen Bestandteile haben. Unter anderem darf nur ein einzelnes, möglichst eng umrissenes Problem adressiert werden, keine Kombination aus mehreren Abweichungen.
  - Die Testumgebung, in der der Test durchgeführt wurde, und alle ggf. weiteren notwendigen Randbedingungen werden genau dokumentiert, z.B. Version des Testobjekts, Plattform, getestete Komponente, notwendige Referenzdaten.
  - Die Meldung soll nur objektive Fakten beinhalten. Interpretationen oder Vermutungen des Testers sollen vermieden oder zumindest klar als solche gekennzeichnet werden.
- Es muss möglich sein, eine Menge von Abweichungen relativ zueinander zu priorisieren, um sie gemäß ihrer Priorität bearbeiten zu können; hierzu soll z.B das mit der Fehlerwirkung verbundene Produktrisiko aus verschiedenen Blickwinkeln, z.B. dem des Endanwenders und dem des Testers, bewertet werden.
- Da an der Bearbeitung einer Abweichung im Allgemeinen mehrere Personen beteiligt sind, muss eine effiziente Steuerung, beispielsweise über eine eindeutige Zuordnung eines Bearbeitungsstatus und der verantwortlichen Personen für die Fehleranalyse, die Fehlerbehebung und den Fehlernachtest, unterstützt werden (s. Abschnitt 9.3).

- Das Datum und die Zeit der Feststellung der Abweichung werden dokumentiert. Zum einen kann die Zeit durchaus einen relevanten Teil der Fehlerursache ausmachen, zum anderen ermöglicht sie auch einige hilfreiche Auswertungen über die Gesamtmenge der Abweichungsmeldungen.

Einige Grundregeln für die Kommunikation

Diese Anforderungen machen es erforderlich, zur Kommunikation der Abweichungen ein festes Format zu nutzen, das je nach Kommunikationsmittel als E-Mail- bzw. Dokumenten-Template oder als Datenbankschema vorliegen soll. Beim Ausfüllen dieser Vorlage muss der Meldungsverfasser hinreichende Sorgfalt üben. Am besten versetzt er sich dazu in die Rollen derjenigen Personen, die die Meldung später lesen und auswerten.

Außerdem ist beim Schreiben zu beachten, dass jede Abweichungsmeldung ein gewisses politisches und emotionales Potenzial beinhaltet, kritisiert sie doch in den meisten Fällen das Werk eines anderen (nämlich des betroffenen Softwareentwicklers). Rechthaberei, Häme oder falsch platzierter Humor sind unangebracht. Kapitel 11 gibt weitere Hinweise darauf, wie unnötige Frontenbildung durch unangemessene Kommunikation vermieden wird.

Das folgende Beispiel zeigt ein Formular zur Meldung einer Abweichung, das durch seine diversen Attribute die o.g. Anforderungen erfüllt (s.a. [Spillner 10, Abschnitt 6.6.2]):

Tab. 9–1 *Beispiel-Fehlermeldeformular*

Identifikation	
Nummer	**laufende, eindeutige Nummer der Meldung**
Testobjekt	Bezeichnung des Testobjekts (System, ggf. betroffene Komponente(n))
Version	Identifikation der genauen Version (getesteter Build) des Testobjekts
Plattform	Identifikation der HW/SW-Plattform bzw. der Testumgebung, in der die Abweichung aufgetreten ist
Entdecker	Eindeutige Identifikation der Person, die die Abweichung entdeckt hat
Beheber (Entwickler)	Eindeutige Identifikation der Person, die die Abweichung beheben soll
Erfassung	Datum und Uhrzeit der (erstmaligen) Beobachtung der Abweichung →

Klassifikation[1]	
Status	Bearbeitungsstatus der Meldung[2]; ggf. historisierte Information, durch die der Verlauf der Statusänderungen mit jeweiligem Änderungsdatum sichtbar wird
Klasse	Schwere der Abweichung, z.B. Absturz, Fehlfunktion, Mangel, Schönheitsfehler, Änderungswunsch
Priorität	Dringlichkeit der Behebung
Anforderung(en)	Verweis(e) auf die Anforderung(en), die durch die Abweichung nicht erfüllt oder verletzt wird (werden)
Fehlerquelle	Mutmaßlicher Ort der Fehlhandlung: Codierung, Dokumentation, Design etc.
Problembeschreibung	
Testfall	Verweis auf den Testfall (Identifikation) bzw. direkte Beschreibung der zur Reproduktion der Abweichung notwendigen Schritte
Problem/ Symptom	Beschreibung der Abweichung bei möglichst exakter Schilderung der Unterschiede zwischen Soll- und Istverhalten
Kommentare	Stellungnahmen der Beteiligten zum Meldungsinhalt; ggf. historisierte Information
Korrektur	Angaben des Behebers zu den Korrekturmaßnahmen
Verweise	Verweise auf andere Abweichungsmeldungen, die mit dieser in Beziehung stehen; ggf. weitere Verweise auf Hintergrundinformationen etc.

9.3 Bearbeitung von Abweichungen

Lebenszyklus einer Abweichung

Jede Abweichung folgt im Prinzip dem folgenden Lebenszyklus: Die Abweichung wird aufgedeckt, dokumentiert, analysiert und dann behoben. Alternativ wird die Abweichungsmeldung (als unbegründet) verworfen oder abgelehnt.

Zur Bearbeitung der Abweichungen tragen verschiedene Personen in unterschiedlichen Rollen bei. Zu deren Koordination und geordneter Kommunikation ist es somit notwendig, einen Prozess für das Management der Abweichungen zu definieren.

Wichtigste Bestandteile eines solchen Managementprozesses sind ein geeignetes Statusmodell für die Abweichungen, ein adäquater Arbeitsablauf zur Durchführung von Statuswechseln und eine Definition der Rollen und Zuständigkeiten für Abweichungen innerhalb des Statusmodells.

1. Für ein detaillierteres Klassifikationsschema s. Abschnitt 9.4.
2. Siehe Abschnitt 9.3.2.

9.3.1 Rollen und Interessenausgleich im Abweichungsmanagement

An der Bearbeitung einer Abweichungsmeldung wirken folgende Rollen in jeweils unterschiedlicher Funktion mit. Diese Rollen haben teilweise überschneidende, sich aber teilweise auch widersprechende Interessen bei der Behebung der Änderungen:

Interesse von Tester und Testmanager

- Der **Tester** meldet Abweichungen, dokumentiert anhand eines wohldefinierten Schemas die zur Analyse und zum Management notwendigen Eingangsdaten und führt nach Behebung eines Fehlerzustands den Fehlernachtest durch.
- Der **Testmanager** leitet die Testgruppe und organisiert das Abweichungsmanagement. Er verfolgt das Abweichungsaufkommen und die Behebungsmaßnahmen, er plant und kontrolliert auf dieser Basis die Testaktivitäten.

Tester und Testmanager sind daran interessiert, dass insbesondere solche Fehlerwirkungen schnell behoben werden, die den Testbetrieb stören oder gar aufhalten (»Showstopper«).

Interesse von Entwickler und Entwicklungsleiter

- Der **Entwickler** analysiert Abweichungen (ggf. gemeinsam mit dem Tester) und behebt Fehlerzustände. Da die Ursache von Fehlerwirkungen nicht immer nur in der Implementierung, sondern auch in der Anforderungs- und Designphase eines Systems liegen kann, sind unter Entwickler sowohl Programmierer als auch Designer und Anforderungsspezifizierer/-modellierer zu verstehen.
- Der **Entwicklungsleiter** verantwortet das Entwicklungsprojekt und leitet das Entwicklungsteam; er trägt damit auch die Verantwortung über den Erfolg der Fehlerbehebungsarbeiten. Er schätzt Aufwände für die notwendigen Arbeiten ab bzw. ist verantwortlich für diese Abschätzungen.

Entwickler und Entwicklungsleiter sind daran interessiert, möglichst die Fehlerwirkungen zu beheben, die sich mit wenig Aufwand korrigieren lassen, um »den Tisch wieder frei zu bekommen«.

- Der **Produktmanager** verantwortet das aus dem Entwicklungsprojekt entstehende Produkt. Er genehmigt Änderungswünsche und legt die Priorisierung von Korrekturen fest.

Interesse des Produktmanagers

Der Produktmanager ist daran interessiert, mit möglichst geringen Kosten eine möglichst hohe Kundenzufriedenheit herzustellen; dabei werden Änderungswünsche im Einzelfall auch der Behebung von Fehlerwirkungen vorgezogen.

- Der **Kunde** wirkt in manchen Projektsituationen (insbesondere bei der Entwicklung von Individualsoftware) u.U. eng im Entwicklungsprozess mit und bewertet neu auftretende Abweichungen hinsichtlich der Relevanz für den Praxiseinsatz des Systems; er meldet ggf. auch selbst Abweichungen – die sich in vielen Fällen als Änderungswünsche herausstellen.

Interesse des Kunden

Der Kunde will ein qualitativ hochwertiges Produkt, d.h. eines, bei dem er möglichst wenige Verhaltensweisen feststellt, die vom erwarteten Qualitätsprofil abweichen.

Um diese unterschiedlichen und sich teilweise widersprechenden Interessen auszugleichen, dient in einem Abweichungsmanagementprozess die folgende Instanz:

- Das **Change Control Board** (CCB) verfolgt in regelmäßigen Abständen den Verlauf der Findung und Behebung von Abweichungen und entscheidet über die Priorisierung von Fehlerbehebungen und Änderungswünschen. Üblicherweise wird dieses Gremium durch den Entwicklungsleiter, den Testmanager und den Produktmanager gebildet. Zusätzlich können (Teil-)Projektleiter, und/oder Vertreter des Kunden/Endanwenders eingebunden sein. Es arbeitet im Allgemeinen im Rahmen von regelmäßigen Treffen.

Change Control Board

Die Arbeit des CCB wird umso einfacher, je mehr und je besser qualifizierte Informationen über die Abweichungen vorliegen; [IEEE 1044] (Abschnitt 9.4) gibt dazu eine ganze Menge klassifizierbarer Informationen vor. Welche davon im Unternehmen und im konkreten Projekt sinnvollerweise verwendet werden, ist Ermessenssache. Der verantwortliche Testmanager bzw. das CCB muss eine sinnvolle Auswahl treffen.

Außerdem ist die Einführung geeigneter Fehlermetriken sinnvoll, durch die Entscheidungen des CCB mit quantitativen Informationen abgesichert werden können; Kapitel 12 gibt hierzu Beispiele.

9.3.2 Generischer Prozess für das Management von Abweichungen

Abbildung 9–1 (aus [Spillner 10, Abschnitt 6.6.4]) zeigt ein Modell für den Status von Abweichungen, für die zu Statuswechseln führenden Ereignisse sowie für die Rollen, die den Statuswechsel durchführen dürfen:

Ein solches Statusmodell muss an die eigenen Bedürfnisse angepasst werden, z.B. durch

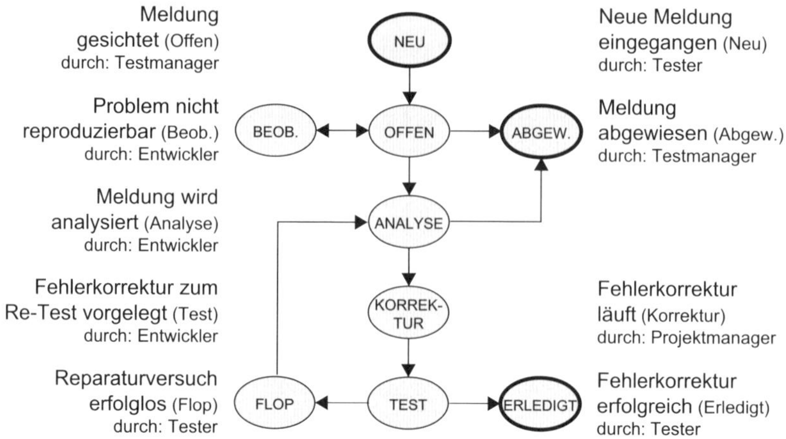

Abb. 9–1
Fehlerstatusmodell

eine unterschiedliche Anzahl von Endzuständen, z. B. zurückgewiesen, verschoben auf nächstes »Minor«-Release, verschoben auf nächstes »Major«-Release, verschoben auf Release xy;

- eine unterschiedliche Anzahl von »Analysezuständen«, durch die die Entwicklung verschiedene Arbeitsphasen von der Entgegennahme der Meldung bis zur Bereitstellung der Korrektur darstellen kann;
- unterschiedliche Rollen und angepasste Rechte der einzelnen Rollen, z.B. die zusätzliche Erlaubnis für den Testmanager, Meldungen auf »erledigt« zu setzen;
- die Verlagerung von Aktivitäten von den Einzelrollen ins CCB, verbunden mit Regularien, nach welchen Kriterien im CCB Entscheidungen bzgl. Statuswechsel getroffen werden.

Beispiel für eine historisierte Fehlermeldung

Das folgende Beispiel zeigt eine Fehlermeldung aus dem VSR-Systemtest; ausgehend von den Daten, die in Form des Standardfehlermeldeformulars (s. Abschnitt 9.2) erfasst wurden, wird die Meldung von Entwicklern und Testern bearbeitet und die Bearbeitung schrittweise dokumentiert:

Tab. 9–2
Beispiel-Fehlermeldung

Identifikation	
Nummer	**VSR-Systest-03347**
Testobjekt	VSR – Komponente DreamCar
Version	Build 02.013 – 27.04.2008
Plattform	Windows XP – Standard-Client-Konfiguration
Entdecker	G. Myers
Beheber (Entwickler)	K. Beck
Erfassung	30.04.2008 10:17 →

Klassifikation	
Status	**Status** **Datum** **Gesetzt durch** **Kommentar** ERL. 14.05.2008 G. Myers erfolgreicher Nachtest TEST 12.05.2008 K. Beck Check nachkorrigiert FLOP 06.05.2008 G. Myers Rabatt = 100% ist noch möglich TEST 04.05.2008 K. Beck Checkfunktion korrigiert KOR. 03.05.2008 K. Beck Behebung in Callback-Fkt ANA. 02.05.2008 K. Beck Quellcodereview ANA. 30.04.2008 CCB Klasse 3->2 NEU 30.04.2008 G. Myers
Klasse	2 (kritische Fehlfunktion)
Priorität	2 (Behebung vor Release notwendig)
Anforderung(en)	CC-Sys-CalcPrice-01/037 Rabattierung
Fehlerquelle	Validierungsprozeduren für die Rabatteingabe
Problembeschreibung	
Testfall	TC-Price Calculation/0313 rabattierter Endpreis
Problem/ Symptom	Unabhängig von dem gewählten Fahrzeugtyp, Sondermodell und Zusatzteilen kann ein Rabatt ≥ 100% eingetragen werden; daraus resultiert ein negativer Kaufpreis in der Anzeige.
Kommentare	CCB, 30.04.2008: hochklassifiziert, weil durch die falsche Berechnung beim Kunden ein extrem negativer Eindruck entsteht.

9.3.3 Werkzeugeinsatz beim Abweichungsmanagement

Defect Management System

Meldungsvorlage bzw. -ablage und Managementprozess werden am besten in Form einer Datenbank – einem sogenannten *Defect Management System* bzw. einer Abweichungs- oder Fehlerdatenbank[3] – implementiert, um daraus Effizienzgewinne und zusätzlichen Nutzen gegenüber einer »Papier-und-Bleistift«- oder Spreadsheet-Lösung ziehen zu können:

- Den Benutzern und den ihnen zugeordneten Rollen können definierte Schreib- und Leserechte zugeteilt werden, sodass die Einhaltung des Statusmodells gewährleistet werden kann; dies regelt insbesondere in chaotisch verlaufenden Projekten den Arbeitsfluss.
- Bei Statuswechsel kann das System betroffene Personen automatisch – z.B. per E-Mail – informieren; so erhält beispielsweise der Tester automatisch Nachricht, wenn eine von ihm gemeldete Abweichung zum Fehlernachtest ansteht, und er spart damit Aufwand und Zeit für Recherchen in der Meldungsliste.

3. Für derlei Systeme sind noch etliche weitere Begriffe gebräuchlich wie z.B. »Bug Tracking System«, »Problem Database«.

- Das *Defect Management System* kann über geeignete Schnittstellen an andere Werkzeuge im Softwareentwicklungsprozess gekoppelt werden und durch die Unterstützung von Verfolgbarkeit (engl. *traceability*) erhebliche Prozessunterstützung leisten:
  - Durch Kopplung an ein Testmanagementsystem (Verbindung zwischen Testfällen und den durch sie gefundenen Abweichungen) werden typische Aufgaben des Testmanagers erleichtert – beispielsweise das Filtern der Menge aller Testfälle nach denjenigen, denen eine als behoben gemeldete Abweichung zugeordnet ist (zur Planung von Fehlernachtests).
  - Durch Verbindung mit dem Konfigurationsmanagement (Verbindung von Abweichungen mit den zur Behebung notwendigen Änderungen in Dokumenten) wird die Nachvollziehbarkeit von Änderungen unterstützt. In der Konsolidierungsphase eines Entwicklungsprojekts kann z.B. gefordert werden, dass neu ins Konfigurationsmanagement eingecheckter Quellcode auf eine durch die Codeänderungen adressierte Abweichung verweisen muss.
  - Durch Verknüpfung mit einem Anforderungsmanagementsystem (Zuordnung der Abweichungen zu den Anforderungen, ggf. über den Umweg des Testmanagementsystems) wird eine direkte Beurteilung der aktuellen Produktqualität auf Basis der Anforderungen möglich: Im Anforderungsmanagementsystem kann der Anteil der noch ungetesteten, der ohne und der mit Abweichungen getesteten Anforderungen bestimmt werden.
- Reporting- und Statistikfunktionalitäten ermöglichen die Verdichtung und Visualisierung der Daten und erleichtern damit die Beurteilung der Produktqualität sowie das Aufzeigen von Risiko- und Verbesserungspotenzialen.

Beispiel für Statistiken und deren Verwertung

Die folgenden Beispielstatistiken wurden aus dem *Defect Management System* des VSR-Systemtests erzeugt. Sie zeigen den Status quo der Datenbank am Ende des dritten Systemtestzyklus.

Testmanager und Entwicklungsleiter diskutieren nun über die Auswertungen des *Defect Management System*:

- Das Diagramm zum Status der Meldungen (s. Abb. 9–2) zeigt, dass ein großer Anteil der offenen Meldungen neu erfasst, aber noch nicht bearbeitet worden ist. Der Testmanager äußert seine Besorgnis darüber, dass hierin ein hohes Risiko liegt, und fragt den Entwicklungsleiter, warum das Entwicklungsteam eine solche Menge von Meldungen unbearbeitet lässt.
- Der Entwicklungsleiter sieht im Diagramm zur Behebungspriorität (s. Abb. 9–3), dass sein Team eine große Menge an dringlicher Fehlerbehebungs-

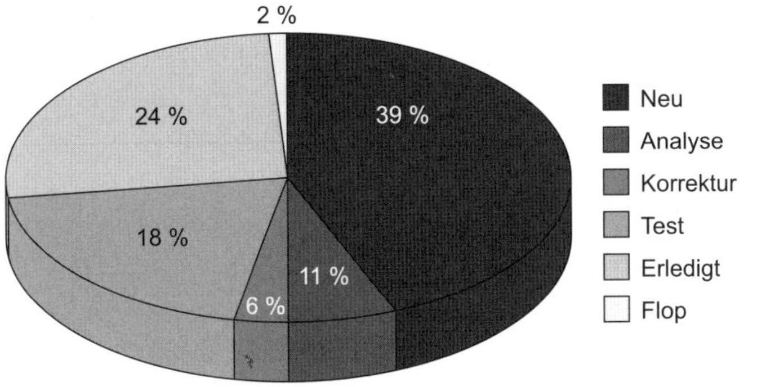

Abb. 9–2
Meldungen nach Status

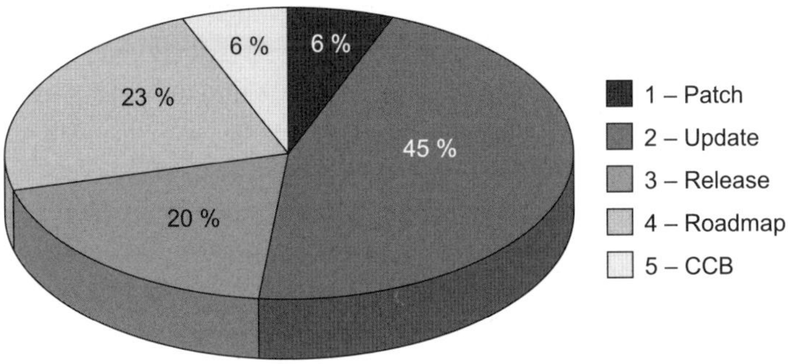

Abb. 9–3
Meldungen nach Behebungspriorität

arbeit bewältigen muss – über die Hälfte aller Meldungen muss bis zum nächsten Systemtestzyklus bearbeitet werden (Prioritäten 1 und 2), um den Test nicht zu behindern. Hierdurch bleibt kaum Kapazität zur Analyse der neu eingetroffenen Meldungen.

Beide beraten nun, wie die Lage verbessert werden kann. Der Entwicklungsleiter könnte einige zusätzliche Personen ins Team bringen, um den Engpass zu beseitigen, benötigt dazu aber mehr Informationen, wo diese am effizientesten eingesetzt werden können. Hierzu erzeugt der Testmanager eine weitere Statistik, indem er die Daten in der Datenbank nach den neu erzeugten Meldungen im dritten Testzyklus filtert und diese nach den betroffenen Komponenten von VSR aufschlüsseln lässt (s. Abb. 9–4).

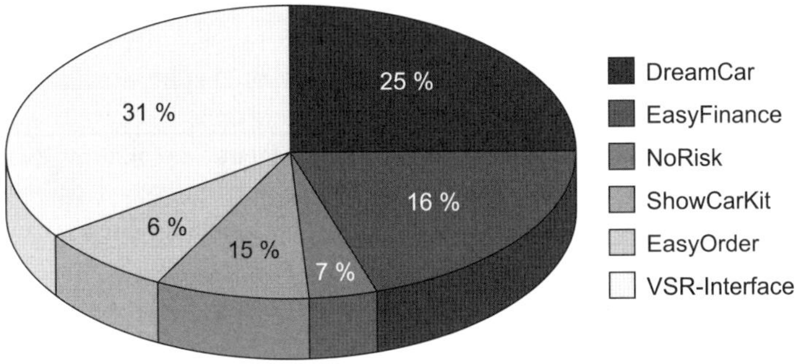

Abb. 9–4
Meldungen nach betroffener Komponente

Die Auswertung nach Komponenten zeigt, dass die Mehrzahl der neuen Fehler in zwei Komponenten, nämlich *DreamCar* und dem VSR-Interface, lokalisiert sind.

- Daraufhin beschließt der Entwicklungsleiter, diesen beiden Komponenten zusätzliche Entwickler zur Verfügung zu stellen.
- Der Testmanager hingegen aktualisiert die Testplanung für den vierten Systemtestzyklus, indem er die Tests für diese beiden Komponenten intensiviert – gemäß der Faustregel »Wo viele Fehler entdeckt werden, werden noch mehr versteckt sein«.

In Schritten von der Zettelwirtschaft zum Defect Management System

Wie das Beispiel zeigt, stellt ein datenbankgestütztes *Defect Management System* ein sehr hilfreiches Instrument dar. Abschnitt 12.5.3 beschreibt eine Anzahl von fehlerbasierten Metriken, mit denen die Steuerung des Entwicklungs- und Testprojekts und langfristig auch die Verbesserung von Entwicklungs- und Testprozessen wirksam unterstützt werden können. Um ein solches Instrument zu etablieren, bedarf es allerdings eines geordneten Vorgehens, das einen längeren Zeitraum benötigen kann (s. hierzu Kap.12). In der Praxis wird in Unternehmen häufig ein evolutionärer Verbesserungsprozess des Abweichungsmanagements beobachtet, der mit anderen Prozessverbesserungen einhergeht und nachhaltige positive Auswirkungen auf die Effizienz des Testprozesses hat und somit auch auf die erreichbare Produktqualität:

- Begonnen wird oftmals mit formloser Kommunikation via E-Mail; weder der Inhalt von Meldungen noch deren Abarbeitung sind in irgendeiner Weise geregelt; daher sind Analyse, Priorisierung und Nachtest aufwendig und wenig exakt.
- Als nächste Stufe wird daher meist ein Meldeformular für das E-Mail-System eingeführt. Hierdurch und durch eine projektweite Vereinbarung, dass neue Meldungen per Kopie an den Projekt- oder (falls vorhanden) Testmanager gesendet werden, wird die Nachvollziehbarkeit deutlich erhöht. Der Projekt- oder Testmanager kann erste Priorisierungsarbeiten wahrnehmen, die Bearbeitung der Meldungen sicherstellen und sich durch einfache Statistiken eine Übersicht über den Projektverlauf verschaffen.
- Im Zuge dieser Arbeiten organisieren sich die meisten Manager selbst dadurch, dass sie die Meldungen geordnet ablegen, beispielsweise in einer Ordnerstruktur im Dateisystem oder in einer zentralen Tabelle in einem Spreadsheet-Programm. Letzteres macht die Informationen über Meldungen maschinenlesbar und auswertbar, beispielsweise können die Status der Meldungen verfolgt und Statistiken erhoben werden – die Vorstufe zu einem *Defect Management System* ist erreicht.

- Durch Transfer der tabellarischen Informationen in ein Datenbanksystem – selbst geschrieben oder kommerziell – wird der letzte Schritt vollzogen. Status- und Rechtesystem des *Defect Management System* regeln die Meldungsbearbeitung, und durch ausgefeilte Report- und Statistikfunktionen sowie durch Verknüpfung des Systems mit Anforderungs- und Konfigurationsmanagementsystemen werden weitere Potenziale erschlossen.

Oftmals ist der Prozess für das Abweichungsmanagement der erste oder einzige (halbwegs) formal definierte Prozess, und die dafür eingesetzten Werkzeuge die einzigen vorhandenen Prozesswerkzeuge im Unternehmen. Die schrittweise Verbesserung in diesem Bereich hat oft eine Leitwirkung im Gesamtprojekt und führt mittelfristig zu Verbesserungen in anderen Bereichen wie z.B. Anforderungsmanagement oder Projektmanagement.

Nicht vergessen werden darf dabei, dass die Einführung eines Tools eine Menge an informeller, oftmals als ineffizient empfundener Kommunikation überflüssig macht. Es kann und soll aber die direkte Kommunikation zwischen den Beteiligten – namentlich den Testern und den Entwicklern – nicht völlig unterbinden. Arbeitsrunden wie das in Abschnitt 9.3.1 beschriebene CCB-Meeting sind effizienter, wenn sie durch ein *Defect Management System* unterstützt werden; sie sind aber insbesondere zur Pflege eines konstruktiven Arbeitsklimas sinnvoll und notwendig.

9.4 Standardisierte Klassifikation von Abweichungen nach IEEE 1044/1044.1

Standardverfahren zur Klassifikation von Anomalien

Der Standard [IEEE 1044] beschreibt eine Klassifikation von Abweichungen, die Dokumentation der Eigenschaften einer Abweichung und den zugehörigen Prozess. Er ist als Grundlage zu empfehlen und wird im Folgenden kurz vorgestellt.

9.4.1 Übersicht über den Klassifikationsprozess

IEEE 1044 definiert zur Klassifikation vier sequenzielle Schritte:

1. Erkennung (engl. *recognition*)
2. Analyse (engl. *investigation*)
3. Behebung (engl. *action*)
4. Abschluss (engl. *disposition*)

Jeder dieser vier Schritte besteht im Wesentlichen aus der Durchführung von drei nebenläufigen Tätigkeiten:

- Dokumentieren (engl. *recording*)
- Klassifizieren (engl. *classifying*)
- Auswirkungen bestimmen (engl. *identifying impacts*)

Durch die drei Aktivitäten pro Schritt werden die Eigenschaften der Abweichung aus verschiedenen Blickwinkeln bestimmt, klassifiziert und dokumentiert.

Der Fokus dieses Arbeitsablaufs liegt dabei in der Klassifikation der Meldungen. Er beschreibt keinen vollständigen Managementprozess, so wird beispielsweise der Umgang mit zurückgewiesenen Meldungen oder wirkungslosen Behebungsmaßnahmen nicht betrachtet. Ein sinnvoller Managementprozess geht von einem allgemeinen Modell wie dem oben gezeigten Statusmodell aus und integriert die Klassifikationsschritte nach IEEE 1044 in das Modell (s. Abb. 9–5).

Abb. 9–5
Klassifikationsschritte nach IEEE 1044

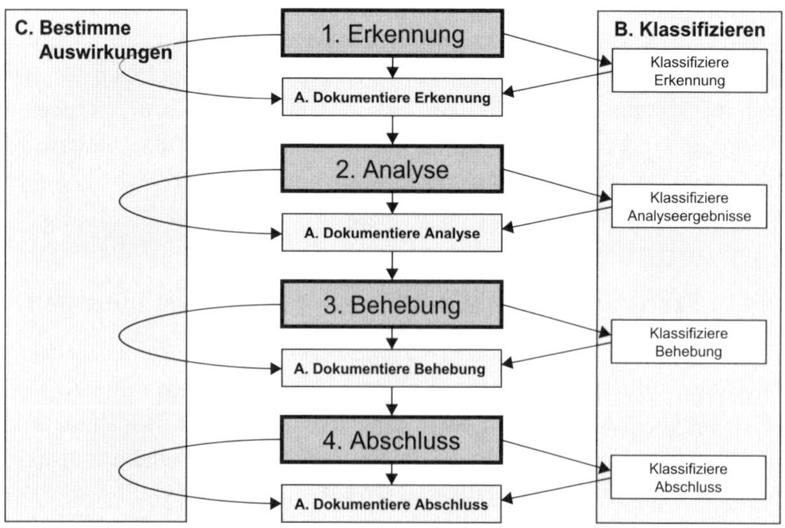

Wichtig ist, in jedem Schritt zu klassifizieren, also nicht nur die in der Analyse festgestellte Schwere und Auswirkung einer Abweichung, sondern auch die Umstände ihrer Erkennung, die notwendigen Maßnahmen zu ihrer Behebung und den nach dem Abschluss erreichten Endzustand.

9.4.2 Datenmodell: Kategorien, Klassifikationen und Ergänzungsdaten

Die Klassifikation erfolgt durch Auswahl vordefinierter Werte, sogenannter »Klassifikationen« (engl. *classifications*), aus den Attributen zugeordneter Mengen, den sogenannten »Kategorien« (engl. *categories*). Einige dieser Attribute sind vom Standard als notwendig (engl. *mandatory*) vorgesehen, andere als optional gekennzeichnet. Jede Klassifikation und jede Kategorie ist klar umrissen, um eine homogene Erfassung und Bearbeitung von Abweichungen auch in großen Projekten sicherzustellen. Klassifikationen und Kategorien sind in »Klassifikationsschemata« (engl. *classification schemes)* zusammengefasst, die jeweils in einem der Schritte des Klassifikationsprozesses benutzt werden.

Als Beispiel sei hier die Kategorie *recognition classification scheme – project activity* dargestellt. Diese dient dazu festzuhalten, mit welcher Aktivität (z.B. Review oder Test) eine Anomalie gefunden wird (s. Abb. 9–6).

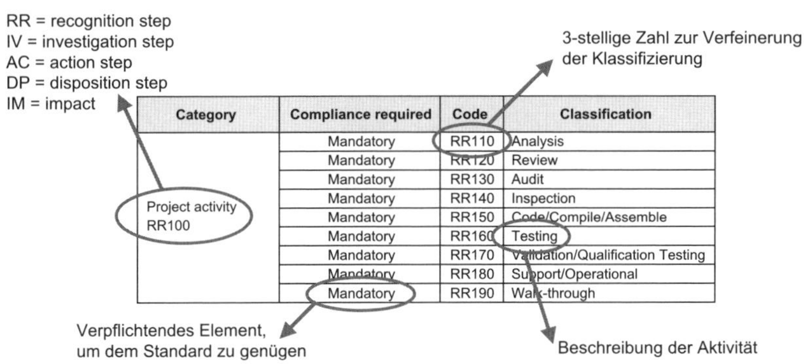

Abb. 9–6
Beispiel: recognition classification scheme – project activity

RR100 bedeutet, dass dieses Schema während des Schrittes der Erkennung (*recognition*) der Abweichung zu verwenden ist. »Mandatory« in jeder Zeile zeigt an, dass sowohl die Kategorie als Ganzes als auch jeder der möglichen Klassifikationswerte für diese Kategorie bei einer standardkonformen Umsetzung des Klassifikationsprozesses unbedingt benutzt werden sollen. Eine durch den Systemtest gefundene Abweichung wird anhand dieses Schemas mit der Klassifikation »RR160« versehen, eine in einem Codereview gefundene dagegen mit »RR120«.

Neben den Kategorien definiert der Standard noch sogenannte »supporting data items«, die zur inhaltlichen Beschreibung der Anomalie und der Umgebung, in der sie auftritt, herangezogen werden. Als Beispiel dient hier die »investigation supporting data items« zur Unterstützung der Analyse der Abweichung:

Abb. 9–7
Beispiel: Investigation supporting data items

Acknowledgement	Verification
Date received	Source of anomaly
Report number assigned	Data from recognition process
Investigator	
Name	
Code or functional area	
E-mail address	
Phone number	
Estimated start date of investigation	
Estimated complete date of investigation	
Actual start date of investigation	
Actual complete date of investigation	
Person hours	
Date receipt acknowledgement	
Documents used in investigation	
Name	
ID number	
Revision	

Während der Analyse soll der Bearbeiter hier etliche organisatorische Informationen hinterlegen. Diese Informationen sind zu unterschiedlichen Zwecken sinnvoll:

- Zur Unterstützung der nachfolgenden Klassifikationsschritte sowie der eigentlichen Bearbeitung der Abweichung: Beispielsweise leitet die Angabe der »source of anomaly« den zugeordneten Beheber der Abweichung direkt bei der Korrektur an.
- Zu diversen Auswertungen der Daten mit dem Ziel der Verbesserung der Prozesse: Liegen beispielsweise die geschätzten und die tatsächlichen Zeiten für die Analyse regelmäßig weit auseinander, so kann dies durch Einführung besserer Schätzmethoden bzw. Qualifikation der Bearbeiter adressiert werden.
- Zur besseren Nachvollziehbarkeit der Bearbeitungsschritte: Damit wird beispielsweise bei Ausfall eines Bearbeiters die Weiterbearbeitung eines Schrittes durch eine andere Person erleichtert. Im obigen Beispiel gibt die Information »Documents used in investigation« eine Übersicht darüber, welche Dokumente bei der Analyse bereits gesichtet wurden und welche ggf. noch ausstehen.

9.4.3 Die Klassifikationsschritte im Detail

Erkennung

Dieser Schritt wird durchgeführt, sobald die Abweichung auftritt. Jeder Projektbeteiligte kann Anomalien melden. Im Einzelnen werden die folgenden Aktivitäten durchgeführt:

Erkennung (recognition)

- **Dokumentation** durch Erfassung von *recognition supporting data items*. Diese umfassen alle Umgebungsaspekte, die im Rahmen der Erkennung festgehalten werden können. Hier werden Daten wie Hard- und Softwareumgebung, testunterstützende Software (z. B. Testautomatisierungswerkzeuge), aber auch Kontaktdaten des Entdeckers, Auftrittszeitpunkt und verwendete Dokumente während der Bedienung des Systems vermerkt. Der Standard sieht die vorgegebene Liste von Attributen als optional und als nicht vollständig an. Es empfiehlt sich daher, sie zu pflegen und anzupassen.
- **Klassifikation** durch Auswahl von Werten aus dem *recognition classification scheme*. Dieses besteht aus sechs Kategorien (davon drei verpflichtende), die dazu dienen, die Beobachtung möglichst genau festzuhalten – beispielsweise die Projektphase, das Symptom der Abweichung und der Status des Systems nach Auftreten der Abweichung.
- **Bestimmung der Auswirkungen** mittels des *impact classification scheme* und der *impact supporting data items*. Mit diesen Daten soll die Person, die die Anomalie entdeckt hat, ihre Beobachtungen (oder auch Vermutungen) über die Auswirkungen der Anomalie festhalten: Dringlichkeit und Schwere der Abweichung, Auswirkungen auf Produktqualität, Kundennutzen, Sicherheit, Projektkosten, -risiko und -termine.

Analyse

Jede gemeldete Anomalie muss untersucht werden. Ziel der Untersuchung ist es, die Anomalie beurteilen zu können. Dieser Schritt wird normalerweise durch die Entwicklung durchgeführt, wichtige Informationen können aber auch von Testern oder weiteren Projektbeteiligten stammen.

Analyse (investigation)

- **Dokumentation**
  Hier werden *investigation supporting data items* festgehalten, um die Existenz der Anomalie und ihre Reproduzierbarkeit zu bestätigen sowie mögliche *Workarounds* und Behebungsmaßnahmen zu

identifizieren. Auch diese Liste nennt der Standard optional und nicht vollständig.

- **Klassifikation**
  Selektion geeigneter Werte aus dem *investigation classification scheme* zur Beschreibung der tatsächlichen Ursache, der betroffenen Dokumente und der Art der Abweichung. Außerdem sollen hier die im ersten Schritt vorgenommenen Klassifikationen geprüft und falls notwendig korrigiert werden.
- **Bestimmung der Auswirkungen**
  Die im ersten Schritt dokumentierten Vermutungen über die Auswirkungen der Anomalie werden geprüft und falls notwendig korrigiert – als Basis hierfür dienen die gleichen Tabellen wie im ersten Schritt.

Behebung

Behebung (action)

Basierend auf den Ergebnissen der Analyse werden Behebungsmaßnahmen geplant. Diese können sowohl die direkte Behebung der Anomalie selbst als auch Prozessverbesserungsmaßnahmen zur Vermeidung weiterer ähnlicher Anomalien umfassen. Dieser Schritt involviert hauptsächlich die Entwicklung, aber ggf. auch weitere Rollen wie den Produktmanager oder die Qualitätssicherungsabteilung.

- **Dokumentation**
  Zunächst werden die *action supporting data items* festgehalten – beispielsweise geplantes Datum und Lieferstand des Systems für die Behebung, mit Korrektur und Fehlernachtest betraute Personen sowie eine Beschreibung der Behebungsmaßnahmen.
- **Klassifikation**
  Hierzu dient das *action classification scheme*. Es beschreibt die Art der Behebung (z.B. Code- oder Dokumentationsänderung) zusammen mit deren Priorität (zwischen »sofort« und »keine Behebung«) sowie optional weitere Gegenmaßnahmen von eher strategischer Natur wie z.B. Prozessverbesserungen oder Forschungsaktivitäten.
- **Bestimmung der Auswirkungen**
  Wieder werden die in den vorigen Schritten dokumentierten Auswirkungsdaten geprüft und falls notwendig korrigiert.

Abschluss

Abschluss (disposition)

In der Abschlussphase, d.h. nach Beendigung aller Lösungsmaßnahmen bzw. zumindest der Einleitung langfristiger Korrekturmaßnahmen, soll die Beseitigung der Anomalie dokumentiert werden. Im Allgemeinen sind die Hauptbeteiligten hier die Tester, ggf. Supportpersonal und der Produktmanager.

- **Dokumentation**
  In den *disposition supporting data items* wird festgehalten, dass beispielsweise der Kunde über die Behebung informiert wurde; außerdem werden hier die Ergebnisse der Verifikation der Behebung (beispielsweise der Fehlernachtest) dokumentiert.
- **Klassifikation**
  Mit dem *disposition classification scheme* wird der Endzustand der Abweichungsmeldung festgehalten (z.B. »Behebung abgeschlossen« oder »Duplikat einer anderen Meldung«).
- **Bestimmung der Auswirkungen**
  Es erfolgt eine abschließende Betrachtung und ggf. Korrektur der dokumentierten Auswirkungen – auch hier wieder auf Basis der gleichen Referenztabellen wie in den vorangegangenen Schritten.

9.4.4 Tailoring des Standards

Wie aus den Beispieltabellen und den Beschreibungen der einzelnen Kategorien hervorgeht, ist der Standard sehr umfassend und über den gesamten Softwarelebenszyklus hinweg einsetzbar. In der Praxis wird er nicht vollständig umgesetzt werden, sondern auf die Bedürfnisse im Projekt zugeschnitten und reduziert:

- durch Weglassen nicht benötigter Attribute bzw. Kategorien und
- durch Integration der Schritte des Klassifikationsprozesses in den eigenen Prozess für das Abweichungsmanagement.

Einflussfaktoren

Die Gründe für dieses sogenannte »Tailoring« liegen i.Allg. in einer Kosten-Nutzen-Abwägung – mehr Details in der Abweichungsbehandlung liefern mehr Daten für die Folgeschritte, verursachen aber auch mehr Aufwand bei Erfassung und Pflege. Für den Umfang des Einsatzes des Standards sind beispielsweise folgende Einflussfaktoren möglich:

- **Der beabsichtigte Wirkungsbereich**
  Soll das Verfahren teststufenübergreifend, projektübergreifend oder gar unternehmensweit eingesetzt werden? Nur in der Entwicklung und im Test oder auch im Produktsupport?

- **Die Auswertung der gesammelten Daten zum Zweck der Prozessverbesserung**
  Die Häufung bestimmter Kategorien der Abweichungen kann zur gezielten Suche und Beseitigung von Schwächen im Entwicklungs- und Testprozess herangezogen werden.
- **Die Anwendbarkeit von Kategorien im konkreten Projektumfeld**
  Beispielsweise macht die Angabe bestimmter *supporting data items* wie Datenbank oder Firmware nur in bestimmten Umfeldern Sinn.
- **Die Dokumentations- und Nachweispflichten, die durch Kunden und/oder Zulassungsstellen gefordert werden**
  Dies sind möglicherweise detailliertere Daten, als die eigene Entwicklung benötigt.

Unterstützung beim Tailoring

Die Ergänzung IEEE 1044.1 zum Standard leistet wertvolle Unterstützung beim Tailoring des Standards auf die eigenen Bedürfnisse. Im Einzelnen bietet sie:

- Unterstützung bei der Entscheidung, ob und in welchem Umfang der Standard im eigenen Umfeld eingesetzt werden kann und soll,
- detaillierte Erläuterungen der Kategorien und Klassifikationen mit Beispielen,
- zusätzliche *supporting data items*, die im Standard nicht vorkommen,
- Richtlinien zum korrekten Tailoring, d.h. Angaben und Beispiele für bzgl. des Standards konforme und nicht konforme Anpassungen und Weglassungen von Kategorien und Klassifikationen,
- ein beispielhaftes Statusmodell für Abweichungen (ähnlich dem aus Abschnitt 9.3.2),
- Vorgehensweisen zur Abbildung des Standards in kommerziellen und in selbstentwickelten *Defect Management Systems*,
- Beispiele für Abweichungsmetriken, deren Auswertung und Anwendung für Projektsteuerung, Produktbewertung und Prozessverbesserung.

Tipp

Über die Inhalte dieses Ergänzungsdokuments lässt sich leicht der Bogen zurück zum Beginn dieses Kapitels spannen: Sowohl das Beispiel-Fehlermeldeformular (Abschnitt 9.2) als auch das Statusmodell (Abschnitt 9.3.2) wurden – nicht notwendigerweise standardkonform – aus IEEE 1044/1044.1 für den Einsatz in der Softwareentwicklung und im entwicklungsbegleitenden Test auf Projektebene abgeleitet und haben sich dort in zahlreichen Praxiseinsätzen bewährt. Bei der Etablierung eines eigenen Abweichungsmanagements mögen diese Beispiele dem Leser als Ausgangspunkt dienen – das kritische Hinterfragen der Beispiele unter Nutzung des Standards sei dennoch angeraten.

9.5 Zusammenfassung

- Abweichungen bedürfen einerseits der einheitlichen und vollständigen Dokumentation, um Beurteilung und Behebung von Abweichungen möglichst weitgehend zu unterstützen, und andererseits eines Managementprozesses, der den Lebenszyklus der Abweichungsmeldungen abbildet und die an der Bearbeitung der Abweichung beteiligten Rollen koordiniert.
- In der Praxis findet sich eine Vielzahl unterschiedlichster Strukturen zur Meldung von Abweichungen. Anzutreffen sind einfache Vorgehensweisen, wie der Austausch von E-Mails, bis hin zu unternehmensweit eingesetzten *Defect Management Systems*. Werden Managementwerkzeuge verwendet, können die umfangreichen Datensammlungen zur Erstellung vielfältiger Statistiken genutzt werden. In Verbindung mit Konfigurations-, Test- und Anforderungsmanagementsystemen sorgt diese Werkzeuglandschaft – bei entsprechender Nutzung der Information – für erhebliche Effizienzsteigerungen im Entwicklungsprozess.
- Um eine gemeinsame Basis für diese historisch gewachsene Heterogenität zu bieten, wurde durch das IEEE ein Standard zur Klassifikation von Abweichungen definiert (IEEE 1044). Er enthält verpflichtende und optionale Attribute von Abweichungen ebenso wie die Beschreibung eines generischen Arbeitsablaufs zur Bearbeitung dieser Abweichungen.
- IEEE 1044 gliedert die Dokumentation, Überwachung und Klassifizierung von Abweichungen in vier Prozessschritte: Erkennung, Analyse, Behebung und Abschluss.
- IEEE 1044 ist sehr umfassend und erlaubt den Einsatz nicht nur im entwicklungsbegleitenden Test, sondern über den gesamten Lebenszyklus eines Systems hinweg. Aufgrund dieses umfassenden Ansatzes muss der Standard in den allermeisten Fällen jedoch an die konkreten Anforderungen im Einsatz angepasst werden. Hierzu liefert ein Ergänzungsdokument (IEEE 1044.1) wertvolle Informationen.

10 Risikomanagement und risikoorientierter Test

Risiken sind Probleme, die möglicherweise eintreten können und unerwünschte Folgen haben. Im Rahmen der Softwareentwicklung können Probleme sowohl während des Entwicklungsprojekts als auch bei dem Einsatz des Produkts eintreten, sodass Projekt- und Produktrisiken unterschieden werden. Durch rechtzeitige Identifikation, Analyse und Steuerung der Risiken im Rahmen einer risikoorientierten Testkonzepterstellung und Testpriorisierung trägt das Testmanagement zur Bewältigung der Risiken bei. Darüber hinaus unterstützen Testmanager qualitative und quantitative Risikobeurteilungen für sicherheitskritische Systeme.

10.1 Einführung

IT-Projekt = Risiko!

Zahllose Beispiele zeigen, dass IT-Projekte inhärent risikobehaftet sind (z.B. [Standish 04]). Ein →Risiko ist ein Problem, das in der Zukunft eintreten könnte und unerwünschte Folgen hat. Die Höhe eines Risikos ergibt sich aus der Wahrscheinlichkeit des Problemeintritts und dem damit verbundenen Schaden. Eine Liste von Risiken und Schadensfällen aufgrund des Einsatzes von IT-Produkten wird von Peter G. Neumann veröffentlicht und regelmäßig aktualisiert (s. [Neumann 95]).

Diesen Tatsachen müssen sich auch Testmanager stellen, wobei es im Prinzip zwei Möglichkeiten gibt:

- Ignoranz der Risiken (»Vogel-Strauß-Taktik«) oder
- Toleranz und proaktives Management der Risiken.

Ersteres verhindert zwar nicht unbedingt den Projekterfolg, lässt die Beteiligten aber bis zuletzt im Unsicheren darüber, was »morgen« vielleicht passieren kann. Letzteres kann den Projekterfolg zwar nicht immer sicherstellen, ermöglicht es den am Projekt Beteiligten aber, innerhalb gewisser Grenzen in die Zukunft zu blicken und mit entsprechender Sicherheit handeln zu können.

Intention des Risikomanagements: Risiken frühzeitig erkennen und beherrschen

Die Handlungssicherheit erhöht sich, je besser die Risiken gehandhabt werden. Werden drohende Risiken frühzeitig erkannt und rechtzeitig Gegenmaßnahmen eingeleitet, die die Eintrittswahrscheinlichkeit oder die Schadenshöhe verringern, so lassen sich Risiken beherrschen. Dies ist die Intention des Risikomanagements.

→Risikomanagement ist somit – salopp gesagt – eine gezielte Planung von Fehlschlägen und ihren Folgen [DeMarco 03]. Es umfasst die systematische Identifikation, Analyse, Bewertung, Steuerung, Bewältigung, Überwachung und Kommunikation von Risiken, sodass auf wirtschaftliche Weise Verluste minimiert und Chancen optimiert werden können (s. [DIN 62198], [ISO 16085]). Ziel des Risikomanagements ist es, diejenigen Risiken zu identifizieren, deren Eintreten z.B. aufgrund deutlicher Kosten- und Terminüberschreitungen massiv den Projekterfolg gefährden oder zu einer grob mangelhaften Produktqualität führen würde, und mit geeigneten Maßnahmen die Wahrscheinlichkeit des Risikoeintritts bzw. »Schadensfalls« zu mindern.

Intention des risikoorientierten Testens: Risiken durch gezielte Tests minimieren

Die Intention des risikoorientierten Testens ist es, unter gegebenen Randbedingungen (Aufwand, Zeit, Verfügbarkeit usw.) den Test einer Software so auszulegen, dass vorab identifizierte Risiken möglichst minimiert werden (s. [Spillner 10, Abschnitt 6.4.3]). Dabei sind →Produkt-risiken, die die Produktqualität und damit den Produkteinsatz betreffen, von →Projektrisiken zu unterscheiden, die die Entwicklung und den Test betreffen. Ein Produktrisiko ist z.B. ein unentdeckter Fehlerzustand, der zum Versagen des Systems führen kann, ein Projektrisiko ist z.B. die Nichteinhaltung des Liefertermins aufgrund eines Personalengpasses.

IEEE-Standards 829 und 1008 fordern explizit Risikobetrachtungen

Nicht alle Risiken sind gleichbedeutend, sondern werden durch die Wahrscheinlichkeit ihres Eintritts und die erwartete Schadenshöhe gestuft. Die IEEE-Standards 829 zur Testdokumentation [IEEE 829] und 1008 zum Komponententest [IEEE 1008] sehen beispielsweise die Identifikation der durch den Test adressierten Risikobereiche als inhärenten und im Testkonzept ausführlich zu dokumentierenden Schritt der Testplanung an. Systeme mit hohen Produktrisiken müssen ausgiebiger getestet werden als Systeme, die im Fehlerfall keine großen Schäden verursachen, wobei die Risikoeinschätzung für die einzelnen Systemteile oder sogar für einzelne Fehlermöglichkeiten durchzuführen ist. Projektrisiken sind durch entsprechende Notfallmaßnahmen im Testplan zu berücksichtigen und eine adäquate Informationspolitik muss die aktuelle Risikolage jederzeit sichtbar machen. Testmanager agieren also immer auch als Risikomanager.

Idealerweise sind alle Projektbeteiligten in alle Phasen und Stufen in das Risikomanagement einzubinden. Zum Risikomanagement gehören folgende wichtige Beteiligten und ihre Verantwortlichkeiten:

- Auftraggeber fordert Projektrisikomanagement und liefert Informationen bzgl. der für ihn akzeptablen Risiken und des Produktumfeldes; bei Standard- oder Massenmarktsoftware können das Marketing und einige potenzielle Kunden diese Rolle vertreten.
- Leitung Auftragnehmer (i.e. Projektsponsor) fordert und fördert das Projektrisikomanagement und liefert Informationen bzgl. des Projektumfeldes und des unternehmensweiten Umgangs mit Risiken.
- Projektmanager berücksichtigt im Projektbudget die Kosten der risikomindernden Maßnahmen und des Risikomanagements selbst, wirkt federführend am Risikomanagement mit und stellt ggf. weitere Ressourcen wie z. B. ausreichend erfahrene Mitarbeiter bereit.
- Testmanager wirkt aktiv am Risikomanagement mit, optimiert Teststrategie und Testaufwand bzgl. der Minderung des Produktrisikos.
- Entwickler, Tester und Anwender liefern Informationen bzgl. Projekt- und Produktrisiken.

Aktivitäten des Risikomanagements: Risikoidentifikation, Risikoanalyse und Risikosteuerung

Zum umfassenden Risikomanagement (vgl. u.a. [Charette 89], [ISO 16085], [Wallmüller 04]) gehören folgende Aktivitäten, die in den weiteren Abschnitten dieses Kapitels eingehender betrachtet werden:

- Risikoidentifikation inkl. Ermittlung des Risikokontextes
- Risikoanalyse, -kategorisierung und -einstufung
- Risikosteuerung und -bewältigung inkl. Risikoüberprüfung und -überwachung

Diese Aktivitäten sind ohne effektive Kommunikation zwischen allen Beteiligten nicht durchführbar und werden iterativ während des gesamten Projekts durchgeführt. Letztendlich gehört es zu jeder Managementtätigkeit, aus abgeschlossenen Projekten zu lernen, sodass bei dem Projektabschluss auch das Risikomanagement zu bewerten und zu hinterfragen ist.

Tipp

Um maximalen Nutzen aus dem Risikomanagement ziehen zu können, sind die Risikomanagementaktivitäten zum frühestmöglichen Projektzeitpunkt zu beginnen und dann laufend iterativ fortzuführen.

10.2 Ermittlung des Kontextes

Zu Beginn der Risikobetrachtungen ist der Risikokontext zu bestimmen, zu dem die Stakeholder des Projekts, die vereinbarten Projektziele und Ergebnisse sowie der Geltungsbereich und die Abgrenzung des Risikomanagements im Rahmen des Projekts gehören. In diesem Rahmen sind auch Schnittstellen und Überlappungen mit anderen Projekten zu ermitteln sowie alle organisatorischen und strategischen Zwänge, in deren Rahmen das Projekt stattfindet bzw. das Produkt eingesetzt wird. Diese umfassen nach der Norm [ISO 16085] externe Ziele und Randbedingungen, die das Projekt einschränken oder von seinem Plan abbringen bzw. den Produkteinsatz gefährden können, wie beispielsweise technische, unternehmensspezifische, geschäftliche, politische, finanzielle, gesetzliche, vertragliche und marktpolitische Entwicklungen (Abb. 10–1).

Abb. 10–1
Faktoren des Risikokontextes

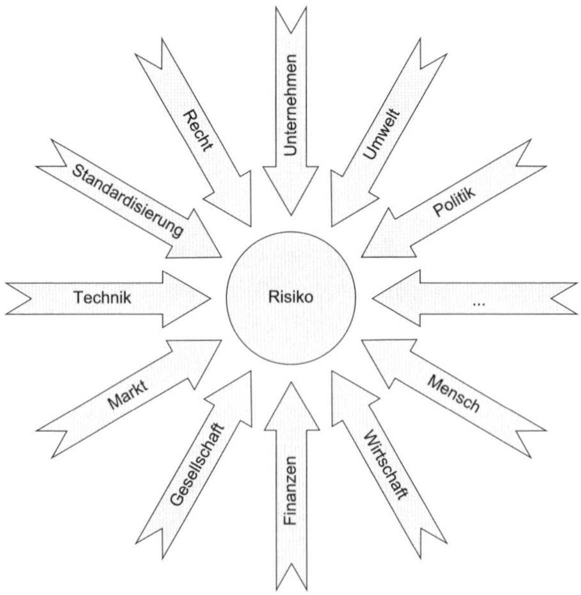

Die Aufstellung aller Projektziele, mit denen Projekt-, Unternehmens- und Kundenanforderungen erfüllt werden sollen, ist bei der späteren Identifizierung und Priorisierung der Risiken behilflich. Darüber hinaus sind generelle Kriterien für die Annehmbarkeit und Tolerierbarkeit von Risiken anzugeben, die bei der Bewertung der identifizierten Risiken in späteren Prozessphasen verwendet werden.

Für den Testmanager ist es also wichtig, das Projektumfeld, die Projektcharakteristik und die Produktcharakteristik zu kennen. Letztere ist in Form von Qualitätszielen zu quantifizieren (s.a. [ISO 9126]).

10.3 Risikoidentifikation

Dreh- und Angelpunkt des Risikomanagements ist die möglichst vollständige Identifikation aller relevanten Risiken. Die →Risikoidentifikation sollte prozessorientiert erfolgen und die einzelnen Risiken zum besseren Überblick zu groben Risikokategorien zusammenfassen, wie es im nächsten Abschnitt erläutert wird. Abschnitt 10.3.2 stellt dann einige Techniken und Hilfsmittel zur Risikoidentifikation vor.

Risikoidentifikation ist Dreh- und Angelpunkt des Risikomanagements

10.3.1 Grobgranulare Risikokategorisierung

Eine grobgranulare, die Identifikation ausreichend unterstützende Unterteilung in →Risikotypen unterscheidet externe und strategische Risiken sowie die für Testmanager besonders wichtigen →Risikokategorien Projekt- und Produktrisiko. Eine feinere Kategorisierung insbesondere der Produktrisiken z.B. nach dem DIN/ISO-Standard 9126 erfolgt in der Regel erst im Laufe der Risikoanalyse.

Externe Risiken: nicht beeinflussbar, schlecht vorhersehbar

Externe Risiken sind beispielsweise Naturereignisse (Blitzschlag, Wasserschäden), politische, juristische oder gesellschaftliche Veränderungen, makroökonomische Risiken wie Marktverschiebungen, die Entstehung neuer Branchentrends und neuer Märkte, technische Veränderungen sowie Änderungen des Kundenverhaltens. Diese Risiken sind dadurch ausgezeichnet, dass sie nicht wirklich beeinflussbar sind. Zusätzlich sind einige dieser Risiken auch nicht vorhersehbar (zumindest mittelfristig).

Strategische Risiken: schwer beeinflussbar, aber oft gut vorhersehbar

Strategische Risiken subsumieren mikroökonomische Risiken wie wechselnde Marktanteile des Unternehmens, die Unternehmensliquidität, Unternehmensübernahmen und die Auslagerung von Unternehmensbereichen (Outsourcing) wie z.B. der IT-Abteilung. Hinzu kommen organisatorische Risiken wie Änderungen der unternehmensweiten Aufbau- und Ablauforganisation und damit zusammenhängende Unwägbarkeiten der strategischen Investitions- und Projektsteuerung und -planung oder Ressourcenknappheit bei konkurrierenden Projekten. Auch ein unzureichendes unternehmensweites Krisenmanagement sowie Kommunikationshemmnisse bzgl. »schlechter Nachrichten« gehören hierzu. Strategische Risiken sind für den Projekt- bzw. Testmanager eher nicht beeinflussbar, aber oft zumindest einigermaßen gut vorhersehbar.

Projektrisiken: relativ gut beeinflussbar und vorhersehbar

Zu den Projektrisiken (operationelle Risiken, Planungsrisiken, technische Risiken) zählen mögliche Probleme in der Logistik und im Vertrieb, z.B. wenn ein Zulieferer ausfällt oder eine Lizenzvereinbarung nicht so abgeschlossen werden kann, wie es für die Verwendung einer Fremdsoftware in der eigenen Entwicklung benötigt wird. Weitere Projektrisiken bestehen in Mitarbeiterfluktuationen, fehlenden Trainingsmaßnahmen, Teamkonflikten, Vertragsrisiken, Zuliefererproblemen, zu optimistischen Testschätzungen und Zeitplänen sowie ggf. einer aggressiven Preis- oder Terminpolitik, aufgrund derer Ressourcen zu stark eingeschränkt werden. Auch technische Projektrisiken wie mangelnde IT-Sicherheit (z.B. Ausfall des Projektservers durch Virenbefall), mangelhaftes Anforderungsmanagement, Unwägbarkeiten der Produktlinie, geforderter Einsatz neuer, unausgereifter Technologien und Entwicklungswerkzeuge führen häufig zum Scheitern von Projekten. Insbesondere in komplexen, räumlich verteilt durchgeführten Entwicklungsprojekten ergeben sich unterschiedlichste Risiken, die aus der Projektstruktur selbst erwachsen: Kommunikationsprobleme, verschiedene Prozessreife der an der Entwicklung beteiligten Organisationen, Termindruck und Anwendung neuer, nicht sicher beherrschter Entwicklungsverfahren.

Zu den Projektrisiken zählen weiterhin Fehlerkorrekturrisiken aufgrund zu spät eingebundener Qualitätssicherung oder sich zu stark bzw. häufig ändernder Anforderungen. Zu Letzteren gehören z.B. erhöhter Zeitbedarf für Fehleranalyse und Korrektur sowie für den Regressionstest, erneute Auslieferung und Installation ggf. verbunden mit aufwendiger Nachschulung des Kunden oder Verzug bei Neuprodukten wegen Bindung der Entwicklerkapazität im Wartungsbereich. Insgesamt sind Projektrisiken für den Projekt- bzw. Testmanager oft beeinflussbar und meistens auch vorhersehbar.

Produktrisiken: beeinflussbar und gut vorhersehbar

Produktrisiken resultieren aus Problemen mit dem ausgelieferten Produkt. Eine Unterteilung der Produktrisiken ist möglich in

- funktionale Aspekte, die besonders kritische Funktionen oder Geschäftsprozesse betreffen, die bei Ausfall oder fehlerhaften Ergebnissen beeinträchtigt werden, und
- nicht funktionale Aspekte wie z.B. eine zu hohe Anzahl verbleibender Fehlerzustände, schlechte Benutzbarkeit oder Flexibilität (keine Workarounds möglich!), mangelhafte Performanz oder fehlende Interoperabilität.

Eine feinere Unterteilung der Produktrisiken erfolgt normalerweise erst bei der Risikoanalyse (Abschnitt 10.4). Sie sind für den Projekt- bzw. Testmanager durch die zielgerichtete, risikobasierte Anwendung entsprechender Methoden und Techniken, die in diesem Kapitel behandelt werden, relativ gut beeinflussbar und mit Qualitätsmetriken bzw. Tests auch gut messbar bzw. vorhersagbar.

Tipp

Auch die bei Projektbeginn getroffenen Annahmen bezüglich des Projektumfelds und des Produkteinsatzes stellen eine Risikoquelle dar und müssen regelmäßig hinsichtlich ihrer Gültigkeit geprüft werden.

10.3.2 Techniken und Hilfsmittel

Zur Identifikation der Risiken sind – abgestimmt auf die spezifische Projektsituation – folgende Techniken und Hilfsmittel anwendbar:

- Experteninterviews und Fragebögen
- Unabhängige Einschätzungen (Audits, Assessments)
- Durchführung von Risikoworkshops (ggf. mit FMEA, s. Abschnitt 9.8)
- Risiko-Brainstormings
- Verwendung von Risikoformularen (Templates) und Checklisten
- Erfahrungen aus abgeschlossenen Projekten

Prämisse der Risikoidentifikation: Think the unthinkable ...

Zu Experteninterviews und unabhängigen Einschätzungen können unterschiedlichste Personen herangezogen werden, von Mitgliedern der Firmenleitung über externe Berater oder erfahrene Projekt- oder Testmanager bis hin zu bereits im Ruhestand befindlichen ehemaligen Mitgliedern der Führungsebene. Wichtig ist, dass die betroffenen Personen bei ihren Angaben möglichst unbeeinflusst von etwaigen vorgegebenen Projektzielen und Wünschen der Stakeholder sind und dass sie umfassend sowie möglichst objektiv über den Kontext des Projekts und die spezifischen Projekt- und Produktcharakteristiken informiert werden.

Durchführung eines Risikoworkshops

Risikoworkshops können ähnlich wie Reviews (s. [Spillner 10, Abschnitt 4.1.3]) geplant und durchgeführt werden. Zu Beginn informiert der Risikomanager alle Beteiligten, wobei neben Teilnehmenden aus dem Projekt selbst (Architekt, Entwickler, Tester, ...) auch Mitglieder des Leitungsgremiums sowie ggf. externe Experten hinzuzuziehen sind. Zur Vorbereitung auf den Workshop erhalten die Teilnehmenden ausreichende Informationen über das Projekt und seinen Kontext (Pflichtenheft, Projektplan, Risikochecklisten, ...) und ermitteln individuell mögliche Risiken. Vor dem Workshop sorgt der Risikomanager dafür, dass Hilfsmittel wie Pinnwände, Moderationsmaterial und ggf. ein Beamer bereitstehen. Sinnvoll ist es, z.B. für die zu berücksichtigenden Hauptrisikokategorien farbige Haftnotizzettel oder sogar separate Pinnwände zu reservieren. Im Normalfall moderiert der Risikomanager auch den eigentlichen Workshop. Zu Beginn werden die Teilnehmenden über den Ablauf informiert, die (falls noch nicht geschehen) innerhalb von ca. 30 Minuten jeweils eine individuelle Risikoliste erstellen. Die Risiken werden auf Moderationskarten notiert und gemäß ihrer Risikokategorie auf den jeweiligen Pinnwänden zusammengestellt. Alternativ ist eine systematische Vorgehensweise gemäß der FMEA (s. Abschnitt 10.8) möglich. Dann werden die Risiken kategorieweise diskutiert und konsolidiert, wobei Duplikate entfernt, geeignetere Bezeichnungen gesucht und ggf. neue Risiken hinzugefügt werden. Zum Schluss des Workshops werden für jedes verbleibende Risiko erste Ideen zu dessen Bewertung (s. Abschnitt 10.4.2) gesammelt sowie mögliche Eintrittsindikatoren wie z.B. ein hoher Krankenstand als Indikator für Projektrisiken oder häufige Änderungen bestimmter Funktionen als Indikator für Produktrisiken zusammengestellt (s. Abschnitt 10.4.3).

Szenarienbasierte Katastrophen-Brainstormings

Um etwaige Unsicherheiten und Ängste bei der Benennung insbesondere großer Risiken (»Showstoppern«) zu begegnen, helfen szenarienbasierte Katastrophen-Brainstormings nach DeMarco und Lister [DeMarco 03]. Hierbei benennen die Teilnehmer zunächst ihre größten projektbezogenen »Albträume«. Zusätzlich kann der Moderator z.B. prophezeien, dass das Projekt nach x Monaten scheitern wird, woraufhin die Teilnehmer Ursachen benennen müssen, die zu dem Fiasko geführt haben könnten. Oft hilft auch ein Perspektivenwechsel, bei dem zunächst nach dem bestmöglichen Projektausgang gefragt und dann nach möglichen Ursachen geforscht wird, die diesen Ausgang verhindern könnten. Insgesamt wird versucht, möglichst viele unterschiedliche Szenarien drohender Projektmisserfolge zusammenzustellen. Nachdem Albträume und zu ihnen führende Szenarien gesammelt wurden, werden die ihnen zugrunde liegenden Ursachen analysiert und damit die entsprechenden Risiken identifiziert.

Bei Sicherheitsrisiken FMEA, FMECA und FTA

Zur näheren Betrachtung und Analyse hoher Produktrisiken vornehmlich bei sicherheitskritischen Systemen dienen qualitative und quantitative Fehlzustandsanalysen wie die FMEA, FMECA und FTA (s. Abschnitt 10.8), die von Testmanagern im Rahmen der Risikoidentifikation und der Risikoanalyse entsprechend zu unterstützen sind.

Checklisten bündeln frühere Erfahrungen

Checklisten für die Risikoidentifikation bündeln Erfahrungen früherer Projekte, die nicht notwendigerweise im eigenen Unternehmen gemacht wurden. Sie helfen, bekannte Fehler zu vermeiden, und sollen verhindern, wichtige, oft zu findende Risiken zu vergessen.

Allgemeine Risikocheckliste für Softwareprojekte

Als initiale Checkliste zur Risikoidentifikation lassen sich Top-Ten-Listen der Softwareentwicklungsrisiken heranziehen (s. [Ould 99], [Standish 04], [Wallmüller 04], [Schaefer 96]). Hierin finden sich Risiken wie z.B.:

- Unzureichende Unterstützung durch das Topmanagement
- Unrealistische Termin- und Kostenvorgaben
- Fehlende Einbeziehung der Benutzer und damit unvollständig ermittelte Anforderungen und kontinuierliche Anforderungsänderungen
- Fehlende oder zu grobe Planung
- Mangel an Entscheidungsfreudigkeit oder -fähigkeit des Leitungsgremiums (»Wird schon gutgehen ...«)
- Entwicklung falscher Funktionen und Eigenschaften
- Entwicklung einer falschen bzw. schlechten Benutzungsschnittstelle
- Unnötiges »Vergolden« von bereits ausreichenden Funktionen und Eigenschaften (über das Ziel hinausschießen)
- Unzureichende Qualifikation bzw. Produktivität

Projektrisiken für den Test

Die folgende Checkliste enthält spezielle Projektrisiken, die für den Testmanager relevant sind (s.a. [Pol 02]):

- Unzureichende oder nicht rechtzeitig verfügbare Testbasis (Geschäftsablaufverfahren, Benutzungsanleitung, Entwurfsspezifikationen)
- Seitens der Eingangsqualität mangelhafte oder aufgrund vieler Anforderungsänderungen zu instabile Testobjekte
- Zu optimistisches bzw. »aggressives« Festlegen eines Datums für die Auslieferung und damit Verhinderung der vollständigen Durchführung der Testaktivitäten
- Zu wenig oder nicht rechtzeitig verfügbares Testpersonal (quantitativ und qualitativ)
- Produktivitätsprobleme infolge mangelnden Testwissens bzw. verfrühter Einführung neuer Testverfahren
- Effizienzverluste infolge nicht vorhandener bzw. nicht eingespielter Testmanagementprozesse
- Aufwands- und Terminüberschreitung für den Test bei alleiniger Schätzung und Planung auf der Basis von Erfahrungswerten
- Verzögerte Bereitstellung der erforderlichen Testumgebung
- Unvollständige Kontrolle über die Testumgebung und die dazugehörigen Elemente (Hardware, Software, Daten, ...)
- Zu komplizierte, fehlerhafte oder unzureichende Testwerkzeuge
- Mangelhafte Testüberdeckung bzw. Unkenntnis über die in der Software noch enthaltenen Fehler und Risiken bei Nichtnutzung von angemessenen Testspezifikationstechniken für das Testobjekt
- Systemausfall bzw. unvertretbar schlechte Performanz einzelner Funktionen infolge fehlender Performanz- und Lasttests

Solche Checklisten müssen projektübergreifend an die konkreten Verhältnisse des Unternehmens angepasst werden. Außerdem sind sie kontinuierlich mit Notizen zu konkreten Erfahrungen mit den aufgelisteten Risiken, möglichen Eintrittsindikatoren und ihrer Präzision sowie getroffenen Maßnahmen und ihrer Wirkung anzureichern und zu adaptieren.

Beispiel: Risikoidentifikation für VSR

Zur Identifikation der Risiken im Projekt VSR erstellt der Testmanager zunächst eine initiale Risikoliste. Etwas Nachdenken und Blättern in alten Projektstatusberichten liefert folgende Liste:

- Ausfall des erfahrensten Testers
- Späte Änderungen der Anforderungen
- Verzögerungen in der Entwicklung
- Zu optimistische Testplanung
- Unzureichende Eingangsqualität der Testobjekte
- Unzureichende Qualität der Testbasis
- 64-Bit-Version des Testausführungswerkzeugs zu spät oder gar nicht verfügbar
- Konfigurations- und Versionsprobleme
- Verlust der Konfigurationsmanagementdatenbank

Im zweiten Schritt wird diese Liste an Projektleiter und Teilprojektleiter sowie einige Tester und Entwickler verteilt, die sie einem Review unterziehen und ggf. ergänzen sollen. Die Idee, ein Risiko-Brainstorming einzuberufen, wird als zu aufwendig verworfen.

Auf Basis des erhaltenen Feedbacks überarbeitet und konsolidiert der Testmanager die Risikoliste. Als zusätzliche Risiken werden identifiziert:

- Geplante Änderungen der Benutzungsoberfläche können die automatisierten GUI-Tests beeinträchtigen.
- Ein Wechsel des Datenbanksystems kann die Performanz beeinträchtigen und weitere Performanztests erfordern.
- Der vorgezogene Modellwechsel des Autoherstellers kann den spätesten Auslieferungstermin nach vorne ziehen.

Die jetzige Liste enthält noch keine Aussagen zur Risikohöhe und keine Eintrittsindikatoren, da diese erst bei der Risikoanalyse und -bewertung ermittelt werden.

Tipp

Typischerweise werden alle kleineren Probleme und insbesondere solche, für die bereits eine Lösung bekannt ist oder die sich einfach umgehen lassen, penibel aufgelistet und verfolgt, die wirklich großen Risiken aber oft nicht einmal erwähnt. Wagen Sie es, auch das Unaussprechliche auszusprechen, und verwenden Sie in Risikoworkshops Worte wie z.B. »Scheitern«, »Technologierevolution« und »Grippeepidemie«!

10.4 Risikoanalyse und -einstufung

Risikoanalyse kategorisiert und quantifiziert die identifizierten Risiken

Bei der →Risikoanalyse werden die identifizierten Risiken abschließend kategorisiert und quantitativ oder zumindest qualitativ einer →Risikostufe zugeteilt. Die Kategorisierung insbesondere der Produktrisiken wird verfeinert und mit Schadens- bzw. Kostenbetrachtungen angereichert. Zur Risikoeinstufung gibt es vielfältige Ansätze mit unterschiedlichen Exaktheitsgraden, die von der einfachen qualitativen Zuteilung zu einer Risikostufe bis hin zu exakten wahrscheinlichkeitstheoretischen Berechnungen reichen. Qualitative Analysen sind früh im Projektlebenszyklus durchführbar, auch wenn nur wenige oder unsichere Daten vorliegen, quantitative Techniken können dann angewendet werden, sobald und falls mehr Daten zur Verfügung stehen.

Ergebnis der Risikoanalyse und -bewertung ist ein ausführliches →Risikoinventar, in dem alle Risiken kategorisiert, klassifiziert bzw. quantifiziert, erläutert und zusammen mit dem zeitlichen Verlauf der Schätzungen für ihre Eintrittswahrscheinlichkeit und die erwartete Schadenshöhe aufgelistet sind. Außerdem sind zu jedem Risiko Eintrittsindikatoren anzugeben, anhand derer ein bevorstehender Risikoeintritt frühzeitig erkannt werden kann. Diese Aspekte werden in den folgenden Abschnitten näher erläutert.

10.4.1 Feingranulare Risikokategorisierung

Produktrisiken und spezielle Projektrisiken werden erst bei der Risikoanalyse kategorisiert

Die meisten externen und strategischen Risiken sowie – bei hohem Reifegrad der Prozesse – viele Projektrisiken werden bereis bei der Risikoidentifikation kategorisiert bzw. anhand von Checklisten vorgegeben. Teilweise sind sie aber auch von der Art des zu entwickelnden Produkts abhängig. Dies gilt naturgemäß für fast alle Produktrisiken, so dass hier die endgültige Risikokategorisierung während der Risikoanalyse vorgenommen wird. Für die Risikobewertung sind dabei zusätzlich die möglichen Kosten in Betracht zu ziehen.

Produktrisiken nach Qualitätsstandards kategorisieren ...

Die Kategorisierung der Produktrisiken erfolgt oft nach standardisierten oder firmeninternen Qualitätsstandards wie z.B. dem bereits im Basiswissen [Spillner 10] ausführlich betrachteten DIN/ISO-Standard 9126 [ISO 9126]. Für sicherheitskritische Systeme ist das Thema »Sicherheit« eine eigene Risikokategorie, z.B. bei Systemen wie einem Bestrahlungsgerät im Krankenhaus. Hier kann auch bei einem »fehlerfreien« System im Betrieb ein Produkt- oder Einsatzrisiko gegeben sein. Beispielsweise wenn durch Fehlbedienung des Systems ein Schaden eintritt (z.B. Einstellung einer zu hohen Strahlendosis) oder wenn externe Ereignisse die Betriebsvoraussetzungen oder die Systemumgebung ändern (z.B. Stromausfall). Bezüglich Sicherheitsrisiken müssen also Themen wie Bedienbarkeit, Redundanz, Fehlertoleranz betrachtet werden und dafür gesorgt werden, dass das Produkt dem Risiko angemessene Funktionen bzw. Eigenschaften aufweist. Nähere Ausführungen finden sich z.B. in den »Common Criteria« (s. [ISO 15408]).

... und mit Fehlerkosten belegen

Produktrisiken führen bei den unterschiedlichen Betroffenen zu direkten und indirekten Fehlerkosten (s. Abschnitt 5.1.3, vgl. auch [Spillner 10, Abschnitt 6.3.1]), die bei der Quantifizierung bzw. Klassifizierung der Risiken eine große Rolle spielen.

10.4.2 Quantitative und qualitative Risikoeinstufung

Risikoeinstufung: quantitativ oder qualitativ

Die Einstufung der Risiken kann je nach Gegebenheit quantitativ oder qualitativ erfolgen. Die Quantifizierung der Risiken basiert auf statistischem Datenmaterial und Wahrscheinlichkeitsrechnung, System- und Sensitivitätsanalysen sowie Fehlzustandsbaumanalysen (s. Abschnitt 10.8.3) oder Störfallablaufanalysen. Stoßen die quantitativen Verfahren an ihre Grenzen, so können qualitative Techniken bzw. Aussagen wie z.B. szenariobasierte Analysen ähnlich wie bei der Risikoidentifikation (s. Abschnitt 10.3.2) oder ABC-Analysen, Scoring-Modelle und Risikomatritzen (vgl. [Romeike 04], s.a. Abschnitt 10.4.4) verwendet werden.

Aus dem Basiswissen [Spillner 10, Abschnitt 6.4.3] ist bereits bekannt, dass ein Risiko quantitativ eingestuft werden kann, wenn sich sowohl die Wahrscheinlichkeit des Eintritts (W) als auch der damit verbundene Schaden (S) quantitativ beziffern lassen. Das Risiko R berechnet sich dann zu:

Risiko = Eintrittswahrscheinlichkeit mal Schadenshöhe

$$R = W \times S$$

Technische Faktoren wie Produktqualität und Ausführungshäufigkeit bestimmen die Eintrittswahrscheinlichkeit

Die Eintrittswahrscheinlichkeit kann als Wahrscheinlichkeitswert bzw. reelle Zahl aus dem abgeschlossenen Intervall [0.0, 1.0] bzw. prozentual angegeben werden, wobei 0.0 bzw. 0% den unmöglichen Eintritt und 1.0 bzw. 100% den sicheren Eintritt bedeuten. Oft wird sie jedoch wie weiter unten beschrieben qualitativ bestimmt. Bei Produktrisiken hängt sie einerseits davon ab, wie viele Fehlerzustände bzw. Qualitätsprobleme nach dem Test im Produkt verbleiben. Andererseits spielt die Ausführungshäufigkeit der einzelnen Funktionen eine große Rolle, das sogenannte »operationale Profil« (s. Abschnitt 12.6). Die Eintrittswahrscheinlichkeit wird also größtenteils durch technische Faktoren beeinflusst, man spricht auch von »technischen Risiken« (*technical risks*).

Geschäftliche Faktoren wie Fehlerkosten und Sicherheitsrelevanz bestimmen die Schadenshöhe

Die Schadenshöhe wird – falls möglich – quantitativ als Geldwert angegeben, oft aber auch nur qualitativ (s.u.). Sie resultiert aus den Fehlerkosten bzw. der Kritikalität und Sicherheitsrelevanz der Funktionen. Bei der Schätzung der Schadenshöhe spielen insbesondere auch die Anzahl zu erwartender Installationen bzw. Lizenznehmer der Software sowie ihre Kritikalität (vgl. Abschnitt 10.8) eine Rolle.

Zur Beurteilung von Risiken mit sehr großen Schadenswirkungen wird lediglich der MPL (engl. *maximum possible loss*) oder der PML (engl. *probable maximum loss*) ermittelt sowie die Wahrscheinlichkeiten, mit denen bestimmte Schadenshöhen erreicht bzw. überschritten werden (s.a. [Romeike 04]). Bei quantitativer Angabe erscheint insbesondere die exakte Bezifferung gesellschaftlicher Risiken oder des Verlusts von Gesundheit oder sogar Leben Einzelner oder Vieler problematisch. Zusammengefasst wird die Schadenshöhe also größtenteils durch geschäftliche Faktoren beeinflusst, man nennt diese dementsprechend auch die »geschäftlichen Risiken« (engl. *business risks*).

Risiko oft nur qualitativ einstufbar

Wie oben bereits angedeutet sind in vielen Fällen Eintrittswahrscheinlichkeit und Schadenshöhe nicht exakt quantifizierbar und werden nur qualitativ, der Tendenz nach angegeben. Die Risikoeinstufung erfolgt dann innerhalb einer Anzahl von Klassen oder Kategorien wie z.B. »vernachlässigbar«, »niedrig«, »mittel«, »hoch« sowie »sehr hoch«, die zur »Berechnung« des Risikos oft auf Werte z.B. von 1 bis 9 abgebildet werden. Ebenso kann die Schadenshöhe qualitativ angegeben werden, wobei die Abbildung auch in einer nicht linearen Stufung erfolgen kann, beispielsweise 1, 10, 50, 100 und 1.000. Insbesondere schwer quantifizierbare Risiken hinsichtlich Marktverlust bzw. Imageverlust können so besser berücksichtigt werden, da die sich ergebenden höheren Werte eher ins Auge fallen. Liegen keine verlässlichen Angaben vor, so erfolgt die Analyse anhand subjektiv empfundener Wahrscheinlichkeiten und Schadenseinschätzungen. In solchen Fällen sind die Ergebnisse von der Erfahrung der beurteilenden Person abhängig und müssen von mehreren Personen unabhängig geschätzt und dann gemittelt werden.

Die zum Zeitpunkt der Drucklegung dieses Buches in Überarbeitung befindliche Version des IEEE-Draft-Standards 829 schlägt die in Tabelle 10–1 dargestellte Klassifizierung zur Risikoeinstufung vor.

Tab. 10–1
Risikoklassen nach IEEE-Draft-Standard 829

Eintritt Schadenshöhe	Oft	Wahrscheinlich	Gelegentlich	Unwahrscheinlich
Katastrophal	4	4	4 oder 3	3
Kritisch	4	4 oder 3	3	2 oder 1
Marginal	3	3 oder 2	2 oder 1	1
Vernachlässigbar	2	2 oder 1	1	1

Risikoeinstufung gemäß funktionalen Anforderungen

Die Risikoeinstufung auf der Grundlage der funktionalen Anforderungen kann für jede Funktion bzw. funktionale Anforderung mit folgenden Kriterien bestimmt werden (s. [Winter 99]):

- Die Ausführungshäufigkeit bzw. Einsatzfrequenz F gibt an, wie oft die Funktion verwendet wird. Bei häufig verwendeten Funktionen besteht einerseits eine große Wahrscheinlichkeit dafür, dass Fehlerzustände im Programm die Ausführung beeinflussen und zu Fehlerwirkungen führen. Andererseits wachsen die direkten Fehlerkosten mit der Anzahl der aufgetretenen Fehlerwirkungen an.
- Die Kritikalität C repräsentiert die (schlimmst-)möglichen Auswirkungen bei Ausfall oder fehlerhafter Bearbeitung der Funktion. Sie wird durch Folgeabschätzungen in Zusammenarbeit mit dem Auftraggeber und Fachexperten festgelegt und oft zusätzlich monetär, also hinsichtlich der finanziellen Auswirkungen, bewertet.
- Das Projektrisiko R_P (inwiefern gefährdet die Nichterfüllung der Funktion zu einem bestimmten Zeitpunkt den weiteren Projektfortschritt) ergibt sich z.B. aus der Anzahl der von der betrachteten Funktion abhängigen Funktionen.
- Das technische Produktrisiko R_T (wie kompliziert wird die Realisierung der Funktion) wird aus der Komplexität der Beschreibung (textuelle Beschreibung, ggf. Aktivitätsdiagramme und Sequenzdiagramme) abgeleitet.
- Das geschäftliche Produktrisiko R_B (inwiefern ist der Absatz/die Akzeptanz des Anwendungssystems bei Nichterfüllung der Funktion gefährdet) wird z.B. durch Befragungen der Fachexperten ermittelt.

Die Zuteilung konkreter Werte erfolgt aus der Erfahrung früherer Projekte und anhand aktueller Metriken (vgl. Kap. 12). Drei Werte – »gering«, »mittel« und »hoch« – reichen erfahrungsgemäß zur Quantifizierung der einzelnen Faktoren aus, zudem diese auch nicht unabhängig voneinander sind (s. z.B. [Lyu 96]).

Risikostufe für eine Funktion

Durch Abbildung dieser drei Werte auf die natürlichen Zahlen 1, 2 und 3 wird jeder Funktion eine Risikostufe R zugewiesen:

$$\mathrm{R} = \frac{\mathrm{R_T} + \mathrm{R_B} + \mathrm{R_P}}{3} + F \cdot \mathrm{R_B} + C \cdot \mathrm{R_T}$$

Unterschiedliche Sichtweisen der Beteiligten beachten

Bei der Risikoeinstufung haben Projektmanager, Entwickler, Testmanager, Tester und Anwender unterschiedliche Sichtweisen. Während Projektmanager in erster Linie Projektrisiken hoch einstufen, werden Entwickler, obwohl sie gerne Risiken z.B. hinsichtlich der Verwendung neuester Technologien eingehen, bei der Risikobewertung ihr Augenmerk auf Produktrisiken legen und dabei eher zur Vorsicht neigen. Auch Testmanager und Tester konzentrieren sich auf Produktrisiken, speziell auf mögliche Fehlerwirkungen und damit verbundene indirekte

Fehlerkosten. Testmanager beachten darüber hinaus natürlich auch den Teil der Projektrisiken, der den Test gefährden könnte. Für Anwender stehen Produktrisiken und insbesondere damit verbundene direkte Fehlerkosten im Mittelpunkt der Risikoeinstufung. Daher ist es wichtig, bei der Analyse und Einstufung der Risiken einen Konsens herbeizuführen, damit spätere Maßnahmen zur Risikosenkung und Risikobewältigung nicht von einzelnen Beteiligten untergraben werden.

10.4.3 Risikoeintrittsindikatoren

Eintrittsindikatoren für jedes Risiko angeben!

Wichtig ist es, zu jedem identifizierten Risiko Indikatoren (engl. *trigger*) anzugeben, die seinen bevorstehenden Eintritt ankündigen. Indikatoren für die einzelnen Risiken einer Risikokategorie können z.B. durch Maximumbildung zu einem Indikator für die gesamte Kategorie kondensiert werden, was eine übersichtliche Darstellung erlaubt. Diese bilden sozusagen das Datenmaterial für den Leitstand, der dem Risikomanager das Analysieren, Bewerten, Steuern und Beherrschen der Risiken ermöglicht.

Zu jedem Indikator gehören eine oder mehrere Metriken, eine Berechnungsvorschrift für den Gesamtwert des Indikators aus den einzelnen Metrikwerten sowie ein Schwellwert (engl. *threshold*), ab dem die Maßnahmen zur Risikosteuerung einsetzen müssen. Während die den Metriken zugrunde liegenden Daten zu Projektbeginn noch eher dürftig sind und keine präzise Eintrittsvorhersage erlauben, wird das Datenmaterial im Laufe des Projekts immer umfangreicher und genauer, sodass »Fehlalarme« mit zunehmender Projektlaufzeit abnehmen werden. Konkrete Metriken hierzu finden sich in den entsprechenden Abschnitten von Kapitel 5 und 12.

Beispiel: Eintrittsindikatoren für Risiken im VSR-Projekt

Zur Beobachtung der Risiken im Projekt VSR reichert der Testmanager die Risikoliste um Eintrittsindikatoren und mögliche Metriken an. Beispiele hierfür sind:

R1: **Ausfall des Cheftesters:**
Schlechte Laune; zu viele Überstunden pro Woche; häufige kurzfristige Krankmeldungen pro Monat.

R2: **Verzögerungen in der Entwicklung:**
Meilensteine verschoben; Fehlerbehebungsrate niedrig; E-Mails werden nicht beantwortet; zu viele Überstunden; hoher Krankenstand.

R3: **Zu optimistische Testplanung:**
Fehlerrate kurz vor Testendetermin zu hoch; zu viele Überstunden; viele blockierte Tests.

R4: **Unzureichende Eingangsqualität der Testobjekte:**
Eingangstests schlagen fehl; sehr hohe initiale Fehlerraten.

R5: **64-Bit-Version des Testausführungswerkzeugs zu spät oder gar nicht verfügbar:**
Keine Vorabversion verfügbar; Hersteller verschiebt/nennt keinen Liefertermin.

R6: **Unzureichende Qualität der Testbasis:**
Häufige Dokumentenänderungen; viele Reviewbefunde.

R7: **Verlust der Konfigurationsmanagementdatenbank:**
Bei gleichbleibendem Datenvolumen steigende Antwortzeit; nicht wiederholbare Fehlermeldungen der Datenbank; häufiges Recovery.

10.4.4 Risikoinventar

Risikoinventar enthält sämtliche Risikoinformationen

Alle Erkenntnisse der Risikoanalyse fließen – gegliedert nach Schaden und Eintrittswahrscheinlichkeit – in das →Risikoinventar (auch: Risikoregister, Risikoportfolio, Risikoprofil) ein. In komprimierter und übersichtlicher Form sind dort alle Risiken aufgelistet und grafisch in Form von Risikodiagrammen (Abb. 10–2) oder Risikomatritzen (Abb. 10–3) dargestellt, um Entscheidungsträgern einen Überblick über die Risikolage und insbesondere die Bedeutung für das Projekt zu geben.

Abb. 10–2
Risikodiagramm

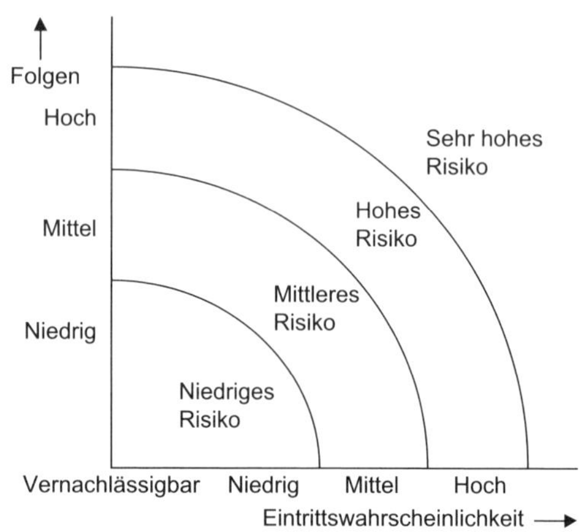

Die in den Diagrammen z.B. als Kreise eingetragenen Risiken können je nach aktuellem Wert der Eintrittsindikatoren farbig oder durch die Kreisgröße codiert werden, z.B. grün/klein (Indikatorwerte niedrig), gelb/mittel (Indikatorwerte nahe am Schwellwert) und rot/groß (Indikatorwerte größer oder gleich dem Schwellwert).

Aus den Ergebnissen der Risikoanalyse soll auch der Grad der Unsicherheit erkennbar sein, mit der die Bewertung der Risiken erfolgte. Neben quantitativen Angaben z.B. im Bereich 0 % (absolut unsicher) bis 100 % (absolut sicher) kann auch nach Kategorien wie z.B. »sehr unsicher«, »unsicher«, »mittel«, »sicher« sowie »sehr sicher« klassifiziert werden.

Risikoeinschätzungen periodisch wiederholen

Risikoeinschätzungen werden periodisch wiederholt. Im Risikoinventar ist der sich ergebende zeitliche Verlauf der Schätzungen sowie der Indikatorwerte für die einzelnen Risiken bzw. Risikokategorien zu erfassen. Werden im Zeitverlauf steigende Werte beobachtet, sind die geplanten Maßnahmen (s.u.) einzuleiten.

Beispiel: Risikoinventar im VSR-Projekt

Der VSR-Testmanager hat die wichtigsten Risiken in die folgende Risikomatrix (Abb. 10–3) eingetragen. Die Eintrittsindikatoren der Risiken R1 und R7 sind weit unterhalb ihrer Schwellwerte, die der Risiken R3 bis R6 nur noch knapp unterhalb, und Risiko R2 steht kurz vor dem Eintritt (Indikatorwerte bereits über dem Schwellwert).

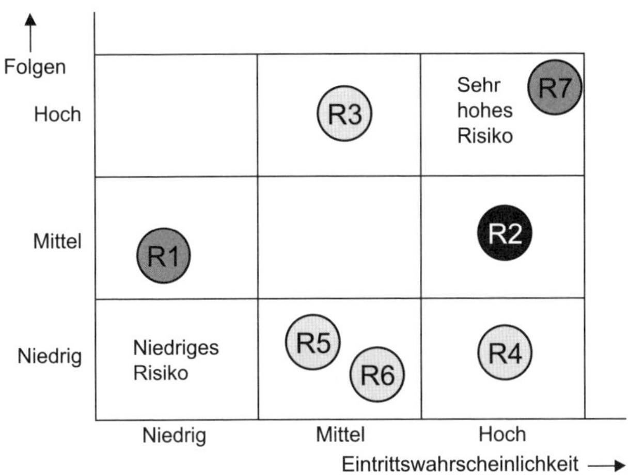

Abb. 10–3
Risikomatrix

10.5 Risikosteuerung und -beherrschung

Eine Schlüsselrolle im Risikomanagement nimmt auch die →Risikosteuerung und -beherrschung ein. Sie umfasst alle Aktivitäten, die als Reaktion auf die identifizierten und analysierten Risiken ergriffen werden.

Reaktionen auf erkannte Risiken

Mögliche Reaktionen auf ein erkanntes Risiko können sein:

- Bedingungslose Risikoignoranz und -akzeptanz, also gar nichts tun und abwarten, ob das Problem eintritt oder nicht.

- Risikominderung, also bestimmte Risiken z.B. durch die Ausgliederung von Unternehmensfunktionen (Outsourcing) unwahrscheinlicher gestalten oder durch Notfallpläne abfedern.
- Schadensminderung durch Übertragung von Risiken vor Problemeintritt an andere, beispielsweise durch Abschluss einer Haftungsübernahmeversicherung oder durch Haftungsauschlussklauseln in den Lizenzverträgen.
- Absolute Risikovermeidung z.B. durch Aufgabe des Projekts, um das damit verbundene Risiko vollständig auszuschalten.

Die Wahl einer geeigneten Reaktion auf ein Risiko ist abhängig von dem Nutzen, der mit der Beseitigung oder Reduzierung des Risikos verbunden ist, sowie von den Kosten der risikoreduzierenden Maßnahme.

Minderung von Projektrisiken durch risikoorientierte Testplanung

Zur Minderung von Projektrisiken sind technische und organisatorische Maßnahmen zu treffen. Im Vordergrund für das Testmanagement steht hier die risikoorientierte Testplanung (Abschnitt 10.7), wobei besonderer Wert auf die frühzeitige Einbindung des Tests zu legen ist, damit die Testbasis gründlich analysiert und die Testobjekte einer Eingangskontrolle (Smoke-Test) unterzogen werden können. Zusätzlich ist auf die rechtzeitige Verfügbarkeit des Testpersonals sowie der Testumgebung inkl. der Testwerkzeuge zu achten (Schulung nicht vergessen!).

Zu den Minderungsmaßnahmen gehören aber auch Bereiche wie Arbeitsplatzergonomie, regelmäßiges Anlegen von Sicherheitskopien bzw. Backups, Schutz der Infrastruktur z.B. durch Rauchmelder, klimatisierte Serverräume und eine unterbrechungsfreie Notstromversorgung, Schutz gegen Beschaffungs-, Entwicklungs-, Absatz- und Haftungsrisiken, Schutz gegen Unterschlagung, Untreue, Betrug seitens der Mitarbeiter sowie natürlich gegen Computermissbrauch und Industriespionage. Last but not least ist auch an die Verhütung von Einbruch, Diebstahl und Vandalismus zu denken, beispielsweise durch Einbau entsprechender Alarmanlagen, Beauftragung eines Werkschutz-Dienstleisters oder Abschluss von Transportversicherungen.

Minderung von Produktrisiken durch konstruktive Maßnahmen ...

Produktrisiken werden zuallererst durch konstruktive Maßnahmen gemindert – vorbeugen ist besser als testen! So können eine robustere Architektur konzipiert, bessere Algorithmen verwendet oder das Exception Handling optimiert bzw. gewisse »Notlaufeigenschaften« vorgesehen werden. Risikominderung ist auch dadurch möglich, dass bewährte Lösungen bzw. Technologien Verwendung finden, die vielleicht etwas »altmodisch« erscheinen, aber dafür sicher funktionieren.

... und eine risikoorientierte Teststrategie: s. Abschnitt 10.7

Je höher das Produktrisiko, desto rigoroser ist natürlich die Qualitätssicherung zu organisieren (Kap. 5). Die risikoorientierte Testkonzepterstellung, Teststrategie und Testpriorisierung ist hier das Mittel der Wahl, um Produktrisiken zeitnah zur Entwicklung zu erkennen und zu beherrschen. Nähere Ausführungen hierzu finden sich in Abschnitt 10.7. Zur Minderung der Produktrisiken spielt darüber hinaus insbesondere bei sicherheitskritischen Systemen auch die Beachtung relevanter Normen und Standards (Kap. 12) eine Rolle, nach denen spätestens immer dann gefragt wird, wenn der Schadensfall eingetreten ist und juristische Folgen drohen.

Der aktuelle Stand der Risiken ist regelmäßig unter Einbeziehung aller relevanten Informationen z.B. in einer Risikoliste wie in Abbildung 10–2 dargestellt projektweit zu veröffentlichen. Letztendlich muss berücksichtigt werden, dass die Risikosteuerung und -bewältigung selbst wiederum neue Risiken schaffen können, die dann ebenfalls zu berücksichtigen sind.

Beispiel: Risikosteuerung in VSR

Der VSR-Testmanager analysiert die Risikoliste in Tabelle 10–2. Zu erkennen ist, dass die aktuellen Werte der Indikatoren bezüglich des Risikos R4 (unzureichende Eingangsqualität der Testobjekte) sich besorgniserregend ihren Schwellwerten nähern.

Risikoliste		Projekt: VSR					Version: 1.8e		Vom 15. Juni 2006	
	Risikobewertung						Risikostatus			
ID	**Bezeichnung/ Eigentümer**	**W**	**S**	**R**	**Indikator**	**Schwellwert**	**Akt. Wert**	**Maßnahmen**	**Verantwortl.**	**Eingeleitet am**
R7	Verlust der Konfig-Management-Datenbank/Sc	9	500	4500	Antwortzeit	5 s	1 s	Neuer Server	Mü	–
					Recovery	2/T	0,1/T			
R2	Verzögerung in der Entwicklung/Me	9	100	900	Meilensteinverzug	14 T	7 T	Testplan angleichen	Sc	10.06.06
					Krankenstand	3	3	Testpersonal nutzen	Wy	15.06.06
R4	Unzureichende Eingangsqualität der Testobjekte/Sc	9	10	90	Fail-Eing. Test	3/T	2/T	Codereviews intensivieren	Me	–
					Fehlerrate	15/T	12/T			
...	...				...			...		

Tab. 10–2
Risikoliste
W = Eintrittswahrsch.
S = Schadenshöhe
R = Risiko

Zur Risikominderung werden die Vorgaben für die zulässigen Werte der Komplexitätsmetriken verschärft, der gesamte Quellcode mit einem statischen Analysator geprüft und Codereviews für alle Softwaremodule mit einer zyklomatischen Komplexität größer als 8 durchgeführt.

Das Risiko »Verzögerung der Entwicklung« scheint unmittelbar vor seinem Eintritt zu stehen, da der aktuelle Wert des Indikators »Krankenstand« den Schwellwert »3« erreicht hat. Da auch bereits ein Meilensteinverzug von 7 Tagen eingetreten ist, werden zwei Tester vorübergehend der Entwicklung zugeteilt und der Projektplan sowie der Testplan entsprechend geändert.

Tipp

Werden die Risikoidentifikation und -analyse nicht oder nur unzureichend durchgeführt, kann sich ein großer Teil des Gesamtrisikos hinter der Pseudokategorie »nicht identifizierte Risiken« verstecken, sodass auch die Risikosteuerung und -kontrolle nicht effektiv sein können.

- Wichtig ist das Aufstellen von Maßnahmen und Notfallplänen auch für den Fall, dass unvorhergesehene Risiken eintreten.

10.6 Risikoüberprüfung und -überwachung

Bei der Risikoüberprüfung und -überwachung werden einerseits neu eintretende Risiken festgestellt. Andererseits ist sicherzustellen, dass die Risikosteuerung und -bewältigung wirksam bleiben. Bei den Risikoüberprüfungen während des Lebenszyklus eines Projekts ist daher darauf zu achten, dass relevante Dokumente, Normen, Verfahren und Aktionslisten aktualisiert und gepflegt werden.

Die Risikoüberwachung soll lückenlos während der gesamten Laufzeit des Projekts erfolgen und die Überprüfung der Projektbudgets, des Projektplans und weitere Informationen aus dem Projekt mit einbeziehen. Größere Überwachungsaktivitäten können an den Meilensteinen des Projekts durchgeführt werden oder wenn sich die Projektumgebung erheblich geändert hat.

Beispiel: Risikoüberprüfung im VSR-Projekt

Der VSR-Testmanager betrachtet die Risikoliste (Tab. 10–2) und erkennt, dass die zur Minderung des Risikos R2 (Verzögerung in der Entwicklung) getroffene Maßnahme »Ausleihen von Mitarbeitern der Testgruppe an die Entwicklungsabteilung« die Eintrittswahrscheinlichkeit aller Produktrisiken erhöht.

Daher werden Teile des Risikos durch Haftungsausschluss und Gewährleistungsregelungen in den allgemeinen Geschäftsbedingungen oder der Lizenzvereinbarung auf die Benutzer abgewälzt. Zur Risikovermeidung wird beschlossen, das Produkt aufgrund des hohen Produkthaftungsrisikos in den USA nicht auf den Markt zu bringen. Alternativ kann als Maßnahme zur Risikofinanzierung auch eine Versicherung gegen Haftungsschäden und Regressforderungen abgeschlossen werden.

Der frühzeitige Start und die iterativ ausgeführten Aktivitäten des Risikomanagements im gesamten Softwarelebenszyklus spannen ein »Sicherheitsnetz« für das Projekt und den Produkteinsatz auf. Risikoidentifikation und -analyse beginnen mit der Projektkonzeption, die Risikosteuerung setzt mit der eigentlichen Entwicklung ein. Die gewonnenen und ständig aktualisierten Erkenntnisse bilden ein wichtiges Fundament zur Erstellung des Testkonzepts sowie zur Priorisierung der spezifizierten Testfälle, mit denen die Produktrisiken gesenkt werden. Beide Aspekte werden im folgenden Abschnitt behandelt.

10.7 Risikoorientierte Testkonzepterstellung und Testpriorisierung

Testaufwand und Testnutzen

Ein vollständiger Test bedeutet, dass das System unter allen möglichen Einsatzumgebungen, Betriebssystemen, Parameterkonstellationen usw. installiert wird und jeweils so viele Testfälle durchzuführen sind, dass alle möglichen Ein-/Ausgabekonstellationen und systeminterne Zustände vollständig abgedeckt werden. Schon für sehr kleine Softwaresysteme wären astronomisch viele Kombinationen bzw. Testfälle durchzuführen (Testfallexplosion).

No risk, no test!

Aufgabe des Testmanagements ist es, den Testaufwand in einem vernünftigen Verhältnis zum erzielbaren Ergebnis zu halten. Martin Pol et al. bemerken hierzu: »Testen ist ökonomisch sinnvoll, solange die Kosten für das Finden und Beseitigen eines Fehlers im Test niedriger sind als die Kosten, die mit dem Eintreten einer Fehlerwirkung bei der Nutzung verbunden sind« [Pol 02].

Drei Arten der Risikobegegnung im risikoorientierten Test:

Auch ohne eine genaue quantitative Ermittlung des optimalen Verhältnisses von Testkosten und -nutzen sollen Testmanager dieses Leitbild verinnerlichen und bei ihren Planungs- und Steuerungsentscheidungen subjektiv berücksichtigen. In diesem Rahmen können die Ergebnisse des Risikomanagements genutzt werden, um einen →risikoorientierten Test durchzuführen. Man begegnet den Risiken dabei auf dreierlei Arten:

- *Produktrisiken mindern* – Zielgerichtet testen, indem Systemfunktionen je nach Risikostufe mit unterschiedlichen Testverfahren und Testtiefen abgedeckt sowie bei der Fehlerbehebung gesondert betrachtet werden.
- *Projektrisiken mindern* – Priorisiert testen, wobei Bereiche mit höherem Risiko bei der Testplanung eine höhere Priorität erhalten und entsprechend frühzeitig und intensiv getestet werden.
- *Restrisiken beziffern* – In den Testberichten die Restrisiken beziffern, die bei einer Auslieferung der Software trotz Verkürzung des Tests oder Verzicht auf die Ausführung geplanter Tests verbleiben.

Zielgerichtete Testkonzepterstellung und Testplanung

Testmanager nutzen das Wissen um die Risiken dazu, das Testkonzept und den Testplan festzulegen. Hierzu werden geeignete Testverfahren gemäß den Risikokategorien und Risikostufen bestimmt sowie die Tests entsprechend priorisiert.

Produktrisiken bestimmen die Teststrategie

Entsprechend dem Produktrisiko bzw. Qualitätsrisiko können Reviews und statische Analysen der Testbasis, der Testobjekte und der Testspezifikationen geplant, spezielle Testmethoden bzw. Testfälle ausgewählt, das Testpersonal je nach Fähigkeit und Erfahrung zugeteilt und der Umfang von Fehlernachtests und Regressionstests veranschlagt werden (vgl. Kap. 5). So können z.B. Produktrisiken, die in Zusammenhang mit der Benutzeroberfläche eines Softwareprodukts stehen, durch intensive Benutzbarkeitstests gemindert werden. Für die Herstellerfirma eines Computerspiels kann ein fehlerhaftes Speichern eines komplexen Spielfeldes ein sehr hohes Risiko bedeuten (obwohl es keine direkten Kosten verursacht), da das fehlerhafte Spiel bei der Kundschaft nicht akzeptiert wird und zu hohen Absatzverlusten, möglicherweise bei allen Spielen der Firma, führen kann.

Projektrisiken bestimmen den Testplan

Auch Projektrisiken werden teilweise im Testkonzept adressiert, z.B. durch Reviews von Codeteilen (bzw. Testspezifikationen) unerfahrener Mitarbeiter. Hauptsächlich werden sie allerdings im Testplan berücksichtigt, z.B. indem die Testaktivitäten früh genug begonnen und die Ausgangskriterien entsprechend den Risiken festgesetzt werden oder die Testumgebung bzw. die Testwerkzeuge frühzeitig bereitgestellt werden. Da das Testbudget in der Regel begrenzt ist, werden Testfälle priorisiert (vgl. z.B. [Amland 99], [Schaefer 96]). Gelingt es, eine Zuordnung zwischen Tests bzw. Testfällen und Risiken zu treffen, impliziert die Priorisierung der Risiken eine Priorisierung der Tests: Tests, die ein hohes Risiko abdecken, werden dann zeitlich zuerst und mit höherer Intensität bzw. Testtiefe geplant und ausgeführt.

Testpriorisierung nach Schaefer: Risikofaktoren

Ein einfaches tabellarisches Verfahren zur risikobasierten Testpriorisierung hat Hans Schaefer beschrieben (s. [Schaefer 96], [URL: Schaefer]). Zunächst werden allgemeine Risikofaktoren ermittelt, wobei einige Faktoren r_i, i=1..n den erwarteten Schaden und andere Faktoren f_j, j=1..m das Testrisiko umreißen, also die Wahrscheinlichkeit, mit der Fehlerzustände trotz Tests im Produkt zu erwarten sind. Mögliche Faktoren sind in den Abschnitten 10.3 und 10.4 aufgeführt. Schaefer empfiehlt, nicht zu viele Faktoren anzusetzen, und hält z.B. jeweils drei Schadens- und Testrisikofaktoren für angemessen. Jedem Faktor wird ein Gewicht $g(r_i)$ bzw. $g(f_j)$ z.B. aus dem Wertebereich [1..10] zugeordnet.

Testaspekte

Dann richtet der Testmanager sein Augenmerk auf einzelne Testaspekte wie z.B. Tests bestimmter Funktionen oder nicht funktionale Tests bezüglich der Performanz oder der Benutzbarkeit. Zu jedem Testaspekt t und jedem der o.g. allgemeinen Risikofaktoren r_i bzw. f_j wird ein Wert $r_i(t)$ bzw. $f_j(t)$ angegeben, der die Relevanz des Testaspekts für den Faktor beziffert.

Testeffektivität

Letztendlich bewertet ein Faktor $I(t)$ für jeden Testaspekt die Testgüte, also die Effektivität des bereits bestehenden Testkonzepts bezüglich der Testrisiken dieses Testaspekts, also Tests, Reviews etc., die unabhängig vom Risiko geplant oder bereits durchgeführt sind, wie beispielsweise Entwicklertests oder informelle Reviews.

Schaefer empfiehlt, für die Gewichte $g(r_i)$ bzw. $g(f_j)$ sowie die Gütefaktoren $I(t)$ lediglich die drei Werte 1 (gering), 3 (mittel) und 10 (hoch) zu verwenden. Für die Risikofaktoren $r_i(t)$ bzw. $f_j(t)$ sind Werte von 1 (sehr niedrig) bis 5 (sehr hoch) anzusetzen.

Priorisierung der Testaspekte

Die Priorität $P(t)$ eines Testaspekts t ergibt sich dann zu

$$P(t) = [(\Sigma_{i=1..n}\, r_i(t) \times g(r_i)) \times (\Sigma_{j=1..m}\, f_j(t) \times g(f_j))] \,/\, I(t)$$

Die Priorisierung der Testaspekte und der entsprechenden Testfälle erfolgt tabellarisch[1], wie es Tabelle 10–3 skizziert. Hilfreich ist es, wenn die Werte in der Spalte »Priorität« farblich unterlegt werden, z.B. rot für die am höchsten priorisierten Testaspekte, grün für die am niedrigsten priorisierten und gelb für den Rest. Wie viele Testaspekte am höchsten priorisiert werden, ist abhängig vom Testbudget – je höher, desto mehr, da ja höhere Priorisierung mehr Test bedeutet. Üblich sind 10-30 % hoch priorisierte, 20-50 % mittel priorisierte und 30-70 % niedrig priorisierte Testaspekte.

Tab. 10–3 *Testpriorisierung nach Schaefer*

	Schaden			Testrisiko			Testgüte	Priorität
	Sichtbarkeit	Wirkung	Häufigkeit	Zeitverzug	Mitarbeiter	Komplexität	Ist	
Testaspekt	**1**	**3**	**10**	**1**	**3**	**3**		
Benutzbarkeit	1	4	5	1	5	5	2	977
Performanz	0	1	1	1	1	4	2	104
Sicherheit	5	1	2	3	1	5	1	588
Komponente A	2	2	2	2	2	5	2	322
Komponente B	1	1	1	1	1	2	1	140
Komponente C	1	2	1	2	1	1	1	136
Integration A – B	2	1	2	1	2	2	1	325
C – D	1	2	1	2	2	1	1	187
B – C	2	1	2	1	1	1	1	175
A – C	2	2	2	1	1	1	1	196
Datenbank	1	1	1	1	1	1	1	98
Web	2	4	2	4	2	4	1	748

Eine rein risikobasierte Zuteilung der Testressourcen als »Testen in die Tiefe« (engl. *depth first testing*) kann dazu führen, dass der Test

1. Ein entsprechendes Excel-Sheet ist unter [URL: Schaefer] verfügbar.

Risiken niedrigerer Priorität nicht abdeckt, wenn Budget oder Zeit im Projekt nicht mehr zur Verfügung stehen. Dieser Umstand kann auf zwei Arten behandelt werden.

Erstens: Normative Bestimmung der Testintensität

Erstens kann die Intensität der durchzuführenden Tests anhand der Risikostufe gesteuert werden. Die meisten Sicherheitsstandards wie z.B. die [DO 178 B] oder die [DIN 50128] (vgl. auch Kap. 14) verwenden diesen Ansatz und schreiben für jede Sicherheitsstufe neben den anzuwendenden Testverfahren auch entsprechende Ausgangskriterien vor. Oft wird z.B. für Komponenten, die der höchsten Sicherheitsstufe angehören, eine hundertprozentige Zweigüberdeckung gefordert.

Risikoorientierte Bestimmung der Testintensität nach Gutjahr

Zusätzlich kann sichergestellt werden, dass auch niedriger eingestufte Bereiche mit minimaler Tiefe getestet werden, quasi als »Testen in die Breite« (engl. *breadth first testing*). Ein entsprechendes Verfahren zur risikoorientierten Bestimmung der Testintensität ist in [Gutjahr 95] und [Gutjahr 96] beschrieben. Anhand funktionsübergreifender Charakteristika wie z.B. dem Projektbudget, der Anzahl zu erwartender Installationen bzw. Lizenznehmer der Software oder der Kritikalität des Gesamtsystems wird zunächst die Anzahl der Tests bzw. das Testbudget bestimmt. Dann werden jeder einzelnen Funktion eine Ausführungswahrscheinlichkeit p, eine Fehlerwahrscheinlichkeit f und ein Fehlerkostenfaktor c zugeordnet und daraus die Anzahl der auszuführenden Tests bzw. das Testbudget für die Funktionen bestimmt (vgl. Tab. 10–4).

Tab. 10–4 *Testintensitätsbestimmung nach Gutjahr*

Nr.	Funktion	p [%]	f	c	f[1/F]	c [Geld]	g	p*g	t	#Tests
		1,000					25,953	5,675	1,000	100
1	Modell eingeben	0,080	N	H	0,0010	100	3,162	0,253	0,045	4
2	Modell ändern	0,100	M	H	0,0100	100	10,000	1,000	0,176	18
3	Modell löschen	0,050	N	N	0,0010	5	0,158	0,008	0,001	1
4	Preisabfrage	0,390	M	H	0,0100	100	10,000	3,900	0,687	69
5	Drucken	0,180	N	M	0,0010	20	0,632	0,114	0,020	2
6	Modell-Liste	0,200	M	M	0,0100	20	2,000	0,400	0,070	7

Zunächst sind die Stufencodes anhand Tabelle 10–5 in nummerische Werte zu übersetzen, aus denen dann die Zwischengröße g als Produkt aus c und der Wurzel aus f berechnet wird. Die normierten Produkte aus der Zwischengröße g und der Ausführungswahrscheinlichkeit p ergeben dann den prozentualen Anteil t der für die jeweilige Funktion anzusetzenden Testressourcen. Die Werte in der letzten Spalte von Tabelle 10–4 geben die Anzahl der Testfälle an, wobei angenommen ist, dass im Rahmen der zur Verfügung stehenden Testressourcen insgesamt 100 Testfälle möglich sind.

Stufencode	Bedeutung	f	c
NN	Sehr niedrig	0,0001	1
N	Niedrig	0,001	5
M	Mittel	0,01	20
H	Hoch	0,05	100
HH	Sehr hoch	0,2	1000

Tab. 10–5
Stufencodes für Fehlerwahrscheinlichkeit und Kosten nach Gutjahr

Zweitens: Abschätzung des Restrisikos

Zweitens sind aufgrund der getroffenen Zuordnung zwischen Testfällen und Risiken die schlecht oder gar nicht durch den Test abgedeckten Risiken bekannt. Vor diesem Hintergrund muss vom Projektmanagement bzw. vom Steuerungsgremium entschieden werden, ob das Softwareprodukt freizugeben ist und das verbleibende Risiko akzeptiert wird.

Tests informieren über die Risikobewertung

Testen kann also dazu genutzt werden, Risiken zu mindern, denn das Finden von Fehlern im Produkt und deren Beseitigung trägt wesentlich zur Reduzierung von Produktrisiken bei. Auch Projektrisiken werden durch die Umsetzung eines geeigneten Testkonzepts reduziert, indem z.B. Fehlerzustände in Zwischenprodukten bei einer frühen Testfallermittlung gefunden werden, bevor sie in weiteren Aktivitäten der Softwareentwicklung zum Tragen kommen. Zusätzlich informiert der Test über die aktuelle Risikolage, da hohe bzw. niedrige Fehlerraten in bestimmten Bereichen des Softwareprodukts benutzt werden können, um die Güte der Risikoanalyse zu verbessern.

Abschließend ist zu erwähnen, dass Risikomanagement und die risikoorientierte Testkonzepterstellung und Testpriorisierung permanente Prozesse während des gesamten Projektverlaufs sind. Testergebnisse können als Eingaben für das Risikomanagement genutzt werden und zur Neubewertung von Risiken führen, Unsicherheitsgrade können neu bestimmt werden und entsprechende Umverteilungen des verbleibenden Testbudgets oder Überarbeitung des Testkonzepts erfordern.

In den letzten Abschnitten dieses Kapitels werden weiterführende Möglichkeiten zum risikobasierten Testen vorgestellt: die →Fehler-Möglichkeits- und Einflussanalyse sowie die Fehlzustandsbaumanalyse zur detaillierten Risikobetrachtung durch quantitative Analysen von Fehlerzuständen bzw. Fehlerwirkungsmöglichkeiten und die risikobasierte Testaufwandsoptimierung.

10.8 Quantitative Fehlzustandsanalysen

FMEA = Fehler-Möglichkeits- und -Einflussanalyse (failure mode and effects analysis)

Die Fehler-Möglichkeits- und Einflussanalyse (*failure mode and effects analysis*, FMEA) stellt eine systematische Vorgehensweise für die Risikoidentifikation und die Analyse möglicher Arten von Fehl(er)zuständen bzw. Fehler(aus)wirkungen sowie zu ihrer Klassifizierung hinsichtlich ihrer Kritikalität dar (s. *[DIN 60812]*). Ursprünglich stammt die Methode aus dem militärischen Umfeld, wo sie 1949 erstmals im Standard MIL-P-1629 beschrieben wurde. In den 1960er-Jahren wurde sie von der NASA im Apollo-Raumfahrtprogramm eingeführt und gehört mittlerweile zum Standardrepertoire für Zuverlässigkeitsanalysen im Rahmen des Qualitäts- und Testmanagements.

FMECA=Fehler-Möglichkeits-, Einfluss- und Kritikalitätsanalyse (failure mode, effects, and crititcality analysis)

FMEA bzw. die diese erweiternde →Fehler-Möglichkeits-, Einfluss- und Kritikalitätsanalyse[2] (engl. *failure mode, effects, and crititcality analysis*, FMECA) sind in Deutschland auch bekannt als Ausfalleffektanalyse bzw. Ausfallbedeutungsanalyse und werden z.B. in der Luftfahrt und im Automotive-Bereich weit verbreitet und mit Erfolg angewendet.

FTA=Fehlzustandsbaumanalyse (fault tree analysis)

Oft werden FMEA bzw. FMECA durch eine Fehlzustandsbaumanalyse (auch: Störungsbaumanalyse, Fehlerbaumanalyse, *fault tree analysis*, →FTA) ergänzt, die die grafische Darstellung des Zusammenwirkens verschiedener Fehlerzustände sowie die Berechnung der Wahrscheinlichkeit des Eintritts einer Fehlerwirkung erlaubt (s. *[DIN 61025]*). Die FTA-Technik wurde 1961 in den Bell Telephone Laboratories entwickelt.

SFMEA = Anwendung der FMEA auf Software

Bei Zuverlässigkeits- und Risikoanalysen für Software wird die FMEA auch als Software-FMEA (SFMEA) bezeichnet, Gleiches gilt für die FMECA und die FTA. Da sich die weiteren Ausführungen auf ihre Anwendung im Rahmen des Softwaretestmanagements beschränken, wird das »S« der Kürze halber nicht mit aufgeführt.

Da Testmanager und Tester an der Erstellung einer FMEA bzw. FMECA und einer FTA mitwirken, ist einerseits für Erstere das Verständnis für ihren Zweck, ihre Durchführung und die Erstellung der entsprechenden Dokumente gefordert, und andererseits bei beiden Gruppen die Fähigkeit, ihr Fachwissen zur Bestimmung von Risikofaktoren mit einzubringen.

---

2. Der Begriff »Ausfallbedeutung« wird im Deutschen oft mit dem üblicheren Wort »Kritikalität« bezeichnet.

10.8.1 Fehler-Möglichkeits- und Einflussanalyse (FMEA)

FMEA analysiert Fehlerwirkungen und deren Folgen

Die FMEA ist eine induktive Methode der Durchführung einer qualitativen Systemzuverlässigkeit- oder Sicherheitsanalyse. Induktiv bedeutet hierbei, dass die Analyse von Systemkomponenten auf niederen Ebenen über solche auf höheren Ebenen bis hin zum Gesamtsystem erfolgt. Die FMEA wird allgemein angewendet, um einzelne Ausfälle bzw. schwerwiegende Fehlerwirkungen und deren Folgen zu analysieren. Die Technik ist nicht anwendbar auf Situationen mit mehrfachen oder voneinander abhängigen Fehlerwirkungen.

Die Durchführung einer FMEA (oder FMECA) erfolgt insbesondere bei sicherheitskritischen Systemen wie z.B. Flugzeugsteuerungen mit den folgenden Zielsetzungen:

Ziele der FMEA bzw. FMECA

- Umfassende Erkennung und Beurteilung aller unerwünschten Auswirkungen, die durch mögliche Fehlerwirkungen des Systems bzw. seiner Komponenten bewirkt werden können.
- Erfüllung obligatorischer oder regulativer Anforderungen bzw. vertraglicher Bedingungen, die eine FMEA fordern, um Fehler in einem möglichst frühen Stadium zu beseitigen.
- Analyse der Kritikalität der Software oder des Systems hinsichtlich möglicher Fehlerwirkungen mit unerwünschten Auswirkungen auf den Systembetrieb, um dadurch das Fehlerrisiko zu reduzieren.
- Definition spezieller Testaspekte, Betriebseinschränkungen und entwurfsrelevanter Entscheidungen.
- Schätzung der beiden Maße Ausfallbedeutung und Ausfallwahrscheinlichkeit.
- Verbesserung der Funktionsfähigkeit oder Sicherheit (z.B. durch Fordern weiterer konstruktiver oder analytischer Maßnahmen).
- Erstellen von Hinweisen und Hilfen für Debugging (Fehlzustandsdiagnose) und Wartung bzw. Weiterentwicklung.
- Verbessern der Wartbarkeit des Systems durch Identifikation von mit hohem Risiko behafteten oder z.B. aufgrund starker Kopplung und/oder hoher Komplexität wenig wartbaren Komponenten.

Durch den Einsatz der FMEA sollen Fehler vermieden und z.B. Entwurfsschwächen aufgedeckt werden, die beim Einsatz des Systems eine Gefährdung des Systems oder seines Einsatzkontextes bzw. Nutzers bewirken können. Die FMEA soll ferner Ergebnisse für korrektive Entwurfsmaßnahmen liefern sowie bei der Bestimmung von Testfällen helfen. Letztendlich kann die FMEA dazu dienen, mögliche Bedienungsprobleme des Systems bzw. der Software aufzuzeigen.

Zeitpunkt und Betrachtungsebene einer FMEA

Die FMEA kann auf jeder System- oder der Softwareebene angewandt werden, je nach verfügbaren Informationen und Anforderungen. So sollte eine FMEA eingeplant werden, sobald Vorabinformationen auf hoher Ebene wie z.B. dem fachlichen Entwurf verfügbar sind. Sie sollte dann auf niedrigere Ebenen wie z.B. der technischen Architektur und dem Komponentenentwurf ausgeweitet werden, sobald weitere Details zur Verfügung stehen. Zur Durchführung einer FMEA ist ein umfassendes Verständnis der zu analysierenden Software bzw. des Systems notwendig. Hilfreiche Darstellungsmittel hierzu sind z.B.:

- Abläufe über kritische Funktionen
- Funktions- und Zuverlässigkeitsblockdiagramme
- Fehlzustandsbäume (s. Abschnitt 10.8.3)
- Klassifikationen allgemeiner Fehlermöglichkeiten
- Listen über kritische Funktionen und Komponenten

Grundprinzip der FMEA: Was passiert, wenn?

Das Grundprinzip bei der Risikoidentifikation und -analyse mit der FMEA besteht darin, in der Funktionshierarchie und der Programmlogik für alle Betriebsphasen und Bedienmöglichkeiten systematisch nach Fehlermöglichkeiten zu fragen: Was passiert, wenn? Hilfreich in diesem Zusammenhang sind die in Abbildung 10–4 skizzierten »6 M«, die jeweils mit einer oder mehreren Fragen nach möglichen Ausfall- bzw. Fehlerursachen abgedeckt werden.

Abb. 10–4
Die »6 M«

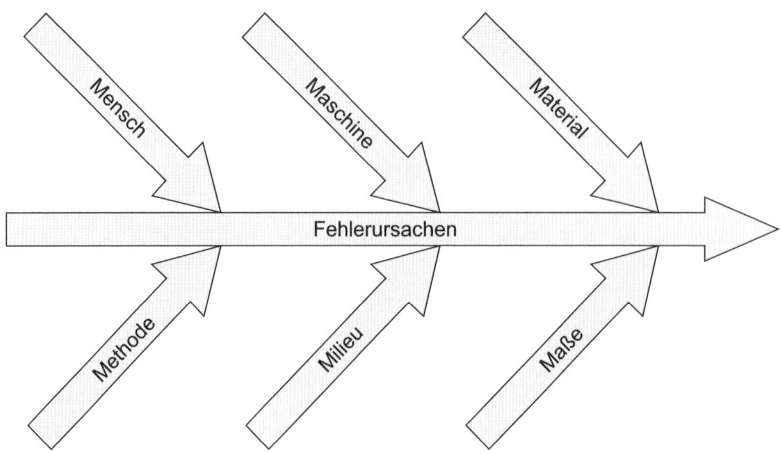

Vorgehen der FMEA

Das Vorgehen nach FMEA bei der Risikobewertung für ein System sieht folgendermaßen aus. Zunächst wird die Systemstruktur analysiert und die Anforderungen den Strukturelementen zugeordnet. Die zugrunde liegenden Informationen sind in der Regel aus den Anforderungs- und Entwurfsspezifikationen zu entnehmen. Für jede Betrachtungseinheit (System, Teilsystem, Komponente, ...) ordnet man dann jeder Funktion mögliche Ausfälle als Risikofaktoren zu und spezifiziert für jeden Faktor auslösende Fehlerwirkungen inkl. der Wahrscheinlichkeit ihres Eintritts. Danach werden die Auswirkungen dieser Fehlerwirkungen auf andere Faktoren sowie auf die Projektplanung untersucht. Im nächsten Schritt sind Möglichkeiten zur Entdeckung, Kompensation und Abwendung der Fehlerwirkung zu ermitteln sowie Maßnahmen zur Fehlervermeidung zu identifizieren und bezüglich ihrer Wirksamkeit zu bewerten. Zum Schluss erfolgt die Dokumentation der Ergebnisse.

Fehlerwirkungen (Ausfallarten) bei Softwaresystemen

Die folgenden vier »generischen« Fehlerwirkungen softwarelastiger Systeme sollten bei der FMEA auf jeden Fall betrachtet werden, darüber hinausgehende Einteilungen sowie entsprechende Angaben zu Fehlerzuständen sind z. B. in den Standards zur Abweichungsklassifikation (s. Kap. 8) oder in Softwarefehlerklassifikationen enthalten (z. B. in [Burnstein 03], [Charette 89], [Neumann 95]):

- Programmabbruch (abnormal termination, ABEND), z. B. nicht abgefangene Exception, Schutzverletzung, Endlosschleife oder Überlauf
- Auslassungsfehler, z. B. fehlende Reaktion, fehlender Operationsaufruf oder fehlende Datenbankaktualisierung
- Logik- und Datenfehler, z. B. fehlerhafte Berechnung, falsche Vorbedingungen oder falsche Parameter
- Zeit- und Reihenfolgefehler, z. B. zu frühe oder zu späte Reaktion, Protokollverletzung oder falsche Aufrufreihenfolge von Operationen

Fehlerzustände bei Softwaresystemen

Borner et al. stellen in [Borner 08] die in Tabelle 10–6 (S. 274) abgebildete Klassifikation von Fehlerzuständen für (objektorientierte) Software vor. Die Autoren beschreiben zusätzlich deren anhand einer Umfrage ermittelten Häufigkeiten sowie ihre Korrelation mit Einflussfaktoren, wie z. B. der Programmiersprache und der Branche.

Dokumentation der FMEA-Ergebnisse

Die DIN/ISO-Norm 60812 *[DIN 60812]* empfiehlt eine tabellarische Dokumentation der FMEA-Ergebnisse mit einem an die Projektanforderungen anzupassenden FMEA-Arbeitsblatt. Für eine FMEA während der Entwicklungsphase hält sie die folgenden Kerninformationen für jede untersuchte Komponente für wesentlich:

1. Name bzw. Kennzeichnungsnummer der Komponente in dem analysierten System
2. Von der Komponente auszuführende Funktion
3. Mögliche Fehlerwirkungen (Ausfallarten) der Komponente
4. Mögliche Fehlerzustände (Ausfallursachen) der Komponente
5. Auswirkungen von Fehlerwirkungen (Ausfällen) auf das System
6. Schwere der Auswirkungen

Tab. 10–6
Fehlerzustände bzw. Softwarefehlermöglichkeiten nach [Borner 08]

Kontrollflussfehler • Fehler in Prädikat / Bedingung • Fehler in Selektionskonstrukt • Fehler in Schleifenkonstrukt • Fehler in Zustandslogik • Fehler in interner Ausnahmebehandlung • Methode auf falschem Objekt aufgerufen • Falscher Methodenaufruf durch Polymorphismus bzw. Überladen • Falsche Methode ausgewählt • Fehler bei parallelen Prozessen • Fehler in deklarativer Kontrollflusssteuerung **Berechnungsfehler** • Falscher Algorithmus ausgewählt • Fehler in Arithmetik • Fehler in Zeigerarithmetik • Fehler in String-Manipulation • Fehler in Initialisierung • Fehler in Ressourcen-Verwendung **Klassen-/Datentypfehler** • Fehlerhafte Deklaration einer Variable • Fehler in Typkonvertierung (casting) • Fehler durch Mehrfachvererbung • Methode nicht implementiert/überschrieben • Fehlerhafte Deklaration einer Methode bzw. eines Attributes als statisch (static)	**Datenfluss-/Objektzugriffsfehler** • Datenflussanomalie • Deadlock • Falsche Zugriffsart • Fehler durch Umgehung des Zugriffsschutzes **Schnittstellenfehler** • Aufgerufene Klasse/Objekt implementiert Schnittstelle nicht bzw. fehlerhaft • Fehler in übergebenen Parametern • Fehlerhafte Interpretation von Rückgabewerten • Aufruf bzw. Aufrufreihenfolge der Methode falsch • Nichtbeachtung von Kontrakten (Vor- und Nachbedingungen sowie Invarianten) **Konfigurationsfehler** • Komponente fehlt oder liegt in falscher Version vor • Fehler im Deployment-Deskriptor • Umgebungsvariable falsch gesetzt oder ignoriert • Testcode unbeabsichtigt im operativen System enthalten • Eigenschaften der Laufzeitumgebung(en) nicht beachtet

7. Methoden der Erkennung von Fehlerwirkungen (Ausfällen) z.B. im Test oder während der Programmausführung
8. Ersatzvorkehrungen z.B. redundante Komponenten, Wiederanlauffunktionen etc.
9. Zusätzliche Bemerkungen

Der letzte Eintrag »Zusätzliche Bemerkungen« enthält Erläuterungen zu den anderen Einträgen wie z.B. ungewöhnliche Bedingungen, Auswirkungen von Ausfällen redundanter Komponenten, besonders kritische Entwurfsmerkmale, Erweiterungen bestimmter Einträge, Verweise auf andere Einträge für weiterführende Ausfallanalysen, wichtige Anforderungen an die Wartung, möglicherweise maskierte Fehlerzustände (Ausfallursachen) und Fehlerwirkungen (Ausfallauswirkungen) sowie Hinweise und Ergebnisse entsprechender Reviews. Zusätzlich können mögliche zukünftige Maßnahmen oder Empfehlungen zur Verbesserung des Entwurfs aufgeschrieben und dann im Bericht weiter ausgeführt werden.

Beispiel: FMEA im VSR-Projekt

Zur näheren Bestimmung von Produktrisiken mittels einer FMEA betrachtet der Testmanager die in Abbildung 1–2 in Kapitel 1 dargestellte Architektur des VSR-Systems. Als mögliche Fehlerwirkungen der Komponente *DreamCar* identifiziert er u. a. den Absturz bzw. Totalausfall, die Berechnung falscher Endpreise, die unzulässige Kombination bestimmter Modelloptionen oder zu lange andauernde Berechnungen, aufgrund derer die Benutzer das Programm abbrechen könnten. Die Ergebnisse werden in dem in Tabelle 10–7 skizzierten FMEA-Formblatt dokumentiert.

Tab. 10–7
FMEA-Formblatt

Komponente/Version: DreamCar V1.08 Funktion: Preisberechnung		**Produkt-FMEA** System/Version: VSR / V1.04	Sach-Nr: 08 Verantw./Abt.: Mü / PE	Stand: 1.0 Vom: 20.09.07	FMEA-Nr.: 08/15 Erstellung: 20.09.07
Auswirkung	Fehlerwirkung	Fehlerzustand/Erläuterungen	Testtechnik	Bemerkungen	
Absturz	Arithm. Exception	Arithmetikfehler (Overflow bei Summierung, Division durch null bei Prozentberechnung)	Grenzwertanalyse	Exceptions enablen Stack trace analysieren	
Absturz	Wrong Class Exception	Typkonvertierung, Methode nicht gefunden	Äquivalenzklassen Produkte	Stack trace analysieren	
Endpreis falsch	Rabattierung falsch	Rabattschlüssel von DB fehlinterpretiert, Arithmetikfehler	Äquivalenzklassen Rabatte	Rabatt > 100% und < 0% prüfen	
Endpreis falsch	Optionspreis falsch	Stückzahl falsch, Grundpreis falsch, Arithmetikfehler	Grenzwertanalyse	0 Stk, neg. Stückzahl	
...	...	...	...	...	

10.8.2 Fehler-Möglichkeits-, Einfluss- und Kritikalitätsanalyse (FMECA)

FMECA ist quantitativ

In der Erweiterung der FMEA zur Fehler-Möglichkeits-, Einfluss- und Kritikalitätsanalyse (engl. *failure mode, effects and criticality analysis*, →FMECA) werden Risiken wie bei der bereits in Abschnitt 10.4.2 dargestellten Risikobewertung zunächst nach ihrer Eintrittswahrscheinlichkeit *W* und dem zu erwartenden Schaden *S* quantifiziert.

FMECA umfasst oft auch die Entdeckungswahrscheinlichkeit

Zusätzlich erfolgt bei der FMECA eine Analyse der Auf- bzw. Entdeckungswahrscheinlichkeit *E*, also eine quantitative Bewertung der identifizierten Risikoeintrittsindikatoren, der eingesetzten Testtechniken und der die Zuverlässigkeit steigernden Software-Laufzeitfunktionen. Unter Risikogesichtspunkten wird die Aufdeckungswahrscheinlichkeit reziprok bewertet, d.h., eine hohe Bewertung von *E* bedeutet eine niedrige Wahrscheinlichkeit dafür, dass der Eintritt eines Risikos (insbesondere eines Fehlerzustands) vor der Auslieferung des (Zwischen-)Produkts bzw. vor dem Eintritt einer Fehlerwirkung im Produktivbetrieb aufgedeckt wird. Salopp sollte man also eher von der Entdeckungsunwahrscheinlichkeit sprechen.

FMECA ermittelt Risikoprioritätszahl RPZ

Aus diesen drei Faktoren wird die →Risikoprioritätszahl *RPZ* ermittelt:

$$RPZ = W \times S \times E$$

FMEA und FMECA werden für vorausschauende und für rückblickende Risikoanalysen verwendet. Bei Ersteren werden laufend Analysen der aktuellen terminlichen, personellen und ressourcenbedingten Situation durchgeführt, um eventuelle Probleme frühzeitig erkennen und abwehren zu können. Bei Letzteren werden Probleme der Vergangenheit analysiert, um daraus Informationen zu gewinnen, die helfen, derartige Probleme künftig zu vermeiden.

Beispiel: FMECA im VSR-Projekt

Zur quantitativen Angabe der Produktrisiken für die Komponente *DreamCar* des VSR-Systems erweitert der Testmanager die FMEA durch Analyse der Aufdeckungswahrscheinlichkeit zu einer FMECA und erhält die folgende FMECA-Tabelle.

Komponente/Version: DreamCar V1.08 Funktion: Preisberechnung		**Produkt-FMECA** System/Version: VSR / V1.04		Sach-Nr: 08 Verantw./Abt.: Mü / PE		Stand: 1.0 Datum: 22.10.07	FMECA-Nr.: 08/15a Erstellung: 22.10.07	
Fehlerwirkung	Fehlerzustand	Aufdeckung	W	S	E	RPZ	Bemerkungen	
Absturz	Arithm. Exception	Review, Test	3	3	3	27		
Absturz	Wrong Class Exception	Review, stat. Analyse, Test	3	3	1	9	Durch Slicing/Typanalyse aufdeckbar	
Endpreis falsch	Rabattierung falsch	Test	7	10	3	210	Schadensmaximum wg. Fernabsatzgesetz!	
Endpreis falsch	Optionspreis falsch	Test	3	10	3	90	-"-	
...	...	...	...	...	...	...	...	

Tab. 10–8
FMECA-Formblatt

10.8.3 Fehlzustandsbaumanalyse (FTA)

Fehlzustandsbaumanalyse (FTA) ist ein deduktives Verfahren zur Analyse von Ursache-Wirkungs-Zusammenhängen

Die Fehlzustandsbaumanalyse (engl. *fault tree analysis*, FTA; früher: Störungsbaumanalyse) ist ein grafisches Verfahren zur Ermittlung, Darstellung und Analyse von Ursache-Wirkungs-Zusammenhängen in technischen Systemen. Während die FMEA und die FMECA als induktive Verfahren von Systemkomponenten auf niederen Ebenen über solche auf höheren Ebenen bis hin zum Gesamtsystem voranschreiten, sucht die FTA deduktiv zu einer betrachteten (Fehler-)Wirkung auf Gesamtsystemebene ihre möglichen Ursachen und deren Wirkungszusammenhänge, wobei von höheren Systemebenen zu tieferen vorangegangen wird.

Ursachen und Wirkungen stellen (unerwünschte) Ereignisse dar

Sowohl Ursachen als auch Wirkungen werden im Rahmen der FTA als (unerwünschte) Ereignisse betrachtet. Typische Ereignisse sind z. B. Grundereignisse wie das Eintreten einer Fehlerwirkung bei der Ausführung einer Anweisung bzw. Operation oder Teilfunktion, Zwischenereignisse wie die Nicht-Verfügbarkeit eines Kommunikationskanals oder der Ausfall einer Hardwarebaugruppe sowie Hauptereignisse wie der Ausfall wichtiger Funktionen bis hin zum Programmabsturz oder Systemausfall.

Ziele der FTA

Die Fehlzustandsbaumanalyse wird einzeln oder in Verbindung mit anderen Zuverlässigkeits- und Risikountersuchungen mit den folgenden Zielen durchgeführt (s. [DIN 61025]):

- Aufzeigen von Ursachen und Kombinationen von Ursachen, die zum betrachteten Hauptereignis führen.
- Ermittlung potenzieller Fehlerarten oder Einflussgrößen, die Sicherheitsrisiken bergen könnten und zur Ausfallwahrscheinlichkeit des Systems beitragen.
- Berechnung von Eintrittswahrscheinlichkeiten und quantitative Beurteilung von Minderungsmöglichkeiten sowie Beurteilung, ob das System festgelegte Zuverlässigkeits- oder Sicherheitsanforderungen erfüllt.
- Analyse verschiedener Entwurfsalternativen für eine höhere Systemzuverlässigkeit.
- Berechnung von Verfügbarkeiten und Ausfallraten, falls ein stationärer Zustand vorausgesetzt werden kann und etwaige Änderungen bzw. Reparaturen jeweils voneinander unabhängig sind.

Vorgehen der FTA

Das typische Vorgehen bei der FTA besteht aus den folgenden Schritten:

- Definition der Untersuchungsziele
- Analyse der Konstruktion, der Funktionen und der Arbeitsweise des Systems
- Festlegung der Hauptereignisse, ggf. die kritischsten Fehlermöglichkeiten aus der FMEA/FMECA übernehmen
- Konstruktion eines Fehlzustandsbaumes für jedes Hauptereignis
- Analyse, ggf. Umformung des logischen Aufbaus des Fehlzustandsbaumes sowie ggf. quantitative Auswertung
- Bericht über die Ergebnisse der Untersuchung
- Bewertung möglicher Zuverlässigkeitsverbesserungen bzw. Risikominderungsmaßnahmen

Elemente des Fehlzustandsbaumes

Fehlzustandsbäume stellen – ähnlich wie Ursache-Wirkungs-Grafen zur Testfallspezifikation – grafisch die Wirkungszusammenhänge zwischen Hauptereignissen wie z. B. einem Softwareabsturz und möglichen Grundereignissen wie z. B. der Division durch null in einem bestimmten arithmetischen Ausdruck einer Methode dar. Prinzipiell handelt es sich boolesche Funktionen, die in Form eines Schaltnetzes dargestellt werden. Ereignisse werden über NICHT-, UND-, ODER- sowie EXKLUSIV-ODER-Gatter zu Zwischen- bzw. Hauptereignissen verknüpft. Das Ausgangsereignis A des NICHT-Gatters tritt ein, wenn das Eingangsereignis E nicht eintritt. Das Ausgangsereignis des UND-Gatters tritt ein, wenn beide bzw. – bei Gattern mit mehr als zwei Eingängen – alle Eingangsereignisse zusammen eintreten, das des ODER-Gatters, wenn mindestens eines seiner Eingangsereignisse eintritt, das des EXKLUSIV-ODER-Gatters, wenn genau eines eintritt. Einige Symbole sind in Abbildung 10–5 zusammengefasst (zu weiteren Elementen und alternativen Darstellungsmöglichkeiten s. [DIN 61025]).

Abb. 10–5 *Symbole der Fehlzustandsbaumanalyse*

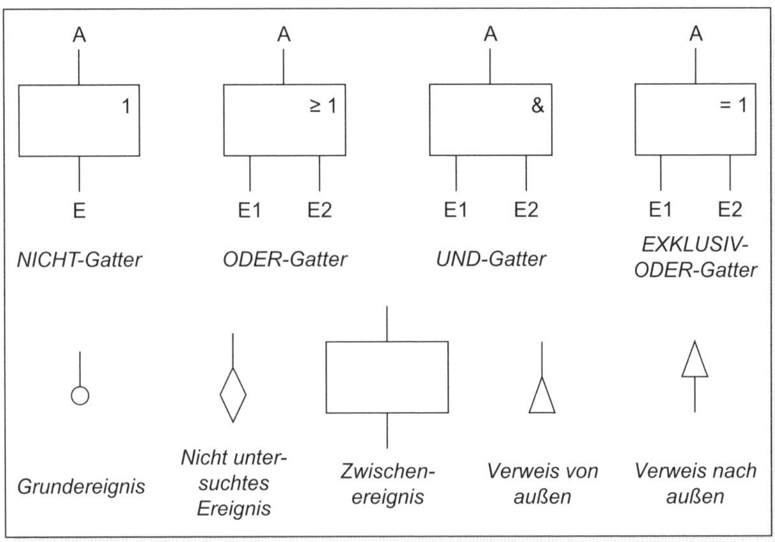

Konstruktion des Fehlzustandsbaumes

Die Konstruktion eines Fehlzustandsbaumes beginnt mit dem Hauptereignis, das die Wurzel des Baumes bildet. Anhand der Systemstruktur werden Zwischenereignisse ermittelt, die zum Hauptereignis führen können, sowie die Art ihrer Verknüpfung. Kann beispielsweise jedes Zwischenereignis für sich alleine genommen das Hauptereignis bewirken, ist die Verknüpfung der Zwischenereignisse über ein ODER-Gatter angezeigt. Auf diese Art wird weiter verfahren, bis man zu Grundereignissen gelangt, die nicht weiter zerlegt werden können bzw. sollen und damit die Blätter des Fehlzustandsbaumes darstellen.

Quantitative Auswertung des Fehlzustandsbaumes

Die quantitative Auswertung eines Fehlzustandsbaumes berechnet die Wahrscheinlichkeit des Hauptereignisses anhand der (gegebenen bzw. geschätzten) Wahrscheinlichkeiten der Grundereignisse, wobei sicher eintretende Ereignisse die Wahrscheinlichkeit 1 und unmöglich eintretende Ereignisse die Wahrscheinlichkeit 0 haben. Die Wahrscheinlichkeiten der Ausgangsereignisse von Gattern ergeben sich gemäß der Wahrscheinlichkeitstheorie nach folgenden Rechenregeln: Bezeichnet P(E) die Wahrscheinlichkeit des (Eingangs-)Ereignisses E, so hat das Ausgangsereignis A eines NICHT-Gatters die Wahrscheinlichkeit $P_{NICHT}(A) = 1 - P(E)$. Die Wahrscheinlichkeit des Ausgangsereignisses eines UND-Gatters mit zwei Eingangsereignissen E_1 und E_2 mit den Wahrscheinlichkeit $P(E_1)$ bzw. $P(E_2)$ ist

$$P_{UND}(A) = P(E_1) \cdot P(E_2)$$

bzw. bei UND-Gattern mit mehr als zwei Eingängen

$$P_{UND}(A) = \prod_{i=1}^{n} P(E_i) .$$

Beim ODER-Gatter mit zwei Eingängen ergibt sich

$$P_{ODER}(A) = P(E_1) + P(E_2) - P(E_1) \cdot P(E_2)$$

bzw. bei ODER-Gattern mit mehr als zwei Eingängen

$$P_{ODER}(A) = 1 - \prod_{i=1}^{n} (1 - P(E_i)) .$$

Die Wahrscheinlichkeit des Ausgangsereignisses eines EXKLUSIV-ODER-Gatters letztendlich ist

$$P_{EXOR}(A) = P(E_1) + P(E_2) - 2 \cdot P(E_1) \cdot P(E_2).$$

Grundereignisse nicht wiederholt aufführen!

Zu beachten ist, dass die obigen Berechnungsformeln die Unabhängigkeit der Eingangsereignisse voraussetzen und daher nicht gelten, wenn Grundereignisse wiederholt im Fehlzustandsbaum vorkommen! In solchen Fällen ist der Baum anhand aussagenlogischer Äquivalenzumformungen so zu reorganisieren, dass jedes Grundereignis im gesamten Baum nur einmal als Eingangsereignis eintritt. Das aus [Liggesmeyer 02] entnommene Beispiel in Abbildung 10–6 verdeutlicht das Vorgehen.

Abb. 10–6

Äquivalenzumformung eines Fehlzustandsbaumes bei wiederholt eintretendem Grundereignis E2

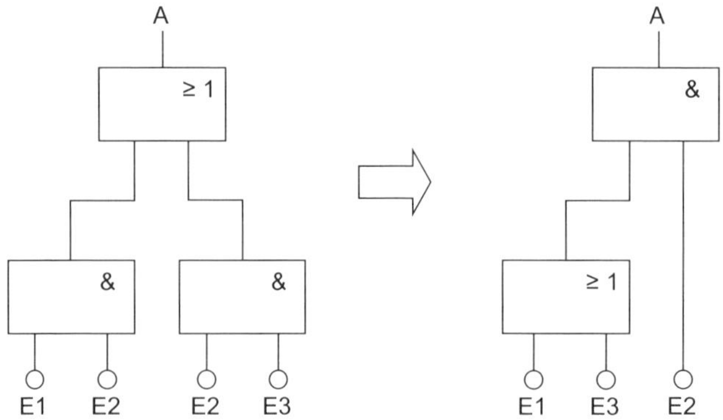

Beispiel: FTA im VSR-Projekt

Bei der Zuverlässigkeitsanalyse im VSR-Projekt wird ein Fehlzustandsbaum für die Fehlerwirkung »Endpreis falsch« erstellt, die im Folgenden als Hauptereignis A bezeichnet wird. Der Testmanager entnimmt der Spezifikation, dass sich der Endpreis aus dem Grundpreis, dem Optionspreis und der Rabattierung berechnet. Aus dem Entwurf ist ersichtlich, dass Grund- und Optionspreise lokal berechnet werden, während die Rabattierung den Zugriff auf die zentrale Händler-Datenbank über das Internet erfordert. Der berechnete Endpreis wird vor der Ausgabe mit einer heuristischen Funktion überprüft. Fehlerwirkungen bei der Berechnung des Grund- und Optionspreises (Grundereignis E1) sowie bei der Rabattberechnung (Grundereignis E2) können für sich alleine die Preisberechnung fehlschlagen lassen und werden daher mit einem ODER-Gatter zum Zwischenereignis E4 verknüpft. Nur wenn sowohl die Preisberechnung fehlschlägt als auch eine Fehlerwirkung bei der Preisüberprüfung eintritt (Grundereignis E3) wird ein falscher Endpreis ausgegeben. Die Ereignisse E3 und E4 werden daher UND-verknüpft und es ergibt sich der Fehlzustandsbaum in Abbildung 10–7.

Abb. 10–7

Quantitative Analyse eines Fehlzustandsbaumes

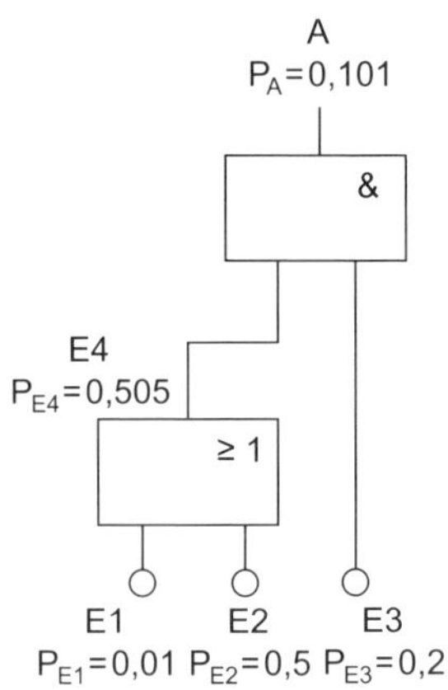

Nach den Entwurfsunterlagen und entsprechenden Einträgen der Problemdatenbank sowie ersten Testergebnissen schätzt der Testmanager die Fehlerwahrscheinlichkeit für die Berechnung des Grund- und Optionspreises (E1) zu 0,01 ab, die der Rabattierung (E2) zu 0,5 und die der Preisüberprüfung (E3) zu 0,2. Nachdem diese Wahrscheinlichkeiten in den Fehlzustandsbaum eingetragen wurden, ergibt die quantitative Analyse für die Zwischenwirkung E4 (Berechnung des Grund- und Optionspreises oder der Rabattierung fehlgeschlagen) eine Wahrscheinlichkeit von $P(E4)=0{,}01+0{,}5-0{,}01\times 0{,}5=0{,}505$. Aus der UND-Verknüpfung von E3 und E4 resultiert dann eine Wahrscheinlichkeit von $P(A)=0{,}505\times 0{,}2=0{,}101$ für das Hauptereignis »Endpreis falsch«. Die FTA präzisiert und bestätigt die in der FMECA nur grob geschätzten Wahrscheinlichkeiten (s. Tab. 10–8) und der Testmanager beschließt, die Funktionen zur Preisberechnung im Test besonders intensiv zu prüfen.

Vor- und Nachteile von FMEA, FMECA und FTA

Die vorgestellten Techniken FMEA, FMECA und FTA zur Fehlzustandsanalyse bieten folgende Vorteile:

- Mögliche Systemfehler oder -ausfälle durch Software- oder Anwenderfehlerlassen lassen sich früh aufdecken.
- Eine systematische Anwendung trägt sowohl zur Risikoabschätzung als auch zur Zuverlässigkeitsanalyse bei.
- Die Techniken können im Rahmen des Testdesigns zur Testfallspezifikation herangezogen werden.
- Die Ergebnisse können als Entscheidungshilfe und/oder zur Rechtfertigung getroffener Entscheidungen beim Systementwurf und bei der Testkonzeption genutzt werden.
- Die Ergebnisse helfen bei der Identifikation kritischer Bereiche der Software, die besonders intensiv zu testen sind.

Die folgenden Aspekte müssen bei der Anwendung bedacht werden:

- Die zeitliche Reihenfolge des Eintritts von Fehlerwirkungen ist nur schwer zu berücksichtigen.
- FMEA und FMECA betrachten nur einzelne Fehlerwirkungen – für deren Wechselwirkungen ist eine FTA durchzuführen.
- Die Erstellung der FMEA-Tabellen sowie der Fehlzustandsbäume kann zeitaufwendig sein.
- Unabhängige Funktionen, deren Ausfälle bzw. Fehlerwirkungen betrachtet werden, sind eventuell schwer zu identifizieren.
- Die Fehlerfortpflanzung von Komponenten und Teilsystemen hin zum Gesamtsystem ist bei der FMEA und FMECA u.U. nicht leicht zu identifizieren – auch hier kann eine FTA notwendig werden.

FMEA, FMECA und FTA eher bei hohen Zuverlässigkeits- und Sicherheitsanforderungen!

Im Rahmen der Risikoanalyse ist der Einsatz von FMEA, FMECA und FTA auf Projekte mit stark restriktiven Sicherheitsvorgaben oder hohen Anforderungen an die Zuverlässigkeit des Systems eingeschränkt; eine generelle Anwendung dieser Techniken erscheint gemessen an dem zu investierenden Aufwand und den zu erzielenden Ergebnissen nicht adäquat.

10.8.4 Risikobasierte Testaufwandsoptimierung

Das Grundproblem des Testmanagers lässt sich treffend mit der Frage skizzieren, wie ein »Mehr« an Aufgaben mit einem »Weniger« an Mitteln bewältigt werden kann. Ansätze zu einer risikobasierten Steuerung des Testaufwands als mögliche Antwort auf diese Frage gibt beispielsweise das sog. »Precision Testing« (s. [Sandmann 03], [Schettler 05]), das über eine reine Testpriorisierung (vgl. Abschnitt 10.7) hinausgeht. Grundannahme ist, dass die durch den Test mögliche Risikosenkung begrenzt ist und somit die Effektivität des Tests mit steigendem Aufwand abnimmt. Abbildung 10–8 zeigt dies unter der Annahme, dass über einen bestimmten Zeitraum ein gleichbleibender Testaufwand betrieben wird (vgl. [Sherer 91]).

Abb. 10–8
Testeffektivität

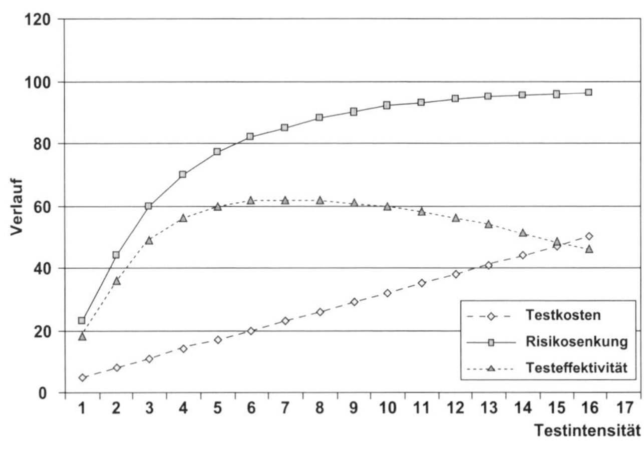

Grundlage der risikobasierten Steuerung des Testaufwands ist ein Rahmenmodell, das die beim Management von Tests bzw. bei der Qualitätssicherung relevanten Nutzen- und Kostenkenngrößen und ihre Abhängigkeiten voneinander beschreibt. Eine Übersicht zeigt Abbildung 10–9 (nach [Sandmann 03], [Schettler 05]).

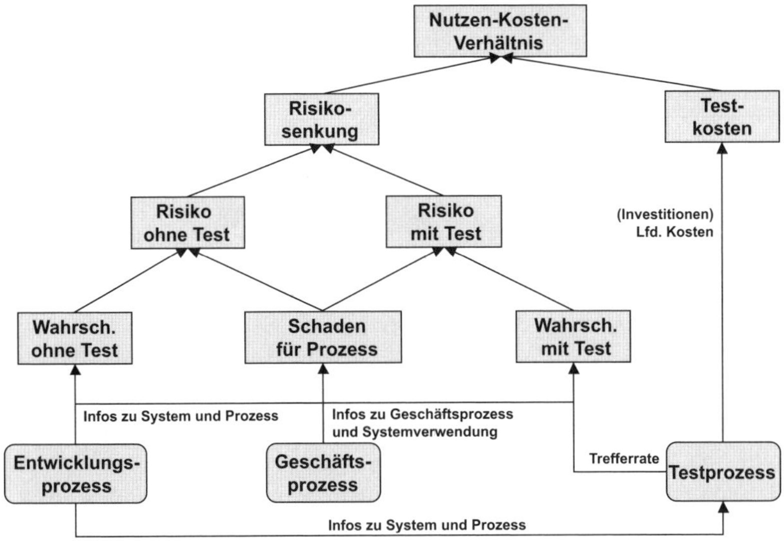

Abb. 10–9
Rahmenmodell zur risikobasierten Testaufwandsoptimierung (Precision Testing)

Soll mit einem vorgegebenen Budget ein möglichst geringes Restrisiko erzielt werden, ist das Testkonzept hinsichtlich der Risikosenkung zu optimieren. Hierbei ist das Nutzen-Kosten-Verhältnis des Tests eine zentrale Planungsgröße: Der Nutzen ist hierbei die durch den Test (und Fehlerkorrektur) erreichte Risikosenkung, die sich aus der Differenz des Risikos der ungetesteten Software und dem prognostizierten Restrisiko nach dem Test ergibt. Ist das Risiko bereits ohne Test tolerierbar, müsste im Prinzip gar nicht getestet werden.

Entsprechend der Risikoquantifizierung ergibt sich das Risiko ohne Test zum einen durch die Wahrscheinlichkeit, mit der sich eine Funktion falsch verhält, und zum anderen durch die Größe des Schadens, der aus der Fehlwirkung für den Geschäftsprozess folgen kann.

Zur Prognose des Restrisikos (nach dem Test) wird die Wahrscheinlichkeit für den Auftritt von Fehlerwirkungen von bereits getesteten Funktionen abgeschätzt. Diese ergibt sich aus der ursprünglichen Wahrscheinlichkeit für das Auftreten einer Fehlerwirkung und aus der Wahrscheinlichkeit, mit der diese Fehlerwirkung bzw. die zugehörigen Fehlerzustände durch die angewandten Testverfahren aufgedeckt werden, und wird i.d.R. von Testexperten initial geschätzt und dann anhand von Erfahrungsdaten korrigiert. Die Testkosten schließlich werden im Wesentlichen durch das festgelegte Testverfahren und den Funktionsumfang bestimmt.

Das operative Vorgehen bei der risikobasierten Testaufwandsoptimierung ist in Abbildung 10–10 skizziert (nach [Sandmann03], [Schettler05]). Ergebnis ist ein Testkonzept, das für jede Funktion des

Systems eines von mehreren einsetzbaren Testverfahren für die Testausführung festlegt.

Abb. 10–10
Vorgehen bei der risikobasierten Testaufwandsoptimierung (Precision Testing)

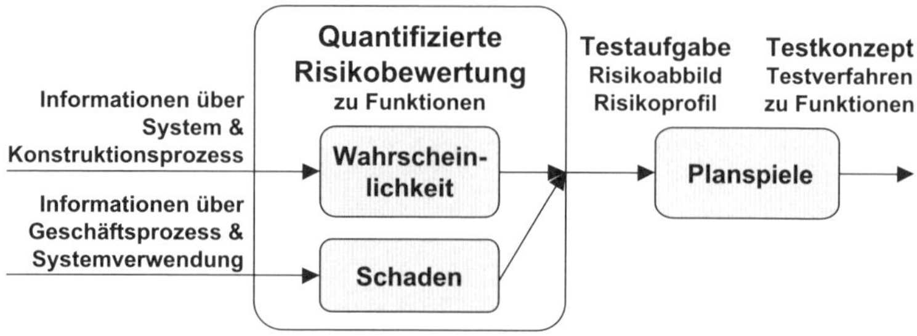

Der erste Schritt besteht in der Bewertung des Risikos für jede Systemfunktion. Dazu werden quantitative, für das Risiko repräsentative Basisindikatoren abgefragt und zu einem relativen Risikoindex ausgewertet. Die Arbeitsteilung in Wahrscheinlichkeits- und Schadensbewertung passt dabei gut zur Arbeitsteilung der Softwareentwicklung: Wahrscheinlichkeitsindikatoren handeln vom Konstruktionsprozess, Schadensindikatoren vom betroffenen Geschäftsprozess. In der Praxis erfolgt die Wahrscheinlichkeitsbewertung i.d.R. durch Auswertung von Fachkonzepten oder Anforderungsdokumentationen, die Schadensbewertung dagegen mithilfe von Interview oder Fragebogen durch Geschäftsprozessexperten, ggf. erleichtert durch statistisches Datenmaterial.

Planspiele, d.h. die Simulation von Testszenarien auf der Basis der Bewertungen, liefern nun die Prognosen der Testnutzen- und Aufwandskenngrößen, die anhand der Ziele sowie der Optimierungs- und Rahmenvorgaben des Tests beurteilt werden können. Die Auswahl des optimalen Testszenarios schließt die Testplanung ab. Es folgen Zeit- und Ressourcendisposition, wobei das Risikoabbild u.a. auch die Priorisierung der Testaktivitäten unterstützt. Auf Änderungen von Vorgaben im Projektverlauf (Zeitrahmen, Budget) kann durch Wiederaufnahme der Planspiele reagiert werden.

Zusammenfassend lässt sich feststellen, dass bestimmte Aspekte von Precision Testing zwar als diskussionwürdig erscheinen, so z.B. die starke Fokussierung auf Expertenschätzungen, das Rechnen mit Mittel- bzw. Erwartungswerten statt mit Wahrscheinlichkeitsverteilungen und die eindimensionale Abbildung von Risiken auf eine einzige Kennzahl. Trotzdem kann die Grundstruktur des Modells Testmanagern sehr wohl als Leitfaden für die Entwicklung einer eigenen risikobasierten Testplanungsstrategie dienen.

10.9 Zusammenfassung

- Ein Risiko ist ein Problem, das in der Zukunft eintreten und unerwünschte Folgen haben kann. Die Risikostufe ergibt sich aus der Wahrscheinlichkeit des Problemeintritts und dem damit verbundenen Schaden. Risiken lassen sich unterteilen in Produktrisiken (Qualitätsrisiken) und Projektrisiken.
- Zu den Kernaktivitäten des Risikomanagements gehören Risikoidentifikation, Risikoanalyse und Risikosteuerung. Eine genaue Risikoanalyse inklusive Risikokategorisierung und Risikoeinstufung sowie der Ermittlung von Risikoeintrittsindikatoren und der Festlegung geeigneter Maßnahmen zur Risikovermeidung ermöglicht erst die Steuerung und Beherrschung der Risiken sowie die Überwachung des Risikomanagements selbst. Dabei können Risiken sowohl qualitativ als auch quantitativ eingestuft werden.
- Testen stellt eine vorbeugende Maßnahme dar, Risiken durch das Finden und Beheben von Fehlern zu reduzieren. Risikoorientiertes Testen nutzt das Wissen über die Risiken dazu, den Inhalt des Testkonzepts so festzulegen, dass unter gegebenen Rahmenbedingungen (Aufwand, Zeit, Verfügbarkeit usw.) die Risiken möglichst minimiert werden. Darüber hinaus kann Testen auch über die Risikobewertung selbst informieren – hohe bzw. niedrige Fehlerraten in bestimmten Bereichen des Softwareprodukts können benutzt werden, um die Güte der Risikoanalyse zu verbessern.
- Anhand der wichtigsten Risiken sind gemäß einer risikoorientierten Teststrategie geeignete Testverfahren auszuwählen. Die Tests sind so zu priorisieren, dass Tests, die ein hohes Risiko abdecken, zeitlich zuerst durchgeführt werden. Ein entsprechend hoher Aufwand ist dafür einzuplanen.
- Kriterien für die Priorisierung und Risikoeinschätzung, wie sie in der Risikoanalyse und dem Testkonzept festgelegt wurden, können sowohl in der Testobjektabgrenzung auf Testobjekte als auch im Testfallentwurf auf Testfälle angewendet werden. Weiterhin ist die Intensität der durchzuführenden Tests aus der Art der Risiken und der Risikostufe zu bestimmen.
- FMEA/FMECA und FTA ermöglichen qualitative und quantitative Risikobetrachtungen für sicherheitskritische Systeme. Testmanager unterstützen die Erstellung entsprechender Dokumente und verwenden die Ergebnisse im risikoorientierten Test.

11 Mitarbeiterqualifikation

Dieses Kapitel diskutiert die fachlichen und sozialen Kompetenzen, die Mitarbeiter im Test besitzen sollen, und gibt Hinweise, welche Faktoren Testteams erfolgreich machen.

11.1 Individuelle Fähigkeiten

Der »optimale« Testteammitarbeiter besitzt exzellentes Wissen und umfassende Erfahrung in mehreren Domänen: Er verfügt über profundes IT-fachliches Wissen, er besitzt Wissen und Erfahrung über den Anwendungsbereich der zu testenden Applikation bzw. des Testobjekts, und er kann eine fundierte Ausbildung im Gebiet Softwaretest vorweisen. Darüber hinaus besitzt er hohe soziale Kompetenz.

Selten erfüllt eine Person alle diese Anforderungen gleich gut. Meistens besitzt ein Kandidat – abhängig von seiner Ausbildung und seinem beruflichen Werdegang – entweder hohe IT-Expertise (IT-Spezialist) oder umfassende Expertise im Anwendungsbereich des zu testenden Softwaresystems (Anwendungs- bzw. Fachspezialist).

Beispielsweise wird ein Bankkaufmann die Applikation »Fahrzeugfinanzierung« im VSR-Projekt fachlich umfassend verstehen. Da er aber über keine oder geringe IT-spezifische Berufsausbildung verfügt, ist er vermutlich nur eingeschränkt in der Lage, das Systemverhalten jederzeit nachzuvollziehen und technische Mängel oder Ungereimtheiten im System zu erkennen. Umgekehrt wird ein IT-Spezialist die bankfachlichen Abläufe und Hintergründe nur eingeschränkt überblicken und daher fachliche Fehler in der Applikation unter Umständen übersehen.

Der Testmanager muss den unterschiedlichen Ausbildungshintergrund seiner Mitarbeiter berücksichtigen, indem er den Mitarbeitern die für ihr jeweiliges Profil passenden Aufgaben und Rollen im Team überträgt. Zusätzlich sollen Wissenslücken durch entsprechende Weiterbildung verringert werden.

IT-Spezialist als Tester

Das im Test benötigte IT-Fachwissen umfasst sowohl Aspekte der Softwareentwicklung als auch des Testens von Softwaresystemen. Hinzu kommen Kenntnisse der Systemadministration. Für Arbeiten in den entwicklungsnahen Teststufen (Komponententest, Integrationstest), für gewisse nicht funktionale Tests (z.B. Last- oder Stresstests) sowie zur Strukturierung, Formalisierung und Vertiefung der von den Fachspezialisten gelieferten Testideen werden Mitarbeiter mit entsprechendem Test- oder Entwicklungsfachwissen benötigt. Weitere typische Einsatzgebiete von IT-Spezialisten im Test sind Arbeiten zur Testautomatisierung, die Betreuung der Testwerkzeuge sowie Aufbau und Wartung der Testumgebung.

Ganz allgemein gibt die Berufserfahrung als Programmierer, Softwaredesigner, Systemanalytiker u.Ä. dem Tester ein besseres Gespür für mögliche Fehlerquellen oder häufige Programmier- oder Denkfehler. Beim Testen wird ein Tester, der selbst in diesen Berufen lange Jahre tätig war, entsprechende Fehlerwirkungen besser aufspüren können als Tester ohne vergleichbare berufliche Erfahrung. Kenntnisse in der Anwendungsdomäne werden beim IT-Spezialisten hingegen nur selten in ausreichendem Maße vorhanden sein. Der als Tester tätige IT-Spezialist muss deshalb die Fähigkeit und den Willen besitzen, sich in die jeweiligen Anwendungsgebiete einzuarbeiten und sich die erforderlichen Kenntnisse anzueignen.

Gefahr: Technikverliebtheit

Der Testmanager muss die Arbeit der IT-Spezialisten im Testteam im Blick behalten. Denn nur zu leicht richtet sich das Interesse der IT-Experten einseitig auf Optimierung der Testautomatisierung, Ausbau der Testumgebung oder ähnlich technisch herausfordernde Aufgaben. Die zu testende Anwendung und deren Fachlichkeit wird dann leicht aus dem Blick verloren, und die Testressourcen werden nicht optimal eingesetzt.

Anwendungsspezialisten als Tester

Anwendungs- bzw. Fachspezialisten kennen die fachlichen Hintergründe und Zusammenhänge (Geschäftsprozesse, Arbeitsabläufe, Arbeitsergebnisse, Arbeitsvorschriften u.Ä.), in deren Kontext das zu testende System eingesetzt werden soll. Oft bringen sie wichtiges Wissen über nicht funktionale Anforderungen wie Benutzbarkeit oder Performanz des Systems mit, da sie beispielsweise längere Zeit mit einem Vorgängersystem gearbeitet haben. Sie haben gute Kenntnisse darüber, welche Aufgaben das System löst, wie das System verwendet wird, an welcher Stelle Systemausfälle oder Fehlverhalten schwerwiegende Auswirkungen hat und wie das normale Systemverhalten sein soll. Sie sind erfahren im Umgang mit dem PC, aber keine IT-Spezialisten. Sie können bei der Spezifikation fachlich sinnvoller Testfälle unterstützen und solche fachlichen Tests auch durchführen. Mitarbeiter aus dieser Gruppe können daher im Systemtest oder Abnahmetest gute und nützliche Arbeit leisten.

Gefahr: Betriebsblindheit

Eine gewisse Gefahr liegt darin, dass Betriebsblindheit auftreten kann. Komplizierte oder auch merkwürdige Systemabläufe werden akzeptiert, weil das (bei den Vorgängersystemen) »immer schon so war«. Dass ein Ablauf oder ein Leistungsmerkmal IT-seitig auch einfacher oder eleganter implementiert werden könnte, kann der Fachspezialist selten beurteilen. Manchmal fehlt vielleicht auch der Mut, eine vermeintlich dumme Frage zu stellen und sich vor den »IT-Profis« eine Blöße zu geben.

Laien als Tester

In manchen Firmen ist es üblich, anwendernahe Tests bewusst an »Laien« zu übertragen. Zum Beispiel wird eine Gruppe Studenten verschiedener Fachrichtungen zeitweise engagiert, um die Systemtests abzuarbeiten. Dieses Personal hat im Allgemeinen weder Test-Know-how noch relevantes anwendungsspezifisches Know-how.

Das kann nur dann funktionieren, wenn die Testspezifikation hochaktuell und sehr detailliert ist und wenn der Testfortschritt durch einen erfahrenen Testmanager im Detail verfolgt wird. In allen anderen Fällen wird es suboptimal sein. Insbesondere das Erkennen von Fehlerwirkungen ist aller Erfahrung nach bei Laien unzureichend ausgebildet. Eine der wenigen Ausnahmen von dieser Regel ist der »Usability-Test«. Hier ist es sinnvoll und mitunter sogar notwendig, mit »Laien« zu arbeiten. Die Tests erfolgen allerdings unter Anleitung nach einem vorab festgelegten Drehbuch bzw. einer Usability-Testspezifikation.

Softwaretest-Ausbildung

Unabhängig davon, welcher Personengruppe ein Mitarbeiter angehört: Eine fundierte Ausbildung oder Schulung im Gebiet Softwaretest ist in jedem Falle sinnvoll und meistens auch notwendig. So sollen alle Mitglieder eines Testteams mindestens über die Qualifikation »Certified Tester – Foundation Level« verfügen. Einzelne Mitarbeiter benötigen darüber hinaus rollenabhängig vertieftes Wissen aus dem »Advanced Level«, zum Beispiel »Certified Tester – Advanced Level – Testmanager«. Auch für die Mitarbeiter, die schon lange Zeit im Test arbeiten, ist diese Ausbildung nützlich, da nur so gewährleistet ist, dass beispielsweise die Testfachbegriffe gleich interpretiert werden und ein einheitliches Methodenverständnis gegeben ist.

Soziale Kompetenz

Neben seinen IT-fachlichen, anwendungs- und testspezifischen Fähigkeiten benötigt ein Tester, um erfolgreich zu sein, darüber hinaus auch soziale Kompetenz. Für Tester wichtige und hilfreiche Charaktereigenschaften sind:

- die Fähigkeit, sich schnell in komplexe Anwendungsgebiete und Applikationen einzuarbeiten,
- die Fähigkeit, Fehler zu finden – dies bedingt eine gewisse skeptische Grundhaltung und die Bereitschaft, scheinbare Tatsachen zu hinterfragen gepaart mit Kreativität, Neugierde und analytischem Denken (»professioneller Pessimismus«),
- die Fähigkeit, mit Kritik umzugehen und Kritik angemessen zu äußern (politisches und diplomatisches Geschick),
- die Fähigkeit, Wesentliches von Unwesentlichem trennen zu können, und den Mut, das weniger Wichtige auch wegzulassen (»Mut zur Lücke«),
- Disziplin, Exaktheit, Geduld, Ausdauer, Frustrationstoleranz, Zielstrebigkeit sowie
- Teamfähigkeit und Kommunikationsbereitschaft.

Obwohl Teamfähigkeit und Kommunikationsbereitschaft in dieser Liste an letzter Stelle stehen, sind beide Eigenschaften enorm wichtig. Denn Testen ist Teamarbeit. Nur wer in der Lage und willens ist, im Team zu arbeiten und mit Kollegen und Kunden zu kommunizieren, wird als Tester auf Dauer Erfolg haben. Die folgenden Abschnitte gehen auf Aspekte dieser Teamarbeit näher ein.

11.2 Fachliche Teamrollen

Die unterschiedlichen Aufgabenstellungen im Testprozess spiegeln sich in verschiedenen Rollen wider, die durch ein Testteam abzudecken sind:

Fachliche Teamrollen und Qualifikationsprofile

Testmanager
Der Testmanager leitet das Testteam. Er ist verantwortlich für die Erstellung des Testplans und dessen fach- und zeitgerechte Umsetzung. Er berichtet über Stand und Ergebnisse der Tests an den Projektmanager, Produktmanager oder Entwicklungsleiter. Der Testmanager hat Erfahrung in den Aufgabenfeldern Testplanung, Teststeuerung und Testprozessverbesserung. Selbstverständlich verfügt er über Wissen und Praxiserfahrung in den allgemeinen Methoden des Softwaretests. Wünschenswert sind darüber hinaus Kenntnisse und Erfahrung im Qualitätsmanagement, Projektmanagement und in der Personalführung. Wichtig ist nicht zuletzt das Wissen über einzuhaltende Normen und Standards sowie über die Softwareentwicklungs- und Testprozesse im Unternehmen und im jeweiligen Produktumfeld.

- **Testdesigner**
  Der Testdesigner ist zuständig für die Erstellung und Pflege der Testspezifikationen. Hierzu gehören auch die Auswahl angemessener Testmethoden und die Festlegung der geeigneten Testumgebung. Er unterstützt den Testmanager bei der Erstellung des Testkonzepts und des Testplans. Er benötigt Know-how in den Bereichen Softwaretest, Testspezifikationsmethoden sowie allgemeines Software-Engineering-Wissen. Er muss in der Lage sein, sich sehr schnell in komplexe Anwendungsgebiete, Anforderungsdokumente, funktionale Spezifikationen und Systemprototypen einzuarbeiten, die Aufgabe und das Sollverhalten des zu testenden Systems zu erfassen und auf Basis all dieser Informationen Testfälle und Testdaten abzuleiten und nachvollziehbar zu dokumentieren. Eine wesentliche Fähigkeit dabei ist, wichtige Informationen von weniger wichtigen zu unterscheiden und Prioritäten zu setzen. Eigene praktische Erfahrung als Tester ist notwendig.
- **Testautomatisierer**
  Der Testautomatisierer ist der Programmierer des Testteams. Er verfügt über umfassende Programmiererfahrung, allgemeines Software-Engineering-Know-how und sehr gute Kenntnisse der im Projekt eingesetzten Testwerkzeuge und Skriptsprachen. Testgrundlagenwissen und praktische Erfahrung als Tester sind von großem Vorteil. Mit hinreichender Erfahrung als Testautomatisierer kann er sich weiter spezialisieren zum Entwickler von Testframeworks und Testwerkzeugen.
- **Test(labor)administrator**
  Der Testadministrator ist zuständig für Installation, Betrieb und Wartung der Testumgebung. Hierzu gehören u.a. das Installieren und Aufsetzen von Systemsoftware (Betriebssysteme, Datenbanksysteme, Applikationsserver), das Installieren und Konfigurieren des Testobjekts, das Installieren und Einrichten der Testwerkzeuge sowie das Anlegen, Verwalten und Wiedereinspielen von Systemkonfigurationen (Images), z.B. mittels Imaging- oder Virtualisierungssoftware[1]. Hierzu verfügt der Testadministrator über entsprechendes Systemadministrator-Know-how (s.a. Abschnitt 5.5.2). Als Troubleshooter und Feuerwehrmann, der verzwickte Installations- oder Konfigurationsprobleme auch unter Stress lösen und beheben kann, ist er für ein Testteam unverzichtbar.

1. Toolübersichten und Erläuterungen zu den dahinter stehenden Konzepten finden sich unter [URL: Imaging] bzw. [URL: Virtualization].

- **Tester**[2]
  Der Tester ist zuständig für die Durchführung der Tests und die Dokumentation der Testergebnisse. Hierzu arbeitet er die gemäß Testplan vorgesehenen Testfälle ab, so wie diese in der Testspezifikation vorgegeben sind. Bei einer Abweichung zwischen Soll- und Istergebnis erstellt er einen Abweichungs- bzw. Fehlerbericht. Die benötigten Qualifikationen sind: Testgrundlagenwissen, IT-Grundlagen, Bedienung der eingesetzten Testwerkzeuge und grundlegendes Verständnis des Testobjekts. Eine konzentrierte, genaue und ausdauernde Arbeitsweise ist absolut notwendig. Ein guter Tester ist darüber hinaus in der Lage, auch jenseits der vorgegebenen Testspezifikation systematisch zu arbeiten und kreativ eigene Ideen und Befunde einzubringen. Denn abhängig vom Detaillierungsgrad der Testspezifikation, aber auch abhängig vom Reifegrad der zu testenden Software, ist es fast immer notwendig, Spezifikationslücken im laufenden Test zu füllen oder zusätzliche Testfälle ad hoc zu ergänzen (um vermutete oder erkannte Fehlerwirkungen einzugrenzen). Ein guter Tester zeichnet sich weiterhin dadurch aus, dass er Fehlermeldungen kurz und prägnant, aber dennoch korrekt und nachvollziehbar formuliert und dokumentiert.
- **Spezialisten**
  (Lasttestspezialist, Datenbankspezialist, Netzwerkspezialist u.a.)
  Ihre Aufgabe ist es, die oben genannten »Kernrollen« bei technisch anspruchsvollen Aufgaben oder zu lösenden Problemen zu unterstützen.

Rollenkombinationen

Im Idealfall stehen für jede dieser Rollen fachlich speziell qualifizierte Mitarbeiter im Team zur Verfügung. Müssen in kleineren Teams mehrere Rollen in Personalunion ausgefüllt werden, so bieten sich folgende Kombinationen an: Testmanager/Testdesigner, Testdesigner/Tester, Testautomatisierer/Testlaboradministrator.

11.3 Soziale Teamrollen

Jedes Mitglied in einem Team nimmt gewollt oder ungewollt, bewusst oder unbewusst neben seiner fachlichen Rolle immer auch eine soziale Rolle innerhalb seines Teams ein. Welche Teamrolle ein Mitarbeiter einnimmt und wie er diese Rolle ausfüllt, hängt von seiner Persönlichkeit, aber auch von seiner »Rollenerfahrung« ab. Nach [Belbin 96][3]

2. Der Begriff »Tester« wird auch als Oberbegriff für die genannten Rollen verwendet.

und [Belbin 93] lassen sich neun typische Teamrollen unterscheiden (s. Tab. 11–1):

Typ	typische Eigenschaften	Stärken	(zulässige) Schwächen
Beobachter	besonnen, strategisch, scharfsinnig	Urteilsfähigkeit, Diskretion, Nüchternheit	Mangel an Antrieb und Fähigkeit, andere zu inspirieren
Macher	dynamisch, aufgeschlossen, stark angespannt, resultatorientiert	Antrieb, bekämpft Trägheit und Ineffizienz, selbstzufrieden, übt Druck aus	neigt zu Provokationen, Irritationen und Unaufmerksamkeit
Neuerer/ Erfinder	individualistisch, unorthodox, ernst	genial, fantasievoll, großes Denkvermögen	oft mit seinen Gedanken woanders, neigt dazu, praktische Details und Anweisungen zu missachten
Perfektionist	sorgfältig, ordentlich, gewissenhaft, ängstlich	Fähigkeit zur vollständigen Durchführung, Perfektionismus	Tendenz, sich schon über kleine Dinge Sorgen zu machen
Spezialist	zielstrebig, engagiert	verfügt über Wissen und Fähigkeiten, die rar sind	leistet nur einen schmalen technischen Beitrag, übersieht das »große Bild«
Teamarbeiter/ Mitspieler	umgänglich, sanft, empfindsam	Fähigkeit, mit unterschiedlichen Situationen und Menschen fertig zu werden; fördert den Teamgeist	nicht entscheidungsfähig bei Zerreißproben
Umsetzer	konservativ, pflichtbewusst, berechenbar	hart arbeitend, setzt Ideen in die Tat um, selbstdiszipliniert	etwas unflexibel, lehnt unbewiesene Ideen ab
Vorsitzender/ Koordinator	selbstsicher, vertrauensvoll	stellt schnell die individuellen Talente der Gruppenmitglieder fest und weiß ihre Stärken unvoreingenommen zu nutzen, hat einen ausgeprägten Sinn für Ziele	nicht unbedingt überdurchschnittlich intelligent und kreativ
Wegbereiter/ Weichensteller	extrovertiert, begeistert, kommunikativ	stellt gern in- und externe Kontakte her, greift neue Ideen auf, reagiert auf Herausforderungen	verliert das Interesse, wenn die Anfangsbegeisterung abgeflacht ist

Tab. 11–1 Persönlichkeitstypen[4] nach Belbin

Die spezifischen Eigenschaften bzw. die Charaktere realer Personen sind natürlich vielschichtiger. Aber das Wissen um die oben aufgeführten Persönlichkeitstypen kann helfen, wenn neue »ins Team passende« Mitarbeiter eingestellt werden sollen. Es hilft auch, Erfolg oder Misserfolg von Teammitgliedern oder des ganzen Teams[5] zu verstehen und ggf. die Teamleistung zu verbessern.

3. In der Literatur findet sich eine Vielzahl weiterer Teamrollenkonzepte, z.B.: DISG-Modell [URL: DISG], Myers-Briggs Type Indicator [URL: MBTI] oder das Team-Management-Rad [URL: TM-Rad]. Das Modell nach Belbin wird hier stellvertretend für solche Teamrollenkonzepte näher betrachtet.
4. Keine dieser Teamrollen ist als positiv oder negativ bewertet anzusehen, auch wenn einzelne Rollennamen umgangssprachlich vielleicht negativ besetzt sind, wie z.B. »Perfektionist«.

Mitarbeiterauswahl

Werden Teammitglieder neu eingestellt oder ausgewählt, sollte somit darauf geachtet werden, dass im Team bereits vorhandene Kenntnisse und Persönlichkeitsprofile durch den neuen Teamkollegen sinnvoll ergänzt werden. Belbins gruppenpsychologische Untersuchungen (s. [Belbin 96]) zeigen, dass hinsichtlich der Persönlichkeitsprofile einseitig besetzte Teams weniger erfolgreich arbeiten als gemischte Teams[6].

Teams, die beispielsweise ausschließlich aus »Umsetzern« bestehen, funktionieren nur bei der Erfüllung von Routineaufgaben. Bei komplexen Problemstellungen fehlen solchen Teams die Ideen und die Fertigkeiten zur kreativen Problemlösung. Umgekehrt sorgt ein Zuviel an »Erfindern« zwar für ein außergewöhnlich kreatives Team. Jedoch wird die Fähigkeit fehlen, produzierte Ideen mit dem nötigen Durchhaltevermögen in die Tat umzusetzen und zu nutzen. Auch ein Team außergewöhnlich intelligenter Leute (Belbin nennt sie »Apollo-Teams«) muss nicht zwangsläufig ein erfolgreiches Team abgeben. Eine solche Gruppe ist oft schwer zu führen, eher anfällig für destruktive Diskussionen und tut sich schwer, Entscheidungen zu treffen. Trotz lauter überdurchschnittlich intelligenter Leute bleibt der Teamerfolg aus (s. [Belbin 96, S. 27]).

Die richtige Aufgabenverteilung

Wichtig ist also die passende Mischung aus unterschiedlichen Charakteren bzw. Persönlichkeiten, aber auch eine zu der Testkonstellation passende Aufgabenverteilung im Team. Gerade wenn es um die Zusammenstellung von Teams für den Softwaretest geht, besteht die Schwierigkeit, überhaupt fachlich gut qualifiziertes Personal zu bekommen. Das Auswahlkriterium »Persönlichkeitsprofil« ist dann eher zweitrangig. Es kann jedoch helfen, die fachlichen Rollen bzw. Aufgaben im Team richtig zu verteilen oder bei Problemen umzuverteilen.

Beispiele zur Aufgabenverteilung

Es ist sicher vorteilhaft, wenn »Erfinder« oder »Beobachter« als Testdesigner arbeiten. Aber auch beim Test in komplexen Systemumgebungen oder beim Test »unreifer« Systeme sind »Erfinder« mit Analysefähigkeiten gefragt und sollen zumindest als Coach verfügbar sein. Denn sobald technische Probleme auftreten, ist Know-how und Kreativität bei der Problemlösung gefragt.

Perfektionisten, Umsetzer und Mitspieler sind eher als Tester richtig aufgehoben, vor allem im Regressionstest. Ein »Erfinder« hingegen wird im Regressionstest eher gelangweilt sein. Er wird sich vermutlich nicht genau an die

---

5. Der Erfolg von Softwareentwicklungsprojekten hängt sogar in hohem Maße von sozialen, nicht technischen Faktoren ab. Sehr lesenswerte Betrachtungen dazu und über das Management von Softwareentwicklungsteams finden sich z.B. in [DeMarco 97] oder [DeMarco 98].
6. [Belbin 96] betrachtet »Managementteams«, also Teams aus Führungskräften. Die Erkenntnisse lassen sich jedoch übertragen, sofern es um hinreichend anspruchsvolle Teamarbeit geht.

Testspezifikation halten und rechts und links vom Pfad nach zusätzlichen Testvarianten suchen. Beim Regressionstest ist das aber nicht verlangt.

Nicht in »Schubladen« denken

Bei allen Überlegungen darf jedoch nicht vergessen werden, dass die aufgeführten Persönlichkeitstypen »Konstrukte« sind, die in der Realität in reiner Form kaum auftreten. Nicht selten kann ein und dieselbe Person in mehrere Rollen schlüpfen, etwa dann, wenn die persönliche Vorzugsrolle im Team schon besetzt ist. Das Rollenkonzept und die Idee der Persönlichkeitstypen sind aber hilfreich, um Probleme im Team oder Gründe für geringeren Erfolg und Schwächen einzelner Mitarbeiter oder des Teams insgesamt zu analysieren und besser zu verstehen. Dabei soll jedoch vermieden werden, Personen leichtfertig in »Schubladen« zu stecken. Auch andere Faktoren sind mit zu betrachten wie z.B. persönliche Aversionen oder Karrieredenken sowie Faktoren, die das Team als Ganzes betreffen, wie z.B. Firmenklima oder die aktuelle Projektsituation.

11.4 Faktor Kommunikation

Probleme richtig kommunizieren

Beim Testen kommt es nicht nur darauf an, möglichst viele Fehlerwirkungen zu finden und zu dokumentieren. Genauso wichtig ist es, festgestellte Probleme oder Fehlerwirkungen in der richtigen Art und an die richtigen Adressaten zu kommunizieren. Wenn Interesse an einer schnellen Fehlerbehebung besteht, ist die Art der Kommunikation oft sogar wichtiger als der Inhalt einer Fehlermeldung.

Testteamexterne Kommunikation

Dem Mitglied eines Testteams und insbesondere dem Testmanager stehen im Wesentlichen drei Gruppen von teamexternen Ansprechpartnern gegenüber:

- **Kommunikation zwischen Testern und Entwicklern**
  Tester → Entwickler
  Ein Tester findet Fehlerwirkungen in der Software bzw. im Arbeitsergebnis eines (Fach-)Kollegen. Er schreibt eine Fehlermeldung und legt damit den Fehler mehr oder weniger schonungslos offen. Der Stil der Fehlermeldung muss deshalb stets sachlich und lösungsorientiert sein. Persönliche oder unsachliche Kritik oder gar Schuldzuweisungen müssen unterbleiben. Nur wenn ein solcher diplomatischer Kommunikationsstil gepflegt wird, werden Fehlermeldungen (und damit das Testen als Ganzes) als positiver Projektbeitrag gesehen, und nur so tragen sie zur Verbesserung des Produkts und seiner Qualität bei.

Entwickler → Tester

Für die Kommunikation in Gegenrichtung gilt dies gleichermaßen. Auch der Tester ist nicht »Schuld daran«, dass Fehlerwirkungen auftreten, und kann zu Recht erwarten, eine sachliche, durchdachte Antwort auf jede seiner Meldungen zu erhalten.

Es ist sehr sinnvoll, wenn Entwickler die Tester darüber informieren, welche Systemteile eine erhöhte Aufmerksamkeit erfordern, z.B. weil sie etwa eine hohe Komplexität aufweisen oder neu konzipiert wurden. Umgekehrt ist es hilfreich, wenn Tester an Entwickler Testfälle übergeben, um frühes Testen innerhalb der Entwicklung zu unterstützen.

Beispiel: »schlecht« und »gut« formulierte Fehlermeldung

Die folgenden Beispiele zeigen exemplarisch je eine in diesem Sinne »schlecht« und »gut« formulierte Fehlermeldung:

Schlechter Stil:

»... Wenn man einen Kaufvertrag speichert, stürzt die Anwendung nach wie vor ab. Ist schon seit Wochen mit Meldung 264 und 253 dokumentiert. Das endlich brauchbar zu programmieren kann doch nicht so schwer sein. ...«

Guter Stil:

»Absturz nach Kaufvertrag speichern:

Beschreibung: Beim Versuch, einen neuen Kaufvertrag in *ContractBase* anzulegen, stürzt *ContractBase* ab.

Auswirkung: Eingegebene Vertragsdaten gehen verloren. System muss gebootet werden.

Reproduktion:

- *ContractBase* aufrufen
- Kunde selektieren
- Neuen Kaufvertrag erfassen (vgl. Screenshot anbei)
- »Vertrag speichern«
- →Absturz
- ...«

Testmanager → Projektmanager

- **Kommunikation zwischen Testern und Projektmanagement**
Der Testmanager berichtet dem Produkt- oder Projektmanagement regelmäßig über den Testfortschritt und die im Test vorgefundene Softwarequalität. Der Test(status)bericht soll offen und ungeschminkt sein. Auch hier gilt: Lösungsorientierte, konstruktive Beiträge und Formulierungen erleichtern die Sache. Aussagen über die Leistung einzelner Mitarbeiter oder gar persönliche Schuldzuweisungen sind nicht akzeptabel.

In Gegenrichtung informiert das Produkt-/Projektmanagement den Testmanager über Änderungen am Projektplan und an Lieferterminen, über geänderte, neue oder entfallende Leistungsmerkmale, über Änderungen der Systemumgebung, über personelle Änderungen im Entwicklungsteam und über neue Softwarelieferanten.

Projektmanager → Testmanager

- **Kommunikation zwischen Testern und Anwendern**
  Tester und ganz besonders Testdesigner sollen versuchen, engen Kontakt zu Anwendern, Entwicklern und anderen Stakeholdern des zu testenden Systems herzustellen und zu halten. Nur selten sind Anforderungsdokumente so vollständig, detailliert und aktuell, dass auf ergänzende Gespräche mit den Personen verzichtet werden kann, die diese Anforderungen ursprünglich formuliert haben. Hier können zusätzliche Hintergrundinformationen über den Einsatzbereich des Systems gewonnen werden oder Informationen, die helfen, Prioritäten für das Testen zu setzen. Um Fehlerwirkungen und deren Beseitigung zu priorisieren oder einzugrenzen oder um bei der Problembehebung zu helfen, kann es auch notwendig bzw. hilfreich sein, Testergebnisse gegenüber Systemanwendern (z. B. Pilotkunden) zu erklären.

Tester → Anwender

Testteaminterne Kommunikation

Neben der Kommunikation nach außen verlangt auch die testteaminterne Kommunikation die Aufmerksamkeit des Testmanagers. Als wichtige kommunikationsunterstützende Maßnahme innerhalb des Teams soll regelmäßig ein Testteammeeting abgehalten werden. Um effizient zu sein, muss dieses Meeting einem festen Ablauf folgen und moderiert werden. Folgende Agenda hat sich in der Praxis bewährt:

Tipp

Testteammeeting: Agenda

- Projektsituation allgemein
- Aktuell erreichter Testfortschritt vs. Sollfortschritt
- Qualität des Testobjekts, Fehlerrate, Fehlerbehebungsrate (Bugfix-Rate)
- Releaseplanung und anstehende Release-/Testzyklen
- Aktueller Personaleinsatzplan
- Notwendige Anpassungen im Testplan
- Qualität des Testprozesses und Verbesserungsmöglichkeiten
- Statusverfolgung sonstiger Aufgaben außerhalb des Testplans (z. B. Ausbau der Testumgebung)
- Neu identifizierte Aufgaben werden protokolliert und einem Bearbeiter zugeordnet.

11.5 Faktor Motivation

Für einen wirksamen und produktiven Test sind neben den richtigen fachlichen und persönlichen Fähigkeiten auch das Engagement und die Motivation der beteiligten Mitarbeiter entscheidend. Trotz eines noch so guten Prozesses und trotz bester Ausbildung und Erfahrung wird das Endergebnis ohne gut motivierte Mitarbeiter mäßig oder schlecht sein.

Checkliste zur Motivation

Wie kann Motivation erreicht und auf hohem Niveau aufrechterhalten werden? Welche Faktoren können Motivation mindern oder gar zerstören? Die »Checkliste zur Motivation« unter [URL: Templates] stellt motivierende und demotivierende Faktoren gegenüber, und es kann hilfreich sein, die Motivationslage im Team hin und wieder anhand dieser Checkliste zu überprüfen.

Sicherlich kann nicht jeder Umstand, der auf Mitarbeiter bzw. das Testteam unter Umständen demotivierend wirkt, vom Testmanager beeinflusst oder gar abgestellt werden. Aber es gibt viele Einflussmöglichkeiten und Anlässe, bei denen er aktiv eingreifen kann. Zu den Maßnahmen, die ein Testmanager ergreifen kann und soll, gehören folgende:

- **Plane realistisch**
  Kommuniziere klare Ziele und sorge für eine klare Aufgabenverteilung. Verfolge die Pläne. Reagiere auf Abweichungen.
- **Sorge für Managementunterstützung**
  Werbe dazu für den Test und mache immer wieder den Nutzen der Tests sichtbar. Präsentiere die Testergebnisse regelmäßig und gut vorbereitet. Stelle die Testkosten ungeschminkt dar, verbunden mit einer Gegenüberstellung der Testnutzen (vgl. [Spillner 10, Abschnitt 6.3]).
- **Sorge für eine professionelle, adäquate Arbeitsumgebung** (kommunikativ, labormäßig)
  Sorge für spannende Aufgaben, die die unvermeidliche Testroutine auflockern. Erlaube und fördere Spezialisierung innerhalb des Teams. Zeige Entwicklungsmöglichkeiten auf und biete Karrierewege.
- Gebe dem Testteam Feedback über seinen Beitrag zum Projekterfolg bzw. zur Produktqualität (anhand von Rückmeldungen des Managements, der Entwicklung, des Supports und des Marktes).
- **»Verkaufe« die Leistung des Testteams unternehmensintern**
  Stelle den Erfolg des Testteams und des Entwicklungsteams auch als gemeinsamen Erfolg dar, der gemeinsam gefeiert wird.

11.6 Ethik-Kodex

Im Rahmen ihrer beruflichen Arbeit erhalten Softwaretester und Testmanager häufig Zugang zu vertraulichen oder sensiblen Informationen, z.B. in Form realer, nicht anonymisierter Produktionsdaten als Testdaten oder personalisierter Produktivitätsmetriken der Mitarbeiter. Es versteht sich von selbst, dass man mit solchen Informationen bzw. Dokumenten angemessen umgeht und sicherstellt, dass solche Informationen nicht in falsche Hände gelangen bzw. missbräuchlich verwendet werden.

Auch für andere Aspekte der Arbeit als Tester lassen sich moralische bzw. ethische Maßstäbe aufstellen. Das ISTQB hat deshalb in Anlehnung an die bekannten Leitlinien von ACM und IEEE[7] den folgenden Ethik-Kodex für Certified Tester aufgestellt[8]:

- **Öffentlichkeit**
  Zertifizierte Softwaretester sollen sich in Übereinstimmung mit dem öffentlichen Interesse verhalten.
- **Kunde und Arbeitgeber**
  Zertifizierte Softwaretester sollen die Interessen ihrer Kunden und Arbeitgeber wahren, in Übereinstimmung mit dem öffentlichen Interesse.
- **Produkt**
  Zertifizierte Softwaretester sollen sicherstellen, dass die Arbeitsergebnisse, die sie liefern (bzgl. der Produkte und Systeme, die sie testen), die höchstmöglichen fachlichen Anforderungen erfüllen.
- **Urteilsvermögen**
  Zertifizierte Softwaretester sollen Rechtschaffenheit und Unabhängigkeit in ihrer sachverständigen Beurteilung bewahren.
- **Management**
  Zertifizierte Softwaretestmanager und Testleiter sollen sich einer moralisch einwandfreien Einstellung zum Management des Softwaretestens verschreiben und dieses fördern.
- **Berufsbild**
  Zertifizierte Softwaretester sollen die Integrität und das Ansehen ihres Berufs in Übereinstimmung mit dem öffentlichen Interesse fördern.

---

7. Siehe [URL: ACM Ethics], [URL IEEE Ethics]. Ähnliche ethische Leitlinien haben die Informatik-Gesellschaften im deutschsprachigen Raum publiziert: [URL GI Ethik], [URL SI Ethik].
8. Erstmals veröffentlicht im Lehrplan [URL: ISTQB CTA-2007].

- **Kollegen**
  Zertifizierte Softwaretester sollen sich ihren Kollegen gegenüber fair und hilfsbereit verhalten und die Kooperation mit den Softwareentwicklern fördern.
- **Selbst**
  Zertifizierte Softwaretester sollen sich berufsbegleitend kontinuierlich fort- und weiterbilden und eine an diesen ethischen Leitlinien orientierte Einstellung zur Berufsausübung fördern.

Ethische Leitlinien sollen den öffentlichen Diskurs über bestimmte Fragen und Wertvorstellungen anregen. Im Idealfall dienen sie als Richtschnur für persönlich verantwortliches Handeln. Sie verpflichten »moralisch«, keinesfalls im juristischen Sinne. Als zertifizierter Tester sollte man die ISTQB-Leitlinien kennen und sich daran orientieren.

Beispiel: Fairness gegenüber Kollegen

Wenn man Testfälle spezifiziert, durchführt oder eine Fehlermeldung schreibt, ist es eigentlich selbstverständlich, dass man dabei seinen »Kollegen gegenüber fair und hilfsbereit« handelt. Aber schreibt man wirklich jeden Testfall und jede Fehlermeldung 100 % neutral und objektiv? Kann man ausschließen, dass Sympathie, Antipathie, Vorurteile oder andere nicht fachliche Belange tatsächlich keine Rolle spielen? Überprüft man seine Testspezifikation oder Fehlermeldung daraufhin?

11.7 Zusammenfassung

- Ein Testteammitarbeiter soll IT-fachliches Wissen besitzen, Wissen über den Anwendungsbereich der zu testenden Applikation bzw. des Testobjekts sowie Wissen und Erfahrung im Gebiet Softwaretest vorweisen können.
- Darüber hinaus benötigt ein Tester, um erfolgreich zu sein, auch soziale Kompetenz.
- Die unterschiedlichen Aufgabenstellungen im Testprozess spiegeln sich in verschiedenen fachlichen Rollen wider, die durch ein Testteam abzudecken sind: Testmanager, Testdesigner, Testautomatisierer, Test(labor)administrator, Tester.
- Jedes Mitglied in einem Team nimmt neben seiner fachlichen Rolle auch eine soziale Teamrolle ein. Die passende Mischung unterschiedlicher Persönlichkeiten und die passende Aufgabenverteilung im Team haben neben fachlicher Eignung ebenso Einfluss auf den Teamerfolg.
- Aufgedeckte Probleme oder Fehlerwirkungen müssen an testteamexterne Adressaten (Entwickler, Projektmanagement, Anwender) kommuniziert werden. Der Kommunikationsstil muss dabei sachlich und lösungsorientiert sein. Persönliche oder unsachliche Kritik oder gar Schuldzuweisungen haben zu unterbleiben.
- Zur testteaminternen Kommunikation tragen regelmäßige Testteammeetings bei, die der Testmanager einberuft und leitet.
- Der Testmanager soll für sein Team ein motivierendes Arbeitsumfeld und professionelle Arbeitsbedingungen schaffen. Hierzu gehört auch, die Rolle und Leistung des Testteams unternehmensintern angemessen darzustellen.
- Als zertifizierter Tester sollte man die ethischen Leitlinien des ISTQB kennen und sich daran orientieren.

12 Testmetriken

Testmetriken erlauben quantitative Aussagen bezüglich der Produktqualität, des aktuellen Projektstands und der Reife des Entwicklungs- und Testprozesses. Sie müssen auf soliden maßtheoretischen Grundlagen definiert werden. Ihre zeitnahe Erhebung, Präsentation und Verfolgung sowie ihre einheitliche und von allen Stakeholdern akzeptierte Interpretation bilden die Grundlage für die transparente und nachvollziehbare Planung, Steuerung und Optimierung des Testprozesses. Anhand der unterschiedlichen Messobjekte ergeben sich testfallbasierte Metriken, testbasis- und testobjektbasierte Metriken, fehlerbasierte Metriken und kosten- bzw. aufwandsbasierte Metriken. Als Mehrwert ermöglichen solche Metriken Aussagen über den günstigsten Endzeitpunkt des Tests, wobei einerseits erfahrungsbasierte Abschätzungen der Restfehlerwahrscheinlichkeit und andererseits statistische Fehlerdatenanalysen und Zuverlässigkeits-Wachstumsmodelle helfen.

12.1 Einführung

Bei den Aktivitäten des Testmanagements wie z.B. der Planung und insbesondere auch der Steuerung des Testprozesses sowie zur Testendebewertung reichen qualitative Angaben wie z.B. »Es muss ausführlich getestet werden!« keinesfalls aus. Vielmehr sind quantitative und objektiv nachvollziehbare Angaben wie z.B. »Alle Komponenten ab Sicherheitsanforderungsstufe 2 sind im Komponententest mit 100%-iger Zweigüberdeckung zu testen!« erforderlich. Dies spiegelt sich auch z.B. im »*Capability Maturity Model Integration*« (CMMI, [Craig 02], vgl. Kap. 7) und der DIN-ISO-Normenfamilie 9000 wider, die quantitative Angaben zur Planung, Steuerung, Bewertung und Optimierung fordern.

Wie aber erhalten Testmanager quantitative Angaben bzw. Vorgaben zu Produkten und Prozessen? Nun, ebenso wie beispielsweise beim Bau eines Hauses die Fläche des Fußbodens oder die Dicke einer Wand vorgegeben wird: durch Maßzahlen. Und wie wird geprüft, ob die Vorgaben erreicht bzw. eingehalten wurden? Durch Messen! Auch im Buch »Basiswissen Softwaretest« wurde bereits erläutert, dass Qualitätsmerkmale mit Maßzahlen oder Metriken gemessen werden können, und die zyklomatische Komplexität (McCabe-Metrik) als ein mögliches Maß zur Bewertung der Komplexität von Programmcode näher erklärt (s. [Spillner 10, Abschnitt 4.2.5]).

Messen ist zentrale Tätigkeit des Testmanagements

Messen ist somit eine der zentralen Tätigkeiten des Testmanagements und muss auf soliden theoretischen Grundlagen aufbauen. Die wichtigsten werden in Abschnitt 12.2 vermittelt. Abschnitt 12.3 erläutert, wie Metriken definiert, ausgewählt und bewertet werden, und Abschnitt 12.4 zeigt, wie die Visualisierung von Messwerten mit Diagrammen erfolgt. Auf diesen Grundlagen aufbauend werden in Abschnitt 12.5 wichtige Testmetriken beschrieben sowie Hinweise zu ihrer Erhebung, Verfolgung und Berichterstattung gegeben. Abschnitt 12.6 behandelt dann Restfehler- und Zuverlässigkeitsabschätzungen.

12.2 Etwas Maßtheorie

Maße bilden Eigenschaften von Objekten auf Werte ab

Unter einem →Maß (engl. *measure*) wird ganz allgemein eine Menge von Symbolen, Bezeichnungen oder Zahlen verstanden, die bestimmten Eigenschaften von (Mess-)Objekten mittels einer Beobachtungsvorschrift zugeordnet werden können. Die Beobachtungen können mit oder ohne technische Hilfsmittel durchgeführt werden. Falls dabei technische Hilfsmittel verwendet werden, so wird auch von einer →Messung (engl. *measurement*) gesprochen.

Messen im technisch-physikalischen Sinn heißt meistens Vergleichen und Zuordnen einer Maßzahl. Im obigen Beispiel wird die tatsächliche Dicke einer Mauer verglichen mit den Werten auf einem (geeichten) Messmittel bzw. einem »Messnormal« wie z.B. einem Zollstock oder Maßband, und der Messwert wird als Zahl inklusive Einheit, z.B. als 25 cm oder 250 mm, abgelesen.

Messungen können direkt oder indirekt sein

Eine Messung kann sich unmittelbar auf das Messobjekt bzw. seine Eigenschaften beziehen. Es wird dann von einer direkten Messung, ansonsten von einer indirekten Messung gesprochen. Im Falle indirekter Messungen wird also nicht die eigentlich interessierende Eigenschaft gemessen, sondern eine oder mehrere andere Eigenschaften, die direkt messbar sind und von denen vorausgesetzt oder vermutet wird, dass sie in einem bestimmten Bezug zur interessierenden Eigenschaft stehen.

Modelle für indirekte Messungen

Indirekte Messungen werden oft unter Zuhilfenahme von Modellen formuliert, anhand derer der Bezug der direkt messbaren Größen des Messobjekts zu den interessierenden Eigenschaften möglichst explizit dargestellt wird. Aussagen, die durch indirekte Messungen gewonnen werden, sind zunächst nur im Rahmen der Modellannahmen gültig. Die Qualität der Rückübertragung bzw. Interpretation solcher Aussagen aus der formalen Modellwelt in die Realität hängt von der Qualität des Modells ab. Falls im obigen Hausbaubeispiel ein Modell wie z. B. eine Bauzeichnung nicht maßstabsgetreu ist, lässt sich allein aus Messungen innerhalb der Zeichnung nicht schließen, dass ein Raum »größer« als ein anderer ist.

Maß = Metrik?

Anstelle des allgemeinen Maßbegriffs wird oft etwas salopp von Metriken (griech. μετι κη Zählung, Messung) gesprochen. Dieser Begriff ist in der Mathematik als abstrakter Abstandsbegriff definiert. So ist z. B. der euklidische Abstand zweier Punkte *a* und *b* mit den kartesischen Koordinaten x_a, y_a und x_b, y_b,

$$d(a, b) = \sqrt{(x_a - x_b)^2 + (y_a - y_b)^2}$$

eine Metrik im mathematischen Sinne.

Softwaretechnik: »Metrik« sowohl Messgröße als auch Messverfahren

In der Softwaretechnik und im Testumfeld meint der Begriff »Metrik« sowohl die Messverfahren als auch die Größen selbst, mit denen bestimmte Eigenschaften von Messobjekten vermessen werden. Der IEEE-Standard 1061 [IEEE 1061] definiert eine Software(qualitäts)metrik als eine Funktion, die bestimmte Eigenschaften von Softwareentwicklungsprozessen oder den erstellten Zwischen- oder Endprodukten auf Werte eines vorgegebenen Wertebereichs abbildet. Die sich ergebenden Werte oder Kombinationen solcher Werte werden als Erfüllungsgrad bestimmter (Qualitäts-)Eigenschaften interpretiert. Messobjekte sind also Softwareentwicklungsprojekte bzw. die zugrunde liegenden Prozesse (Abb. 12–1 a) oder aber konkret erstellte Produkte, wie z. B. Programmtext, Entwurfsmodelle, Testfälle etc. (Abb. 12–1 b).

Allgemein bildet eine Messung bestimmte Eigenschaften der zu vermessenden Objekte eines sogenannten empirischen Relationensystems[1] mittels einer Messvorschrift auf bestimmte Werte eines formalen Relationensystems wie z. B. den natürlichen Zahlen ab.

1. Ein Relationensystem umfasst eine Menge von (Mess-)Werten und die mit ihnen erlaubten Operationen (vgl. [Zuse 98]).

Abb. 12-1
Messung und Maß

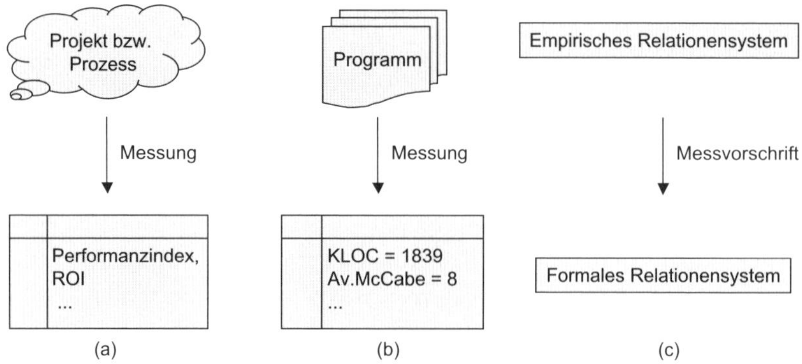

Ein empirisches Relationensystem ist z.B. die Menge aller Programme in einer bestimmten Programmiersprache zusammen mit der Eigenschaft »Verständlichkeit«. Eine mögliche Messung zählt die Zeilen der Programme, und das dazugehörige formale Relationensystem besteht aus der (Werte-)Menge der natürlichen Zahlen 0, 1, 2 ... und der Größer-gleich-Relation. Die Messwerte werden dann interpretiert als »größerer Wert entspricht schlechterer Verständlichkeit«.

Maße verknüpfen empirische und formale Relationensysteme

Ein Maß (bzw. eine Metrik) besteht aus

- einem empirischen und einem formalen Relationensystem,
- einer Messvorschrift zur Abbildung bestimmter Attribute von Messobjekten im empirischen Relationensystem auf Werte im formalen Relationensystem und
- der Interpretation der Werte im formalen Relationensystem bezüglich der betrachteten Eigenschaften im empirischen Relationensystem.

Dieser allgemeine Zusammenhang ist in Abbildung 12–1c skizziert.

Zu berücksichtigen ist, dass die Aussagen aller Metriken erst einmal Hypothesen sind, die es zu validieren gilt! Dazu ist es notwendig, Metriken möglichst einfach und nachvollziehbar zu definieren, projektadäquat auszuwählen sowie ihre Güte und Zielführung ständig zu überprüfen.

12.3 Definition und Auswahl von Metriken

Metriken und ihre Erhebung sind kein Selbstzweck, sondern sollen quantifizierte, objektive Grundlagen für Entscheidungen zur Verfügung stellen. Dieser Abschnitt erläutert, wie Metriken präzise definiert und methodisch ausgewählt werden können.

Zuerst sind die grundsätzlichen Ziele festzulegen, die erreicht und durch Messungen verfolgt werden sollen. Hauptziele wie z.B. Qualitäts- oder Produktivitätsvorgaben werden so lange in Teilziele bzw. einzelne Faktoren zerlegt, bis zu jedem resultierenden Teilziel ein oder mehrere messbare Kriterien von Messobjekten inklusive einiger in der täglichen Projektpraxis einfach zu erhebender Metriken angegeben werden können.

Auswahl geeigneter Metriken

Diese als Faktor-Kriterien-Metriken-Methode (*Factor-Criteria-Metrics*, FCM, vgl. Abb. 12–2) bezeichnete Sichtweise liegt u.a. auch dem Qualitätsmodell der DIN/ISO-Normenreihe 9126 zugrunde, in der Qualitätsfaktoren bzw. -merkmale über Teilmerkmale bis auf quantifizierbare Qualitätskriterien heruntergebrochen und mit konkreten Metriken unterlegt werden. Die Norm unterscheidet interne von externen Metriken. Interne messen das Produkt an sich, externe die bei Benutzung des Produkts beobachtbaren Eigenschaften.

FCM liegt vielen modernen Qualitätsmodellen zugrunde

So unterteilt z.B. die DIN/ISO 9126 das Qualitätsmerkmal »Effizienz« in die Teilmerkmale »Zeitverhalten« und »Verbrauchsverhalten«. Als externe Metrik bezüglich des Teilmerkmals »Zeitverhalten« ist u.a. die Antwortzeit T als Differenz zwischen dem Zeitpunkt der Antwort des Systems und dem Abschluss der Kommandoeingabe angegeben.

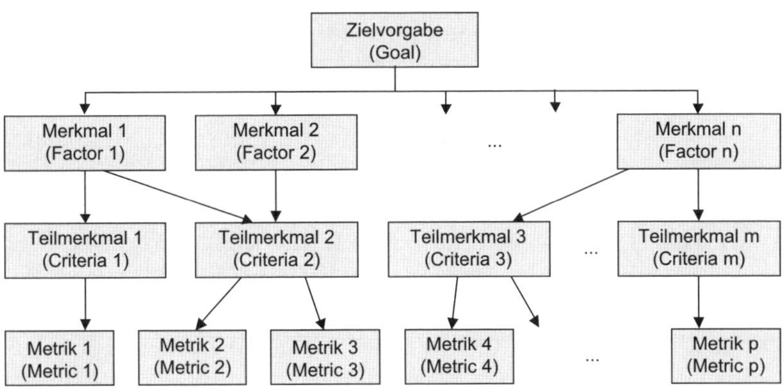

Abb. 12–2 *Faktor-Kriterien-Metriken-Methode (FCM)*

Um zu einzelnen Faktoren und letztendlich Metriken zu kommen, empfehlen Basili und Weiss (s. [Basili 84]) in der →*Goal-Question-Metric*-Methode (GQM) folgendes Vorgehen: Zunächst werden Ziele vorgegeben. Dann werden in Metrik-Workshops oder -Brainstormings mit möglichst vielen Projektbeteiligten zu jedem Ziel Fragen überlegt, deren Beantwortung den Grad der Zielerreichung widerspiegelt.

Goal-Question-Metric-Methode (GQM) zur Definition von Metriken

Ziele geben Auskunft darüber, was warum in Erfahrung zu bringen ist. Es werden Informations- und Verbesserungsziele unterschieden. Informationsziele beziehen sich auf den aktuellen Stand von Produkten oder Prozessen (»Wo sind wir?«), während Verbesserungsziele mögliches Optimierungspotenzial aufdecken sollen (»Wo wollen wir hin?«). Fragen stellen zielbezogene Hypothesen dar, die zu bestätigen bzw. zu widerlegen sind. Die Beantwortung erfolgt durch die zu ermittelnden Daten bzw. Messwerte.

Beispiel: GQM in VSR

Ein Verbesserungsziel im VSR-Projekt ist, den Testprozess präziser steuern zu können. Mögliche Fragen bezüglich der Hypothese, dass die präzise Steuerung des Testprozesses auf präzisen Beobachtungen des Testfortschritts beruht, sind z.B. »Welche Aufgaben wurden im Zeitplan erledigt?«, »Welche Aufgaben sind noch nicht abgeschlossen?« oder »Welche Aufgaben sind in Verzug?«. Als Messungen kommen dann u.a. die Vollständigkeit der zu erstellenden Produkte, die bereits aufgewandten Ressourcen und damit erreichten Ergebnisse oder die aktuellen Terminzusagen infrage.

Messobjekte im Testmanagement

Messobjekte im Testmanagement sind Dokumente der Testbasis (z.B. Anforderungs- und Entwurfsspezifikationen), die Testobjekte selbst sowie die entsprechenden Testfallspezifikationen, Testskripte und Testberichte auf den Teststufen Komponententest bis hin zum System- und Abnahmetest. Darüber hinaus stellt wie im obigen Beispiel auch der Testprozess ein Messobjekt dar, dessen Eigenschaften wie z.B. Planfortschritt, Effektivität und Effizienz mithilfe einer oder mehrerer Messungen auf Personen-, Projekt- oder Organisationsebene quantifiziert werden können.

Der Skalentyp gibt die erlaubten Operationen mit den Messwerten an

Steht fest, welche Eigenschaften bzw. Faktoren eines Messobjekts zu vermessen sind (empirisches Relationensystem), werden die Messvorschrift und der Wertebereich der Messungen (formales Relationensystem) in der sogenannten Skala festgelegt. Wichtig hierbei ist es, den Skalentyp richtig zu bestimmen, da dieser die möglichen Interpretationen der Messwerte sowie die mit ihnen erlaubten Operationen eingrenzt. Die formale Messtheorie kennt die fünf in Tabelle 12–1 aufgeführten Skalentypen (nach [Zuse 98]) und unterscheidet zwischen metrischen und nicht metrischen Skalentypen.

Beispiel: Metriken in VSR

Im VSR-Projekt wurde die Anzahl der Programmzeilen (*lines of code*, LOC) zweier Programme A und B gemessen. Besteht A aus 250 Zeilen und B aus 500 Zeilen, so kann zu Recht behauptet werden, dass B doppelt so lang wie A ist. Würde der Testmanager jedoch subjektiv Programm A als 1 (entspricht »kurz«) und Programm B als 2 (entspricht »mittel«) einstufen, sagt das über das Verhältnis der Längen von A und B nichts aus, da in diesem Fall mit den Werten im empirischen Relationensystem nicht »gerechnet« werden darf.

Würden sowohl von A als auch von B je 100 Zeilen im Test ausgeführt, so könnte das Testmanagement in beiden Fällen folgern, dass A strukturell »besser« getestet wurde als B.

Für Softwaremaße sind metrische Skalentypen anzustreben, da die Messwerte ansonsten mathematischen Verknüpfungen und statistischen Auswertungen nicht oder nur sehr eingeschränkt zugänglich sind.

Tab. 12–1
Eigenschaften der fünf Skalentypen

Skalentyp	Ausprägung	Merkmale/erlaubte Operationen	Mögliche Analysen
Nicht metrisch	Nominalskala	Bezeichnungen	Klassifizierung, Bildung von Häufigkeiten
		Umbenennung	
	Ordinalskala	Rangwerte mit Ordinalzahlen	Vergleich, Median, Quantile
		Alle F mit $x \geq y \Rightarrow F(x) \geq F(y)$	
Metrisch	Intervallskala	Gleich große Abschnitte ohne natürlichen Nullpunkt	Addition, Subtraktion, Mittelwert, Standardabweichung
		Alle F mit $F(x) = a \cdot x + b$	
	Ratioskala	Gleich große Abschnitte mit natürlichem Nullpunkt	Multiplikation, Division, Geometrisches Mittel, Variation
		Alle F mit $F(x) = a \cdot x$ und $a > 0$	
	Absolutskala	Natürliche Zahlen und Einheiten	Alle
		Nur Identität $F(x) = x$	

Im obigen Beispiel ist die Anzahl der Programmzeilen (LOC) eine Metrik mit Absolutskala, wohingegen die (subjektive) Einstufung der Programme auf einer Ordinalskala erfolgt und die Werte nicht dividiert werden dürfen. Die Skala für die oben erwähnte Antwortzeitmetrik T zur Messung des Qualitätsteilmerkmals »Zeitverhalten« ist vom Skalentyp »Ratioskala« und hat den natürlichen Nullpunkt 0 Sekunden – dieser ist gleichzeitig die untere Grenze, denn negative Antwortzeiten würden das Kausalitätsprinzip verletzen.

Anforderungen an »gute« Metriken

Die folgenden Anforderungen bzw. Kriterien helfen, die Güte von Maßen bzw. Metriken einzuschätzen:

- Ein gutes Maß soll einfach und objektiv (ohne Einfluss des Messenden) – am besten automatisch – zu erheben und eindeutig zu interpretieren sein sowie hinreichend mit dem zu messenden Merkmal korrelieren (statistisch überprüfen!).
- Die Interpretation der Messwerte muss für alle Stakeholder verständlich, nachvollziehbar und akzeptabel sein, um spätere Diskussionen bei Vorliegen der ersten Messwerte zu vermeiden.
- Maße müssen jederzeit reproduzierbar sein (Konfigurationsmanagement!).

- Maße sollen gegenüber »unbedeutenden« Änderungen des Prüflings stabil sein, die Messwerte also zumindest in einem stetigen funktionalen Zusammenhang zur gemessenen Eigenschaft stehen.
- Eine weitere Forderung ist die nach der Rechtzeitigkeit der Messwerte bzw. der Maße. Diese sollen früh genug messbar bzw. berechenbar sein, um noch Einfluss auf die hinsichtlich der Zielerreichung wichtigen Entscheidungen nehmen zu können.
- Nicht möglichst viele, sondern eher wenige »richtige« Metriken definieren, die Aussagen über die relevanten Aspekte der Messobjekte erlauben. Mit statistischen Auswertungen der Messwerte ist die Unabhängigkeit der Metriken voneinander zu prüfen. Korrelieren zwei oder mehr Metriken stark, kann ihre Anzahl ggf. reduziert werden.
- Eng mit dem Skalentyp eines Maßes hängt die Frage zusammen, ob und inwieweit die Messwerte verglichen und statistisch ausgewertet werden können. Günstig in dieser Hinsicht sind die Ratio- und die Absolutskala.
- Wurde ein Maß bereits mehrmals in unterschiedlichen Projekten mit Erfolg eingesetzt, so kann dies als empirischer Beleg dafür gelten, das es vernünftig definiert und brauchbar ist.
- Letztendlich sollen aus Dokumentations- und Nachvollziehbarkeitsgründen alle Messwerte später wiederauffindbar bzw. reproduzierbar sein.

Im Testmanagement (s. Abb. 12–3) werden ausgehend von den Qualitätsanforderungen Metriken definiert und im Testkonzept berücksichtigt: Auf Basis der Metrikdefinitionen werden Tests quasi als Messungen geplant und entworfen. Durch die Ausführung der Tests wird das Testobjekt vermessen, im gewählten Einstufungsschema eingeordnet und somit hinsichtlich der Qualitätsmerkmale bewertet (s.a. Abschnitt 5.1.3).

Abb. 12–3
Metrikbasierte Qualitätssicherung

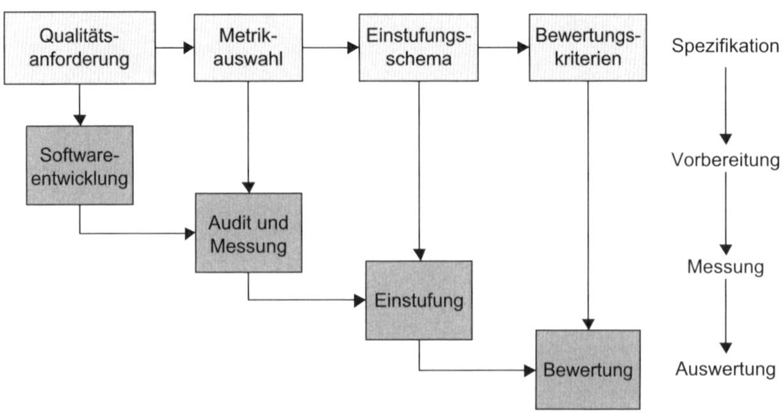

Zur besseren Katalogisierung, Verbreitung und Anwendung der Metriken werden diese einheitlich z.B. nach der in Tabelle 12–2 dargestellten Vorlage dokumentiert (nach [Ebert 05]).

Metriken einheitlich dokumentieren

Tab. 12–2
Vorlage zur Metrikdefinition

Feld	Bedeutung
Name/Ident.	Name bzw. Identifikator (Dateiname, ID-Nummer, ...)
Beschreibung	Kurze, prägnante Beschreibung
Motivation	Ziele und Fragen, die angestrebt bzw. beantwortet werden
Ausgangsdaten	Zugrunde liegende Produktmerkmale bzw. andere Metriken
Skalentyp	Skala (Nominal, Ordinal, Verhältnis, Intervall, Absolut)
Definition	Formel bzw. Algorithmus zur Berechnung der Metrik
Tools	Referenzen und Links auf unterstützende Werkzeuge
Darstellung	Visualisierung bzw. mögliche Diagrammtypen
Anwendungsrate	Wie oft bzw. in welchem Zeitintervall ist die Metrik zu erheben und zu veröffentlichen
Kosten	Einmalige Einführungskosten und regelmäßige Erhebungskosten
Analyse-methoden	Empfohlene bzw. erlaubte statistische Operationen
Ziel- und Grenzwerte	Wertebereichsvorgaben zur Produkt-, Projekt- bzw. Prozessbewertung
Speicherort	Aufbewahrungsort (Konfig.-Management, Projektdatenbank, ...)
Verteiler	Sichtbarkeit und Zugriffskontrolle
Schulung	Vorhandene Schulungsmöglichkeiten (Training, Unterlagen, ...)
Beispiele	Anwendungsbeispiele inkl. Erhebung und Darstellung

Tipp

Vorlagen und konkrete Metrikdefinitionen sowie aktuelle Messwerte etc. sollen im Intranet verfügbar sein, sodass alle Projektbeteiligten unmittelbar auf die entsprechenden Dokumente sowie die konkret erhobenen Werte und Analysen zugreifen können.

Mit zunehmendem Reifegrad des Testprozesses werden die Auswahl, Erhebung und Auswertung von Metriken zu einer klar definierten Aktivität des Testmanagements. Es ergibt sich der in Abbildung 12–4 dargestellte metrikbasierte Regelkreis. Vertiefende Darstellungen zur zielorientierten Definition, Erhebung und Interpretation von Metriken finden sich in [Ebert 05] sowie der ISO-Norm 15939:2002 [ISO 15939] und dem IEEE-Standard 1061 [IEEE 1061], die einen Softwaremessprozess definieren.

Abb. 12–4
Metrikbasierter Regelkreis des Testmanagements

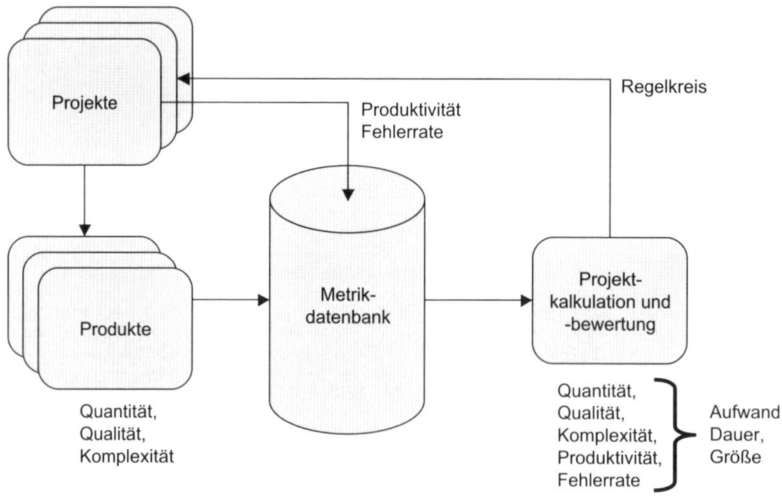

12.4 Darstellung von Messwerten

Diagramme visualisieren Messwerte und ihre zeitlichen Verläufe

Die Darstellung der gemessenen Werte kann mit unterschiedlichen Diagrammen erfolgen. Beliebt sind Balken- bzw. Säulendiagramme zur Darstellung der Werte einer Metrik für mehrere Messobjekte (Abb. 12–5 rechts) sowie (Mehr-)Liniendiagramme zur Darstellung des zeitlichen Verlaufs der Messwerte eines Messobjekts bzw. mehrerer Messobjekte oder Metriken (Abb. 12–5 links).

Abb. 12–5
Linien- und Balkendiagramm

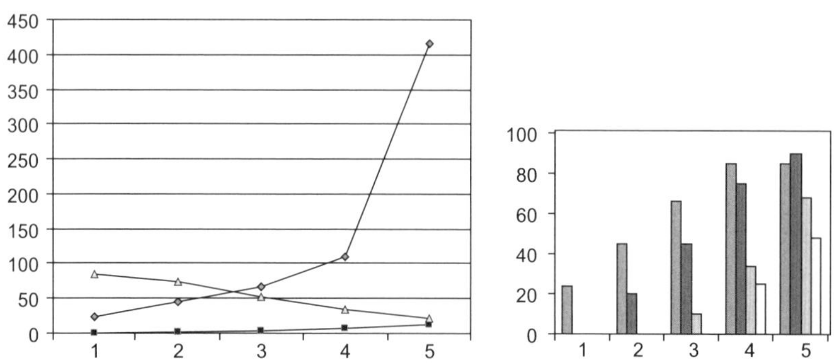

Weiterhin werden zur Darstellung des Anteils mehrerer Messwerte oder Messobjekte ab einer bestimmten Gesamtgröße gerne Torten- oder Kreisdiagramme verwendet (Abb. 12–6 links). Nicht ganz so geläufig sind sogenannte →Kumulativdiagramme, die als spezielle Mehrliniendiagramme die Summe mehrerer Messwerte in ihrem zeitlichen Verlauf darstellen. So zeigt z.B. das rechte Diagramm in Abbildung 12–6 den kumulierten Aufwand von Komponententest, Integrationstest, Systemtest und Abnahmetest in Personentagen. Der Komponententest endet mit dem vierten Monat, sodass der ihm zuzuteilende kumulierte Aufwand ab dem vierten Monat konstant bleibt. Insgesamt wurden bis zum fünften Monat ca. 295 Personentage aufgewendet.

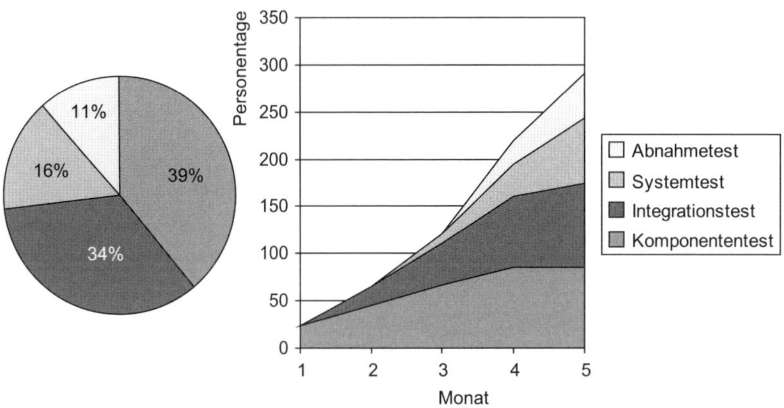

Abb. 12–6
Tortendiagramm und Kumulativdiagramm

Kiviatdiagramme stellen die Werte vieler Metriken übersichtlich dar

Für viele Messobjekte werden mehrere Metriken erhoben, die jeweils unterschiedliche Eigenschaften oder Aspekte des Messobjekts beleuchten. Um ein Messobjekt als Ganzes beurteilen zu können, genügt es somit meistens nicht, die Messwerte nur einer Metrik isoliert zu betrachten, sondern das Gesamtbild ist von Interesse. →Kiviatdiagramme kombinieren wie in Abbildung 12–7 gezeigt die Messwerte mehrerer Metriken mit entsprechend vielen, punkt- und rotationssymmetrisch angeordneten Achsen, auf denen jeweils der Messwert einer Metrik abgetragen wird. Die entsprechenden Punkte auf den Achsen werden durch einen geschlossenen Polygonzug verbunden, und mit einiger Erfahrung kann aus dem sich ergebenden Muster auf Eigenschaften des Messobjekts als Ganzes geschlossen werden.

Beispiel: Kiviatdiagramm in VSR

Der VSR-Testmanager betrachtet das in Abbildung 12–7 skizzierte Kiviatdiagramm, das für eine Klasse der objektorientierten Implementierung die Werte der erhobenen Metriken zeigt. Der Wert für die gewichtete Anzahl der Methoden (*weighted count of methods*, WCM) liegt bei ca. 80 %, die Vererbungshierarchie (*depth of inheritance*, DIT) ist mit 9 schon recht tief. Da die fachliche Kohäsion der Klassen (cohesion, COH) eher zu niedrig ist und auch die Werte für die mittlere Komplexität der Methoden (*complexity*, CMPL), die bisher gefundenen Fehler (*errors found*, ERR) und die auf der lexikalischen Struktur des Programmtextes basierenden Halstead-Metriken (HLSTD) relativ hoch sind, empfiehlt der Testmanager eine Überarbeitung (engl. *refactoring*) der Klasse.

Abb. 12–7
Kiviatdiagramm

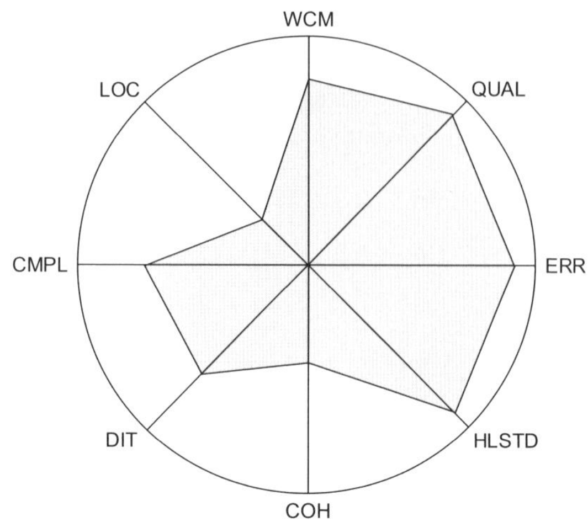

12.5 Einzelne Testmetriken

Testmetriken werden nach unterschiedlichen Aspekten klassifiziert

Nach den allgemeinen Ausführungen über Maße und Metriken werden in diesem Abschnitt konkrete →Testmetriken vorgestellt. Diese können einerseits nach den jeweils betrachteten Messobjekten klassifiziert werden, was zu folgender Einteilung führt:

- *Testfallbasierte Metriken*
- *Testbasis- und testobjektbasierte Metriken*
- *Fehlerbasierte Metriken*
- *Kosten- und aufwandsbasierte Metriken*

Andererseits ist auch eine Unterscheidung nach dem Ziel der Messung üblich, wobei sich folgende Klassifikation ergibt:

- Produktmetriken zur Bewertung des Produktumfangs, der Produktkomplexität und -qualität sowie des aktuellen Risikostandes
- Projektmetriken zur Kontrolle und Steuerung des Testprojekts
- Prozessmetriken zur Bewertung und Optimierung des Testprozesses

Den folgenden Abschnitten liegt die zuerst aufgeführte Klassifikation zugrunde[2]. Wie es die bisher beispielhaft aufgeführten Metriken bereits angedeutet haben, sind bei vielen Metriken sowohl absolute Anzahlen (z.B. Anzahl getestete X, Anzahl getestete X pro Zeiteinheit) als auch Verhältniswerte (z.B Anzahl getestete X/Anzahl alle X) von

2. Im Lehrplan [URL: GTB CTA] sind konkrete Metriken jeweils unter den einzelnen Abschnitten zum Testprozess aufgeführt.

Interesse. Während erstere quantitative Aussagen zu Produktivität und Effizienz ermöglichen, spiegeln letztere Aspekte der Überdeckung und Effektivität wider. Einen Überblick über die Aspekte und Einsatzziele der Metriken gibt Tabelle 12–3.

Tab. 12–3
Aspekte und Einsatzziele von Testmetriken

Messziele		Messobjekte: Testfälle	Testbasis, Testobjekte	Fehler	Kosten, Aufwand
Produkt	Komplexität	••	••	–	–
	Überdeckung	•	••	•	–
	Qualität	•	••	••	o
Projekt	Produktivität	•	•	••	••
Prozess	Einstufung	o	o	••	•
	Verbesserung	–	o	•	•
Legende	•• = gut geeignet, • = geeignet, o = teilweise geeignet, – = ungeeignet				

12.5.1 Testfallbasierte Metriken

Testfallbasierte Metriken fokussieren auf Testfälle und ihre Zustände

Testfallbasierte Metriken fokussieren auf die Menge der Testfälle und ihre jeweiligen Zustände. Sie werden in der Regel von Testmanagementwerkzeugen bzw. der Testumgebung geliefert oder aus Testprotokollen extrahiert und dienen zur Kontrolle des Fortschritts der Testaktivitäten unter Bezug auf den aktuellen Test(projekt)plan. Damit zählen sie größtenteils zu den Produkt- und Projektmetriken, fallen aber teilweise auch unter die Prozessmetriken.

Beispiele für testfallbasierte Metriken mit Absolutskalen sind:

- Anzahl geplanter Testfälle
- Anzahl spezifizierter Testfälle
- Anzahl erstellter Testprozeduren
- Anzahl Zeilen der Testskripte

Testfallbasierte Metriken mit Ratioskala sind u.a.:

- Anzahl Testfälle mit Priorität 1/Anzahl geplanter Testfälle
- Anzahl spezifizierter Testfälle/Anzahl geplanter Testfälle
- Anzahl automatisierter Testfälle/Anzahl spezifizierter Testfälle

Messe auch das Unvorhergesehene!

In vielen Fällen müssen im Verlauf eines Testzyklus neue Testfälle zusätzlich zu den geplanten entwickelt werden, z.B. wenn bestimmte Überdeckungsziele nicht mit den vorhandenen Testfällen erreicht werden. Auch Anforderungsänderungen erfordern meistens die Änderung vorhandener bzw. die Erstellung neuer Testfälle oder lassen geplante

Testfälle gänzlich obsolet werden. Als Metriken mit Absolutskalen lassen sich angeben:

- Anzahl ungeplanter neuer Testfälle
- Anzahl geänderter Testfälle
- Anzahl gelöschter Testfälle

Steigt z.B. die Anzahl ungeplanter neuer Testfälle über einen bestimmten Wert an, kann dies ein Zeichen für ein mangelhaftes Anforderungsmanagement sein. Eine hohe Anzahl geänderter Testfälle, die sich auf eine Anforderung beziehen, oder viele Änderungen an einem Testfall innerhalb eines kurzen Zeitraums erlauben Rückschlüsse auf vage oder mehrdeutig formulierte Anforderungen, die erst im Laufe der Entwicklung präzisiert werden.

Metriken zur Testausführung

Interessant für die Steuerung des Testprozesses sind auch Metriken zur Testausführung. Hierunter fallen z.B.:

- Anzahl benutzter Testdaten
- Anzahl durchgeführter Testfälle (engl. *executed*)
- Anzahl ohne Fehlerwirkung durchgeführter Testfälle (bestanden, engl. *passed*)
- Anzahl mit Fehlerwirkung durchgeführter Testfälle (fehlgeschlagen, engl. *failed*)
- Anzahl blockierter Testfälle (z.B. aufgrund verletzter Vorbedingung nicht lauffähig, engl. *blocked*)

Eine hohe Anzahl durchgeführter Testfälle deutet auf gut strukturierte, größtenteils voneinander unabhängige Tests hin. Eine hohe Anzahl blockierter Testfälle hingegen zeigt an, dass zu große Abhängigkeiten zwischen den Testfällen bestehen, sodass aufgrund des Fehlschlagens einiger weniger Testfälle viele nachgelagerte Testfälle nicht gestartet werden können (da diese auf den Nachbedingungen Ersterer beruhen).

Oft werden die Werte der testfallbasierten Metriken in Abhängigkeit von der jeweiligen Teststufe und der Priorität der Testfälle separat z.B. in Kumulativdiagrammen dargestellt.

Testfallbasierte Metriken für Regressions- und Fehlernachtests

In Regressionstests und Fehlernachtests werden die obigen Metriken oft für die bestehenden, geänderten und neuen Testfälle separat erhoben. Auch wird oft die Anzahl der zusätzlich durchgeführten, also ungeplanten und neuen Testfälle (mit/ohne Fehlerwirkung) gesondert erfasst. Des Weiteren können hier folgende testfallbasierte Metriken erhoben werden [Pinkster 06]:

- Anzahl Testfälle, die noch nie ohne Fehlerwirkung durchgeführt wurden (engl. *failed, never passed; FNP*),
- Anzahl Testfälle, die noch nie eine Fehlerwirkung aufdeckten (engl. *passed, never failed; PNF*),
- Anzahl aktuell fehlgeschlagener Testfälle, die vor der Änderung ohne Fehlerwirkung durchliefen (engl. *failed, was passed; FWP*),
- Anzahl aktuell bestandener Testfälle, die vor der Änderung eine Fehlerwirkung aufdeckten (engl. *passed, was failed; PWF*).

Interpretation testfallbasierter Metriken

Die Anzahl der aus Testobjektsicht als bestanden bzw. fehlgeschlagen durchlaufenen Testfälle ist natürlich nicht nur für die Teststeuerung interessant, sondern insbesondere auch für die Bewertung der Produkt- und Prozessqualität. Testfälle, die immer Fehlerwirkungen aufdecken (FNP), repräsentieren offene, noch nicht bearbeitete Abweichungen. Eine hohe Anzahl von stets bestandenen Testfällen (PNF) deutet bei gleichzeitig hoher Testüberdeckung auf eine gute Qualität des Testobjekts hin, während sie bei niedriger Testüberdeckung eher auf eine geringe Effektivität des Testprozesses aufmerksam macht. Eine hohe Anzahl von erst nach Änderungen fehlgeschlagenen Testfällen (FWP) weist auf schlechte Wartbarkeit und Änderbarkeit der Software bzw. unzureichende Qualität der Wartungsprogrammierung hin. Decken viele bisher fehlgeschlagene Testfälle nach der Korrektur keine Fehlerwirkungen mehr auf (PWF), so lässt dies auf eine hohe Effektivität der Debugging- bzw. Änderungsmaßnahmen schließen.

Aufbau der Testumgebung planen und kontrollieren

Im weiteren Sinne zählen auch Metriken bezüglich der Elemente der Testumgebung wie z. B. der Testrahmen mit Testtreibern und Teststellvertretern, Testdaten, Simulatoren, Analysatoren etc. zu den testfallbasierten Metriken. Sinnvoll aus dem Konfigurationsmanagement bzw. mit statischen Analysen erhebbar sind hier z. B.:

- Anzahl geplanter oder verfügbarer Testtreiber bzw. -stellvertreter
- Anzahl geplanter oder verfügbarer Codezeilen pro Testtreiber bzw. -stellvertreter

Unterschiedliche Testabdeckungskonzepte beachten

Testfallbasierte Metriken berücksichtigen im Wesentlichen die im Testprojektplan beschriebenen Testfälle. 100 % Testfortschritt bezogen auf den Testprojektplan bedeutet jedoch nicht unbedingt, dass das Testobjekt hinreichend getestet wurde. Daher sind zusätzlich geeignete produktorientierte Testabdeckungsmaße (engl. *coverage metrics*) notwendig. Diese messen den Testfortschritt gegenüber dem Testbasis- bzw. Testobjektumfang. Entsprechende Metriken werden im nächsten Abschnitt vorgestellt.

12.5.2 Testbasis- und testobjektbasierte Metriken

Eigenschaften und Überdeckung der Testbasis und der Testobjekte

Die in diesem Abschnitt skizzierten Metriken fokussieren auf die Eigenschaften der Testbasis und der Testobjekte. Durch Überdeckungsmetriken werden die zeitliche Entwicklung und die resultierenden Auswirkungen auf den Zeitplan, die Ressourcen und die Aufgaben ermittelt. Testbasis- und testobjektbasierte Metriken zählen damit größtenteils zu den Produktmetriken, teilweise aber auch zu den Projektmetriken.

Je nach Teststufe werden Anforderungen, Entwurfselemente, Programmcode bis hin zu Benutzungshandbüchern mittels statischer Analysen oder Reviews untersucht und vermessen, um beispielsweise deren innere Qualität oder den Fortschritt der Testaktivitäten in Bezug auf den Umfang der Testobjekte zu bewerten. Oft bieten die Werkzeuge, mit denen die Dokumente erstellt werden, bereits entsprechende Metriken an.

Im Programmcode kann z.B. gemessen werden, wie viele Zeilen bzw. Anweisungen im Test ausgeführt wurden. Im Falle (funktionaler) Spezifikationen ist zu messen, welche Systemfunktionen (engl. *features*) der Test verifiziert hat. Auf Grundlage der Systemarchitektur ist zu verfolgen, welche Systemkomponenten getestet wurden. In Bezug auf die Systemanforderungen wird u.a. verfolgt, wie viele Anforderungen durch Tests validiert wurden.

Anforderungen verfolgen

Hierfür ist es notwendig festzuhalten, welche Anforderungen wann von wem formuliert, mittels welcher fachlichen und technischen Entwurfsdokumente spezifiziert, durch welche Programmteile realisiert und mit welchen Testfällen getestet wurden. Erst mit diesen Informationen ist die Verfolgbarkeit der Anforderungen (engl. *requirements traceability*) zurück zu ihren Quellen und vorwärts zu ihrer Realisierung und den entsprechenden Testfällen gewährleistet, sodass die Abdeckungsmaße ermittelbar sind. Zusätzlich werden dadurch die zeitliche Entwicklung der Artefakte und die resultierenden Auswirkungen auf den Zeitplan, die Ressourcen und die Aufgaben erkennbar.

Geeignet sind solche Abdeckungsmaße immer dann, wenn ihre Abstraktionsebenen der jeweiligen Teststufe entsprechen, in der sie verwendet werden sollen. Daher werden im Weiteren Metriken für die einzelnen Teststufen vorgestellt.

System- und Abnahmetest: funktions- bzw. anforderungsbasierte Metriken

Im System- und Abnahmetest können je nach Methodik der Anforderungsermittlung funktions- bzw. anforderungsorientierte Metriken (engl. *requirements coverage*) erhoben werden:

- Anzahl durch Testbedingungen abgedeckter Anforderungen/Anzahl aller Anforderungen
- Anzahl durch Testfälle abgedeckter Testbedingungen/Anzahl aller Testbedingungen

- Anzahl getesteter Funktionen/Anzahl spezifizierter Funktionen
- Anzahl getesteter Dialoge/Anzahl realisierter Dialoge
- Anzahl durchgeführter Testfälle/Anzahl spezifizierter Testfälle (pro Funktion oder pro Dialog)
- Anzahl Teststunden (pro Funktion oder pro Dialog)

Die Anwendung spezifikationsbasierter Metriken bedingt die Verfolgbarkeit von Anforderungen ausgehend von den Anforderungen über den fachlichen und technischen Systementwurf bis hin auf die Testfälle. In diesem Fall werden Messungen möglich wie z.B.:

- Prozentsatz durch Testfälle abgedeckter Anforderungen
- Prozentsatz ausgeführter Ablaufpfade (engl. *scenarios*) der Anwendungsfälle
- Prozentsatz fachlicher Klassen bzw. Datentypen, von denen Objekte instanziiert/gelesen/geändert/gelöscht wurden.

Darüber hinaus sind für System- und Abnahmetests bzgl. nicht funktionaler Anforderungen Metriken zu erheben, z.B.:

- Anzahl durch den Test abgedeckter Plattformen
- Anzahl durch den Test abgedeckter lokalisierter[3] Versionen
- Anzahl durch den Test abgedeckter Performanzanforderungen pro Plattform

Integrationstest: Metriken auf Schnittstellen fokussieren

Im Integrationstest werden die Entwurfskomponenten und insbesondere die Schnittstellen (engl. *interfaces*) sowie ihr Zusammenspiel betrachtet – welche und wie viele Schnittstellen gibt es im System und welche davon hat der Test schon erreicht? Beispiele für Metriken sind:

- Prozentsatz[4] getesteter Schnittstellen
- Prozentsatz getesteter Schnittstellenverwendungen (Aufrufe von Operationen bzw. Verwendung von Variablen der Schnittstellen)
- Prozentsatz getesteter Schnittstellenparameter, ggf. separat pro Testtechnik

Komponententest: strukturorientierte Metriken

Im Komponententest wird in der Regel auf strukturorientierte Metriken, die auf dem Programmcode beruhen, fokussiert (engl. *code coverage*). Messbar sind z.B.:

---

3. Unter »Lokalisierung« wird die landesspezifische Konfiguration einer Software verstanden, u.a. durch Übersetzung der Bedienoberfläche in die jeweilige Landessprache, Anpassung von Datumsformaten, Währungen, Maßeinheiten und ggf. an gesetzliche Bestimmungen.
4. Hier und im Weiteren wird die Bezugsgröße nicht angegeben, wenn es sich um die Gesamtheit – hier: aller Schnittstellen – handelt.

- Anzahl neuer bzw. geänderter Funktionen bzw. Operationen
- Anzahl Codezeilen bzw. ausführbarer Anweisungen (engl. *kilo lines of code*, KLOC bzw. *kilo delivered source instructions*, KDSI)
- Codekomplexität (zyklomatische Komplexität bzw. McCabe-Metrik)
- Anzahl abgedeckter Pfade im Kontrollflussgraphen

Komplexitätsmetriken dienen als Indikatoren für das Produktrisiko und zur risikobasierten Steuerung des Testaufwands (vgl. Kap. 10). Strukturorientierte dynamische Metriken wie z.B. Anweisungsüberdeckung (C0) oder Entscheidungsüberdeckung bzw. Zweigüberdeckung (C1) erfordern die vorherige Instrumentierung der Programme. Mit entsprechenden Instrumentierungswerkzeugen sind dann nach Ausführung der Testfälle Aussagen möglich wie z.B.:

- Prozentsatz aufgerufener Operationen bzw. Prozeduren
- Prozentsatz ausgeführter Anweisungen
- Prozentsatz durchlaufener Zweige im Kontrollflussgraphen
- Prozentsatz ausgeführter Operationsaufrufe

Immer auch die Risikoüberdeckung messen!

Wurden Produktrisiken z.B. mittels einer Fehler-Möglichkeits- und Einflussanalyse (FMEA) oder einer Fehlzustandsbaumanalyse (FTA) durch entsprechende Werkzeuge auf Testobjekte abgebildet (s. Abschnitt 10.8), lassen sich aus deren Überdeckung u.a. folgende Aussagen zur Risikoüberdeckung ableiten:

- Anzahl Testfälle pro Risiko
- Prozentsatz durch Testfälle überdeckter Risiken
- Prozentsatz bestandener/nicht bestandener Testfälle pro Risiko

Anhand des Risikoinventars (s. Abschnitt 10.4.4) lassen sich weitere risikobasierte Metriken generieren:

- Anzahl der verbleibenden Risiken nach Risikohöhe gruppiert
- Anzahl der bewältigten Risiken nach Risikohöhe gruppiert
- Aktuelle Tendenz der Risikoeintrittsindikatoren

Für nicht abgedeckte Teile der Software ggf. Testfälle nachspezifizieren

Sind nach Ausführung aller spezifizierten Testfälle noch Teile der Software oder der Testbasis nicht abgedeckt, obwohl das Testkonzept dies vorsah, so ist zu überprüfen, ob eventuell noch Testfälle in der Testdesignspezifikation fehlen. Falls das der Fall ist, wird die Testdesignspezifikation gemäß dem Testkonzept ergänzt, und die zusätzlichen Tests werden ausgeführt. Eine hilfreiche Metrik ist hierzu die unter den fehlerbasierten Metriken beschriebene »*Test Design Verification*«-Metrik (s. Abschnitt 12.5.3).

Viele weitere auf der Testbasis bzw. den Testobjekten basierende Metriken finden sich in [Kaner 95] und [Zhu 97]. Testobjekt- und testbasisbezogene Metriken für objektorientierte Software sind in [Sneed 02] aufgeführt.

12.5.3 Fehlerbasierte Metriken

Fehlerbasierte Metriken zur Steuerung des Testprojektes und Bewertung des Testprozesses

Neben den bisher vorgestellten Metriken müssen Testmanager auch aus den Testergebnissen ableitbare Aussagen zur Produktqualität liefern. Dazu sind insbesondere die gefundenen Fehlerwirkungen bzw. Fehlerzustände[5] auszuwerten und zur Steuerung des Testprojektes und Bewertung des Testprozesses zu verwenden.

Der »*IEEE Standard Dictionary of Measures of the Software Aspects of Dependability*« [IEEE 982.1] und die DIN/IEC-Norm 61014 »Programme für das Zuverlässigkeitswachstum« [DIN 61014] empfehlen, u.a. folgende fehlerbasierte Metriken zu erheben und deren Werte nach Fehlerschwere bzw. Teststufe zu klassifizieren bzw. zu gruppieren:

- →Fehlerdichte (engl. *fault density*, auch *defect density*) als Anzahl der Fehlerzustände bezogen auf den Testobjektumfang, z.B. Anzahl der Fehler/KLOC (bzw. KDSI)
- Fehlerverteilung als Anzahl der Fehler pro Testobjekt oder Teststufe etc.
- →Fehlerrate bzw. Ausfallrate (engl. *failure rate*) als Anzahl der in einer Teststufe, Testzeit oder Programmausführungszeit gefundenen bzw. zu erwartenden Fehlerwirkungen
- Mittlere Zeitdauer bis zum Ausfall (engl. *mean time to failure*, MTTF) als Erwartungswert der Verteilung der Dauern bis zum Auftritt einer (schweren) Fehlerwirkung
- Mittlere Betriebsdauer zwischen Ausfällen (engl. →*mean time between failures*, MTBF) als Erwartungswert der Verteilung der Betriebsdauern zwischen zwei aufeinanderfolgenden Fehlerwirkungen[6]

---

5. Nicht alle Autoren unterscheiden zwischen Fehlerzustand (*defect/fault/bug*) und Fehlerwirkung (*failure*). Falls es in der Originalarbeit unklar bleibt, was gemeint ist, wird im Folgenden der Oberbegriff »Fehler« verwendet.
6. Die MTTF wird für nicht reparierbare Teile bzw. Systeme verwendet, wohingegen die MTBF für reparierbare Einheiten angegeben wird (s. [DIN 61014]). Da Software keinem natürlichen Verschleiß unterliegt, unterscheiden sich hier MTBF und MTTF nur, wenn im Falle der MTBF nach jeder (schweren) Fehlerwirkung der Fehlerzustand gesucht und behoben wird.

- Fehlerwirkungsankunftsrate (engl. *failure arrival rate*) als Kehrwert der MTBF
- →Fehlerzustandsverweildauer (engl. *fault days*) als Anzahl der Tage zwischen einer Fehlhandlung bzw. der Entstehung eines Fehlerzustands und dem Nachweis einer daraus resultierenden Fehlerwirkung

Metriken auf Komponentenebene erheben

Insbesondere bei komplexen oder räumlich verteilt durchgeführten Entwicklungsprojekten treten oft unterschiedliche Fehlerdichten in den Teilkomponenten auf. Dies äußert sich in unterschiedlichen Fehlerfindungsraten bei der Testdurchführung (wenn die Qualität und Effizienz der Tests für alle Komponenten gleich sind). Solange die Komponententests nicht vollständig durchgeführt sind, finden sich oft bei Komponenten mit höherer initialer Fehlerdichte auf absehbare Zeit auch weiterhin mehr Fehlerwirkungen pro Testaufwand.

Indirekte fehlerbasierte Testmetriken erlauben Rückschlüsse auf Testeffektivität und Testeffizienz

Testmanager können mit geschätzten Werten die fehlerbasierten Metriken für die Definition und Berechnung indirekter Metriken zur Messung der Testeffektivität und der Testeffizienz nutzen. Grundlage der Schätzungen sind Daten früherer Projekte. Als Testeffektivität sei die Anzahl gefundener Fehlerwirkungen pro Testfall und als Testeffizienz die Anzahl gefundener Fehlerwirkungen pro Zeiteinheit (s. auch Abschnitt 12.5.4) verstanden. Beispiele solcher indirekten Metriken sind:

- Fehlerfindungsrate als Anzahl der Fehlerzustände, die innerhalb eines Testzeitraums oder in einer Teststufe gefunden werden, dividiert durch die Gesamtzahl der Fehlerzustände, die gefunden werden.
- Fehlerbehebungsrate als Anzahl gefundener Fehlerzustände/Anzahl behobener Fehlerzustände
- Anzahl erwarteter Fehlerzustände pro neuer bzw. geänderter Codezeilen im Falle von Produkterweiterungen oder Änderungen

Beispiel: Fehlerfindungsraten in VSR

Der Testmanager im VSR-Projekt verfolgt den zeitlichen Verlauf der Fehlerfindungsraten kritischer Komponenten, um deren Testintensität separat zu steuern. Zur Veranschaulichung wurde als Testaufwand (Anzahl ausgeführter Testfälle) auf der x-Achse und die kumulierte Anzahl der gefundenen bzw. geschätzten Fehlerwirkungen (gestufte bzw. glatte Linie) auf der y-Achse aufgetragen. Abbildung 12–8 zeigt eine gleichbleibende, sogar im Testverlauf leicht ansteigende Fehlerfindungsrate – die Fortsetzung oder sogar Intensivierung des Tests macht hier Sinn. In Abbildung 12–9 dagegen zeigt sich mit der Zeit eine Sättigung – ein mögliches Indiz dafür, den Testaufwand für diese Komponente zu reduzieren.

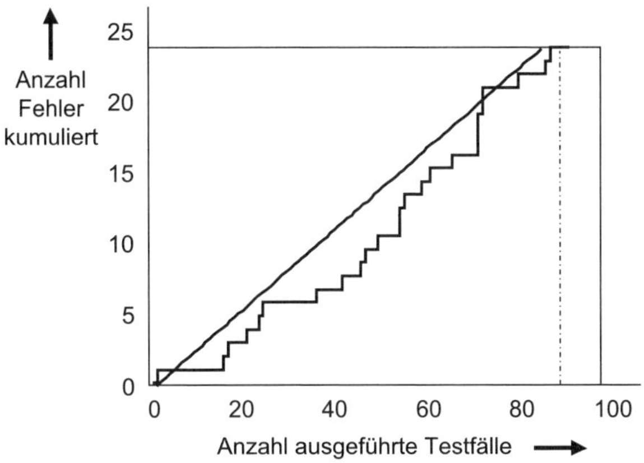

Abb. 12–8
Komponente A: Gleichbleibende Fehlerfindungsrate

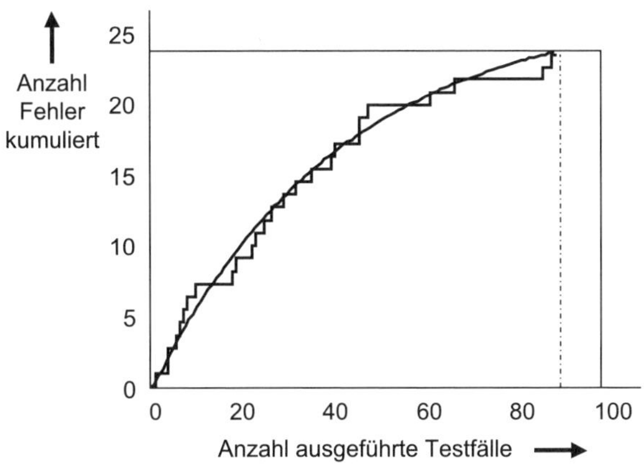

Abb. 12–9
Komponente B: Abnehmende Fehlerfindungsrate

Vorsicht bei der Verdichtung von Metriken!

Werden Metriken, die sich auf einzelne Komponenten beziehen, aufsummiert und als Metriken auf Systemebene genutzt, können verzerrende Einflüsse bis hin zur totalen Verfälschung der Kernaussagen eintreten. Als Beispiel hierzu dient die Auswertung der Fehlerdichte *FD* für einige VSR-Komponenten.

Beispiel: Teststatistik in VSR

Im Lauf der Testauswertung für die sechs wichtigsten Komponenten der beiden aufeinanderfolgenden Releases 1.02 und 1.04 des VSR (Tab. 12–4) weist die Teststatistik in der vorletzten Zeile von Tabelle 12–4 für die Fehlerdichte FD von Release 1.02 den Wert 3,3 Fehler pro KLOC aus, während sie für das Release 1.04 trotz der vielen Änderungen bzw. Erweiterungen die niedrigere Gesamtfehlerdichte von 3,1 anzeigt. Zunächst glaubt der Testmanager, dass die Qualität von Release 1.04 trotz vieler Änderungen und Erweiterungen höher als die von 1.02 ist, stößt aber bei näherer Betrachtung der Tabelle auf ein Paradox: Für Release 1.04 wird insgesamt eine niedrigere bzw. »bessere« Fehlerdichte ausgewiesen, obwohl die individuellen Fehlerdichten aller geänderten bzw. erweiterten Komponenten von Release 1.04 höher bzw. »schlechter« sind als diejenigen von Release 1.02!

Tab. 12–4
VSR-Teststatistik

Komponente	KLOC Rel. 1.02	Fehleranzahl	FD F/KLOC	Relation	KLOC Rel. 1.04	Fehleranzahl	FD F/KLOC
C1	9,849	32	3,2	<	9,870	33	3,3
C2	3,450	15	4,3	<	3,450	17	4,9
C3	10,850	20	1,8	<	45,745	85	1,9
C4	3,245	11	3,4	=	3,245	11	3,4
C5	7,329	34	4,6	=	7,329	34	4,6
C6	5,467	21	3,8	<	39,467	154	3,9
Summe	**40,190**	**133**	**3,3**	**>**	**109,106**	**334**	**3,1**
Mittel	**6,698**	**22**	**3,5**	**<**	**18,184**	**56**	**3,7**

Hinterfragen von (Test-) Statistiken ist sinnvoll!

Nach einigem Grübeln findet sich die Lösung: Die individuellen Werte für KLOC und Fehleranzahl dürfen zur Berechnung der Fehlerdichte des Gesamtsystems nicht einfach zu einem Gesamtwert aufsummiert werden, sondern es müssen deren Mittelwerte gebildet werden. Die unterste Zeile von Tabelle 12–4 zeigt eine entsprechend höhere bzw. schlechtere mittlere Gesamtfehlerdichte für Release 1.04.

Fehlerbasierte Metriken lassen sich auch für Trendanalysen und Prognosen verwenden, um Auskunft sowohl über Fehler, die nach weiteren Tests noch im System findbar sind, als auch über Fehler, die nach dem Test im System verbleiben, zu geben. Solche meist auf statistischen Modellen gegründeten Berechnungen können sowohl für die Testkonzeption als auch für die durchführungsbegleitende Teststeuerung und Testkontrolle verwendet werden (vgl. [Grottke 01], s.a. Abschnitt 12.6).

Daneben steht eine Reihe weiterer fehlerbasierter Metriken zur Verfügung, u.a.:

- Anzahl Fehlerwirkungen nach Testintensität (Fehlertrend)
- Anzahl Fehlerwirkungen nach Klasse (Kritikalität, Fehlerschwere)
- Anzahl Fehlermeldungen je Status (Fehlerbehebungsfortschritt)
- Anzahl gefundener Fehlerzustände je Testzyklus (Testende)

Solche Metriken erlauben dem Testmanagement mit der Zeit immer sicherere Aussagen über die in den entwickelten Systemen zu erwartende Fehlerdichte. Hier und auch in vielen anderen Testmetriken werden die gefundenen Fehlerwirkungen vor der Auswertung klassifiziert und gewichtet, wofür der IEEE-Standard 1044 (s. Kap. 8) folgende Fehlerklassen und Gewichtungen definiert:

Fehlerklasse	Gewichtung
Fatale Fehlerwirkung	8
Schwere Fehlerwirkung	4
Mittlere Fehlerwirkung	2
Leichte Fehlerwirkung	1
Schönheitsfehler	0,5

Tab. 12-5
Fehlerklassen und Gewichte

Tests sollen Fehlerwirkungen aufdecken, um so Fehlerzustände anzuzeigen. Weitere interessante indirekte fehlerbasierte Metriken ergeben sich, wenn z.B. die in unterschiedlichen Teststufen angezeigten Fehlerzustände in Bezug zueinander und zu den noch im Produktivbetrieb zur Auswirkung gekommenen Fehlerzuständen gesetzt werden. Das Fehlerbehebungsverhältnis (engl. *defect removal leverage*, DRL, auch: *defect removal efficiency*, [Grady 92]) beispielsweise erlaubt Aussagen über die effektive Verteilung des Testaufwandes und ergibt sich zu:

Metrik »Defect Removal Efficiency« in der Praxis oft verwendet

DRL = Angezeigte Fehlerzustände in Teststufe X / Angezeigte Fehlerzustände in folgender Teststufe

DRL_{Gesamt} = Angezeigte Fehlerzustände im Test / Angezeigte Fehlerzustände in Test und Produktion

Die DRL_{Gesamt} kommerzieller Projekte liegt bei ca. 90 %, für militärische Software werden bis zu 96 % und für sicherheitskritische Software bis zu 99 % erreicht (s. [Jones 96]).

DRL_{Gesamt} > 90 % anstreben

Graham et al. beschreiben die der DRL ähnliche Metrik DDP (engl. *defect detection percentage*). Bei dieser Metrik werden die in einer bestimmten Teststufe angezeigten Fehlerzustände durch die Summe der Fehlerzustände dividiert, die in dieser und den folgenden Teststufen inklusive der Produktion angezeigt werden (s. [Graham 00]):

DDP-Metrik

DDP = Angezeigte Fehlerzustände in Teststufe X / Angezeigte Fehlerzustände in Teststufe X und allen folgenden Teststufen (inkl. Produktion)

Eine hohe DDP kann auf sorgfältig geplante und effektive Tests hinweisen, aber auch auf schlechte Tests in den unteren Teststufen oder einfach darauf, dass das System bislang im Produktivbetrieb nicht wirklich verwendet wurde. Gründe für eine niedrige DDP können eine unpassende Teststrategie sowie mangelnde Qualität der Testbasis und der daraus abgeleiteten Testfälle sein. Ein weiterer Grund kann eine schlechte Eingangsqualität der Testobjekte ggf. in Verbindung mit einer zu kurzen Testdurchführungszeit sein, sodass nicht alle Testfälle ausgeführt und somit zu wenige Fehlerwirkungen aufgedeckt bzw. Fehlerzustände angezeigt werden konnten.

Beispiel: DDP-Betrachtung in VSR

Im VSR-Komponententest für Release 2.05 wurden 40 Fehlerzustände angezeigt, im Integrationstest 19, im Systemtest 30, im Abnahmetest 9 und in den ersten drei Monaten des Produktivbetriebs wurden aufgrund von Fehlermeldungen aus dem Feld noch 20 Fehlerzustände angezeigt. Das Testmanagement errechnet die DDP des Komponententests zu $40/(40+19+30+9+20)=40/118=0{,}339$, also ca. 34 %. Für den Integrationstest ergibt sich eine DDP von $19/(19+30+9+20)=19/78=0{,}244$, also ca. 24 %. Die DDP des Systemtests ist $30/(30+9+20)=30/59=0{,}508$, also ca. 50 %. Die DRL_{Gesamt} beträgt $40+19+30+9/(40+19+30+9+20)=98/118=0{,}831$, also ca. 83 %.

Die relativ niedrige DRL_{Gesamt} weist darauf hin, insgesamt mehr Aufwand in den Test zu investieren. Zusätzlich könnte noch Aufwand vom Systemtest in den Komponententest und den Integrationstest verlagert werden. Um allerdings solche Verschiebungen wirklich rechtfertigen zu können, sind die Messergebnisse in Relation zu dem in den jeweiligen Teststufen angesetzten Aufwand zu sehen. Anzuraten ist die Prüfung der Qualität der Design- und Komponentenspezifikationen sowie der Qualität der Komponenten nach deren Fertigstellung, bevor der Komponententest beginnt.

Ist der Testprozess effektiv mit dem Entwicklungsprozess verzahnt?

Weitere fehlerbasierte Metriken geben Aufschluss darüber, wie effektiv der Testprozess mit dem Entwicklungsprozess verzahnt ist. Gebräuchlich sind die folgenden Metriken mit Absolutskala:

- Anzahl der bereits vor dem funktionalen Systementwurf im Rahmen von Testanalyse und -designtätigkeiten gefundenen Fehlerzustände bzw. Defekte der Anforderungsspezifikation
- Anzahl der bereits vor dem technischen Systementwurf im Rahmen von Testanalyse und -designtätigkeiten gefundenen Fehlerzustände bzw. Defekte der funktionalen Systemspezifikation
- Anzahl der bereits vor der Komponentenspezifikation im Rahmen von Testanalyse und -designtätigkeiten gefundenen Fehlerzustände bzw. Defekte der technischen Systemspezifikation

Diese Metriken können analog zur DRL und DDP auch separat für die einzelnen Teststufen gemessen werden, wobei jeweils ein Maximum für die zum betrachteten Entwicklungsdokument (als Testbasis) »passende« Teststufe anzustreben ist.

Achtung: Nicht nur fehlerbasierte Metriken verwenden!

Bei aller Wichtigkeit der fehlerbasierten Testmetriken ist darauf zu achten, dass die Produktqualität und Risikolage nicht ausschließlich aufgrund dieser Metriken bewertet wird. Werden wenige oder sogar keine Fehlerwirkungen (mehr) gefunden, so hängt es von der Qualität der Testfälle bzw. des Testprozesses ab, ob hieraus auf eine gute Produktqualität geschlossen werden kann.

»Test Design Verification«-Metrik

Um sich Klarheit über den tatsächlichen Stand der »Testqualität« bzgl. bestimmter Funktionen zu verschaffen, setzt die Metrik »*Test Design Verification*« die Qualität (Anzahl der gefunden Fehlerwirkungen) in Bezug zur Quantität bzw. Testintensität (Anzahl der für die Funktion spezifizierter und durchgeführter Testfälle). Zusätzlich werden Informationen über die Komplexität bzw. das funktionale Volumen der getesteten Funktionen berücksichtigt. Basismetriken dieser Metrik sind somit die Anzahl der Testfälle für eine Funktion und die Anzahl der damit gefundenen Fehlerwirkungen sowie ein zur Teststufe bzw. zur Abstraktionsebene der Testbasis passendes Komplexitätsmaß. Im Komponententest auf der Ebene des Programmtextes z.B. die McCabe-Metrik (s. [Spillner 10]), im Systemtest auf der Ebene der Anforderungen z.B. die Flesch-Kincaid-Lesbarkeit[7]. Die »*Test Design Verification*«-Metrik gibt u.a. Antworten auf folgende Fragen:

- Welche Funktionen haben eine hohe/niedrige Anzahl von Fehlerwirkungen?
- Mit welchem Aufwand, d.h. welcher Anzahl von Testfällen, werden diese jeweils gefunden?
- Wurden die »richtigen«, d.h. effiziente Testfälle spezifiziert?

Folgendes Beispiel erläutert die Anwendung »Test Design Verification«-Metrik.

Beispiel: Test Design Verification Metrik

Abbildung 12–10 zeigt die grafische Darstellung der Test Design Verification als »Blasendiagramm«: Auf der x-Achse wird für jede Funktion die Anzahl der zugeordneten Testfälle aufgetragen, auf der y-Achse die Anzahl der gefundenen Fehlerwirkungen. Die Größe der Blasen repräsentiert die Komplexität der jeweiligen Funktion. Zu erwarten ist bei dieser Darstellung, dass sich die Blasen in der Reihenfolge ihrer Größe auf einer Geraden anordnen, denn je komplexer eine Funktion ist, desto mehr Testfälle werden benötigt, um sie zu prüfen, und desto mehr Fehlerwirkungen werden bei ihrem Test erwartet.

Liegt eine Blase im rechten unteren Quadranten des Diagramms, so ist der entsprechenden Funktion eine große Menge von Testfällen zugeordnet, die aber nur wenige Fehlerwirkungen finden. Ist die Blase groß, so ist die Fehler-

---

7. Die nach Rudolf Flesch benannte Lesbarkeit FL berechnet sich zu $206{,}835 - 1{,}015 \times (AnzahlWorte/AnzahlSätze) - 84{,}6 \times (AnzahlSilben/AnzahlWorte)$. Je höher der Wert für FL, desto besser soll die Lesbarkeit des Textes sein. Nach Flesch sind Texte mit $FL<30$ nur für Akademiker verständlich, solche mit $60<FL<70$ auch für Abiturienten und solche mit $90<FL<100$ auch für Hauptschüler. Der theoretisch höchstmögliche Wert 121,22 wird erreicht, wenn der Text nur aus Sätzen mit einem einsilbigen Wort besteht.

Abb. 12–10
»Test Design Verification«-Metrik

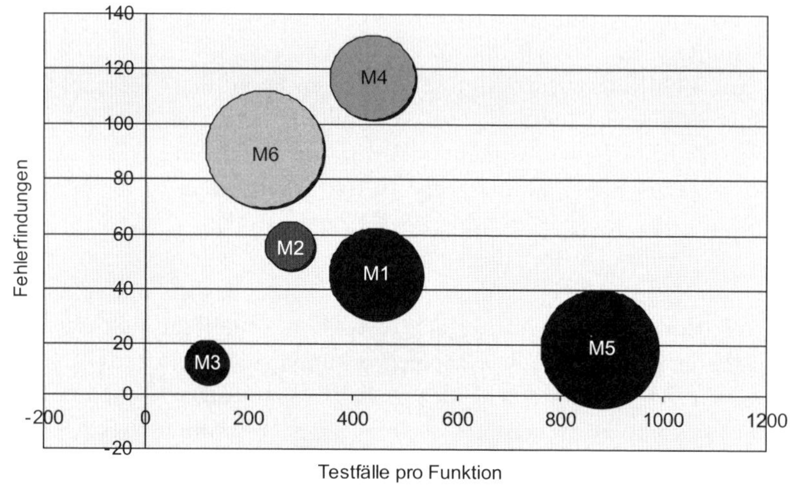

dichte niedrig, und es ist anzunehmen, dass die Funktion offenbar stabil ist (siehe Blase zu M5 im Beispiel). Ist sie aber klein, so liegt ein ineffizientes Testdesign in diesem Bereich vor (»Overengineering« der Testfälle).

Liegt eine Blase im linken oberen Quadranten, so sind der Funktion wenige Testfälle zugeordnet, die aber viele Fehlerwirkungen finden – die Fehlerdichte ist also hoch, und die Funktion ist offensichtlich instabil.

Liegt eine große Blase im linken unteren Quadranten (d.h. geringe Anzahl von Testfällen und geringe Fehlerfindung), so liegt ein »Underengineering« der Tests vor, d.h., die Testabdeckung dieser Funktion ist gering.

Zeitliche Verläufe festhalten!

Zur Beobachtung der Fehlerrate müssen die aufgedeckten Fehlerwirkungen im zeitlichen Verlauf der Testausführung festgehalten werden. Voraussetzung dafür ist eine Abweichungsdatenbank (s. Kap. 8), die alle Einträge und (Status-)Änderungen historisiert, also mit einem Zeitstempel versieht und festhält. Das Testende kann beispielsweise erreicht sein, wenn die Fehlerrate über einen bestimmten Zeitraum ein sehr niedriges Niveau hat, denn dies weist darauf hin, dass die Effizienz des Testens erschöpft ist, also zusätzliche Tests keine weiteren Fehlerwirkungen mehr mit vertretbarem Aufwand aufdecken.

Die Beobachtung der Fehlerrate soll für die verschiedenen Teststufen und im Idealfall auch für die unterschiedlichen eingesetzten Testverfahren separat erfolgen. Das Testmanagement muss bei der Definition des Testendes folgende Fragen stellen und dann entsprechend entscheiden: Wie lange ist eine Unterschreitung der maximalen Fehlerrate zu tolerieren und wie groß darf die geforderte Differenz zur maximalen Fehlerrate sein? Beide sind sehr sensible Werte, für deren treffsichere Vorgabe große Erfahrung und viel Fingerspitzengefühl notwendig sind.

Beispiel: Verlauf der Fehlerrate im VSR-Systemtest

Der Testmanager beobachtet im VSR-Systemtest den in Abbildung 12–11 gezeigten (typischen) zeitlichen Verlauf der Fehlerrate und erkennt, dass die Fehlerrate – wie in der Praxis oft – nach dem ersten Abflachen (in der Abbildung im Zeitraum W06 – W09) noch einmal ansteigt (W10 – W11). Das erste Maximum der Fehlerrate wird überschritten, wenn die einfach zu findenden Fehlerwirkungen zum größten Teil aufgedeckt sind. Der erneute Anstieg markiert den Zeitpunkt, an dem auch die schwieriger zu findenden Fehlerwirkungen aufgedeckt werden, und kann beispielsweise durch die verbesserte Ausrichtung des Testteams auf die zu testende Anwendung verursacht sein.

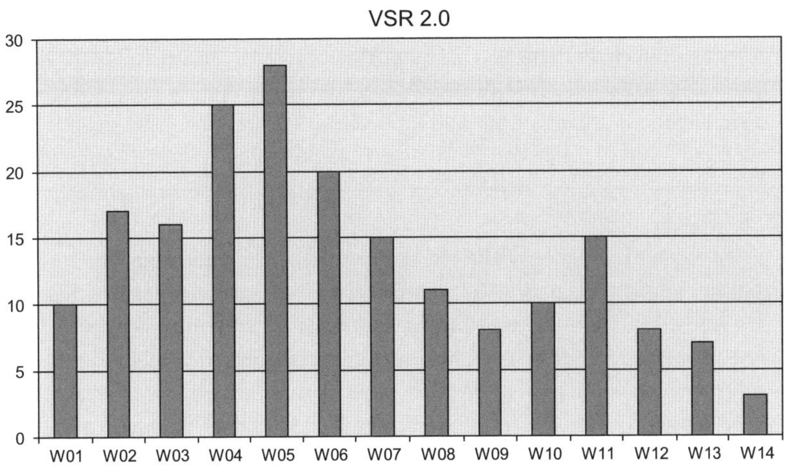

Abb. 12–11
Typischer Verlauf der Fehlerrate im Systemtest

Ein Blick auf die Relation der offenen, in Arbeit befindlichen und geschlossenen Fehlermeldungen (Abb. 12–12) zeigt, dass nur noch geringe Änderungen der Software aufgrund von Fehlerbehebungen zu erwarten sind. Der Testmanager beschließt, den Test noch für eine weitere Woche fortzuführen und danach abzubrechen, wenn die Fehlerrate weiter sinkt.

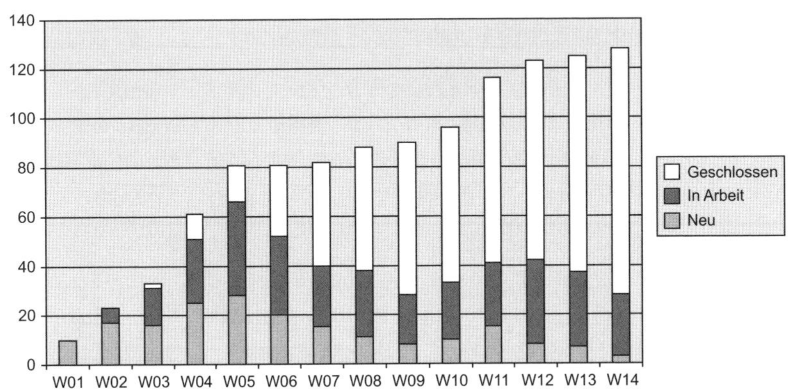

Abb. 12–12
Status der Fehlermeldungen

Tipp

Um Hochrechnungen bezüglich der Fehlerrate und der Restfehlerwahrscheinlichkeit zu ermöglichen, müssen die Daten in der Abweichungsdatenbank historisiert werden.

Beispiel: Verlauf der Fehlerrate im VSR-Systemtest

Im Abnahmetest des VSR-Systems wurden innerhalb eines Monats 137 Fehlerwirkungen gemeldet, davon 39 Klasse-1-Fehler. Zurzeit liegen in der Abweichungsdatenbank 524 Abweichungsmeldungen, die allerdings zu etwa 30 % aus Änderungsanforderungen (engl. *change requests*) bestehen. Der Anteil der »echten« Problemmeldungen liegt also bei ca. 70 %. 357 Abweichungen wurden im Integrationstest (intern aufgedeckte Fehlerwirkungen) gemeldet. Das entspricht circa 68 % der gesamten Fehlermeldungen. Die Zahl der Fehlermeldungen aus dem System- und Abnahmetest steht bei 167 (extern gemeldete Fehlerwirkungen) oder 32 %.

Bei einer Codegröße von 100.284 neu geschriebenen bzw. geänderten Zeilen und einer Anzahl von 70 % von 524 = 367 »echten« Problemmeldungen ergibt sich eine Fehlerdichte von 3,66 Fehlerzustände bzw. Defekte pro 1000 Zeilen.

Neu geschriebene Software: ca. 10–50 Defekte pro 1000 Anweisungen!

Die Gesamtzahl aller Fehlerzustände in einem gerade implementierten Programm lässt sich zu 10–50 Defekten pro 1000 Anweisungen abschätzen, d.h., jede 20. bis 100. Anweisung ist fehlerhaft (s. [Hatton 97], [Ebert 05]). Diese grobe Schätzung entspricht auch der Erfahrung mit Rechtschreibfehlern in neu erfassten Texten, denn es ist nicht zu erwarten, dass bei der Programmierung weniger Fehler gemacht werden. Allerdings ist davon auszugehen, dass mindestens die Hälfte aller in der Implementierung entstandenen Fehler im Rahmen des Komponententests vom Entwickler selbst gefunden werden. Es verbleiben 5–25 Fehler pro 1000 Anweisungen, die in den höheren Teststufen anzuzeigen und im Debugging zu finden sind. Insgesamt liegt die Fehlerrate also unter dem Durchschnitt, und der Test muss intensiviert werden.

12.5.4 Kosten- und aufwandsbasierte Metriken

Kosten- und aufwandsbasierte Metriken geben den Rahmen der finanziellen, personellen und zeitlichen Möglichkeiten an und lassen sich, nachdem sie in einigen Projekten erfasst wurden, für die Planung zukünftiger Testprojekte und zur Optimierung des Testprozesses verwenden. Beispiele aufwandsbasierter Metriken mit Absolutskala sind:

Aufwand

- Anzahl Personentage für die einzelnen Phasen des fundamentalen Testprozesses (s. Abschnitt 2.1, separat für jeden Testzyklus bzw. jede Teststufe erheben)
- Anzahl Personentage für Reviews
- Anzahl Personentage für die manuelle Testdurchführung

Auf die Produktivität zielen folgende Metriken mit Ratioskala ab:

Produktivität

- Anzahl gefundener Defekte pro Review-Personenstunde (ggf. separat nach Fehlerklasse)
- Anzahl gefundener Fehlerwirkungen pro Test-Personenstunde (ggf. separat nach Fehlerklasse)
- Anzahl erstellter Testfälle pro Personenstunde in Testanalyse und Testdesign
- Anzahl erstellter Testprozeduren bzw. Testskripte pro Personenstunde in Testrealisierung
- Anzahl durchgeführter Testfälle pro Personenstunde in der Testdurchführung

Metriken anonymisieren

Solche Messwerte sind den Mitarbeitern anonymisiert inkl. der Mittelwerte als Rückmeldung zur Verfügung zu stellen.[8] Bei jeder Interpretation der Werte ist zu beachten, dass Tester neben der eigentlichen Spezifikation, Ausführung und Dokumentation von Testfällen zusätzlich Zeit für die Planung der eigenen Tests, das Einrichten von Testumgebungen, das Ein- und Auschecken versionsabhängiger Testfälle etc. benötigen.

Earned-Value-Analyse (EVA) zur Teststeuerung verwenden

Zur Kontrolle und Steuerung des Testprozesses werden kosten- und aufwandsbasierte Metriken in Relation zu den testfall-, testbasis- und testobjektbasierten Metriken gestellt. Dies erfolgt oft mit der sog. Projektleistungsbewertung (engl. *Earned-Value-Analyse*, EVA, vgl. z.B. [Kerzner 03], [Pinkster 06]). EVA stellt die bis zu einem bestimmten Zeitpunkt bzw. Meilenstein tatsächlich geleisteten Aufwände und erreichten Projektergebnisse den entsprechenden Planzahlen gegenüber. Dafür werden drei Basismetriken erhoben:

Plankosten PV

- Plankosten (engl. *planned value*, PV; auch: *budgeted cost of work scheduled*, BCWS), die für die Aktivität im Betrachtungszeitraum vorgesehen bzw. geschätzt sind.

Istkosten AC

- Istkosten (engl. *actual cost*, AC; auch: *actual cost of work performed*, ACWP), die für die Aktivität im Betrachtungszeitraum tatsächlich entstanden sind.

Leistungswert bzw. Earned Value EV

- Erreichter Leistungswert (engl. *earned value*, EV; auch: *budgeted cost of work performed*, BCWP), der im Betrachtungszeitraum durch die Aktivität erbrachte tatsächliche (Geld-)Wert.

8. Aus rechtlichen Gründen sind Mitarbeiter über die Erfassung und den Verwendungszweck von Maßen bzgl. ihrer Arbeit bzw. ihrer Produktivität zu informieren (s.a. Abschnitt 6.6).

Der Leistungswert EV kann anhand des Produkts aus Plankosten und dem Quotienten aus aktuellem und geplantem Fertigstellungsgrad des Produkts berechnet werden: $EV = PV \cdot (Fertig_{Ist}/Fertig_{Soll})$.

Indirekte EVA-Metriken bewerten den Fortschritt des Testprozesses

Aus diesen drei Basismetriken lassen sich indirekte Metriken ableiten, um den Fortschritt des Testprozesses zu bewerten.

- Die Kostenvarianz (engl. *cost variance*) CV=EV-AC gibt die Differenz zwischen erbrachtem Leistungswert und tatsächlichen Kosten an.
- Die Planvarianz (engl. *schedule variance*) SV=EV-PV bezeichnet die Differenz zwischen Leistungswert und Plankosten.
- Der Kosten-Performanz-Index (engl. *cost performance index*) CPI=EV/AC ist der Quotient aus Leistungswert und Istkosten.
- Der Plan-Performanz-Index (engl. *schedule performance index*) berechnet sich zu SPI=EV/PV.

Die für eine einzelne Aktivität tatsächlich zu erwartenden Kosten (*estimated cost*, EC) berechnen sich damit zu EC=PV/CPI. Zur Voraussage der tatsächlich zu erwartenden Gesamtkosten wird der über alle Aktivitäten bzw. Arbeitsprodukte kumulierte Kosten-Performanz-Index CPI_{Gesamt} als Quotient aus der Summe aller erreichten Werte und der Summe aller tatsächlichen Kosten herangezogen.

Beispiel: Earned-Value-Analyse in VSR

Das VSR-Testmanagement verwendet zur Teststeuerung die Earned-Value-Analyse. Zum zweiten Meilenstein des ersten Testzyklus der Teststufe Systemtest liegen die in Tabelle 12–6 gezeigten Daten vor und müssen nun interpretiert werden.

Tab. 12–6
EVA-Werte für den 2. Meilenstein im Projekt VSR

Aktivität	PV	AC	$Fertig_{Soll}$	$Fertig_{Ist}$	EV
Testanalyse und -design	400	400	85%	85%	400
Testrealisierung	800	1200	80%	125%	1250
Testdurchführung	800	400	60%	45%	600
Testauswertung	200	150	40%	20%	100

Testanalyse und -design verlaufen nach Plan, während die Testrealisierung zwar effizient erbracht wird, sich jedoch eine Kostenüberschreitung abzeichnet. Da der Terminplan dort jedoch bisher unterschritten wurde, kann sich auch eine Unterschreitung des gesamten Terminplans ankündigen. Für die Testdurchführung lässt sich eine gute und eine schlechte Nachricht ablesen: Es wird effizient gearbeitet, allerdings verzögert sich wahrscheinlich der Fertigstellungstermin. In der Testauswertung liegen die Istkosten AC unter dem Plan, was zunächst positiv aussieht. Allerdings überschreiten sie den erreichten Wert EV und es ist insgesamt mit einer deutlichen Kostenüberschreitung zu rechnen. Die Situation ist sogar noch schlimmer, als es zunächst aussieht, da der erreichte Leistungswert EV nur die Hälfte der für diesen Meilenstein vorgesehenen Plankosten PV beträgt. Hier sind Sofortmaßnahmen wie z.B. die Anordnung von Überstunden oder Wochenendarbeit zu ergreifen und mittelfristig eine effizientere Testauswertung z.B. durch entsprechende Vergleichswerkzeuge anzustreben!

12.5.5 Beurteilung der Testeffektivität

Effektiv Testen: Fehlerwirkungen aufdecken und Vertrauen bilden

Softwaretests sind effektiv, wenn sie Fehlerwirkungen aufdecken und das Vertrauen in die Software erhöhen. Für die Beurteilung der Testeffektivität wird daher empfohlen (z.B. in [Sneed 06], [Poore 97]), neben den oben vorgestellten kosten- und aufwandsbasierten Metriken auch die Fehlerrate sowie die Testüberdeckung und den Testaufwand einzubeziehen.

Metriken zur Testeffektivität

Für den Fehlerentdeckungsgrad *FEG* wird der Anteil der z.B. gemäß Tabelle 12–5 gewichteten Fehlerwirkungen, die im Test aufgedeckt wurden, durch alle aufgedeckten Fehlerwirkungen geteilt (ähnlich dem Fehlerbehebungsverhältnis DRL_{Gesamt} bzw. der DDP-Metrik, s. Abschnitt 12.5.3):

Fehlerentdeckungsgrad

FEG = Anzahl gew. Fehlerwirkungen im Test / Anzahl gew. Fehlerwirkungen gesamt

Das Vertrauen in ein System wächst proportional zum verwendeten Maß (z.B. Benutzungszeit, CPU-Zeit, Anzahl bisher ausgeführte Testfälle), wenn keine Fehlerwirkungen auftreten. Es sinkt mit wachsender Anzahl von Fehlerwirkungen, die auftreten bzw. aufgedeckt werden.

Grundidee der Metrik zur Testeffektivität ist, dass die Fehlerrate lediglich die Anzahl aufgedeckter und gewichteter Fehlerwirkungen pro Testfall angibt, aber keine Aussage über die durch die Testfälle abgedeckten bzw. nicht abgedeckten Teile der Software trifft. Angenommen der erste Testzyklus hat 0,05 gewichtete Fehlerwirkungen pro Testfall aufgedeckt und ein späterer Testzyklus mit den gleichen Testfällen nur noch 0,01 gewichtete Fehlerwirkungen pro Testfall. Ist dies ein Zeichen dafür, dass das Vertrauen in das System um 500 % zugenommen hat? Nein, denn Vertrauen gilt nur für das, was wirklich auch getestet wurde, sodass die Fehlerrate in dieser Hinsicht durch den Testüberdeckungsgrad zu relativieren ist. Es ergibt sich der Vertrauensgrad *VG*:

Vertrauensgrad

$$VG = \left(1 - \frac{\text{Summe gewichteter Fehlerwirkungen}}{\text{Anzahl ausgeführter Testfälle}}\right) \cdot \text{Testüberdeckungsgrad}$$

Die Testeffektivität *TE* ist schließlich das Produkt der beiden Metriken Fehlerentdeckungsgrad und Vertrauensgrad:

Testeffektivität nach [Sneed 06]

$$TE = FEG \cdot VG$$

Eine Testeffektivität von $TE = 1$ bedeutet, dass alle überhaupt aufgetretenen Fehlerwirkungen bereits im Test aufgedeckt wurden und dabei sowohl jeder Testfall zur Fehleraufdeckung beigetragen hat als auch eine vollständige Testüberdeckung erreicht wurde.

DeMarcos Metriken zur Testeffektivität

Tom DeMarco empfiehlt, für jede Version eines Softwareprodukts die folgenden fehlerbasierten Metriken zu erheben, um Aussagen über die (finanzielle) Effektivität des Testprozesses zu erhalten [DeMarco 04]:

- Entdeckte Projektfehler: Anzahl der vor der Auslieferung des Produkts entdeckten und behobenen Fehlerwirkungen
- Projektfehlerdichte: entdeckte Projektfehler/KDSI
- Projektschaden: Fehlerbehebungskosten vor der Auslieferung in Euro/KDSI
- Ausgelieferte Fehler: Anzahl der nach der Auslieferung des Produkts entdeckten Fehlerwirkungen
- Produktfehlerdichte: Ausgelieferte Fehler/KDSI
- Produktschaden: Fehlerbehebungskosten nach der Auslieferung in Euro/KDSI
- Gesamtschaden: Projektschaden + Produktschaden

Der Testprozess ist nach DeMarco dann effektiv, wenn die Testkosten nicht höher als der Gesamtschaden sind.

Tipp

Damit die Testeffektivität zeitnah zur Produktauslieferung bewertet werden kann, werden oft anstelle der insgesamt nach Lieferung aufgedeckten Fehlerwirkungen bzw. des Gesamtschadens nur die in den ersten drei oder sechs Monaten gefundenen Fehlerwirkungen bzw. der dort entstandene Produktschaden betrachtet. In jedem Fall sind als Kosten die tatsächlichen Diagnose- und Reparaturkosten und nicht etwa nur die Fehlerentdeckungskosten anzusetzen.

12.6 Restfehlerabschätzungen und Zuverlässigkeit

Mit den im Folgenden vorgestellten Verfahren soll über das Produkt sowie über den Entwicklungs- und Testprozess aus den vorliegenden Daten Aussagen hinsichtlich der zu erwartenden Zuverlässigkeit des Systems getroffen werden unter Zuhilfenahme statistischer Mittel. Die Zuverlässigkeit wird dabei anhand der nach dem Test im System verbliebenen unerkannten Fehlerwirkungen abgeschätzt. Diese Aussagen dienen insbesondere auch als Indikatoren für das Produktrisiko (vgl. Kap. 10). Dies ist prinzipiell auf folgende Arten möglich:

- Erfahrungsbasierte Abschätzung der Restfehlerwahrscheinlichkeit
- Statistische Analyse der Fehlerdaten und Zuverlässigkeits-Wachstumsmodelle

Zur Zuverlässigkeitsanalyse das operationale Profil ermitteln

Sowohl die erfahrungsbasierte Abschätzung der Restfehlerwahrscheinlichkeit als auch die Fehlerdatenanalyse erfordern, dass die Testfälle das →operationale Profil (s.a. [Voas 00]), also die im Betrieb zu erwartende Verteilung der Benutzungshäufigkeit der Produktfunktionen, hinreichend gut abbilden. Von den aus dem Buch »Basiswissen Softwaretest« bekannten Testverfahren zur Spezifikation methodischer Tests gilt dies lediglich für den geschäftsprozessbasierten Test. Für die Anwendung der im Folgenden beschriebenen Verfahren zur Restfehlerabschätzung sind somit in der Regel zusätzliche Testfälle zu erstellen, die die vorliegenden Systemtests hinsichtlich des operationalen Profils ergänzen.

12.6.1 Restfehlerwahrscheinlichkeit

Es gibt im Wesentlichen drei Möglichkeiten, den Testprozess aufgrund der beobachteten Anzahl der aufgedeckten Fehler zu bewerten:

- Es wird vor Testbeginn eine Anzahl von vermutlich vorhandenen Fehlerwirkungen geschätzt, von denen ein bestimmter Prozentsatz beim Test aufzudecken ist.
- Es wird die tatsächliche Fehleraufdeckungsrate beobachtet.
- Es werden künstlich Fehlerzustände in das Programm eingebracht, von denen ein bestimmter Anteil im Test zu Fehlerwirkungen führen und damit angezeigt werden muss.

Um mit vorgegebenen Fehleranzahlen arbeiten zu können, muss die Gesamtanzahl der in dem System enthaltenen Fehlerzustände abgeschätzt werden. Da es sich hierbei um Fehlerzustände handelt, die nach Codereviews oder anderen Qualitätssicherungsmaßnahmen noch im System verblieben sind, wird dieser Vorgang auch →Restfehlerabschätzung genannt. Diese Abschätzungen basieren auf den in der jeweiligen Entwicklungseinheit vorliegenden Daten und Erfahrungswerten, insbesondere auf einer gut geführten Abweichungsdatenbank.

Umfangs- und Komplexitätsmetriken zur Abschätzung der initialen Fehleranzahl heranziehen

Zur Abschätzung der initialen Fehleranzahl vor den Qualitätssicherungsmaßnahmen können geeignete Kombinationen möglichst voneinander unabhängiger Umfangs- und Komplexitätsmetriken (Abschnitt 12.5.2) herangezogen werden (s. [Lyu 96], [Liggesmeyer 02]). Dies beruht auf der Hypothese, dass größere und komplexere Produkte wahrscheinlich mehr Fehlerzustände enthalten als kleinere, weniger komplexe Produkte. Hierzu werden Daten früherer Projekte benötigt, für deren Produkte die Metrikwerte und die initiale Anzahl von Fehlerzuständen (angenähert durch alle in Test und Produktion gefundenen Fehlerzustände) bekannt sind (vgl. Abb. 12–4 auf Seite 312). Diese Daten dienen zur Kalibrierung der Parameter einer Funktion, die die Werte der Metriken als Eingabe erhält und die geschätzte Fehleranzahl als Ergebnis ausgibt. Solche Funktionen können die Fehleranzahl von Produkten allerdings nur dann zuverlässig schätzen, wenn die zu untersuchenden Produkte in ähnlichen Projektkontexten wie die Kalibrierungsprodukte entstanden sind.

Danach wird die Effektivität des zukünftigen Testens (in Prozent der aufgedeckten Fehlerwirkungen) für jede Teststufe geschätzt. Auf Basis dieser Schätzungen kann die Anzahl der zu findenden Fehlerwirkungen durch folgende Formel vorgegeben werden:

$$\text{Vorgegebene Fehleranzahl} = \text{Restfehleranzahl} \cdot \text{Effektivität (in \%)}$$

Damit entspricht die Effektivitätsabschätzung einer Vorgabe, wie viele Fehlerwirkungen durch den Test zu finden sind. Das folgende Rechenbeispiel verdeutlicht dies.

Beispiel: Fehlervorgaben

Die Abschätzung der durch den Test aufgedeckten Fehlerwirkungen (Effektivitätsabschätzung) erfolgt nach den Vorgaben in Tabelle 12–7.

Tab. 12–7 *Vorgaben zur Testeffektivität*

Teststufe	Gefundene Codierungsfehler	Gefundene Entwurfsfehler
Komponententest	65%	0%
Integrationstest	30%	60%
Systemtest	3%	35%
Summe	98%	95%

Insgesamt sollen ca. 98 % der Codierungsfehler und 95 % der Entwurfsfehler im Test gefunden werden, wobei es sich um Fehlerwirkungen handelt, die trotz aller anderen Qualitätssicherungsmaßnahmen im Code verblieben sind.

Als Restfehlerabschätzung für ein System mit mehr als 10.000 Anweisungen werden 50 Fehler pro 1000 Anweisungen angesetzt (s. [Wallmüller 90], [Grady 92], [Ebert 05]). Ein System mit ca. 10.000 Anweisungen hat demnach einen Restfehleranteil von ca. 500 Fehlern.

Als Vorgabe für die Anzahl der zu findenden Fehlerwirkungen wird zusätzlich angenommen, dass das Verhältnis von Codierungsfehlern zu Entwurfsfehlern 2:3 beträgt, d.h., insgesamt liegen 500 Restfehler vor, davon 200 Codierungsfehler und 300 Entwurfsfehler.

Nach der obigen Formel können die Fehlervorgaben für die Spalten »Vorgabe Codierungsfehler« und »Vorgabe Entwurfsfehler« nun einfach errechnet werden (Tab. 12–8).

Teststufe	Fehlervorgabe (insgesamt)	Vorgabe Codierungsfehler	Vorgabe Entwurfsfehler
Komponententest	130	130	0
Integrationstest	240	60	180
Systemtest	111	6	105
Summe	481	196	285

Tab. 12–8
Ermittelte Fehlervorgaben für Codierungs- und Entwurfsfehler

Diese Vorgaben können als Ausgangskriterium bzgl. der Codierungs- und Entwurfsfehler herangezogen werden, falls die aufgedeckten Fehlerwirkungen nach dieser Einteilung klassifiziert werden. Die gesamte Fehlervorgabe ist die Summe der zu findenden Fehlerwirkungen für die jeweilige Teststufe.

12.6.2 Zuverlässigkeits-Wachstumsmodelle

Aus Fehlerdaten auf die Zuverlässigkeit schließen

Die statistische Zuverlässigkeitsberechnung für Softwaresysteme versucht, anhand der vorliegenden Fehlerdaten (z.B. Zeitpunkte der Aufdeckung einer Fehlerwirkung bzw. eines Fehlerzustands) insbesondere aus dem Integrations- und Systemtest Aussagen über das zukünftige (Fehl-)Verhalten der Software zu erhalten. Dies kann die Anzahl bzw. die Rate der zukünftig zu erwartenden Fehlerwirkungen oder die vermutliche Anzahl der noch in der Software vorhandenen Fehlerzustände sein.

Statistische Zuverlässigkeitsberechnungen liefern aufgrund ihrer wahrscheinlichkeitstheoretischen Herangehensweise umso bessere Voraussagen, je größer der Datenbestand ist, der zur Berechnung herangezogen werden kann. Je größer das Projekt und die Organisation sind, desto weniger fallen einzelne »Ausreißer« ins Gewicht und verfälschen das Gesamtergebnis. Zusätzlich sollen die Fehlerdaten frühestens ab Beginn des Integrationstests betrachtet werden, weil im Komponententest keine repräsentative Nutzung der Software zu erwarten ist, da hier nur einzelne Teilaspekte getestet werden und die Tests sicherlich nicht das operationale Profil des Systems widerspiegeln.

In diesem Abschnitt werden zwei Modelle zur Zuverlässigkeitsberechnung von Softwaresystemen beschrieben und mit einigen Hinweisen zu den Voraussetzungen und zu ihrem Einsatz versehen. Folgende Grundvoraussetzungen müssen beim Einsatz dieser Modelle hinreichend gut erfüllt sein:

Statistik funktioniert nur bei stabilen Randbedingungen

- Softwareentwicklungs- und Testprozess sind stabil, d.h., die Software wird von gut ausgebildeten Mitarbeitern nach einem definierten Entwicklungsmodell mit anerkannten Methoden und bekannten Werkzeugen (weiter-)entwickelt bzw. getestet.
- Die Testfälle und -daten spiegeln die Einsatzbedingungen der Software im Betrieb hinreichend gut wider (Testprofil entspricht dem operationalen Profil). Einige Modelle eignen sich allerdings auch für Prognosen im Umfeld des systematischen strukturierten Testens (s. [Grottke 01], [Grottke 03]).

Grobe Vereinfachung

- Die Testfälle decken alle Fehlerzustände in einer bestimmten Fehlerklasse mit gleicher Wahrscheinlichkeit auf. Es dürfen also keine fehlerbasierten Verfahren verwendet werden, sondern alle Testeingaben müssen gleich wahrscheinlich sein.
- Die Fehlerwirkungen lassen sich eindeutig auf die Fehlerzustände abbilden.

Als einfaches Modell wird ein nach Jelinski und Moranda benanntes Modell beschrieben ([Jelinski 72], s.a. [Lyu 96], [Liggesmeyer 02] und [Grottke 03], viele weitere darauf aufbauende sogenannte Binomialmodelle finden sich in [Musa 84]). Zusätzlich zu den oben genannten Grundvoraussetzungen beruht dieses Modell noch auf folgenden vereinfachenden Annahmen:

- Die Fehlerrate ist proportional zur Gesamtzahl der in der Software vorhandenen Fehlerzustände.
- Die Zeit zwischen dem Auftritt je zweier Fehlerwirkungen ist konstant und unabhängig vom Testverlauf (konstante Testintensität).
- Unmittelbar nach Auftritt einer Fehlerwirkung erfolgt die Fehlerkorrektur, bevor Testausführung und Zeitnahme fortgesetzt werden[9].
- Bei der Fehlerkorrektur werden keine neuen Fehlerzustände in die Software eingebracht.

Die erste Voraussetzung beinhaltet gleichzeitig die Grundidee des Modells: Es wird von der aktuellen Fehlerrate auf die Gesamtfehleranzahl geschlossen. Seien N_0 die Gesamtzahl der Fehlerzustände vor Beginn der Tests, p eine Proportionalitätskonstante und λ_0 die Fehlerrate zu Beginn des Tests. Die Grundidee des Modells lautet dann als Formel ausgedrückt:

9. Dies entspricht sicher in den wenigsten Fällen der Realität. Nach [Grottke 03] kann diese modellhafte Situation aber simuliert werden, indem für jeden Fehlerzustand nur die erste diesbezügliche beobachtete Fehlerwirkung berücksichtigt wird und die weitere Testdurchführung so tut, als ob der Fehlerzustand nicht mehr in der Software vorhanden ist.

$\lambda_0 = p \cdot N_0$

Zu einem späteren Zeitpunkt *i*, nachdem $N_0 - N_i$ Fehlerzustände korrigiert wurden, gilt dann:

$\lambda_i = p \cdot N_i$

Hierbei bezeichnet N_i die zum Zeitpunkt *i* noch in der Software enthaltenen Fehlerzustände.

Die →Überlebenswahrscheinlichkeit gibt an, wie wahrscheinlich die Software eine bestimmte Zeitspanne *t* ohne Fehlerwirkung funktioniert. Sie ergibt sich (nach einer in [Liggesmeyer 02] nachzulesenden Rechnung) durch folgende Exponentialfunktion:

$R(t) = e^{-\lambda_i \cdot t}$

Beispiel: Zuverlässigkeit des VSR-Systems

Zu Beginn des Integrationstests im VSR-Projekt wird alle 1,25 h (Betriebszeit bzw. Testausführungszeit) eine Fehlerwirkung aufgedeckt, am Ende des Systemtests nur noch alle 20 Stunden. In diesen Tests wurden insgesamt 752 Fehlerwirkungen aufgedeckt und die entsprechenden Fehlerzustände entfernt. Der Testmanager berechnet folgende Zusammenhänge:

$\lambda_0 = p \cdot (N_0 - 0) = 1 / 1{,}25\ h = 0{,}8 / h$ und

$\lambda_{Ende} = p \cdot (N_0 - 752) = 1 / 20\ h = 0{,}05 / h$, d.h.

$\lambda_0 / \lambda_{Ende} = 16.$

Diese Gleichungen löst er zunächst nach N_0 auf, es ergibt sich:

$N_0 = 802.$

Einsetzen dieses Wertes in die erste Gleichung liefert:

$p = 0{,}001.$

Weiterhin berechnet er

$R(10h) = e^{-0{,}05 \cdot 10} = 0{,}6065.$

Dies bedeutet: Die Wahrscheinlichkeit, dass die VSR-Software 10 Stunden ohne Fehlerwirkung überlebt, liegt bei ca. 61%. Da dies dem Projektteam nicht ausreichend erscheint, wird die Testphase verlängert. In deren Verlauf werden 25 weitere Fehlerwirkungen aufgedeckt, und es ergibt sich folgendes Bild:

$\lambda_n = 0{,}001 \cdot (802 - 777) = 0{,}025 / h.$

Dies bedeutet, der Testmanager muss damit rechnen, dass weitere Fehlerwirkungen nur noch alle 40 Stunden gefunden werden.

$R\ (10\ h) = e^{-0{,}025 \cdot 10} = 0{,}779.$

Die Wahrscheinlichkeit, dass das System ohne Fehlerwirkung 10 Stunden überlebt, hat sich durch den weiteren Test also um ca. 17% erhöht. Der Nutzen der weiteren Tests wird damit direkt quantifiziert.

Als weiteres Modell kann das Yamada-Ohba-Osaki-Modell (s. [Lyu 96]) in Erwägung gezogen werden, das insbesondere die Tatsache betrachtet, dass zu Beginn des Tests eher die »einfachen« Fehlerwirkungen gefunden werden und die Zuverlässigkeit der Software daher nur langsam anwächst. Anstelle des umgekehrt exponentiellen Anstiegs der Überlebenswahrscheinlichkeit ergibt sich hier ein S-förmiger Verlauf.

Das Diagramm in Abbildung 12–13 zeigt den Verlauf von N(t) für eine (normierte) Fehlerzustandszahl $N_0 = 1$, $\beta = 0{,}05 \cdot 1/h$ und eine Zeitdauer von 100 Testbetriebsstunden.

Abb. 12–13
Zuverlässigkeitswachstum im Yamada-Ohba-Osaki-Modell

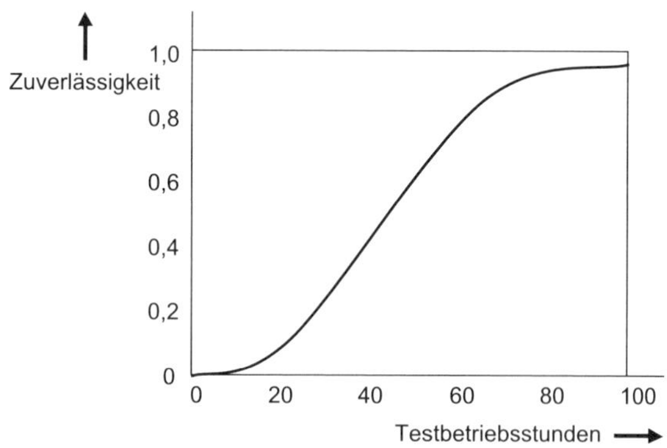

In der Literatur finden sich viele weitere Modelle zur Zuverlässigkeitsabschätzung, eine Übersicht enthält [Liggesmeyer 02]. Das »Standardwerk« zur Softwarezuverlässigkeit ist nach wie vor [Lyu 96].

12.7 Zusammenfassung

- Für jede Teststufe sind geeignete Testmetriken zu definieren und zu erheben. Sie erlauben quantitative Aussagen bzgl. der Produktqualität und der Qualität des Entwicklungs- und Testprozesses und bilden die Grundlage für eine transparente und nachvollziehbare Planung und Steuerung des Testprozesses.
- Anhand der unterschiedlichen Messobjekte ergeben sich testfallbasierte Metriken, testbasis- und testobjektbasierte Metriken, fehlerbasierte Metriken und kosten- bzw. aufwandsbasierte Metriken.
- Umfangs- und Komplexitätsmetriken wie die Lines of Code (LOC) oder die zyklomatische Komplexität (McCabe-Metrik) werden für den risikobasierten Test benötigt. Auch fehlerbasierte Metriken dienen als Indikatoren für Projekt- und Produktrisiken.
- Historisierte Abweichungsdaten erlauben fehlerbasierte Metriken sowie Aussagen zur Restfehlerwahrscheinlichkeit und Zuverlässigkeit des Systems.
- Bei der Interpretation der Messwerte bzw. ihrer zeitlichen Verläufe ist immer wieder auf Plausibilität zu achten und nach alternativen Deutungen zusuchen.
- Last but not least ist es das wichtigste Erfolgskriterium bei der Einführung eines Messprogramms, dass alle beteiligten Parteien den Zweck der Datenerfassung verstehen und Einigkeit bezüglich der Interpretation der Daten herrscht.

13 Werkzeuge zur Unterstützung des Testprozesses

In die Anschaffung von Werkzeugen wird oftmals viel Hoffnung, Zeit und Geld investiert – dennoch landet so manches Softwaretool ungenutzt im Schrank. Dieses Kapitel erläutert methodische Grundlagen zur Feststellung von möglichen Einsatzgebieten für Werkzeuge, für deren Auswahl und für die Einführung in den Testprozess.

13.1 Motivation

Beim Einsatz von Werkzeugen geht es in den meisten Fällen um die Automation von Tätigkeiten. Durch Werkzeuge kann das Personal von mechanischen Tätigkeiten wie z.B. der Testdurchführung, der Testprotokollierung oder der Auswertung von Ergebnisdaten entlastet werden, was den Testaufwand reduziert oder bei gleichem Aufwand mehr Testfälle zulässt. Mehr Testfälle bedeuten aber nicht zwangsläufig auch bessere Tests. Daher müssen die frei werdenden Kräfte in die kreativen Tätigkeiten beim Testen investiert werden. Die Arbeit der Tester wird damit höherwertig bzw. höher qualifiziert, was i.Allg. einen positiven Motivationseffekt auf das Testpersonal hat.

Tooleinführung strategisch betrachten

Durch die Einführung eines Testwerkzeugs können erhebliche Kosten entstehen. Unter Umständen amortisieren sich diese Kosten nicht in einem einzelnen Testprojekt, sodass die Toolauswahl und -einführung auf unternehmensweiter Basis strategisch betrachtet werden muss. Wenn dies der Fall ist, wird die Auswahl und Einführung fast automatisch komplexer als für ein einzelnes Projekt: Die Anforderungen steigen und werden vielfältiger, es entsteht die Notwendigkeit für firmenweite Regelungen für Anschaffung, Wartung und Vorgehensweise beim Einsatz des Werkzeugs. Zur Unterstützung einer solchen strategischen Vorgehensweise sind die folgenden Ausführungen gedacht.

13.2 Typen und Nutzer von Testwerkzeugen

CAST-Tools

Es gibt viele Werkzeuge (engl. *tools*) zur Unterstützung oder Automatisierung der Testaktivitäten. Alle diese Werkzeuge werden unter dem Begriff CAST-Tools (Computer Aided Software Testing) zusammengefasst, angelehnt an CASE-Tools (Computer Aided Software Engineering). Je nachdem, welche Aktivitäten oder Phasen im Testprozess unterstützt werden, können verschiedene Werkzeugtypen unterschieden werden.

In der Regel wird nicht die gesamte Palette an Testwerkzeugen in einem Projekt tatsächlich eingesetzt. Die verfügbaren Werkzeugtypen sollten dem Testmanager aber bekannt sein, um entscheiden zu können, ob und wann ein Werkzeug im Projekt nutzbringend eingesetzt werden kann. Dem Testmanager kommt hierbei eine Doppelrolle zu: Zum einen ist er Nutzer eines Teils der Werkzeuge, zum anderen ist er für Auswahl und Einsatz der Werkzeuge in seinem Projekt verantwortlich. Welche Funktionen die Werkzeuge der verschiedenen Typen prinzipiell bieten, erläutern die folgenden Abschnitte.

13.2.1 Werkzeuge für Management und Steuerung von Tests

Testmanagementwerkzeuge

Planung und Steuerung sind die ersten Aktivitäten im Testprozess. Die entsprechenden unterstützenden Testmanagementwerkzeuge bieten Mechanismen zur Erfassung, Priorisierung, Katalogisierung und Verwaltung von Testfällen. Der Status der Testfälle wird überwacht, es wird also festgehalten und ausgewertet, ob, wann, wie oft und mit welchem Resultat ein Testfall ausgeführt wurde.

Darüber hinaus können Ressourcen- und Zeitplanung der Tests durch diese Werkzeuge unterstützt werden. Der Testmanager kann die Tests planen und hat somit jederzeit den Überblick über Hunderte oder Tausende von Testfällen. Außer dem Testmanager nutzen aber auch Testanalysten, Testprogrammierer und Tester diese Werkzeugklasse.

Unterstützung für weitere Managementaufgaben

Neben diesen Kernaufgaben des Testmanagements bieten Testmanagementwerkzeuge Unterstützung für beispielsweise folgende Aufgaben und Aktivitäten an:

Verknüpfung zum Anforderungsmanagement

- Die Anforderungen (engl. *requirements*) an die Testobjekte können entweder direkt im Testmanagementwerkzeug erfasst werden oder sie werden über eine geeignete Schnittstelle zu einem Anforderungsmanagementwerkzeug referenziert. Sie können anschließend mit denjenigen Tests verknüpft werden, die die entsprechende Anforderung prüfen. Auf Basis dieser Verknüpfung können verschiedene Konsistenzprüfungen durchgeführt werden, z.B. ob zu jeder Anforderung mindestens ein Testfall eingeplant wurde, ob die Versionen von Anforderungen und Testfällen zueinander passen etc.

Wichtige Unterstützung beim Test von sicherheitskritischen Systemen

Wenn das Testmanagementwerkzeug auch Funktionen zur Verwaltung von Fehlermeldungen und Testdesigns/Testskripten (siehe unten) bietet, entsteht eine durchgängige Verfolgbarkeit (engl. *traceability*) zwischen Anforderungen, Testfällen, Bestandteilen der Testfälle und Testergebnissen. Diese Durchgängigkeit wird insbesondere beim Test sicherheitskritischer Systeme zur Erfüllung der Nachweispflicht benötigt.

Fehlermanagement

- Zur Verwaltung der Problem- bzw. Fehlermeldungen als wesentliche Ergebnisse der Testdurchführung ist eine Werkzeugunterstützung unverzichtbar. In vielen Fällen befindet sich im Unternehmen bereits ein Defect Management System (s. Abschnitt 8.3.3) im Einsatz, weswegen das Testmanagementwerkzeug eine Schnittstelle zu diesem zur Verfügung stellen muss. Der aktuelle Stand der einzelnen Fehlermeldungen wird dadurch für den Testmanager jederzeit ermittelbar. Durch geeignete Statistikfunktionen können Fehleraufkommen, Fehlerdichte und Trends analysiert und die Güte der Testfälle beurteilt werden (s. Abschnitt 11.5.5).

Verwaltung von Testdaten und Informationen über die Testumgebungen.

- Die Verwaltung von Testumgebungsinformationen und Testdaten erleichtert das Management von komplexen Testprojekten. Manche Testmanagementwerkzeuge enthalten Ablaufsteuerungen für manuelle und automatisierte Testfälle, mit denen die Verteilung der Tests auf die verschiedenen zur Verfügung stehenden Testplätze und Testcomputer geplant, angestoßen und kontrolliert werden kann.

Metrikerhebung, -auswertung und -darstellung

- Daten über Anzahl und Eigenschaften der verwalteten Testfälle, der Testergebnisse und Testbedingungen, der Testabdeckung etc. können zusammengefasst, ausgewertet und mit verschiedenen Mitteln als Berichte dargestellt werden. Die Darstellungsmittel reichen bis hin zur Möglichkeit, aus den verwalteten Daten die komplette Testdokumentation zu generieren (Testplan, Testspezifikation, Testbericht).

Tipp

Testmanagementwerkzeuge eignen sich i. Allg. nicht nur zur Verwaltung dynamischer, sondern auch →statischer Tests, wie sie mithilfe statischer Analysatoren (s. Abschnitt 13.2.3) durchgeführt werden können. Auch Reviews und deren Ergebnisse kann man mithilfe eines Testmanagementwerkzeugs verwalten.

Detaillierte Informationen über Anforderungen an Testmanagementwerkzeuge, eine Marktübersicht und eine Bewertung der Werkzeuge anhand der Anforderungen bietet die iX-Studie »Software-Testmanagement« [iX-Studie 06].

13.2.2 Testgeneratoren

Diese Werkzeuge werden in der Hauptsache von Testanalysten eingesetzt. Die Erstellung von eindeutigen, effizienten und vielversprechenden[1] Testfallbeschreibungen ist i. Allg. für den Testanalysten ein intellektuell anspruchsvoller Prozess; dennoch ist es heute möglich, durch Einsatz von Werkzeugen zumindest eine teilweise Automatisierung dieses Prozesses zu erreichen:

Testdatengeneratoren

1. Zur Erzeugung von Testdaten können Testdatengeneratoren eingesetzt werden. Es lassen sich verschiedene Ansätze in Abhängigkeit der eingesetzten Testbasis unterscheiden:
   - Datenbankbasierte Testdatengeneratoren erstellen auf Grundlage von Datenbankschemata oder Datenbankinhalten Testdaten. Interessant ist dies zum einen zur Generierung von Massendaten für Stress- und Lasttests, zum anderen aber auch zur systematischen Abdeckung von Datenkombinationen. Einige Werkzeuge gestatten die Generierung von anonymisierten Daten aus Echtdatenbeständen, wodurch die Tests ohne negative datenschutzrechtliche Auswirkungen mit realitätsnahen Datenbeständen arbeiten können.
   - Codebasierte Testdatengeneratoren analysieren den Quellcode zur Generierung von Testdaten, beispielsweise durch Auswertung der Bedingungen von Verzweigungsanweisungen.
   - Schnittstellenbasierte Testdatengeneratoren ermitteln aus den Definitionsbereichen der Schnittstellenparameter (z. B. mittels Äquivalenzklassen- und Grenzwertanalyse) Testdaten.
   - Spezifikationsbasierte Testdatengeneratoren leiten Testdaten und zugehörige Sollwerte aus einer formalen Spezifikation ab.

Testskriptgeneratoren

2. Neben den Daten lassen sich auch Beschreibungen des Testablaufs, also der Abfolge von Aktionen und Sollreaktionen des Systems, generieren, wenn man geeignete Informationen aus der Testbasis verwenden kann:
   - Implementierungsbasierte Skriptgeneratoren analysieren den Programmcode oder andere Aspekte der Implementierung wie z. B. die Gestalt der grafischen Benutzeroberfläche, um Zugriffsskripte (beispielsweise für ein funktionales Testdurchführungswerkzeug, s. Abschnitt 12.2.4) oder Testrahmen (z. B. zur Unterstützung des isolierten Tests von Modulen, Komponenten etc. in einer Testumgebung wie JUnit) zu erzeugen.

---

1. Im Sinne der Fehlerfindungsfähigkeit.

- Modellbasierte Testgeneratoren erzeugen Testabläufe aus formalen Modellen. Bekannte Beispiele sind Generatoren, die aus UML-Diagrammen Tests generieren. Hierzu wird i.Allg. eine Kombination aus Klassen- und Objektdiagrammen (zur Modellierung der statischen Struktur der Testobjekte) sowie Zustands-, Aktivitäten- und Sequenzdiagrammen (die das dynamische Verhalten der Testobjekte darstellen) verwendet.

Einsatz von Generatoren für Tests sicherheitskritischer Systeme

Beim Einsatz von Testgeneratoren für den Test sicherheitskritischer Systeme muss beachtet werden, dass die Zulassungsrichtlinien für solche Systeme oft eine Validierung der eingesetzten Testwerkzeuge fordern, d.h. den Nachweis der Korrektheit der Generierungsalgorithmen.

13.2.3 Analysewerkzeuge

Statische Analysen

Statische Prüfungen können bereits an Entwurfsdokumenten, wenn das zu untersuchende Dokument in einer formalen Notation vorliegt, und am (auch erst teilweise erstellten) Code durchgeführt werden, also bevor ablauffähige Programm(teil)e vorliegen. Werkzeuge zum statischen Test helfen, Fehlerzustände und Unstimmigkeiten schon in frühen Phasen des Entwicklungsprozesses aufzudecken. Ein Testmanager soll deshalb den Einsatz dieser Werkzeuge in Erwägung ziehen, die im Wesentlichen von technischen Testanalysten, aber auch von Entwicklern eingesetzt werden.

Statische Codeanalysatoren liefern Hinweise auf Fehlerquellen wie z.B. nicht initialisierte Variablen, falsche Speicherzugriffe, aber auch Maßzahlen zu verschiedenen Charakteristika des Programmcodes. Komplexe und damit fehleranfällige bzw. risikoreiche Codeabschnitte können identifiziert und die Einhaltung von Programmierrichtlinien sichergestellt werden.

Statische Model Checker analysieren Spezifikationen, die in einer formalen Notation bzw. als formales Modell vorliegen. Es können beispielsweise fehlende Zustände, fehlende Zustandsübergänge und andere Inkonsistenzen im zu prüfenden Zustandsmodell entdeckt werden.

Bei diesem Werkzeugtyp besteht die Gefahr von sogenannten »false positives«, also Meldungen, die vom Werkzeug zwar als Fehlerquelle angemerkt werden, die tatsächlich aber keine darstellen. Die Analyse der Meldungen eines solchen Analysators ist daher i.Allg. zeitaufwendig und potenziell fehlerbehaftet.

Dynamische Analysen

Dynamische Analysatoren ermitteln während der Programmausführung zusätzliche Informationen, z.B. die Belegung, Verwendung und Freigabe von Speicher (Memory Leaks, Zeigerzuordnungen, Zeigerarithmetik usw.). Diese Werkzeuge sind insbesondere sinnvoll für den Einsatz bei Testobjekten, die in Programmiersprachen implementiert werden, die die Speicherverwaltung dem Programmierer überlassen (z.B. C oder C++). Eine weitere Klasse, die Überdeckungsanalysatoren, liefert Maßzahlen der strukturellen Testabdeckung auf Code- oder Modellebene während der Testdurchführung (s.a. Kap. 12).

Dynamische Analysatoren und Instrumentierung

Oft benötigen diese Werkzeuge eine sogenannte »Instrumentierung« des Programms, d.h. den automatischen Einbau von Codesonden in den Programmquelltext und/oder das ausführbare Programm. Eine solche Instrumentierung stellt eine Veränderung des Testobjekts dar, was zu Veränderungen des nicht funktionalen (Laufzeit, Speicherverbrauch) und in ungünstigen Fällen sogar des funktionalen Verhaltens des Testobjekts führen kann. Testergebnisse, die auf Basis eines instrumentierten Testobjekts festgehalten werden, spiegeln also nicht unbedingt das Verhalten des nicht instrumentierten Testobjekts wider, was besonders in sicherheitskritischen Bereichen ein nicht tolerierbares Risiko darstellt. Man steht dann vor der Wahl, entweder die Tests mit dem nicht instrumentierten Testobjekt wiederholen zu müssen oder – wenn möglich – die Instrumentierung im ausgelieferten System zu belassen.

13.2.4 Testdurchführungswerkzeuge

Werkzeugunterstützung für funktionale Tests

Testwerkzeuge zur Automatisierung der funktionalen Testdurchführung entlasten den Tester von den zum Testablauf nötigen mechanischen Arbeiten. Die Werkzeuge versorgen das Testobjekt mit Testdaten, zeichnen die Reaktion des Testobjekts auf, vergleichen diese mit den Sollreaktionen und protokollieren den Testlauf. Da die Nutzung solcher Werkzeuge eine gewisse Grundstabilität der Testobjekte und insbesondere der Testschnittstellen bedingt, werden sie hauptsächlich zur kostengünstigen, schnellen und genauen Durchführung von Regressionstests angewendet.

- Testroboter oder Capture/Replay-Tools zeichnen alle manuell durchgeführten Bedienschritte an einer oder mehreren geeigneten Testschnittstellen (z.B. Tastatureingaben, Mausklicks, aber auch Netzwerkprotokolle oder Datenbankzugriffe) während einer Testsitzung auf und speichern diese als Testskript in einer speziellen Programmiersprache. Durch »Abspielen« des Testskripts kann der aufgezeichnete Test kostengünstig beliebig oft automatisch wiederholt werden. Um solche Testskripte robust gegen Fehler des Testobjekts zu machen sowie um die Wiederverwendbarkeit der Skripte zu erhöhen, müssen sie mit einem geeigneten Testskript-Entwicklungsprozess entworfen, implementiert und qualitätsgesichert werden. Oft basiert ein solcher Entwicklungsprozess auf der Grundidee des »keyword-driven testing« [URL: Keyword Driven Testing], bei dem Skripte ggf. in mehreren hierarchischen Schichten gekapselt und als parametrierbare Bausteine zur Verfügung gestellt werden, was die Wartung und die Erzeugung neuer automatisierter Testfälle deutlich beschleunigt.

- Testkomparatoren werden eingesetzt, um Unterschiede zwischen erwartetem und aktuellem Ergebnis festzustellen. Sie sind meist Teil anderer Werkzeuge, insbesondere enthalten die meisten Testroboter Testkomparatoren für unterschiedliche Ergebnistypen (z.B. für die Inhalte grafischer Bedienelemente wie Anzeigefelder, für Dateiinhalte, Datenbankinhalte oder Bitmap-Darstellungen auf dem Bildschirm).
- Zur Berechnung von erwarteten Ergebnissen dienen in den meisten Fällen Vergleichsdaten (z.B. Datentabellen mit bekannten Ergebniswerten, Referenzdatenbanken und Referenzbilder), manchmal ist die Vorabbereitstellung solcher erwarteten Ergebnisdaten aber nicht möglich (z.B. wenn die erwarteten Ergebnisse vom aktuellen Datum und der Uhrzeit abhängen). In solchen Fällen müssen sogenannte Orakel erstellt werden, beispielsweise als Routinen in der Skriptsprache des verwendeten Testdurchführungswerkzeugs oder als eigenständige Programme.

Werkzeugunterstützung für nicht funktionale Tests

Neben den Werkzeugen zur Unterstützung des funktionalen Tests gibt es auch für den Test von nicht funktionalen Eigenschaften des Testobjekts Testdurchführungswerkzeuge:

- Last- und Performanztestwerkzeuge generieren synthetische Last, z.B. Datenbankabfragen, Benutzertransaktionen oder Netzwerkverkehr, zur Durchführung von Volumen-, Stress- und Performanztests. Diese Last wird i.Allg. durch den Benutzer des Werkzeugs in Form von skriptbasierten Lastszenarien festgelegt, in denen eine Anzahl virtueller Benutzer des Systems in unterschiedlichen Rollen unterschiedliche Anwendungsfälle durchführen.
- Monitore dienen zur Test- und Analyseunterstützung durch Ermittlung und Auswertung von Daten über das Antwortverhalten des Systems, also insbesondere dessen Laufzeitverhalten und Speicherverbrauch. In den Last- und Performanztestwerkzeugen sind diese meist integriert.

Testdurchführungswerkzeuge werden von technischen Testanalysten genutzt, um die Testautomatisierungsskripte zu erstellen. In der Durchführungsphase werden sie meistens von Testern, zuweilen auch von den technischen Testanalysten bedient.

13.2.5 Weitere Werkzeugtypen

- Ein Debugger ist im engeren Sinne kein Testwerkzeug, aber zur Fehlerursachenfindung und zur Auslösung von Ausnahmebehandlungen im Programmtext sehr nützlich. Wichtige Eigenschaften von Debuggern sind die Möglichkeit, das Programm Zeile für Zeile im Einzelschrittverfahren abzuarbeiten, den Zustand aller Variablen jederzeit betrachten zu können und das Programm bis zum Eintritt bestimmter Haltebedingungen (z.B. das Erreichen einer Codezeile oder die Wertzuweisung einer Variablen) weiterlaufen zu lassen.
- Werkzeuge zur Prüfung von Zugriffs- und Datensicherheit analysieren mögliche Sicherheitslücken im Testobjekt.
- Webtestwerkzeuge prüfen Websites auf ungültige oder fehlende Links und sind somit sowohl zur entwicklungsbegleitenden Prüfung von Websites als auch zur regelmäßigen Prüfung während des Betriebs im Sinne eines Service Level Monitoring geeignet.
- Fehlergeneratoren bauen Fehlerzustände in den Programmcode ein oder injizieren fehlerhafte Daten auf Schnittstellen oder in Datenbanken. Sie werden hauptsächlich im Zusammenhang mit Robustheitstests bzw. mit der Technik der sogenannten Mutationstests [URL: Mutationstest] verwendet.
- Simulatoren und Emulatoren können die Einsatzumgebung nachbilden. Sie werden insbesondere für den Test eingebetteter Software verwendet, wenn das Zielsystem (noch) nicht zur Verfügung steht oder der Test im Zielsystem sehr aufwendig oder teuer ist.

Tipp

Eine Liste gängiger Werkzeuge verschiedener Klassen findet sich unter [URL: Tool-List].

13.3 Bewertung und Auswahl von Testwerkzeugen

Eine systematische Werkzeugauswahl erfolgt in folgenden Phasen:

1. Grundsätzliche Entscheidung über Einsatz eines Werkzeugs
2. Identifikation von Anforderungen
3. Evaluation
4. Auswertung und Auswahl

Normen zur Werkzeugauswahl

Zur Auswahl von Werkzeugen können zwei unterschiedlichen Normen dienen, nämlich die [IEEE 1209] und die [ISO 14102]. Beide Normen sind praxistauglich und ähneln sich hinsichtlich der Inhalte, benennen und strukturieren die einzelnen Phasen des Prozesses aber unterschiedlich. Die ISO 14102 ist deutlich detaillierter als die IEEE 1209 und stärker auf einen organisationsweiten Auswahlprozess ausgerichtet. Die IEEE 1209 ist kompakter und wahrscheinlich in kleineren Unternehmen bzw. bei auf einzelne Teams begrenzten Toolentscheidungen leichter einsetzbar.

Das im Folgenden geschilderte Verfahren ist aus langjähriger Praxiserfahrung entstanden und im Wesentlichen kompatibel zu beiden Normen. Es wird auf jede dieser Hauptphasen und die enthaltenen Unterphasen eingegangen.

13.3.1 Grundsätzliche Entscheidung über Einsatz eines Werkzeugs

Identifikation und Quantifizierung von Zielen

Vor der Beschaffung eines Werkzeugs muss zunächst die Zielsetzung für den Werkzeugeinsatz definiert werden:

- Welche Aktivitäten im Testprozess sollen verbessert bzw. unterstützt werden?
- Welchen Nutzen bzw. welche Einsparungen und/oder Verbesserungen sollen erzielt werden? Diese Ziele müssen quantifiziert und priorisiert werden.
- Sollen neue Prozesse bzw. Aktivitäten durch den Werkzeugeinsatz eingeführt werden? Was sind die Folgen dieser Einführung? Auch hier müssen die Ziele quantifiziert und priorisiert werden.

Beispiel: Werkzeuge zur Automation der Testdurchführung und der Testfallspezifikation

Zwei Beispiele zur Definition der Ziele:

- Werkzeuge zur automatisierten Durchführung von Tests machen »lediglich« die Durchführung zuvor erstellter Testfälle kostengünstiger, schneller und exakter, fügen aber keine neue Dimension zur Aufgabe des Testens hinzu. Zum effizienten Betrieb solcher Werkzeuge müssen bestehende Prozesse in der Regel ergänzt werden, z.B. in der Planungsphase um Aktivitäten zur Identifikation der zu automatisierenden und automatisch durchzuführenden Testfälle. Der Testprozess als Ganzes bleibt aber im Wesentlichen derselbe. Der Einsatz des Werkzeugs bringt folgende Vorteile:

  1. Mittel- bis langfristig führt es zu einer Ersparnis von Personalressourcen für die Testdurchführung bzw. zu einer Erhöhung der Anzahl durchführbarer Testfälle bei gleichbleibendem Ressourcenbedarf. Beispielsweise kann als Ziel gesetzt werden, im Lauf von zwei Jahren nach der Einführung 50% der Personalkosten für die Testdurchführung einzusparen.

2. Der Durchsatz bei der Testdurchführung wird erhöht. Ein Testdurchführungswerkzeug kann die Tests erstens schneller und zweitens auch nachts und am Wochenende durchführen. Durch die Automatisierung von Regressionstests werden Entwicklungszyklen deutlich verkürzt und die Dauer eines Testzyklus wird wegen des gleichbleibenden Durchsatzes des Tools besser vorhersagbar. Ein quantitatives Ziel hierfür wäre z.B. die Senkung der mittleren Dauer eines iterativen Entwicklungszyklus von 4 auf 2 Wochen.
3. Die Genauigkeit der Testdurchführung und -protokollierung wird erhöht. Entsprechende Ziele könnten darin liegen, die Fehlerfindungsrate pro durchgeführtem Testfall zu erhöhen (diese lässt sich allerdings kaum direkt messen, da man die Grundgesamtheit der findbaren Fehler i.Allg. ja nicht kennt) oder auch beispielsweise in der Quantifizierung des Aufwands, der für die Erstellung eines Testprotokolls benötigt wird. Insbesondere beim Test sicherheitskritischer Systeme, bei dem eine hohe Nachweispflicht besteht, stellt die effiziente und detaillierte Protokollierung einen hohen Mehrwert dar.
4. Die Ausweitung der machbaren Tests wird ermöglicht. Durch ein Testdurchführungswerkzeug können Testarten, die vorher nicht sinnvoll manuell machbar waren (insbesondere z.B. Lasttests), umsetzbar werden.

Neue Fähigkeiten schaffen

Testwerkzeuge können aber auch einen ganz neuen Prozess oder neue Aktivitäten in einem bestehenden Prozess erst ermöglichen, indem sie neue oder zusätzliche technologische oder organisatorische Möglichkeiten schaffen. In diese zweite Kategorie fallen beispielsweise Werkzeuge zur automatischen Generierung von lauffähigen Testfällen aus UML-Modellen des zu testenden Systems (s. z.B. [URL: AGEDIS]). Die Einführung eines solchen Werkzeugs hat Auswirkungen auf den gesamten Testprozess:

1. Die Planung kann sich nicht mehr auf einzelne Testfälle beziehen, da diese ja während des Testens erst erzeugt werden und somit nicht mehr individuell identifizierbar sind. Die Spezifikationsphase zielt nicht mehr auf die Beschreibung von Testfällen, sondern liefert Generierungsstrategien für die gewünschten Testfälle.
2. Die Durchführung der generierten Tests muss automatisiert werden, weil der Vorteil der Testgenerierung – das Entstehen einer sehr großen Menge von Testfällen zu geringen Kosten – sonst nicht nutzbar ist.
3. Die Bewertung der Testabdeckung und der Produktqualität muss sich auf das der Generierung zugrunde liegende abstrakte Modell des getesteten Systems beziehen.

Wichtige Ziele für die Einführung eines solchen Werkzeugs wären (neben ähnlichen Einsparpotenzialen wie im ersten Beispiel) die folgenden:

1. Die Qualität der generierten Testfälle und damit die Effektivität des Tests sollte deutlich höher sein als die der manuell erzeugten Tests; dies ließe sich beispielsweise durch die Messung der *Defect Detection Percentage* (s. Abschnitt 12.5.3) vor und nach der Einführung messen.
2. Die zur Einführung notwendigen Prozessverbesserungen müssen klar definiert und die Kosten hierfür kalkulierbar sein. Neben der Evaluation des Werkzeugs (s. Abschnitt 13.3.3) kann die Bewertung von Umfang und Güte von Begleitunterlagen des Werkzeugs herangezogen werden.

Nachvollziehbare Ziele

Die Ziele müssen von allen Betroffenen verstanden werden. Sind die Ziele unklar, schlecht kommuniziert oder gegensätzlich und werden Tools über die Köpfe derjenigen Personen hinweg angeschafft, die damit arbeiten sollen, dann ist die Wahrscheinlichkeit hoch, dass die beschafften Werkzeuge nach kurzer Zeit ungenutzt im Schrank stehen.

Betrachtung möglicher Alternativlösungen

Nach der genauen Identifikation der anzugehenden Probleme muss die Frage gestellt werden: Können diese Ziele tatsächlich nur mit einem neuen Werkzeug erreicht werden oder gibt es Alternativen?

Alternativen bewerten

- Sind die Ziele wirklich geeignet, um durch ein Werkzeug erreicht zu werden? Oder liegen die Ursachen der abzustellenden Probleme vielleicht vielmehr in unvollständigen oder nicht aktuellen Prozessdokumenten, unzureichender Qualifikation der Mitarbeiter oder unzureichenden Kommunikationsmitteln? Dann müssen selbstverständlich diese Unzulänglichkeiten direkt abgestellt werden, anstatt ihre Existenz durch Einführung eines Werkzeugs zu kaschieren.
- Kann ein bereits existierendes Werkzeug erweitert, parametrisiert oder durch Erstellung geeigneter Arbeitsanweisungen genutzt werden, um die Ziele abzudecken? Kann diese Frage nicht eindeutig verneint werden, so macht es zumindest Sinn, in die folgenden Phasen der Werkzeugauswahl das bestehende Werkzeug und die Zusatzmaßnahmen mit aufzunehmen.
- Kann statt der Anschaffung eines existierenden Werkzeugs ggf. ein neues selbst entwickelt oder dessen Entwicklung beauftragt werden? Dies muss die Fortsetzung des Auswahlprozesses nicht verhindern; die Entscheidung für eine Neuentwicklung kann ggf. das Resultat der Auswertung der Evaluation sein.
- Ist es vielleicht sogar am sinnvollsten, mit dem Status quo zu leben und den Aufwand für die Einführung eines neuen Werkzeugs einzusparen? Um diese Frage zu beantworten, ist eine Kosten-Nutzen-Betrachtung notwendig.

Kosten-Nutzen-Analyse

Prinzipiell stehen den erwarteten Vorteilen oder Einsparungen durch den Werkzeugeinsatz – basierend auf der quantifizierten Bewertung der Ziele – unterschiedliche direkte und indirekte Kosten gegenüber. Einige dieser Kosten sind bereits zu diesem frühen Zeitpunkt der Überlegungen bekannt, andere können erst während der folgenden Schritte ermittelt werden. Die Kosten-Nutzen-Analyse muss daher im Verlauf der Auswahl ggf. mehrfach hinterfragt und aktualisiert werden.

Direkte Kosten

Zunächst erfolgt die Identifikation der direkten Kosten für die Anschaffung und die Nutzung des Werkzeugs. Diese sind natürlich pro Evaluationskandidat zu erheben, sodass in der Praxis dieser Schritt erst während der Evaluationsphase vervollständigt werden kann:

- Was sind die Kosten einer einzelnen Lizenz?
- Wie sieht das Lizenzierungsmodell aus – müssen pro Arbeitsplatz oder pro Benutzer statisch Lizenzen angeschafft werden, oder wird die maximale parallele Anzahl von Nutzungen lizenziert? Wie sieht das beabsichtigte Nutzungsprofil im eigenen Unternehmen aus, d.h., von wie vielen Nutzern und welcher durchschnittlichen Nutzungsdauer muss ausgegangen werden?

Tipp

Einige Werkzeughersteller haben die Praxis eingeführt, dass die Lizenzen nur für ein bestimmtes Projekt Gültigkeit haben. Oftmals spielt ein Werkzeug seine Anschaffungskosten aber erst durch Einsatz in mehreren aufeinanderfolgenden Projekten ein. Der Nutzen der Tools ist somit beschränkt und die Amortisation deutlich erschwert. Prüfen Sie daher das Lizenzierungsmodell auf solche Aspekte genau und treten Sie ggf. rechtzeitig in Verhandlung mit dem Hersteller, um ein adäquates Modell herauszuhandeln.

- Was sind die durchschnittlichen Kosten für Updates und Upgrades, und wie oft bietet der Hersteller solche an?
- Bietet der Hersteller einen Wartungsvertrag an, der Support, Updates und ggf. Upgrades umfasst? Wenn ja, zu welchen Kosten?

Tipp

Die Miete eines Werkzeugs kann betriebswirtschaftlich sinnvoller als der Kauf sein, insbesondere wenn die Miete bereits o.g. Wartungsgebühren beinhaltet. Bietet der Hersteller ggf. ein solches Mietmodell an?

- Gibt es Rabattstaffeln, die bei der Anzahl anzuschaffender Lizenzen anzuwenden sind?
- Je nach Einsatzbereich des Werkzeugs kann es im Testprozess eine hohe Schwankungsbreite zwischen minimaler, durchschnitt-

licher und maximaler Anzahl von Nutzern geben (z.B. Werkzeuge für die Unterstützung der Testdurchführung werden nur in Testdurchführungszyklen benötigt). Gibt es hierfür ein Modell für Peak-Lizenzen, die temporär in Spitzenzeiten genutzt werden können?

- Auch muss eine Betrachtung der Kosten der Evaluation selbst erfolgen:
  - Wie viel Personal wird dazu über welchen Zeitraum benötigt?
  - Welche Evaluationsumgebung aus Hard- und Software ist aufzusetzen?
  - Sind für die Evaluation bereits Softwarelizenzen anzuschaffen oder können diese von den jeweiligen Herstellern kostenfrei bezogen werden?
- Nun sind die indirekten Kosten zu betrachten:

Indirekte Kosten

  - Erfordern die Systemanforderungen des Werkzeugs ggf. Nachrüstungen der Hard- und Software der Testarbeitsplätze? Ist das Werkzeug bei einem zukünftigen Wechsel der Systemplattform portabel?
  - Wie aufwendig sind die Neuinstallation, eine Update- oder Upgrade-Installation und die Konfiguration? Gibt es eine Unterstützung für ein zentralisiertes Management der Installationen?
  - Was kostet die Qualifikation der Benutzer durch Schulungen?
  - Wie hoch ist der Aufwand für die Erstellung eines Einsatzkonzepts, d.h. für die notwendigen Anpassungen/Erweiterungen der Prozessdokumentationen?
  - Sind Schnittstellen zu bereits vorhandenen Werkzeugen kundenspezifisch anzupassen oder neu zu erstellen? Welcher Aufwand für derartige »Customizing«-Leistungen wird benötigt? Kann der Toolhersteller derartige Unterstützung bieten oder kompetente Partner vermitteln?

Den Kosten ist der Nutzen des Werkzeugs gegenüberzustellen. Durch die Definition der Ziele wurde bereits betrachtet, welche Potenziale grundsätzlich durch das Werkzeug erschlossen werden sollen. Diese Potenziale sind so weit wie möglich zu quantifizieren:

Nutzen quantifizieren

- Einsparung von Ressourcen durch effizientere Bearbeitung der Aufgaben
- Mögliche Ausdehnung der Testabdeckung mit dem gleichen Aufwand von Ressourcen wie vor der Werkzeugeinführung
- Größere Wiederholungsgenauigkeit und Präzision bei der Ausführung der Testaufgaben
- Standardisierung der Testdokumentation

- Aufwandsarme Erzeugung vollständiger normkonformer Dokumentationen
- Effektiverer Einsatz des Testteams durch Entlastung von sich wiederholenden Routinetätigkeiten
- Größere Zufriedenheit des Testteams

Identifikation von Einschränkungen

Als Abschluss der Grundsatzüberlegungen muss – beispielsweise durch ein Brainstorming – versucht werden, mögliche weitere Kostenfaktoren, Einschränkungen und negative Auswirkungen der Werkzeugeinführung zu lokalisieren, an die bisher nicht gedacht wurde:

- Kann die Einführung des Werkzeugs andere Prozesse negativ beeinflussen, beispielsweise durch Wegfall einer bisher – z.B. durch den Vorgänger des neu einzuführenden Tools – bedienten Schnittstelle?
- Wodurch bzw. durch wen kann die Werkzeugauswahl negativ beeinflusst werden? Ist sichergestellt, dass sie objektiv durchgeführt werden kann? Manchmal gibt es im Unternehmen Personen, die subjektive Vorbehalte gegen Neuerungen im Allgemeinen und Werkzeuge im Speziellen haben, oder die sich lieber durch Implementierung eines Werkzeugs Marke »Eigenbau« ein »Denkmal« setzen wollen, statt ein Werkzeug »von der Stange« anzuschaffen.
- Wodurch kann die Einführung des ausgewählten Werkzeugs scheitern? Gefährdet die Einführung ein laufendes Projekt ggf. so stark, dass die angestrebte Qualität oder die geplanten Termine nicht eingehalten werden können?

Mögliche Einschränkungen durch Risikomanagement behandeln

Solche Risikofaktoren müssen als Einschränkungen für die Werkzeugauswahl und -einführung festgehalten und durch ein konsequentes Risikomanagement behandelt werden.

Beispiel für Risiken des Werkzeugeinsatzes

Als Beispiele für solche Risiken sind zu nennen:

- Hoher Wartungsaufwand der Testmittel. Insbesondere bei Testdurchführungswerkzeugen stellt dies einen wichtigen Aspekt dar. Der Aufwand zur Wartung und Aktualisierung von Testskripten während der Entwicklungszyklen des zu testenden Systems übersteigt erfahrungsgemäß den initialen Programmieraufwand für die Skripte deutlich.
- Verlust der Kreativität des Menschen. Im Gegensatz zu einem menschlichen Tester variieren und erweitern Testdurchführungswerkzeuge den Testablauf nicht und sind damit nicht in der Lage, Fehler zu finden, die »dicht neben« dem festgelegten Ablauf liegen.

Die Vermeidung dieser Risiken ist i.Allg. nicht durch das Werkzeug selbst, sondern durch eine geeignete Einführungs- und Nutzungsstrategie möglich.

13.3.2 Identifikation von Anforderungen

In den meisten Fällen kann davon ausgegangen werden, dass zur Erreichung eines bestimmten Ziels verschiedene Werkzeuge alternativ eingesetzt werden können. Ohne detaillierte Vorbereitung und ernsthafte Durchführung eines Vergleichs zwischen den Alternativen besteht ein erhöhtes Risiko, dass hohe Kosten für Anschaffung und Einführung des Werkzeugs entstehen, es aber dann unzureichend oder schlimmstenfalls gar nicht genutzt wird.

Der Vergleich muss fair und nachvollziehbar ablaufen. Zur Vorbereitung werden möglichst vollständig die Anforderungen der diversen Interessengruppen erhoben. Die gewünschten »Features«, also funktionale Eigenschaften, und die nicht funktionalen Eigenschaften wie Performanz oder Benutzbarkeit des Produkts leiten sich aus den Zielen für den Werkzeugeinsatz ab. Die Erhebung dieser Anforderungen ähnelt der für ein neu zu entwickelndes Softwareprodukt:

Anforderungsprozess wie bei der Softwareentwicklung

- **Erhebung der Nutzeranforderungen**
  Eindeutige Identifikation der Ziele aller Beteiligter (der »Stakeholder« des Produkts); Klassifizierung und Priorisierung dieser Anforderungen
- **Analyse**
  Zusammenfassung ähnlicher und Identifikation sich widersprechender Anforderungen; Konfliktlösung
- **Spezifikation**
  Detaillierung der Nutzeranforderungen in Form von Selektionskriterien; Zusammenfassung der Kriterien in schriftlicher Form. Dabei werden die Priorisierungen der Nutzeranforderungen auf die Selektionskriterien übernommen.
- **Review**
  Vorlage der Anforderungen bei den Stakeholdern und gemeinsame Freigabe

Sehr wichtig sind in diesem Prozess die Priorisierung und die Sicherstellung der Rückverfolgbarkeit, d.h., es muss in jedem Schritt klar sein, wer eine Anforderung geäußert hat (um später Anforderungskonflikte oder Zweifelsfälle klären zu können) und wie wichtig sie für diese Person oder Rolle und auch für den Gesamtkreis der zukünftigen Nutzer ist. Denn wahrscheinlich erfüllt kein Produkt alle Anforderungen, daher muss die spätere Auswahl sich an Anzahl und Wichtigkeit der jeweils erfüllbaren Anforderungen orientieren.

Funktionale Anforderungen an das Testwerkzeug

Beispiele für funktionale Anforderungen

Typische funktionale Anforderungen an ein Werkzeug können beispielsweise wie folgt aussehen:

- »Das Testmanagementsystem benötigt eine Schnittstelle für den Import von Anforderungsobjekten aus der Datenbank der Anforderungsmanagementsoftware; außer dem Inhalt der Anforderungen müssen auch alle vordefinierten und alle benutzerdefinierten Attribute importiert werden können.«
- »Das Testautomatisierungssystem muss in der Lage sein, alle Objekte der grafischen Oberfläche der Testobjekte zu erkennen und zu bedienen (beispielsweise Testobjekte, die in Java Swing implementiert sind).«

Toolintegration

Ein besonderes Augenmerk liegt auf der Integrationsfähigkeit des Werkzeugs in die bestehende Toollandschaft. Abbildung 13–1 zeigt ein typisches Szenario aus verschiedenen Managementwerkzeugen (Konfigurations-, Anforderungs-, Abweichungs- und Testmanagement), einem modellbasierten Testgenerator und einem Testdurchführungswerkzeug. Zwischen diesen Werkzeugen bzw. den in ihnen verwalteten Daten muss Nachverfolgbarkeit (engl. *traceability*) unterstützt werden. Beispielsweise muss es möglich sein, festzustellen, welche Anforderungen durch welche Testfälle abdeckt werden und welche Fehlermeldungen ihnen zugeordnet sind. Ebenso sind Statusinformationen

Abb. 13–1
Beispiel für die Integration von Entwicklungs- und Testwerkzeugen

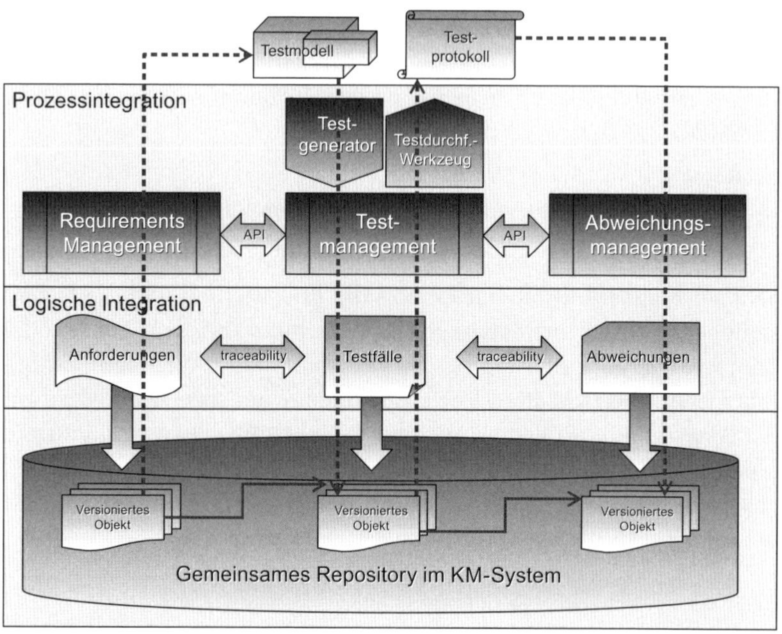

abzugleichen (z.B. müssen die Ergebnisse der automatisierten Tests vom Testdurchführungswerkzeug zum Testmanagementwerkzeug weitergeleitet werden). Müssen diese Beziehungen und Daten manuell oder durch einfache Import-Export-Funktionen der einzelnen Werkzeuge aktualisiert werden, so entsteht ein erheblicher Aufwand und Fehler sind abzusehen. Eine direkte Integration der Werkzeuge über entsprechende Datenbank- und API-Schnittstellen ist daher zu empfehlen. Unterstützen alle beteiligten Werkzeuge den gegenseitigen API-Zugriff, so kann die Nachverfolgbarkeit von der Anforderung über die Generierung der Testfälle und deren automatisierte Durchführung durch die Werkzeuge selbst verwaltet werden, wie in der Abbildung durch die gestrichelten Linien angedeutet ist.

Tipp

Das Bedürftnis nach solcher Integrationsfähigkeit bedeutet nicht, dass man die verschiedenen Werkzeuge unbedingt von einem einzigen Hersteller beziehen muss, auch wenn die meisten Hersteller die Integrativität ihrer Werkzeugkette herausstellen. In vielen Fällen haben die großen Toolhersteller ihre Werkzeugpalette im Lauf der Jahre durch Aufkäufe von anderen Unternehmen erworben, sodass deren Integration nicht zwingend besser ist als die von Werkzeugen verschiedener Anbieter. In Form der Open-Source-Plattformen Eclipse [URL: Eclipse] und MDDi (Model-Driven Development Integration, [URL: MDDi]) stehen auch herstellerneutrale Lösungen zur Verfügung, auf deren Basis eine ständig größer werdende Anzahl von Werkzeugen effizient integriert werden kann.

Nicht funktionale Anforderungen an das Testwerkzeug

Diese Klasse von Anforderungen kann prinzipiell mit dem gleichen Verfahren wie die funktionalen »Features« erhoben werden; dies gestaltet sich erfahrungsgemäß aber schwieriger. Typische Äußerungen wie »Das System soll einfach bedienbar sein« oder »Das System soll schnell genug für 20 parallele Nutzer sein« können nicht direkt an den Evaluationskandidaten überprüft werden.

Einerseits muss versucht werden, die gewünschten nicht funktionalen Eigenschaften besser quantifizierbar festzuhalten (z.B. »Das System muss eine Benutzerschnittstelle aufweisen, deren Gestaltung sich an einem bestimmten Style Guide orientiert, um den Benutzern die Einarbeitung und die tägliche Bedienung zu erleichtern«).

Andererseits muss eingeplant werden, dass einige nicht funktionale Eigenschaften (i.Allg. Benutzbarkeit und Performanz) nicht durch bloße Augenscheinprüfung der Evaluationskandidaten verifiziert werden können, sondern durch entsprechende Usability- bzw. Performanztests.

Zertifizierung von Werkzeugen

Zu den wichtigen nicht funktionalen Anforderungen gehört auch die Frage, ob das anzuschaffende Werkzeug im Rahmen des Tests sicherheitskritischer Software eingesetzt werden soll. In diesem Fall muss es ggf. gemäß den geltenden Sicherheitsstandard der betreffenden Branche validiert bzw. zertifiziert werden. Einige Hersteller können eine solche Zertifizierung ggf. bereits vorweisen, für andere (insbesondere für Open-Source-Werkzeuge und für Eigenentwicklungen) muss man sie mit erheblichem Aufwand selbst leisten.

Beispiele für nicht funktionale Anforderungen

Auch zu den nicht funktionalen Anforderungen hier einige Beispiele für einen sinnvollen Kriterienkatalog:

- »Die im Testmanagementsystem verwendete Terminologie muss zum ›ISTQB Certified Tester‹-Glossar konform sein.«
- »Bei paralleler Nutzung des Testmanagementsystems durch zwei Testmanager, drei Testanalysten und fünf Tester unter typischen Benutzungsprofilen muss das System so performant sein, dass im Mittel Antwortzeiten von max. 3 Sekunden auftreten.«

Die Ergebnisse der vorangegangenen Kosten-Nutzen-Überlegungen werden als besondere nicht funktionale Anforderungen aufgenommen, da sie, wie bereits erwähnt, teilweise erst während der tatsächlichen Evaluation ermittelt werden können. Außerdem können auf diese Weise funktionale, nicht funktionale und finanzielle Anforderungen sowie solche an die Produktbegleitleistungen bei der Evaluation homogen behandelt im Kriterienkatalog (s.u.) verwaltet werden, sodass das Ergebnis der Evaluation sowohl Nutzen als auch Kosten widerspiegelt.

Anforderungen an Begleitleistungen zum Produkt

Softwareentwicklungswerkzeuge sind heutzutage so komplex, dass zu ihrer Einführung und Nutzung oft Unterstützung durch den Werkzeughersteller benötigt wird. Ein nur als Verkaufsorganisation auf dem Markt präsenter Toolanbieter könnte in diesem Kontext als weniger attraktiv angesehen werden als z.B. ein Lösungsanbieter mit breitem Spektrum an Dienstleistungen und Produkten. Zur Bewertung dieser Zusatzleistungen können folgende Fragestellungen hilfreich sein:

Beispiele für Begleitleistungen

- Wie ist der Produktsupport aufgestellt – als ausgelagertes Callcenter oder als Kompetenzstelle innerhalb der Organisation des Toolherstellers selbst? Dies gibt u.U. wichtige Hinweise auf die Kompetenz der Mitarbeiter. Weitere Aussagen zur Kompetenz können ggf. erst während der Evaluation durch tatsächliche Ansprache des Supports getroffen werden.
- Zu welchen Zeiten und über welche Kanäle (E-Mail, Telefon, vor Ort) ist der Support erreichbar? Sind maximale Reaktionszeiten zugesichert? Wie lange sind diese?

- Für international aufgestellte Unternehmen: Gibt es Vor-Ort-Support in mehreren Ländern? Sind der Telefon- und E-Mail-Support mehrsprachig? Werden verschiedene Zeitzonen unterstützt?
- Bietet der Hersteller Schulungen, Einführungspakete und nutzungsbegleitendes Coaching und Consulting durch kompetente Mitarbeiter?
- Wie verlässlich ist der Hersteller, d.h., wie lang ist er am Markt tätig, wie stabil ist er aufgestellt (hat er beispielsweise mehrere Standbeine oder ist das Produkt seine einzige Einnahmequelle)?
- Wie hoch ist die Qualität des Produkts selbst, d.h., wie viele Fehler werden bei der Evaluation im Produkt, in der Dokumentation etc. festgestellt?

Tipp

Hilfreich zur Identifikation funktionaler und nicht funktionaler Anforderungen ist die bereits in Kapitel 5 sowie in [Spillner 10, Abschnitt 2.1.3] behandelte DIN/ISO-Norm 9126. Die [ISO 14102] enthält ebenfalls einen Katalog von generischen Anforderungen für verschiedene Klassen von Werkzeugen für den Softwareentwicklungsprozess.

Aufstellung eines Kriterienkatalogs

Kriterien tabellarisch dokumentieren

Sind alle Anforderungen gesammelt, erfolgt die Ausarbeitung des Kriterienkatalogs. Üblicherweise wird der Katalog mithilfe einer Tabellenkalkulation in Form einer sogenannten Nutzwertanalyse aufgebaut, sodass die Evaluationsergebnisse automatisch zu Teil- und Gesamtbewertungen der einzelnen Werkzeuge verdichtet werden können. Ziel ist es, durch die Evaluation jedem Tool eine »Note« zu geben, die die Nutzbarkeit dieses Tools in Bezug auf das geforderte Einsatzprofil angibt.

Kriterienkataloge können mit unterschiedlichsten Verfahren aufgebaut werden; hier sind einige Hinweise für den Aufbau:

1. **Bildung von Gruppen**
   Die einzelnen Anforderungen können in Gruppen einsortiert werden, um später ein Profil der Stärken und Schwächen der einzelnen Tools in Bezug auf diese Gruppen ermitteln zu können. Idealerweise entsprechen die Gruppen den während der Zieldefinitionsphase identifizierten groben Zielen des Werkzeugeinsatzes. Jede der Gruppen kann, falls sinnvoll, eine eigene Gruppengewichtung erhalten, die bei der Ermittlung des Gesamtergebnisses eingeht. Diese spiegelt dann die Priorisierung der ursprünglichen Ziele wider.

2. **Einordnung der Selektionskriterien**
   Nun wird jedes Kriterium in eine der Gruppen einsortiert. Dabei erhält es ebenfalls eine Gewichtung, die seine lokale Wichtigkeit gegenüber den anderen Anforderungen in der gleichen Gruppe repräsentiert.
3. **Definition von Metriken für die Kriterien**
   Jedes Kriterium soll bei der Durchführung der Evaluation durch eine Zahl (eine »Note«) bewertet werden. Hierzu ist für den gesamten Katalog ein geeigneter Wertebereich zu definieren (z.B. 0 = nicht geeignet bis 5 = optimal). Für jedes Kriterium müssen konkrete Einstufungshinweise angegeben werden, unter welchen Umständen das Tool in Bezug auf das Kriterium wie einzuordnen ist.

13.3.3 Evaluation

Die Evaluation stellt ein geordnetes Vorgehen zur neutralen, vollständigen und wiederholbar dokumentierten Bewertung der ausgearbeiteten Kriterien dar.

Selektion der Evaluationskandidaten

Je nach verfügbarem Budget kann eine Evaluation ein oder mehrere Werkzeuge umfassen. Als Einstiegspunkt für die Lokalisierung geeigneter Kandidaten kommt eine Recherche im Internet infrage, bei der nach geeigneten Stichworten gesucht wird (z.B. »Test Automation Tool«).

Zur Vereinfachung sind bereits existierende Werkzeuglisten im Internet nützlich: Einige Beispiele sind:

WWW-Links zum Thema Testwerkzeuge

- [URL: TESTINGFAQ]
- [URL: SQATEST]
- [URL: APTEST]
- [URL: OSTEST]
- [URL: Tool-List]

Marktstudien

Eine weitere mögliche Quelle sind Marktstudien oder Evaluationsberichte. Auch diese sind zum großen Teil über das Internet erreichbar, allerdings zumeist kostenpflichtig. Dafür nehmen sie einen Teil der Evaluationsarbeit vorweg. Stellvertretend seien hier folgende Studien genannt:

- Der OVUM-Report zu Software Testing Tools [URL: OVUM]
- Das Software Test Tools Evaluation Center [URL: STTEC]
- Die Studie der Zeitschrift iX zum Thema Testmanagement [iX-Studie 06]

Sonstige Selektionskriterien

Mit hoher Wahrscheinlichkeit liefert eine solche Recherche eine größere Anzahl von Kandidaten, als in dem zur Verfügung stehenden Rahmen evaluierbar ist. Um die endgültige Liste von Kandidaten zusammenzustellen, können folgende Schritte durchgeführt werden:

- Einzelne Selektionskriterien können als K.o.-Kriterien behandelt werden, d.h., wenn ein bestimmtes Tool dieses Kriterium nicht erfüllt, wird es aus der Kandidatenliste gestrichen. Die Kriterien sollen durch ein intensives Studium der Dokumentation zu den Tools bewertbar sein.
- Befragungen aktueller Referenzkunden der Werkzeughersteller
- Befragungen von Benutzern der Werkzeuge auf Konferenzen und Werkzeugausstellungen
- Reviews von Testberichten aus Projekten, bei denen das Werkzeug bereits eingesetzt wurde.

Planung und Setup

Projektplanung der Evaluation

Vor der eigentlichen Durchführung müssen typische Projektmanagementtätigkeiten erledigt werden:

- Klärung der personellen **Besetzung** des Evaluations- und Auswahlteams. Neben einem Projektleiter, der in größeren Unternehmen u.U. aus der IT-Abteilung stammt, werden aus jeder Abteilung und für jede Rolle, die mit dem Werkzeug zukünftig arbeiten soll, Vertreter benötigt.
- **Individualisierung** der Kriterienkataloge. »Unstrittige« weil objektiv beurteilbare Kriterien müssen nicht durch jeden Teilnehmer separat bearbeitet werden, da dies redundante Arbeit darstellt – dieser Teil muss nur durch eine Person bearbeitet werden (beispielsweise die Installierbarkeit auf unterschiedlichen Plattformen). Diejenigen Evaluationskriterien, die subjektiv, individuell oder je nach Abteilung oder Rolle des Teilnehmers unterschiedlich beurteilt werden können, sollen von allen Teilnehmern bearbeitet werden (z.B. Bedienbarkeitsaspekte). Dabei ist zu beachten, dass die Erfahrung und Ausbildung der Teilnehmer unbedingt zusammen mit den Evaluationsergebnissen festzuhalten sind.
- Definition des **Evaluationsszenarios**. Die Evaluation läuft umso zielgerichteter, je fester sich die Teilnehmer an einen vordefinierten Ablauf halten. Die Vorgabe eines Drehbuchs bzw. einer Beispielaufgabe (wie auch beim Usability-Test üblich) erzielt diesen Effekt, hat aber u.U. zur Folge, dass die Teilnehmer nicht mehr »links und rechts schauen« und somit keine zufällig beobachteten Auffälligkeiten registrieren können.

- **Zeit- und Ressourcenplanung**
- **Dokumentationsplanung**, d.h., was über den ausgefüllten Kriterienkatalog hinaus soll im Projekt erstellt werden (Beispieldaten und -projekte im jeweiligen Werkzeug etc.)?
- Bereitstellung von **Ressourcen**, u.a. der notwendigen Hardware zur Installation der Werkzeuge. Grundsätzlich ist die Entscheidung zu treffen, ob jedes Werkzeug auf einer separaten Hardware installiert wird und die Evaluationsteilnehmer zu deren Begutachtung die Arbeitsplätze wechseln oder ob alle Werkzeuge auf jedem Arbeitsplatz bereitgestellt werden. Letzteres hat den Nebeneffekt, dass bei der Durchführung mit mehreren Werkzeugen parallel und somit stärker vergleichend gearbeitet werden kann – aber es birgt das Risiko, dass sich die Softwaretools gegenseitig beeinflussen und destabilisieren.
- Organisation der **Installationsmedien** und der ggf. notwendigen Evaluationslizenzen
- **Vorbereitung** der Arbeitsplätze durch Installation der Tools, Bereitstellung des Kriterienkatalogs zum online Ausfüllen etc.
- **Briefing** der Teilnehmer

Bewertung der Werkzeuge anhand der Kriterien

Zur Vorbereitung der Evaluation ist es ggf. sinnvoll, eine Toolpräsentation durch den Hersteller gemeinsam mit den Teilnehmern zu organisieren. Dies liefert einen ersten Einblick in die Bedienung und gibt eine Gelegenheit zu konkreten Fragen an den Hersteller sowie evtl. bereits zur aufwandsarmen Bewertung einiger Evaluationskriterien. Hierbei ist es sinnvoll, die Präsentation anhand einer eigenen kleinen Testaufgabe durchführen zu lassen, denn die vorgefertigten, »filmähnlichen« Demos der Werkzeughersteller betonen naturgemäß einseitig die Stärken des jeweiligen Tools. Die Bereitschaft der Werkzeughersteller zu solchen individualisierten Präsentationen steigt natürlich mit der Bereitschaft des Kunden, einen gewissen Beratungsbetrag zu zahlen – oft rechnet sich dieser bereits dadurch, dass die Probleme und Fallstricke der Werkzeugnutzung bereits hier zutage treten statt erst später in einem Projekt unter Zeitdruck.

Individuelle Beurteilung anhand der Kriterien

Danach erfolgt dann gemäß der Ressourcen- und Zeitplanung die Bewertung der Werkzeuge durch jeden Teilnehmer individuell und unabhängig voneinander durch Studium und Bewertung der Dokumentation, Bearbeiten der vorgegebenen Szenarien und paralleles oder zeitnah daran anschließendes Ausfüllen des Kriterienkatalogs. Gegebenenfalls auftretende Auffälligkeiten und subjektive Eindrücke sollen protokolliert werden.

Berichterstellung

Detaillierter Evaluationsbericht

Nach Abschluss der Durchführung konsolidiert der Evaluationsleiter die Ergebnisse und prüft Vollständigkeit und Konsistenz. Die Ergebnisse werden in Form eines Evaluationsberichts zusammengestellt. Dieser beinhaltet üblicherweise:

- Namen, Hersteller und Versionskennungen der evaluierten Werkzeuge sowie ggf. einen kurzen Steckbrief der Tools als »Management Abstract«
- Evaluationsbasis, d.h. verwendete Konfigurationen von Hard- und Software
- Hintergrund, beispielsweise Prozess und Prozessphase, in der das Tool eingesetzt werden soll
- Kurze Beschreibung des Evaluationsprozesses, beispielsweise durch Verweis auf eine der o.g. Normen (oder auch diesen Buchabschnitt)
- Detaillierte Evaluationsergebnisse pro Kriterium
- Auflistung der subjektiven Beobachtungen unter Angabe des Profils des jeweiligen Beobachters

13.3.4 Auswahl des zu beschaffenden Werkzeugs

Bewertungsverdichtung und Entscheidungsvorbereitung

Verdichtung der Evaluationsergebnisse

Die Evaluationsergebnisse müssen möglichst zu einer einzelnen Zahl, einer »Gesamtnote« für jedes Tool, verdichtet werden. Dabei werden die Gruppen- und Kriteriengewichtungen mit den während der Evaluation ermittelten Werten multipliziert und die Ergebnisse anschließend addiert. Hilfreich zur Beurteilung der Ergebnisse ist die Implementierung einer grafischen Darstellung.

Die ISO 14102 beschreibt in Anhang B weitere Bewertungs- und Entscheidungsverfahren.

Tipp

Bei der Verdichtung der einzelnen Bewertungen kann mit einfacher Multiplikation und Addition gearbeitet werden, aber auch beispielsweise mit Quadrierung von Gewichtungsfaktoren, um die Unterschiede der Tools deutlich herauszuarbeiten. Grundsätzlich zu entscheiden ist auch, ob eine absolute Bewertung der Tools in Bezug zu den Idealzielen erreicht werden soll (d.h. eine Bewertung praktisch aller Tools mit deutlich weniger als 100 %) oder eine relative Bewertung der Tools zueinander (d.h., ein Tool wird dann 100 % erhalten). Ersteres stellt die Frage in den Mittelpunkt, ob die Ziele überhaupt durch ein oder mehrere Tools in relevantem Umfang erreicht werden. Letzteres betont stattdessen die Differenzierung der Eigenschaften der Tools untereinander.

Beispiel für Kriterienkatalog und Auswertung

Das folgende Beispiel wurde einem realen, in Microsoft Excel implementierten Bewertungskatalog entnommen; es zeigt den Aufbau einer Evaluationsgruppe, bei der die Tools absolut und relativ zueinander bewertet werden, d.h., es wird ein Wert mit Bezug auf die maximale Punktzahl und ein normierter Wert relativ zum höchsten Resultat eines Tools in der Gruppe errechnet. Anschließend erfolgt die Gewichtung der normierten Punktzahl mit der Wichtigkeit der Gruppe. Außerdem wurden die in Abschnitt 13.3.3 erwähnten K.o.-Kriterien mit aufgenommen, um eine konsistente Darstellung der Entscheidungsgrundlagen in einem einzelnen Dokument zu erhalten (s. Tab. 13–1):

Tab. 13–1
Auswertung eines Kriterienkatalogs

Gewichtung	Anforderung	Gewichtung	Tool 1	Tool 2	Tool 3	Tool 4	K.o.-Kriterium
	Hardwareplattformen						
	Unterstützung von Windows 95	3	0	3	0	0	
	Unterstützung von Windows NT	3	0	3	0	0	
	Unterstützung von Windows 2000	3	5	5	5	0	1
	Unterstützung von Windows XP	3	5	5	3	3	
	Unterstützung von Solaris	3	0	2	0	0	
	Unterstützung von HP-UX	3	0	2	0	0	
	Unterstützung von Linux	3	0	4	3	5	
	Unterstützung von SCO Unix	3	0	4	0	0	
	Dokumente/Tests zwischen Plattformen austauschbar	3	5	3	4	3	
	Hardwareplattformen – Prozent von max. Punktzahl		33,3%	73,3%	46,7%	0% (KO)	
	Prozent normiert		45,5%	100,0%	63,6%	0% (KO)	
3	Prozent normiert und gewichtet		136,4%	300,0%	190,9%	0% (KO)	

Im Beispiel wurde die Verwendbarkeit der Tools unter verschiedenen Plattformen bewertet, mit folgenden Wertebereichen (s. Tab. 13–2):

Tab. 13–2
Einstufung von Toolkriterien

Wert	Einstufung der Nutzbarkeit auf Betriebssystem X
0	Wird nicht unterstützt
1	Installierbar, aber kein Support durch den Hersteller
2	Nutzbar, aber instabil
3	Nutzbar, erfordert aber erhöhten Aufwand wie z.B. Einspielen von Patches für das Betriebssystem
4	Nutzbar mit kleinen Einschränkungen, z.B. inhomogene GUI zum Rest des Betriebssystems, kein übergreifendes Drag&Drop o.Ä.
5	Uneingeschränkt nutzbar

Bei vollständiger Bewertung aller Kriterien werden die Bewertungen wie folgt grafisch dargestellt (s. Abb. 13–2):

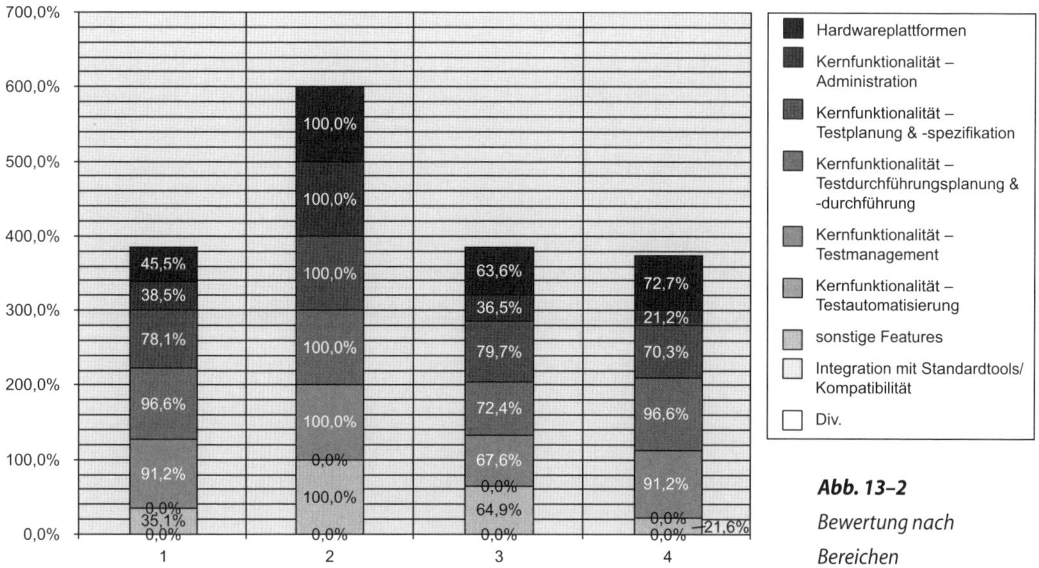

Abb. 13–2
Bewertung nach Bereichen

Die Gesamtauswertung zeigt Tool 2 als Sieger, Tool 4 dagegen als Totalausfall, weil es ein K.o.-Kriterium bei der Plattformkompatibilität nicht erfüllt (s. Abb. 13–3):

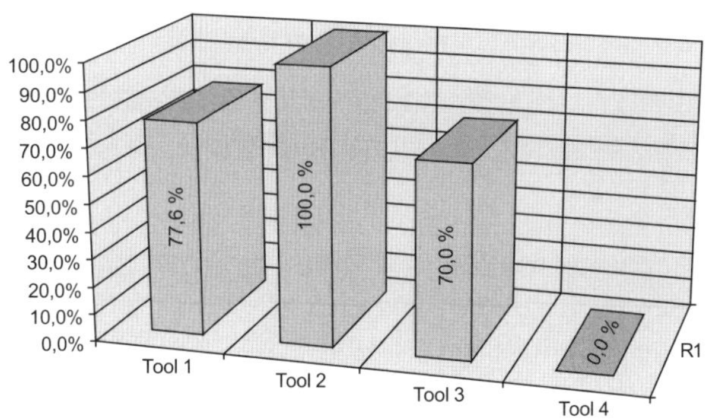

Abb. 13–3
Punktzahl in % der Maximalpunktzahl

Evaluationskatalog zum Herunterladen

Unter [URL: Tooleval-imbus] ist ein einfacher, fertig implementierter Kriterienkatalog zum Herunterladen verfügbar. Für den Praxiseinsatz sind die Bezeichnungen und die Anzahl der Gruppen sowie die Beschreibungen der einzelnen Kriterien anzupassen. Die Berechnung der Teilergebnisse pro Gruppe und der Gesamtergebnisse pro Tool sowie eine grafische Auswertung erfolgen dann automatisch.

Entscheidung

Sieger nach Punkten

Die eigentliche Entscheidung über den Werkzeugeinsatz trifft üblicherweise das verantwortliche Management basierend auf den technischen Daten und ggf. weiteren, nicht technischen Kriterien. Im idealen Fall liegt nach der Auswertung des Kriterienkatalogs und des Evaluationsberichts ein eindeutiger »Sieger nach Punkten« vor. Eventuell liefert die Auswertung aber auch mehrere, deren Gesamtbewertungen dicht beieinander liegen – oder aber keines der betrachteten Werkzeuge erfüllt die Anforderungen in hinreichendem Umfang, um seine Einführung zu rechtfertigen.

Bei knappem Resultat: Nachevaluation oder Pilotbetrieb

Bei einem knappen Evaluationsresultat werden ggf. weitere Entscheidungskriterien benötigt – entweder werden die Priorisierungen der Kriterien nach kritischer Betrachtung modifiziert, Kriterien für eine Nachevaluation ergänzt oder – in vielen Fällen der einfache, weil praxisnahe Weg – mit einigen der infrage kommenden Werkzeuge ein Pilotbetrieb durchgeführt. Insbesondere die Beurteilung einiger nicht funktionaler Eigenschaften wie der Bedienbarkeit wird hierdurch auf eine breitere Basis gestellt.

Kommerzielle Lösung, Open-Source-Werkzeug oder Eigenentwicklung

Grundsätzlich steht am Ende die Entscheidung, ob ein kommerzielles Werkzeug angeschafft werden soll, ob ein Open-Source-Tool geeignet ist oder ob man ggf. die Eigen- oder Auftragsentwicklung einer passenden Lösung angehen soll (wobei eine solche ggf. auch auf Basis des Codes einer Open-Source-Lösung geschehen kann, wenn deren Lizenz dies zulässt). Eine Eigenentwicklung stellt insbesondere in folgenden Fällen eine sinnvolle Alternative dar:

- wenn das Werkzeug nur in kleinem Rahmen von einem oder wenigen Mitarbeitern zur Lösung spezifischer (lokaler) Aufgaben benötigt wird,[2]
- wenn für das Einsatzumfeld (z.B. die vorgegebene Hardware- und Betriebssystemplattform) kein Werkzeug verfügbar ist,
- wenn der Bedarf nach sehr anwender- bzw. einsatzspezifischen Funktionen sehr hoch ist.

Vor einer Eigenentwicklung ist allerdings sorgfältig abzuwägen, ob der Aufwand für Entwicklung, Support und ggf. notwendige Weiterentwicklung tatsächlich langfristig getragen werden kann.

Ist die Entscheidung getroffen, so muss diese abschließend validiert werden. Hierzu werden die ursprünglichen Ziele und Anforderungen mit den Evaluationsresultaten im Rahmen eines Reviews verglichen.

---

2. In diesem Fall ist natürlich von einer strategischen Evaluation und Einführung wie hier geschildert insgesamt abzusehen.

13.4 Einführung von Werkzeugen

13.4.1 Werkzeuge und notwendige Prozessreife

Ohne guten bzw. eingespielten Testprozess und Testmethodeneinsatz können Werkzeuge nicht den gewünschten Einsparungseffekt erzielen. Die Einführung und der effiziente Einsatz von Werkzeugen erfordern eine gründliche Evaluierung des Testprozesses und begleitende prozessverbessernde Maßnahmen (s.a. Kap. 8). Auf der anderen Seite lässt sich eine ökonomische Durchführung des Testprozesses nur mit entsprechender Werkzeugunterstützung erreichen, um beispielsweise in angemessener Zeit eine Vielzahl von Testfällen ausführen und auswerten zu können.

Prozessgrundlagen vor der Einführung des Werkzeugs schaffen

Die Gestaltung der notwendigen Basisprozesse umfasst i.Allg. – unabhängig vom eigentlichen Einsatzzweck und Typ des Werkzeugs – folgende Aspekte:

- Ausweitung des testseitigen Konfigurationsmanagements auf die von dem Testwerkzeug verarbeiteten Dateien und Datenbanken sowie auf das Testmanagementwerkzeug selbst. Beides ist Bestandteil der Testmittel und muss folglich ebenso wie z.B. die Testfallspezifikationen und die Testprotokolle versioniert und archiviert werden.
- Entwurf einer Architektur für die vom Testwerkzeug verarbeiteten Artefakte (z.B. Skripte) mit dem Ziel, diese im Hinblick auf optimale Wiederverwendbarkeit, Wartbarkeit und Erweiterbarkeit zu entwerfen und zu implementieren. Dies ist insbesondere elementar für die im Folgenden beschriebenen Werkzeugklassen der Generatoren und der Testdurchführungswerkzeuge.
- Dokumentation der allgemeinen Regeln zum Einsatz der Werkzeuge im Testprozess (Nutzungskonzept bzw. Nutzungshandbuch)

TPI und Tools

Das Prozessreifemodell TPI (s. Abschnitt 8.3.2) identifiziert in nachvollziehbarer Weise die Grundlagen für den Erfolg eines Werkzeugeinsatzes – bestimmte Teile des Testprozesses müssen eine gewisse Mindestreife aufweisen, bevor der Einsatz eines Tools sinnvoll möglich ist. So ist beispielsweise die Einführung eines Testautomatisierungswerkzeugs ohne vorherige Etablierung formaler Testspezifikationsmethoden sinnlos. TPI bildet daher eine gute Basis, die vor der Werkzeugeinführung ggf. notwendigen Verbesserungsmaßnahmen am Testprozess zu identifizieren und konkrete Umsetzungshilfe zu erhalten.

Umgekehrt werden Testwerkzeuge einen positiven Einfluss auf den Reifegrad von bestimmten Aktivitäten im Testprozess haben oder zumindest die Verbesserung dieser Aktivitäten erleichtern.

Tipp

Normen zur Werkzeugeinführung

Wie für die Auswahl, so existieren auch für die Einführung von Werkzeugen Standards ([IEEE 1348] und [ISO 14471]), die als Orientierung für das genaue Vorgehen dienen. Beide Standards beinhalten nochmals gekürzte Beschreibungen der Zielfindungs- und Auswahlprozesse und ergänzen diese um die wesentlichen Konzepte für die Einführung: Pilotprojekt und Verbreitung.

13.4.2 Pilotprojekt

Pilotprojekt überschaubar halten

Ein Pilotprojekt dient zur Validierung der Einsetzbarkeit des Werkzeugs. Idealerweise hat es eine überschaubare, aber nicht zu kurze Laufzeit (3–6 Monate) und eine für das Unternehmen repräsentable Größe und Kritikalität. Das Management muss dem Pilotprojekt ausreichenden Support, z.B. in Form von zusätzlichen Ressourcen, zur Verfügung stellen.

Im Pilotprojekt wird beurteilt, ob die (quantifizierten) Ziele für den Werkzeugeinsatz tatsächlich erreicht werden können. Daher sind die rechtzeitige Definition geeigneter Metriken und die Bereitstellung entsprechender Messverfahren notwendig.

Ein weiteres Ziel ist die Validierung der diversen Annahmen der initialen Kosten-Nutzen-Abschätzung, beispielsweise der geschätzten Kosten für die Werkzeugeinführung und -schulung. Das Training des Projektpersonals, die Werkzeuginstallation und -konfiguration etc. müssen also ebenfalls unter Anwendung entsprechender Aufwandsmessungen durchgeführt werden. Auch die angenommenen Abhängigkeiten der Testrealisierungskosten von der Komplexität der Testfälle sind zu validieren.

Aus diesen Messungen und anderen Beobachtungen während des Piloteinsatzes werden wichtige Daten gewonnen, die zur späteren Aufstellung des Verbreitungsplans beitragen.

Einsatzkonzept als Resultat eines Pilotprojekts

Ein weiteres wichtiges Ergebnis eines Pilotprojekts ist ein Einsatzkonzept, das beispielsweise Folgendes enthalten soll:

- Änderungen an der Architektur der bisherigen Testmittel (wenn beispielsweise bisher erstellte Spezifikationsdokumente künftig in einem Testentwurfswerkzeug erstellt werden sollen oder sich die Entwurfsmethode für Testautomatisierungen ändert)
- Rollenverteilungen und Verantwortlichkeiten, notwendige Ausbildung der Mitarbeiter
- Neue oder umdefinierte Arbeitsabläufe unter Einbindung des Tools
- Namenskonventionen und Regeln für das Konfigurationsmanagement
- Notwendige Schnittstellen zur bestehenden Arbeitsumgebung

- Änderungen an der technischen Infrastruktur wie Hard- oder Softwareanforderungen, Back-up-Konzept, Setup von Datenbanken oder anderen Backoffice-Komponenten

Wichtige Rollen im Pilotprojekt

Im Pilotprojekt müssen einige einführungsspezifische Rollen besetzt sein, die üblicherweise von Mitgliedern des Projektteams selbst eingenommen werden (neben den projektspezifischen Rollen wie Testmanager oder Tester, die sie ggf. ebenfalls einnehmen). Die Auswahl des richtigen Pilotprojekts hängt daher auch von der Besetzung dieser Rollen ab:

Der Coach (oder Initiator)

Er ist vom Tool überzeugt; oftmals ist er auch derjenige, der die Werkzeuganschaffung ausgelöst oder stark befürwortet hat. Er erkennt potenzielle Probleme und positive Aspekte des Einsatzes frühzeitig. Dadurch und durch seinen Enthusiasmus stößt er die Einführung des Werkzeugs an und ist der Katalysator des Teams, mit dem er gern zusammenarbeitet.

Der Change-Manager (oder Integrator)

Er zeichnet sich durch methodische und im Vergleich zum Initiator eher bedächtige Vorgehensweise aus, die aber bewirkt, dass er die Einführung besser planen, organisieren und dokumentieren kann als der Initiator. Oftmals ist er der Hauptautor des resultierenden Einsatzkonzepts.

Der Werkzeugverantwortliche

Er hat einen Wissensvorsprung bezüglich der Werkzeugverwendung und leistet internen Support. Oftmals fungiert er gegenüber dem externen Produktsupport als Hauptansprechpartner, der Anfragen von innen kanalisiert und Supportinformationen weiterverbreitet.

Der Sponsor

Die Wahrnehmung der bisher beschriebenen Rollen zusätzlich zu den eigentlichen Projektrollen sowie die zusätzlichen Risiken, die die Werkzeugeinführung für das operative Pilotprojekt mit sich bringt, erfordern einen Sponsor aus dem Management. Der Sponsor unterstützt die Einführung des Werkzeugs offiziell und hält den Teammitgliedern für die zusätzliche Aufgabe den Rücken frei.

Ergebnisauswertung und Entscheidung

Nach Abschluss des Pilotprojekts wird beurteilt, ob die Einführungsziele erreicht werden können und ob das Werkzeug in die bestehenden Prozesse durch das Einsatzkonzept nahtlos eingebracht werden kann.

Ergebnisse der Pilotierung können beispielsweise Fakten sein, die den Werkzeugeinsatz einschränken:

- Das Werkzeug adressiert nicht alle Ziele, aber die wichtigsten.
- Das Werkzeug kann nur für einen bestimmten Typ von Projekten oder nur in einem bestimmten Unternehmensbereich wirtschaftlich eingesetzt werden.
- Zum erfolgreichen Einsatz sind Modifikationen des Werkzeugs, weitere Schulungen oder Consulting-Leistungen durch den Hersteller notwendig.
- Die Pilotierung war erfolgreich, aber durch die Pilotierung wurden Probleme im Werkzeugauswahl- und/oder Werkzeugeinführungsprozess festgestellt, sodass dieser in Zukunft angepasst werden muss.

13.4.3 Verbreitung

Bei positiver Entscheidung nach der Pilotierung wird das Testwerkzeug zusammen mit dem Einsatzkonzept über den Prozessverbesserungsansatz des Unternehmens in die Breite gebracht.

Die Teilnehmer des Pilotprojekts werden dabei idealerweise als Multiplikatoren genutzt, indem sie während des Rollouts in den nächsten Projekten als interne Consultants eingesetzt werden, um die weitere Einführung zu begleiten.

Rollout flexibel gestalten

Typische Fragestellungen für die Planung und Durchführung des Rollouts sind:

- Soll die Verbreitung in Form eines »Big Bang« im gesamten Unternehmen gleichzeitig erfolgen, oder werden einzelne Projekte oder Organisationseinheiten nach und nach »umgestellt«? Ersteres birgt ein höheres Risiko für weitreichende Produktivitätseinbrüche, falls die Einführung ganz oder teilweise fehlschlägt. Letzteres erfordert feinere Planungen und birgt das Risiko von zeitweisen Inkompatibilitäten bzw. Inkonsistenzen in der internen Zusammenarbeit während der Umstellungsphase.
- Was sind die Gesamtkosten der Umstellung basierend auf der ursprünglichen Nutzen-Kosten-Betrachtung und den Beobachtungen des Pilotprojekts?
- Wie wird mit Widerständen von einzelnen Mitarbeitern bzw. Gruppen umgegangen, die beispielsweise das Vorgängerwerkzeug »lieb gewonnen« haben?
- Wie wird die notwendige Ausbildung des Personals sichergestellt?

13.5 Zusammenfassung

- Grundsätzlich gilt, dass Tools keine prozessbedingten Probleme lösen können.
- Vor der Einführung eines Testwerkzeugs stehen die Definition von Zielen für die Nutzung, eine Kosten-Nutzen-Analyse und eine Evaluation von alternativen Lösungen. Hiermit wird eine unnötige Werkzeuganschaffung vermieden und sichergestellt, dass ein Werkzeug auch tatsächlich genutzt wird.
- Die Ziele liegen zumeist in der Effizienzsteigerung bestehender Aktivitäten im Testprozess oder in der Erschließung gänzlich neuer Möglichkeiten durch Einführung neuer Technologien, die das Werkzeug bereitstellt. In beiden Fällen muss versucht werden, den angestrebten Nutzen dieser Verbesserungen vorab zu quantifizieren.
- Bei der anschließenden Kosten-Nutzen-Gegenüberstellung ist es wichtig, nicht nur die Anschaffungs- bzw. Lizenzierungskosten, sondern auch die Kosten für die Evaluation, die Einführung und den Betrieb zu betrachten.
- Fällt dann die Entscheidung für eine Anschaffung, so muss eine Auswahl aus zumeist mehreren am Markt erhältlichen Kandidaten getroffen werden. Zunächst müssen diese Kandidaten durch eine Sichtung des Marktes bestimmt werden. Hilfreich sind hier verschiedene Werkzeuglisten, die im Internet abrufbar sind.
- Zur Evaluation wird ein Katalog von Kriterien herangezogen. Diese Kriterien werden aus den Anforderungen abgeleitet, die funktionale wie nicht funktionale Eigenschaften des gewünschten Werkzeugs selbst, aber auch Anforderungen an Begleitleistungen und den Hersteller des Werkzeugs umfassen können.
- Der Evaluationskatalog wird am besten so aufgebaut, dass jedem Kriterium eine Gewichtung und ein Maßstab zur Bewertung des Kriteriums zugeordnet wird. Aus Bewertungen und Gewichtungen wird dann bei der Evaluation eine »Note« für jedes Tool ermittelt.
- Die Evaluation selbst muss als gut geplantes und mit entsprechenden Ressourcen ausgestattetes Projekt durchgeführt werden. Führt die erste Evaluation zu keinem eindeutigen Ergebnis, so kann die Evaluation durch Hinzunahme weiterer Kriterien verlängert oder in ein nachgeschaltetes vergleichendes Pilotprojekt unter parallelem Einsatz der jeweiligen Kandidaten überführt werden.
- Die darauf folgende Einführung des ausgewählten Werkzeugs muss wiederum als geordnetes, stufenweises Projekt erfolgen:

- Zunächst dient ein Pilotprojekt zur Erarbeitung des Einsatzkonzepts für das Tool. Dieses Einsatzkonzept ergänzt oder modifiziert die bestehenden Prozessdefinitionen.
- Während dieses Pilotprojekts nehmen einige Personen wichtige Rollen ein, die die Einführung beschleunigen: der Initiator, der Integrator und der Werkzeugverantwortliche.
- Ist das Pilotprojekt erfolgreich abgeschlossen, so werden Werkzeug und Einsatzkonzept in die Breite getragen. Die Teilnehmer des Pilotprojekts können dabei als Multiplikatoren dienen. Die Vielzahl der bei der Verbreitung anstehenden Entscheidungen erfordert abermals eine geordnete Projektplanung und -durchführung.

14 Normen und Standards

Normen und Standards definieren allgemein anerkannte Regeln der Technik und damit den fachlich-rechtlichen Bezugsrahmen, innerhalb dessen sich Projekte abspielen. Sie fördern die Einheitlichkeit von Produkten und Prozessen und sind – zumindest im juristischen Sinne – die Minimalanforderungen für professionelles Arbeiten. In diesem Kapitel werden Normen und Standards, die für das Testmanagement wichtig sind, aufgelistet, charakterisiert und in Relation zueinander gesetzt.

14.1 Ziele und Positionierung

Normen und Standards werden von nationalen und internationalen Organisationen erstellt und gepflegt

Bei der Softwareentwicklung wird es – nicht zuletzt aus juristischen Gründen – immer wichtiger, allgemein anerkannte Regeln der Technik zu beachten, die in der Fachpraxis bewährt und erprobt sind und von deren Richtigkeit die herrschende Meinung der Praktiker überzeugt ist. Diese Regeln sind oft in nationalen und internationalen →Normen und Standards beschrieben, die weltweit entwickelt und veröffentlicht werden.

Verantwortlich für die Normung, also die Erstellung, Veröffentlichung und Pflege entsprechender Dokumente, sind

- auf internationaler Ebene die »International Organization for Standardization« (ISO [URL: ISO]) und die »International Electrotechnical Commission« (IEC [URL: IEC]),
- auf europäischer Ebene das »European Committee for Standardization« (CEN [URL: CEN]) sowie das »European Committee for Electrotechnical Standardization« (CENELEC [URL: CENELEC]),
- in Deutschland das »Deutsche Institut für Normung« (DIN [URL: DIN]), in der Schweiz die »Schweizerische Normen-Vereinigung« (SNV [URL: SNV]) und in Österreich das »Österreichische Normungsinstitut« (ON [URL: ON]),

- in den USA das »American National Standards Institute« (ANSI [URL: ANSI]) und in Großbritannien die »British Standards Institution« (BS [URL: BS]).

Branchenspezifische Organisationen kooperieren mit Standardisierungsorganisationen

Mit diesen öffentlich-rechtlichen Standardisierungsorganisationen kooperieren viele branchenspezifische Organisationen wie z. B.

- die »Electronic Industries Alliance« (EIA [URL: EIA]),
- die »International Telecommunication Union« (ITU [URL: ITU]),
- das »European Telecommunications Standards Institute« (ETSI [URL: ETSI]),
- das »Institute of Electrical and Electronics Engineers« (IEEE [URL: IEEE]) sowie
- der »Verein Deutscher Ingenieure« (VDI [URL: VDI]),
- der »Verband der Elektrotechnik Elektronik Informationstechnik« (VDE [URL: VDE]) und
- die »Gesellschaft für Informatik« (GI [URL: GI]).

ISTQB definiert Ausbildungsinhalte für professionelle Softwaretester

Im Bereich Softwaretest definieren das »International Software Testing Qualifications Board« (ISTQB [URL: ISTQB]) und seine nationalen Untergliederungen wie z. B. das »German Testing Board« (GTB [URL: GTB]), das »Swiss Testing Board« (STB [URL: STB]) oder das »Austrian Testing Board« (ATB, [URL: ATB]) Ausbildungsinhalte für professionelle Softwaretester und führen damit verbunden auch eine Standardisierung und internationale Harmonisierung des Fachvokabulars herbei.

Branchenspezifische Spezifikationen zum Stand der Technik werden beispielsweise herausgegeben von

- der »Object Management Group« (OMG [URL: OMG]),
- dem »World Wide Web Consortium« (W3C [URL: W3C]),
- der »Motor Industry Software Reliability Association« (MISRA [URL: MISRA]) oder
- der »European Computer Manufacturers Association« (ECMA [URL: ECMA]).

Oft haben diese Veröffentlichungen den Status von Vornormen und werden nach ihrer Konsolidierung in den internationalen Normen- und Standardkanon aufgenommen. Auch gültige nationale und internationale Patente gehören zum Stand der Technik.

Daneben pflegen auch öffentlich-rechtliche Organisationen wie z. B. die »North Atlantic Treaty Organisation« (NATO [URL: NATO]), das amerikanische »Department of Defense« (DoD [URL: DOD]) oder die »European Organisation for Civil Aviation Equipment« (EUROCAE [URL: EUROCAE]) eigene »branchenspezifische« Vorschriften.

Zu den Aufgaben eines Qualitäts- oder Testmanagers gehört es festzustellen, welche Normen, Standards oder evtl. gesetzlichen Richtlinien für das zu testende Produkt (Produktnormen) oder auch für das Projekt (Prozessnormen) relevant sind, und deren Einhaltung sicherzustellen. Die Konformität des Softwareprodukts oder des Entwicklungsprozesses hinsichtlich anwendbarer Standards, Richtlinien und Spezifikationen wird dann in Audits bestimmt (vgl. [IEEE 1028]).

Audits prüfen die Konformität von Produkten und Prozessen zu Normen und Standards

In diesem Kapitel werden verschiedene Arten von Normen und Standards betrachtet – gegliedert nach wachsendem Anwendbarkeitsspektrum:

- Firmenstandards
- Best Practices und technische Spezifikationen
- Branchenspezifische Normen und Standards
- Allgemeingültige Normen und Standards

14.2 Firmenstandards

Gerade in großen, international tätigen Firmen und Organisationen mit zahllosen Produkten und Projekten sind firmeninterne Richtlinien und Verfahrensanweisungen (des Herstellers und ggf. des Kunden) anzuwenden, um reibungslose Abläufe sowohl über Standort- als auch über Nationalitätsgrenzen hinweg zu ermöglichen. Hierzu gehören beispielsweise

Firmeninterne Richtlinien und Verfahrensanweisungen

- speziell zugeschnittene Vorgehensmodelle,
- organisationsweit gültige Qualitätsmanagementhandbücher,
- produktbereichsabhängige Testhandbücher,
- Vorlagen für Dokumente und
- Programmier- und Entwurfskonventionen.

Insbesondere einheitliche Programmierkonventionen sind wichtig, um zwischen den Standorten den Austausch und die Wiederverwendbarkeit der erstellten Software und damit z.B. den Aufbau von Produktlinien zu fördern. Da sich Entwickler erfahrungsgemäß nur ungern in ihrer Freiheit der Codegestaltung einschränken lassen, sind Programmierkonventionen einvernehmlich von Qualitätssicherung und Entwicklung festzulegen und regelmäßig auf ihre Zweckmäßigkeit und Anwendbarkeit hin zu überprüfen.

Programmierkonventionen schlank und praktikabel halten!

Darüber hinaus sind einheitliche Vorgaben natürlich für die gesamte Dokumentation wichtig. Testmanager erstellen bzw. verwenden solche Vorlagen z.B. für Testkonzepte (vgl. Kap. 5), Abweichungsmeldungen (vgl. Kap. 9) und Metrikdefinitionen (vgl. Kap. 12).

Tipp

Die Mitarbeiter sind bei der Erstellung aller Dokumente durch elektronische Dokumentenvorlagen (Templates) sowie entsprechende Werkzeuge (Makros, Skripte ...) zu unterstützen.
Es sollten keine Programmierkonventionen vorgegeben sein, die nicht durch statische Analysatoren prüfbar sind.

14.3 Best Practices und technische Spezifikationen

Best Practices zählen zum Stand der Technik für ein Fachgebiet

Sogenannte »Best Practices« sind (noch) nicht standardisierte, aber fachlich bewährte Vorgehensweisen und Verfahren, die zum Stand der Technik eines Fachgebiets gehören. Beispielsweise werden als Vorstufe zur Normierung in vielen Bereichen technische Spezifikationen entwickelt, nach denen Produkte hergestellt, vertrieben und benutzt werden. Hierbei ist auch die Grenze zu firmenspezifischen Standards fließend, insbesondere wenn entsprechende Unternehmen über einen ausreichend großen Marktanteil verfügen (»De-facto-Standards«).

Projektorientierte Konsortien erstellen technische Spezifikationen, die auch zum Stand der Technik zählen

Oft schließen sich daher mehrere Firmen und Organisationen zusammen, um den von ihnen entwickelten Spezifikationen größere Marktchancen zu verschaffen. Es entstehen projektorientierte Konsortien wie z.B. W3C, OMG, ECMA, MISRA, HIS, AUTOSAR [URL: AUTOSAR] und andere, die ihre Spezifikationen möglichst zeitnah entwickeln und veröffentlichen, was naturgemäß zu gewissen »Schnellschüssen« führen kann. Diese werden dann mehrfach überarbeitet und liegen in entsprechend vielen Versionen vor, die Grundlage von konkreten und dadurch manchmal leider auch inkompatiblen Produkten sind.

Body of Knowledge listet Best Practices eines Fachgebiets

Best Practices werden mit den entsprechenden Literaturquellen in sogenannten »Bodies of Knowledge« aufgelistet. Der Standard [ISO 19759] »Guide to the Software Engineering Body of Knowledge« (SWEBOK [URL: SWEBOK]) kategorisiert z.B. relevante Techniken zu allen Teilbereichen der Softwaretechnik, wobei jeweils ein eigenes Kapitel Testtechniken und Techniken zur Softwarequalität beschreibt und auflistet. Damit vergleichbar veröffentlicht die »Deutsche Gesellschaft für Qualität« ihre Schriftenreihe im Bereich der Qualitätssicherung, z.B. die DGQ-Schrift 12-52 »Methoden und Verfahren der Software-Qualitätssicherung« [DGQ 92]. Das »International Software Test Qualifications Board« verweist in seinen regelmäßig aktualisierten Lehrplänen auf wichtige Techniken im Testbereich [URL: ISTQB].

Zu den Best Practices der Softwareentwicklung gehören auch die in Vorgehensmodellen wie z.B. dem Vorgehensmodell des Bundes und der Länder (V-Modell XT) oder dem Rational Unified Process (RUP) aufgeführten Techniken (s. Kap. 2).

Tipp

Viele technische Spezifikationen sowie Vorgehensmodelle sind frei erhältlich und können genutzt werden. So beinhaltet z.B. die Dokumentation des V-Modell XT Beschreibungen wichtiger Testtechniken und Vorlagen für Testkonzepte, Testspezifikationen und Testberichte (s.a. [URL: V-Modell XT Browser]).

14.4 Branchenspezifische Normen und Standards

Software (und ihre Fehler) sind allgegenwärtig!

Software hat in vielen Bereichen den Menschen als kontrollierende und steuernde Instanz abgelöst. Fehlerwirkungen hatten und haben in Branchen wie der Luft- und Raumfahrt oder der Medizintechnik oft katastrophale Folgen, während sie im Konsumbereich bislang für den Benutzer eher ärgerlich und für den Hersteller höchstens imageschädigend waren. Aber auch hier werden die Folgen von Fehlerwirkungen immer spürbarer. Als Beispiel seien Kraftfahrzeuge genannt, bei denen bereits heute viele Ausfälle der Fahrzeugelektronik auf Softwarefehler zurückgehen.

Viele dieser Einsatzbereiche stellen sehr spezielle Anforderungen an die eingesetzten Systeme bzw. die darin verwendete Software. Es wurden nationale und internationale, teilweise öffentlich-rechtliche Organisationen gebildet, die Vorgaben für die Entwicklung, Qualitätssicherung und den Einsatz der Produkte in Form von informellen Richtlinien bis hin zu internationalen Normen und Standards erstellen.

Branchenspezifische Normen insbesondere für sicherheitskritische Software

Die meisten solcher branchenspezifischen Normen betreffen die Softwareentwicklung für sicherheitskritische Bereiche wie Luft- und Raumfahrt, Militär, Bahntechnik, Medizintechnik, Pharmazie oder Kraftwerkstechnik (s. Abschnitt 5.6.2). Einige Normungsgremien für diese Bereiche und die entsprechenden branchenspezifischen Normen und Standards sind in Tabelle 14–1 zusammengefasst. Die mit (*) gekennzeichneten Dokumente werden im weiteren Verlauf dieses Kapitels etwas näher betrachtet.

Tab. 14–1
Branchenspezifische Normen und Standards

Bereich	Gremium	Norm/Standard
Luftfahrt	RTCA (USA) EUROCAE (Europa) ECSS (Europa)	DO 178 B/ED-12B (*) DIN EN 14160
Raumfahrt	NASA (USA) ECSS (Europa)	NASA-STD-8719.13B NASA-STD-8739.8 ECSS–Q–80A, DIN EN 14160
Militär	DoD (USA) NATO (International)	MIL-STD-498 (ersetzt durch IEEE/EIA Std 12207:1998) AQUAP-150, AQUAP-160
Medizintechnik	FDA (USA) CENELEC TC 62	FDA-535, FDA-938 EN 62304
Pharmazie	FDA (USA) GAMP	FDA-21 CFR Part 11 GAMP 4
Bahntechnik	CENELEC SC 9XA	EN 50128 (*)
Nukleartechnik	DOE (USA) IAEA, IEC TC 45A	DOE G 414.1-4, IAEA TR-384, IAEA NS-G-1.1, IEC 60880
Telekommunikation	ITU T-SG17 ETSI	ITU X.290-X.296 (ISO/IEC 9646-x) ETSI ES 201 873-x (TTCN-3)

DO 178 B gilt für »fliegende« Software

In der Luftfahrt beinhaltet der in Kooperation vom RTCA und EUROCAE entwickelte Standard »Software Considerations in Airborne Systems and Equipment Certification« (DO 178 B/ED12B [DO 178 B]) Vorgaben für die Entwicklung von Software für Geräte und Instrumente, die in Luftfahrzeugen eingesetzt werden. DO 178 B unterscheidet dabei je nach Schwere fünf Kategorien von Fehlerwirkungen (Tab. 14–2).

Tab. 14–2
Fehlerkategorien der DO 178 B

Kategorie der Fehlerwirkung	Bezeichnung	Mögliche Auswirkungen
A	Katastrophal (*catastrophic*)	Weiterflug bzw. Landung unmöglich
B	Gefährlich (*hazardous/ severe-major*)	Flugeigenschaften oder Kontrollierbarkeit stark eingeschränkt; Sicherheit stark gefährdet, schwere Verletzungen möglich
C	Groß (*major*)	Flugeigenschaften oder Kontrollierbarkeit eingeschränkt; Sicherheit gefährdet, leichte Verletzungen möglich
D	Klein (*minor*)	Sicherheit leicht gefährdet, Unannehmlichkeiten möglich
E	Unauffällig (*no effect*)	Keine Sicherheits- und Funktionalitätseinschränkung

Anhand dieser Kategorien wird Software nach ihrer jeweils schlimmstmöglichen Fehlerwirkung in (Sicherheits-)Stufen A-E eingeteilt. Die Anforderungen der DO 178 B an die Entwicklung und damit auch den Test steigen mit der Stufe der Software.

DO 178 B fordert MC/DC-Überdeckung für Software der Stufe A

In der DO 178 B sind technische Vorgaben für den Test enthalten, z.B. die Forderung der Anweisungsüberdeckung für Software der Stufe C und zusätzlich der Entscheidungsüberdeckung ab Stufe B. Für Software auf Stufe A ist darüber hinaus die »Modified Decision/Condition Coverage« nachzuweisen (MC/DC) (s. [Spillner 10, Abschnitt 5.2.3]), wobei alle Objektcodeanweisungen zu instrumentieren sind, die nicht unmittelbar auf Quellcodeanweisungen zurückgeführt werden können (z.B. vom Compiler eingefügte Feldgrenzenüberprüfungen). Der Testmanager hat für die Umsetzung der im Standard geforderten Verfahren zu sorgen. Große Spielräume bei der Gestaltung der Testaktivitäten bleiben nicht. Wichtig sind der Nachweis der eingesetzten Verfahren und die Erreichung der geforderten Überdeckungen.

DIN EN 50128 gilt für Software in Eisenbahnsteuerungs- und Überwachungssystemen

Für Eisenbahnsteuerungs- und Überwachungssysteme im Wirkungsbereich des Eisenbahnbundesamtes (EBA) ist die DIN EN 50128 für jegliche Arbeiten an Software einzuhalten. Sie ist sowohl für komplette Neuerstellungen als auch für kleine oder große Änderungen zu beachten, unabhängig davon, ob die Aufsichtsbehörde beteiligt ist oder nicht. Allerdings gilt sie bei Änderungen an bestehender Software lediglich für den Umfang der Modifikationen.

DIN EN 50128 enthält detaillierte Verfahrensanweisungen

Ähnlich den Sicherheitsstufen der DO 178 B gibt auch die DIN EN 50128 sogenannte Software-Sicherheitsanforderungsstufen (SSAS) vor und unterscheidet sicherheitsrelevante (SSAS > 0) von nicht sicherheitsrelevanter (SSAS = 0) Software. Die Einstufung in SSAS = 0 oder SSAS > 0 wird vom Softwarehersteller vorgeschlagen und ist von einem beim EBA anerkannten Gutachter oder dem EBA selbst zu bestätigen. Es ist hierbei auch die Einbindung der betroffenen Software in das Gesamtsystem Fahrzeug/Zug im Sinne der Rückwirkungsfreiheit (z.B. Bussystem) zu betrachten. Dabei werden die gültigen Weisungen des EBA hinzugezogen. Dies erfolgt vor Erstellung der Software.

Die DIN EN 50128 beinhaltet detaillierte Verfahrensanweisungen für alle Aktivitäten der Softwareentwicklung und der Qualitätssicherung. So wird hinsichtlich des Testmanagements beispielsweise für den Komponententest gefordert, dass für jede Komponente eine Komponententestspezifikation existieren muss, die deren beabsichtigte Funktion prüft. Diese Testspezifikation muss auch den erforderlichen Testüberdeckungsgrad definieren. Die Tests selber sollen wiederholbar sein und, soweit praktikabel, mit automatischen Hilfsmitteln ausgeführt werden.

Es ist ein Komponententestbericht in auditierbarer Form zu erstellen, der die folgenden Punkte umfasst:

DIN EN 50128 fordert für den Komponententest die C0-Überdeckung

1. Die Testergebnisse und die Aussage, ob jede Komponente die Anforderungen seiner Entwurfsspezifikation erfüllt.
2. Die Testüberdeckung, mit der nachgewiesen wird, dass jede Quellcodezeile mindestens einmal ausgeführt wurde (100% Anweisungsüberdeckung).
3. Testfälle und ihre Ergebnisse, die zwecks nachfolgender Analyse in maschinenlesbarer Form aufzuzeichnen sind.

Solche Vorgaben erleichtern die Arbeit des Testmanagers, da er nicht mehr grundsätzlich darüber nachdenken muss, was zu tun ist. Auf der anderen Seite ist jedoch in den meisten Fällen festzulegen, mit welchen Methoden und Techniken die geforderten Tätigkeiten konkret durchzuführen sind, und insbesondere sehr detailliert nachzuweisen, was tatsächlich getan wurde und welche Ergebnisse dabei erreicht wurden.

Ein weiteres zentrales Thema sowohl der DIN EN 50128 als auch der DO 178 B ist die Verfolgbarkeit aller Dokumente über den gesamten Entwicklungsprozess hinweg (vgl. auch Abschnitt 12.5.2). Hier sind Testmanager insbesondere gefordert, die Abdeckung der Anforderungen sowie des Programmcodes durch entsprechende Testfälle nachzuweisen.

Auch die anderen in Tabelle 14–1 aufgelisteten branchenspezifischen Normen und Standards geben größtenteils detaillierte Verfahrensanweisungen an und beinhalten teilweise sogar Beschreibungen der konkret anzuwendenden Methoden und Techniken. Da sie von Gremien erstellt werden, deren Mitglieder größtenteils den jeweiligen Fachgebieten entstammen, sind sie in den meisten Fällen unmittelbarer umzusetzen und erscheinen somit praktikabler als die im nächsten Abschnitt vorgestellten allgemeingültigen Normen und Standards.

Tipp

Normendokumente sind oftmals teuer und/oder schwer erhältlich. Sorgen Sie für eine ausreichende Ausstattung mit gedruckten Exemplaren bzw. entsprechenden Lizenzen elektronischer Ausgaben, sodass die Normen auch wirklich jedem relevanten Mitarbeiter im Projekt zur Verfügung stehen und genutzt werden können.

14.5 Allgemeingültige Normen und Standards

ISO/IEC JTC 1/SC 7 und IEEE S2ESC entwickeln wichtige Normen und Standards für die Softwareentwicklung

Neben den branchenspezifischen Normen und Standards gibt es im Bereich der Informationstechnik (Information Technology) zurzeit über 280 bei der ISO gelistete allgemeingültige Normen und Standards (vgl. [URL: ISO]) – angefangen von grundlegenden Begriffsfestlegungen über detaillierte Verfahrensanweisungen bis hin zu Quellcode von Referenzsoftware für Multimedia-Anwendungen. Schränkt man diese Menge auf die für die Softwareentwicklung relevanten Normen ein, sind es immer noch fast 90, hinzu kommt noch die Sammlung der IEEE-Software-Engineering-Standards mit über 40 Dokumenten.

Im Folgenden werden daher lediglich solche Normen und Standards aufgelistet und kurz charakterisiert, die aufgrund ihres Inhalts oder ihrer technischen Bedeutung für das Testmanagement wichtig sind. Viele dieser Normen wurden von folgenden Gruppen bzw. Organisationen erarbeitet:

- »ISO/IEC Joint Technical Committee 1/Subcommittee 7: Software & System Engineering« (ISO/IEC JTC 1/SC 7 [URL: JTC1SC7])
- »ISO/IEC Joint Technical Committee 1/Subcommittee 27: IT Security Techniques« (ISO/IEC JTC 1/SC 27 [URL: ISO])
- »IEEE Software and Systems Engineering Standards Committee« (S2ESC [URL: S2ESC]) des »Institute of Electrical and Electronics Engineers« (IEEE [URL: IEEE])

Unterteilung in Prozess- und Produktnormen ist zu grob

Um bei dieser großen Anzahl den Überblick zu behalten, reicht die aus dem Buch »Basiswissen Softwaretest« bekannte einfache Unterteilung in Prozess- und Produktnormen nicht mehr aus. Daher werden Normen und Standards nach weiteren Kategorien klassifiziert, so z.B. nach ihrer normativen Zielrichtung:

- Terminologienormen (engl. *terminology, vocabulary*) definieren die Fachsprache des jeweiligen Anwendungsbereichs.
- Prinzipiennormen (engl. *principle standards*) stellen die zugrunde liegenden Prinzipien des Anwendungsbereichs dar.
- Elementarnormen (engl. *element standards*) enthalten detaillierte Konformitätsanforderungen für Produkte und Prozesse.
- Anwendungsrichtlinien und Ergänzungen (engl. *guides and supplements*) sind Dokumente mit Anwendungshinweisen und Dokumentationsvorgaben.
- Werkzeug- und Techniknormen (engl. *tools and techniques*) beschreiben Methoden und Techniken, die zur Einhaltung normativer Vorgaben anwendbar sind.

Andererseits werden Normen oft auch nach ihrer Anwendbarkeit gemäß dem in Abbildung 14–1 dargestellten Prozessmodell kategorisiert.

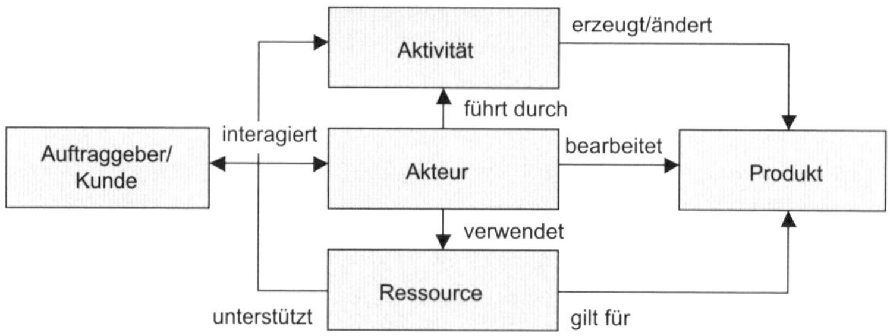

Abb. 14–1
Prozessmodell der ISO/IEC- und IEEE-SE-Standards

- Normen zu Nutzer- bzw. Kundenbeziehungen (engl. *customer relationships*) helfen bei der Festlegung der Verantwortlichkeiten von Auftraggeber und Auftragnehmer.
- Normierte Prozesse und Referenzmodelle (engl. *processes*) beschreiben generisch die im Softwarelebenszyklus auszuführenden Aktivitäten.
- Produktnormen (engl. *products*) beinhalten konkrete Angaben zu Charakteristiken, Spezifikationen, Metriken und Evaluierungsmöglichkeiten der zu erstellenden Artefakte.
- Ressourcennormen (engl. *resources*) behandeln die Dokumentation sowie Methoden, Modelle und Werkzeuge für die Entwicklung von Softwareprodukten und der dazugehörigen Prozesse.

Letztendlich können Normen und Standards auch noch gemäß der Granularität des Anwendungsgebiets klassifiziert werden (Abb. 14–2 links).

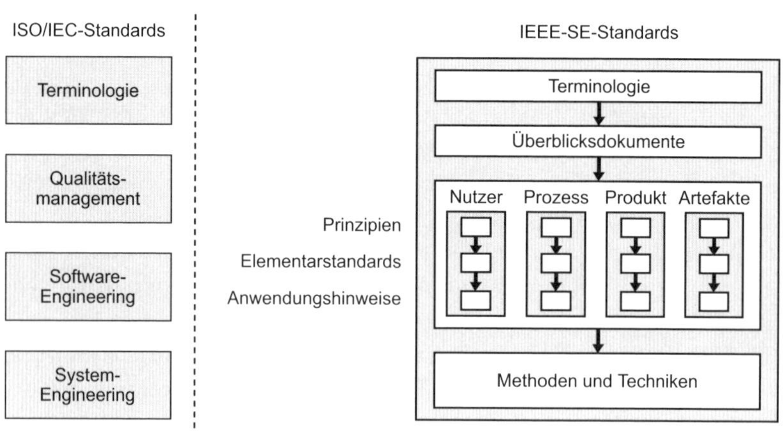

Abb. 14–2
Gliederung der ISO/IEC- und IEEE-SE-Standards

Den nachfolgenden Ausführungen zu allgemeingültigen Normen und Standards liegt das folgende Raster zugrunde, das die obigen Kategorien pragmatisch vereinfacht:

- Terminologie- und Vertragsnormen
- Prozessnormen
- Produkt- und Dokumentationsnormen
- Methoden- und Techniknormen

14.5.1 Terminologie- und Vertragsnormen

Terminologienormen definieren die Begriffe eines Fachgebiets

Die in diesem Abschnitt aufgeführten Normen werden auch als Begriffsnormen oder Verständigungsnormen bezeichnet und bilden die Basis für alle anderen Normen, da deren Inhalte und Aussagen nur unter Verwendung festgelegter Begriffe einheitlich, eindeutig und konsistent niedergeschrieben und verstanden werden können. Zu den wichtigsten Terminologienormen zählen die Folgenden:

- Die ISO/IEC 2382 Teil 1-33 [ISO 2382] und der Standard IEEE 610.12-1990, der für alle IEEE-Standards das zugrunde liegende Standardglossar für die Terminologie im Software-Engineering ist [IEEE 610.12].
- Teil 11 der DIN 55350 behandelt Begriffe des Qualitätsmanagements [DIN 55350-11].
- Die für das Testmanagement wichtige ISO 9000 [ISO 9000] erläutert die Grundlagen für Qualitätsmanagementsysteme und die in der Normenreihe ISO 9000 und ISO 900x verwendeten Begriffe.
- Der britische Standard BS 7952-1 definiert Begriffe des Softwaretests [BS 7952-1] und wird zurzeit hinsichtlich einer Vereinheitlichung mit dem Certified Tester-Glossar des ISTQB [URL: ISTQB] überarbeitet.

Vertragsnormen behandeln die Ausgestaltung der Beziehung zwischen Auftraggeber/Käufer und Auftragnehmer/Entwickler

Gerade für die Entwicklung, die Beschaffung und den Einsatz von Software ist es wichtig, die Verantwortlichkeiten von Auftraggeber (Käufer, Kunde, Benutzer, ...) und Auftragnehmer (Verkäufer, Entwickler, Vermittler, ...) für alle Parteien eindeutig zu beschreiben. Hierzu existiert eine Reihe von entsprechenden Vertragsnormen und -standards, zu nennen sind u.a.:

- »IEEE Recommended Practice for Software Acquisition« (IEEE Std 1062-1998 [IEEE 1062]), die dem Testmanager beim Einkauf von Testwerkzeugen hilft.
- Die Normenreihe »Software Engineering – Product Evaluation« (ISO/IEC 14598 [ISO 14598-4]), die dem Testmanager einerseits Hinweise zur Gestaltung von Abnahmetests gibt und ihn anderer-

seits bei der Evaluierung von Testwerkzeugen unterstützt. Das zugrunde liegende Qualitätsmodell wird in der Normenreihe DIN/ISO/IEC 9126 beschrieben, die zu den Produktnormen zählt.

Darüber hinaus sind beispielsweise Normen für die Gestaltung von Anforderungsspezifikationen (IEEE 1233, »System Requirements Specifications« [IEEE 1233]) und die allgemeinen Anforderungen an die Systemsicherheit (z.B. die Normenreihe DIN/ISO/IEC 15408 »Informationstechnik – IT-Sicherheitsverfahren; Evaluationskriterien für IT-Sicherheit«) für das Testmanagement relevant.

14.5.2 Prozessnormen

Prozesse sind Tätigkeiten, die miteinander in Wechselwirkung stehen und unter der Verwendung von Ressourcen Eingaben in Ergebnisse umwandeln (vgl. Abb. 14–1). Unter Prozessnormen werden alle branchenübergreifenden Standards subsumiert, die Mindestanforderungen an Prozesse bzw. deren Bewertung und Verbesserung spezifizieren. Teilweise geschieht dies, ohne konkrete Anforderungen bezüglich der Umsetzung zu formulieren.

ISO-9000-Familie gehört zu den wichtigen Prozessnormen

Bekanntestes Beispiel für Prozessnormen ist die ISO-9000-Familie. Ihre im Folgenden aufgeführten Einzelnormen helfen Organisationen jeder Art und Größe beim Verwirklichen von und beim Arbeiten mit wirksamen Systemen zum Qualitätsmanagement.

- ISO 9000 umfasst sowohl die Grundlagen als auch die Terminologie für Qualitätsmanagementsysteme. Sie kann ebenso zu den Terminologienormen gerechnet werden.
- ISO 9001 enthält Anforderungen an Qualitätsmanagementsysteme, anhand derer Organisationen ihre Fähigkeit darlegen können, mit ihren Produkten die Anforderungen des Auftraggebers sowie ggf. behördliche Anforderungen zu erfüllen und die Kundenzufriedenheit zu erhöhen.

__ISO 90003__ ist der Leitfaden für die Anwendung von ISO 9001 auf die Entwicklung, Lieferung, Installierung und Wartung von Computersoftware

- ISO 90003 [ISO 90003] bildet einen Leitfaden für die Anwendung von ISO 9001 auf die Entwicklung, Lieferung, Installierung und Wartung von Computersoftware. Für das Testmanagement spezifische Erweiterungen der ISO 9001 sind z.B. Abschnitte über die Qualitätsplanung, das Risikomanagement, Validierung und Test sowie Qualitätskriterien für Software. So fordert die ISO 90003 z.B., dass im Herstellungsprozess (also auch im Spezialfall eines Softwareentwicklungsprozesses) geeignete (Zwischen-)Prüfungen vorzusehen sind, ohne jedoch anzugeben, wann und wie diese zu erledigen sind. Über die ISO 90003 lässt sich auch eine Brücke von der ISO 9001 zu Prozessverbesserungsmodellen wie ISO 15504

(SPICE [ISO 15504]) und CMMI ([URL: CMMI], vgl. Kap. 7) schlagen, da alle auf dem ISO/IEC/IEEE-Standard 12207 (s.u.) basieren.

- ISO 9004 ist ein Leitfaden, der sowohl die Wirksamkeit als auch die Effizienz des Qualitätsmanagementsystems betrachtet. Das Ziel dieser Norm besteht in der Leistungsverbesserung der Organisation sowie der Verbesserung der Zufriedenheit der Kunden und anderer interessierter Parteien.
- ISO 19011 ist eine Anleitung für Audits von Qualitäts- und Umweltmanagementsystemen.

Gemeinsam erleichtern diese Normen das gegenseitige Qualitätsmanagementverständnis in nationalen und internationalen Handelsbeziehungen.

ISO/IEC 12207 – Der generische »Norm-Software-Lebenszyklusprozess«

Die Norm ISO/IEC/IEEE 12207 »Standard for Information Technology – Software Life Cycle Processes« [ISO 12207.0] beschreibt detailliert die zu berücksichtigenden Punkte bei der Gestaltung von Softwareentwicklungsprozessen, ohne jedoch auf konkrete Methoden und Techniken einzugehen. Diesbezügliche Daten- und Implementierungshinweise geben [ISO 12207.1] und [ISO 12207.2]. Für das Testmanagement interessant ist die frühe Einbindung des Testens in den gesamten Entwicklungsprozess.

Der in Kapitel 12 beschriebene Prozess zur Werkzeugauswahl orientiert sich an der ISO/IEC 14102:1995 »Evaluation and Selection of CASE Tools«. Die Vorgehensweise zur Einführung von Testwerkzeugen ist angelehnt an die ISO/IEC TR 14471:1999 »Guidelines for the Adoption of CASE Tools«.

DIN 61508, DO178 B und EN 50128 bei sicherheitskritischen Systemen

Teil 3 der Norm DIN EN 61508 beschreibt Anforderungen an die funktionale Sicherheit von Software in sicherheitsbezogenen Systemen und stellt eine Mischform zwischen Prozess- und Produktnorm dar. Ebenso wie in den branchenspezifischen Normen DO 178 B und EN 50128 definiert die DIN EN 61508 Sicherheitsintegritätsstufen (SIL) von 1 bis 4, die das Gefährdungsrisiko beschreiben. Mit steigender Stufe gehen eine höhere Gefährdung und somit steigende Anforderungen an die Verlässlichkeit der Systeme einher (s. [DIN 61508]).

Tipp

Eine Orientierung an solchen Prozessnormen macht auch dort Sinn, wo deren Einhaltung nicht verpflichtend vorgeschrieben ist. Spätestens bei Rechtsstreitigkeiten ist die Entwicklung gemäß dem »Stand der Technik« nachzuweisen, was die Einhaltung von Normen einschließt. Diese Aussage trifft selbstverständlich auch für alle anderen Normen und Standards zu, deren Anwendung nicht verpflichtend vorgeschrieben ist.

14.5.3 Produkt- und Dokumentationsnormen

Unter die Rubrik »Produkt- und Dokumentationsnormen« fallen Normen bezüglich der Qualitätsanforderungen und der konkreten Ausgestaltung von materiellen und immateriellen Produkten. Es werden Dokument- und Produktvorgaben sowie Qualitätsmerkmale inkl. geeigneter Mittel zu ihrer Feststellung angegeben. Diese Normen lassen sich weiter unterteilen in solche für Zwischenprodukte der Softwareentwicklung, wie z.B. Anforderungs-, Entwurfs- und Testspezifikationen, sowie Normen, die sich auf das Endprodukt Software sowie seine Wartungs- und Nutzungsdokumentation beziehen.

***ISO 9126/ISO 250xx** behandeln die Softwarequalität*

- Hinsichtlich der Qualitätsziele finden sich in der für das Testmanagement wichtigen ISO-9126-Reihe »Bewerten von Softwareprodukten, Qualitätsmerkmale und Leitfaden zu ihrer Verwendung« [ISO 9126] ein Qualitätsmodell sowie konkrete Vorgaben inklusive Metriken zur Bewertung der Gebrauchsqualität und der Produktqualität. Sie unterstützen den Testmanager bei der Testplanung hinsichtlich der Festlegung von Testzielen sowie von Mess- bzw. Testverfahren für die einzelnen Qualitätsmerkmale (vgl. Kap. 5 und 12). Zurzeit wird die Normenreihe ISO-9126 ersetzt durch die Normenreihe ISO-25000 »Software Engineering – Software Product Quality Requirements and Evaluation (SQuaRE)«.

***ISO 9241** bei Benutzbarkeitstests beachten*

- Die Normenreihe DIN/ISO 9241 »Ergonomische Anforderungen für Bürotätigkeiten mit Bildschirmgeräten« [ISO 9241] beschreibt in mittlerweile 17 Teilen ergonomische Anforderungen an Bildschirmarbeitsplätze und ist für das Testmanagement die Grundlage zur Spezifikation von Benutzbarkeitstests.
- Die ISO/IEC 12119 »Software Packages: Quality Requirements and Testing« [ISO 12119] definiert ein Qualitätsmodell für Anwendungssoftware und hilft dem Testmanager beim Entwurf des System- und Abnahmetests.
- Die ISO/IEC 14598 »Software Engineering – Product Evaluation» [ISO 14598] geht in sechs Teilen umfassend auf die Messung, Bewertung und Evaluierung von Softwareprodukten ein.

***IEEE 730** und **IEEE 829** behandeln Testkonzept und Testdokumentation*

Konkrete Vorgaben zur Dokumentationserstellung geben z.B. die schon im Buch »Basiswissen Softwaretest« behandelten Standards IEEE 730 »IEEE Standard for Software Quality Assurance Plans« [IEEE 730] für das Testkonzept und IEEE 829 »IEEE Standard for Software Test Documentation« [IEEE 829] für die gesamte Testdokumentation. Letztere schreibt die in Abbildung 14–3 skizzierten Dokumente vor.

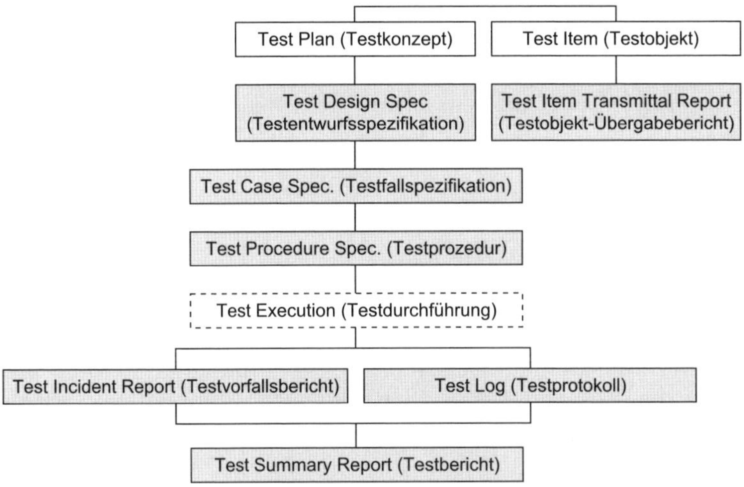

Abb. 14–3
Referenzstruktur der Testdokumente nach IEEE 829

__IEEE 1044__ behandelt das Abweichungsmanagement

Für den Testmanager wichtig ist auch der IEEE-Standard 1044-1993 »IEEE Standard Classification for Software Anomalies« [IEEE 1044], der eine ausführliche Klassifikation zur Verwaltung von Abweichungsmeldungen vorgibt und der bereits in Abschnitt 9.4 umfassend erläutert wurde.

__DIN 61508 / IEEE 1228__ für sicherheitskritische Systeme

Bei der Erstellung sicherheitskritischer Software sind die siebenteilige DIN-IEC-Norm 61508-2002 »Funktionale Sicherheit sicherheitsbezogener elektrischer/elektronischer/programmierbarer elektronischer Systeme« [DIN 61508] und der IEEE 1228-1994 »IEEE Standard for Software Safety Plans« [IEEE 1228] zu beachten. Für die Softwareentwicklung im Automotive-Bereich ist die Norm ISO 26262 »Straßenfahrzeuge – Funktionale Sicherheit – Teil 6: Produktentwicklung – Software-Ebene« in Entwicklung.

Der IEEE-Standard 1063-2001 »IEEE Standard for Software User Documentation« [IEEE 1063] und die ISO/IEC-Norm 15910:1999 »Information Technology – Software User Documentation Process« [ISO 15910] repräsentieren Produktnormen für die Dokumentation von Softwareprodukten und helfen dem Testmanagement bei der Erstellung von Checklisten für entsprechende Reviews.

Letztendlich existieren Produktnormen, die hinsichtlich der Interoperabilität von Systemen bestimmte Datenformate festschreiben. So legt beispielsweise die Norm DIN EN 9735 syntaktische Regeln für die Aufbereitung von Nachrichten zum elektronischen Austausch von Daten für Verwaltung, Wirtschaft und Transport (EDIFACT) fest, und die Normenreihe ISO/IEC 13818-x beschreibt die MPEG-Formate für die Codierung von Multimediadaten. Solche Normen sind für das Testmanagement von Wert z.B. bei der Spezifikation konkreter Testfälle für Protokolltests oder Syntaxtests.

14.5.4 Methoden- und Techniknormen

Unter diese Rubrik fallen konkrete Verfahrensanweisungen für die konstruktiven, prüfenden und unterstützenden Tätigkeiten der Softwareentwicklung. Von zentraler Bedeutung für das Testmanagement sind verschiedene Softwareteststandards, die unabhängig von konkreten Produkten festlegen, wie Softwaretests fachgerecht geplant, spezifiziert und durchgeführt werden.

- Der ANSI/IEEE-Standard 730.1-1995 »IEEE Guide for Software Quality Assurance Planning« unterstützt Testmanager bei der Erstellung, Evaluierung und Pflege von Testplänen auf der Grundlage des IEEE-Standards 730 »IEEE Standard for Software Quality Assurance Plans« [IEEE 730].
- Der IEEE-Standard 1044.1-1995 »IEEE Guide to Classification for Software Anomalies« [IEEE 1044.1] hilft beim Abweichungsmangement gemäß IEEE 1044-1993 »IEEE Standard Classification for Software Anomalies« [IEEE 1044].
- IEEE 1059-1993 »IEEE Guide for Software Verification and Validation Plans« [IEEE 1059] gibt Hinweise und praktische Tipps zur Planung und Dokumentation der Validierung und Verifikation in allen Phasen der Softwareentwicklung.
- Die ISO/IEC-Norm 16085:2004 »Information Technology – Software Life Cycle Processes – Risk Management« [ISO 16085] gibt Testmanagern konkrete Anweisungen für das Risikomanagement (vgl. Kap. 10).

Bereits im Buch »Basiswissen Softwaretest« [Spillner 10] wurden die Normen BS 7925-2 und IEEE 1028 zitiert:

__BS 7925-2__ beschreibt Methoden und Techniken für den Komponententest

- Der British Standard 7925-2 »Software Testing, Part 2: Software Component Testing« [BS 7925-2] beschreibt Methoden und Techniken für den Komponententest.

__IEEE 1028__ behandelt Reviews

- Der IEEE-Standard 1028-1997 »IEEE Standard for Software Reviews« [IEEE 1028] behandelt ausführlich die Planung, Durchführung und Dokumentation von Reviews.

__DIN 60812__ FMEA, __DIN 61025__ FTA, __DIN 66241__ Entscheidungstabellen

Darüber hinaus existiert eine Reihe von Normen zu Methoden und Techniken, die auch von Testmanagern beherrscht werden sollen. Hierzu gehören beispielsweise die [DIN 60812] zur Fehler-Möglichkeits- und Einflussanalyse und die [DIN 61025] zur Fehlzustandsbaumanalyse (FMEA und FTA, vgl. Abschnitt 10.8) sowie die [DIN 66241] zum Umgang mit Entscheidungstabellen.

14.5.5 Anwendung der Normen

Bei der Anwendung der Normen und Standards empfiehlt sich folgende Herangehensweise (vgl. [Kneuper 95], [Schmidt 00], [Petrasch 01]):

1. Erst die eigene Vorgehensweise hinsichtlich der Prozess- und Qualitätsmanagementstandards auf Lücken und Ungereimtheiten hin untersuchen, dabei die Benennung der durchgeführten Aktivitäten und Artefakte der Standardterminologie angleichen.
2. Dann die eigenen Artefakte wie Dokumente, Spezifikationen und Richtlinien hinsichtlich der Produkt- und Dokumentationsstandards abgleichen und ergänzen.
3. Darauf aufbauend die eigenen Aktivitäten hinsichtlich der Methoden- und Techniknormen vervollständigen.
4. Im weiteren Zeitverlauf dann die eigenen Prozesse unter Verwendung von Produktivitäts- und Qualitätsmetriken beobachten und mithilfe von Standards zur Prozessverbesserung optimieren und an organisatorische und technologische Veränderungen adaptieren.

Zum Abschluss des Kapitels sind in Tabelle 14–3 alle für das Testmanagement relevanten allgemeingültigen Normen und Standards aufgeführt, wobei nach den Phasen des Testprozesses und der Art der Normen unterschieden wurde. Normen, die auf mehrere Bereiche zutreffen, sind in jedem Bereich aufgeführt. Die für Testmanager zentralen Dokumente sind fett gedruckt.

Tab. 14–3
Normen und Standards in den Phasen des Testprozesses

Normart Testphase	Terminologie und Verträge	Prozesse	Produkte	Dokumentation	Methoden und Techniken
Testplanung Teststeuerung	**BS 7925-1** **DIN 55530** ISO 2382 **ISO 9000** ISO 12207-0 **IEEE 610.12** DIN 61508-4 ISO 14598 ISO 15408 IEEE 1062	ISO 12207-0 **ISO 9000-3** **IEEE 730** **IEEE 1008** **IEEE 1012** IEEE 1061	**ISO 9126-x** ISO 12119 ISO 12207-1 ISO 15026 IEEE 982.1 **IEEE 1228**	DIN 55350 **IEEE 730** **IEEE 829** IEEE 1012 IEEE 1228	ISO 12207-2 ISO 16085 IEEE 730.1 IEEE 982.1 **IEEE 1059**
Testanalyse Testdesign		DIN 66273 IEEE 1008 IEEE 1012 ISO 15939	**ISO 9241** ISO 12119 IEEE 1044 IEEE 982.1	**IEEE 829** IEEE1063	**BS 7925-2** IEEE 1028 ISO 60812 DIN 61508-7 EN 50128 DIN 61025 DIN 66241 DIN 66273
Testrealisierung und Testdurchführung		IEEE 1008	ISO 9241 IEEE 828 IEEE 1209 IEEE 1348	**IEEE 829** IEEE 1209 IEEE 1348	IEEE 1028 ETSI 201-873 IEEE 1042 IEEE 1209 IEEE 1348
Testauswertung und Bericht		IEEE 1008	IEEE 982.1 **IEEE 1044** **DIN 66271**	**IEEE 829**	IEEE 1044.1 ISO 12119

Tipp

- Normen und Standards sollten immer unter Einbeziehung der Entwickler ausgewählt werden, dabei ist zwischen solchen zu unterscheiden, die unbedingt anzuwenden sind, und solchen, deren Anwendung lediglich empfohlen wird.
- Normen und Standards sind als Möglichkeit zur Verbesserung der professionellen Arbeit anzusehen, nicht als ihr Ersatz.
- Die anzuwendenden Standards sind regelmäßig hinsichtlich geänderter Methoden, Vorgehensweisen und Technologien zu untersuchen, und ggf. ist eine neue Auswahl zu treffen.
- Es sollten möglichst Vorlagen und Werkzeuge zur einfacheren Anwendung von Normen und Standards eingesetzt werden.

14.6 Zusammenfassung

- Testmanager müssen wissen, welche Normen und Standards für das zu testende Produkt bzw. den (Test-)Prozess relevant sind, und deren Einhaltung – ggf. durch Audits geprüft – sicherstellen.
- Gegliedert nach wachsender Allgemeingültigkeit und Anwendbarkeit gibt es Firmenstandards, Best Practices und technische Spezifikationen, branchenspezifische Normen und Standards sowie allgemeingültige Normen und Standards.
- Branchenspezifische und allgemeingültige Normen bzw. Standards definieren die allgemein anerkannten Regeln der Technik und stellen somit den Bezugsrahmen dar, innerhalb dessen sich Projekte abspielen. Sie fördern die Einheitlichkeit von Produkten und Prozessen und sind die Minimalanforderungen für professionelles Arbeiten.
- Terminologie- und Vertragsnormen, Prozessnormen, Produkt- und Dokumentationsnormen sowie Methoden und Techniknormen können unterschieden werden.
- Bei der Bestimmung der Teststrategie sowie der einzusetzenden Testtechniken sind insbesondere bei sicherheitskritischer Software allgemeine und branchenspezifische Standards wie z.B. [IEC 61508], [DO 178 B], [DIN 50128], Standards der Nuklearindustrie, Standards in der pharmazeutischen Industrie oder die MISRA-Vorschriften für Software in Kraftfahrzeugen anzuwenden.
- Ein anerkannter Standard für die Form und den Inhalt der Testdokumentation ist der IEEE-Standard 829–2008 »IEEE Standard for Software Test Documentation«. Insbesondere Testkonzept und Teststufenpläne werden in Übereinstimmung mit diesem Standard entwickelt.

- Die vier Einzelnormen der Reihe DIN/ISO/IEC 9126 »Software Engineering – Product Quality« beinhalten ein Modell sowie Metriken zur Bewertung der Qualität von Softwareprodukten.
- Der IEEE-Standard 1028-1997 »IEEE Standard for Software Reviews« behandelt ausführlich die Planung, Durchführung und Dokumentation von Reviews.
- Die IEEE-Standards 1044-1993 »IEEE Standard Classification for Software Anomalies« und 1044.1-1995 »IEEE Guide to Classification for Software Anomalies« geben einen Prozess sowie eine ausführliche Klassifikation zur Verwaltung von Abweichungsmeldungen vor.
- Die beiden Standards BS 7925-2, »Software Testing – Part 2: Software Component Testing«, und IEEE Std 1008, »IEEE Standard for Software Unit Testing«, beschreiben Methoden, Techniken und Prozesse für die Teststufe »Komponententest«.

Glossar

Dieses Glossar enthält Fachbegriffe aus dem Bereich des Softwaretests und des Testmanagements und weitere Begriffe, die einen Bezug zum Themengebiet des Buches haben. Die Fachbegriffe sind im Text des Buches beim ersten Auftreten mit einem Pfeil gekennzeichnet. Unter [URL: GTB Glossar] findet sich die aktuelle Version des GTB-Glossars zum Herunterladen.

Abdeckung (*coverage*)
s. Überdeckungsgrad

Abweichung
Synonym für Anomalie

Abweichungsbericht, Abweichungsmeldung
Dokument (bzw. Meldung), das jedes Ereignis auflistet, das während eines Tests auftritt und weiterer Untersuchungen bedarf (nach [IEEE 829]).

Abweichungsmanagement
Prozess der Erkennung, Analyse, Bearbeitung und Abschluss eines aufgedeckten Fehlers. Er beinhaltet die Aufzeichnung, Klassifizierung und die Identifikation der betroffenen Auswirkungen (nach [IEEE 1044]).

Abweichungsmanagementsystem
System bzw. Werkzeug, das die Aufzeichnung und Statusverfolgung von Abweichungen ermöglicht. Es beinhaltet oft eine Workflow-Komponente, um die Sammlung, Korrektur und den Fehlernachtest von Vorfällen/ Abweichungen verfolgen, steuern und über Berichtsfunktionen darstellen zu können (s.a. Fehlerdatenbank).

Akzeptanzkriterium
Definition, unter welchen Umständen eine bestimmte Eigenschaft als erfolgreich getestet gilt.

Änderungsmanagement
(1) Ein strukturierter Ansatz, Personen, Teams und Organisationen vom aktuellen Zustand in einen gewünschten zukünftigen Zustand zu bringen.
(2) Ein kontrollierter Weg, um eine (vorgeschlagene) Veränderung eines Produktes oder Services umzusetzen.
(s.a. Konfigurationsmanagement)

Anforderung *(requirement)*

1. Eigenschaft oder Fähigkeit, die von einem Anwender zur Lösung eines Problems oder zur Erreichung eines Ziels benötigt wird.
2. Eigenschaft oder Fähigkeit, die eine Software erfüllen oder besitzen muss, um einen Vertrag, eine Norm oder ein anderes, formell bestimmtes Dokument zu erfüllen.
3. Aussage über eine zu erfüllende qualitative und/oder quantitative Eigenschaft eines Produkts.

Anforderungsabdeckung

Prozentualer Anteil aller (System-)Anforderungen, die durch mindestens einen Testfall validiert wurden (s.a. Überdeckungsgrad).

Anforderungsverfolgung

Aufzeichnung und (Rück-)Verfolgung der (logischen) Beziehungen, Informationen und Querverweise darüber, welche Anforderungen von wem formuliert, mittels welcher fachlichen und technischen Entwurfsdokumente spezifiziert, durch welche Programmteile realisiert und mit welchen Testfällen getestet werden.

Anomalie

Jede Unstimmigkeit, die von den Erwartungen aufgrund von Anforderungsspezifikationen, Entwurfsspezifikationen, Benutzerdokumentationen, Standards oder sonstigen Erfahrungen abweicht. Anomalien können auch durch Reviews, Testen, Analysen, Kompilierung oder die Benutzung des Softwareprodukts oder seiner Dokumentation aufgedeckt werden.

Anwendungsfall *(use case)*

Ein Anwendungsfall beschreibt eine (durch genau einen Akteur angestoßene) Reihe von erkennbaren Aktionen, die ein System ausführt und die zu einem erkennbaren Ergebnis mit Wert für den Handelnden (Akteur) führt.

Anwendungsspezialist

Mitarbeiter mit (aufgrund seiner Ausbildung und ggf. seiner beruflichen Funktion) umfassender Expertise im Anwendungsbereich/Einsatzfeld des zu testenden Softwaresystems.

Assessment

s. Prozess-Assessment

Assessmentbericht

Ein Dokument, das die Ergebnisse eines Assessments zusammenfasst, z.B.Schlussfolgerungen, Empfehlungen und Befunde (s.a. Prozessbewertung).

Assessor

Eine Person, die ein Assessment durchführt; ein Mitglied eines Assessmentteams.

Audit

Eine unabhängige Bewertung von Softwareprodukten und -prozessen um die Konformität mit Standards, Richtlinien, Spezifikationen, und/oder Prozeduren, basierend auf objektiven Kriterien, zu bestimmen, einschließlich der Dokumente, die

- die Gestaltung oder den Inhalt der zu erstellenden Produkte festlegen,
- den Prozess der Erstellung der Produkte beschreiben,

- spezifizieren, wie die Übereinstimmung mit den Standards und Richtlinien nachgewiesen bzw. gemessen werden kann.

Ausfall *(failure)*

1. Aussetzen der Ausführung einer festgelegten Aufgabe eines Systems aufgrund einer in ihm selbst liegenden Ursache und im Rahmen der zulässigen Beanspruchung.
2. Unvermögen eines Systems, eine verlangte Funktion auszuführen (s. a. Fehlerwirkung).

Ausgangskriterien

Die Menge der abgestimmten generischen und spezifischen Bedingungen, die von allen Beteiligten für den Abschluss eines Prozesses akzeptiert wurden. Ausgangskriterien für eine Aktivität verhindern es, dass die Aktivität als abgeschlossen betrachtet wird, obwohl Teile noch nicht fertig sind (nach [Gilb 96]).

Anmerkung:

Ausgangskriterien werden in Berichten referenziert und zur Planung der Beendigung des Testens verwendet.

Baseline

Spezifikation oder Softwareprodukt, das formal geprüft und freigegeben ist bzw. dem zugestimmt wurde. Anschließend dient es als Basis für die weitere Entwicklung und darf nur durch ein formales Änderungskontrollverfahren geändert werden (nach [IEEE 610.12], s.a. Testbasis).

Bugfix

s. Fehlerkorrektur

Build

(Interner) Versionsstand der zu entwickelnden Software, der (kompiliert) in ausführbarer Form vorliegt. Wird von der Entwicklung zu Testzwecken zusammengestellt (s.a. Release-Kandidat).

COTS

Abkürzung für *commercial off-the-shelf*, d.h. für seriengefertigte Produkte; bei Software üblicher Begriff für Systeme, die bei mehreren (vielen) Kunden ohne Individualisierung eingesetzt werden.

Coverage

s. Überdeckungsgrad

Debugging

Tätigkeit des Lokalisierens/Identifizierens, Analysierens und Entfernens der Ursachen von Fehlerwirkungen in der Software.

Defect Detection Percentage

s. Fehlerfindungsrate

Defect Management System

auch im deutschen Sprachgebrauch gängiger englischer Begriff für Fehlerdatenbank

Deming-Kreis
Ein iterativer Problemlösungsprozess, der aus vier Phasen besteht (planen, ausführen, überprüfen, umsetzen) und typischerweise in der Prozessverbesserung genutzt wird (nach [Deming 86]).

Eingangstest
Menge von Tests einer Teststufe, durch die die Verwendbarkeit der (aus der Entwicklung oder einer vorherigen Teststufe) gelieferten Testobjekte für die Durchführung aller Tests dieser Teststufe sichergestellt werden soll; üblicherweise eine Untermenge (z.B. wichtige Testfälle, Tests der Basisfunktionalität, der Testfälle dieser Teststufe.

Emulator
Ein Gerät, Computerprogramm oder System, das die gleichen Eingaben akzeptiert und die gleichen Ausgaben wie ein gegebenes System erzeugt [IEEE 610].

Fachspezialist
s. Anwendungsspezialist

Feature
Leistungsmerkmal bzw. Funktion eines Softwareprodukts.

Fehleranalyse
Teilaktivität des Debugging, in der eine Fehlerwirkung bis zum ursächlichen Fehlerzustand und ggf. der ursächlichen Fehlhandlung zurückverfolgt wird.

Fehlerbericht
s. Abweichungsbericht

Fehlerdatenbank
1. Liste aller bekannten Fehler eines Systems, einer Komponente oder zugehöriger Dokumente und ihrem Behebungsstatus.
2. Enthält aktuelle, vollständige Informationen über alle bekannten Fehlerwirkungen.

Fehlerdichte (*fault density*)
1. Anzahl Fehlerzustände bezogen auf Testobjektumfang.
2. Anzahl der Fehler pro Testobjekt oder Teststufe.

Fehlerfindungsrate (*Defect Detection Percentage, DDP*)
Anzahl der Fehlerzustände, die innerhalb eines Testzeitraums oder in einer Teststufe gefunden werden, dividiert durch die Gesamtzahl der Fehlerzustände, die bis zu einem (zukünftigen) definierten Bezugszeitpunkt (z. B. bis 6 Monate nach Inbetriebnahme) gefunden werden.

Fehlerklasse
Einteilung der aufgedeckten Fehlerwirkungen nach Schwere der Fehlerwirkung aus Sicht des Anwenders (z. B. Grad der Behinderung des Produkteinsatzes).

Fehlerklassifikation(sprozess)
Vorgehen zur Bestimmung der Fehlerklasse.

Fehlerkorrektur
Maßnahme zur Behebung eines Fehlerzustands bzw. Defekts.

Fehlermanagementsystem
s. Abweichungsmanagementsystem

Fehlermeldung
s. Abweichungsbericht

Fehler-Möglichkeits- und Einflussanalyse (FMEA) (*FMEA*)
Systematische Vorgehensweise zur Risikoidentifikation und zur Analyse möglicher Fehler(aus)wirkungen und ihrer Vermeidung.

Fehler-Möglichkeits-, Einfluss- und Kritikalitätsanalyse (*FMECA*)
Eine Erweiterung von FMEA, die über die FMEA hinaus eine Kritikalitätsanalyse enthält, die die Wahrscheinlichkeit der Fehlermöglichkeiten der Schwere ihrer Wirkung gegenüberstellt. Das Ergebnis hebt die Fehlermöglichkeiten mit relativ hoher Wahrscheinlichkeit und ernsten Auswirkungen hervor, um den Aufwand zur Abhilfe gezielt dort zu erbringen, wo der größte Nutzen erreicht wird (s.a. Fehler-Möglichkeits- und Einflussanalyse (FMEA)).

Fehlerrate (*failure rate*)
Anzahl der in einer Testzeit bzw. Programmausführungszeit gefundenen bzw. zu erwartenden Fehlerwirkungen.

Fehlerschwere
s. Fehlerklasse

Fehlertrend
Zeitlicher Verlauf der Anzahl durch den Test dokumentierter Fehlermeldungen bzw. Defekte (z.B. Anzahl der neu erfassten Fehlermeldungen, Anzahl der korrigierten Defekte).

Fehlerverteilung
Prozentualer Anteil von Fehlermeldungen mit einer bestimmten Eigenschaft in Relation zur Gesamtzahl erfasster Meldungen (z.B. Fehlerzustände in einer bestimmten Komponente).

Fehlerzustandsverweildauer (*fault days*)
Anzahl der Tage zwischen einer Fehlhandlung bzw. der Entstehung eines Fehlerzustands und dem Nachweis einer daraus resultierenden Fehlerwirkung.

Freigabetest
Teilmenge der Tests einer Teststufe, die zur Übergabe des Testobjekts von dieser Stufe an die nächste (bzw. zur Auslieferung) dient.

FTA (*Fehlzustandsbaumanalyse*)
Grafisches Verfahren zur Ermittlung, Darstellung und Analyse von Ursache-Wirkungs-Zusammenhängen in technischen Systemen.

Gantt-Diagramm
Grafische Darstellung der Aktivitäten eines Projekts, die die zeitliche Anordnung, Länge und (eingeschränkt) Abhängigkeiten der einzelnen Aktivitäten anzeigt.

Goal Question Metric (*GQM*)
Ein Verfahren zur Messung von Software, das ein dreistufiges Modell verwendet: die konzeptionelle Ebene (Goal), die operationelle Ebene (Question) und die quantitative Ebene (Metric).

Image
Byte-genaues Abbild des Inhalts einer Festplatte zur Datensicherung bzw. zur Sicherung eines bestimmten Systemzustands oder einer bestimmten Systemkonfiguration.

Imaging
Herstellen eines Festplatten-Image (s.a. Image).

Indikator
Ein Maß, das benutzt werden kann, um ein anderes Maß abzuschätzen oder vorherzusagen [ISO 14598].

IT-Spezialist
Mitarbeiter mit (aufgrund seiner Ausbildung und ggf. seiner beruflichen Funktion) umfassender Expertise im Gebiet Informatik, Informationstechnik, Telekommunikation u.a.

Kiviatdiagramm
Grafische Darstellung mehrerer (Mess-)Werte für ein (Mess-)Objekt auf entsprechend vielen punkt- und rotationssymmetrisch angeordneten Achsen, auf denen die Werte eingetragen und durch einen geschlossenen Polygonzug miteinander verbunden werden, der zur besseren Veranschaulichung oft eingefärbt wird. Auch Spinnennetz-, Stern- oder Radardiagramm genannt.

Konfiguration
1. Menge von Softwareobjekten einer bestimmten Version, die zusammen ein (Teil-)System bilden.
2. Zustand der Umgebung eines Testobjekts, der als Vorbedingung für die Durchführung von Testfällen erreicht sein muss.

Kumulativdiagramm
Spezielles Mehrliniendiagramm, bei dem die Summe mehrerer Werte(reihen) in ihrem zeitlichen Verlauf dargestellt wird.

Maß
Zahl oder Kategorie, die einem Attribut einer Einheit aufgrund der Durchführung einer Messung zugeordnet wird.

Mastertestplan
Synonym für →Projekttestplan.

Mean Time Between Failures (*MTBF*)
Der arithmetische Mittelwert für die Zeitspanne zwischen Fehlerwirkungen von aufeinanderfolgenden Ausfällen einer Betrachtungseinheit oder eines Systems. Die MTBF ist typischerweise Teil eines Zuverlässigkeitswachstumsmodells, das annimmt, dass die ausgefallene Betrachtungseinheit im Rahmen eines Fehlerbehebungsprozesses sofort repariert wird (s.a. Zuverlässigkeitswachstumsmodell).

Meilenstein
Markiert einen Zeitpunkt im Softwareentwicklungsprojekt (-prozess), zu dem ein bestimmtes Arbeitsergebnis fertig gestellt sein soll.

Messung
Vorgang, durch den einer Einheit eine Zahl oder Kategorie zugeordnet wird, um ein Attribut zu beschreiben.

Metrik
1. Größe zur Messung einer bestimmten Eigenschaft eines Programms oder einer Komponente. Die Ermittlung von Metriken ist Aufgabe der statischen Analyse.
2. Eine Messskala und eine Methode, die für Messungen verwendet wird.

Multisystem
s. System von Systemen

Negativtest
Ein Test, der zeigen soll, dass eine Komponente oder ein System nicht funktioniert. Der Begriff bezeichnet eher die Einstellung des Testers als eine bestimmte Testvorgehensweise oder ein bestimmtes Testentwurfsverfahren, wie etwa das Testen mit ungültigen Eingabewerten oder Ausnahmen.

Norm (*standard*)
Von einer Normungsorganisation, wie z.B. »Deutsches Institut für Normung« oder »International Organization for Standardization«, geschaffener Standard.

Operationales Profil
Im Produktionsbetrieb zu erwartende Verteilung der Benutzungshäufigkeit der Produktfunktionen.

PREview
Frühzeitiges Review unter Beteiligung von Testern mit dem Ziel, die Dokumente auch in Hinblick auf ihre Verwendbarkeit für den Test, speziell für die Erstellung der jeweiligen Testfälle, zu prüfen.

Priorisierung/Priorität
Wichtigkeit bzw. Relevanz, die einem Objekt (z.B. Fehlerwirkung) zugeordnet worden ist.

Produktionsumgebung
Infrastruktur, in der das gestestete System nach seiner Freigabe betrieben wird.

Produktrisiko
Risiko, das direkt auf ein Testobjekt bezogen ist.

Projektrisiko
Risiko bezogen auf das (Test-)Management und die Steuerung der (Test-)Objekte.

Projektstrukturplan
Anordnung von Arbeitselementen und ihre Beziehungen untereinander und zum Endprodukt [CMMI 01].

Projekttestplan

Testplan für ein ganzes →Testprojekt bzw. für alle →Teststufen und →Testaktivitäten für ein System. Enthält oftmals nur Rahmenvereinbarungen und verweist ansonsten auf einen oder mehrere →Stufentestpläne. Während im Deutschen der Begriff Testplan i. Allg. nur die Aspekte der Aktivitätenplanung (Zeit, Resourcen etc.) des →Testkonzepts umfasst (typischerweise realisiert durch ein →Gantt-Diagramm), bezeichnet im Englischen der *test plan* üblicherweise das gesamte Testkonzept.

Prozess-Assessment

Eine systematische Bewertung der Softwareprozesse in einer Organisation unter Verwendung eines Referenzmodells (nach [ISO/IEC 15504]).

Prozessmodell

Ein Rahmenwerk zur Klassifizierung von Prozessen des gleichen Typs in einem übergeordneten Modell, z.B. einem Testprozessverbesserungsmodell.

Qualitätsmanagement

Aufeinander abgestimmte Tätigkeiten zum Leiten und Lenken einer Organisation bezüglich Qualität. Diese umfassen üblicherweise das Festlegen der Qualitätspolitik und der Qualitätsziele, die Qualitätsplanung, die Qualitätssicherung und die Qualitätsverbesserung [ISO 9000].

Qualitätspolitik

Grundlegende Absichten und Zielsetzungen eines Unternehmens, die von der Unternehmensleitung hinsichtlich Qualität verfolgt werden.

Quality Gate

Ein spezieller Meilenstein im Projekt. Quality Gates stehen zwischen Projektphasen, die stark von den Arbeitsergebnissen der vorherigen Phase abhängen. Sie enthalten die formale Kontrolle der Arbeitsergebnisse der vorherigen Phase.

Reifegradmodell

Eine strukturierte Menge von Elementen, die bestimmte Aspekte des Reifegrades einer Organisation beschreiben und die bei der Definition und dem Verstehen der Prozesse der Organisation helfen. Ein Reifegradmodell stellt oft eine allgemeine Sprache, eine gemeinsame Vision und ein Rahmenwerk zur Priorisierung von Verbesserungsaktionen zur Verfügung.

Release

Eine bestimmte Version eines Konfigurationsobjekts, das für einen spezifischen Zweck bereitgestellt wurde (beispielsweise ein Testrelease oder eine Produktionsrelease).

Release-Kandidat

Versionsstand bzw. Build, der als hinreichend stabil bzw. ausgereift angesehen wird und zur (externen) Freigabe vorgesehen ist. Bestätigt der Test diese Einschätzung, so erfolgt die Freigabe, und aus dem Release-Kandidaten wird tatsächlich ein Release.

Releaseplan

Zeitplan (herausgegeben vom Produktmanagement), der darstellt, wann und in welchem Rhythmus die Entwicklung Builds und Releases (an den Test bzw. zur Freigabe) liefert.

Requirement
s. Anforderung

Requirements Coverage
s. Anforderungsabdeckung

Requirements Tracing
s. Anforderungsverfolgung

Restfehlerabschätzung
Abschätzung der Gesamtanzahl der Fehlerzustände, die nach Codereviews, Tests und anderen Qualitätssicherungsmaßnahmen noch im System verblieben sind.

Risiko
Faktor, der zu negativen Konsequenzen in der Zukunft führen könnte; gewöhnlich ausgedrückt durch die Eintrittswahrscheinlichkeit und das Schadensausmaß.

Risikoanalyse
Aktivität des Risikomanagements, bei der identifizierte Risiken analysiert, nach ihrer Eintrittswahrscheinlichkeit und ihrem Schadensausmaß bewertet und mit Eintrittsindikatoren versehen werden.

Risikoidentifikation
Der Prozess des Findens von Risiken mittels Methoden wie Brainstorming, Checklisten und der Betrachtung von Fehlern bzw. Fehlhandlungen in der Vergangenheit.

Risikoinventar
Katalog mit Informationen über die Risikolage eines Projekts oder Produkts. Dokumentiert die Ergebnisse der →Risikoanalyse:

- Erläuterung der Risiken
- Bewertung der Risiken (qualitativ und falls möglich quantitativ) durch Beschreibung der Eintrittswahrscheinlichkeit und des möglichen Schadens
- Indikatoren zur möglichst frühzeitigen Erkennung
- Maßnahmen zur Vermeidung
- Vorschläge zur Verbesserung, d.h. Vermeidung des erneuten Auftretens
- Priorisierung der Maßnahmen
- Zeitlicher Verlauf der Größen (z.B. falls die Eintrittswahrscheinlichkeit über die Zeit nicht konstant ist)

Risikokategorie
s. Risikotyp

Risikomanagement
Systematische Anwendung von Praktiken für die Aufgaben der Risikoidentifizierung, Risikoanalyse, Risikopriorisierung und Risikosteuerung.

Risikoorientierter Test
Eine Vorgehensweise beim Testen, um Produktrisiken zu reduzieren und die Stakeholder hinsichtlich der Produktrisiken zu informieren, beginnend in den frühen Phasen des Projekts. Risikoorientiertes Testen beinhaltet die Identifizierung der Produktrisiken und die Verwendung von Risikostufen zur Steuerung des Testprozesses.

Risikoprioritätszahl (RPZ)
Ein in der FMECA zur Bewertung von Fehlermöglichkeiten benutztes Produkt aus Eintrittswahrscheinlichkeit, zu erwartendem Schaden und Aufdeckungswahrscheinlichkeit.

Risikosteuerung
Risikosteuerung entscheidet im laufenden Projekt aufgrund der von der Risikoüberwachung gelieferten Daten über die im Rahmen der Risikovorsorge entwickelten Maßnahmen zur Verhinderung des Eintretens von Projektrisiken und zur Verminderung des von ihnen verursachten Schadens.

Risikostufe
Die Risikostufe ergibt sich entweder qualitativ durch Zuordnung eines Wertes z.B. aus »Niedrig«, »Mittel« und »Hoch« oder quantitativ aus der Wahrscheinlichkeit des Problemeintritts und dem damit verbundenen Schaden.

Risikotyp
Eine Menge von Risiken, die einen oder mehrere gemeinsame Aspekte aufweisen, wie Qualitätsmerkmal, Ursache, Ort oder mögliche Auswirkung des Risikos. Bestimmte Risikotypen können durch eine bestimmte Testart reduziert (kontrolliert) werden. Zum Beispiel kann das Riskio missverstandener Bedienerinteraktionen durch Benutzbarkeitstests verringert werden.

Rückverfolgbarkeit
Die Fähigkeit, zusammengehörige Teile von Dokumentation und Software zu identifizieren, insbesondere die Anforderungen mit den dazugehörigen Testfällen.

Service Level
Definition der vereinbarten Güter einer Dienstleistung, z.B. ausgedrückt in Umfang, Reaktionszeit und Durchführungsgeschwindigkeit der Dienstleistung.

Simulator
Gerät, Computerprogramm oder Testsystem, das sich wie ein festgelegtes System verhält, wenn man es mit einem definierten Satz kontrollierter Eingaben versorgt (nach [IEEE 610, DO178b]) (s.a. Emulator).

Sitzungsbasiertes Testen
Eine Vorgehensweise beim Testen, bei der die Testaktivitäten – insbesondere Testdesign und Testdurchführung – als unterbrechungsfreie Sitzungen geplant werden, oft in Verbindung mit explorativem Testen.

Sitzungsbasiertes Testmanagement
Eine Methode zur Messung und Steuerung vom Testen in Sitzungen (»sitzungsbasiertes Testen«), z.B. vom explorativen Testen.

Stakeholder

Ziel der Entwicklung eines Systems ist die Zufriedenstellung von Bedürfnissen mehrerer Personen, Gruppen, Institutionen oder Dokumente (z.B. Gesetzestexte), wobei die Bedürfnisse und Ansprüche sehr unterschiedlich, auch gegenläufig und sogar widersprüchlich sein können. Alle beteiligten Personen(gruppen), Institutionen und Dokumente werden als Stakeholder bezeichnet. Bezogen auf den Softwaretest: Personen oder Gruppen, die eine bestimmte Sicht auf ein System und Interesse an dessen Funktionalitäten haben.

Statischer Test

Testen einer Komponente oder eines Systems auf Anforderungs- oder Implementierungsebene ohne Ausführung der Software, z.B. durch Reviews oder statische Analyse.

Stufentestplan

→Testplan für eine einzelne →Teststufe.

System von Systemen

Mehrere heterogene verteilte Systeme, die in Netzwerken auf mehreren Ebenen und in mehreren verbundenen Domänen eingebunden sind, um große interdiziplinäre gemeinsame Probleme und Fragestellungen zu adressieren, üblicherweise ohne eine gemeinsame Managementstruktur.

Systemausfall

s. Ausfall

Systemkonfiguration

s. Konfiguration

Testabdeckung

s. Überdeckungsgrad

Testabdeckungsmaß

s. Überdeckungsgrad

Testaktivität

Aktivität bzw. Teilaufgabe, die innerhalb des Testprozesses ausgeführt wird.

Testart

Gruppe von Testaktivitäten, die gemeinsam ausgeführt und verwaltet werden, mit dem Ziel der Überprüfung einer Komponente und eines Systems auf einige zusammenhängende Qualitätsmerkmale. Eine Testart kann sich auf bestimmte Testziele beziehen, wie z.B. Zuverlässigkeitstest, Regressionstest, Benutzbarkeitstest. Die Testart kann sich auch auf eine oder mehrere Testebenen oder -phasen beziehen.

Testausführungsplan (*test execution schedule*)

Ein Plan für die Ausführung von Testszenarien. Testszenarien sind mit ihrem Kontext und in der auszuführenden Reihenfolge im Testausführungsplan enthalten.

Testbasis

Alle Dokumente, aus denen die Anforderungen ersichtlich werden, die an das Testobjekt gestellt werden, bzw. die Dokumentation, auf der die Herleitung oder Auswahl der Testfälle beruht.

Testbedingung (*test condition*)
(syn. Prüfaspekt, Prüfkriterium) Verhalten, Reaktion, Eigenschaft, Qualitätsmerkmal oder strukturelles Element eines (Teils) des Testobjekts, das durch einen oder mehrere Testfälle geprüft/verifiziert werden kann/soll.

Testbericht
Dokument, das die Testaktivitäten und -ergebnisse zusammenfasst und eine darauf basierende Bewertung der Testobjekte enthält.

Testcenter
Institution bzw. Organisationseinheit, die das Testen als externe oder unternehmensinterne Dienstleistung für Entwicklungsprojekte zur Verfügung stellt.

Testfallkatalog
Auflistung der zu testenden Eigenschaften des Systems und Gegenüberstellung der zugeordneten Testfälle sowie der Akzeptanzkriterien für die einzelnen Eigenschaften.

Testfortschritt
Maß, das angibt, wie weit der Testprozess fortgeschritten ist.

Testfortschrittbericht
s. Testbericht

Testframework
s. Testrahmen

Testhandbuch
Dokument, in dem die generell durchzuführenden Teststufen und die in ihnen auszuführenden Testaktivitäten beschrieben sind.

Testkonzept
Ein Dokument, das u.a. den Gültigkeitsbereich, die Vorgehensweise, die Ressourcen und die Zeitplanung der beabsichtigten Tests mit allen Aktivitäten beschreibt. Es identifiziert u.a. die Testobjekte, die zu testenden Features und die Testaufgaben. Es ordnet den Testaufgaben die Tester zu und legt den Unabhängigkeitsgrad der Tester fest. Es beschreibt die Testumgebung, die Testentwurfsverfahren und die anzuwendenden Verfahren zur Messung der Tests und begründet deren Auswahl. Außerdem werden Risiken beschrieben, die eine Planung für den Fall des Eintretens erfordern. Ein Testkonzept ist somit die Niederschrift des Testplanungsprozesses (nach [IEEE 829]).

Testmanagementwerkzeug
Werkzeug zur Unterstützung von Management und Steuerung des Testprozesses; beinhaltet Leistungsmerkmale wie Management der Testmittel, zeitliche Planung der Reihenfolge der durchzuführenden Tests, Protokollierung der Ergebnisse, Fortschrittsüberwachung, Abweichungsmanagement und Testberichterstattung.

Testmanager
Für Planung und Realisierung des Tests und Bewertung des Testobjekts verantwortliche Person, die plant, anleitet, steuert, die Pläne verwaltet und die Auswertung eines Testobjekts regelt.

Testmethode

1. Planmäßiges, auf einem Regelwerk aufbauendes Vorgehen zur Herleitung und/oder Auswahl von Testfällen.
2. Das Vorgehen (z. B. manuell, Einsatz eines Mitschnittwerkzeugs) bei der Durchführung von Tests.

Testmetrik

Messbare Eigenschaft eines Testfalls, Testlaufs oder Testzyklus mit Angabe der zugehörigen Messvorschrift.

Testmittel

Alle Artefakte, die während des Testprozesses erstellt werden und die erforderlich sind, um die Tests zu planen, zu entwerfen oder auszuführen. Dazu gehören: Dokumente, Skripte, Eingabedaten, erwartete Ergebnisse, Prozeduren zum Aufsetzen und Aufräumen von Testdaten, Dateien, Datenbanken, Umgebungen und weitere zusätzliche Software- und Dienstprogramme, die für das Testen verwendet werden (nach [Graham 00]).

Testobjektumfang

Größe des Testobjekts, messbar mittels unterschiedlicher Metriken, z.B. Lines-of-Code, Function Points u.Ä.

Testplan (*test schedule*)

1. Zeitliche Planung der Testdurchführung (Zuordnung der Testfälle zu Testern und Festlegung des Durchführungszeitpunktes).
2. Verzeichnis aller Testfälle, in der Regel thematisch bzw. nach Testzielen gruppiert.

Testpolitik

Unternehmensphilosophie in Bezug auf das Testen (oder die Qualitätssicherung) von Software.

Testprojekt

Im Wesentlichen ein einmaliges Vorhaben, bei dem innerhalb einer definierten Zeitspanne definierte Testziele erreicht werden sollen; üblicherweise Teil eines Software- oder Systementwicklungsprojekts.

Testprozess

Umfasst alle Aktivitäten, die zur Planung und Steuerung, Analyse und Design, Realisierung und Durchführung, Auswertung und Bericht sowie zum Abschluss der Testaktivitäten in einem Projekt benötigt werden.

Testprozessverbesserung

Kontinuierliches Rahmenwerk zur Verbesserung des Testprozesses, das die Schlüsselelemente eines effektiven Testprozesses beschreibt, wobei der System- und Abnahmetest im Fokus stehen.

Testrahmen (*test harness, test bed*)

Sammlung aller Programme (u. a. Testtreiber und Platzhalter), die notwendig sind, um Testfälle auszuführen, auszuwerten und Testprotokolle aufzuzeichnen.

Testschätzung
Ermittelte Näherung eines Ergebnisses zu einem Aspekt des Testens (z.B. Aufwand, Endzeitpunkt, erforderliche Kosten, Anzahl der Testfälle), die auch dann brauchbar ist, wenn die Eingabedaten unvollständig, unsicher oder gestört sind.

Testspezifikationstechnik
Planmäßiges, auf einem Regelwerk aufbauendes Vorgehen zur Herleitung von Testspezifikationen aus Informationen über das Testobjekt (z.B. Anforderungen, Modell, Programmtext).

Teststatusbericht
s. Testbericht

Teststeuerung (***test control***)
Rechtzeitige Ermittlung und Umsetzung aller Maßnahmen, die nötig sind, um während des Testverlaufs sicherzustellen, dass die Testarbeiten bzw. Testaktivitäten planmäßig abgearbeitet und die Testziele erreicht werden.

Teststufe
Eine Teststufe ist eine Gruppe von Testaktivitäten, die gemeinsam ausgeführt und verwaltet werden. Zuständigkeiten in einem Projekt können sich auf Teststufen beziehen. Beispiele von Teststufen sind der Komponententest, der Integrationstest, der System- und Abnahmetest (nach dem allg. V-Modell).

Teststufenplan
Synonym zu →Stufentestplan.

Testtechnik
s. Testmethode

Testthema
Gruppe von Testfällen, die gemeinsam ausgeführt und/oder verwaltet werden, da sie zusammengehörige oder verwandte Aspekte des Testobjekts prüfen oder gleiche Testziele verfolgen.

Testtiefe
Intensität, mit der ein bestimmtes Qualitätsmerkmal durch eine Menge von Testfällen geprüft wird; kann evtl. quantitativ durch Messung der Abdeckung bestimmt werden oder rein qualitativ durch Vergleich unterschiedlicher Testverfahren (z.B. hat ein geschäftsprozessbasierter Test mit begleitender Anwendung einer vollständigen Äquivalenzklassenanalyse eine deutlich höhere Testtiefe als ohne diese).

Testtool
s. Testwerkzeug

Testvorgehen/Testvorgehensweise
Implementierung einer Teststrategie in einem spezifischen Projekt, enthält typischerweise getroffene Entscheidungen zur Erreichung der (Test-)Projektziele, Ergebnisse der Risikoanalyse, Testentwurfsverfahren, Ausgangskriterien und geplante durchzuführende Tests (Testarten).

Testwerkzeug
Automatisiertes Hilfsmittel zur Unterstützung einer oder mehrerer Testaktivitäten, wie Planung und Verwaltung, Spezifikation, Aufbau der Ausgangsdateien, Testdurchführung und Bewertung.

Testziel
1. Aufdeckung von Fehlern als allgemeines Ziel des Testens.
2. Aufdeckung spezifischer Fehlerwirkungen durch passende Testfälle.
3. Nachweis der Erfüllung bestimmter Anforderungen im/durch das Testobjekt als spezifisches Ziel eines oder mehrerer Testfälle.

TTCN-3 (*Testing and Test Control Notation, Version 3*)
Standard zur Spezifikation und Ausführung von Tests für Telekommunikationssysteme.

Überdeckungsgrad
Kriterium zur Beendigung des Tests, unterschiedlich je nach Testmethode, meist durch Werkzeuge zu ermitteln.

Übergabetest
Teilmenge der Tests einer Teststufe, die entweder als Akzeptanztest dieser Stufe von der vorhergehenden (bzw. der Entwicklung) oder als →Freigabetest an die nächste Teststufe (bzw. zur Auslieferung) dient.

Überlebenswahrscheinlichkeit
Wahrscheinlichkeit dafür, dass eine Software oder ein System eine bestimmte Zeitspanne ohne Fehlerwirkung funktionieren wird.

Ursachenanalyse
Die Analyse von Fehlerzuständen mit dem Zweck, ihre Grundursachen zu bestimmen [CMMI 01].

Usability-Test/Benutzbarkeitstest
Testen, um das Ausmaß zu bestimmen, inwieweit ein Softwareprodukt unter spezifizierten Bedingungen für einen Anwender verständlich, erlernbar, anwendbar und attraktiv ist (nach [ISO 9126]).

Use Case
s. Anwendungsfall

Virtueller Benutzer
Konstrukt in einem Performanztestwerkzeug, mit dem das Verhalten eines realen Benutzers des zu testenden Systems simuliert werden kann; dient oftmals als Ausgangspunkt für die Lizenzierungspolitik des Werkzeugherstellers.

Vorbedingung
Bedingungen an den Zustand des Testobjekts und seiner Umgebung, die vor der Durchführung eines Testfalls oder Testablaufs erfüllt sein müssen.

Zuverlässigkeitswachstumsmodell
Mathematisch-statistisches Modell zur Schätzung bzw. Vorhersage der Zuverlässigkeit von (Software-)Systemen; basiert auf der Annahme, dass durch Testen und Beseitigung der gefundenen Fehler die Zuverlässigkeit des Systems zunimmt.

Quellenverzeichnis

Literatur

[Amland 99]
Amland, S.: Risk Based Testing and Metrics. 5th International Conference EuroSTAR '99, Barcelona, 1999.

[Bach 04]
Bach, J.: Exploratory Testing. In: van Veenendaal, E. (eds.): The Testing Practitioner, 2nd ed., UTN Publishing, 2004.

[Balzert 98]
Balzert, H.: Lehrbuch der Software-Technik. Band 2. Spektrum Akademischer Verlag, 1998.

[Basili 84]
Basili, V. R.; Weiss, D. M.: A Methodology for Collecting Valid Software Engineering Data. IEEE Transaction on Software Engineering, SE-10, No. 6, 1984, pp. 728-738.

[Bath 11]
Bath, G.; McKay, J.: Praxiswissen Softwaretest – Test Analyst und Technical Test Analyst. Aus- und Weiterbildung zum Certified Tester – Advanced Level nach ISTQB-Standard, 2., durchgesehene Auflage, dpunkt.verlag, Heidelberg, 2011.

[Beck 01]
Beck, K., Fowler, M.: Extreme Programming planen. Addison-Wesley, 2001.

[Belbin 93]
Belbin R. M. : Team Roles at Work, Butterworth Heinemann, 1993

[Belbin 96]
Belbin, R. M.: Managementteams: Erfolg und Misserfolg. Verlag Bergander Team- und Führungsentwicklung, 1996.

[Black 02]
Black, R.: Managing the Testing Process, 2nd edition, John Wiley & Sons, New York, 2002.

[Black 03]
Black, R.: Critical Testing Processes, Addison-Wesley, 2003.

[Black 04]
Black, R.: Critical testing processes. Plan, prepare, perform, perfect. Addison-Wesley, Boston, Mass., 2004.

[Borner 08]
Borner, L.; Ebrecht, L.; Jungmayr, S.; Hamburg, M.; Winter, M.: Suchen Sie die richtigen Fehler? Warum es sich lohnt, Fehler zu kategorisieren. OBJEKTspektrum, Januar 2008, Nr. 1, S. 74-80.

[Burnstein 96]
Burnstein, I.; Suwanassart, T.; Carlson, C. R.: The Development of a Testing Maturity Model. Proceedings of the Ninth International Quality Week Conference, San Francisco, USA, May 21-24, 1996.

[Burnstein 03]
Burnstein, I.: Practical Software Testing. Springer-Verlag, New York, 2003.

[Bush 90]
Bush, M.: Software Quality: The use of formal inspections at the Jet Propulsion Laboratory. Proceedings of the 12th ICSE, IEEE 1990, pp. 196-199.

[Charette 89]
Charette, R. N.: Software Engineering Risk Analysis and Management. McGraw-Hill, New York 1989.

[CMMI 01]
CMMI for Systems Engineering and Software Engineering (CMMI-SE/SW). Version 1.1, Carnegie Mellon University, Software Engineering Institute, CMU/SEI-2002-TR-002, 2001.

[Craig 02]
Craig, R.D., Jaskiel, S.P.: Systematic Software Testing, Artech House Publisher, Norwood, MA, USA, London, 2002.

[Crispin 02]
Crispin, L.; House, T.: Testing Extreme Programming. Addison-Wesley Professional, 2002.

[DeMarco 97]
DeMarco, T.: Warum ist Software so teuer? Carl Hanser Verlag, München, Wien, 1997.

[DeMarco 98]
DeMarco, T.: Der Termin, ein Roman über Projektmanagement. Carl Hanser Verlag, München, Wien, 1998.

[DeMarco 03]
DeMarco, T.; Lister, T.: Bärentango – Mit Risikomanagement Projekte zum Erfolg führen. Carl Hanser Verlag, München, 2003.

[DeMarco 04]
DeMarco, T.: Was man nicht messen kann ..kann man nicht kontrollieren. 2. Aufl., mitp-Verlag, Bonn, 2004 [engl. Original: Controlling Software Projects. Prentice Hall, Englewood Cliffs, 1986].

[Deming 86]
Deming, W.E.: Out of the crisis, Massachusetts Institute of Technology, Massachusetts, USA, 1986.

[Dugan 96]
Dugan, J. B.: Software System Analysis Using Fault Trees. Kapitel 15 in [Lyu 96].

[Ebert 05]
Ebert, C.; Dumke, R.; Bundschuh, M.; Schmietendorf, A.: Best Practices in Software-Measurement – How to use Metrics to improve Project and Process Performance. Springer-Verlag, Berlin, Heidelberg, New York, 2005.

[Fagan 76]
Fagan, M.E.: Design and Code Inspections to Reduce Errors in Program Development. IBM Systems Journal, Vol. 15, No. 3, 1976, pp. 182-211.

[Farooq 07]
Farooq, A.; Dumke, R. R.: Research directions in verification & validation process improvement, ACM SIGSOFT Software Engineering Notes, Volume 32, Issue 4, July 2007.

[Fehlmann 05]
Fehlmann, Th. M.: Six Sigma in der SW-Entwicklung. Umsetzung der Nullfehler-Strategie bei SW-Produkten – Messbar Wettbewerbsvorteile durch Kundenorientierung. Vieweg Verlag, Braunschweig, 2005.

[Fraikin 04]
Fraikin, F.; Hamburg, M.; Jungmayr, S.; Leonhardt, T.; Schönknecht, A.; Spillner, A.; Winter, M.: Die trügerische Sicherheit des grünen Balkens. OBJEKTspektrum, Januar/Februar 2004, Nr. 1, S. 25-29.

[Frühauf 91]
Frühauf, K.; Ludewig, J.; Sandmayr, H.: Software-Prüfung: eine Fibel. Verlag der Fachvereine, Zürich und Teubner Verlag, Stuttgart, 1991 (4. Auflage 2000).

[Gilb 96]
Gilb, T.; Graham, D.: Software Inspections. Addison-Wesley, 1996 (Nachdruck von 1993).

[Grady 92]
Grady, R. B.: Practical Software Metrics for Project Management and Process Improvement. Hewlett-Packard Professional Bools, Prentice Hall, Englewood Cliffs, 1992.

[Graham 00]
Graham, D.; Fewster, M.; Roden, L.: Practical Guide to Software Test Management – Task & People Issues. Tutorial, 8th European Conference on Software Testing Analysis and Review, EuroSTAR'00, Kopenhagen, 2000.

[Grottke 01]
Grottke, M.; Dussa-Zieger, K.: Prediction of Software Failures based on Systematic Testing. Proc. 9th European Conference on Software Testing Analysis and Review, EuroSTAR'01, 2001.

[Grottke 03]
Grottke, M.: Modeling Software Failures during Systematic Testing. Shaker Verlag, Aachen, 2003

[Gutjahr 95]
Gutjahr, W. J.: Optimal Test Distributions for Software Failure Cost Estimation. IEEE Transactions on Software Engineering, Vol. 21, No. 3. März 1995, pp. 219-228.

[Gutjahr 96]
Gutjahr, W. J.: Risikogesteuerte Aufteilung von Softwaretestkapazitäten. In: Müllerburg et al. (Hrsg.): Test, Analyse und Verifikation von Software; aus der Arbeit der Fachgruppe 2.1.7 Test, Analyse und Verifikation von Software (TAV) der Gesellschaft für Informatik (GI). Oldenbourg, München, 1996.

[Hatton 97]
Hatton, L.: Reexamining the Fault Density-Component Size Connection. IEEE Software, März 1997, pp. 89-97.

[Hindel 06]
Hindel, B.; Hörmann, K.; Müller, M.; Schmied, J.: Basiswissen Software-Projektmanagement – Aus- und Weiterbildung zum Certified Professional for Project Management nach iSQI-Standard. 2., überarbeitete und erweiterte Auflage, dpunkt.verlag, Heidelberg, 2006.

[Hofbauer 05]
Hofbauer, M.: Das Schätzen von Softwareprojekten – Evaluierung und Anwendung von Schätzverfahren. Diplomarbeit an der Fachhochschule des bfi Wien GesmbH, Wien 2005

[Höhn 08]
Höhn, R.; Höppner, S.: Das V-Modell XT – Grundlagen, Methodik und Anwendungen. Springer-Verlag, 2008.

[Hörmann 02]
Hörmann, K.; Müller, M.: SPICE und CMM(I) in der Automobilindustrie. In: Koch, N. (Hrsg.): Software Process Improvement – CMM & SPICE in Practice. UNI-DRUCK, München 2002.

[Imai 01]
Imai, M.: Kaizen – Der Schlüssel zum Erfolg im Wettbewerb. Ullstein Taschenbuchverlag, 2. Auflage, 2001.

[iX-Studie 06]
Illes, T.; Pohlmann, H.; Roßner, T.; Schlatter, A.; Winter, M.: iX-Studie Testmanagement. Verlag Heinz Heise, Hannover, 2006.

[Jelinski 72]
Jelinski, Z.; Moranda, P.: Software Reliability Research. In: W. Freiberger (ed.): Statistical Computer Performance Evaluation. Academic Press, 1972.

[John 05]
John, A.; Meran, R.; Roenpage, O.; Staudter, C.: Six Sigma + Lean Toolset – Verbesserungsprojekte erfolgreich durchführen. Springer-Verlag, Heidelberg, Berlin, 2005.

[Jones 96]
Jones, C.: Software Defect-Removal Efficiency. IEEE Computer, Vol. 29, No. 4, April 1996, pp. 94-95.

[Jones 98]
Jones, C.: Estimating Software Costs, McGraw-Hill, New York, 1998.

[Juran 88]
Juran, J. M.: Juran's Quality Control Handbook. McGraw-Hill, New York, 1988.

[Kaner 95]
Kaner, C.: Software Negligence & Testing Coverage. Software Quality Assurance Quarterly, Vol. 2, Nr. 2, 1995. Online unter [URL: Kaner].

[Kerzner 2003]
Kerzner, H.: Projektmanagement – Ein systemorientierter Ansatz zur Planung und Steuerung. mitp-Verlag, Bonn, 2003.

[Kneuper 95]
Kneuper, R.; Sollmann, F.: Normen zum Qualitätsmanagement bei der Softwareentwicklung. Informatik Spektrum, Band 18, Heft 6, 1995, S. 314-323.

[Kneuper 07]
Kneuper, R.: CMMI – Verbesserung von Softwareprozessen mit Capability Maturity Model Integration. 3., aktualisierte und überarbeitete Auflage, dpunkt.verlag, Heidelberg, 2007.

[Koomen 99]
Koomen, T., Pol, M.: Test Process Improvement: a Practical Step-by-Step Guide to Structured Testing. Addison-Wesley, 1999.

[Koomen 08]
Koomen, T.; Van der Aalst, L.; Broekmann, B.; Vroon, M.: TMap® Next – Ein praktischer Leitfaden für ergebnisorientiertes Softwaretesten. dpunkt.verlag, Heidelberg, 2008.

[Kruchten 99]
Kruchten, P.: Der Rational Unified Process – Eine Einführung. Addison-Wesley-Longman, 1999.

[Liggesmeyer 02]
Liggesmeyer, P.: Software-Qualität – Testen, Analysieren und Verifizieren von Software. Spektrum Akademischer Verlag, Heidelberg, 2002.

[Lyu 96]
Lyu, M. R. (Ed.): Handbook of Software Reliability Engineering. IEEE Press, Los Alamitos/McGraw-Hill, New York, 1996.

[Martin 91]
Martin, J.: Rapid Application Development. Macmillan, USA, 1991

[Mellis 98]
Mellis, W.; Herzwurm, G.; Stelzer, D.: TQM der Softwareentwicklung. 2. Auflage, Vieweg Verlagsgesellschaft, 1998.

[Müller 07]
Müller, M.; Hörmann, K.; Dittmann, L.; Zimmer, J.: Automotive SPICE in der Praxis, dpunkt.verlag, Heidelberg, 2007.

[Musa 84]
Musa, J. D.; Okumoto, K.: A Logarithmic Poisson Execution Time Model for Software Reliability Measurement. Proc. 7th International Conference on Software Engineering (ICSE'84), 1984, pp. 230-238.

[Neumann 95]
Neumann, P. G.: Computer Related Risks. ACM Press/Addison-Wesley Publishing Co., New York, NY, 1995.

[Ould 99]
Ould, M.: Managing Software Quality and Business Risk. John Wiley & Sons, Chichester, 1999.

[Petrasch 01]
Petrasch, R.: Einführung in das Software Qualitätsmanagement. Logos Verlag, Berlin, 2001.

[Pichler 07]
Pichler, R.: Scrum – Agiles Projektmanagement erfolgreich einsetzen. dpunkt.verlag, Heidelberg, 2007.

[Pinkster 06]
Pinkster, I.; Van de Burgt, B.; Janssen, D.; Van Veenendaal, E.: Successfull Test Management – An Integral Approach. Springer-Verlag, Berlin, 2006.

[Poensgen 05]
Poensgen, B.; Bock, B.: Die Function-Point-Analyse. Ein Praxishandbuch. dpunkt.verlag, Heidelberg, 2005.

[Pol 02]
Pol, M.; Koomen, T.; Spillner, A.: Management und Optimierung des Testprozesses – Ein praktischer Leitfaden für erfolgreiches Testen von Software mit TPI und TMap. 2., aktualisierte Auflage, dpunkt.verlag, Heidelberg, 2002.

[Poore 97]
Poore, J.; Trammel, C.: Bringing Respect to Testing through Statistical Science«. American Programmer, Vol. 10, No. 8, August, 1997, S. 15–22.

[Rashka 01]
Rashka, J.: Test Effort Sizing. In: The Journal of Software Testing Professionals, Ausgabe März 2001.

[Romeike 04]
Romeike, F.: Lexikon Risiko-Management. Wiley-VCH, Weinheim, 2004.

[Sandmann 03]
Sandmann, E.: Risikobewertung für effizientes Testmanagement. SQS Anwenderkonferenz, Bamberg, 2003.

[Schaefer 96]
Schaefer, H.: Surviving under Time and Budget Pressure. Proc. EuroSTAR'96, Amsterdam, 1996.

[Schettler 05]
Schettler, H.: Precision Testing: Nutzen-Kosten-optimierte Tests planen. 22. GI-TAV-Workshop, Bremen, 2005. In: GI Softwaretechnik Trends, Band 25, Heft 1, Februar 2005.

[Schlich 07]
Schlich, M.: Critical Testing Process, Vortag GI-TAV-TM Treffen 22. Juni 2007, Beitrag unter URL: *http://www.itprojectservice.de/Downloads*

[Schmidt 00]
Schmidt, M. E. C.: Implementing the IEEE Software Engineering Standards. SAMS Publishing, Indianapolis, 2000.

[Sherer 91]
Sherer, S. A.: A Cost-Effective Approach to Testing. IEEE Software, März 1991, pp. 34-40.

[Sneed 02]
Sneed, H. M.; Winter, M.: Testen objektorientierter Software – Das Praxishandbuch für den Test objektorientierter Client/Server-Systeme. Carl Hanser Verlag, München, 2002.

[Sneed 06]
Sneed, H. M.; Jungmayr, S.: Produkt- und Prozessmetriken für den Softwaretest. Informatik Spektrum, Band 29, Heft 1, Februar 2006, S. 23-38.

[Spillner 02]
Spillner, A.: Management des Testprozesses von Anfang an – Das W-Modell. GI-Conference Software Management 2002 – Progress through Constancy, Hamburg, 6.-8. November 2002. In: Spitta, Th.; Borchers, J.; Sneed, H. M. (Eds.): Proc. Software Management 2002 – Progress through Constancy, Lecture Notes in Informatics (LNI), Series of the Gesellschaft für Informatik (GI), 2002, pp. 65-76.

[Spillner 04]
Spillner, A.: REview & PREview – Vorausschauendes Quality Engineering. Tagungsband 9. Kongress Software-Qualitätsmanagement, Düsseldorf, 21.-23. April 2004.

[Spillner 05]
Spillner, A.; Linz, T.: Basiswissen Softwaretest – Aus- und Weiterbildung zum Certified Tester – Foundation Level nach ISTQB-Standard. 3., überarbeitete und aktualisierte Auflage, dpunkt.verlag, Heidelberg, 2005.

[Spillner 05a]
Spillner, A.: Zuerst die Anforderungen testen! Wie soll das gehen? Tagungsband Requirements Days 2005, Bad Kissingen, 14.-16. Juni 2005.

[Spillner 10]
Spillner, A.; Linz, T.: Basiswissen Softwaretest – Aus- und Weiterbildung zum Certified Tester – Foundation Level nach ISTQB-Standard. 4., überarbeitete und aktualisierte Auflage, dpunkt.verlag, Heidelberg, 2010.

[Standish 04]
Standish Group: 2004 Third Quarter Research Report; CHAOS Demografics, West Yarmouth, M.A., 2004.

[van Ewijk 11]
Van Ewijk, A.; Linker, B.; Van Oosterwijk, M.; Visser, B.; de Vries, G.; Wilhelmus, L.: TPI Next® – Business Driven Test Process Improvement – Geschäftsbasierte Verbesserung des Testprozesses. dpunkt.verlag, Heidelberg, erscheint ca. II. Quartal 2011.

[van Veenendaal 02]
van Veenendaal, E.; Swinkels, R.: Guidelines for testing maturity: Part 1: The TMM model. Professional Tester, Vol. 3. Issue 1, March 2002, pp. 8-10.

[Voas 00]
Voas, J.: Will the Real Operational Profile Please Stand Up? IEEE Software, Vol. 17, No. 2, Mar/Apr, 2000, pp. 87-89.

[Wallmüller 90]
Wallmüller, E.: Software-Qualitätssicherung in der Praxis. Carl Hanser Verlag, München, 1990.

[Wallmüller 04]
Wallmüller, E.: Risikomanagement für IT- und Software-Projekte. Carl Hanser Verlag, München, 2004.

[Wallmüller 06]
Wallmüller, E.: SPI – Software Process Improvement mit CMMI und ISO 15504. Carl Hanser Verlag, München, 2006.

[Whittaker 02]
Whittaker, J.: How to Break Software – A Practical Guide to Testing, Addison-Wesley Longman, Amsterdam, 2002.

[Winter 99]
Winter, M.: Qualitätssicherung für objektorientierte Software – Anforderungsermittlung und Test gegen die Anforderungsspezifiktion. Verlag dissertation.de, Berlin, 2000; zugl. Dissertation am Fachbereich Informatik der FernUniversität Hagen, 1999.

[Wolf 05]
Wolf, H.; Roock, S.; Lippert, M.: eXtreme Programming. Eine Einführung mit Empfehlungen und Erfahrungen aus der Praxis. 2. überarb. u. erw. Aufl., dpunkt.verlag, Heidelberg, 2005.

[Zhu 97]
Zhu, H.; Hall, P. A. V.; May, J. H. R.: Software Unit Test Coverage and Adequacy. ACM Computing Surveys, Vol. 29, No. 4, Dezember 1997, pp. 366-427.

[Zuse 98]
Zuse, H.: A Framework of Software Measurement. Walter de Gruyter, Berlin, 1998.

Normen und Standards

[BS 7925-1]
British Standard 7925-1: Software Testing, Part 1: Vocabulary, 1998.

[BS 7925-2]
British Standard 7925-2: Software Testing, Part 2: Software Component Testing, 1998.

[DGQ 92]
Deutsche Gesellschaft für Qualität e.V.: DGQ-Schrift 12-52 – Methoden und Verfahren der Software-Qualitätssicherung. Beuth Verlag, Berlin, 1992.

[DIN 8402]
DIN ISO 8402: Qualitätsmanagement und Qualitätssicherung – Begriffe. Beuth Verlag, Berlin, 1994; ersetzt durch [ISO 9000].

[DIN 14160]
DIN EN 14160: Luft- und Raumfahrt – Raumfahrttechnik – Software. Deutsche und Englische Fassung, Beuth Verlag, Berlin, 2001.

[DIN 50128]
DIN EN 50128: Bahnanwendungen – Telekommunikationstechnik, Signaltechnik und Datenverarbeitungssysteme – Software für Eisenbahnsteuerungs- und Überwachungssysteme. Beuth Verlag, Berlin, 2001.

[DIN 55350-11]
DIN 55350-11: Begriffe zu Qualitätsmanagement und Statistik – Teil 11: Begriffe des Qualitätsmanagements. Beuth Verlag, Berlin, 1995.

[DIN 60812]
DIN EN 60812: Analysetechniken für die Funktionsfähigkeit von Systemen – Verfahren für die Fehlzustandsart- und -auswirkungsanalyse (FMEA). Beuth Verlag, Berlin, 2006.

[DIN 61014]
DIN IEC 61014: Programme für das Zuverlässigkeitswachstum. Beuth Verlag, Berlin, 2003.

[DIN 61025]
DIN EN 61025: Fehlzustandsbaumanalyse. Beuth Verlag, Berlin, 2007.

[DIN 61508]
DIN EN 61508: Funktionale Sicherheit sicherheitsbezogener elektrischer/elektronischer/programmierbarer elektronischer Systeme – Teile 1-7. Beuth Verlag, Berlin, 2002.

Teil 1: Allgemeine Anforderungen
Teil 2: Anforderungen an sicherheitsbezogene elektrische/elektronische/programmierbare elektronische Systeme
Teil 3: Anforderungen an Software
Teil 4: Begriffe und Abkürzungen
Teil 5: Beispiele zur Ermittlung der Stufe der Sicherheitsintegrität
Teil 6: Anwendungsrichtlinie für IEC 61508-2 und IEC 61508-3
Teil 7: Anwendungshinweise über Verfahren und Maßnahmen

[DIN 62198]
DIN IEC 62198: Risikomanagement für Projekte, Anwendungsleitfaden. Beuth Verlag, Berlin, 2001.

[DIN 66241]
DIN 66241: Informationsverarbeitung; Entscheidungstabelle, Beschreibungsmittel. Beuth Verlag, Berlin, 1979.

[DIN 66271]
DIN 66271: Informationstechnik – Software-Fehler und ihre Beurteilung durch Lieferanten und Kunden. Beuth Verlag, Berlin, 1995.

[DIN 66273]
DIN 66273-1: Informationsverarbeitung; Messung und Bewertung der Leistung von DV-Systemen; Mess- und Bewertungsverfahren. Beuth Verlag, Berlin, 1991.

[DIN 69901]
DIN 69901: Projektwirtschaft; Projektmanagement; Begriffe. Beuth Verlag, Berlin, 1987.

[DO 178 B]
DO 178 B/ED-12B: Software Considerations in Airborne Systems and Equipment Certification, RTCA/EUROCAE, 1992.

[ECSS Q–80A]
ECSS Q–80A: Space Product Assurance – Software Product Assurance. European Cooperation For Space Standardization (ECSS), 1996.

[FDA 21]
21 CFR Part 11: Title 21 – Food and Drugs Chapter I – Department Of Health And Human Services Part 11 – Electronic Records; Electronic Signatures. U.S. Food and Drug Administration, March 20, 1997.

[FDA 535]
FDA 535: Guidance for Industry, FDA Reviewers and Compliance on Off-The-Shelf Software Use in M.edical Devices. U.S. Food and Drug Administration, September 9, 1999.

[FDA 938]
FDA 938: General Principles of Software Validation; Final Guidance for Industry and FDA Staff. U.S. Food and Drug Administration, January 11, 2002.

[IAEA NS-G-1.1]
IAEA Safety Standards Series Safety Guide No. Ns-G-1.1: Software for Computer Based Systems Important to Safety in Nuclear Power Plants. International Atomic Energy Agency, Vienna, 2000.

[IAEA TR384]
IAEA Technical Reports Series No. 384: Verification and Validation of Software Related to Nuclear Power Plant Instrumentation and Control. International Atomic Energy Agency, Vienna, 1999.

[IEEE 610.12]
IEEE 610.12-1990: IEEE Standard Glossary of Software Engineering Terminology Institute of Electrical and Electronics Engineers, Mai 1990.

[IEEE 730]
IEEE Std 730-2002: IEEE Standard for Software Quality Assurance Plans. IEEE, New York, 2002.

[IEEE 730.1]
IEEE Std 730.1-1995 IEEE Guide for Software Quality Assurance Planning. IEEE, New York, 1995.

[IEEE 828]
IEEE Std 828-1998: IEEE Standard for Software Configuration Management Plans. IEEE, New York, 1998.

[IEEE 829]
IEEE Std 829-2008: IEEE Standard for Software and System Test Documentation. IEEE, New York, 2008.

[IEEE 982.1]
IEEE Std 982.1-2005: IEEE Standard Dictionary of Measures of the Software Aspects of Dependability. IEEE, New York, 2005.

[IEEE 1008]
IEEE Std 1008-1987: IEEE Standard for Software Unit Testing. IEEE, New York, 1987.

[IEEE 1012]
IEEE Std 1012-1998: IEEE Standard for Software Verification and Validation. IEEE, New York, 1998.

[IEEE 1028]
IEEE Std 1028-1997: IEEE Standard for Software Reviews. IEEE, New York, 1997.

[IEEE 1042]
ANSI/IEEE Std 1042-1987: IEEE Guide to Software Configuration Management. IEEE, New York, 1987.

[IEEE 1044]
IEEE Std 1044-1993: IEEE Standard Classification for Software Anomalies. IEEE, New York, 1993.

[IEEE 1044.1]
IEEE Std 1044.1-1995: IEEE Guide to Classification for Software Anomalies. IEEE, New York, 1995.

[IEEE 1059]
IEEE Std 1059-1993: IEEE Guide for Software Verification and Validation Plans. IEEE, New York, 1993.

[IEEE 1061]
IEEE Std 1061-1998: IEEE standard for a software quality metrics methodology. IEEE, New York, 1998.

[IEEE 1062]
IEEE Std 1062-1998: IEEE Recommended Practice for Software Acquisition. IEEE, New York, 1998.

[IEEE 1063]
IEEE Std 1063-2001 IEEE Standard for Software User Documentation. IEEE, New York, 2001.

[IEEE 1209]
IEEE Std 1209-1992 IEEE recommended practice for the Evaluation and Selection of Computer-Aided Software Engineering (CASE) tools. IEEE, New York, 1992.

[IEEE 1228]
IEEE Std 1228-1994: IEEE Standard for Software Safety Plans. IEEE, New York, 1994.

[IEEE 1233]
IEEE 1233-1998: IEEE Guide for Developing System Requirements Specifications Institute of Electrical and Electronics Engineers, Mai 1998.

[IEEE 1348]
IEEE Std 1348-1995 IEEE Recommended Practice for the Adoption of Computer-Aided Software Engineering (CASE) Tools. IEEE, New York, 1995.

[ISO 2382]
ISO/IEC 2382-x Information Technology – Vocabulary – Part 1-33. ISO, Genf, 2002.

[ISO 9000]
DIN EN ISO 9000:2005, Qualitätsmanagementsysteme – Grundlagen und Begriffe. ISO, Genf, 2005.

[ISO 9001]
DIN EN ISO 9001:2000 Qualitätsmanagementsysteme – Anforderungen. ISO, Genf, 2000.

[ISO 90003]
DIN EN ISO 90003:2004, Qualitätsmanagement und Qualitätssicherungsnormen – Teil 3: Leitfaden für die Anwendung von ISO 9001:2000 auf die Entwicklung, Lieferung und Wartung von Software. ISO, Genf, 2004.

[ISO 9126]
DIN 66272/ISO/IEC 9126, Bewerten von Softwareprodukten, Qualitätsmerkmale und Leitfaden zu ihrer Verwendung. Teile 1–4. Beuth Verlag, Berlin/ISO, Genf, 2001.
Teil 1: Qualitätsmodell
Teil 2: External metrics
Teil 3: Internal metrics
Teil 4: Quality in use metrics

[ISO 9241]
DIN/ISO 9241-1:1997 Ergonomische Anforderungen für Bürotätigkeiten mit Bildschirmgeräten – Teil 1: Einführung (Norm besteht aus insgesamt 17 Teilen). ISO, Genf, 1997.

[ISO 12119]
ISO/IEC 12119:1994: Information Technology – Software Packages – Quality Requirements and Testing. ISO, Genf, 1994.

[ISO 12207.0]
IEEE/EIA12207.0-1996 IEEE/EIA Standard Industry Implementation of International Standard ISO/IEC 12207: 1995 (ISO/IEC 12207) Standard for Information Technology Software Life Cycle Processes. ISO, Genf, 1996.

[ISO 12207.1]
IEEE/EIA12207.1-1997: Industry implementation of International Standard ISO/IEC 12207: 1995. (ISO/IEC 12207) Standard for Information Technology – Software Life Cycle Processes – Life Cycle Data. ISO, Genf, 1997.

[ISO 12207.2]
IEEE/EIA12207.2-1997: Industry implementation of International Standard ISO/IEC 12207: 1995. (ISO/IEC 12207) Standard for Information Technology – Software Life Cycle Processes – Implementation Considerations. ISO, Genf, 1997.

[ISO 14102]
ISO/IEC 14102: Information Technology – Guideline for the Evaluation and Selection of CASE Tools. ISO, Genf, 1995.

[ISO 14143]
ISO 14143: Information technology – Software measurement – Functional size measurement
Part 1: Definition of concepts. ISO, Genf, 1998.
Part 2: Conformity evaluation of software size measurement methods to ISO/IEC 14143-1:1998. ISO, Genf, 2002.
Part 3: Verification of Functional Size Measurement Methods. ISO TR 14143-3:2003, ISO, Genf, 2003.
Part 4: Reference Model. ISO, Genf, 2002.
Part 5: Determination of Functional Domains for use with Functional Size Measurement. ISO, Genf, 2004.

[ISO 14471]
ISO/IEC TR 14471: Information Technology – Guideline for the Adoption of CASE Tools, ISO, Genf, 1999.

[ISO 14598]
ISO/IEC 14598-4: Information technology – Software product evaluation – Part 1-6. ISO, Genf, 1999-2001.
Part 1: General overview
Part 2: Planning and management
Part 3: Process for Developers
Part 4: Process for Acquirers
Part 5: Process for Evaluators
Part 6: Documentation of evaluation modules

[ISO 15026]
ISO/IEC 15026: Information Technology – System and Software Integrity Levels. ISO, Genf, 1998.

[ISO 15408]
ISO/IEC 15408: Information technology – Security techniques – Evaluation criteria for IT security – Part 1-3. ISO, Genf, 2005.
Part 1: Introduction and general model
Part 2: Security functional requirements
Part 3: Security assurance requirements

[ISO 15504]
ISO/IEC 15504: Information Technology – Process Assessment (SPICE) – Part 1-5. ISO, Genf, 2004.
Part 1: Concepts and Vocabulary
Part 2: Performing an Assessment
Part 3: Guidance on Performing an Assessment
Part 4: Guidance on Use for Process Improvement and Process Capability Determination
Part 5: An Assessment Model and Indicator Guidance

[ISO 15910]
ISO/IEC 15910: Information Technology – Software User Documentation Process. ISO, Genf, 1999.

[ISO 15939]
ISO/IEC/IEEE 15939: Information Technology – Software Measurement Process. ISO, Genf, 2002 und IEEE, New York, 2002.

[ISO 16085]
ISO/IEC 16085: Information Technology – Software Life Cycle Processes – Risk Management. ISO, Genf, 2004.

[ISO 19759]
ISO/IEC TR 19759: Software Engineering – Guide to the Software Engineering Body of Knowledge (SWEBOK). ISO, Genf, 2005.
Online unter [URL: SWEBOK]

WWW-Seiten[1]

[URL: ACM Ethics]
http://www.acm.org/about/code-of-ethics
ACM Code of Ethics

[URL: AGEDIS]
http://www.agedis.de/documents/AGEDIS_Methodology.pdf
Agedis Testing Methodology, Agedis – Automated Generation and Execution of Test Suites for Distributed Component-based Software (EU Forschungsprojekt)

[URL: ANSI]
http://www.ansi.org/
American National Standards Institute (ANSI)

[URL: APTEST]
http://www.aptest.com/resources.html

[URL: ATB]
http://www.austriantestingboard.at/
Austrian Testing Board (ATB)

[URL: AUTOSAR]
http://www.autosar.org/
Automotive Open System Architecture (AUTOSAR)

[URL: AutoSPICE]
http://www.automotivespice.com/
Initiative der »Automotive Special Interest Group (SIG)«

[URL: AutoTPI]
http://www.tpiautomotive.de/
Informationsseite der Firma Sogeti

[URL: Betaverteilung]
http://de.wikipedia.org/wiki/Betaverteilung

[URL: BS]
http://www.bsi-global.com/
British Standards Institution (BS)

[URL: CEN]
http://www.cenorm.be/
European Committee for Standardization (CEN)

[URL: CENELEC]
http://www.cenelec.org/
European Committee for Electrotechnical Standardization (CENELEC)

---

1. Die Gültigkeit der angegebenen URLs wurde mit Drucklegung überprüft. Eine Garantie für deren Gültigkeit über dieses Datum (März 2011) hinaus kann nicht übernommen werden.

[URL: CMMI]
http://www.sei.cmu.edu/cmmi/
Carnegie Mellon Software Engineering Institute – Capability Maturity Model Integration (CMMI)

[URL: CMMI-Browser]
http://www.cmmi.de/cmmi_v1.2/browser.html#hs:null
CMMI-Browser der wibas IT Maturity Services GmbH

[URL: CMMI-Modelle]
http://www.sei.cmu.edu/cmmi/index.cfm
CMMI Models and Modules

[URL: CMMI-TR]
http://www.sei.cmu.edu/publications/documents/02.reports/
02tr002.html bzw.
02tr001.html
CMMI for Systems Engineering and Software Engineering (CMMI-SE/SW, V1.1) Staged Representation: CMU/SEI-2002-TR-002, ESC-TR-2002-002. Continuous Representation: CMU/SEI-2002-TR-001, ESC-TR-2002-001.

[URL: CPPUnit]
http://sourceforge.net/projects/cppunit
CppUnit – C++ port of JUnit

[URL: Delphi-Methode]
http://de.wikipedia.org/wiki/Delphi-Methode

[URL: DIN]
http://www2.din.de/
Deutsches Institut für Normung (DIN)

[URL: DISG]
http://de.wikipedia.org/wiki/DISG-Modell
DISG-Persönlichkeitsmodell von John G. Geier (Wikipedia)

[URL: DLGI]
http://www.dlgi.de
Dienstleistungsgesellschaft für Informatik mbH (DLGI)

[URL: DOD]
http://www.dod.mil/
Department of Defense (DoD)

[URL: Dreiecksverteilung]
http://de.wikipedia.org/wiki/Dreiecksverteilung
Erklärung der statistischen Dreiecksverteilung (Wikipedia)

[URL: DSDM2]
http://www.denkwerft.de/cms/SEP/DSDM
Einstieg zur Dynamic System Development Method in Deutsch

[URL: Eclipse]
http://www.eclipse.org
Homepage der Eclipse Foundation

[URL: ECMA]
http://www.ecma-international.org/
European Computer Manufacturers Association (ECMA)

[URL: EIA]
http://www.eia.org/
Electronics Industries Alliance (EIA)

[URL: ET]
http://www.satisfice.com/articles/et-article.pdf
Artikel von James Bach: Exploratory Testing Explained

[URL: ETSI]
http://www.etsi.org/
European Telecommunications Standards Institute (ETSI)

[URL: EUROCAE]
http://www.eurocae.eu/
European Organisation for Civil Aviation Equipment (EUROCAE)

[URL: FDA]
http://www.fda.gov/
Food and Drug Administration (FDA)

[URL: GAMP]
http://www.ispe.org/GAMP
Good Automated Manufacturing Practice, Bestimmungen für den Pharma-Bereich (GAMP)

[URL: Gartner]
http://www.forschung.uni-oldenburg.de/download/projektaufwand_berechnungshilfe.pdf

[URL: GI]
http://www.gi-ev.de/
Gesellschaft für Informatik (GI)

[URL: GI Ethik]
http://www.gi-ev.de/wir-ueber-uns/unsere-grundsaetze/ethische-leitlinien/
Ethische Leitlinien der Gesellschaft für Informatik

[URL: GTB]
http://www.german-testing-board.info/
German Testing Board (GTB)

[URL: GTB CTA]
http://www.german-testing-board.info/de/downloads.shtm
Lehrplan »Advanced Level«, Version 1.2

[URL: GTB CTF]
http://www.german-testing-board.info/de/downloads.shtm
Lehrplan »Foundation Level«, Version 2010

[URL: GTB Glossar]
http://www.german-testing-board.info/de/downloads.shtm
Begriffsglossare des GTB und ISTQB sowie Links auf weitere Testbegriffsglossare

[URL: IEC]
http://www.iec.ch/
International Electrotechnical Commission (IEC)

[URL: IEEE]
http://www.ieee.org/
Institute of Electrical and Electronics Engineers (IEEE)

[URL: IEEE Ethics]
http://www.ieee.org/about/ethics/index.html
IEEE Code of Ethics

[URL: Imaging]
http://de.wikipedia.org/wiki/Image_(Informatik)
Begriff Image, Abbild eines Datenträgers (Wikipedia)

[URL: INTACS]
http://www.intacs.info/
Internationales Assessoren Schema (Assessor Certification)

[URL: ISO]
http://www.iso.org/
International Organization for Standardization (ISO)

[URL: iSQI]
http://www.isqi.org/
International Software Quality Institute iSQI GmbH

[URL: ISTQB]
http://www.istqb.org/
International Software Testing Qualifications Board (ISTQB)

[URL: ISTQB CTA-2007]
http://istqb.org/display/ISTQB/Downloads
ISTQB Certified Tester Advanced Level Syllabus Version 2007

[URL: ISTQB CTE-2010]
http://istqb.org/display/ISTQB/Downloads
Expert-Level-Syllabus-ImprovingTheTestProcess-Release-V1_0_2.pdf
ISTQB Expert Level Syllabus
Improving the Testing Process, Version 1.0.2, 2010

[URL: ITU]
http://www.itu.int/
International Telecommunication Union (ITU)

[URL: JTC1SC7]
http://www.jtc1-sc7.org/
ISO/IEC Joint Technical Committee 1/Subcommittee 7: Software & System Engineering

[URL: JUnit]
http://www.junit.org/
JUnit-Homepage

[URL: Kaner]
http://kaner.com/?page_id=7
Cem Kaner, »Software negligence and testing coverage« (updated). Software QA Quarterly, Volume 2, #2, p. 18, 1995
Cem Kaner's Artikel mit 100 Überdeckungskriterien

[URL: Keyword Driven Testing]
http://de.wikipedia.org/wiki/Keyword_driven_testing
Wikipedia-Eintrag zum »keyword driven testing«

[URL: Kostal]
http://www.kostal.com/german/thecompany/quality.html
Qualitätspolitik der KOSTAL-Gruppe

[URL: Longstreet]
http://www.softwaremetrics.com/Articles/using.htm
David Longstreet: Using Function Points

[URL: MBTI]
http://en.wikipedia.org/wiki/Myers-Briggs_Type_Indicator
Myers-Briggs Persönlichkeitstest (Wikipedia)

[URL: MDDi]
http://www.eclipse.org/mddi
Homepage des Eclipse-Projekts »MDDi« (Model Driven Development Integration)

[URL: MISRA]
http://www.misra.org.uk/
Motor Industry Software Reliability Association (MISRA)

[URL: Mutationstest]
http://swt.cs.tu-berlin.de/lehre/mwsp/ws0405/unterlagen/Referate/22/Mutationstest_Vortrag.pdf
Einführende Präsentation zum Thema Mutationstest

[URL: NASA]
http://www.nasa.gov/
National Aeronautics and Space Administration (NASA)

[URL: NATO]
http://www.nato.int/
North Atlantic Treaty Organisation (NATO)

[URL: OMG]
http://www.omg.org/
Object Management Group (OMG)

[URL: ON]
http://www.on-norm.at/
Österreichisches Normungsinstitut (ON)

[URL: OSTEST]
http://opensourcetesting.org/functional.php

[URL: OVUM]
http://www.ovum.com

[URL: PERT]
http://de.wikipedia.org/wiki/PERT

[URL: RAD]
http://sysdev.ucdavis.edu/webadm/document/radpeople-intro.htm
RAD-Internetseite der University of California

[URL: Review]
http://www.reviewtechnik.de/

[URL: Rothman]
http://www.jrothman.com/Papers/ItDepends.html
Johanna Rothman: It Depends: Deciding on the Correct Ratio of Developers to Testers

[URL: S2ESC]
http://standards.computer.org/sesc/
IEEE Software and Systems Engineering Standards Committee (S2ESC)

[URL: SBTM]
http://www.satisfice.com/sbtm
Kurzbeschreibung zum Session-Based Test Management (SBTM)

[URL: SCAMPI]
http://www.sei.cmu.edu/cmmi/tools/appraisals/index.cfm
Lead Appraiser Authorization for SCAMPI Appraisal Services

[URL: Schaefer]
http://www.softwaretesting.no/
Homepage von Hans Schäfer

[URL: Scrum]
http://www.controlchaos.com/
Dokumentation zum Scrum-Prozess

[URL: SI Ethik]
http://www.s-i.ch/index.php?id=ethik&L=0
Arbeitsgruppe Ethikrichtlinien der Schweizer Informatik Gesellschaft

[URL: SNV]
http://www.snv.ch/
Schweizerische Normen-Vereinigung

[URL: software-kompetenz]
http://www.software-kompetenz.de/?20665
Software-Engineering-Wissensdatenbank – Prozessverbesserung und Reifegradmodelle

[URL: softwaretest-knowledge]
http://www.softwaretest-knowledge.de/
Seite mit aktuellen Informationen zum Buch und weiteren Büchern, die das »Certified Tester«-Ausbildungsschema ergänzen.

[URL: Sogeti]
http://www.sogeti.de/
Homepage der Firma Sogeti in Deutschland

[URL: SPICE]
http://www.sqi.gu.edu.au/spice/
Spice-Homepage

[URL: SQATEST]
http://www.sqa-test.com/toolpage.html

[URL: STTEC]
http://test-tools.technologyevaluation.com

[URL: STB]
http://www.software-tester.ch/
Swiss Testing Board

[URL: SWEBOK]
http://www.swebok.org
IEEE Guide to the Software Engineering Body of Knowledge (SWEBOK)

[URL: Templates]
http://www.imbus.de/downloads/
Download-Bereich der imbus AG

[URL: Tessy]
http://www.razorcat.com/frame_main/produkte/unterpunkte/tessy_e.html
Tessy – Automated testing for embedded systems

[URL: TestBalance]
http://www.itwm.fraunhofer.de/en/departments/system-analysis-prognosis-and-control/prognosis-of-material-and-product-properties/testbalance.html
Homepage des vom BMBF geförderten Verbund-Forschungsprojekts »TestBalance«

[URL: TestBench]
http://www.testbench.info
Testbench – Testwerkzeug der imbus AG

[URL: TESTINGFAQ]
http://testingfaqs.org/

[URL: TM-Rad]
http://www.tms-zentrum.de/
Das Team Management Rad von Margerison-McCann

[URL. TMMi]
http://www.TMMifoundation.org
Internetseite der TMMi Foundation

[URL: Tooleval-imbus]
http://www.imbus.de/fileadmin/imbus_repository/Downloads/imbus_Allgemein/Dokumente/tool.zip
Anforderungen an Testwerkzeuge (Excel)

[URL: Tool-List]
http://www.imbus.de/tool-liste/
Liste von Testwerkzeugen

[URL: TPI]
http://www.sogeti.dk/upload/DK/Vores%20ybelser/Dokument/tpi_survey2002.pdf
TPI-Worldwide Survey (TPI-Zusammenfassung und TPI-Kontrollpunkte stehen nicht mehr im Internet zur Verfügung.)

[URL: TPINext]
http://www.sogeti.de/tpi-next0.html
TPI NEXT® – Geschäftsbasierte Testprozessverbesserung

[URL: TQM-Herzwurm]
http://www.bwi.uni-stuttgart.de/fileadmin/abt9/Publikationen_Herzwurm/tqmswe.pdf
Herzwurm, G.; Mellis, W., Stelzer, D.: Total Quality Management in der Softwareentwicklung – Warum die ISO 9000 für Softwareproduzenten höchstens ein Schritt, aber nicht das Ziel sein kann.

[URL: TTCN-3]
http://www.ttcn-3.org
Testing & Test Control Notation

[URL: VDE]
http://www.vde.com/
Verband der Elektrotechnik Elektronik Informationstechnik (VDE)

[URL: VDI]
http://www.vdi.de/
Verein Deutscher Ingenieure (VDI)

[URL: Virtualization]
http://www.virtualization.info/ und
http://de.wikipedia.org/wiki/Virtualisierung_%28Informatik%29#Weblinks
Hinweise zu Virtualisierungstechnologien (Wikipedia)

[URL: V-Modell XT]
http://www.v-modell-xt.de/
Vorgehensmodell des Bundes und der Länder von 2005

[URL: V-Modell XT Browser]
http://ftp.uni-kl.de/pub/v-modell-xt/Release-1.2/Dokumentation/html/
V-Modell XT Online-Dokumentation der Universität Kaiserslautern

[URL: VM-UniBremen]
http://www.informatik.uni-bremen.de/gdpa
Vorgehensmodell des Bundes und der Länder, GDPA (Graphical Development Process Assistant) der Universität Bremen

[URL: W3C]
http://www.w3.org/
World Wide Web Consortium (W3C)

[URL: XUnit]
http://www.junit.org bzw.
http://sourceforge.net/projects/junit
Komponententest-Framework für Java
http://sourceforge.net/projects/cppunit
Komponententest-Framework für C++
http://sourceforge.net/projects/nunit
Komponententest-Framework für .Net

Index

N

O

P

Q

R

S

U

V

W

X

Y

Z